HANS RUDOLF VAGET

Seelenzauber

THOMAS MANN
UND DIE MUSIK

S. FISCHER

Satz: H & G Herstellung, Hamburg
Druck und Bindung: Clausen & Bosse, Leck
Printed in Germany
ISBN-13: 978-3-10-087003-2
ISBN-10: 3-10-087003-4

Inhalt

»Die höchste Passion gilt dem absolut Verdächtigen.«

Zur Einführung

Vom Seelenzauber der Musik ist in dem berühmten Grammophon-Kapitel des *Zauberberg* in bewegten und bewegenden Worten die Rede – ein Text, mit dem sich Thomas Mann endgültig als der musikbesessenste Autor der Weltliteratur zu erkennen gab. Diese einzigartige und höchst interpretationsbedüftige Musikbesessenheit spannt sich, wie die folgenden fünfzehn Studien zeigen wollen, in einem mächtigen Bogen von den Anfängen dieser Schriftstellerlaufbahn mit *Der kleine Herr Friedemann* und *Buddenbrooks* bis zu ihrem logischen Ziel- und Gipfelpunkt im *Doktor Faustus* und darüber hinaus. Im Rückblick enthüllt sich das große Musikkapitel des *Zauberberg* als die Gelenkstelle im Œuvre dieses Autors, an der die zuvor affirmative Darstellung der deutschen Musikkultur in eine kritische, ja warnende umschlägt; nicht von ungefähr wird in diesem Roman die Musik zum ersten Mal als »politisch verdächtig« (5.1, 175) betrachtet.

Der Seelenzauber, den das Werk Thomas Manns insgesamt beschwört und kritisch reflektiert – die Erzählungen und Romane, aber auch die großen Essays sowie die kultur- und zeitgeschichtliche Publizistik, zu schweigen von den Briefen und Tagebüchern –, weist über den Horizont des landläufigen, naiv erbaulichen Musikerlebens weit hinaus und erhellt die Problematik der deutschen Identität, der individuellen wie der kollektiven, bis in ihre feinsten Verästelungen und tiefsten Wurzeln. Der Seelenzauber, von dem hier zu handeln ist, hat es in sich: Er zeitigt finstere Konsequenzen im Leben des Einzelnen wie der Nation. Im *Zauberberg* präludiert er dem Großen Krieg, der mit einem Donnerschlag dem zweifelhaften Kulturglück der Vorkriegsära ein jähes und spektakuläres Ende bereitet. Längst schon haben wir uns angewöhnt, den Ersten Weltkrieg als die Urkatastrophe des katastrophengesättigten 20. Jahrhunderts zu begreifen. Hatte Thomas Mann schon jene erste Katastrophe aus dem deutschen Musikkult hergeleitet, so griff er – zum ungläubigen Erstaunen selbst seiner ihm wohl gesonnenen Kritiker – auch im *Doktor Faustus* auf die deutsche Musik zurück, um den Weg Deutschlands in die neuerlichen Katastrophen der nationalsozialistischen Herrschaft und des Zweiten Weltkriegs einsichtig zu machen. All dies ist ungewöhnlich, originell und gerade heute dringend erklärungsbedürftig, unerachtet der Tatsache, dass es zum Thema »Thomas Mann und die Musik« schon Berge von Literatur gibt – Literatur, deren historischer Erkenntniswert in den allermeisten Fällen jedoch recht begrenzt ist.

Die Distinktion des *Zauberberg* besteht in nicht geringem Maß in seiner mentalitätsgeschichtlichen Diagnostik. Was dem kulinarischen Leser als bloßer Zeitvertreib einer moribunden Sanatoriumsgesellschaft erscheinen mag, enthüllt sich dem im »Fernhören« geübten Leser als Schlüssel zum Verständnis der Seelen- und Geistesverfassung, die die Katastrophe ermöglicht und begünstigt hat. Im *Zauberberg* diagnostizierte Thomas Mann die Zugänglichkeit, d. h. die Anfälligkeit, eines einfachen jungen Mannes aus Hamburg für den zwielichtigen, weil todessüchtigen Seelenzauber der romantischen Musik als den eigentlichen Krisenherd. Im *Doktor Faustus* richtete er den historischen Röntgenblick auf einen geistig-seelischen Komplex, der in dem fiktiven Komponisten Adrian Leverkühn seine repräsentativste Ausprägung gefunden hat und der am bündigsten mit der Formel »Kaisersaschern als geistige Lebensform« zu bezeichnen wäre.

Es geht also letztlich, wenn Thomas Mann von Musik handelt, nicht um eine allegorische Darstellung der deutschen Geschichte, auch nicht um eine Repräsentation der Geschichte des deutschen Geistes, für den metonymisch die Musik einstünde, sondern um Mentalitäten – ein Gebiet, das die zünftige Historiographie erst relativ spät für sich entdeckt hat.[1] Doch so wie psychoanalytisches Wissen schon lange, bevor Sigmund Freud es theoretisch fundierte, von Dichtern und Philosophen bereitgestellt wurde, so machten auch Romanciers vom Schlage Thomas Manns die Mentalitäten von gesellschaftlichen Gruppen und historischen Epochen zum Gegenstand ihres Erzählens, lange bevor die Geschichtswissenschaft die Erforschung der Mentalitätsgeschichte zum Programm erhob.

Thomas Mann war weder Historiker von Beruf noch Musikwissenschaftler, sondern Romancier und Geschichtenerzähler. In seinem Werk stehen dem entsprechend nicht die großen historischen Begebenheiten im Vordergrund, sondern die mentalitätsgeschichtlichen Veränderungen, die den großen Begebenheiten vorangehen oder ihnen nachzitternd folgen. Und folglich sind seine oft glänzenden Auslassungen über Musik und Musiker nicht als Beitrag zur Würdigung bestimmter Komponisten gedacht – egal ob es um Schubert, Wagner oder Schönberg geht –, sondern haben die Erhellung einer bestimmten »Gefühls- und Gesinnungswelt« zum Ziel, wie sie im *Zauberberg* (5.1, 987) ausgeleuchtet wird, oder die Bewusstmachung jener »seelischen Geheim-Disposition« (VI, 52), die im *Doktor Faustus* als das gleichsam genetische Erbe Kaisersascherns gekennzeichnet ist, dem Emblem des deutschen Charakters. Wer diese Fokussierung des Erzählinteresses auf das, was wir heute Mentalitätsgeschichte nennen, verkennt oder sich davon irritiert zeigt, dass dieser Autor nicht von dem handelt, wovon er nach Auffassung seiner Kritiker hätte handeln müssen, um als Interpret der deutschen Katastrophe ernst genommen zu werden – sei es der Bauernkrieg, die gescheiterte Revolution von 1848 oder die Weltwirtschaftskrise von 1929 –, der wird zwangsläufig zu groben Fehlurteilen gelangen. Die immense Literatur zu Thomas Mann, zumal zum *Faustus*-Roman, bietet reiches Anschauungsmaterial dafür.

Was durch die Ausrichtung des Erzählinteresses auf mentalitätsgeschichtliche Bewegungen in den Blick gerückt wird, ist jener verborgene oder vielmehr verhüllte Nexus von Musik und Politik, der mit mehr Recht als der viel bemühte Künstler-Bürger-Gegensatz oder andere Ladenhüter der Thomas-Mann-Literatur als das eigentliche Lebensthema dieses Schriftstellers gelten darf. Die Verleugnung dieses Zusammenhangs von Kultur und Politik war eine entscheidende Voraussetzung dafür, dass in der den Katastrophenreigen des 20. Jahrhunderts einleitenden Epoche vor 1914 die Lebensstimmung des deutschen Bürgertums als Kulturglück empfunden werden konnte. So jedenfalls stellte sich dem *Faustus*-Autor im Lichte der jüngsten geschichtlichen Erfahrung die Urlandschaft dar, die jene »Katastrophendynamik« (VI, 400) generierte, von der im Roman so nuancenreich die Rede ist. Der fatale Fehler »unseres Kulturglückes von damals«, so Thomas Mann 1944, lag in der hochmütigen Verachtung für die politische Sphäre und somit in dem Nicht-wahrhaben-

Wollen jenes Nexus. Eine Kultur aber, »die ›sich nicht für Politik interessiert‹ und das Soziale aus ihrem Gesichtskreis ausschließt«, wohnt »der Barbarei ganz nahe«.[2] Einen paradigmatischen Ausdruck hat diese Geistesverfassung in *Palestrina* gefunden, jener von Mann 1917 enthusiastisch begrüßten Künstleroper, die ihre Politikferne, ja Politikfeindschaft schon mit ihrem Schopenhauer'schen Motto signalisiert. Es behauptet die strikte Trennung von Politik und Kunst und erklärt: »über dem weltlichen Treiben« und »neben der Weltgeschichte geht schuldlos und nicht blutbefleckt die Geschichte der Philosophie, der Wissenschaft und der Künste«.

Der Zusammenhang der ästhetischen und der politischen Sphäre hat sich im Werk Thomas Manns, gestützt auf persönliche und historische Erfahrung, zu einem eigentümlichen Gedankenkomplex zugespitzt, der als ein ebenso origineller wie erhellender Beitrag zur mentalitätsgeschichtlichen Ursachenforschung der deutschen Katastrophe zu gelten hat. Der deutsche Musikkult konnte sich in durchaus berechtigtem Stolz auf den Siegeszug der deutschen Musik in aller Welt berufen. In einer Epoche, die von einem imperialistischen Expansionstrieb in allen Lebensbereichen geprägt war, kultivierte diese Musikidolatrie ein Suprematiedenken und eine Überlegenheitsmentalität, die sich im Handumdrehen zur Legitimierung des politischen Hegemonienanspruchs, der sich 1914 und 1939 aufs massivste manifestierte, instrumentalisieren ließen. Während im Ersten Weltkrieg Mann selbst auch die Einzigartigkeit der deutschen Musikkultur zur Rechtfertigung des deutschen Führungsanspruchs ins Feld führte, war ihm in der *Faustus*-Zeit, als Frucht eines denkwürdigen und beispielhaften Lernprozesses, die politische Gefährlichkeit solcher scheinbar selbstverständlicher Gedankengänge eine Gewissheit. Die Geschichte hatte ihn gelehrt, dass, wie es im *Doktor Faustus* heißt, »wer da Wind säet, Sturm ernten wird« (VI, 50). Will sagen: Der Sturm, den Deutschland im politischen Leben geerntet hat, wurde auf dem Gebiet der Kultur gesät. Ebendies macht den mentalitätsgeschichtlichen Kern des *Doktor Faustus* aus, und hierin liegt denn auch die noch ungeahnte Bedeutung Thomas Manns für die Geschichtswissenschaft, sofern sie sich als kulturelles Gedächtnis begreift und »eine andere deutsche Geschichte« zu überliefern bestrebt ist, »die den symbolischen Dimensionen der deutschen Vergangenheit besser Rechnung trägt«.[3]

In der herkömmlichen Geschichtsschreibung und somit auch im derzeitigen historischen Bewusstsein der Deutschen gehört der Imperialismus »zu den aktiv verdrängten Kapiteln der deutschen Geschichte«.[4] Dabei hat man sich angewöhnt, zu übersehen, »daß die Vorbereitung und Durchführung des Zweiten Weltkriegs – bei aller Eigenständigkeit – auch eine übersteigerte Neuauflage des Ersten Weltkriegs sowie eine Fortsetzung der imperialistischen Weltaneignung war«.[5] Es ist nun aber eine Besonderheit der deutschen Geschichte, dass der Gedanke der Expansion, der später ökonomisch, bevölkerungspolitisch und sozialdarwinistisch begründet wurde, zuerst in der scheinbar grenzenlosen Sphäre der als universal gedachten deutschen Kultur gefasst wurde und einen »spezifisch imperialistischen Denkstil«[6] hervorbrachte, der sich in letzter Instanz stets auf die die ganze Menschheit beglückenden Errungenschaften der eigenen Kultur berief. Dieser imperialistische Denkstil konkretisierte sich gerne in einer Sendungsideologie, die »das Deutsche als das wahre Menschliche« definierte und die jenem anderen Dichter aus Lübeck, Emanuel Geibel, die Feder führte, als er die berühmt-berüchtigten Zeilen formulierte: »Und es mag am deutschen Wesen / Einmal noch die Welt genesen.«[7]

Der von dieser Ideologie genährte deutsche »Kulturimperialismus« wird in der Geschichtswissenschaft gewöhnlich an den Errungenschaften auf dem Gebiet des Bildungswesens, der Naturwissenschaften und der Technik festgemacht.[8] Aufs Ganze gesehen wird man jedoch konstatieren müssen, dass kein Sektor der Kultur dem deutschen Kulturimperialismus plausiblere Rechtfertigungsgründe zu liefern vermochte als die Musik, die »in ihrem mächtigen Sonnenlaufe von Bach zu Beethoven, von Beethoven zu Wagner«, wie der junge Nietzsche rhapsodierte (KSA 1, 127), den deutschen Führungsanspruch recht eigentlich zu zementieren schien. Diese Dominanz hatte angesichts der realpolitischen Machtlosigkeit Deutschlands vor 1871 einen stark kompensatorischen Charakter. Heinrich Heine in *Deutschland. Ein Wintermärchen* hat diesen auf die Kultur, d. h. auf das »Luftreich« der Dichtung und Philosophie beschränkten Imperialismus aufs prägnanteste beschrieben: »Franzosen und Russen gehört das Land, / Das Meer gehört den Briten, / Wir aber besitzen im Luftreich des Traums / Die Herrschaft unbestritten.« Noch präziser träfe diese Diagnose die damals in Deutschland weit verbreitete Überzeugung, wenn

Heine, statt auf das Luftreich des Traumes, auf das Reich der Töne angespielt hätte: »Wir aber besitzen im Reich der Töne / Die Herrschaft unbestritten.«

In der Geschichtswissenschaft scheint das Bewusstsein von der führenden Rolle der Musik in der Legitimationsstrategie des deutschen Imperialismus noch wenig ausgeprägt. Für Thomas Mann hingegen, dessen Musikphilosophie in allen entscheidenden Zügen von Nietzsche geprägt war und der wie dieser vom Erkenntniswert der Musik durchdrungen war, bildete gerade dieser Gedanke von den *Betrachtungen eines Unpolitischen* bis zum *Doktor Faustus* eine zentrale Kategorie seines Verständnisses der deutschen Geschichte. Nicht zuletzt deswegen erscheint uns heute sein Werk in besonderem Maße geeignet, die eklatante interdisziplinäre Verständnislücke schließen zu helfen, die sich zwischen der Geschichts- und der Musikwissenschaft aufgetan hat.

Dazu wäre es jedoch zunächst einmal erforderlich, dass die Musikwissenschaft Thomas Mann als einen wortmächtigen und bedeutenden Exponenten der deutschen Musikkultur überhaupt wahrnimmt, was sie bisher, von Ausnahmen wie Carl Dahlhaus, Klaus Kropfinger, Volker Scherliess und Reinhold Brinkmann abgesehen, zu tun sich geweigert hat. Als symptomatisch dafür mag das große *Schubert-Handbuch* von 1997 angesehen werden, in dem die mentalitätsgeschichtlich folgenreiche Deutung des *Lindenbaum*-Lieds im *Zauberberg* nicht einmal einer Erwähnung gewürdigt wird. Was die musikwissenschaftliche Wagner-Forschung betrifft, so hat Claudius Reinke jüngst zu Recht moniert, dass sie »an einem ihrer produktivsten Interpreten bislang einigermaßen reaktionslos vorbeigelaufen« sei.[9] Ein noch düstereres Bild bietet sich dem Betrachter, der sich in der musikwissenschaftlichen Literatur zu Richard Strauss, zu Hans Pfitzner oder Wilhelm Furtwängler umsieht. Hier herrschen nach wie vor die vom Geist der inneren Emigration genährten Ressentiments sowie eine generelle Abwehrhaltung gegenüber dem prominenten Emigranten, der in der Sache der politischen Moral die Messlatte sehr hoch gelegt hatte – zu hoch für die meisten Daheimgebliebenen.

Auch die deutsche Literaturwissenschaft tut sich schwer mit dem Thema »Thomas Mann und die Musik«, zumal dem Kapitel »Thomas Mann und Wagner«. Hier ist immer noch eine historisch bedingte Berührungsscheu festzustellen, ja eine Furcht vor ideologischer Kontamination durch die Berührung mit dem politisch kompromittierten und so in mehrfachem Sinne »wehvollen« Erbe Wagners – eine Einstellung, die aber nur dann eine gewisse Berechtigung hätte, wenn es sich bei Wagner um eine *quantité négligeable* handelte. Lediglich sporadisch, gleichsam in Einzelvorstößen haben zunächst Hans Mayer und dann vor allem Peter Wapnewski und Dieter Borchmeyer das Recht der Literaturwissenschaft und Geistesgeschichte auf Wagner geltend gemacht. So energisch und elanvoll diese Vorstöße auch vorgetragen wurden, ihre befruchtende Wirkung innerhalb der Thomas-Mann-Forschung hält sich in Grenzen. Die Erkenntnis der enormen und vielschichtigen Bedeutung Wagners für diesen Schriftsteller ist eigentlich wenig verbreitet. Mit dem kryptisch formulierten, gleichwohl grundlegenden, von Nietzsche herkommenden Gedanken von »Deutschland [...] als Verwirklichung seiner Musik« (15.1, 294) wissen die wenigstens etwas Sinnvolles anzufangen.

Die hier versammelten, thematisch koordinierten Studien greifen über die Thomas Mann unmittelbar betreffenden Belange weit hinaus und versuchen das zentrale Faszinosum des Seelenzaubers mit finsteren politischen Konsequenzen aus einer Vielzahl von Perspektiven in den Blick zu nehmen. Statt linear chronologisch vorzugehen, wurde ein prismatisches Verfahren gewählt, durch das ein bestimmter Gegenstand aus unterschiedlichen Blickwinkeln und unter wechselnder Beleuchtung betrachtet wird. Auf einschlägige Texte wie *Musik in München, Betrachtungen eines Unpolitischen,* das Musikkapitel des *Zauberberg* und natürlich *Doktor Faustus,* aber auch auf biographisch und historisch markante Ereignisse wie den Münchner Wagner-Protest von 1933 wird deshalb in verschiedenen Kontexten zurückzukommen sein. Dabei sind Überschneidungen und Wiederholungen tunlichst vermieden worden. Hingegen sind Berührungen einzelner Kapitel untereinander sowie die Wiederaufnahme von Gedanken, die an einer Stelle angeschnitten und in einem anderen Zusammenhang fortgesponnen werden, durchaus beabsichtigt und mögen im Sinne der prismatischen Erhellung des Gesamtphänomens »Thomas Mann und die Musik« nicht zuletzt auch dem Leser wünschenswert erscheinen.

Als Carl Ehrenberg ihn 1907 bat, ihm ein Opernlibretto zu schreiben, beschied Thomas Mann ihn mit dem sehr bezeichnenden Hinweis, er mache eh schon »so viel Musik, als man *ohne* Musik füglich machen« könne

(21, 378). Was es mit solchem Musikmachen ohne Musik auf sich hat, wird in den ersten fünf Kapiteln zu erklären versucht. Thomas Manns Verhältnis zur deutschen Musik wird in einem grundlegenden Essay ausgeleuchtet. Dem schließen sich zwei Kapitel über die beiden musikalischen Genres an, die für ihn eine besonders herausragende Bedeutung erlangten: das Kunstlied und die Oper. Es folgen zwei analytische Kapitel: in dem einen wird das Verhältnis der *Buddenbrooks* zu Wagners *Ring* erörtert, in dem anderen, mit dem Blick auf den *Doktor Faustus*, das Verhältnis zur französischen Musik, von der aus neues Licht auf Manns Konzeption der deutschen Musik fällt.

Thomas Mann hat selbst gerne betont, dass er die hohe Befähigung zur Bewunderung als eine der Hauptquellen seines Schaffens erachtete. Dies gilt nicht nur für sein passioniertes Verhältnis zu Wagner, sondern auch, jedenfalls zeitweilig, für das zu seinen Zeitgenossen Richard Strauss und Hans Pfitzner, auf die im zweiten Hauptteil der Scheinwerfer gerichtet wird. Die Bedeutung seiner Beziehung zu dem Komponisten der *Salome* und dem des *Palestrina* ist bisher kaum ins allgemeine Bewusstsein gedrungen. Strauss und Pfitzner waren Mitkonkurrenten in der Auseinandersetzung um das Erbe Wagners und mussten wegen ihrer Kompromisse mit dem Nationalsozialismus seine Verachtung auf sich ziehen, sodass diese Meister – in Anlehnung an Walther von Stolzing in den *Meistersingern* – ihm gelegentlich wie böse Geister erscheinen mochten. Davon zeugt nicht zuletzt auf unübertrefflich subtile und tief blickende Weise der *Faustus*-Roman; darin führt der Weg in die Katastrophe gleichsam über *Salome* und *Palestrina*.

Das Dirigent-Spielen und Dirigent-sein-Wollen war eine der prägenden Kindheitsphantasien Thomas Manns, in der sich Ahnungen der von Elias Canetti analysierten Machtfülle des modernen Konzertdirigenten ankündigen. Thomas Mann prägte dafür die auch seinen eigenen künstlerischen Habitus bezeichnende Wendung vom »Herrscherglück des Dirigenten«. Ein Dirigent wurde ihm der Führer und, lange vor der Bekanntschaft mit Adorno, der wirkliche Geheime Rat in allen musikalischen Belangen: Bruno Walter. Ein anderer war ihm das Paradebeispiel für die politische Verfänglichkeit des Glaubens, dass in einem total politisierten Umfeld das Ideal des Nichts-als-Musikers aufrechterhalten werden könne: Wilhelm Furtwängler. Walter und Furtwängler, in vieler Hinsicht Ge-

gensätze, ergänzen unser Bild von dem musikbesessenen Thomas Mann und sind in unserem Zusammenhang unverzichtbar.

Das Thema des Erbes ist eine der zentralen Obsessionen im Werk Richard Wagners. Für Amfortas im *Parsifal* ist es ein unsäglich »wehvolles Erbe«. Als ungeahnt wehvoll erwies sich aber gerade für den *Zauberberg*-Autor auch das Erbe Wagners selbst, wie das Quartett der vier abschließenden Studien darzulegen versucht. Manns wechselvolles Verhältnis zu Bayreuth, wohin er nur ein einziges Mal pilgerte, wirft ein besonders erhellendes Licht auf den politischen Thomas Mann. Der *Protest der Richard-Wagner-Stadt München* markiert seine offenbar traumatischste politische Erfahrung. Die Analyse jenes *Protests*, seiner Vorgeschichte und seiner Nachwirkung ist unerlässlich in jedem Versuch, die Stellung dieses Autors zu Deutschland auszuloten. Die Opposition gegen die im *Doktor Faustus* gegeißelte »stehengebliebene Wagnerei« war auch der Antrieb zu der monumentalen, in Deutschland aber kaum bekannten Wagner-Biographie Ernest Newmans, des von Adorno und Thomas Mann gleichermaßen geschätzten englischen Musikkritikers. Im Übrigen lieferte Newman auch einen der bedeutendsten Beiträge zur angloamerikanischen *Faustus*-Rezeption. Schließlich ist aus Anlass ihrer jüngst veröffentlichten Korrespondenz, doch keineswegs nur ihretwegen, eine Neuverhandlung des Falls Adorno geboten. Von dem Zusammentreffen dieser Geister führt ein direkter Weg ins Zentrum der ästhetischen und politischen Problematik des großen Musikromans. Ihre Kollaboration am *Faustus* markiert ein Gipfeltreffen in der Geschichte der deutschen Intelligenz im 20. Jahrhundert und mag als Schlussstein taugen in dieser Rekonstruktion von Thomas Manns denkwürdig passionierter Besessenheit von der deutschen Musik.

»Ich mache so viel Musik,
als man *ohne* Musik füglich
machen kann.«

1. Thomas Mann und die deutsche Musik

Im Brennpunkt von Thomas Manns lebenslangem Nachdenken über Musik steht das Verhältnis von deutscher Musik, deutscher Identität und deutscher Geschichte. Es zeitigte Einsichten in die psychologischen, mentalitätsgeschichtlichen und politischen Auswirkungen des individuellen und kollektiven Musikerlebens, denen weder die Geschichts- noch die Musikwissenschaft Vergleichbares an die Seite zu stellen hat. Beginnend mit *Buddenbrooks* und der Novelle *Tristan* lenkt Thomas Mann das Interesse seiner Erzählkunst auf die Akteure einer zwar bezaubernden, doch auch bedenklichen Musikidolatrie, das hervorstechendste Merkmal der deutschen Kultur seit der Romantik. Die Summe seines Nachdenkens über diese vertrackten Beziehungen hat sich im *Doktor Faustus* niedergeschlagen, seinem großen Musik- und Deutschlandroman, der Erkenntnisse bereitstellt, von der die Ursachenforschung zur »deutschen Katastrophe« noch keine Notiz genommen hat.

Die Frage nach den Beziehungen zwischen deutscher Musik und deutscher Identität ist keineswegs neu. Sie wurde ansatzweise zuerst 1650 von Athanasius Kirchner gestellt.[10] Ein beträchtliches Maß an metapolitischer Dringlichkeit erlangte diese Frage jedoch erst um 1800, erwies sich dann aber als das eigentliche Movens in dem langen, im 20. Jahrhundert kulminierenden Prozess der Politisierung der Musik in Deutschland.[11] Wer heute dieser Frage nachzugehen versucht, sieht sich einer besonderen Herausforderung gegenüber, denn er bewegt sich unausweichlich im Schatten des Holocausts – heute mehr denn je in der Geschichte des Nachdenkens über Deutschland. Im historischen Bewusstsein der Gegenwart, so der Historiker Saul Friedländer, hat der Holocaust eine weit zentralere Bedeutung erlangt als dies noch vor wenigen Jahrzehnten der Fall gewesen ist.[12]

Die Auswirkungen dieser Bewusstseinsveränderung auf unseren Umgang mit der deutschen Geschichte, einschließlich der Musikgeschichte, sind vorderhand noch unabsehbar. Nicht zu übersehen sind jedoch schon jetzt die Denkschablonen, die ein Holocaust-zentriertes Modell der deutschen Geschichte mit sich bringt. Dies ist besonders evident auf dem unbegrenzten Feld der kulturwissenschaftlich verstandenen *German Studies* in den USA, wo sich eine Tendenz abzeichnet, immer längere Genealogien der »deutschen Katastrophe«[13] zu konstruieren und den Massenmord an den Juden Europas zum zentralen Ereignis der deutschen Geschichte zu erklären, auf das alle vorhergehenden Momente mit unerbittlicher Zwangsläufigkeit zusteuerten.[14]

Die Tücken eines solchen Geschichtsdenkens sollten eigentlich auf der Hand liegen. In einer beachtenswerten Kritik der vom Holocaust inspirierten apokalyptischen Historiographie hat der Historiker Michael A. Bernstein den zugrunde liegenden Denkfehler analysiert. Er nennt ihn *backshadowing* – eine Art retroaktiver Vorausdeutung. Dabei dient das erst später etablierte Wissen um den Ausgang bestimmter historischer Abläufe dazu, über die Akteure und Betroffenen jener Abläufe so zu urteilen, als hätten sie deren Ausgang wissen können und müssen.[15] *Backshadowing* führt den auf das Ende fixierten historischen Spurenleser immer wieder zu den *usual suspects*: dem Antisemitismus, der Fremdenfeindschaft, dem Nationalismus, dem Militarismus, der autoritären Persönlichkeit. Was aber, wenn die Wurzeln der deutschen Katastrophe tiefer reichten? Nicht allein bis zu einer bestimmten historischen Konstellation, wie zum Beispiel 1918/19, oder zu einem offensichtlichen Bösen, wie dem Judenhass, sondern zu einem allgemein anerkannten und geschätzten Guten – etwa dem Verlangen nach Ordnung und Reinheit? Oder vielmehr bis zu einem doppelgesichtigen, Jekyll-and-Hyde-artigen Phänomen, das sich zum Guten wie zum Bösen eignet?

In ebendieser Fragestellung besteht die Originalität und Bedeutung Thomas Manns nicht nur für den Holocaust-Diskurs, sondern auch für die lange Zeit nur zögerlich geführte Debatte über die historische Rolle der Musik in Deutschland. »Es gibt nicht zwei Deutschland«, erklärte er in seiner berühmten Washingtoner Rede unmittelbar nach dem heiß ersehnten Ende des Dritten Reiches, »ein böses und ein gutes, sondern nur eines, dem sein Bestes durch Teufelslist zum Bösen ausschlug. […] Das böse

Deutschland ist das fehlgegangene gute […].« (XI, 1146) Der entscheidende Gedanke dieser viel zitierten, doch oft missverstandenen Stelle steckt nicht etwa in der Metapher von der Teufelslist, sondern in der Vorstellung einer prozesshaften Verderbnis. Was in Deutschland geschehen ist, lässt sich nicht aus einem der deutschen Kultur eingefleischten Übel herleiten, sondern ist als das Ergebnis einer Pervertierung zu deuten. Aus Gründen, die noch zu beschreiben sind, gewann Mann die Überzeugung, dass es die Musik war, also das seiner Auffassung nach Beste, was die deutsche Kultur hervorgebracht hatte, die die Deutschen besonders empfänglich machte für das politische Hegemonieverlangen und die moralische Regression, deren blutige Auswirkungen nicht nur er, sondern die ganze zivilisierte Welt mit ungläubigem Schrecken hatte wahrnehmen müssen.

Die besondere Rolle, die »die deutscheste der Künste« (XI, 227) bei der Nationwerdung der Deutschen im 19. Jahrhundert gespielt hat, wird heute nicht in dem Maße gewürdigt, wie es geboten wäre. Gewichtige Belege dafür liefern die vor 1871 in Deutschland imaginierten Vorstellungen von nationaler Gemeinschaft. Gestützt auf diese ist die amerikanische Historikerin Celia Applegate zu dem Schluss gekommen, dass die Musik von Ausschlag gebender Bedeutung war für die Ausbreitung eines deutschen Nationalgefühls – von größerer Bedeutung als die Literatur.[16] Ohne Zweifel hätte Thomas Mann diesem Befund zugestimmt, denn praktisch alle seine Anmerkungen zur Rolle der Musik, zumal Wagners, kreisen um den zentralen Nexus von deutscher Musik und nationaler Identität. Dieser Nexus soll im Folgenden analysiert und erhellt werden. Zu fragen ist jedoch zunächst nach der Bedeutung der Musik für das Werk Thomas Manns, nach seinem Begriff von deutscher Musik und nach der Rolle der Musik in seinen Deutschlandbildern. Wie hat er auf die politische Instrumentalisierung Wagners reagiert? Und wie haben alle diese Elemente auf das Buch eingewirkt, in das sein Nachdenken über den Nexus von Musik und Geschichte mündet – den *Doktor Faustus*?

* * *

In der einen oder anderen Weise handelt die Mehrzahl seiner Erzählwerke von den Wirkungen der Musik. Typischerweise löst die Begegnung mit der Musik die Rückkehr der verdrängten dionysischen Lebensenergien aus, wie zuerst in *Der kleine Herr Friedemann,* Thomas Manns Durchbruchsgeschichte. Die Begegnung mit der Musik ist schicksalbestimmend, sie endet oft tödlich. Die Wiederkehr des verdrängten Dionysischen bringt Gustav von Aschenbach den Tod, bezeichnenderweise in Venedig, der Stadt von Wagners Tod. Der Verfall der Buddenbrooks wird in entscheidendem Maße durch die Begegnung mit der Wagner'schen Musik beschleunigt. Und die bunte, todgeweihte Gesellschaft des *Zauberberg,* allen voran Hans Castorp, der »einfache« Held des Romans, werden das Opfer jenes »Seelenzaubers mit finsteren Konsequenzen« (5.1, 989f.), der von der deutschen Musik ausgeht. Manns Werk lässt somit eine wachsende Einsicht erkennen, dass die öffentliche Sphäre mit der privaten aufs engste verquickt ist und dass die Katastrophen des Kollektivs in den von der Musik induzierten geistigen Abenteuern des Individuums vorgezeichnet sind.

Im *Doktor Faustus* hat Thomas Mann die politischen Konsequenzen sowohl der individuellen als auch der kollektiven Musikidolatrie manifest zu machen versucht. Der Roman wurde schon bei seinem ersten Erscheinen als anstößig empfunden; er ist bis heute das umstrittenste Werk dieses Autors geblieben. Nichts an diesem Buch hat sich als anstößiger erwiesen, zumal unter Musikern und Musikliebhabern, als die implizite These, dass Deutschlands Hinwendung zum Nationalsozialismus in gewissem Maße aus seinem Musikkult herzuleiten sei – dass Deutschland den Weg in die Barbarei nicht etwa trotz seiner viel berufenen Musikliebe gegangen ist, wie das humanistische Klischee es will, sondern gerade aufgrund seiner Musikidolatrie. Um zu klären, wie sich diese auf den ersten Blick überzogen und abwegig anmutende These gerade bei diesem Autor hat bilden können, ist es notwendig, die entscheidende Wandlung zu erhellen, die sich in seiner Einstellung zu Wagner und damit in seiner Auffassung von deutscher Musik vollzog. In diesem Prozess wurzelt letztlich die Konzeption des Romans.

Hier sind zunächst die *Betrachtungen eines Unpolitischen* ins Auge zu fassen, seine erregte und vielfach anfechtbare Kriegsschrift, die 1915 begonnen und 1918 veröffentlicht wurde. In diesem monströsen Essay – teils Charakteristik der deutschen Kultur, teils intellektuelle Autobiografie – bildet die Beziehung von Musik und nationaler Identität den eigentlichen Kern der Argumentation. Damit ist dieses Buch als ein Meilenstein zu betrachten auf dem schlüpfrigen Pfad der Politisierung der Musik. Mit der ihm eigenen Selbstreflexivität wird diese Einsicht in den *Betrachtungen* selbst artikuliert: »Aber Anti-Politik ist auch Politik, denn die Politik ist eine furchtbare Macht: *Weiß* man auch nur von ihr, so ist man ihr schon verfallen.« (XII, 415) In dem großen Krieg ging es nach seiner Überzeugung um das Recht Deutschlands, anders zu sein als die westlichen Demokratien und an einer Kultur festzuhalten, in der nicht der Politik, sondern der Musik die Priorität eingeräumt wird, was de facto einem Votum für die Monarchie und gegen die Demokratie gleichkam. Die Meinung, dass Krieg herrsche zwischen dem »Geist des Lohengrin Vorspiels und der internationalen Eleganz« (XII, 80), wirft ein besonders grelles Licht auf diese musikbesessene Sicht der Dinge wie auch die höchst charakteristische Rede von der Politik »*als Verdrängerin der Musik*« (XII, 303). Was ihn angehe, so bezeichnet er sich als einen, dem das Werk Wagners »die Heimat seiner Seele« (XII, 80) bedeutet. Es versteht sich, dass die seelische Heimat nicht weniger entschieden zu verteidigen ist als die geographische.

Unerachtet der Tatsache, dass er sich noch 1911 überaus distanziert zu Wagner geäußert hatte, liegt ihm nun, nach Ausbruch des Krieges, alles daran, seine Anhänglichkeit an die Musik, die ihn geprägt hat, hervorzukehren. Zu diesem Zweck liefert er in den *Betrachtungen* eine Vignette jenes musikalischen Erlebnisses vor zwanzig Jahren in Rom, das ihn von dem transnationalen Charakter der Wagner'schen Musik überzeugt hat. Er beschreibt ein Platzkonzert auf der Piazza Colonna vor einem Publikum, das gespalten ist in Anhänger der italienischen Musik und Verehrer Wagners. Man spielt die Trauermusik für Siegfried; sie wird beklatscht, aber – eine Geste des »nationalen Protests« – auch ausgebuht. Unbeirrt davon lässt Alessandro Vessella, der Dirigent und Anwalt Wagners in Italien, sein Vorzugsstück wiederholen. Diesmal wird schon in die Musik hineingepfiffen und -gejohlt. Was dann geschah, hat sich dem jungen Thomas Mann unauslöschlich eingeprägt: »Aber nie vergesse ich, wie unter Evvivas und Abassos zum zweiten Male das Nothung-Motiv heraufkam, wie es über dem Straßenkampf der Meinungen seine gewaltigen Rhythmen entfaltete, und wie es auf seinem Höhepunkt, zu jener durchdringend schmetternden Dissonanz vor dem zweimaligen C-Dur-Schlage, ein Triumphgeheul losbrach und die erschütterte Opposition unwiderstehlich zudeckte, zurücktrieb, auf längere Zeit zu verwirrtem Schweigen brachte …« (XII, 81). Thomas Mann präsentiert nun diese Szene als die Geburtsstunde seines Nationalismus, der augenscheinlich in nichts weiter als in der Liebe zur deutschen Musik gründet und von daher nichts Aggressives an sich haben kann. Ja, mehr noch, die sehr »deutsche« Musik Wagners ist gleichzeitig auch gesättigt von einem transnationalen Geist, denn dass diese Musik sogar in Rom Triumphe zu feiern vermag, beweist schlagend ihre universelle Ausstrahlung und Akzeptanz.

Wie die große Mehrheit der Deutschen, die den Krieg als »heiligen« Verteidigungskrieg sehen wollten, verkannte auch Thomas Mann den aggressiven Charakter der Politik des Deutschen Reiches. Der Autor der *Betrachtungen* war noch nicht fähig zu erkennen, was erst der Autor des *Doktor Faustus* zu begreifen gelernt hatte: dass nämlich der patriotische Stolz auf den weltweiten Triumph Wagners einen weithin für selbstverständlich erachteten Anspruch auf kulturelle Hegemonie implizierte, der sich nur allzu leicht in einen Anspruch auf politische Hegemonie umfunktionieren ließ.

Wie sehr der verbreitete Stolz auf das weltweit hohe Ansehen der deutschen Musik und des deutschen Bildungswesens eine explosive politische Eigendynamik besaß, bezeugt eine Schrift des Historikers Ernst Bergmann von 1915, die ihr aggressives, hegemoniales Programm schon im Titel annonciert: *Die weltgeschichtliche Mission der deutschen Bildung*. Darin wird argumentiert, dass »dem Umkreis der deutschen Bildung […] der menschheitsbefreiende und menschheitserlösende Gedankenkern innehaftet, der uns berechtigt, die Welt in jenem höheren Sinne zu germanisieren«. Wenn es gelänge, diesen entscheidenden Punkt den Deutschen zu erklären, »dann wäre auch ein Krieg um Deutschlands Weltmachtstellung ein wahrhafter Krieg, ein Kreuzzug der besseren Menschheit wider die schlechtere […] ein heiliger Krieg«.[17]

Der Prozess der Politisierung der Musik, der 1914 gleichsam einen Quantensprung machte, hat demnach ein komplexeres Gepräge als weithin angenommen. Eckhard John hat, indem er die fatale Karriere des Schlagworts »Musikbolschewismus« beschrieb, einen entscheidenden Aspekt der Politisierung herausgearbeitet, doch eben nur diesen einen Aspekt.[18] Der andere, historisch womöglich wirksamere, liegt in dem um 1914 omnipräsenten Argument von der deutschen Bildungs- beziehungsweise Musik-Hegemonie beschlossen. Während der Begriff »Musikbolschewismus« als Reaktion auf die Ereignisse von 1918/19 zu begreifen ist – also der Ausrufung der Republik und dem Gespenst der Sowjetisierung – und letztlich als Indiz eines Abwehr- und Stigmatisierungsverlangens gegenüber der musikalischen Avantgarde zu deuten ist, weist der Gedanke der zur Hegemonie berufenen deutschen Kultur eine ganz andere Genealogie auf. Dieser Kulturimperialismus beherrschte die erhitzten Gemüter schon von Anfang des Krieges an, hat jedoch tiefere historische Wurzeln. Der große Bestseller auf dem Gebiet der politischen Publizistik in der Vorkriegsepoche war *Der deutsche Gedanke in der Welt* von Paul Rohrbach – ein Buch, das als repräsentativ gelten darf für die grundsätzlich expansive Mentalität der Wilhelminischen Epoche. Rohrbach, ein Befürworter des deutschen Kolonialismus, begründet ausführlich den deutschen »Anspruch auf ein entscheidendes Mitgestaltungsrecht am kommenden Weltalter« und fordert die »kulturelle Durchdringung der erstrebten Einflußgebiete«, denn die in der Welt weitgehend verkannte Eigenart und Überlegenheit der deutschen Kultur rechtfertige die zum Überleben des deutschen Volkes notwendige Expansion.[19] Vor allem aber ist der deutsche Kulturimperialismus eine tendenziell aggressive Denkfigur, die dazu diente, den deutschen Expansionswillen kulturell zu legitimieren. Thomas Mann war mit beiden Aspekten der Politisierung der Musik vertraut, wie der *Doktor Faustus* belegt; für ihn besaß aber der Glaube an die Suprematie der »deutschen« Musik ersichtlich den psychologisch wie mentalitätsgeschichtlich höheren Erkenntniswert.

Es ist überaus bezeichnend für die autobiographische Grundierung des *Doktor Faustus*, dass auch der fiktive »deutsche Tonsetzer« Adrian Leverkühn die Freiluftkonzerte auf der Piazza Colonna in Rom besucht (VI, 291). Was aber den Roman am engsten mit den *Betrachtungen* verbindet, ist die Prämisse, dass die Musik zentral ist in jeglichem Versuch, die deutsche Identität zu beschreiben. Wie dies konkret zu verstehen ist, zeigt ein Artikel von 1917, *Musik in München*, in dem von der Musik emphatisch als der »Nationalkunst« der Deutschen die Rede ist. Sie ist die Nationalkunst, weil sie in höherem Maße als die Literatur und die Politik die Macht hat, »zu binden und zu vereinigen« (15.1, 199), wofür als Beispiel Franz Schuberts *Winterreise* und Richard Wagners *Ring des Nibelungen* angeführt werden. Mann war ersichtlich des Glaubens, dass die im Bildungsbürgertum weit verbreitete Liebe zu Schubert und Wagner sowie der gesamten deutschen Musikkultur, die durch diese Namen repräsentiert ist, als ein verborgenes Band fungiert, durch das die Nation in einer Krise wie der gegenwärtigen seinen inneren Zusammenhalt zu finden und die seelischen Kräfte zum Sieg zu sammeln vermag.

In der traumatisierten Stimmung, die nach dem Krieg in München herrschte und die Hitler zum Sprungbrett diente, war die Beschwörung der deutschen Kultur als des einigenden Bandes keineswegs ungewöhnlich, sondern die Regel. Mann vermeinte damals noch in Hans Pfitzner das Paradebeispiel einer lebendigen deutschen Musikkultur zu erkennen. Dessen Musik, so bescheinigte er dem Komponisten in einer Geburtstagsrede, sei die am nötigsten gebrauchte und somit auch modernste, weil sie aus den Quellen des nationalen Lebens getrunken habe (15.1, 254). Ganz im Sinne von Pfitzners *Palestrina* ist er überzeugt, dass das Chaos ausbrechen würde, wenn Deutschland die historische Prüfung der gegenwärtigen Krise nicht bestünde.

Die Vorstellung von der Musik als dem die Deutschen einigenden Band wird weitergesponnen in einem Essay von 1920, der eine etwas kryptische Bemerkung enthält über das mystische Band der Deutschen zu ihrer Musik. Aufs Ganze gesehen repräsentiere Deutschland die »Verwirklichung seiner Musik«. Die deutsche Kultur sei einer Fuge zu vergleichen, in der eine Stimme nach der anderen hervortrete, mit der vorhergehenden harmonisiere und so »ein erhabenes Ganzes« darstelle (15.1, 294). Thomas Mann folgt in diesen hochfliegenden Mutmaßungen dem Beispiel Nietzsches, der an einer von ihm gern zitierten Stelle in *Jenseits von Gut und Böse* das Vorspiel zu den *Meistersingern* als ein »rechtes ächtes Wahrzeichen der deutschen Seele« gedeutet hatte (KSA 5, 180). Von der 1920 in München aufblitzenden Vision Deutschlands als der Verwirklichung seiner Musik zu dem 1943 in Kalifornien in Angriff genommenen Roman ist es konzeptionell nur ein kleiner Schritt. Historisch und biographisch betrachtet bedurfte es jedoch vieler kleiner Erkenntnisschritte, bis Thomas Mann jener Bindung der Deutschen an ihre Musik die fatale Rolle zuschreiben konnte, die ihr im *Doktor Faustus* zugeordnet ist. Dieser Erkenntnisprozess lässt sich heute unschwer rekonstruieren.

Als nach dem Krieg ein ressentimentgeladener Nationalismus in Deutschland tonangebend wurde, distanzierte sich Thomas Mann von seinem früheren Nationalismus, um fortan einem Liberalismus westlicher Prägung das Wort zu reden. Auf beiden Seiten wurde der Musik eine entscheidende Rolle zuerkannt. Während dem Nationalsozialismus das große Erbe der deutschen Musik dazu diente, seine politischen Ziele zu legitimieren[20], betrachtete es der *Zauberberg*-Autor mehr und mehr als seine Verantwortung, als Warner aufzutreten. Wovor er seit 1926 immer deutlicher warnte, war die politische Instrumentalisierung der Musik in Deutschland. Die Unvereinbarkeit der Positionen Thomas Manns und der Nazis wurde 1933 evident, als eine Gruppe von Wagnerianern in München die berühmte Wagner-Rede Thomas Manns zum fünfzigsten Todestag zum Anlass nahm, ihn als national unzuverlässig zu denunzieren. Der derart Denunzierte wertete den schamvollen *Protest der Richard-Wagner-Stadt München*, der unter anderen von drei Komponisten unterschrieben war – Hans Pfitzner, Richard Strauss und Siegmund Hausegger –, als einen Akt »nationale[r] Exkommunikation« (XIII, 91), der ihn ins Exil zwang.

Im September 1922 sprach Thomas Mann der von der Rechten wie von der Linken heftig bekämpften Weimarer Republik seine Unterstützung aus und appellierte an die deutsche Jugend, desgleichen zu tun. Damit sagte er sich *de facto* von seinen früheren Gesinnungsfreunden los, die in der neuen Republik nichts als den Nährboden für den Verderb der deutschen Kultur durch Amerikanismus und Kulturbolschewismus erblickten. Dies war die historische Stunde Hans Pfitzners, der sich in den ersten Nachkriegsjahren vielfach als Bannerträger des musikalischen Konservativismus profilierte.[21] Für ihn und seine Freunde war der *Zauberberg*-Autor nach seinem Eintreten für die verhasste Republik ein Abtrünniger. Da war mit einem Mal vergessen, dass Mann nach der Uraufführung des *Palestrina* unter Bruno Walter diesem Hauptwerk Pfitzners eine bis heute unerreichte Würdigung schrieb (XII, 407–423), in der er diese stark wagnerisierende »musikalische Legende« als Beleg für die unverminderte Vitalität der deutschen Musik feierte. Dass dann Pfitzner, als es opportun schien, mit Hans Knappertsbusch einer der Rädelsführer war, die 1933 die Protestaktion gegen Thomas Mann angezettelt haben, ist auf eine grimmige Art nur folgerichtig.

Unter den seit 1922 veränderten Vorzeichen verfolgte Thomas Mann auch die sich mehrenden Anzeichen einer politischen Liaison zwischen Bayreuth und der damals noch wenig beachteten Hitler-Bewegung. Am 1. Oktober 1923 war Hitler mit offenen Armen in Haus Wahnfried empfangen worden, worauf Houston Stewart Chamberlain und Winifred Wagner ihn zum künftigen Retter Deutschlands vor der tödlichen Bedrohung durch das Judentum proklamierten.[22] Im Jahr darauf wurden nach zehnjähriger Unterbrechung die Bayreuther Festspiele wieder aufgenommen; sie gestalteten sich sogleich zum Wallfahrtsort der konservativen Gegner der Weimarer Republik. Hitler, der, wenige Wochen nachdem er seine Bayreuther Weihen empfangen hatte, einen Putschversuch unternahm und dafür eine Gefängnisstrafe abbüßte, war 1924 noch nicht dabei; von 1925 an jedoch war er in Bayreuth ein gern gesehener Gast.[23] Als ihm 1933 die Macht zufiel, sorgte er dafür, dass die Festspiele zum kulturellen Schaufenster und zur weltanschaulichen Kultstätte des Dritten Reiches erhöht wurden – unter dem euphorischen Jubel aller deutschgesinnten Wagnerianer. Keinem wachsamen Beobachter konnte entgehen, dass hier eine Allianz geschlossen worden war zwischen dem Flaggschiff der deutschen Musikkultur und den Mächten des Bösen.

Thomas Mann verfolgte diese Vorgänge mit wachsendem Ekel. Die Wiedereröffnung der Bayreuther Festspiele kommentierte er mit dem Bekenntnis: »Aber Bayreuth, wie es sich heute darstellt, interessiert mich gar nicht, und ich muß glauben, auch die Welt wird es nie wieder interessieren.« (15.1, 787) 1925 protestierte er zum ersten Mal öffentlich gegen die politische Instrumentalisierung Wagners durch die Nazis und ihre Sympathisanten, denen er vorwarf, den Wagner Baudelaires und Nietzsches zu verhunzen und ihn zum Schutzherrn einer »höhlenbärenmäßigen Deutschtümelei« (15.1, 1022) zu missbrauchen. Ebenfalls 1925 kündigte ihm Pfitzner formell die Freundschaft – taktvollerweise zu Manns fünfzigstem Geburtstag – unter Hinweis auf die unüberbrückbaren politischen Differenzen.[24] Wenige Wochen nach dem 30. Januar 1933 nahm Pfitzner, der sich schon früh als Hitler-Sympathisant geoutet hatte, die Gelegenheit wahr, Thomas Mann seinen politischen Verrat heimzuzahlen. Neben der angeblichen »Verunglimpfung« des »großen deutschen Meister[s] Richard Wagner«[25] war es offenbar der Rekurs auf die Freud'sche Psychoanalyse, die bei den Antisemiten vom Schlage Pfitzners geradezu chimärische Angstvisionen auslöste: der deutscheste der Komponisten interpretiert im Geiste eines Artfremden!

Die von Pfitzner und dem Dirigenten Hans Knappertsbusch gemeinsam zu verantwortende Denunziation des Schriftstellers erwies sich als der Keil, der ihn von seinem Vaterland trennte – endgültig, wie sich herausstellen sollte. Unmöglich konnte Mann die tödliche Bedrohung übersehen, die in dem pointierten Hinweis gleich zu Beginn des Pamphlets auf »die nationale Erhebung« enthalten war, die nun »ein festes Gefüge« angenommen habe. Dies bezog sich auf die Wahlen vom 6. März 1933 sowie das kurz danach beschlossene Ermächtigungsgesetz. Die Anspielung auf Hitler, den obersten Wagnerianer und neuen Schutzherrn der »deutschen« Musik, barg die größte Gefahr. Thomas Mann las die Zeichen der Zeit also richtig, als er sich entschloss, von seiner Vortragsreise unmittelbar nach seiner Münchner Rede nicht wieder nach München zurückzukehren. Offenbar ahnte er[26], dass er, wie wir heute wissen, im Fall seiner Rückkehr in Schutzhaft genommen und in das im März 1933 in Betrieb genommene Konzentrationslager Dachau eingeliefert worden wäre.[27]

* * *

In der uferlosen Literatur zum *Doktor Faustus* wird die Relevanz dieser Vorgänge für die Konzeption des »Musikromans« merkwürdigerweise kaum zur Kenntnis genommen. Dabei ist leicht abzusehen, dass sich für Thomas Mann in seiner persönlichen »nationalen Exkommunikation« lediglich die Spitze eines Eisberges abzeichnete. Was sich dahinter verbarg, war eine weit reichende Verkettung von Musik und Politik, die sein Verständnis der Antezedenzien des Ditten Reichs entscheidend prägten. Wenn eine politisch missliebige Rede über Wagner den Verlust von Haus und Heimat zur Folge haben kann, dann ließ dies darauf schließen, dass die »deutsche Musik« und ihr Erbe von den neuen Machthabern usurpiert worden waren. Am quälendsten war jedoch das Bewusstsein, dass auch er, in erster Linie durch die *Betrachtungen,* in den folgenreichen Prozess der politischen Instrumentalisierung der deutschen Musik verstrickt war. Vor diesem Hintergrund erlangte der Gedanke an einen Roman, in dem Deutschland als die »Verwirklichung seiner Musik« konzipiert sein würde, eine beträchtliche Plausibilität, ja Dringlichkeit. Im Januar 1943 wurde in Casablanca die bedingungslose Kapitulation Deutschlands zum Kriegsziel erklärt; kurz darauf, in Stalingrad, wendete sich auch militärisch das Blatt gegen Deutschland. Das Ende des Dritten Reiches zeichnete sich mit schrecklicher Deutlichkeit ab. Die Zeit für eine autobiographische und historische Abrechnung war gekommen. *Doktor Faustus,* ein lang gehegtes, nun aber mit neuem, aktuellem Inhalt angereichertes Projekt, verlangte geschrieben zu werden. Dazu war Thomas Mann, der zum Outsider gewordene Insider, geradezu prädestiniert in des Wortes doppeltem Sinne von ›ausersehen‹ und ›verdammt‹.

Dass die hier nachgezeichneten Vorgänge in der Tat im Roman ihre Spuren hinterlassen haben, belegen die offenen und verdeckten Anspielungen auf Richard Strauss und Hans Pfitzner, die beiden prominentesten Unterzeichner des Münchner Protests.[28] Diese Anspielungen sind in die musikhistorische Kodierung des *Doktor Faustus* eingearbeitet und gehören zu dem zentralen Themenkomplex der Kreativität und ihrem prekären Stand. Im Übrigen ist zu betonen, dass auch Manns lebenslange Auseinandersetzung mit Wagner und dessen »wehvolle[m] Erbe«, in der die Münchner Protestaktion eine deutliche Zäsur markiert, den Geist und die Struktur des Romans entscheidend geprägt hat.[29]

Mit den hier skizzierten Zusammenhängen soll jedoch keineswegs suggeriert werden, wovon die Mehrzahl der *Doktor-Faustus*-Interpreten missverständlicherweise auszugehen scheint, nämlich dass der Roman als eine Allegorie auf Hitler und das Dritte Reich aufzufassen sei. Interpreten, die das Buch in dieser Erwartung lesen, finden sich sehr bald in einer hermeneutischen Sackgasse, in der sie sich gezwungen sehen, konzeptionelle Unstimmigkeiten zu konstatieren, wo doch ihre eigene Voreingenommenheit als der eigentliche Grund ihrer Ratlosigkeit zu erkennen ist. Ein besonders aufschlussreiches Beispiel, das für zahllose andere steht, bietet ein übrigens glänzender Essay über *»Doktor Faustus«, die Musik und das deutsche Schicksal* von Joachim Kaiser, Deutschlands bekanntestem Musikkritiker. Kaiser ist Musikkritiker und Literaturkritiker in einem, ein Rarissimum in der deutschen Kulturlandschaft und somit doppelt befähigt, den Mann'schen Musikroman zu würdigen. Und in der Tat, Kaiser lässt sich in seiner Bewunderung für den *Doktor Faustus* von niemandem so leicht überbieten. »Der ›Doktor Faustus‹«, so der Münchner Kritiker, »ist der musikerfüllteste und intelligenteste Künstler-

Roman der deutschen Literatur, wenn nicht der Weltliteratur.«[30] Was die Musikdarstellung angeht, Manns Fähigkeit, »Musikverläufe zu verbalisieren«, bescheinigt Kaiser, der selbst ein Meister ist in dieser Kunst, dem *Faustus*-Autor »herrliche, unübertreffliche Formulierungskunst«.[31] Diese Lobpreisungen, die leicht zu vermehren wären, beginnen jedoch hohl zu klingen, sobald sich herausstellt, dass unser musikalisch-literarischer Arbiter mit dem eigentlich springenden Punkt des Ganzen, der Erhellung des Nexus von deutscher Musik und deutscher Geschichte, letztlich nichts anzufangen weiß. In dieser Hinsicht verbaut sich Kaiser selbst den Zugang, indem er dem Roman eine Absicht unterstellt, die er nicht hat und nicht haben kann – eine überaus bezeichnende Reaktion, die ihrerseits Aufschluss gibt über den sehr spezifischen Erwartungshorizont des Interpreten.

Kaisers Gravamina gegen den Roman finden ihre zugespitzteste Formulierung in dem Satz: »Er setzt gleich, was sich nicht gleicht.« Was nach dieser Lesart »irgendwie« gleichgesetzt sein soll in diesem Roman, sind einerseits typische »Künstlersorgen«, wie etwa die »Durchbruchssehnsucht« eines modernen Komponisten, und andererseits »Hitler-Krieg und Faschismus«. Kaiser schmeichelt sich, an den *Faustus* »mit aufgeklärtem, nüchtern-demokratischem Blick« heranzugehen; und so gesehen sei Leverkühns Teufelsverschreibung höchstens eine poetisch »plausible Metapher für den scheiternden Genius unseres Volkes« – aber keine logisch plausible: »Diese Metapher ist wahrlich mehr dichterisch als realistisch aufklärerisch.«[32] Was der Roman nach Kaisers Auffassung und der vieler deutscher Leser seiner Generation hätte leisten sollen, in aufgeklärt demokratischem Geist, ist eine Herleitung der deutschen Katastrophe aus »Arbeitslosigkeit, verhetzter Massengesellschaft, deutschem Ressentiment, falscher Politik, Versailles und schwarzem Freitag«, also Faktoren, die unmittelbar nach dem Krieg bemüht wurden, um den Irrgang Deutschlands zu erklären, und die an das eigene Erleben derer heranreichen, die durch den Zufall ihrer zu frühen Geburt mehr oder weniger gezwungen waren mitzumachen. Diese unmittelbare historische Erfahrung von Leid und Scham überlagert und verdunkelt offenbar den Blick für das, was der Roman wirklich leisten will: eine Diagnose der deutschen Mentalität, die die Akzeptanz des Nationalsozialismus überhaupt erst ermöglicht hat. Diese Mentalität hatte sich bereits in der von Wagner beherrschten Epoche vor 1914 herausgebildet; sie war gekennzeichnet durch einen an der deutschen Musik festgemachten Superioritätswahn, der ein musikalisches wie auch politisches Hegemoniestreben zeitigte.

Nicht zu übersehen ist, dass in Kaisers letztendlich ablehnender Auffassung des Romans – und darin darf sein Urteil als repräsentativ gelten für die Mehrheit der deutschen Kritiker des *Doktor Faustus* – ein diskret exkulpatorisches Moment auszumachen ist. Seiner Argumentation ist ein Subtext andeutungsweise eingeschrieben, der besagt: Wer Versailles und die Arbeitslosigkeit nicht als mildernde Umstände in Betracht zieht, ist nicht befugt, über deutsche Schuld zu handeln. Nicht zu übersehen ist schließlich auch der Widerwille, den »scheiternden Genius unseres Volkes« ausgerechnet an der Musik scheitern zu lassen, also gerade an dem kulturellen Erbe, das vielen als die teuerste Hervorbringung der deutschen Kultur galt und immer noch gilt.

Um die Kaiser'sche Verstehensbarriere auf den Punkt zu bringen: Es besteht keine Parallelität zwischen dem deutschen Tonsetzer Leverkühn und dem »Führer«. Die Kategorie, die dem Verhältnis von Musik und Geschichte in diesem Roman am angemessensten ist und seinen Grundriss am besten erhellt, ist die der Antizipation. Mentalitätsgeschichtlich betrachtet antizipiert die geistige Verfassung von Leverkühns Deutschland die Hinwendung zur Barbarei. Anders ausgedrückt: Der Geist, in dem bestimmte Werke dieses deutschen Tonsetzers konzipiert sind, weist auf den Geist des Nationalsozialismus voraus. In diesem Sinne wird schon zu Beginn von Leverkühns Lebensgeschichte mit dem Verweis auf die biblische Rede von Saat und Ernte ein schlüsselhaftes Zeichen gesetzt: »Wer da Wind säet, [wird] Sturm ernten« (VI, 50). Leverkühns kreative Lebenszeit liegt denn auch vor dem Aufkommen des Nationalsozialismus. Musikhistorisch gesprochen handelt es sich um die post-Wagner'sche Ära; nicht zufällig ist es dieselbe historische Situation, in die Thomas Mann selbst sich als literarischer Erbe Wagners hineingestellt fand.

Ein besonders gewichtiges Beispiel mentalitätsgeschichtlicher Antizipation liegt im 14. Kapitel vor, das im Jahre 1905 spielt und von den nicht enden wollenden nächtlichen Gesprächen unter den Hallenser Kommilitonen Leverkühns erzählt. Sie alle sind auf eine naiv hochmütige Weise nationalistisch gesinnt, wie denn auch ihre Wortführer so sprechende Namen tragen wie Deutschlin, Teutleben, Hubmeyer u. a. mehr. Andere Nationen, verkündet Deutschlin selbstgefällig, haben es leichter als die Deutschen: »Die Russen [...] haben Tiefe, aber keine Form. Die im Westen Form, aber keine Tiefe. Beides zusammen haben nur wir Deutsche.« (VI, 166) In dem weltfremden Wandervogel-Idealismus dieser akademischen Jugend steckt eine schneidende intellektuelle Arroganz, an der auch Leverkühn stillschweigend teilhat und die zu einem späteren Zeitpunkt seiner Laufbahn entscheidend zum Tragen kommen wird. Verborgen in diesen ziellosen Reden ist nämlich die »Sehnsucht« nach »neuen Ordnungskräften« und das »Trachten nach neuen Ganzheitsordnungen« (VI, 167), die Leverkühn zu dem Komponisten machen werden, als der er später vor uns steht, und die diese Jugend für den Nationalsozialismus empfänglich machen. Genau betrachtet ist die ganze Atmosphäre, in der sich Leverkühns Sozialisation vollzieht, gesättigt von dem Stolz auf die kulturellen Errungenschaften Deutschlands und die Superiorität seiner Musik, die Form *und* Tiefe besitzt. So finden wir im Kern der Leverkühn-Figur die alte Kardinalsünde der *superbia*, die schon den Doktor Faust des alten Faustbuchs auf den Weg der Verdammnis führte. Sie treibt auch noch den modernen faustischen Künstler in die Arme des Teufels, denn Leverkühn überzeugt sich davon, dass die Überwindung der tiefen Krise, in die die Musik nach Wagner geraten ist, und damit die Sicherung der musikalischen Hegemonie Deutschlands nur mehr mit der Hilfe dämonischer Mächte zu bewerkstelligen ist.

Der eminent deutsche Charakter der Leverkühn-Figur ist schon in dem Ort seiner Herkunft angelegt, der fiktiven, doch klüglich konstruierten Stadt Kaisersaschern, die unverkennbar als Emblem des Deutschtums fungiert. Leverkühns Musik, so wird uns wiederholt versichert, ist »Musik von Kaisersaschern« (VI, 113, 501), will sagen: repräsentativ »deutsche« Musik. Was ist damit gemeint? Kaisersaschern wird uns vorgestellt als eine Stadt, in der die »Sonderlinge und harmlos Halb-Geisteskranken« zum »Ortsbilde gehören« wie die »alten Baulichkeiten« (VI, 52). Die Sonderlinge sind als Symptome einer latenten kollektiven Neurose aufzufassen, die in der spätmittelalterlichen Atmosphäre der Stadt bestens gedeiht. Diese latente, offenbar ererbte Neurose verführt die Kaisersascherner gelegentlich zu irrationalen Handlungen wie Bücherverbrennungen und ähnliche Atavismen. Auch Leverkühn besitzt diese

Disposition. Die extremste und folgenreichste Manifestation dieses Kaisersascherner Erbteils ist sein Entschluss, mittels einer syphilitischen Infektion seine Kreativität zu steigern – ein für das Vabanquespiel dieses Künstlertyps charakteristischer Aberglaube an die »geniewirkend[e]« (VI, 471) Macht dieser Krankheit.

Kaisersaschern ist aber hauptsächlich eine Stadt der Musik, wofür das fabelhafte, die »akustische Phantasie« (VI, 57) stimulierende Instrumentenlager Nikolaus Leverkühns zeugt. Im Haus seines Onkels kommt Adrian zuerst mit bedeutender Musik in Berührung, den Streichquartetten Haydns und Mozarts. Hier beginnt er, mit Akkorden zu experimentieren, und hier schon zeichnen sich an seinem geistigen Horizont die Umrisse einer spezifisch deutschen Musikauffassung ab, wenn er zu der Erkenntnis kommt, »›Ordnung ist alles. […] Alles ist Beziehung […]. Musik [ist] die Zweideutigkeit […] als System.‹« (VI, 64 ff.) Diese frühen Einsichten bleiben für ihn verbindlich. Die Stadt hat zwar eine entschieden provinzielle Physiognomie, aber die Atmosphäre im Haus des Onkels ist alles andere als beschränkt. Nikolaus Leverkühn beschäftigt einen Italiener als Assistenten, und sein Instrumentenlager lockt Besucher aus nah und fern. Die geschäftlichen Kontakte des Hauses Leverkühn erstrecken sich in alle Musikzentren der Welt bis nach New York. Kaisersascherns Verbindungen zur großen Welt laufen über die Musik, die somit schon von ihrem Ursprung her einen für das Verhältnis von Musik und Geschichte grundlegenden Doppelcharakter hat: Sie ist sowohl provinziell als auch kosmopolitisch, deutsch und universal.

Auch die Gestalt des Kaisers, der im Dom zu Kaisersaschern begraben liegt und von dem die Stadt den Namen hat, verweist auf einen Doppelcharakter – den des Deutschtums selbst. Offenbar kam es Thomas Mann sehr darauf an, Kaisersaschern mit dem mittelalterlichen Kaiser Otto III. zu verknüpfen, denn er setzte sich über den allgemein bekannten Tatbestand hinweg, dass dieser Kaiser in Aachen begraben ist. Diese augenfällige »Korrektur« des Überlieferten ist in ihren Konsequenzen durchaus vergleichbar mit der Entscheidung, den modernen Faust zu einem Musiker zu machen – eine Konzeption, die dem Autor des Faustbuchs oder selbst Goethe noch wenig plausibel erschienen wäre, da die Musik in Deutschland erst in und mit der Romantik ihren repräsentativen Status erlangte. Dass diese beiden Eigenwilligkeiten – Faust als Musiker, Otto III.

als Schlüsselfigur – aufeinander bezogen sind, erhellt aus dem Hinweis: »Nicht umsonst war er der Sohn der Stadt, in der Otto III. begraben lag.« (VI, 220) In dem Maße also, in dem Leverkühn »Musik von Kaisersaschern« komponiert, produziert er auch eine Musik, in der sich etwas vom Geiste Ottos III. artikuliert. Dieser Kaiser aber – ein Sachse auf dem Thron des Heiligen Römischen Reiches Deutscher Nation; ein Deutscher, der lieber Grieche oder Römer gewesen wäre – ist geradezu als die Verkörperung der »deutsche[n] Selbst-Antipathie« (VI, 51) markiert. Mann folgt hier Erich Kahler, seiner Hauptquelle[33], und setzt Otto III. als repräsentativ für die beiden widerstreitenden Tendenzen im Deutschtum selbst: das Verlangen, deutsch zu sein und gleichzeitig etwas ganz Anderes, Nichtdeutsches. In Otto III. zeichnet sich für Kahler wie für Mann ein verhängnisvolles Muster ab im Verhältnis der Deutschen zur Welt. Es ist gestört, sodass das Pendel hin- und herschwingt zwischen der Zielvorstellung eines »europäischen Deutschland« und eines »deutschen Europa« (VI, 229). Der von Geographie und Geschichte dem deutschen Charakter eingeschriebene Universalismus trägt somit zwei widersprüchliche Gesichter; er kann eine wohltätige wie eine zerstörerische Form annehmen. Auch Leverkühns Musik – dies ist der entscheidende Punkt ihrer Verknüpfung mit Kaisersaschern und Otto III. – ist doppelgesichtig und widersprüchlich: Sie ist deutsch und universal zugleich, doch ihr Universalismus kann ins »Gute« wie ins »Böse« ausschlagen.

Leverkühns Laufbahn als Musiker zeigt zunächst in Richtung auf einen »guten«, kosmopolitischen Universalismus. Das ist zum großen Teil das Verdienst seines Mentors, Wendell Kretzschmar, eines deutschstämmigen Amerikaners, der ihn nicht nur mit der Musik deutscher Komponisten bekannt macht, sondern auch seinen Horizont weit über die deutschen Grenzen hinaus erweitert. Wer sich zudem vor Augen hält, dass ein bedeutender deutscher Musikwissenschaftler des gleichen Namens, Hermann Kretzschmar, eine strikt deutsche Musikpolitik befürwortete, wird nicht umhinkönnen, in Thomas Manns Namenswahl eine gezielte Ironie zu erblicken.[34] Durch Kretzschmar, der Berlioz schätzt, lernt der junge Leverkühn die zeitgenössische französische Musik Debussys und Ravels kennen, und von Kretzschmar wird er dazu angehalten, sich an stilistischen Modellen zu schulen, die »so unwagnerisch wie möglich« (VI, 218) sind. Leverkühns frühe Symphonie *Meerleuchten* dient als

Beleg, dass er diese Lektion spielend bewältigt hat. Unter seinen frühen Arbeiten sind bezeichnenderweise Vertonungen von Dante, Blake und Verlaine. Seine erste Oper, *Love's Labour's Lost*, benutzt statt einer deutschen Fassung das Shakespeare'sche Original. Es handelt sich dabei um eine *opera buffa*, die in dem internationalen Idiom des Neoklassizismus komponiert ist, wie übrigens auch seine zweite Oper, eine Puppenoper über den heiligen Gregor, die eine unverkennbare stilistische Affinität zu Igor Strawinskys *L'Histoire du soldat* kennzeichnet. All dies lässt Leverkühn wenig geeignet erscheinen zum Repräsentanten einer spezifisch deutschen Musik.

Doch diese frühen, transnational ausgerichteten Kompositionen beleuchten lediglich die eine Seite seines kreativen Potenzials. Die andere, emphatisch deutsche Seite gewinnt im 22. Kapitel, dem musiktheoretischen Herzstück des Romans, entschieden die Oberhand. Leverkühn ist an einem Scheideweg angelangt; er muss erkennen, dass die kompositorischen Möglichkeiten des überkommenen Idioms erschöpft sind. Allein die Parodie älterer Musik verspricht noch gewisse Reize. Es droht die Sterilität und damit der Niedergang der ganzen deutschen Kultur, da man gewohnt ist, in der Musik deren genuinste Gipfelleistung zu erblicken. Die »Gefahr des Unschöpferischen« ist für ihn, wie er sich im 25. Kapitel eingesteht, ein »schon fix und fertiges Faktum« (VI, 320). Die Furcht, dass die große deutsche Musiktradition an ihr Ende gelangt sein könnte, war zu Beginn des 20. Jahrhunderts, als das Schlagwort vom »Finis musicae« (XII, 415) die Runde machte, weit verbreitet und durchaus zeittypisch. Sie ist bei dem konservativen Revolutionär Arnold Schönberg genauso anzutreffen wie bei seinem Antipoden, dem selbstbewussten Reaktionär Hans Pfitzner. Sie motiviert letztlich auch Leverkühn, der zu der Überzeugung gelangt ist, dass unbegrenzte Freiheit beim Komponieren Sterilität zeitigt und somit das Ende der deutschen Kultur heraufbeschwört. Neue kreative Möglichkeiten eröffnen sich paradoxerweise nur dann, wenn sich die Komponisten eine neue Ordnung selbst auferlegen. Leverkühn ist bereit, sich sogar einer »Barbarei [zu] erdreisten« (VI, 324), um dem drohenden Verlust der Führungsposition der deutschen Musik zu entgehen.

An diesem Scheideweg angekommen, zieht sich Leverkühn in die monastische Abgeschiedenheit von Pfeiffering zurück, um sich seiner

Deutschheit zu vergewissern. Und in der Tat, wenn er wenig später nach Italien reist, schleppt er mehr »Kaisersaschern« mit sich als gewöhnlich. Als ausschlaggebend erweist sich nun der Rekurs auf die große Tradition der absoluten Musik in Deutschland. Worin besteht ihre Größe? Worin gründete ihre Universalität? Es war Beethovens Entscheidung, so meint Leverkühn zu wissen, den Durchführungsteil der Sonatenform zur zentralen Aussage des musikalischen Diskurses zu machen – »zum Zentrum der gesamten Form«. Brahms unternahm einen weiteren entscheidenden Schritt; bei ihm erscheint die »variative Durchführung [...] noch durchgreifender und umfassender«. (VI, 254) Schon von Beethoven und Brahms her also zeigt das musikalische Material die Tendenz zur Ausschaltung der freien, ornamentalen und unthematischen Noten – mit anderen Worten: eine Tendenz zur »vollkommene[n] Organisation« (VI, 255). Der symphonischen Musik waren damit unerhörte Möglichkeiten subjektiven Ausdrucks eröffnet. Vor allem aber hatte der von Beethoven, Brahms und anderen erzielte Fortschritt der »deutschen« Musik die Vorherrschaft in der Welt gesichert.

Der Schluss, den Leverkühn aus diesen Reflexionen zieht, entbehrt nicht einer gewissen Konsequenz. Er erkennt, dass nur kraft eines neuen »selbstbereiteten Ordnungszwang[s]« (VI, 257) auf eine Überwindung der Sterilität und den Durchbruch zu einer neuen Ausdruckswelt zu hoffen ist. Gefordert ist die Rückkehr zu den archaischen Prinzipien des »strengen Satzes«, wenn das Ziel der vollkommenen Organisation erreicht werden soll. Im 22. Kapitel ist Leverkühn schon weit fortgeschritten auf diesem Weg. Nach dem Vorbild von Robert Schumann und ganz im Sinne Alban Bergs beginnt er mit esoterisch codierten Grundmotiven zu experimentieren, die die Form der ganzen Komposition bestimmen. Das belegen seine Vertonungen von Brentano-Gedichten, denn darin verwendet er zum ersten Mal jene Fünf-Noten-Chiffre (h-e-a-e-es), deren Auflösung auf die Prostituierte verweist, von der er das genialisierende syphilitische »Gift« empfangen hat: Hetaera Esmeralda. Hier wird zum ersten Mal die Organisation einer bestimmten Komposition durch die streng geregelten Permutationen einer Grundfigur festgelegt. Da es sich um eine in ihren Möglichkeiten beschränkte Figur von nur fünf Tönen handelt, sind dem Verlangen nach totaler Organisation hier noch Grenzen gesetzt. Aber Leverkühn weiß bereits: »Man müßte von hier aus weitergehen und aus den zwölf Stufen des temperierten Halbton-Alphabets größere Wörter bilden, Wörter von zwölf Buchstaben [...], aus denen das Stück, der einzelne Satz oder ein ganzes mehrsätziges Werk strikt abgeleitet werden müßte.« (VI, 255) Damit ist der Durchbruch zur Dodekaphonie vorgezeichnet. Zu diesem Zeitpunkt ist Leverkühn längst infiziert; die dämonische Aufputschung seiner Kräfte beginnt ihre Wirkung zu zeigen.

Damit stellt sich nun die entscheidende Frage, ob Leverkühns Werdegang ein erhellendes Licht zu werfen vermag auf den Weg, den Deutschland im 20. Jahrhundert gegangen ist. Dies ist in weit höherem Maße der Fall, als man aus der Literatur über *Doktor Faustus* entnehmen könnte, die weitgehend auf konventionelle Modelle der Geschichtsdeutung eingeschworen ist und der dominanten musikalischen Codierung des Romans nicht die gebührende Bedeutung zumisst. Freilich ist dabei zu beachten, dass nicht nur der »deutsche Tonsetzer«, sondern auch sein fiktiver Biograph eine repräsentative Funktion hat. Der in den früheren Kapiteln noch unverstellte Nationalismus Zeitbloms scheint auf den ersten Blick zu der kosmopolitischen Ausrichtung des jungen Leverkühn einen Gegensatz zu bilden; in Wirklichkeit jedoch ergänzen sie sich und repräsentieren zwei Gesichter des geistigen Deutschland.

Dies wird evident in der zweiten Phase von Leverkühns Laufbahn, in der er gleichsam zu sich selbst kommt und sich zu seiner faustischen Kenntlichkeit verändert. Der Entschluss, seiner »Weltscheu« (VI, 177, 219) zu frönen und sich mit dem zur Größe und Führerschaft verpflichtenden Erbe der »deutschen« Musik auseinander zu setzen, reflektiert recht genau Deutschlands Isolierung und wachsenden Nationalismus vor 1914. Leverkühn zieht sich zurück, um sich für den großen Durchbruch gleichsam zu sammeln, ein Durchbruch, der seiner Musik die Führerschaft garantieren soll. Die kollektive Stimmung Deutschlands vor 1914 war, wie heute nicht länger strittig ist, von einem durchaus vergleichbaren Expansionswillen geprägt. Auch Deutschland erstrebte einen Durchbruch – den Durchbruch zur Weltmacht. Es begehrte, wie der Autor der *Betrachtungen* sehr wohl wusste, einen Platz an der Sonne, will sagen die politische Vormachtstellung in Europa, die Deutschlands Bildungsstand und seinem Rang als führende Musiknation kommensurabel wäre. Dass der Krieg tatsächlich unter Hinweis auf Deutschlands Bildungsniveau gerechtfertig wurde, belegt unter anderem die schon zitierte Schrift des Historikers Ernst Bergmann. Leverkühns Bonmot, dass »Kaisersaschern Weltstadt werden möchte« (VI, 409), klingt distanzierter, als es von seiner eigenen Gesinnung her gerechtfertigt wäre, verfolgt er doch selbst auch ein ähnliches Ziel: nämlich die musikalische Hegemonie.

Die Verquickung von individuell ästhetischer und kollektiv politischer Zielsetzung bezeichnet gleichsam das Nervenzentrum dieses Romans. Von hier aus eröffnen sich nicht nur synchronische, sondern auch diachronische Durchblicke auf seine Konstruktion. Das wird besonders evident an der Motivation, die uns für Leverkühns unbändigen Künstlerehrgeiz geliefert wird und die auf bestimmte Aspekte der nationalsozialistischen Herrschaft vorausweist: vor allem das Bestreben, alles Unthematische aus einer Komposition zu eliminieren, um das vermeintlich von der Geschichte vorgeschriebene Ideal der »vollkommene[n] Organisation« (VI, 255) zu realisieren.

Das berühmte Teufelsgespräch im 25. Kapitel, eine theologisch-philosophische und rhetorische *tour de force*, erbringt für den Musikdiskurs des Romans nichts Neues. Der Teufel erscheint Leverkühn nicht, um einen Pakt mit den dämonischen Mächten zu proponieren wie im alten Faustbuch oder bei Marlowe, sondern um eine bereits vollzogene Verschreibung zu ratifizieren. Das »Stundglas [ist] gestellt«, der »rote Sand [hat] zu rinnen begonnen« (VI, 306), seit Leverkühn trotz ihrer Warnung auf der Vereinigung mit dem infizierten Körper Esmeraldas bestand. Das halluzinatorische Teufelsgespräch leuchtet noch einmal den Kontext des Paktes und Leverkühns Motivation aus. Das Komponieren in einem philosophisch und historisch relevanten Sinn ist in der Tat zu schwer geworden, der kreative Impuls scheint gelähmt. Das Überleben der gesamten deutschen Kultur, wie Leverkühn sie versteht, steht auf dem Spiel. Unter diesen Umständen muss einem von der faustischen *superbia* Erfüllten wie Leverkühn die Hinwendung zu den dämonischen Mächten nicht nur verlockend, sondern geradezu unwiderstehlich erscheinen. Mag Leverkühn als Musiker auch des Glaubens sein, dass es ihm lediglich um die Zukunft der Musik zu tun sei, als der emphatisch *deutsche* Tonsetzer, der er auch ist, fühlt er sich dazu angehalten, die musikalische Hegemonie für Deutschland zu erstreben. Die innere Stimme, die ihm der Teufel ist, spricht es deutlich genug aus: »Du wirst führen, du wirst der Zukunft den Marsch schlagen« (VI, 324). Es steht zu vermuten, dass Mann die berühmte, einschlägige Bemerkung Schönbergs kannte, möglicherweise durch Adorno, der zufolge die Dodekaphonie eine »Entdeckung« sei, »durch die die Vorherrschaft der deutschen Musik für die nächsten hundert Jahre gesichert« sei.[35]

Damit ist die problematische Ambivalenz, die dem Begriff der deutschen Musik inhärent ist, auf den Punkt gebracht. Als Thomas Mann die *Betrachtungen* schrieb und noch einige Jahre danach, war er überzeugt, dass der Musik der großen deutschen Komponisten eine naturgegebene Universalität innewohnt. War es nicht erwiesen, dass sich die deutsche Musik an alle Welt wandte und überall verstanden wurde – ganz im Sinne von Beethovens und Schillers humanistischem Pathos: »Seid umschlungen Millionen, diesen Kuß der ganzen Welt«? Der globale Triumph Wagners war aus der Sicht Thomas Manns der jüngste und schlagendste Beleg dafür, dass die deutsche Musik weltfähig, ihre Eloquenz kosmopolitisch, ihre Macht, zu bewegen, universell sei.

Als er den *Doktor Faustus* schrieb, hatte sich seine Sicht dieser Dinge um einiges differenziert. Im Lichte von bedrückender historischer Erfahrung war er zu der Erkenntnis gekommen, dass der prätendierten Universalität der deutschen Musik, so unschuldig idealistisch diese Vorstellung anfänglich auch gewesen sein mochte, eine potenziell aggressive Mentalität eingeschrieben ist. Am offenkundigsten ist dieses latente Gewaltpotenzial der stereotypen Rede von der Universalität und Superiorität der deutschen Musik im Werk von Houston Stewart Chamberlain, doch keineswegs nur bei diesem. Diese Mentalität kennzeichnete zutiefst das deutsche Musikleben im Allgemeinen, von dem bescheidensten Hausmusiker bis zu den Koryphäen der Musikwissenschaft. Chamberlain, von dessen Breitenwirkung man sich heute kaum noch eine Vorstellung macht, stellte die historisch folgenreiche Verbindung her zwischen Wagnerismus und Wilhelminismus. Adorno war der Meinung, dass das Werk Wagners die »Urlandschaft des Faschismus« markiere (Adorno GS 13, 504). Viel genauer trifft diese berühmte Charakterisierung auf Houston Stewart Chamberlain zu, den Hitler sehr zu Recht als einen Wegbereiter des Nationalsozialismus verehrte.

In besagter »Urlandschaft« gedieh eine Mentalität, für die es als ausgemacht galt, dass die Hegemonie der deutschen Musik Deutschlands

Streben nach politischer Hegemonie rechtfertigte und legitimierte. Dass auch Leverkühn und seine neue Musik an dieser Mentalität teilhaben, kann keinem Zweifel unterliegen und ist in der Doppeldeutigkeit des Begriffs Durchbruch am konkretesten zu fassen. Für Leverkühn hat dieser Begriff primär eine musikalische Bedeutung; er meint musikalische Vorherrschaft. Für Deutschland in seiner wilhelminischen und stärker noch in seiner nationalsozialistischen Verfassung gewann der Begriff eine aggressive politische Bedeutung im Sinne von »Durchbruch [...] zur dominierenden Weltmacht« (VI, 401). Es wird an dieser Stelle suggeriert, dass die »Katastrophendynamik« (VI, 400), die dem politischen Durchbruchsverlangen an der Stirn geschrieben steht und als deren Chronist der Erzähler fungiert, auch schon dem musikalischen Durchbruchsstreben eigen ist.

Angesichts dieses Befundes wäre nun zu erwarten, dass sich in Leverkühns Spätwerk eine hypertrophe Deutschheit manifestiere. Dies ist aber mitnichten der Fall. Seine beiden Kulminationswerke, das *Apocalypsis cum figuris* betitelte Oratorium sowie die symphonische Kantate *Dr. Fausti Weheklag*, weisen, abgesehen von ihrer offenkundigen deutschen Thematik, genug nichtdeutsche Züge auf, dass sie allein schon deswegen nicht auf die Rolle von Präludien der deutschen Katastrophe festgelegt werden können. Sie weisen über die Katastrophe hinaus und antizipieren letztlich eine vom Macht- und Hegemonie-Streben befreite Musik. Keine Frage, dass Leverkühns avantgardistische Kompositionen im Dritten Reich als schreiende Beispiele von »Kultur-Bolschewismus« (VI, 515) auf Ablehnung gestoßen wären, wie Zeitblom selbst bemerkt.

Hier ist daran zu erinnern, dass alle »Musik von Kaisersaschern« einen Doppelcharakter hat: Sie vermag sowohl einen nationalen als auch einen universalen Geist zu artikulieren. Leverkühns Frühwerk ist dank Kretzschmars Unterweisung in einem kosmopolitischen Geist konzipiert, dem er jedoch abschwört, sobald er sich um der musikalischen Hegemonie willen einer Ästhetik des Durchbruchs und der radikalen Innovation verschreibt, die er als Fortschreibung der großen deutschen Musiktradition zu deuten beliebt. Leverkühn ahnt wohl dunkel, dass darin eine Deformation des universalistischen Erbes der deutschen Musik beschlossen liegt – analog dem Ehrgeiz Kaisersascherns, »Weltstadt« zu werden –, und beginnt in seine nach dem Teufelsgespräch konzipierten Werken einen nichthegemonialen

Universalismus zu praktizieren, der sich vom Wahnbild eines »deutschen Europa« distanziert und stattdessen dem Traum »von einem europäischen Deutschland« (VI, 229) vorarbeitet.

Die beiden Kulminationswerke Leverkühns liefern genug Indizien einer Wiederanknüpfung an den transnationalen Geist seines Frühwerks. Beide Werke greifen zwar einen eminent deutschen Stoff auf – das apokalyptische Oratorium basiert auf einem Zyklus von Dürer'schen Holzschnitten, die Faust-Kantate auf dem Volksbuch von 1587 –, aber beide Kompositionen transzendieren jegliche Vorstellung von arteigener Deutschheit. Das Oratorium ist die Vertonung von biblischen Texten und in einem charakteristischen Detail dem großen *Requiem* von Hector Berlioz nachgebildet: in der Vierteilung der vier Stimmen, die »das Loslassen der vier Würgeengel verordnen« (VI, 497), und ihre Platzierung an den vier Ecken des Altars. Die Kantate andererseits knüpft stilistisch an Monteverdi an und sucht in Faustus den Bruder des Orpheus zu erkennen. Auch sie ist durch Berlioz inspiriert: Fausti Höllenfahrt samt einem phantastischen »Höllengalopp« (VI, 648 f.) ist unverkennbar dem *Course à l'abîme* in Berlioz' eigener dramatischer Legende über das Faust-Thema nachempfunden. In solchen transnationalen Stilelementen wird der Nationalismus von Leverkühns faustischem Hegemoniestreben widerrufen – durchaus in dem gleichen Sinne, in dem seine finale Komposition als »Zurücknahme« (VI, 649) von Beethovens Neunter Symphonie deklariert wird. So gesehen darf *Dr. Fausti Weheklag* letztlich als »ein Werk der Befreiung« (VI, 644) gewertet werden – Befreiung nämlich der deutschen Musik von ihrem latenten Nationalismus und Hegemonieverlangen, auf dass sie sich wieder »mit der Menschheit auf du und du« (VI, 429) zu stellen vermöge. Dies würde die »Entromantisierung der Musik« bedeuten, ihre »Erlösung […] aus einer feierlichen Isolierung« und aus ihrer Rolle als »Religionsersatz« (VI, 428), womit im Übrigen ein neuer, ganz andersartiger Durchbruch erzielt wäre.

* * *

Die hier skizzierte Interpretation der Leverkühn-Figur und der ihr zugrunde liegenden Musikauffassung findet eine nachdrückliche Bestätigung in dem Vortrag, den Mann im Oktober 1943 in der amerikanischen

Nationalbibliothek gehalten hat, also wenige Monate nach Beginn der Niederschrift des *Doktor Faustus*: *Schicksal und Aufgabe*. Dieser in mancher Hinsicht problematische Text ist für den Nexus von Musik und Geschichte eigentlich von größerer Aussagekraft als der gewöhnlich herangezogene und oft ungebührlich verabsolutierte Vortrag vom Mai 1945 über *Deutschland und die Deutschen*. In dem Text von 1943 versucht Mann u. a. eine psychologische Deutung des »ungeheuerliche[n] deutsche[n] Versuch[s] der Weltunterwerfung«, dessen Scheitern sich nun abzuzeichnen begann. Gedeutet wird dieser Versuch als die Pervertierung des »dem Deutschtum eingeborenen Universalismus, der ehemals so viel höhere, reinere, edlere Gestalt hatte und diesem bedeutenden Volk die Zuneigung, ja die Bewunderung der Welt erwarb«. Was hat diesen vermeintlich unschuldigen Universalismus des deutschen Geistes verdorben, sodass er eine Bedrohung der ganzen zivilisierten Welt darstellt? Es war die Machtpolitik; sie führte konsequent zu dem gegenwärtigen Krieg samt der sich abzeichnenden deutschen Katastrophe, »denn wenn der [deutsche] Universalismus zur Machtpolitik wird, so muß sich die Menschheit zum Freiheitskampf erheben« (XII, 929). Mit einem charakteristischen, zwischen Verurteilung und Verstehen die Schwebe haltenden Denkschritt wird der historische Prozess der Verkehrung über sein gegenwärtiges Stadium hinaus in die Zukunft verlängert, sodass sich ein triadisches Schema ergibt: »Wir wollen vertrauen, daß der deutsche Universalismus in seinen alten Ehrenstand zurückfinden, daß er sich des frevelhaften Gedankens der Welteroberung für immer entschlagen und wieder als Welt-Sympathie, Welt-Offenheit und geistige Bereicherung der Welt bewähren wird.« Auch Leverkühns Werdegang, d. h. die in seinen Kompositionen erkennbare geistige Umorientierung, weist ein ebensolches triadisches Schema auf. Anfangs komponiert er, wie gezeigt, in einem transnationalen Geist. Sobald er jedoch nach musikalischer Vorherrschaft zu streben beginnt, gewinnt sein latenter Nationalismus die Oberhand. In seinen letzten Kompositionen findet er wieder zu einem neuen, der antizipierten Katastrophe abgewonnenen Universalismus.

Thomas Manns Musikroman wird oft verworfen, weil er nicht die Erwartungen erfüllt, die die Interpreten an ihn herantragen. Statt gesellschaftlicher und ökonomischer Analyse liefert er einen Diskurs über Musik als Deutungsangebot zur Erhellung der deutschen Katastrophe, und statt einer politischen, liefert er eine psychologische Motivierung. Die Programmatik, die dieser Strategie zugrunde liegt, ist im Roman in einer Geste ironischer Selbstreflexivität deutlich genug annonciert. »Bei einem Volk von der Art des unsrigen«, lässt Mann seinen Erzähler räsonieren, »ist das Seelische immer das Primäre und eigentlich Motivierende; die politische Aktion ist zweiter Ordnung, Reflex, Ausdruck, Instrument.« (VI, 408) Und zur Rechtfertigung seiner Privilegierung der Musikthematik dient eine weitere Bemerkung Zeitbloms: »In Deutschland genießt doch die Musik das populäre Ansehen, dessen sich in Frankreich die Literatur erfreut« (VI, 170). Viele Interpreten setzen sich über solche Leseanweisungen hinweg.

Dieser Roman lenkt den Blick also sehr bewusst auf einen Aspekt der deutschen Kulturentwicklung, den die Ursachenforscher der deutschen Katastrophe gewöhnlich nicht ins Auge fassen: die deutsche Musik und das von ihr inspirierte kulturelle und politische Hegemoniestreben. Damit legt er den Finger auf einen verborgenen, unvermuteten Nexus von kultureller und politischer Entwicklung, den die Historiker erst viel später ernst zu nehmen begannen. Dies markiert einerseits die offenkundige Grenze dieses eigensinnig musikzentrierten Buches, begründet andererseits aber auch seine singuläre Distinktion. In Verbindung mit den dazugehörigen publizistischen Schriften der amerikanischen Exilzeit konstituiert Thomas Manns Musikroman einen durchaus originellen und ernst zu nehmenden Beitrag zur Erhellung der mentalitätsgeschichtlichen Antezedentien der nationalsozialistischen Herrschaft, wie heute auch von den zünftigen Historikern gelegentlich anerkannt wird. In seiner Geschichte des 19. und 20. Jahrhunderts, *Der lange Weg nach Westen*, mustert beispielsweise Heinrich August Winkler verschiedene Versuche, Friedrich Meineckes Aufforderung an die Zunft der Historiker schon 1945, die Ursachen der deutschen Katastrophe zu erhellen. Winkler kommt zu dem bemerkenswerten Schluss, dass allein Thomas Mann der von Meinecke gestellten Aufgabe gerecht geworden sei.[36]

Allerdings ist dieser generöse Befund in einem gewichtigen Punkt zu relativieren. Gemessen an seinem eigenen Anspruch, den Weg in die Katastrophe beispielhaft an der reichlich esoterischen, inneren Entwicklung der deutschen Musik aufzuzeigen, weist der Roman im Lichte der eingangs berührten, von Saul Friedländer konstatierten Bewusstseinsveränderung ein empfindliches Manko auf. Thomas Mann liefert in *Doktor Faustus* ein von keinem Antisemitismus getrübtes Deutschlandbild.[37] Wenn man bedenkt, dass die Judenfeindschaft ein Fundamentalaxiom des Nationalsozialismus bezeichnet und das Musikleben in Deutschland mindestens schon seit Wagner ein stark antisemitisches Gepräge hatte[38], wird man nicht leugnen können, dass das mentalitätsgeschichtliche Sensorium Thomas Manns in diesem beileibe nicht marginalen Punkt einen blinden Fleck aufweist.

Nichts illustriert diese Ausblendung deutlicher als das Beispiel Bruno Walter und Otto Klemperer. Beide Dirigenten wirkten in Los Angeles in Manns nächster Umgebung und werden im Roman namentlich genannt (VI, 500, 516). Sie haben sich beide um Leverkühns Musik verdient gemacht. Dass beide damals noch lebenden Musikerpersönlichkeiten in die Biographie des deutschen Tonsetzers verwoben wurden, war von dem *Faustus*-Autor zweifellos als eine Auszeichnung gedacht. Da ist es umso auffallender, wenn mit keinem Wort erwähnt wird, dass Bruno Walter und Otto Klemperer, wie Mann sehr wohl wusste, wegen ihrer jüdischen Herkunft aus Deutschland vertrieben wurden.

Gleichwohl gilt auch von *Doktor Faustus*, was Thomas Mann über den Fall Wagner bemerkt hat: »Es gibt Fälle, bei denen man alles mögliche zugeben mag, und es bleibt immer etwas Überwältigendes zurück.« (XIII, 356) Was also bleibt von diesem Roman? Es bleibt die bis heute unübertroffene Darstellung der außerordentlich bedeutsamen Rolle der Musik in der deutschen Kultur. Es bleibt die schonungslose, auch sich selbst nicht schonende Infragestellung der deutschen Musikidolatrie. Und es bleibt die ihrer Zeit weit vorauseilende Erhellung des verborgenen Nexus von deutscher Geschichte und deutscher Musik.

2. »Die glorreiche Kultur des deutschen Kunstliedes«

Die »glorreiche Kultur des deutschen Kunstliedes« hat Thomas Mann wiederholt beschworen, nirgends emphatischer als im neunten Kapitel seines großen Deutschland- und Musikromans (VI, 106), in dem die ersten Stadien von Adrian Leverkühns musikalischer Ausbildung beschrieben werden. Für den *Faustus*-Autor wie schon für den *Zauberberg*-Autor stellt das deutsche Kunstlied eine musikalische Gattung *sui generis* dar mit einer eigenen »Gefühls- und Gesinnungswelt« (5.1, 987), der er eine für das Verständnis der deutschen Mentalitätsgeschichte geradezu emblematische Bedeutung zuschrieb. Zu dieser ebenso überraschenden wie erhellenden Einsicht wird der Leser bereits im *Zauberberg* geführt, in dem sehr zu Recht berühmten Musik-Kapitel *Fülle des Wohllauts*.

Angesichts der derart befrachteten Stellung des Kunstlieds im Werk Thomas Manns muss man sich wundern, warum diese musikalische Kleinform bisher nicht die Aufmerksamkeit gefunden hat, die sie verdient. Offenbar stand dem die überragende Bedeutung Wagners und damit der musikalischen Großform der Oper im Weg, sodass es das Kunstlied schwer hatte, als eigenständige Thematik in ihrer weit reichenden Ausstrahlung wahrgenommen zu werden. Die folgenden Untersuchungen zum Kunstlied im *Zauberberg* und im *Doktor Faustus* bilden mit dem Mittelstück, das die biographischen Verhältnisse zu klären versucht, ein Triptychon, das jene Lücke in unserem Bild von Manns Musikauffassung schließen helfen soll.

* * *

Die zweifellos gewichtigste und berühmteste Stelle im Werk Thomas Manns, an der ein Kunstlied zum Gegenstand einer sehr einlässlichen Erzählung gemacht wird, stellt das Grammophon-Kapitel gegen Ende des *Zauberberg* dar. Das Haus Berghof hat zur Unterhaltung seiner verwöhnten und todgeweihten Patienten ein Grammophon angeschafft, Marke Polyhymnia, das damals verfügbare Spitzengerät, das über einen elektrisch betriebenen Plattenteller verfügt, wodurch eine bis dahin unerhörte Qualität der Wiedergabe erzielt wurde.[39] Hans Castorp macht sich zum »Kustos« des teuren Geräts samt des dazugehörigen Plattenschatzes und schließt sich, wenn die anderen Patienten bereits schlafen gegangen sind, in den Salon mit dem fabelhaften Klangkörper ein, um dort seine nächtlichen Musikorgien zu feiern und sich der »Fülle des Wohllauts« zu überlassen. Im Laufe dieser Grammophon-Sitzungen schälen sich fünf »Vorzugsplatten« heraus, an denen sich der einfache junge Mann aus Hamburg nicht satt hören kann. Es ist eine, recht besehen, überraschende Auswahl, bei der Manns bekannte Präferenz für Wagner unberücksichtigt bleibt. Castorps Lieblingsstücke umfassen die Schlussszene aus Verdis *Aida*, Debussys *Vorspiel zum Nachmittag eines Fauns*, die Tanzszene in Lillas Pastias Taverne aus Bizets *Carmen*, Valentins Gebet aus Gounods *Faust* und Schuberts *Lindenbaum*-Lied. Eine italienische und zwei französische Opern, dazu ein Glanzstück französischer Symphonik stehen einem einzigen deutschen Lied gegenüber, dem allein schon dadurch ein außerordentliches Gewicht zugemessen ist. Vier Beispiele, die die extrovertierte, virtuose Musik der romanischen Kultur repräsentieren, ein einziges, dafür aber umso aussagekräftigeres Dokument, das die »glorreiche Kultur des deutschen Kunstliedes« und damit die deutsche Innerlichkeit und Tiefe illustrieren soll, auf die man sich damals viel einbildete.

Die Distinktion dieses Kapitels besteht zum einen darin, dass hier zum ersten Mal im großen Stil auf die Bedeutung des Grammophons als eines neuen Mediums der Musikvermittlung reflektiert wird, zum andern, dass hier das Musikerleben eines modernen Jedermann, der weder Experte noch selbst Künstler ist, von innen heraus betrachtet und nachvollzogen wird – am einlässlichsten bei Gelegenheit des *Lindenbaum*-Lieds. Thomas Mann lenkt die Aufmerksamkeit des Lesers beziehungsweise Hörers auf den Vortrag des Liedes durch einen intelligenten, geschmackvollen »Tenoristen«, der über eine »atemkluge« Stimmführung und ans Herz greifende Kopftöne verfügt und zudem das Lied mit viel »rezitatorischer Umsicht« darzubieten versteht. Hervorgehoben wird des Weiteren der Unterschied zwischen der populären Fassung des Liedes, bei der einfach die »Hauptmelodie strophisch durchgesungen« (5.1, 986) wird, und dem kunstvollen Aufbau des Schubert'schen Liedes mit seinen zwischen Dur und Moll changierenden Passagen, der chromatisch-dramatischen Zuspitzung bei dem vom Kopfe fliegenden Hute, die zauberhaften Modulationen in der zweiten Hälfte von drei der sechs Strophen und der stimmlich variierten Wiederholung der Schlusszeile. Die einleitende pauschale Charakterisierung des Liedes als »Volksgut und Meisterwerk« (5.1, 985) wird so vollauf beglaubigt.

Bemerkenswerterweise kommt die Gegenüberstellung von deutscher und – wagnerisch gesprochen – welscher Musik hier ganz ohne die negative Akzentuierung daher, die sie bei Wagner besitzt. Im Gegenteil, Hans Castorp wird uns als ein junger Mann dargestellt, der sich nach sieben Jahren auf dem Zauberberg und nach geistigen und seelischen Abenteuern, von denen er sich im Flachland nichts hatte träumen lassen, als ein bedeutend bereicherter Mensch erweist – empfänglich nicht nur für die melancholischen Reize der deutschen Musik, sondern auch für die Schönheiten und Tiefsinnigkeiten nichtdeutscher Musik. In der psychologischen Ökonomie dieses Romans spielen die fünf Vorzugsplatten zwei sehr fein unterschiedene Rollen. Sie dienen als Projektionsflächen für Castorps ungelöste Identitätsprobleme, wobei seine schwankende Identität als Geschlechtswesen und Liebender im Spiegel der nichtdeutschen Musik reflektiert wird, während seine Identität als Deutscher in der Reflexion auf das *Lindenbaum*-Lied ihre Klärung erfährt.

Castorps Musikerleben wird gesteuert von seinem Drang, sich in diese oder jene Opernfigur zu versetzen und sich damit probeweise zu identifizieren. So erkennt er seine eigene Verfallenheit an Clawdia in Don Josés Verfallenheit an Carmen wieder, und ebenso findet er seine Liebe zu Joachim Ziemßen in Margaretes Liebe zu Valentin, aber auch in der Passion Amneris' und Aidas für den ungehorsamen Offizier Radames. Erst das Musikerlebnis, d.h. der Nachvollzug der musikalisch so viel intensiver und transparenter gestalteten Liebesverhältnisse, verschafft ihm Klarheit darüber, dass sein Begehren die sanktionierten Geschlechterrollen transzendiert und das Schwanken seines Begehrens jedenfalls in der Kunst seine Rechtfertigung findet.

Dass auch das *Lindenbaum*-Lied eine identitätsbildende Bedeutung für ihn hat, vermag der in seine »ahndevolle[n] Halbgedanken« (5.1, 990) versunkene Castorp zwar selbst nicht auszusprechen, aber er stellt es durch sein Verhalten am Ende des Romans höchst eindrucksvoll unter Beweis. »Das Lied bedeutete ihm viel«, erklärt der Erzähler; es steht für eine ganze »Gefühlssphäre«, die Castorp liebt, denn sonst wäre er in seinen zweifelhaften Zauber nicht so »vernarrt«. Die Zweifel nähren sich von der dunklen Erkenntnis, dass hinter diesem Zauber der Tod steht, dass also Sympathie mit diesem Lied letztlich »Sympathie mit dem Tode« (5.1, 987f.) ist. Diese Deutung ist jedoch keineswegs so zwingend, wie uns die Mann'sche Suggestionskunst glauben machen will. Sie hat allenfalls in der Musik eine Stütze, nicht im Text, denn der statuiert ganz unzweideutig, dass der Wandernde den Lindenbaum mit seinen Zuflüsterungen hinter sich lässt – »Ich wendete mich nicht« – wiewohl er auch in der Ferne noch sein Rauschen vernimmt.[40] Erst die Schubert'sche Manipulation des Gedichtschlusses, d.h. die harmonisch stark angereicherte Wiederholung der letzten Strophe und darüber hinaus der Schlusszeile, sowie das rein instrumentale Nachspiel, das alles andere als eine sieghafte Abwehr der gefährlichen Zuflüsterungen indiziert, leiht der Wendung ins Letale, die Thomas Mann dem Lied gibt, eine gewisse Plausibilität. Wie bei aller Liebe, provozieren gerade die Zweifel an ihrer Erlaubtheit den »Stachel der Leidenschaft«, sodass selbst der Tod diese Liebe nicht zu erschüttern vermag, sondern sie im Gegenteil in gewissem Sinne adelt.

In der geradezu filmisch geschnittenen Schlussszene des Romans sehen wir »[d]as junge Blut mit seinen Ranzen und Spießgewehren«, darunter Castorp, mit »ackerschweren« Stiefeln im Hagel von »anheulenden Projektilen« (5.1, 1083f.) und den rings um sie einschlagenden Granaten ihrem sicheren Tod entgegenstürmen. Es ist »ein Regiment Freiwilliger [...], Studenten zumeist« (5.1, 1081) – ein Hinweis, der an Langemarck denken lässt, wo am 10. November 1914 ein vergeblicher und verlustreicher Angriff stattfand, der als Mythos Langemarck ein unseliges politisches Nachleben führen sollte, u.a. in Hitlers *Mein Kampf*.[41] Der Erzähler weiß offenbar schon von der Fragwürdigkeit des Mythos Langemarck und des viel berufenen Geists von 1914. Thomas Mann kannte die *Kriegsbriefe gefallener Studenten*, die der mit ihm befreundete Germanist Philipp Witkop gesammelt und beginnend 1915 in mehrfach erweiterter Fassung herausgegeben hatte.[42] Das Buch enthält bewegende Zeugnisse, die der offiziellen Schönfärberei durch die Oberste Heeresleitung entgegenlaufen. Von daher wird es verständlich, dass der Erzähler es als eine »erhabene und beschämende Sache« bezeichnet, wenn das schlecht ausgebildete »junge Blut« singend in seinen Tod stürmt und dies obendrein »freudig tut, wenn auch in grenzenlosen Ängsten« (5.1, 1083). Beschämend ist diese jugendliche Opferbereitschaft für die Zivilisten, die nicht im Felde stehen. Denen mochte es erhaben scheinen, wenn Langemarck eine ästhetische Überhöhung erfährt und zum »Weltfest des Todes« verklärt wird. Das war offenbar auf den Feldern Flanderns vor Langemarck der Fall, wo die studentischen Freiwilligen, ihre mangelnde militärische Ausbildung durch todesmutigen Idealismus ersetzend, singend in ihren Tod gingen, wie sowohl die offiziellen, propagandistischen als auch die inoffiziellen Darstellungen des Krieges zu berichten wussten. Sie sangen das *Lied der Deutschen* mit seinem gefährlich missverständlichen Motto: »Deutschland, Deutschland über alles« und »Die Wacht am Rhein« mit dem Refrain: »Lieb' Vaterland magst ruhig sein, / Fest steht und treu die Wacht am Rhein.«[43]

Thomas Mann setzt nun sehr bedacht an die Stelle jener patriotischen Hymnen Schuberts Lied vom Lindenbaum. Castorp singt es »halblaut« und fetzenweise in »stierer, gedankenloser Erregung«, und er singt es stellvertretend für alle. Dabei lässt der Erzähler von der vierten todesschwangeren Strophe lediglich die beiden ersten Zeilen anklingen – »Und seine Zweige rauschten, / Als riefen sie mir zu« – im Vertrauen darauf, dass die Leser, wie der Singende selbst, den Text für sich ergänzen: »Komm her zu mir, Geselle, / Hier find'st du deine Ruh'!« Bezeichnenderweise zitiert Mann nicht die letzte Strophe, in der das Ruheversprechen im Konjunktiv steht, sondern die indikativische vierte, was der Aussage insgesamt einen hohen Grad der Finalität verleiht. Der Lindenbaum fungiert hier also in der Tat als Todessymbol, als das Castorp ihn auf dem Zauberberg erahnt hatte (5.1, 1084).

Tat Thomas Mann recht, das Deutschlandlied durch das *Lindenbaum*-Lied zu ersetzen? Geht damit nicht ein gewisses Maß an poetisierender Entpolitisierung der Kriegsszene einher? Offenbar nicht, wie Reinhold Brinkmann in einem umsichtigen Essay über die politischen Schicksale des Schubert'schen Liedes gezeigt hat: Seit den »dreißiger Jahren des 19. Jahrhunderts« ist über zahllose Bearbeitungen, darunter die populäre und stark vereinfachende Version von Friedrich Silcher, eine »wachsende

Ausbreitung des ›Lindenbaums‹ über die gesamte Musiklandschaft« festzustellen.[44] Die von Mann implizierte Repräsentanz des Liedes hat also durchaus ihre historische Berechtigung. Es kommt hinzu, dass mit Schuberts Lied die Ursprünge jener »ganzen Gefühls- und Gesinnungswelt«, die sich in Castorp manifestiert, historisch zurückversetzt werden. Das *Lied der Deutschen* von Heinrich Hoffmann von Fallersleben (1841) und die *Wacht am Rhein* von Max Schneckenburger (1840) sind, ideengeschichtlich betrachtet, Produkte des liberalen und demokratisch gesinnten Vormärz. *Der Lindenbaum*, d. h. das Gedicht Wilhelm Müllers, reicht hingegen über diese dezidiert politischen Gesänge hinaus, zurück zu der vergleichsweise unpolitischen Sphäre einer schon biedermeierlich gewordenen Romantik. Die »Sympathie mit dem Tode«, die der *Zauberberg*-Autor als den geistig-seelischen Kern des Lieds diagnostiziert, ist eine zutiefst romantische Gefühlssphäre, die in Novalis ihren Kronzeugen hat.[45]

Damit rückt nun das mentalitätsgeschichtlich zentrale Problem in den Blick, das Mann mit dem Begriff der »Rückneigung« und des »unrechten Augenblick[s]« (5.1, 989) zu fassen sucht. Vor einer solchen Rückneigung in einem ganz allgemeinen Sinn war Castorp, wie er sich deutlich erinnert, bereits von Settembrini gewarnt worden. Der in das Schubert-Lied Vernarrte ahnt, dass Settembrinis Warnung präzise dem Objekt seiner Liebe galt – ein Gedanke, den der Grammophonspieler als Zumutung empfindet und abwehrt. An dieser Stelle übernimmt der Erzähler die Führung, um in eigener Sache Überlegungen anzustellen, die über den Horizont seines schlichten Helden weit hinausgehen und Fragen aufwerfen, die erst im *Doktor Faustus* zu verhandeln waren – im Lichte neuer und schrecklicher historischer Erfahrung.

Den Kern der historischen Reflexionen an dieser Stelle bildet das Problem der Unzeitgemäßheit. Thomas Mann illustriert es, indem er Schuberts Lied mit einer delikaten Frucht vergleicht, die eben noch »frisch und prangend gesund« erschien, doch im nächsten Augenblick »zu Zersetzung und Fäulnis neigte«. Eine solche Frucht ist die »reinste Labung des Gemütes, wenn sie im rechten Augenblicke genossen« wird. Kostet man davon jedoch im »unrechten Augenblicke«, so verbreitet sie »Fäulnis und Verderben in der genießenden Menschheit« (5.1, 989). War 1914 ein solcher unrechter Augenblick für eine kollektive Rückneigung zur Romantik? Thomas Manns Einschätzung dieser Frage änderte sich im Laufe des Krieges. Hatte er in den Kriegsschriften von 1914 und 1915 die jedem historischen Wandel enthobene Prägung des deutschen Geistes durch die Romantik gutgeheißen und gegen die Kritik des demokratischen Liberalismus vor allem, aber nicht ausschließlich Heinrich Manns verteidigt, so greift der *Zauberberg*-Autor im Grammophon-Kapitel zu einem deutlich distanzierenden Vokabular wie »Rückneigung« und »unrechter Augenblick«. Zwei Dekaden später, im *Doktor Faustus*, lässt Thomas Mann den Erzähler einmal gestehen, und zwar gerade im Rückblick auf den staatlichen Zusammenbruch von 1918: »Seither hat die Geschichte mich gelehrt«, die deutsche Position »mit anderen Augen zu betrachten«. (VI, 452) Dieses für Manns politische Physiognomie überaus bezeichnende Geständnis legt im Grunde bereits der *Zauberberg*-Autor ab, der jenen Zusammenbruch eben gerade hautnah miterlebt hatte.

Was war aber mit dem *Lindenbaum*-Lied, jenem »Wunder der Seele« (5.1, 989), seither geschehen, dass sich Assoziationen von »Fäulnis und Verderben« einstellen? An welche »finsteren Konsequenzen« ist bei diesem Seelenzauber zu denken? Es sind Konsequenzen, die im Gefolge von Wagner und Bismarck manifest wurden, die aber jetzt erst in ihrer finsteren Verderblichkeit zu erkennen sind. Mann lässt hier Wagner und Bismarck unerwähnt, doch es kann kein Zweifel sein, dass von ihnen die Rede ist. Wagner ist der ungenannte »Seelenzauberkünstler«, der dem deutschen Lied die »Riesenmaße« des Musikdramas verlieh, um »die Welt damit zu unterwerfen«. Und Bismarck war es, der, ermächtigt durch die politischen Ideen der Romantik, jenes »sehr derb[e] und fortschrittsfroh[e] [...] irdisch-allzu irdische« Reich gründete, das seinen Anspruch auf Weltmacht mit der Überlegenheit jenes in der Tat Welt erobernden Seelenzaubers begründete. In welch kritisch-distanziertes Licht das Bismarck-Reich und der Geist des deutschen Wagner-Kults hier schon getaucht sind, geht aus jener Stelle in Nietzsches *Ecce Homo* hervor, deren Nachhall von Thomas Mann gleichsam mitkomponiert wurde. Die Formulierung: »Man mochte wahrscheinlich sogar Reiche darauf gründen« (5.1, 989f.), lässt an Nietzsches scharfe, hämische Auslassungen über den Bayreuther »›Geist‹« denken, »auf den hin man das ›Reich‹ gründete«.[46] Es ist ein Reich, das gar nicht »heimwehkrank« ist, d. h. keine Erinnerung hat an jene Epoche, die das *Lindenbaum*-Lied hervorgebracht hat; ein

Reich, in dem »das Lied zur elektrischen Grammophonmusik verdarb« und in dem, so Thomas Mann 1926, der »Romantismus [...] mit derbster Imperial-Wirtschaftlichkeit« eine Allianz eingegangen war, sodass man sich draußen in der Welt Deutschland »unter dem Bilde eines reichlich brutalen Generaldirektors vorstellen konnte, der sich von einem elektrischen Grammophon Schuberts Lindenbaum-Lied vorspielen läßt« (15.1, 1084).

Die Verknüpfung Bismarcks mit der deutschen Musik mag auf den ersten Blick willkürlich und forciert erscheinen, denn Bismarck war bekanntermaßen unmusikalisch und hielt sich Wagner vom Leib. Und doch hat diese Verknüpfung, wie Reinhold Brinkmann gezeigt hat, ihre tiefe historische Berechtigung. Denn so wenig dem eisernen Kanzler die Musik persönlich bedeutete, so gewitzt war er doch, die politische Bedeutung der deutschen Musikidolatrie, zumal der Männerchorbewegung mit ihrer prononciert deutschnationalen Agenda, zu erkennen.[47] In einer Ansprache vor der Dresdener Liedertafel vom 21. Mai 1892 brachte er zum Ausdruck, wovon die Mehrheit der Deutschen überzeugt war: »Die nationale Einigung aber wäre nicht möglich gewesen [ohne die] deutsche Kunst, die deutsche Wissenschaft, die deutsche Musik: das deutsche Lied nicht zum wenigsten.« Und in einer Rede von 1893 vor dem Barmer Gesangverein »Orpheus«, in der er die von der *Wacht am Rhein* und dem Becker'schen *Rheinlied* getragene Begeisterung der Soldaten für den Sieg über Frankreich als ausschlaggebend bezeichnete, meinte er sogar: »Und so möchte ich das deutsche Lied als Kriegsverbündeten für die Zukunft nicht unterschätzt wissen, Ihnen aber meinen Dank aussprechen für den Beistand, den die Sänger mir geleistet haben, indem sie den nationalen Gedanken oben erhalten haben.«[48] Einer, der die Rolle des deutschen Lieds als »Kriegsverbündeten« nicht nur nicht unterschätzt, sondern psychologisch zwingend diagnostiziert hat, war offensichtlich der *Zauberberg*-Autor.

»Wir alle«, gibt der Erzähler in seiner Meditation über den Seelenzauber der romantischen Musik zu bedenken, sind seine Söhne, womit nicht nur Castorp und der Erzähler gemeint sind, sondern auch die Leser, denn auch sie sind von der musikzentrierten deutschen Kultur geprägt worden, die »uns« in den Stand setzte, »Mächtiges [...] auf Erden« auszurichten. Einem dieser Söhne, ihrem »beste[n] Sohn«, wird nun eine vorbildhafte

Pionierrolle zuerkannt. Dieser Eine verdient deshalb der Beste genannt zu werden, weil er seine Liebe zu jenem mächtigen Seelenzauber zu überwinden suchte und darin sein Leben verzehrte, »auf den Lippen das *neue* Wort der Liebe, das er noch nicht zu sprechen wußte« (5.1, 990). Die Rede ist von Nietzsche, der sich in der Tat verzehrte, seine Liebe zu der Musik Wagners zu überwinden, und der hier präzise deswegen in den Stand eines weltlichen Heiligen der Selbstüberwindung erhoben wird.[49] Es wird nicht ausdrücklich gesagt, was Nietzsche bewog, seine Verfallenheit an den Wagner'schen Seelenzauber in sich überwinden zu wollen, doch lässt sich aus den vorangegangenen Überlegungen des Erzählers unschwer schließen, worin Nietzsche als Vorbild gelten soll: in seiner Erkenntnis, dass für die Verfallenheit an jenen Seelenzauber nicht mehr der rechte historische Augenblick sei und die »Rückneigung« zu jener Sphäre vielleicht doch, wie Settembrini meinte, »krankhaft« (5.1, 989) ist.

Wenn also Castorp, das *Lindenbaum*-Lied auf den Lippen, für ebendieses Lied zu sterben scheint, so stirbt er »im Grunde schon für das Neue [...], das neue Wort der Liebe und der Zukunft in seinem Herzen –« (5.1, 990). Das Neue aber ist jener »Traum von Liebe«, jene Vision schöner Menschlichkeit aus seinem Schneetraum, den Castorp selbst zwar schon wieder vergessen hat, den aber der Erzähler seinen Lesern diskret in Erinnerung ruft. Wie um die Macht jenes Seelenzaubers zu belegen, der selbst »unsere« Phantasie zu kolonisieren vermochte, beschwört Thomas Mann am Ende des Romans Wagners *Götterdämmerung* – ein Weltfest des Todes auch dies.[50] »Dämmerung« (5.1, 1080) ist die Grundstimmung auch in der finalen Szene des Romans. Die »Brandröte des trüben Himmels« (ebd.) ist dem »rötlichen Glutschein« am fernen Horizont bei Wagner nachgebildet. Und so wie in dem symphonischen Schluss des Wagner'schen Weltspiels die Violinen eine an bedeutender, früherer Stelle aufgestiegene Vision von Liebe erinnern – Sieglindes »O hehrstes Wunder!« –, so hält auch Thomas Mann im letzten Satz die Erinnerung an Castorps »Traum von Liebe« wach.[51] Der *Zauberberg*-Autor wie sein großes Vorbild gestalten die Katastrophe als Weg zu einem Neubeginn.

Die Coda des Grammophon-Kapitels, jene anderthalb Seiten historischer Meditation und Spekulation im Anschluss an das *Lindenbaum*-Lied, gehört zweifellos zu den erstaunlichsten Stellen in Manns Œuvre. Diese anderthalb Seiten bringen die zentrale Thematik des Romans auf den

Punkt, dass nämlich die sich rückneigende Anhänglichkeit an den Seelenzauber der Musik der deutschen Romantik finstere Konsequenzen zeitigt und noch zeitigen wird, wenn diese Anhänglichkeit zum historisch »unrechten Augenblicke« kultiviert wird. Nicht genug damit, zeichnen sich bereits hier die Umrisse des großen, zwanzig Jahre später unternommenen *Faustus*-Romans ab. Hier wie dort fungiert die Musikgeschichte als das Paradigma der Mentalitätsgeschichte im Großen. Hier wie dort ist Nietzsche der heimliche Held und die geheime Schlüsselfigur der Epoche. Und hier wie dort wird über die finsteren Konsequenzen des zweideutigen Seelenzaubers hinaus, auch die finstersten, von denen der *Zauberberg*-Autor noch nichts ahnen konnte, ein Hoffnungsschimmer am Leben erhalten.

* * *

Wie umfassend war Thomas Manns Kenntnis des deutschen Kunstlieds? Welche Lieder und Liedkomponisten kannte er? Nach Ausweis des *Zauberberg* und des *Doktor Faustus* besaß er eine beträchtliche, aber keineswegs umfassende Kenntnis dieses immensen Repertoires. Entscheidend war offensichtlich die Intensität, mit der er auf bestimmte Lieder reagierte. Fühlte er sich von einem Lied angesprochen, so drängte es ihn, seiner Bewunderung Ausdruck zu verleihen, sie in fiktionaler oder essayistischer Form mitzuteilen. Dem verdankt Schuberts *Lindenbaum* seine alles überragende Sonderstellung im Werk Manns, hinter der seine übrigen Liedkenntnisse in den Hintergrund treten. Umso dringender die Frage nach den Quellen seiner Kenntnisse und den historischen Umständen, unter denen sie ihm vermittelt wurden.

Über den *Lindenbaum* gibt Mann in einem Brief vom 12. Januar 1943 an seine amerikanische Wohltäterin Agnes E. Meyer Auskunft. Er musste damit rechnen, gelegentlich wohl auch fürchten, dass seine energische Bewunderin ein Buch über ihn schreiben würde; das erklärt seine Mitteilsamkeit. Offenbar hatte sie (in einem verlorenen Brief) den Grund wissen wollen, warum das *Lindenbaum*-Lied zu Castorps Lieblingsplatten zählt. Dazu die Erklärung: »Den ›Lindenbaum‹ habe ich gewählt aus demselben Grunde wie Hansens andere records, weil ich sie eben selbst hatte und sie mir auf meinem, ach, noch so primitiven Apparat immer wieder vorführte. […] Meine Lindenbaum-Platte war von [Richard] Tauber gesungen, sehr musikalisch und geschmackvoll.« (TM/AM, 455) Es folgt eine kurze Paraphrase der symbolischen Deutung des Liedes im Roman, die hier nicht wiederholt zu werden braucht. Aufmerksamkeit verdienen allerdings die konkreten Auskünfte, die jedoch bei näherem Hinsehen sehr der Ergänzung und Korrektur bedürfen. Wollte man dieser Auskunft Glauben schenken, so müsste man schließen, dass ihm das *Lindenbaum*-Lied allein deswegen »zum Symbol alles Liebenswert-Verführerischen« wurde, »worin der heimliche Keim der Verderbnis lauert«, weil er zufällig die Tauber-Aufnahme des Lieds besaß. Offensichtlich waltet im Roman aber nicht der Zufall, sondern ein kompositorisches Kalkül, das von langer Hand eingefädelt ist.

Auch die Auskunft über »Hansens andere records« verdient nicht viel Vertrauen angesichts einer längeren Tagebuch-Notiz vom 10. Februar 1920. Sie handelt von einem mehrtägigen Aufenthalt in Feldafing am Starnberger See im Haus Georg Martin Richters, dem so genannten Villino, in dem Mann eine Art Eigentumswohnung erworben hatte, um darin in Ruhe am *Zauberberg* schreiben zu können.[52] Dort entdeckte der *Zauberberg*-Autor das Grammophon. Er hatte sogleich den glücklichen Einfall, diese Entdeckung für seinen Roman zu nutzen: »Neues Motiv für den ›Zbg.‹, gedanklich und rein episch ein Fund.« Offenbar hatte Richter, ein aus San Francisco gebürtiger Kunsthistoriker, Kunsthändler, Autor und Verleger[53], ein neues »vorzügliches *Grammophon*« durchaus mit dem Gedanken an seinen illustren Gast erstanden, für den sich dieses Gerät denn auch als »[d]er Clou« dieses Aufenthalts entpuppte. Thomas Mann war so fasziniert von dem Wunderkasten, dass er ihn allein, gelegentlich auch mit Katia und Richter »beständig spielen ließ«. Im Villino war vor allem Opernmusik vorhanden: »Die Tannhäuser Ouvertüre. Bohême. Aida-Finale (italienischer Liebestod). Caruso. [Mattia] Battistini, die [Nelly] Melba, Tita Ruffo etc.« Von den hier genannten Stücken ging also allein die Schlussszene von *Aida* in das Grammophon-Kapitel des Romans ein. *Der Lindenbaum* gehörte offenbar nicht zu den im Villino vorhandenen Platten. Schuberts Lied ist, scheint es, erst später hinzugekommen, wie auch die übrigen »Vorzugsplatten« – das Ergebnis einer sehr bedachten Auswahl.

Selbstredend ist das zufällige Vorhandensein einer bestimmten Schallplatte nicht als ausschlaggebend zu betrachten für ihre Funktion in dem

Grammophon-Kapitel. Dies gilt auch für das *Lindenbaum*-Lied, das zu dem 24-teiligen Zyklus der *Winterreise* gehört, was im Roman mit keiner Silbe angedeutet wird. Es ist aber der Zyklus als Ganzes, der den im Roman so stark betonten funebren Grundton erzeugt, denn erst in der Akkumulation einer Reihe von Liedern konnte dem *Zauberberg*-Autor auffallen, was er in einem Artikel für Bruno Walter als charakteristisch für Schubert bezeichnet, nämlich eine »merkwürdige Vorliebe [...] für die Sphäre einer rätselhaften und todbeschatteten Einsamkeit« (x, 508).

Thomas Mann hat Schuberts *Winterreise* am 20. November 1916 gehört – ein Liederabend, der in einem noch weiter reichenden Sinn Epoche machte als ein halbes Jahr darauf Hans Pfitzners »musikalische Legende« *Palestrina*. Liederabende waren zu der Zeit eine relativ junge Institution im öffentlichen Musikleben; erst in der Lieder-Renaissance der dreißiger und vierziger Jahre und vollends der im Zeichen einer epochalen Figur wie Dietrich Fischer-Dieskau stehenden Liedpflege der Nachkriegszeit gewann diese Form der musikalischen Darbietung die Bedeutung, die sie heute hat. Hinzu kommt, dass es noch 1916 durchaus ungewöhnlich war, einen ganzen Liederabend ausschließlich dem Schubert'schen Zyklus zu widmen; gewöhnlich wurde eine Auswahl daraus geboten. Das erklärt, dass Mann in seinem Artikel *Musik in München* es für angezeigt hält, ausdrücklich zu betonen, er habe »die ganze« *Winterreise* gehört, »alle 24 Gesänge; weiter war es nichts« (15.1, 197). Dementsprechend stellt er seinen Bericht über diesen Liederabend ein wenig wie die Entdeckung eines verloren geglaubten Schatzes dar.

Näher betrachtet war es jedoch eine Wiederentdeckung – nicht speziell der *Winterreise*, sondern des deutschen Kunstlieds, das das musikalische Wunderreich seiner Kindheit war. Musik wurde dem Kind Thomas zuerst durch seine Mutter vermittelt, und zwar in Form von Liedern und Klaviermusik. Julia Mann, geborene da Silva-Bruhns, war eine passionierte Musikliebhaberin, die »bis ins Alter die Musik mit bedeutendem Talent« pflegte. So lesen wir in dem Nachruf auf Julia Mann aus der Feder des mit der Familie befreundeten Journalisten Ludwig Ewers.[54] »Ihr war«, heißt es dort weiter, »neben einem geläufigen Klavierspiel eine volle metallene Mezzosopranstimme eigen, und damit beglückte sie einst ihre Jungens, auch die Freunde ihrer Jungens, wenn sie ihnen die Schumann-Heinesche Dichterliebe vorsang.« Sieben Jahre nach dem Tod der Mutter 1923 lieferte

Thomas Mann, der von ihr die Liebe zur Musik geerbt hatte, ein von Dank erfülltes *Bild der Mutter*, das in der Hauptsache der Erinnerung und Rekonstruktion seiner ersten musikalischen Eindrücke diente. Während die Mutter auf ihrem Bechstein-Flügel im Salon musizierte, schreibt der Fünfundfünfzigjährige, »kauerte ich stundenlang in einem der hellgrau gesteppten Fauteuils und lauschte [ihrem] wohlgeübten, sinnlich feinfühligen Spiel«. Damals habe er zuerst Chopin und die »klassisch-romantische[] Klavierliteratur« gehört. Doch noch empfänglicher habe er sich für die »Verbindung von Wort und Ton im Liede« gezeigt. Julia Mann, die »eine kleine, aber überaus angenehme und liebliche Stimme« besaß, sang »mit einem künstlerischen Takt, der das Sentimentale so selbstverständlich wie das Theatralische ausschloß, [...] alles Hochgelungene, was diese wundervolle Sphäre von Mozart und Beethoven über Schubert, Schumann, Robert Franz, Brahms und Liszt bis zu den ersten nachwagnerischen Kundgebungen zu bieten hatte«. Seiner Mutter verdanke er somit »eine nie verlorene Vertrautheit mit diesem vielleicht herrlichsten Gebiet deutscher Kunstpflege, einer Kultur für sich, in der Tat, in der ein Meister dem anderen den goldenen Ball zuwirft« (XI, 421 f.).

Ob Mann die im Kindesalter erworbene Vertrautheit mit dem deutschen Kunstlied wirklich nie verloren hat, möge dahingestellt bleiben. Es fällt nämlich auf, dass sich in den persönlichen Zeugnissen bis 1916 kein Hinweis findet auf den Besuch eines öffentlichen Liederabends oder auf Lieddarbietungen im Rahmen einer Hausmusik. Solche privaten Lieddarbietungen wurden erst durch Bruno Walter ein fester Bestandteil von Manns Musikerleben, zuerst in Walters Münchner Zeit und später in Kalifornien im Hause Walters in Beverly Hills oder dem Lotte Lehmanns in Santa Barbara. Es steht zu vermuten, dass der Dirigent schon bei Manns Entdeckung der *Winterreise* eine dezent pädagogische Rolle spielte, so wie er wenig später seinen verehrten Nachbarn im Herzogpark in die Partitur von Pfitzners *Palestrina* einführte und ihn dabei zu einer ergriffenen Würdigung dieser großen, spätromantischen Künstleroper inspirierte. Die Freundschaft Manns mit dem bewunderten Dirigenten, der 1913 als Generalmusikdirektor und Nachfolger Felix Mottls nach München gekommen war, begann sich gerade in diesen Jahren rasch zu erwärmen. Walter hatte die Gewohnheit, bei Geselligkeiten in seinem Haus oder bei den Manns am Klavier Stücke zu erläutern, deren Aufführung er vorbereitete. So mag es auch vor der *Winterreise* im November 1916 zugegangen sein, denn auch dieses Werk wurde ihm zu einem musikalischen Erlebnis von großer Tragweite. Und wie im Fall von *Palestrina* artikulierte er seine Ergriffenheit von dem Werk in einer essayistischen Würdigung im dritten Teil von *Musik in München*, einem längeren Artikel, der im Dezember 1916 entstand und in drei Fortsetzungen im Januar 1917 in der Berliner Zeitung *Der Tag* erschien. Aufgemacht als ein Bericht über das Münchner Musikleben, handelt es sich dabei letztlich um eine Verteidigung und Solidaritätserklärung für Bruno Walter, der unter antisemitisch motivierten Angriffen eines einflussreichen Teils der Münchner Musikkritik zu leiden hatte.

Die Winterreise wurde in dem intimen Saal des Hotels Vier Jahreszeiten gegeben. Die Ausführenden waren Bruno Walter und der holländische Bassbariton Anton van Rooy, der von 1897 bis 1903 in Bayreuth die großen Wagner-Rollen seines Faches gesungen hatte. Nach seiner Mitwirkung als Amfortas an der nichtautorisierten Aufführung des *Parsifal* an der New Yorker Metropolitan Opera zu Weihnachten 1903 traf ihn der Bayreuther Bannfluch. Im Alter von erst 43 Jahren zog sich van Rooy 1913 von der Opernbühne zurück, um sich dem Liedgesang zu widmen.[55] Wie Bruno Walter in seiner Autobiographie berichtet, hatten van Rooy und er sich 1900 in Bayreuth »gefunden« und begonnen, miteinander zu musizieren[56] – eine Zusammenarbeit, die in der gemeinsam erarbeiteten *Winterreise* ihre künstlerische Krönung fand. Walter spricht mit größtem Respekt von diesem Sänger; er nennt ihn einen »gewaltige[n] Wotan, Fliegende[n] Holländer, Sachs usw.«. Auch Thomas Mann schildert van Rooys Holländer als unvergesslich und macht sich die Berühmtheit des Sängers im Wagner-Fach zunutze, um daran einige Schubert und Wagner verbindende Gedanken vorzutragen, deren Nachhall noch im *Zauberberg* zu vernehmen ist. Zwar seien die Lieder der *Winterreise* für tiefe Stimmen »kaum […] gedacht«, doch wirke van Rooy mit diesen Liedern »so unbeschreiblich stark«, weil eine enge Verwandtschaft besteht zwischen der seelischen Verfassung des Wagner'schen Holländers und der des Wanderers der *Winterreise*: »Es ist das Irrende, von Heim und Glück Verbannte, das romantisch Gezeichnete, Schwermütig-Verwilderte, nach Erlösung Langende, was den beiden Gestalten, der dramatischen und der lyrischen, gemeinsam ist, und van Roy [sic] ist der Mann, dies auszudrücken und zu

Herzen gehen zu lassen, wie kein zweiter. Wann hätte uns beim Rauschen des Alten Lindenbaums, das uns doch von Kind auf vertraut ist, die Wehmut so an der Kehle gewürgt? Wann hätte uns die dämonische Eintönigkeit des Liedes vom Leiermann oder die ratlose Melancholie des ›Habe ja doch nichts begangen, / Daß ich Menschen sollte scheun –‹ erschüttert wie neulich?« (15.1, 197f.) Schon hier also werden sowohl der *Lindenbaum* sowie *Der Wegweiser* und *Der Leiermann* als besonders zu Herzen gehend genannt, und hier schon wird Schuberts Werk als der »kunsthohe und doch aus Volksgemütstiefen geborene Liederreigen« bezeichnet, eine Charakterisierung, die die glückliche Formel »Volksgut und Meisterwerk« im *Zauberberg* ankündigt.

Mann nimmt diese Gelegenheit wahr, Bruno Walters Qualitäten als Partner van Rooys zu betonen. Er spricht mit sehr bedachtem Nachdruck von der »zart-präzisen Musikalität« Walters, seiner »stilistisch gezügelten Leidenschaft [...], die den Begriff des Begleiters aufs neue und für immer zu adeln schien« (15.1, 198). Selbst die Münchner Musikkritik habe anerkennen müssen, dass diese Darbietung der *Winterreise* ein »Ereignis [...] ersten Ranges« war. Vielleicht sei der »problematische[] Generalmusikdirektor« – und hier mögen persönliche Erfahrungen im häuslichen Kreis mitschwingen – deshalb »am Flügel [...] am glücklichsten«, weil er dort freier walten könne als in der Rolle des »Orchester-Machthaber[s]« im »Kampf mit der zähbürgerlichen Materie« seiner Musiker (ebd.).

Musik in München ist jedoch weit mehr als eine Verteidigung des bedrängten Dirigenten. Mann knüpft an die *Winterreise* weitläufige musikphilosophische Spekulationen, die diesen Text als ein Seitenstück zu den *Betrachtungen eines Unpolitischen* ausweisen. *Die Winterreise*, so dürfen wir seine Argumentation zusammenfassen, sei der Inbegriff des Romantischen, und da die romantische Musik »hoch und nieder angeht, Wissende und Einfältige gleich stark, wenn auch auf verschiedene Weise, in Atem hält« und die unterschiedlichsten Gruppen und Klassen »brüderlich bindet«, dürfe sie zu Recht als die »Nationalkunst in Deutschland« angesehen werden. Zumindest stelle das Romantische die Sehnsucht nach dem Nationalen dar – »die Sehnsucht einer anarchischen Zeit nach dem alles Bindenden, nach Vereinigung, nach Religion, nach Kultur« (15.1, 198f). Niemand sei der Erfüllung dieser Sehnsucht näher gekommen als

Richard Wagner mit seinem »Festspiel vom Ring des Nibelungen«, und vor ihm, so ist sinngemäß zu ergänzen, Franz Schubert mit seinen Liedern. So ruhe denn auf der Musik als der deutschen Nationalkunst, eher als auf der Literatur oder Politik, die Hoffnung dieser anarchischen, will sagen: vom Krieg erschütterten Zeit, nämlich »zu binden und zu vereinigen« (15.1, 199).

Mit diesem Artikel erreichte Mann ein Doppeltes. Auf der einen Seite führt er einen Grundgedanken der *Betrachtungen* näher aus: Wenn es in diesem Krieg um das Recht Deutschlands auf eine eigene, von den westlichen Demokratien abweichende Kultur geht, eine musikzentrierte Kultur, so wäre ein volksgemeinschaftliches Zusammenhalten und damit die Aussicht auf ein siegreiches Bestehen der Krise am ehesten von der Musik zu erwarten. Auf der anderen Seite leistet Mann dem von antisemitischen Kritikern bedrängten Dirigenten Beistand, indem er dessen viele Verdienste um die deutsche Nationalkunst Revue passieren lässt und ausführlich würdigt. Dieser Dirigent, der »seinem Geiste und Herzen, seiner Bildung und Liebe, wenn auch meinetwegen nicht seinem Blute nach« Deutscher ist, sei »Musiker und Romantiker genug, um den Glauben an die Gemeinschaft schaffende Macht der Kunst inbrünstig festzuhalten« (15.1, 200). Nicht zuletzt aber gewann der *Zauberberg*-Autor aus der Begegnung mit Schuberts *Winterreise* und der essayistischen Beschäftigung damit ein episches Motiv von ungeahnter Symbolkraft, allerdings erst nachdem er eine kritische Perspektive auf seine Denkweise von 1916 gewonnen hatte.

Es ist nicht auszuschließen, dass Thomas Mann in der Zeit von 1922 bis 1933, für die sich keine Tagebücher erhalten haben, einen Liederabend mit Schuberts *Winterreise* besucht hat, doch dokumentiert ist lediglich eine einzige weitere *Winterreise* aus späterer Zeit: am 12. November 1937 in der Zürcher Tonhalle, gesungen von Hermann Schey, einem »ausgezeichneten Baritonisten« (Tb. 1.3.1937), begleitet von dem Komponisten Othmar Schoeck. Im Tagebuch notiert er: »Seltsamer, romantisch-trister Reigen, schön vorgetragen.« (Tb. 12.11.1937) Einen stärkeren Eindruck hinterließ ein häusliches Schallplattenkonzert am 29. Oktober 1948, bei dem »Teile der Winterreise« zu Gehör kamen. Mann reflektiert hier nicht auf ein bestimmtes Lied, sondern auf das Werk im Ganzen. Die *Winterreise* ist ihm nun der »merkwürdigste[] Cyclus, dessen wilde

Verzweiflung und Bitterkeit vom Konzertpublikum kaum je verstanden worden«. Ein Plädoyer, so will es scheinen, für die Darbietungsform des Grammophons, die eine ungestörte Konzentration auf den wahren Charakter des Werkes erleichtert. Von der »tiefe[n] Verzweiflung«, die aus der *Winterreise* spricht, ist auch bei einem weiteren Plattenkonzert am 27. Januar 1949 die Rede. Man hörte auch Teile von *Tristan und Isolde*, offenbar den von Mann besonders geschätzten ersten Akt, denn er hebt die »ungeheueren, hysterischen Akzente« Isoldes hervor, woran sich die folgende Reflexion schließt: »Das Deutsche – welch eine sonderbare Seelenverfassung, nirgends sonst vorkommend.« Wie schon 1916 artikuliert sich das Deutsche am gültigsten in der Musik der Romantik; wie schon 1916 gelten ihm Schubert und Wagner als die Exponenten des Deutschen, doch anders als 1916 blickt er auf alles Deutsche aus spürbar größerer Distanz.

Die Winterreise blieb Manns große Liebe im Bereich des Kunstlieds, so sehr, dass er den beiden anderen Liederzyklen Schuberts, der *Schönen Müllerin* und dem *Schwanengesang*, kaum Aufmerksamkeit schenkte, jedenfalls sind keine Äußerungen dazu überliefert. Als ihm der Süddeutsche Rundfunk 1954 ein Wunschkonzert bescherte, wählte er aus »dem schönsten Liederzyklus der Welt« die Nr. 17: *Im Dorfe* – ein Lied, »das von dieser Stimmung tiefster Melancholie und bitterer Verzweiflung und Hoffnungslosigkeit ein besonders starker und tiefer Ausdruck ist«.[57] Im *Doktor Faustus* wird ein weiteres Schubert-Lied erwähnt, nämlich das »großartig eigenbrötlerische[] ›Ich komme vom Gebirge her‹«, also *Der Wanderer* (D 493), nach einem Text des mysteriösen Georg Philipp Schmidt von Lübeck. Dieses Lied, das in der Zeile kulminiert: »Dort, wo du nicht bist, dort ist das Glück!«, illustriert das für Schubert kennzeichnende, unabwendbare »Einsamkeitsverhängnis« (VI, 106) und findet hier wohl nur deshalb Erwähnung, weil es als Seitenstück zu *Der Wegweiser* gilt, dem für Leverkühn ergreifendsten Lied der *Winterreise*.

Abgesehen von Schubert zollte Thomas Mann nur dem Liedschaffen Robert Schumanns höchste Bewunderung, ohne dass er aber einem der Schumann'schen Lieder auch nur entfernt die historische und symbolische Bedeutung zuerkannte, die das *Lindenbaum*-Lied für ihn besaß. Zwei Lieder Schumanns preist er wiederholt und bescheinigt ihnen Vollkommenheit, nämlich die beiden Eichendorff-Vertonungen *Mondnacht* und *Zwielicht*. Die *Mondnacht* ist ihm einmal ein »Seelenwunder und Kleinod« (XI, 422), ein andermal schlicht die »Perle der Perlen« (X, 922); und von *Zwielicht*, das er auch in seinem Wunschkonzert erklingen lässt, sagt er: »man kann kaum etwas Schöneres hören.«[58] Die »Kombination Schumann–Eichendorff« nennt er nach einem weiteren Schallplattenkonzert schlechthin »unvergleichlich« (Tb. 17. 6. 1946).

Von Brahms hat Mann offenbar die *Vier ernsten Gesänge* ihrer »religiöse[n] Schönheit« (VI, 106) wegen bewundert sowie vor allem die Vertonung von Ludwig Höltys *Die Mainacht* (X, 922). Seine Einschätzung des Hugo Wolf'schen Liedschaffens war überwiegend positiv. Gemessen an Schumanns »lyrische[r] Verschmelzung [...] von Wort und Ton im Liede« (XI, 422), seinem *gold standard*, empfand er Wolf jedoch als einen »Abstieg« (Tb. 17. 6. 1946). Besondere Bewunderung empfand er aber für die beiden Goethe-Vertonungen *Anakreons Grab* sowie *Der Rattenfänger* (Tb. 6. 9. 1946). Ein Liederkomponist, der eigentlich aufgrund seiner ebenso effektvollen wie populären Balladen sein Interesse hätte erregen müssen, Carl Loewe, fehlt in Manns Lieder-Pantheon gänzlich; es findet sich weder in den essayistischen noch in den persönlichen Zeugnissen eine Erwähnung.

Unter Berücksichtigung der hier erfassten Zeugnisse ist somit zu konstatieren, dass Thomas Manns Kenntnis des deutschen Kunstlieds sich nicht merklich über die Norm des gebildeten Musikliebhabers erhob. Seine Kenntnisse beschränken sich aber auf den Höhenkamm des deutschen Liedschaffens von Schubert bis Wolf. Die gelegentliche, jeweils beiläufige Erwähnung anderer Komponisten von Liedern wie Mendelssohn, Robert Franz, Franz Liszt und Mahler ändert wenig an diesem Befund. Eine Ausnahme – und dies markiert eine durchaus originelle Note – stellt für Thomas Mann der aus Dänemark stammende, vor allem in Weimar wirkende Komponist Eduard Lassen (1830 – 1904) dar, dessen Lieder ihm die Mutter vorgesungen hatte. Schon der Zwanzigjährige zählt Lassen in einem Fragebogen zu seinen Lieblingskomponisten (14. 1, 33), und noch im reifen Alter ist er bereit, für dessen Lieder »eine Lanze zu brechen«, unerachtet seines »etwas süßlichen Geschmacks«. Mann schätzte vor allem Lassens Heine-Vertonungen (*Mit deinen blauen Augen; O halt mich fest, Geliebte*), denen er eine »sensitive[] Ironie des Ausdrucks« (XI, 422) bescheinigt. Die bedeutenden zeitgenössischen Liedkomponisten, seien es

Richard Strauss und Hans Pfitzner oder Arnold Schönberg und Alban Berg, haben sein Bild von der »glorreichen Kultur des deutschen Kunstliedes« nicht im Geringsten geprägt; sie gehörten auch nicht zum Repertoire seiner Schallplattenkonzerte – diese aus ästhetischen, jene aus politischen Gründen.

Die Liebe zum deutschen Kunstlied von Schubert bis Wolf ist somit als ein Grundpfeiler von Thomas Manns Musikverständnis anzusehen, das, wie bei einem Mann des Wortes nicht anders zu erwarten, in dem Wort-Ton-Verhältnis seinen ästhetischen wie intellektuellen Brennpunkt hatte. Nicht der Umfang oder die Originalität seines Liedkanons zeichnen ihn vor anderen Musikliebhabern aus, sondern die ästhetische, psychologische und mentalitätsgeschichtliche Durchdringung einiger weniger Beispiele. Im Übrigen war ihm das Abspielen von Lieder-Schallplatten zu einer in seinem geistigen Haushalt unverzichtbaren Gewohnheit geworden. Wie sehr ihm daran gelegen war, geht u. a. aus einem Brief an seinen in Deutschland verbliebenen Bruder Viktor hervor, den er 1948, als sich die wirtschaftlichen Verhältnisse in Nachkriegsdeutschland zu verbessern begannen, um die Besorgung von Schallplatten bat. Wonach ihn verlangte, ist ebenso überraschend wie bemerkenswert, nämlich Aufnahmen mit Karl Valentin, dem Münchner Komiker, »ein völlig einmaliges Gewächs«, und vor allem Lieder, darunter auch solche von Richard Strauss. Der Brief an den Bruder schließt mit dem Wunsch: »Wir hätten auch so gern deutsche *Lieder*-records von guten Sängern (Schubert, Schumann, Brahms, Wolf, Strauss, Mahler).«[59]

* * *

»Adrian Leverkühn hat geweint!« So könnte man in Abwandlung einer berühmten Szene in *Tonio Kröger* auch von *Doktor Faustus* sagen. Erinnern wir uns: Der junge Kröger möchte seinen bewunderten Schulkameraden Hans Hansen für die Literatur interessieren; zu diesem Zweck erzählt Tonio ihm von einer besonders starken Szene in Schillers *Don Carlos* – die Szene, in der den »Hofmännern« gemeldet wird, dass der König geweint habe. Sie sind alle »fürchterlich betreten«, berichtet Kröger, »und es geht einem durch und durch«. Der Gedanke an den weinenden König ist umso erschütternder, als der von allen gefürchtete König

Philipp in all seiner herrscherlichen Gefühlskälte »immer so ganz allein und ohne Liebe« ist (2.1, 250). Letzteres gilt auch von dem Leben des deutschen Tonsetzers Adrian Leverkühn, von dem es schon im ersten Kapitel des Romans heißt: »Um ihn war *Kälte*.« (VI, 13) Auch Leverkühn wird, wie Philipp, immer so ganz allein und ohne Liebe sein. Gerade darum geht es dem Leser auch hier durch und durch, wenn Zeitblom berichtet, er habe einmal zu seiner »unvergessenen Bestürzung, Tränen in seine Augen treten sehen« (VI, 107). Warum ist Zeitblom bestürzt? Und was vor allem vermag diesen exemplarisch kalten Künstler zu Tränen zu rühren?

Es ist ein Lied aus Schuberts *Winterreise* mit dem zunächst rätselhaften Titel *Der Wegweiser*. Wir werden an den Anfang des Lieds erinnert: »Was vermeid' ich denn die Wege, / Wo die ander'n Wand'rer gehn.« Die darauf folgende zweite Strophe bezeichnet der Erzähler treffend als ins Herz schneidend:

Habe ja doch nichts begangen,
Daß ich Menschen sollte scheu'n,
Welch ein törichtes Verlangen
Treibt mich in die Wüstenei'n?

Leverkühn murmelt diese Zeilen vor sich hin, dabei die »melodische Diktion andeutend« – eine Form der Aneignung und Verinnerlichung, die uns an Hans Castorp erinnert, der ein anderes Lied aus der *Winterreise* auf den Lippen, den *Lindenbaum*, auf einem schlammigen Schlachtfeld in Flandern seinem Tod entgegentaumelt. Leverkühn steht hier noch am Anfang seines Musikerlebens, doch was ihn zu Tränen rührt, ist der Gedanke an das Ende des Schubert'schen Wanderers, der die vielen Wegweiser, die zu den Städten und Menschen führen, ignorieren muss, denn ihm steht ein anderer Wegweiser unentwegt vor dem inneren Auge. Er muss eine Straße gehen, »die noch keiner ging zurück«. Es ist eine Straße der Einsamkeit und Lieblosigkeit bis zum Tod. Es ist offenbar die bittere Ahnung, dass auch ihm ein solches Leben vorgeschrieben ist, die Leverkühn die Tränen in die Augen treibt.

Indes mag dem Leser des *Doktor Faustus* an dieser Stelle eine andere Ahnung aufgehen – die Ahnung, dass Leverkühn, wenn er sich dereinst dem Komponieren widmet, selbst auch Lieder schreiben wird. Was den jungen, empfänglichen Leverkühn so bewegt, ist ja nicht nur die tief traurige, ja bedrückende Aussage des *Wegweiser*-Liedes, sondern auch dessen Form: die von Franz Schubert früh schon zur Meisterschaft gebrachte Form des deutschen Kunstlieds, mit dem für die Interaktion von sprachlichem und musikalischem Ausdruck neue Bahnen eröffnet wurden, auf denen sich diese spezifisch deutsche Kunstform bis hin zu Strauss und Pfitzner, aber auch bis zu Schönberg und Berg zu einer Blüte ohnegleichen entfalten sollte.

Leverkühns Schaffen umfasst denn auch in der Tat eine beträchtliche Anzahl von Liedern, ja die Liedform dominiert geradezu die erste Phase seines Schaffens bis zu seiner Shakespeare-Oper *Love's Labour's Lost*. Die Vertonung von Texten – vielmehr die »Vermählung der Musik mit dem Wort« (VI, 243) – bleibt auch nach seiner einzigen Oper eine charakteristische Artikulationsform dieses deutschen Tonsetzers bis hin zu seinem apokalyptischen Oratorium und seiner symphonischen Kantate nach Texten des alten *Faust*-Buchs. Es fällt auf, dass Leverkühn fremdsprachliche Texte bevorzugt und diese in der Originalsprache vertont – ein sehr sprechendes Indiz für den von seinem deutsch-amerikanischen Mentor Wendell Kretzschmar geprägten »innere[n] Kosmopolitismus« (VI, 239). Leverkühn beginnt mit der Komposition provenzalischer, katalonischer und portugiesischer Lyrik des Mittelalters, wendet sich danach einigen Gesängen aus Dantes *Divina Commedia* (VI, 215) zu und nähert sich mit den *Fünf Liedern nach Gedichten von Paul Verlaine* und *Drei Liedern nach William Blake* – dem »von ihm besonders geliebten William Blake« (VI, 220) – der Moderne. Eine für seinen Werdegang entscheidende Sonderstellung nehmen sodann die *Dreizehn Gesänge nach Gedichten von Clemens Brentano* ein. Es folgen eine weitere Blake-Vertonung sowie zwei Hymnen von John Keats und, nach dem Teufelsgespräch, die Vertonung von Klopstocks großer Ode *Die Frühlingsfeyer*. Den Abschluss seines Liedschaffens bilden *Zwei Lieder* aus Shakespeares *The Tempest*; sie fallen in die Zeit der Echo-Episode, d. h. der Liebe zu seinem engelhaften Neffen Nepomuk Schneidewein. Man wird somit nicht umhinkönnen, zu konstatieren, dass Leverkühns Liedschaffen den Kern- und Keimbereich seines gesamten Œuvres ausmacht. Es hat seinen Anker in der für die nach-Wagner'sche Moderne fundamentalen Überzeugung, dass »Musik und Sprache« zusammengehören, dass sie »im Grunde eins« (VI, 217) seien.

Über die 1910 in Leipzig entstandenen Brentano-Gesänge erfahren wir mehr als über jedes andere der Leverkühn'schen Lieder.[60] Ursprünglich sollte die Vorstellung dieses Liederzyklus' sogar einen noch größeren Raum einnehmen, als er es jetzt tut, doch erwies sich, dass »das Schwelgen in Brentano-Liedern eingedämmt« (XI, 282) werden musste, da sonst das Kapitel 21 aus den Fugen geraten wäre. So fielen mehrere, die Brentano-Gedichte paraphrasierende Seiten der ersten großen Streichaktion zum Opfer, die Erika Mann im August 1946 in Angriff nahm. Leverkühn unternimmt den Brentano-Zyklus zur Vorbereitung auf die bereits anvisierte Shakespeare-Oper *Love's Labour's Lost*, doch wächst ihm die Komposition unter der Hand über die zunächst intendierte Funktion der Einübung weit hinaus. Vielmehr entpuppt sich der Brentano-Zyklus als der entscheidende Entwicklungsschub im Schaffen dieses deutschen Tonsetzers, da er den Weg öffnet zu der in seinem Spätwerk praktizierten Kompositionsweise mit zwölf Tönen. Leverkühn ist sich der Bedeutung dieser Komposition sehr wohl bewusst, denn er dekretiert, dass der Zyklus nur im Ganzen aufgeführt werden darf. Die Anzahl der von ihm vertonten Brentano-Gedichte, dreizehn, erinnert im Übrigen an den Zyklus von George-Liedern, *Das Buch der hängenden Gärten*, den Arnold Schönberg 1908/1909 komponiert hat und der aus 15 Liedern besteht. Die von Thomas Mann herangezogenen Gedichte entstammen alle einer schmalen, 1907 von Hermann Todsen besorgten Auswahl von Brentano-Gedichten, wobei Leverkühn die Reihenfolge, in der die Gedichte in der Todsen'schen Anthologie stehen, beibehält. Wie dort, erscheint das Gedicht *Eingang* an erster Stelle in Leverkühns Zyklus und das Gedicht *Der Feind* an letzter. Merkwürdigerweise lassen sich aus der Beschreibung Zeitbloms und den von ihm zitierten Zeilen lediglich acht der dreizehn Gedichte identifizieren; die übrigen fünf sind nur über die gestrichenen Passagen zu ermitteln.[61] Von der musikalischen Anlage her fällt eines der Lieder aus dem Rahmen: *Die Musikanten*, das der Personalkonstellation des Gedichts entsprechend für fünf Stimmen und »ein kleines Orchester von Streichern, Holzbläsern und Schlagzeug« (VI, 244) gesetzt ist. Alle anderen Lieder, so müssen wir annehmen, sind für eine Gesangsstimme mit Klavierbegleitung komponiert, obgleich dies nicht ausdrücklich erwähnt wird.

Leverkühns Brentano-Gesänge sind in mehrfacher Hinsicht als ein Schlüsselwerk gekennzeichnet. Dies gilt zuvörderst von dem »herzzerwühlenden Liede ›O lieb Mädel, wie schlecht bist du‹« (VI, 207). Bereits in Kapitel 19, unmittelbar nach dem Bericht über Leverkühns Reise nach Pressburg, wo er sich von Esmeralda die luetische Infektion geholt hat, und vier Jahre, bevor es chronologisch geboten wäre, kann der Erzähler es sich »nicht versagen«, auf das Geheimnis eines Buchstabensymbols und einer Klangchiffre aufmerksam zu machen, durch die ein ursächlicher Zusammenhang zwischen Leverkühns neuer Musik und der Spenderin der syphilitischen Infektion, der Hetaera Esmeralda, hergestellt wird. Jene »motivische Grundfigur von eigentümlich schwermütigem Gepräge«, bestehend aus den Tönen h-e-a-e-es, fungiert als das musikalisch verschlüsselte Einbekenntnis der dämonischen Inspiration samt ihren ästhetischen, ethischen und theologischen Implikationen. Leverkühn sei nicht der erste Komponist und werde nicht der letzte sein, erklärt Zeitblom, der solche Geheimnisse in seine Musik verschloss – eine Anspielung auf verwandte Praktiken bei Bach, Schumann, Janáček und vor allem Alban Berg.[62] Der Schöpfer der Brentano-Gesänge habe sich dabei »den eingeborenen Hang der Musik zu abergläubischen Begehungen und Befolgungen« (VI, 207) zunutze gemacht, was vermutlich dahin gehend zu deuten ist, dass sich Leverkühn der ambivalenten, dämonischen Dimension der Musik bewusst und herausfordernd bedient.

Diese vorgreiflichen Auslassungen über die *O lieb Mädel*-Vertonung erübrigen es dem Erzähler, in Kapitel 21, in dem der Brentano-Zyklus im Ganzen vorgestellt wird, über dieses Lied viele Worte zu machen. Es wird dort lediglich als das Lied »mit dem Buchstaben-Symbol« (VI, 243) bezeichnet. In dem darauf folgenden Kapitel jedoch, dem musiktheoretischen Herzstück des ganzen Romans, erfahren wir aus des Komponisten eigenem Munde, welche weit reichende Bewandtnis es mit diesem Lied hat. Diese Komposition markiert den entscheidenden Schritt in Richtung auf das Ideal des strengen Satzes, d. h. der vollkommenen Organisation aller musikalischer Elemente. Leverkühn gelingt an dieser Stelle der Durchbruch zu einer Kompositionsweise, die die Konzeption einer noch weiter gehenden, totalen Organisationsweise nicht nur ermöglicht, sondern zwangsläufig nach sich zieht. Jenes Buchstabensymbol sei ein »Schlüsselwort, dessen Zeichen überall in dem Lied zu finden sind und es gänzlich determinieren möchten« (VI, 255). Allerdings sei damit erst ein halber Schritt getan, denn jenes »Schlüsselwort« sei zu kurz: »Der

Tonraum, den es bietet, ist zu beschränkt.« Mit dieser Einsicht eröffnet sich gleichzeitig die Aussicht auf eine letztlich unabsehbare neue Richtung der Musik, der dieser deutsche Tonsetzer allein schon deswegen nicht widerstehen mag, weil sie das Versprechen musikalischer Führerschaft enthält. Leverkühn fährt nun fort zu sinnieren: »Man müßte von hier aus weitergehen und aus den zwölf Stufen des temperierten Halbton-Alphabets größere Wörter bilden, Wörter von zwölf Buchstaben, bestimmte Kombinationen und Interrelationen der zwölf Halbtöne, Reihenbildungen, aus denen das Stück, der einzelne Satz oder ein ganzes mehrsätziges Werk strikt abgeleitet werden müßte. Jeder Ton der gesamten Komposition, melodisch und harmonisch, müßte sich über seine Beziehung zu dieser vorbestimmten Grundreihe auszuweisen haben. Keiner dürfte wiederkehren, ehe alle anderen erschienen sind. Keiner dürfte auftreten, der nicht in der Gesamtkonstruktion seine motivische Funktion erfüllte. Es gäbe keine freie Note mehr. Das würde ich strengen Satz nennen.« (VI, 255 f.) Statt mit Wörtern von zwölf Buchstaben, wird Leverkühn in seinem letzten Werk, *Dr. Fausti Weheklag*, mit einem Satz von zwölf Silben arbeiten: »Denn ich sterbe als ein böser und guter Christ« (VI, 648).

Des *O lieb Mädel*-Lieds, der bis dato avanciertesten Komposition Leverkühns, wird sodann an einer weiteren, höchst bedeutsamen Stelle gedacht, im Teufelsgespräch des 25. Kapitels. Leverkühns teuflische Stimme gibt zu verstehen, dass das »hübsche[] Lied mit dem Buchstabensymbol [...] beinah schon wie unter Inspiration« (VI, 304) entstanden sei. Im Übrigen konstatiert der Teufel die Finalität der Vergiftung, indem er maliziöserweise an die letzte Strophe erinnert: »Es hat sich an der Wunde / die Schlange festgesaugt ...«, was zu ergänzen ist: »hat mit dem giftgen Munde / den Tod in mich gehaucht.« Darüber hinaus erinnert die Stimme an die Absichtlichkeit der Vergiftung »Du, mein Lieber, hast wohl gewußt, was dir fehlte [...], als du deine Reise tatest und dir [...] die lieben Franzosen holtest.« (VI, 305) In dieser diabolischen Deutung des Lieds, die allein die Absichtlichkeit und Finalität der Vergiftung beziehungsweise »Illumination« betont, wird jedoch eine entscheidende Dimension des Brentano'schen Gedichts ignoriert – eine Dimension, die der theologisch gebildete Leverkühn mitbedacht haben wird. Das Gedicht artikuliert einen Fall von sexueller Hörigkeit bis zur tödlichen Verfallenheit an eine Prostituierte, deren Körper infiziert ist. Es statuiert aber auch, dass der durch sie Vergiftete »nur gut und treu« gewesen sei und sein Verhalten, das er »nimmermehr bereut«, aus wahrer Liebe entspringt. Dies gilt letztlich auch für den von Esmeralda Infizierten. Wenn sie ihn vor ihrem giftigen Körper warnt, so konstituiert allein schon diese Geste »einen Akt der Liebe«, wie denn auch das Element der freien Wahl in Leverkühns Umarmung gerade dieser Frau ausdrücklich als ein untrügliches Zeichen von »Liebe« (VI, 206) verstanden wird.

In keiner anderen Komposition hat sein eigenes Künstlerschicksal eine derart verdichtete Gestaltung gefunden wie in diesem Brentano-Lied. Nicht die Großformen des Oratoriums und der symphonischen Kantate repräsentieren also die authentischste Gestaltung seines persönlichen Schicksals, sondern die kleine Form des Kunstlieds. Der Komponist der Brentano-Gesänge ist sich der Trughaftigkeit des großen Werkes im emphatischen Sinn bewusst, denn er weiß – übrigens in Übereinstimmung mit den führenden Köpfen der neuen Musik: Arnold Schönberg, Alban Berg und Anton Webern – »Echt und ernst ist allein das ganz Kurze, der höchst konsistente musikalische Augenblick …« (VI, 241) Ein letztes Mal wird das Lied mit dem Buchstaben-Symbol bei Gelegenheit von Leverkühns faustischem Kulminationswerk erwähnt, in dem die Kompositionsweise, die in dem Brentano-Lied antizipiert ist, ihre konsequenteste Entfaltung findet. Es unterstreicht die Konsequenz von Leverkühns Entwicklung, dass in die Faust-Kantate das Esmeralda-Motiv aus dem frühen Brentano-Lied hineinverwoben ist und »sehr oft Melodik und Harmonik beherrscht« (VI, 648). Beide Werke haben im Übrigen in einer paradoxen, oxymorischen Konzeption ihren ideellen Kern: das liebe und gleichzeitig schlechte Mädel im Lied, der gute und der schlechte Christ in der Kantate.[63]

Versucht man Leverkühns Brentano-Gesänge historisch zu verorten, so sieht man sich einer sehr bezeichnenden Ambivalenz gegenüber. Was sich auf den ersten Blick als eine moderne, ja avantgardistische Komposition darstellt, ist von seiner Textgrundlage her als ein zutiefst traditionsverbundenes, erzromantisches Gebilde anzusehen. Brentanos Dichtung wie die des Novalis und anderer Romantiker singt von den verborgenen Korrespondenzen in einer total poetisierten Welt. Thomas Mann zitiert denn auch die letzte Strophe von *Sprich aus der Ferne*, die diese Überzeugung ebenso bündig wie berückend artikuliert: »Alles ist freundlich wohlwollend verbunden, / Bietet sich tröstend und trauernd die Hand, / Sind durch die Nächte die Lichter gewunden, / Alles ist ewig im Innern verwandt.« Hier will Sprache Musik werden, während die Musik für diese Dichtung darin ihrem eigenen Wesen begegnet. »Wort und Klang« erkennen sich in ihrem jeweiligen Gegenüber (VI, 245). Die Musik wird so zum Erwecker der in der Dichtung verborgenen Musik, »die in diesen Versen in so leichtem Schlummer liegt, daß die leiseste Berührung von berufener Hand genügte, sie zu erwecken« (VI, 246). Es ist dies im Grunde die Weltsicht der deutschen Romantik, die Eichendorff in seinem *Wünschelrute* betitelten Vierzeiler glücklich formuliert hat: »Schläft ein Lied in allen Dingen, / Die da träumen fort und fort. / Und die Welt hebt an zu singen, / Triffst du nur das Zauberwort.« Der Schöpfer der Brentano-Gesänge sieht die »Dinge« ebenso, deutet Eichendorffs »Zauberwort« aber als Zauberton. Erst wenn die in der Dichtung schlummernde Musik erweckt ist und im Lied ihre Klangwerdung gefunden hat, erlangt Dichtung die ihr zugedachte Vollendung. Nichts unterstreicht die aus der Romantik stammende, musikzentrierte Ästhetik Thomas Manns deutlicher als diese, recht betrachtet, literaturfremde Position. Bezeichnend dafür ist seine Antwort auf die Frage nach seinem Lieblingsgedicht. Er nennt Eichendorffs *Mondnacht* und *Zwielicht*, fügt jedoch hinzu, dass erst die »unglaublich geniale« Vertonung durch Schumann diesen Gedichten ihren Rang und Platz im Kanon der deutschen Lyrik gesichert habe. Als weitere Beispiele nennt er Goethes *Musensohn* und Höltys *Mainacht*, die erst durch Schubert beziehungsweise Brahms ihre Vollendung erzielten.

Es gehört zu dem vexierbildhaften Changieren zwischen Fiktion und historischer Wirklichkeit, dass die fiktiven Brentano-Gesänge Leverkühns ein konkretes Gegenstück haben in den Brentano-Liedern von Richard Strauss, seinem Opus 68 von 1918/1919. Es gibt keinen Hinweis darauf, dass Mann diesen aus sechs Liedern bestehenden Zyklus je gehört hat. Nicht auszuschließen ist jedoch, dass er von der Existenz dieser Brentano-Vertonungen wusste, sei es durch Bruno Walter, sei es durch Adorno oder aus einem der von ihm konsultierten Nachschlagewerke. Bezeichnend ist jedenfalls, dass er seinen fiktiven Komponisten in einer lebensgeschichtlich bedeutsamen Episode, im 19. Kapitel, zu Straussens Sensationswerk *Salome* sehr pointiert Stellung nehmen lässt. Leverkühn schaltet auf seiner Reise von Leipzig nach Pressburg einen Umweg ein, um bei der österreichischen Erstaufführung von *Salome* unter des Komponisten Leitung, am 16. Mai 1906 in Graz, einem von viel musikalischer Prominenz besuchten Ereignis, dabei zu sein. Offenbar gehört ein Art Brechungseffekt in der Leverkühn-Strauss-Konstellation durchaus zum historiographischen Kalkül des Romans. Bei aller Anerkennung für das »glückhaft-revolutionäre« (VI, 205) und »schlagkräftige Opernwerk« (VI, 207) ist es Leverkühn letztlich um Distanzierung zu tun. Die von der Décadence geprägte »ästhetische Sphäre« (VI, 205) dieser Oper ziehe ihn keineswegs an, versichert er, denn bei aller Keckheit überwiege am Ende die Konzilianz gegenüber dem Publikum. Ein »Avantgardismus«, der Erfolg hat und den Spießer versöhnt (VI, 208), darf und kann nicht Leverkühns Sache sein.

Auch im Hinblick auf Straussens Liedschaffen stehen die Zeichen auf Distanzierung. Die Brentano-Lieder von Leverkühn und Strauss weisen keine textlichen Überschneidungen auf. Während Strauss relativ schlichte und gegenständliche Texte wählte, überwiegen in der Textselektion Manns die stimmungsgeladenen und verstörenden Elemente. Vor allem jedoch zeichnen sich Leverkühns Lieder durch ihr innovatives Idiom aus, was sie entschieden in die Nähe von Schönbergs George-Liedern rückt. Diese haben in Schönbergs Schaffen und damit in der Entwicklung der Neuen Musik jenen Übergangscharakter von der Spätromantik zur freien Atonalität, der auch Leverkühns Brentano-Gesängen mit ihrer »Ironisierung der Tonalität« und der »traditionellen Musik« (VI, 243) eignet. Darüber hinaus stößt Leverkühn schon hier auf ein Verfahren, das für die beiden Kulminationswerke grundlegend ist: die Verkehrung. Zeitblom beschreibt die Brentano-Gesänge als eine »wissende, wahre und überkluge Musik«, die »um die Volksweise hier immerfort in Schmerzen wirbt« (VI, 244). Ein atonales Idiom also, in dem die Erinnerung an die ursprüngliche Diatonik, wie sie das Volkslied kennt, hier und da fragmentarisch aufklingt und dann »wieder in einem ihr seelisch fremden musikalischen Stil« verschwindet. Damit wird uns ein »ergreifende[s] künstlerische[s] […] Paradox« zugemutet: in »Umkehrung des natürlichen Entwicklungsvorganges, bei dem aus dem Elementaren das Verfeinerte, Geistige wächst«, spielt »dieses hier die Rolle des Ursprünglichen [...], dem sich das Einfältige zu entringen strebt« (VI, 244f). Eben dieses Paradox gibt dem apokalyptischen Oratorium seine avantgardistische Dimension, denn als paradox muss es dem einfachen Musikliebhaber erscheinen, wenn die »Dissonanz darin für den Ausdruck alles Hohen, Ernsten, Frommen, Geistigen steht, während das Harmonische und Tonale der Welt der Hölle, in diesem Zusammenhang also einer Welt der Banalität und des Gemeinplatzes, vorbehalten ist« (VI, 498).

Die Distanzierung Leverkühns von Strauss kündigt sich bereits im 9. Kapitel an, in dem von der »glorreichen Kultur des deutschen Kunstliedes« gehandelt wird. Es folgt dort ein kurzer Abriss der Gattungsgeschichte von Schubert, Schumann, Mendelssohn, Robert Franz und Brahms bis zu Wolf und Mahler. Der Name Strauss fehlt in dieser Skizze. Diese Ausblendung kann wohl kaum einem einfachen Versehen zugeschrieben werden, denn Strauss muss als der in seiner Zeit bedeutendste Komponist von Liedern angesehen werden; sein Liedschaffen setzte ein Vierteljahrhundert vor Leverkühns ersten fiktiven Kompositionen ein und umfasste schließlich über 150 Vertonungen. Dieser objektiv nicht zu rechtfertigende Ausschluss des Komponisten jener anderen Brentano-Lieder ist zweifellos politisch motiviert – ein Reflex jenes traumatischen Protests der Richard-Wagner-Stadt München von 1933, den Strauss mit unterzeichnet hatte.

* * *

Jede abschließende Überlegung zur Bedeutung des Kunstlieds für Thomas Mann hat von dem alles entscheidenden Umstand auszugehen, dass seine erste Berührung mit der Musik durch seine Mutter vermittelt wurde. Die musizierenden Frauen und Mütter des Frühwerks – Gabriele Klöterjahn, geborene Eckhof, Gerda Buddenbrook, geborene Arnoldsen – sind als Reflex dieser familiären Konstellation anzusehen. Während jedoch diese beiden fiktiven Figuren als Instrumentalisten gezeichnet sind, prägte sich Julia Manns Gestalt ihrem Kind als Sängerin ein, als eine sich selbst am Klavier begleitende Sängerin von Liedern, die offenbar bestrebt war, ihre eigene Liebe zur Musik ihrem im Sessel kauernden und aufmerksam lauschenden Kind mitzuteilen.

Thomas Manns musikalische Sozialisation erfolgte somit nicht, wie es in anderen Epochen die Regel war, in der Kirche, auch nicht im Theater oder in einem Gesangverein und schon gar nicht auf den Straßen und Plätzen Lübecks, sondern im Salon seines großbürgerlichen Elternhauses. Dies entspricht wohl der Erfahrung vieler junger Bildungsbeflissener, die in dem langen 19. Jahrhundert aufgewachsen sind und die wichtigsten Träger der deutschen Musikidolatrie waren. Ein weiteres herausragendes Beispiel dafür stellt der junge Teddie Wiesengrund dar, der auf dem Schoß seiner Mutter Maria Calvelli-Adorno sitzend, einer ausgebildeten Sängerin, ebenfalls über das deutsche Kunstlied in die Musik eingeführt wurde. Allerdings verdankt sich Manns vertieftes Verständnis des deutschen Kunstlieds schließlich nicht Adorno, seinem nachmaligen musikalischen Berater, der um fast drei Dekaden jünger war, sondern dessen Vorgänger in der musikalischen Beraterrolle, Bruno Walter, einem Altersgenossen, der zudem ein praktisch erfahrener Liedbegleiter war.

Der Umstand, dass Thomas Manns musikalische Sozialisation über das Lied erfolgte, zeitigte eine Reihe von Konsequenzen für seine Musikästhetik, die nur dann adäquat zu erfassen ist, wenn ihre grundlegende Prägung durch das Kunstlied erkannt wird. Es sind vor allem zwei Aspekte seiner Musikauffassung, die ihre Prägung durch das Kunstlied verraten.

Thomas Mann neigte dazu, die im Kunstlied vorrangige Wort-Ton-Beziehung zu verabsolutieren, was ihn einerseits dazu verleitete, die Oper, zumal das Wagner'sche Musikdrama, als ein amplifiziertes Lied zu betrachten, als Lied mit »Riesenmaßen«, wie es im *Zauberberg* heißt, und andererseits die absolute Musik im Sinne von Eduard Hanslicks »tönend bewegten Formen« aus ihrer Vorrangstellung, etwa bei Schopenhauer, zu entthronen und ins zweite Glied zu verweisen. Leverkühn ist nicht nur der Schöpfer von Liedern, Oratorien und Kantaten, sondern auch von absoluter Musik, Kammermusikwerken zumal, doch im Mittelpunkt der Erörterungen im *Doktor Faustus* stehen die Werke mit einer nachvollziehbaren Wort-Ton-Beziehung. Nicht zuletzt daran ist Thomas Mann als ein Wagnerianer zu erkennen.

Ohne die bei einem Schriftsteller nahe liegende Privilegierung der Wort-Ton-Beziehung wäre die Erhöhung des *Lindenbaum*-Lieds zum tönenden Emblem des Deutschen weder denkbar noch plausibel zu machen gewesen. Dies gilt auch für das im *Zauberberg* und *Doktor Faustus* konstitutive Spiegelungsverhältnis von deutscher Geschichte und Musikgeschichte. Die absolute, d. h. wortlose Musik hätte sich jenen konzeptionellen Voraussetzungen der Thomas Mann'schen Musikphilosophie widersetzt.

3. Opernszenen: Tradition und Innovation

Im siebten Jahr seines Aufenthalts in dem Schweizer Sanatorium Berghof, unmittelbar bevor der große Krieg dem »long nineteenth century«[64] ein »Ende mit Schrecken« (5.1, 963) bereitet, wird Hans Castorp, ein »einfacher junger Mensch« aus Hamburg, einer neuen »Leidenschaft in die Arme« (ebd.) geführt. Das renommierte Haus hat für seine todgeweihten, aber verwöhnten Patienten ein neues Grammophon angeschafft. Es ist ein deutsches Fabrikat, denn – so der deutsche Chef des Sanatoriums – »[w]ir machen das mit Abstand am besten.« Castorp bemächtigt sich sogleich des Wunderapparats, ganz »als ob er von längerer Hand her sich auf die Sache verstände« (5.1, 968). Zu seinem neuen Herrschaftsbereich gehört auch der mitangeschaffte »Plattenschatz«, der aus zwölf schweren Alben besteht mit jeweils zwölf Schallplatten – darunter »Oper die Hülle und Fülle« (5.1, 971).

In einem Kapitel, das »Fülle des Wohllauts« überschrieben ist und das längst schon als ein *locus classicus* der Musikdarstellung in der deutschen Literatur gilt, werden wir Zeugen von Castorps nächtlichen Musikorgien. Dabei lauscht er immer wieder fünf »Vorzugsplatten«, die zu hören er nie satt wird. Wir werden auf Castorps Vorzugsplatten zurückkommen; vorderhand genüge der Hinweis auf die erzählstrategische Funktion dieses Kapitels in einem Roman, der als eine Art Summe der Epoche der bürgerlichen Kultur vor 1914 aufzufassen ist: Es vergegenwärtigt auf einzigartig tiefblickende Weise die zentrale gesellschaftliche Rolle der Musik. Vor allem aber lernen wir hier verstehen, dass sich das »Schicksal« dieses neuen deutschen Jedermanns »anders gestaltet hätte, wenn sein Gemüt den Reizen der Gefühlssphäre« dieser Musik »nicht im höchsten Grade zugänglich gewesen wäre« (5.1, 987). Vergessen wir jedoch nicht, welches Schicksal diesem Romanhelden bereitet ist: der Tod auf den schlammigen Schlachtfeldern Flanderns.

Bemerkenswerterweise macht der Autor uns, d. h. den Erzähler und die Leser, zum potenziellen Schicksalsgenossen Castorps, heißt es doch: »Wir alle waren seine Söhne« (5.1, 990), will sagen: die Söhne eines Zeitalters, in dem die Idolisierung der Musik tiefe Wurzeln geschlagen hatte in der deutschen Kultur und vielen als *paradis artificiel* und Gegenwelt zum politischen Leben diente. *Der Zauberberg* kann als erster und zentraler Beleg der Verkettung von deutscher Musik und deutscher Geschichte betrachtet werden – ein Gedanke, der Mann von Wagner und Nietzsche her vertraut war. Sein Erzähler scheint sich am Ende jedoch die Sichtweise eines der Pädagogen Hans Castorps zu Eigen zu machen, nämlich die Settembrinis, der ein Anwalt der Aufklärung ist und die Musik für »politisch verdächtig« hält, weil sie, der »Wirkung der Opiate« (5.1, 168, 175) vergleichbar, den Menschen in Dumpfsinn versetzt und zum gesellschaftlichen und politischen Indifferentismus verleitet.

Die Opernszenen Thomas Manns in den Werken vor dem *Zauberberg* knüpfen an eine reich ausgebildete Tradition im Roman des 19. Jahrhunderts an, als die Oper zur repräsentativen Kunstform des bürgerlichen Zeitalters aufstieg und, wie Theodor W. Adorno diagnostizierte, zu dem wurde, was sie tendenziell von Anfang an war: bürgerliche Oper (GS 16, 24–39). Die großen Romanautoren der Epoche haben dies früh verstanden, sodass der Gang in die Oper ein literarischer Topos wurde, wie gerade an den höchsten Beispielen der Gattung abzulesen ist, Flauberts *Madame Bovary* und Tolstois *Krieg und Frieden*. Bei Tolstoi und Flaubert ist denn auch der junge Thomas Mann in die Schule gegangen; seine Opernszenen knüpfen an jene Modelle an, um sie beträchtlich weiterzuentwickeln und im *Zauberberg* auf den neuesten Stand zu bringen: den der technischen Reproduzierbarkeit von Oper im Zeitalter des Grammophons. Betrachten wir jedoch zunächst Manns Kontakte mit der Oper sowie den kulturellen Kontext, aus dem seine Faszination für diese Kunstform erwachsen ist.

* * *

Thomas Manns Interesse an der Oper trägt alle Anzeichen einer jugendlichen Passion, die jedoch wie alle großen Passionen bis ins hohe Alter vorhielt. Wie so häufig bei den im letzten Viertel des 19. Jahrhunderts Geborenen ist die Initialzündung von *Lohengrin* ausgegangen, den der problematische Gymnasiast als Siebzehnjähriger am Lübecker Stadttheater erlebte. Wenig später zog er nach München, das damals als die eigentliche Hauptstadt des Wagner-Kults gelten durfte, und von da an standen die Wagner-Opern im Brennpunkt seiner ästhetischen und emotionalen Entwicklung. Bezeichnenderweise war die glühendste Phase seiner Opernmanie, zumal für *Tristan und Isolde*, auch das intensivste Stadium seiner Liebe zu Paul Ehrenberg, der »zentralen Herzenserfahrung« (Tb. 6. 5. 1934) seines Lebens. Die Bayreuther Festspiele besuchte er jedoch nur ein einziges Mal, 1909, um den damals noch für Bayreuth reservierten *Parsifal* zu sehen. Den Salzburger Festspielen wohnte er hingegen zweimal bei, 1935 und 1952. Während der Exiljahre waren die Opernhäuser in Zürich und New York die häufigsten Anlaufstationen, und spät erst, im Jahre 1954, war es ihm vergönnt, eine italienische Oper, *Otello*, im Mailänder *Teatro alla Scala* zu erleben (Tb. 5. 3. 1954).

Als Thomas Mann 1920 mit dem Wunderwerk des Grammophons Bekanntschaft machte, erkannte er sofort dessen epische Verwertbarkeit: »rein episch ein Fund« (Tb. 10. 2. 1920).[65] Er war davon so angetan, dass er beschloss, dieser für das Musikerleben Epoche machenden Errungenschaft im *Zauberberg* ein Denkmal zu setzen. Bald darauf gehörte das Grammophon, für das er eine geradezu »ins Lasterhafte abbiegende Leidenschaft« (Tb. 21. 5. 1920) entwickelte, zu den unverzichtbaren Einrichtungen des Mann'schen Haushalts. Über die Jahre hin erwarb er eine stattliche Schallplattensammlung, die sich an Weihnachten und Geburtstagen regelmäßig vermehrte. Fortan waren die abendlichen Schallplattenkonzerte im kleinen häuslichen Kreis ein fester Bestandteil seines Lebens. Als um 1930 Rundfunkübertragungen von Opern und Konzerten üblich wurden, nutzte er auch diese neue technische Möglichkeit, Opernaufführungen mitzuhören. In Kalifornien schließlich hörte er so oft er konnte den samstäglichen Direktübertragungen aus der New Yorker Metropolitan Opera zu, einem Haus, mit dem er von seinen Princetoner Jahren her vertraut war. Wie man aus dem *Zauberberg* ersehen kann, hatte er jedoch eine besondere Vorliebe für das Grammophon, denn vor dem Musikkasten war es leichter als im Konzertsaal oder in der Oper, sich auf die Musik zu konzentrieren. Von James Meisel, seinem Princetoner Sekretär, haben wir eine Beschreibung des dem Grammophon lauschenden Thomas Mann: »Es ist ein Erlebnis zuzusehen, wie er den Schallplatten vom Tristan oder der Götterdämmerung lauscht. Ein seltsames Sichgehenlassen zieht langsam über das sonst so beherrschte Gesicht. Es ist, wie wenn ein Mann seine Brille abnimmt: weich, milde, leidend und begeistert.«[66] Aus all dem lässt sich ersehen, dass Oper – ob live oder am Radio oder vor dem Grammophon – ein unverzichtbares Element seines geistigen Haushalts war. Unter den großen Romanautoren des 19. und 20. Jahrhunderts gibt es (von James Joyce, der eine Ausbildung als Sänger genoss, einmal abgesehen) keinen, der mit der Kunstform Oper so vertraut war wie Thomas Mann.

Dies soll jedoch nicht bedeuten, dass er zur Oper oder zur Musik generell ein irgendwie professionelles Verhältnis unterhalten hätte; im Gegenteil, wenn er über Musik schrieb, war er offensichtlich darauf bedacht, auch von den Nichteingeweihten verstanden zu werden. Seine musikalische Ausbildung, die kaum über ein wenig Violinunterricht in seiner Kindheit hinausging, war bescheiden, so dass er nie in Versuchung kam, mit fachmännischem Wissen zu prahlen. Gleichwohl nahm die Musik einen so vorrangigen Platz in seinem Leben und Schreiben ein, dass er in allen Lebensstadien enge Beziehungen zu einem Musiker unterhielt, der ihm, wenn nötig, technische Aspekte erläutern konnte. Sein erster musikalischer Berater war der Kapellmeister und Komponist Carl Ehrenberg, der Bruder Paul Ehrenbergs. Nach seiner Verehelichung 1905 übernahm diese Rolle Klaus Pringsheim, ein Schüler Gustav Mahlers und später der wohl bedeutendste Exponent Mahlers in Japan. Bei Manns Besuch in Bayreuth 1909 war Klaus Pringsheim sein Begleiter. Mit einem noch berühmteren Anwalt Mahlers, nämlich mit Bruno Walter, der von 1913 bis 1922 Generalmusikdirektor in München war, verband Thomas Mann eine enge Freundschaft, die bis ans Lebensende währte. Und schließlich war es kein Geringerer als Theodor W. Adorno, der in der gemeinsamen Zeit in Los Angeles die Rolle des »geheimen Rat[s]« (XI, 293) übernahm und beim *Faustus* entscheidende Hilfestellung leistete. So sehr also in diesem Werk die Perspektive des musikalischen Laien und passionierten Liebhabers vorherrscht, sie ist stets durch Expertenwissen aus verlässlichen Quellen abgesichert.

Dem zeitgenössischen Opernschaffen gegenüber war Thomas Mann mit Maßen aufgeschlossen. Den Höhepunkt seines Engegaments für die Oper seiner Zeit markiert sein Essay über Hanz Pfitzners »musikalische

Legende« *Palestrina*, die 1917 unter Bruno Walter im Münchner Prinzregententheater ihre überaus erfolgreiche Erstaufführung hatte. Im Gegensatz zu seinem verehrten Kollegen Hugo von Hofmannsthal war Thomas Mann aber nie versucht, ein Opernlibretto zu schreiben. Als Carl Ehrenberg 1907 mit einer solchen Bitte brieflich an ihn herantrat, lehnte er ganz entschieden ab. Er werde Ehrenberg bei aller Freundschaft »keine Oper schreiben, die Frage, ob ich es überhaupt *könnte*, ganz bei Seite gelassen. [...] Du lässest einfließen, daß ich ›dem Wesen der Musik nahe stehe‹, – läßt es einfließen, weil Du weißt, daß ich es gern höre. Außerdem ist es vielleicht wahr – und gereicht mir gleichzeitig zum Stolz und zum Schmerz. Ich stehe der Musik gerade so nahe, daß sie mir fehlt. Ich mache so viel Musik, als man *ohne* Musik füglich machen kann. Aber etwas dichten, wozu ein Anderer dann die Musik [machen] darf, – *nein*.« Und um Carl Ehrenberg nicht allzu wehzutun, fügt er hinzu: »Und wenn Mozart wiederkäme und mich brieflich mit Verehrter Meister anredete, ich würde ihm keine [Oper] schreiben.« (21, 378)

Zehn Jahre nach Wagners Tod, als der junge Thomas Mann sich der Literatur zuwandte, stand das Werk des Bayreuther Meisters im Zenit seiner Weltgeltung, und so war es geradezu unausweichlich, dass Zeit und Ort seiner Geburt ihn zum Wagnerianer bestimmten. Die Moderne selbst, nicht nur die musikalische, stand im Zeichen des *Tristan*-Schöpfers, was Nietzsche selbst auf der Höhe seiner Wagner-Gegnerschaft nicht müde wurde zu behaupten: »Wagner r e s ü m i r t die Modernität. Es hilft nichts, man muss erst Wagnerianer sein ...« (KSA 6, 12) Thomas Mann befolgte diese Diagnose. Entscheidend war dabei die Erkenntnis, dass der musikdramatische Stil des reifen Wagner im Wesentlichen ein epischer war und sowohl eine Herausforderung als auch eine Bereicherung der Erzählkonventionen des 19. Jahrhunderts darstellte. Fortan war es sein Ehrgeiz, selbst auch gute Partituren zu schreiben, Wagner'sche Partituren, die mit den Mitteln der Sprache ein veritables »Beziehungsfest« darstellen – eine »ganze Welt von geistvoll-tiefsinnigen Anspielungen« (IX, 522). Es war somit keine Übertreibung, wenn er im Alter Adorno gegenüber bekannte: »Ich habe Wagnern viel nachgemacht, mich viel an ihn ›erinnert‹.«[67]

In alledem ist nicht zu übersehen, dass ihn die Verzauberung durch das Werk Wagners dazu verführt hat, auch dessen Nationalismus und Hegemoniestreben teilweise zu absorbieren, wie vor allem aus den *Betrachtun-*

gen eines Unpolitischen zu ersehen ist. Gleichwohl war Mann alles andere als ein unkritischer Wagnerianer. Sein Wagnerismus war im Tiefsten geprägt von Nietzsches Wagner-Kritik, die er »unsterblich« nannte und die er geistvoll genug war, als einen »Panegyrikus mit umgekehrten Vorzeichen, als eine andere Form der Verherrlichung« (IX, 373) zu nehmen.

Manns kritische Vorbehalte gegen Wagner – und dies ist ausschlaggebend für sein Verhältnis zur Oper – richteten sich einerseits gegen alles, was bloßes Theater ist an Wagner, und zum anderen gegen eine zentrale theoretische Vorraussetzung seiner Reform der Oper. Wagner behauptet bekanntlich die ästhetische Überlegenheit des Gesamtkunstwerks über alle anderen Kunstformen, einschließlich des Romans. Das impliziert beispielsweise auch die Superiorität von Wagners *Siegfried* über Goethes *Torquato Tasso.* Wie andere Vertreter des Worts vor ihm und nach ihm verteidigte Thomas Mann die Autonomie und Eigenwürde der Literatur gegen solche literaturfeindlichen Anmaßungen. Seine Einwände äußerte er zuerst 1908 in seinem *Versuch über das Theater.* Dort unterscheidet er zwischen der hoch theatralischen Aura der Wagner-Opern, die gewöhnlich und offenbar zu Manns Leidwesen auf naive oder unerträglich feierliche Art inszeniert wurden, und dem eigentlichen, inneren Drama, das die Musik artikuliert. Er trennt also nach dem Vorbild Nietzsches den unreinen, ästhetisch suspekten Bühnenzauber von dem psychologischen Drama der Wagner'schen Musik. Letzteres sei, wie er dem Bruder 1908 schreibt, der »wahre[] Wagner«, den »man schließlich doch für sich« hat. (21, 388)

* * *

In dem Lübeck von Thomas Manns Kindheit galt es als selbstverständlich, dass »alle gebildeten Leute« zur Stelle waren, wenn im Stadttheater *Lohengrin* gegeben wurde. Diese Bemerkung stammt aus *Der kleine Herr Friedemann;* sie beschreibt aber auch den gesellschaftlichen Rahmen von Thomas Manns erster Begegnung mit Wagner. Ort der Handlung ist das Stadttheater, das zu der Zeit soziologisch betrachtet ein etwas anderes Profil zeigte als ein Hoftheater, wie es etwa in Dresden, Stuttgart oder Meiningen anzutreffen war, oder auch ein Hof- und Nationaltheater wie in den Metropolen Wien, Berlin und München. Sehr verallgemeinernd ließe sich sagen, dass in einem Hoftheater das Erlebnis der Oper in stärkerem Maße durch die Zurschaustellung von gesellschaftlicher Privilegierung und wirtschaftlicher Wohlsituiertheit geprägt war als in einem Stadttheater, das zu seinem Überleben auf das gebildete Bürgertum angewiesen war. Der Opernbesuch in einem Stadttheater transzendiert den gesellschaftlichen Charakter, der einem solchen Anlass unweigerlich auch anhaftet, und ist als Ausdruck eines ernsten Bildungsinteresses zu werten. Um 1900 war die Anzahl solcher Stadttheater mit einem gemischten Repertoir für die Unterhaltungs- und Bildungsbedürfnisse der Bevölkerung Legion; sie waren ein herausragendes Merkmal der kulturellen Topographie in den deutschsprachigen Ländern. Doch abgesehen von der spezifischen Lokalität unterlag das Opernerlebnis mehr oder weniger strikten Verhaltensnormen, die den Akt des In-die-Oper-Gehens selbst zu einer öffentlichen Performanz stempelten. Diese spiegelt ihrerseits das Selbstverständnis einer Kultur, die die Institution Oper trägt.

Dies ist vermutlich der entscheidende soziologische Grund, warum die Opernszenen bei Thomas Mann ein durchaus anderes Gepräge haben als die entsprechenden Szenen in der angloamerikanischen Literatur. In den Romanen von Henry James und Edith Wharton etwa gehören die Szenen in der Oper eigentlich zum gesellschaftlichen Ritual der Partnerwahl. Man geht in die Oper, nicht um ein bestimmtes Werk zu erleben, sondern um junge Frauen zu sehen und zu beobachten. In solchen »fictions of the opera box« findet die entscheidende Aufführung, um derentwillen überhaupt davon erzählt wird, nicht auf der Bühne, sondern in der Loge statt.[68] Thomas Mann schließt sich dieser Konvention lediglich an einer Stelle an, in *Königliche Hoheit*. Ansonsten dient bei ihm die Oper in der Hauptsache als Schauplatz ästhetischer Erfahrungen von oft profunden, lebensverändernden Auswirkungen. Im angloamerikanischen Roman geht man in die Oper, um zu sehen und gesehen zu werden, weshalb das Opernglas als Accessoire der Opernbesucher unverzichtbar und omnipräsent ist. Bei Thomas Mann hingegen rückt die dramatische und musikalische Handlung in den Vordergrund. Man geht in die Oper um jener wunderbaren »Stunden tiefen, einsamen Glückes inmitten der Theatermenge« wegen – »Stunden voller Schauer und kurzer Seligkeiten, voll von Wonnen der Nerven und des Intellekts, von Einblicken in rührende und große Bedeutsamkeiten, wie nur diese nicht zu überbietende Kunst« Richard Wagners »sie gewährt« (14.1, 302).

Eine Erklärung für die Verlagerung des Interesses vom Zuschauerraum auf die Bühne und in den Orchestergraben ist in dem unterschiedlichen Status und der besonderen Entwicklung der Institution Oper im deutschsprachigen Bereich zu suchen, wo sich das Opernpublikum in der Hauptsache aus dem gebildeten Bürgertum rekrutierte. Thomas Mann war sich durchaus bewusst, dass in Deutschland das Theater und die Oper eine von der außerdeutschen Norm abweichende Stellung innehatten: »Uns Deutschen«, schrieb er in seinem großen Theater-Essay von 1908, »ist eine Ehrfurcht vor dem Theater eingeboren, wie keine andere Nation sie kennt. Was dem übrigen Europa eine gesellige Zerstreuung ist, ist uns zum mindesten ein Bildungsfaktor.« (14.1,153) In Amerika, zumal in dem tonangebenden New York, machten in erster Linie die neu zu Reichtum gelangten und nun nach gesellschaftlichem Ansehen strebenden Familien die Oper zu ihrer Sache. Der Opernbesuch hatte kaum etwas mit Bildung zu tun, dafür umso mehr mit kultureller Legitimierung und gesellschaftlicher Akzeptanz. Der ganze Sinn der Oper bestand darin, als Nachweis gesellschaftlicher Arriviertheit zu dienen – darin der Rolle des alten, europäischen Hoftheaters vergleichbar. So wurde die Metropolitan Opera in New York ausdrücklich in der Absicht erbaut, eine gegenüber der älteren Academy of Music größere Anzahl von *boxes*, d. h. Logen, zur Verfügung zu haben. Die 1883 eröffnete Met hatte auf drei Ränge verteilt 122 Logen. Allerdings war damit die Nachfrage bei weitem nicht gedeckt, weshalb man sich gezwungen sah, ein Losverfahren einzuführen, um eine halbwegs gerechte Verteilung der begehrten Logenabonnements zu gewährleisten.[69] Einer der aufmerksamsten Beobachter der New Yorker Gesellschaft, Henry James, bezeichnete die Oper als »the great vessel of social salvation«[70], d. h. als das große Gefäß, aus dem damals in dem so genannten *Gilded Age* die gesellschaftlichen Weihen flossen und das an die Stelle aller anderen solcher Formen der Validierung getreten war.

Schließlich aber gründet eine weitere, vielleicht die entscheidende Divergenz zwischen dem Status der Institution Oper in Deutschland und in anderen Ländern in der sehr unterschiedlichen Hochschätzung der Musik. In Deutschland avancierte die Musik seit etwa 1800 an die Spitze der Hierarchie der Künste. Rückblickend auf diese deutsche Sonderentwicklung im 19. Jahrhundert konnte Thomas Mann zur Zeit des *Doktor Faustus* die Musik als »die deutscheste der Künste« bezeichnen (XI, 227). Damit war gemeint, dass, wer sich ernsthaft mit der Musik in Deutschland auseinander setzte, es unausweichlich auch mit der Frage der nationalen Identität zu tun hatte. Und wer sich ernsthaft Gedanken machte über die deutsche Identität, musste auch die Stellung und Bedeutung der Musik in der deutschen Geschichte in Rechnung stellen. So spannt sich ein mächtiger Bogen der kritischen Reflexion auf Nation und Musik von Wagner und Nietzsche zu Thomas Mann und Adorno.

* * *

Wie zu erwarten, begegnet uns in Thomas Manns Frühwerk eine beträchtliche Anzahl von Opernszenen. Sie thematisieren zunächst ganz traditionell den Widerstreit von Kunst und Leben; sie markieren aber darüber hinaus oft auch eine lebensverändernde ästhetische Erfahrung. Die 1897 entstandene Erzählung *Der kleine Herr Friedemann* lässt dieses Grundmuster in schöner Klarheit erkennen. Johannes Friedemann, ein liebenswürdiger und angesehener Bürger, der trotz seiner körperlichen Verkrüppelung seinen Frieden mit dem Leben gemacht hat, erlebt an der Seite von Gerda von Rinnlingen, der *femme fatale* dieser Novelle, eine Aufführung von *Lohengrin,* die ihn in einen derartigen inneren Aufruhr versetzt, dass er schließlich freiwillig aus dem Leben scheidet. Mit wenigen Strichen wird der Ort der Handlung umrissen: das Stadttheater einer norddeutschen Stadt. Der »kleine Raum« ist »besetzt von oben bis unten und erfüllt von summendem Geräusch, Gasgeruch und Parfums« (2.1, 99). Die üblichen Versatzstücke Loge und Augenglas vervollständigen das Bild. Gegen Ende des zweiten Akts lässt Gerda ihren Fächer entgleiten, um ihn sich von Friedemann aufheben und wieder reichen zu lassen. Der kalte, spöttisch lächelnde Blick, mit dem sie ihn dabei ansieht, reißt alte, vermeintlich geheilte Wunden wieder auf. Gerdas Blick hätte aber kaum die seine ganze Existenz erschütternde Wirkung, wäre Friedemann nicht schon innerlich aufgewühlt von der Handlung auf der Bühne und den noch aufwühlenderen »Klängen der Musik«, die ihm folgen und sich nicht abschütteln lassen, als er vorzeitig das Theater verlässt. Die Begegnung mit Wagners Oper hat die verdrängten dionysischen Kräfte wieder freigesetzt; ihre aufgestauten, zerstörerischen Energien treiben Friedemann in die Selbstauslöschung.

In *Buddenbrooks* wird die lebensverändernde Wirkung Wagners in größerem Rahmen und über einen längeren Zeitraum hin entfaltet. Wagners Musik beginnt den prekären seelischen Haushalt der Familie in der dritten Generation zu affizieren, wenn Thomas Buddenbrook, ein gänzlich unmusikalischer Typ, aus der Familientradition ausschert und eine Ausländerin heiratet – noch dazu eine modern-nervöse Frau, die musiziert. Gerda Buddenbrook führt ihren Sohn in die Oper, als dieser sechzehn Jahre alt ist. Auch hier besiegelt die Begegnung mit Wagner das Schicksal des Jungen und durch ihn das der Buddenbrooks, deren letzter Spross Hanno ist. Diesmal nimmt der Erzähler uns nicht mit ins Stadttheater; das gesellschaftliche Drum und Dran eines Opernbesuchs bleibt ausgeblendet. Stattdessen verweilt der Erzähler bei dem Nachhall und den Nachwirkungen von Hannos Opernerlebnis. Wiederum ist es die *Lohengrin*-Musik, auf die sich das Erzählinteresse konzentriert – ihre »süße und verklärte Herrlichkeit« sowie das »singende, schimmernde Glück«, das sie spendet (1.1, 774). In dem Maß, in dem Hannos außerordentliche Empfänglichkeit für Wagner sich immer unzweifelhafter manifestiert, wird seine Untauglichkeit für das Leben evident. So wird durch das Erlebnis von Wagners Musik der Verfall und Untergang der Buddenbrooks beschleunigt. Kurz nach dem *Lohengrin*-Erlebnis werden wir Zeugen einer ausschweifenden Phantasie Hannos am Klavier, in der Motive aus *Tristan und Isolde* und aus dem *Ring des Nibelungen* verarbeitet sind und mit der sich Hanno gleichsam zu Tode singt.

Die Novelle *Wälsungenblut*, die Thomas Mann kurz nach seiner Verheiratung im Jahre 1905 schrieb, steht heute in einem zweifelhaften Ruf, der sich von zwei Aspekten herschreibt. Zum einen wurde hier eine Episode aus Wagners *Ring* ausgerechnet in ein jüdisches Milieu transponiert. Zum anderen lässt Mann sein jüdisches Zwillingspaar den Inzest der Wälsungen-Zwillinge als eine Art von Racheakt nachvollziehen. Als er gewahr wurde, dass sich diese riskante Novelle nur allzu leicht als eine antisemitische Satire missverstehen ließ, zog er sie noch vor Erscheinen aus dem Verkehr. All diese notorischen Umstände sollten uns jedoch nicht daran hindern, die außerordentliche Virtuosität anzuerkennen, mit der hier eine berühmte Opernszene literarisiert worden ist. Bemerkenswert ist zunächst einmal, dass hier ein Opernerlebnis in seiner Gänze darzustellen versucht wird, mit Vorspiel und Nachspiel. Wir beobachten, wie die Aarenhold-Zwillinge umständlich Toilette machen in Vorbereitung auf die Oper; wir begleiten sie auf der Fahrt durch die Stadt in einem luxuriös ausgestatteten Coupé; wir nehmen teil an dem, was sich im Theater in ihrer Loge, auf der Bühne und im Orchestergraben abspielt; und schließlich verfolgen wir mit ungläubigem Staunen, wie Siegmund und Sieglind Aarenhold sich anschicken, den moralisch und gesellschaftlich tabuisierten, durch Wagners Musik aber verklärten Inzest selbst auch zu begehen.

Die Beschreibung der Aufführung folgt weitgehend den von Flaubert und Tolstoi vorgelegten Mustern, wiewohl dort nicht annähernd so detailliert auf die jeweiligen Opern eingegangen wird wie es hier geschieht. Mann paraphrasiert die Handlung und übersetzt Wagners archaisierende Sprache in ein zeitgenössisches Idiom. Nach dem Vorbild Flauberts bewahrt er eine sehr prononcierte ironische Distanz und befleißigt sich einer vollkommenen Ungerührtheit, der berühmten Flaubert'schen *impassibilité*. Und wie Flaubert und vor allem Tolstoi gibt er die Vorgänge auf der Bühne der Lächerlichkeit preis. Siegmund, der germanische Held, ist hier »ein rosiger Mann mit brotfarbenem Bart« (2.1, 449). Sieglinde, bevor sie zu singen beginnt, »drückte [...] das Kinn auf die Brust, daß es sich faltete«; und Hunding, »bauchig und x-beinig wie eine Kuh [...], blickte mit Büffelaugen« auf den fremden Mann in seiner Hütte. Die Anstrengungen der Sänger werden kalt und teilnahmslos vermerkt. Sieglinde »stellte formend die Lippen ein« und produzierte Töne, »die weich und warm aus ihrem weißen Kehlkopf emporstiegen und die sie mit der Zunge, dem beweglichen Munde gestaltete«. Und Siegmunds blaue Augen unter »dem blonden Stirngelock seiner Perücke, waren gebrochenen Blicks, wie bittend, auf den Kapellmeister gerichtet«. Und so weiter. Geradezu lustvoll wird hier die theatralische Illusion zerstört und aus dem überhöhten Pathos der Kunstform Oper die Luft herausgelassen, was, wie Viktor Žmegač gezeigt hat[71], in den Opernszenen im realistischen Roman durchaus die Regel ist.

In einem entscheidenden Punkt jedoch geht Thomas Mann weit über seine Vorgänger hinaus: der Darstellung der Musik. Zunächst ist die Rede noch ganz allgemein, aber unverkennbar schon im Hinblick auf die Bedeutung des Orchesters in Wagners *Ring* »von dem singenden, sagenden, kündenden Fluß der Musik, die zu Füßen der Ereignisse ihre Flut dahinwälzte«. Doch werden sodann viele handlungstragende Momente der Musik im ersten Akt der *Walküre* mit großer Anschaulichkeit evoziert. Diese sprachliche Vergegenwärtigung reicht vom Vorspiel bis zu dem emphatischen musikalischen Schlusspunkt, mit dem das entscheidende Agens der Handlung akzentuiert wird – das Wälsungenblut. Bewundernswert ist vor allem die Ökonomie der Mittel. Drei knappe, parataktisch gefügte Sätze, die zudem das archaisierende und unverkennbare sprachliche Idiom des Wagner'schen *Ring* parodieren, lassen das Vorspiel vor unserem inneren Ohr entstehen: »Sturm und Gewitterbrunst, Wetterwüten im Walde. Der rauhe Befehl des Gottes erschallte, wiederholte sich, verzerrt vor Zorn, und gehorsam krachte der Donner darein. Der Vorhang flog auf, wie vom Sturm auseinandergeweht.« Die schrittweise musikalische Artikulation des Motivs der Wälsungenliebe wird gebührend hervorgehoben: »Er trank. Rührend sprach die Musik von Labsal und kühler Wohltat. Dann betrachteten sie einander mit einem ersten Entzücken, einem ersten, dunklen Erkennen, schweigend dem Augenblick hingegeben, der unten als tiefer, ziehender Sang ertönte [...]. Und wieder sanken ihre Blicke ineinander, wieder zog und sehnte sich drunten die tiefe Melodie ...« Über vier Seiten hin werden nun, mit Wagner zu sprechen, die »Taten der Musik« nachgezeichnet bis hin zu der ekstatischen musikalischen Geste, die am klimaktischen Aktschluss das Wälsungenblut apostrophiert: »[...] sie sank ihm ans Herz, der Vorhang rauschte zusammen, die Musik drehte sich in einem tosenden, brausenden, schäumenden Wirbel reißender Leidenschaft, drehte sich, drehte sich und stand mit einem gewaltigen Schlage still!« (2.1, 454)

Dies alles zeugt von einer genauen Kenntnis der musikdramatischen Struktur des Werkes, die in aller Romanliteratur nicht ihresgleichen hat. Es kann kein Zweifel sein, dass für Thomas Mann die Musik die entscheidende Komponente des Opernerlebnisses darstellte, und so ist es nur folgerichtig, dass die Musik Wagners auch die ausschlaggebende Motivation für den unerhörten, inzestuösen Liebesakt der Aarenhold-Zwilling liefert. Offenbar kommt ja Siegmund dieser Gedanke, als er, ganz auf die Musik konzentriert, in den Orchestergraben blickt: »Der vertiefte Raum war hell gegen das lauschende Haus und von Arbeit erfüllt, von fingernden Händen, fiedelnden Armen, blasend geblähten Backen, von schlichten und eifrigen Leuten, die dienend das Werk einer großen, leidenden Kraft vollzogen.« Wie in einer Epiphanie eröffnet sich ihm »ein sehnsüchtiger Einblick, daß das Schöpfertum aus der Leidenschaft kam und wieder die Gestalt der Leidenschaft nahm« (2.1, 456). Aber gerade dies, eine alles bewegende Leidenschaft, fehlt seinem unerfüllten, im Luxus und Dilettantismus verkümmernden Leben. Und so richtet sich Siegmunds Sehnsucht unausweichlich auf die extreme Form, die Wagner der Leidenschaft gegeben hat in der fatalen, dilettantischen Annahme, dass die Nachahmung eines fiktiven Tabubruchs seinem Leben das fehlende Element kreativer Leidenschaftlichkeit einflößen könnte. Als er Sieglinds Verlobten, Beckerath, um die Erlaubnis bittet, vor ihrer Verehelichung noch einmal allein mit ihr die Oper zu besuchen, liegt ihm der Gedanke, seine Schwester zu deflorieren, ganz offenbar noch fern. Nach der Oper, die leidenschaftlichen Klänge der Wälsungenliebe noch im Ohr, ist es ihm ein Leichtes, seine Schwester dazu zu bewegen, den Liebesakt der Wälsungen auf einem weißen Bärenfell – auch dies ein Opernrequisit – gleichsam nachzuspielen. Inspiriert von Wagners Musik bietet sich ihnen endlich die Gelegenheit, ihrem inneren Widerstand gegen den Assimilationsdruck, den die Eltern und, vertreten durch Beckerath, die Gesellschaft auf sie ausüben, einen ebenso gewagten wie zynischen Ausdruck zu verleihen. Damit aber wird der Topos des Opernbesuchs der Thematisierung gesellschaftlicher Probleme dienstbar gemacht, denen sich die Aarenholds ausgesetzt sehen – Problemen der Assimilation sowie der nationalen und sexuellen Identität.

Im Vergleich damit ist die obligatorische Opernszene in *Königliche Hoheit* von eher konventionellem Zuschnitt. Der Schauplatz ist das Hoftheater eines fiktiven Fürstentums, die betreffende Oper *Die Zauberflöte*. Jedermann scheint mit Augengläsern ausgestattet zu sein. Sie richten sich ebenso häufig auf Klaus Heinrich, die Königliche Hoheit, wie auf die Akteure auf der Bühne, die Klaus Heinrich als seine Kollegen betrachtet, da sie alle in gewissem Sinne eine Rolle spielen. Wie alle anderen beobachtet er Imma Spoelmann, die amerikanische Dollarprinzessin, seine künftige Braut. Doch selbst in einer so konventionellen Szene wie dieser ist die Thematik der Oper unmittelbar relevant für die gesellschaftliche Problematik des Romans. Allerdings geht es hier nicht um das dramatische und musikalische Geschehen im Ganzen, sondern lediglich um den aufklärerischen Glauben Sarastros, dass die höchste Distinktion nicht darin besteht, ein Prinz zu sein, sondern ein Mensch (4.1, 96). Somit liefert das humanistische Märchenspiel Mozarts einen historischen Bezugspunkt für die dem ganzen Roman zugrundeliegende Frage einer demokratischen Modernisierung des monarchischen Prinzips.

Einen ganz anderen und, wie sich erweisen sollte, zukunftsträchtigen Weg ging Thomas Mann in der Novelle *Tristan*, deren Titel schon auf Wagners Oper verweist. Der Schauplatz ist nicht ein öffentlicher Theaterraum, sondern das Konversationszimmer eines Sanatoriums, in dem zwei Patienten, Gabriele Klöterjahn, die gebrechliche Frau eines robusten hanseatischen Kaufmanns, und ein schönheitstrunkener Dichter namens Detlev Spinell, sich ein imaginäres Theater erschaffen, indem sie, von ihm dazu gedrängt, auf dem Flügel des Sanatoriums Auszüge aus *Tristan und Isolde* spielt. Vor der Erfindung des Grammophons waren die Klavierfassungen und sonstigen Arrangements von Opern das Medium, durch das diese die weiteste Verbreitung fanden. Doch auch in dieser musikalisch reduzierten Gestalt entfaltet die Musik Wagners ihren tödlichen Zauber. Gabriele Klöterjahn und Spinell leiden beide an Tuberkulose; die ironische Pointe der Novelle besteht darin, dass Spinell seine fragile Mitpatientin dazu verführt, gegen strengstes ärztliches Gebot das Klavier zu spielen. Die rein ästhetische Verführung gelingt, weil Spinell den seit ihrer Verehelichung mit Klöterjahn verdrängten Schönheitssinn Gabrieles zu erwecken vermag. Offensichtlich ist beider Schönheitssinn in entscheidendem Maße von Wagners Oper geprägt, mit der sie bestens vertraut sind, denn es gelingt ihnen mühelos, selbst in der Wiedergabe auf dem Klavier die ganze Opulenz der Orchesterfassung mitzuhören. Die Novelle darf als ein Beispiel gewertet werden für Manns Bestreben schon von früh an, die Beschränkungen und Unwägbarkeiten einer Theateraufführung zu transzendieren und den geistig-psychologischen Kern einer Oper, der in der Musik beschlossen liegt, herauszuarbeiten.

Am konsequentesten ist dieses Bestreben im *Zauberberg* ausgeprägt. Von den fünf Vorzugsplatten, die Hans Castorp sich immer wieder vorspielt, enthalten drei Szenen aus populären Opern: die beiden Schlussszenen aus Verdis *Aida*, die Tanzszene in Lillas Pastias Taverne aus Bizets *Carmen* sowie die Szene mit Valentins Gebet aus Gounods *Faust*. Castorp ist mit diesen Opern schon vom Hamburger Stadttheater her »bildungsweise« vertraut und hat keine Schwierigkeiten, sich die dazugehörige Bühnenhandlung vor das geistige Auge zu rufen – gereinigt von allen Unvollkommenheiten einer *live*-Aufführung. Dabei ist es ebenso komisch wie rührend, wie er sich vorstellt, dass Aida, Radames und Amneris oder Carmen und Don José »dort drinnen im Kasten« (5.1, 982) nur für ihn singen. Dank des neuen Mediums der Musikwiedergabe scheinen diese erlesenen Stimmen von ihrer natürlichen, körperlichen Quelle losgelöst und in ihrer vom Komponisten erträumten Idealität zu erstrahlen.

Darüber hinaus – und dies ist ersichtlich der entscheidende Gesichtspunkt – erleichtert und fördert das Grammophon die Konzentration auf die musikalische Struktur. Wie sonst nirgends in den Opernszenen der Romanliteratur liefert Thomas Mann Hinweise auf die charakteristischen Details der musikalischen Fraktur, die die Orientierung erleichtern und das Miterleben fokussieren. Er tut dies mit dem ihm eigenen Geschick, indem er einschüchternde technische Erklärungen weitestgehend vermeidet und statt dessen nach Prägnanz strebt. Die musikalischen Vorgänge, die er beschreibt, sind so unverkennbar charakterisiert, dass jeder Musikliebhaber sie leicht wieder erkennen kann, ohne dass der Fachmann ob ihrer Schlichtheit zu erröten braucht. Einige Beispiele mögen genügen. So wird etwa die »melodische Linie« in Radames' Schlussgesang aufs treffendste mit den Worten charakterisiert: »[…] diese einfache und selige, um Tonika und Dominante spielende Kurve, die vom Grundton zu lang betontem Vorhalt, einen halben Ton vor der Oktave, aufstieg und nach flüchtiger Berührung mit dieser sich zur Quinte wandte, erschien dem Lauscher als das Verklärteste, Bewunderungswürdigste, was ihm je untergekommen.« (5.1, 977f.) Ebenso präzise wird der Schluss der so genannten Blumenarie aus *Carmen* in Erinnerung gerufen. Don José »ließ […] die Stimme um zehn Töne sinken und bekannte erschüttert sein ›Carmen, ich liebe dich!‹, dessen Ausklang von einem wechselnd harmonisierten Vorhalt schmerzlich verzögert wurde, bevor das ›dich‹ mit der vorhergehenden Silbe sich in den Grundakkord ergab«. (5.1, 983) Valentins Gebet schließlich »bestand aus zwei miteinander nahverwandten Eckstrophen, die frommen Charakters, ja, fast im Stile des protestantischen Chorals gehalten waren, und einer Mittelstrophe keck-chevaleresken Mutes, kriegerisch, leichtsinnig, dabei aber ebenfalls fromm; und das war eigentlich das Französisch-Militärische daran«. (5.1, 984)

Die Faszination, die diese Opernszenen auf Castorp ausüben, beruht auf deren exemplarischem Charakter. Sie erlauben ihm, ja laden ihn geradezu ein, seine eigene, einigermaßen komplizierte Geschichte als Geschlechtswesen auf die körperlosen Stimmen, die aus dem »Kasten« strömen, zu projizieren und in der Töne Strom zu reflektieren. Diese Geschichte ist geprägt von der psychischen Identität seiner Liebe zu Clawdia mit der zu seinem Schulkameraden Pribislav Hippe und damit von deren bisexuellem Charakter. In der phantasmagorischen Sphäre der Oper, gebannt von der Musik, vermag er den widerstrebenden, die Geschlechterrollen transzendierenden Neigungen seines Unbewussten Raum und Recht zu geben. So projiziert er sich sowohl in die Rolle der Amneris und Aidas, um desto betroffener in Radames das Schicksal seines geliebten Vetters Joachim wieder zu erkennen. Beider Ungehorsam verurteilt sie zum Tode. Umgekehrt vermag Castorp in die Rolle Don Josés zu schlüpfen, der seinen militärischen Eid um Carmens willen bricht, so wie er in seiner Liebe zu Clawdia die gleichgeschlechtliche Neigung zu Joachim in gewissem Sinne verraten hat. In Gounods *Faust* schließlich fungiert der sterbende Valentin wiederum als Joachim-Ersatz: Sein Gebet, dass Gott die Schwester beschützen möge, bezieht Castorp offenbar auf sich selbst. Sinnierend über die jeweilige Situation der Protagonisten und verloren an ihre schönheitstrunkenen Gefühlsäußerungen, scheint er versöhnt mit den Verwicklungen seiner eigenen Sexualität.

Im Zusammenspiel mit Schuberts *Lindenbaum*-Lied und Debussys *Prélude á l'après-midi d'un faune* bilden die drei Opernszenen Verdis, Bizets und Gounods einen Spiegel, in dem sich nicht zuletzt auch Castorps nationale Identität in deutlichen Zügen abzeichnet. Schuberts volkstümliches Lied wird zwar als der Inbegriff einer spezifisch deutschen Romantik vorgestellt, und in gewissem Sinne kulminiert das Musik-Kapitel des Romans in diesem Lied, doch der entscheidende Aspekt von Castorps großer Empfänglichkeit für die Musik ist der transnationale Charakter seiner Musikalität. Nach sieben Jahren in der hermetischen Welt eines Schweizer Sanatoriums besitzt er nicht nur ein vertieftes Bewusstsein seines Deutschtums, sondern auch die intellektuelle und psychologische Disposition für ein gutes, d. h. der Welt zugewandtes Europäertum im Sinne Nietzsches.

* * *

Der aus heutiger Sicht bemerkenswerteste Aspekt des denkwürdigen Schallplattenkapitels ist jedoch die außerordentliche Bedeutung, die hier schon dem Grammophon zugeschrieben wird, dem damals noch relativ neuen Medium, das wie kein anderes die Weise verändert hat, in der wir Oper wahrnehmen und erleben. Im Gegensatz zum Kino wird das Grammophon im *Zauberberg* wärmstens und eigentlich vorbehaltlos begrüßt. Der Verlust der Aura, der dabei in Kauf zu nehmen ist und der in Walter Benjamins bekannter Analyse des *Kunstwerks im Zeitalter seiner technischen Reproduzierbarkeit* einen empfindlichen Verlust markiert, wird bei Thomas Mann eigentlich nicht thematisiert. Castorp fällt es nicht schwer, den Graben zwischen dem Grammophon und der Opernbühne zu überbrücken: Er erschafft sich, wie schon der Held der frühen Novelle *Der Bajazzo*, ein imaginäres Theater. Gleichwohl ist sich Thomas Mann sehr wohl bewusst, auf welche Weise das neue Medium unsere Wahrnehmung von Oper affiziert. »Natürlich war es nicht so«, lässt er seinen Erzähler sinnieren, »wie wenn eine wirkliche Kapelle im Zimmer hier konzertiert hätte.« Vielmehr war es, »als ob man ein Gemälde durch ein umgekehrtes Opernglas betrachtete, so daß es entrückt und verkleinert erschien, ohne an der Schärfe seiner Zeichnung, der Leuchtkraft seiner Farben etwas einzubüßen« (5.1, 966f.). Mit dieser etwas ambivalenten Bemerkung wird das Grammophon aber keineswegs herabgesetzt, sondern mit verzückter Bewunderung akzeptiert. Entscheidend für seine Akzeptanz ist offenbar die Ausschaltung des Visuellen, weil diese einer allem Theaterhaften entrückten Konzentration auf die Musik förderlich ist.

Wie schon angedeutet, wird im *Zauberberg* auch der Film als eine weitere Errungenschaft der Moderne vorgestellt, jener »Mediengründerzeit« um 1900, wie Friedrich Kittler sie treffend genannt hat.[72] Das Grammophon und das Kino, d.h. das »Bioskop«, werden nicht ausdrücklich miteinander verglichen, doch reflektiert der Roman die für die klassische Moderne grundlegende Medienkonkurrenz zwischen Film, Grammophon und Buch, der festen Burg der Gutenberg-Galaxie, auf sehr eindringliche Weise. Die bemerkenswert detaillierte, ja lustvolle Beschreibung des Grammophons zeugt von einem ausgeprägten Bewusstsein Thomas Manns, dass all unsere Rede von der Musik oder jeder anderen Kunst die sich verändernden materiellen Bedingungen der Kommunikation reflektiert. Hier hat sich offenbar Manns eigene, sehr aufgeschlossene Einstellung zu dem neuen Medium niedergeschlagen, dem er wie einem Laster ergeben war. Sie zeugt aber auch von einem klar ausgeprägten Sinn für die relativen Vorzüge der drei sehr unterschiedlichen Medien, die um die Gunst der Konsumenten sowie um die Vorherrschaft auf dem sich abzeichnenden Medienmarkt konkurrieren.

Unter diesem Gesichtspunkt und aus der Perspektive Thomas Manns in den frühen zwanziger Jahren wird der Oper hier eine Mittelstellung eingeräumt. Der Roman demonstriert die Überlegenheit der über das Grammophon vermittelten Kunstform der Oper über den Medienneuling Film, der hier noch überwiegend negativ konnotiert ist. Das beginnt mit der »schlechten Luft« im Bioskop-Theater, die »sich ihnen schwer auf die Brust legte und einen trüben Nebel in ihren Köpfen erzeugte«, und reicht bis zu dem befremdlichen Geschehen auf der Leinwand; dort »flirrte eine Menge Leben, kleingehackt, kurzweilig und beeilt, in aufspringender, zappelnd verweilender und wegzuckender Unruhe, zu einer kleinen Musik, die ihre gegenwärtige Zeitgliederung auf die Erscheinungsflucht der Vergangenheit anwandte und bei beschränkten Mitteln alle Register der Feierlichkeit und des Pompes, der Leidenschaft, Wildheit und girrenden Sinnlichkeit zu ziehen wußte, auf der Leinwand vor ihren schmerzenden Augen vorüber« (5.1, 479f.). Kein Vergleich dies mit den »Weihen und Entzückungen« und dem »heimlichen Erschauern und Erbeben« (1.1, 773) oder mit den Einblicken »in rührende und große Bedeutsamkeiten« (14.1, 141), wie sie eine Opernaufführung selbst in einem bescheidenen Stadttheater bietet. Kein Vergleich auch mit der psychologischen Intelligenz und profunden Menschlichkeit, die Castorp in seinen Vorzugsplatten findet. Wenn es noch eines weiteren Beweises für die Überlegenheit der Oper über das neue Medium Kino bedürfte, so liefert ihn Frau Stöhr, die Verkörperung von Unbildung und Ignoranz. Frau Stöhr liebt das Kino, und wenn sie diesem neu gewonnenen Vergnügen frönt, war bezeichnenderweise »ihr rotes, ungebildetes Gesicht […] im Genusse verzerrt« (5.1, 480).

Thomas Mann stand dem Kino schon wenig später und zumal in seiner amerikanischen Zeit weit aufgeschlossener gegenüber. Was jedoch das Verhältnis der Literatur zur Oper betrifft, so bedarf es keiner umständlichen Beweisführung, um Manns Position zu klären. Wie nicht anders zu erwarten von einem Autor, der von der geistigen und moralischen Dignität der Literatur durchdrungen war und der zeitlebens dem sinnlichen Prunk des Theaters mit Skepsis gegenüberstand, statuiert *Der Zauberberg* die Überlegenheit der Literatur über die Oper. Den schlagendsten Beweis dafür liefert gerade das Kapitel, das ersichtlich zum Preis des Grammophons geschrieben wurde: *Fülle des Wohllauts*. Seine herausragende Bedeutung liegt nicht zuletzt darin, dass hier gezeigt wird, wie die ästhetische Erfahrung der Oper um ein Unermessliches vertieft wird, wenn sie von einem musikalisch aufgeschlossenen Wortkünstler für uns nacherzählt und damit neu erschaffen wird.

Die Bedeutung und historische Stellung Thomas Manns in der literarischen Darstellung der Kunstform Oper kann nun zusammengefasst werden. Er verlagert den Schwerpunkt des Interesses vom Zuschauerraum auf die Bühne und vom Schauen auf das Hören, wodurch der Musik die ihr zustehende zentrale Rolle zuerkannt wird. Die ästhetische Erfahrung der Oper eröffnet neuartige Einblicke in die Problematik der nationalen und sexuellen Identität. Durch die Fokussierung auf die Musik im *Zauberberg* und mehr noch im *Doktor Faustus* wird der verborgene Zusammenhang zwischen deutscher Musik und deutscher Geschichte erhellt und damit ein Beitrag geleistet zu der Debatte über die politischen Konsequenzen der Musikidolatrie in Deutschland. *Der Zauberberg* bietet zudem eine bemerkenswert medienbewusste Meditation über das Grammophon und ebnet so den Weg zu einer neuen Betrachtungsweise der Kunstform Oper im Zeichen ihrer technischen Reproduzierbarkeit.

4. *Buddenbrooks*: Zur Phänomenologie des Wagnerismus

Die Beziehungen, die das Werk Thomas Manns zu dem Wagners unterhält, sind grundlegend und komplex. Die Komplexität rührt daher, dass sich mit dem Namen Wagner spezifisch ideologisch-politische, literatur- und ideengeschichtliche sowie im engeren Sinne ästhetische Probleme verbinden. Grundlegend sind die Beziehungen in dem Sinne, dass sie sich als richtunggebend erwiesen haben für die gesamte Entwicklung des Schriftstellers Thomas Mann, trotz der Wagner-Krise um 1910 und der hinfort ambivalenten Einstellung zu Werk und Person des Komponisten. Dieser lebenslangen Orientierung an Wagner ist prinzipiell ein größeres Gewicht zuzumessen als der an Nietzsche und Schopenhauer: einmal, weil dem Wagner-Erlebnis die zeitliche Priorität zukommt, und zum anderen, weil von den drei großen Eideshelfern allein Wagner Modelle einer epischen Kunstleistung bereitstellte, aus denen Mann eine spezifisch werkbezogene Inspiration für die eigene Produktion gewinnen konnte. Von dem Wagner-Erlebnis in Lübeck nimmt jene Richtung seiner Künstlerschaft ihren Ausgang, die er selbst am treffendsten kennzeichnete, als er die Musik zum »Paradigma aller Kunst« (Br. I, 315) erklärte. »Auf jeden Fall«, so lautet eine weitere, charakteristische Aussage, »bleibt Wagner der Künstler, auf den ich mich am besten verstehe und in dessen Schatten ich lebe.« (22, 344)

Thomas Manns Werk handelt von Musik, und es ist nach Weise der Musik gebildet. War bei älteren Erzählern die Bedeutung des Musikerlebens stets auf den Bereich des Persönlichen und Privaten eingeschränkt, so handelt Manns Werk von psychologischen Wirkungen und Verführungen der Musik, die zugleich auch als Chiffren historischer und gesellschaftlicher Kräfte fungieren. Von Johannes Friedemann und Hanno Buddenbrook bis zu Hans Castorp und Adrian Leverkühn eignet der Begegnung mit der Musik eine schicksalhafte Bedeutung, die als das private Korrelat eines öffentlich-gesellschaftlichen und epochenspezifischen Verhängnisses gezeichnet ist. Auf der anderen Seite richtet sich Manns künstlerischer Ehrgeiz schon seit dem *Friedemann* auf eine Art Musik des Erzählens, d. h. auf die Möglichkeiten, die vorgefundenen literarischen Wirkungsmittel des Naturalismus um musikalische zu bereichern. Ursprünglich war dieser Ehrgeiz von Hermann Bahrs Aufruf zur Überwindung des Naturalismus inspiriert, doch entwickeln sich daraus schon in *Buddenbrooks* die vielfältigen epischen Strategien des literarischen Wagnerismus, die für Manns ganzes Werk bestimmend bleiben sollten.

Mit der Hinwendung zur Musik als Gegenstand der Erzählung führt Thomas Mann das Erbe der Romantik und der romantischen Musikphilosophie fort. Entschiedener als jedem anderen Schriftsteller des 20. Jahrhunderts galt ihm Schopenhauers Satz, dass der Wille allein in der Musik einen direkten und somit den mächtigsten Ausdruck finde[73], als ein künstlerisches und weltanschauliches Fundamentalaxiom. Auch die Orientierung an Wagner gehört in diese von der Romantik legitimierte Musikfrömmigkeit. Sie kennzeichnet ihn aber vor allem als Vertreter jenes dekadenten Wagnerismus, der geradezu einen Subkontinent der europäischen Literatur um 1900 bildete.[74] Mit den Schriftstellern des Fin de siècle teilt er die Faszination durch jene typisch Wagner'schen Themenkomplexe wie Sippen- und Familiendämmerung, Liebestod, Inzest, das tödliche Venedig. In einer Hinsicht jedoch erhebt sich Thomas Mann über die Masse seiner Wagner-süchtigen Zeitgenossen. Er allein, jedenfalls in Deutschland, geht über die Darstellung des Wagner-Kults und über die Bearbeitung der Fabelmuster hinaus und begreift die Musik Wagners – unabhängig von Nietzsche, der Wagner als Theatraliker deutete – als künstlerische Herausforderung an die im Naturalismus auf einen Höhepunkt gekommene Erzähltradition des europäischen Romans. Von daher erklärt es sich, dass er die Wagner'sche Kompositionsmethode als Modell einer avancierten epischen Kunst deuten konnte. Dieser Gesichtspunkt bezeichnet das eigentlich produktive Moment seiner Wagner-Rezeption.

Thomas Mann hat über die Orientierung an Wagner sogleich nach Abschluss von *Buddenbrooks* Rechenschaft gegeben. Offenbar lag ihm daran, dass seine von Wagner inspirierte Kunstabsicht als solche erkannt würde. Gefragt nach den französischen Einflüssen auf sein Werk, nimmt der frisch gebackene Romanautor die Gelegenheit wahr, ein wenig auf sich aufmerksam zu machen, damit man ihn nicht als bloßen »Schilderer guter Mittagessen« abtue, sondern als einen neuartigen Artisten der Erzählkunst wahrnehme. Hier nun nennt er »freudig bewegt« und unter dem Vorwand, dass Wagner von Nietzsche in die französische Romantik verwiesen wurde, den Schöpfer des *Ring des Nibelungen* seinen »Meister und nordischen Gott« (14.1, 73 ff.). Daran anschließend entwickelt er eine aufschlussreiche Unterscheidung, die als eine seiner ersten künstlerischen Standortbestimmungen zu werten ist. Französische Romanciers, nämlich Flaubert und die Goncourts, hätten ihn angeregt, ohne ihn zu beeinflussen. Auf der nächsten Stufe nennt er Andersen, Jacobsen, Dickens, die Russen, Fontane, weil sie »meinen erzählenden Stil beeinflußt« haben. Das »Wesentliche« sei jedoch das Vorbild Wagners, dessen Werk »so stimulierend, wie sonst nichts in der Welt auf meinen Kunsttrieb« wirke. Inwiefern wesentlich? Thomas Mann verweist dafür auf zwei Merkmale seines Romans: den »von Leitmotiven verknüpften und durchwobenen Generationenzuge« sowie die Nachbildung des Wälsungen-Mythus in der Geschichte der Buddenbrooks »[i]m Kleinen« und »im Komischen« (14.1, 73 f.). Mit anderen Worten: Zwei wesentliche Aspekte des Romans sind Wagner verpflichtet, dem Handlungsmuster sowie der Motivtechnik des *Ring*.

Manns Selbstdarstellung als Schüler und Parodist Wagners findet auch in den persönlichen Zeugnissen ihre Bestätigung. In einem außerordentlichen Brief an Otto Grautoff liefert er dem Jüngeren die entscheidenden Stichworte für zwei Rezensionen des Romans. Neben der Philosophie will er die Bedeutung der Musik betont sehen, die zusammen den »*deutschen* Charakter« des Buches ausmachten. Dabei hebt er wiederum die »eminent epische Wirkung des *Leitmotivs*« sowie das »*Wagnerische* in der Wirkung dieser wörtlichen Rückbeziehung über weite Strecken hin« hervor (21, 179 f.). Übrigens kam Grautoff diesem Wunsche nach und sorgte so für den bemerkenswerten Fall, dass ein junger Autor die kritische Rezeption seines Werkes in seinem Sinn steuerte.[75] Das Werk Wagners bezeichnet somit nach Manns eigenem Selbstverständnis keineswegs bloß einen »Einfluß« unter anderen wie z. B. den Fontanes, der Goncourts oder

Schopenhauers, sondern eine für den Kunstcharakter und die Wirkungsabsicht von *Buddenbrooks* grundlegende Orientierung, in deren Brennpunkt *Der Ring des Nibelungen* steht.

* * *

Wenn von Wagners musikalischem Verfahren die Rede ist, so fällt unausbleiblich der Begriff Leitmotiv.[76] Auch Thomas Mann spricht von Leitmotiven sowohl bei Wagner als auch in seinem eigenen Werk. Das hat dazu geführt, dass sich die Diskussion fast ausschließlich auf das so genannte Leitmotiv konzentriert hat, und zwar auf einen veräußerlichten und letztlich untauglichen Begriff davon im Sinne von Wiederholung zum Zwecke der Charakterisierung. Angesichts einer solchen Verengung erhob man die berechtigte Frage, ob denn die Technik der charakterisierenden Wiederholung wirklich als Nachbildung der Wagner'schen Kompositionsweise aufzufassen sei oder nicht vielmehr als die Fortführung einer ehrwürdigen epischen Tradition, die auf das Homerische *epitheton ornans* zurückgeht und im Roman des 19. Jahrhunderts in beträchtlicher Blüte stand. Von daher konnte sodann vermutet werden, die Anknüpfung an die wiederholten Charakterisierungsformeln Tolstois und Dickens' sei die primäre Gegebenheit, die Berufung auf Wagner eine nachträgliche Umdeutung.[77]

Aus der bisherigen Diskussion über das Leitmotiv in der Literatur resultiert eine generelle Unsicherheit hinsichtlich seiner Funktion. Wenn deshalb der Begriff Leitmotiv weiterhin verwendet wird – weil noch kein brauchbarer Ersatz dafür gefunden wurde –, so nur in dem klaren Bewusstsein, dass wir es hier mit einem leicht irreführenden Begriff zu tun haben, der den eigentlichen, ästhetisch relevanten Sachverhalt eher verdeckt als erhellt. Zur Skepsis gegenüber dem Leitmotiv sind wir umso mehr angehalten, als Wagner selbst den Begriff bekanntlich ablehnte und Thomas Mann sich durchaus auch auf andere Merkmale der Wagner'schen Motivtechnik berief. So spricht er allgemein von der »symphonische[n] Dialektik« (XIII, 141) Wagners und fasst dessen Musik als »Werkzeug psychologischer Anspielungen, Vertiefungen, Bezugnahmen« auf (IX, 368f.). Auch war er sich der Neuartigkeit des musikalischen Verfahrens in Wagners *Ring* deutlich bewusst. Er bezeichnet es als eine

»neue[] thematische[] Gewebs- und Beziehungstechnik«, die über die »simple Reminiszenz« hinausgehe und an den epischen Höhepunkten sich zu einem wahren »Beziehungsfest« steigere (IX, 521 f.). Schon von daher lässt sich vermuten, dass die Stimulierung seines Gestaltungstriebs durch Wagner in tiefere Schichten reicht als die Chrakterisierungsmechanik vom Typ der leidigen blauen Äderchen. Offenbar ist die Vorbildlichkeit Wagners in einem umfassenderen Begriff des Epischen zu suchen, d. h. dem Problem der Organisation von Zeit. Die Frage nämlich, mit welchen Mitteln das Nacheinander und Ineinander zeitlicher Abläufe gestaltet und aufeinander bezogen werden kann, war von Wagner auf eine neuartige Weise gelöst worden. Diesem Problem vor allem musste das Interesse des jungen Romanciers gelten. Man tut deshalb gut daran, mit Christian Thorau zwischen einer exoterischen und esoterischen Verwendung von Leitmotiven zu unterscheiden.[78] Das exoterische Leitmotiv wirkt statisch und dient im Prinzip der Charakterisierung; das esoterische Leitmotiv entfaltet eine dynamische Wirkung und dient der Organisation von Zeit.

Zunächst ist jedoch an einige prinzipielle Schwierigkeiten zu erinnern, die oft außer Acht bleiben, wenn von Leitmotiven oder überhaupt von musikalischen Strukturen in der Erzählkunst die Rede ist. Der letztlich unaufhebbare Wesensunterschied zwischen Musik und Sprache und ihrer Funktionsweisen hat manche Theoretiker dazu bestimmt, der vergleichenden Analyse mit äußerster Skepsis, wenn nicht mit Ablehnung zu begegnen.[79] Dem stehen jedoch ebenso ernst zu nehmende Stimmen gegenüber, die den Vergleich von literarischen und musikalischen Gestaltungsprinzipien in einem sinnvoll begrenzten Teilbereich für legitim erachten.[80] So plädiert Steven Paul Scher ausdrücklich für Untersuchungen von Strukturbeziehungen zwischen musikalischen und literarischen Werken.[81] Die so genannte Leitmotivtechnik steht gleichsam im Schnittpunkt dieser widerstreitenden Überzeugungen. Einerseits ist nicht zu übersehen, dass die Wirkungsweise der Leitmotivtechnik in Musik und Literatur verschieden ist; andererseits wäre es aber kurzsichtig, deshalb zu ignorieren, dass wesentliche Neuerungen der Erzählkunst in diesem Jahrhundert von Wagners Motivtechnik inspiriert worden sind. Die Erzählweise Thomas Manns sowie die Technik des »monologue intérieur« bei Édouard Dujardin (*Les lauriers sont coupés*, 1887) und James Joyce (*Ulysses*, 1922) sind nur die markantesten Beispiele.

Das Leitmotiv funktioniert in Literatur und Musik jeweils nach Maßgabe der medienspezifischen Wirkungsmöglichkeiten, die selbstverständlich nicht identisch sind. In der Musik hat z. B. das Prinzip der Wiederholung generell eine viel größere Bedeutung als in der Erzählung, die nur ausnahmsweise und mit besonderer Wirkungsabsicht zur Wiederholung greift. So kann Wagner allein im *Rheingold* das Ring-Motiv 52-mal verwenden[82], während in *Buddenbrooks* Tony gewisse Worte Morton Schwarzkopfs für unsere Begriffe sehr oft, im Ganzen aber nur elfmal zitiert. Der wohl schwerwiegendste Unterschied liegt jedoch darin begründet, dass der Musik vielfältigere und gesetzmäßig geordnete Variationsmöglichkeiten zur Verfügung stehen, auf die der Erzähler keinen Zugriff hat, nämlich durch den Wechsel von Tonart, Klangfarbe, Tempo und Rhythmus. Hinzu kommt, dass das Musikdrama vom Typ des *Ring*, jedenfalls von der Intention her, auf eine Synthese verschiedener Künste abzielt. Der Roman will und kann nichts dergleichen leisten. Wagner hingegen gewinnt eine ganz wesentliche Neuerung seiner Kunst aus einer Neubestimmung der Funktion von Sprachhandlung und Musikhandlung. Sein Verfahren ermöglicht eine Art Doppelgleisigkeit der Kommunikation, sodass die Sprache des Orchesters über den Kopf und die Sprache der Protagonisten hinweg Anspielungen identifizieren und Fragen beantworten kann. Der Fremde im grauen Gewand, von dem Sieglinde erzählt, ist dem Zuhörer kein Fremder, weil das Orchester durch das gleichzeitige Zitat des Walhall-Motivs ihn eindeutig als Wotan identifiziert und ihn so weit eindrucksvoller vergegenwärtigt als dies in der Sprache auf engem Raum möglich wäre. Während Siegfried sich die Frage stellt: »aber wie sah meine Mutter wohl aus?«, holt eine Variation des Sieglinde-Motivs das Bild seiner Mutter wieder vor das geistige Auge des Zuhörers. Beispiele dieser doppelgleisigen Kommunikation bietet der *Ring* in großer Zahl; sie haben als ein konstitutives Wesensmerkmal des Wagner'schen Musikdramas zu gelten. In allen diesen Fällen deutet das Orchester Unbewusstes, Geahntes oder Erinnertes, indem es eine Beziehung herstellt zu vergangenem oder künftigem Geschehen.

Selbstverständlich erfüllt Wagners Motivtechnik auch einfachere, exoterische Funktionen. Die Charakterisierungsformeln, mit denen etwa die Riesen, aber auch Loge und Freia, musikalisch vergegenwärtigt werden, haben durchaus etwas von jenen notorischen musikalischen Visitenkarten an sich, über die die Wagner-Kritik seit je ihre billigen Triumphe feiern konnte. Auch in *Buddenbrooks* wird mit dieser Technik gearbeitet. Dazu gehört etwa Sesemi Weichbrodts »Sei glöcklich, du gutes Kend« oder die stereotypen blauen Äderchen fast aller Dekadenzgestalten im Frühwerk Thomas Manns. Hier handelt es sich um Charakterisierungsformeln, deren begrenzte Wirkung und Funktion in Sprache und Musik durchaus vergleichbar sind.

Anders steht es mit jener Doppelgleisigkeit der Kommunikation in Wagners Musikdrama, wo das Orchester Kommentar und Analyse gleichzeitig mit dem Bühnengeschehen liefert. Dem traditionellen, realistischen Erzähler ist dieser Kunstgriff versagt. Er kann Gleichzeitigkeit nur nachträglich herstellen, aber nicht eigentlich gestalten. Wie schon Lessing klarstellte, ist das Sprachkunstwerk an die Logik des »und dann« gebunden. So präsentiert der realistische Roman das zeitliche Nacheinander als eine einsinnige Entwicklung, als eine Aufwärts- oder Abwärtsbewegung, und dort, wo diese Entwicklung als ambivalent gedeutet wird, kann die Gleichzeitigkeit von Auf und Ab wiederum nur nachträglich behauptet werden. Im Musikdrama Wagners hingegen wird diese Grenze des realistischen Erzählens überschritten: Gegenläufige Bewegungen können als gleichzeitiges Geschehen einsichtig gemacht und die vielfältigen Beziehungen zwischen dem Jetzt und Einst durch subtile motivische Anspielungen vergegenwärtigt werden.

Ein musikverständiger Romancier wie Thomas Mann mochte sich unter diesen Voraussetzungen sehr wohl dazu angehalten fühlen, die literarischen Konventionen in der Gestaltung von Zeit auf diese esoterischen Wirkungsmittel der Wagner'schen Motivtechnik hin zu öffnen – umso mehr, als sein erster Roman ihn sogleich vor das Problem stellte, die Geschichte von vier Generationen in ihrem verdeckten Zusammenhang einsichtig zu machen. Dafür hatte die Musik Wagners Gestaltungsmöglichkeiten gefunden, die dem traditionellen Erzähler nicht zur Verfügung standen. Hier, wo Literatur und Musik vor demselben Problem standen, nämlich der Gestaltung und Deutung von Zeit, war eine Nachbildung von musikalischen Techniken nicht nur möglich und sinnvoll, sondern für die Erzählinteressen eines Romanciers auch wünschenswert.

Die so genannte Leitmotivtechnik stellt auch den Interpreten vor neue, spezifisch literaturtheoretische Probleme. In der Thomas-Mann-Literatur ist die Grundproblematik dieser Erzählweise zuerst von Hans Mayer definiert worden, indem er die Frage aufwarf, ob denn Leitmotivik und Realismus im Sinne einer prozesshaften Gestaltung von Geschichte überhaupt vereinbar seien. »Leitmotivik«, so lautet seine These, »bedeutet Zeit- und Geschichtslosigkeit.«[83] Von dieser Inkriminierung ist besonders *Buddenbrooks* betroffen, dessen »vom Leitmotiv gezeichnete Figuren [...] ohne Entwicklung [...] ohne gesellschaftliches Ziel« dahinwandelten.[84] Wie auch sonst in der Diskussion um das Leitmotiv – etwa bei Peacock und Lukács[85] –, basiert dieses Urteil aber auf einer Verengung und letztlich unhaltbaren Deutung der Funktion des Leitmotivs, wobei die Interpreten sich mehr oder weniger bewusst von Manns eigener Darstellung in seinem *Lebensabriß* von 1930 leiten lassen. Dort statuiert Mann eine Art erzähltechnischen Quantensprung von *Buddenbrooks* zu *Tonio Kröger*. Während in der Novelle die »epische Prosakomposition [...] zum erstenmal als ein geistiges Themengewebe, als musikalischer Beziehungskomplex« konzipiert sei und das Leitmotiv eine »ideelle Gefühlstransparenz gewonnen« habe, sei es in den *Buddenbroooks* »bloß physiognomisch-naturalistisch gehandhabt« (XI, 116), also rein äußerlich, mechanisch und statisch. Doch wie viel Vertrauen verdient dieses Beispiel einer Sekundärliteratur der ersten Hand? Offenbar lag dem frisch gebackenen Nobelpreisträgers daran, mit dieser Schrift eine ganz bestimmte Sicht seiner Entwicklung als einer organisch zielgerichteten zu propagieren. Auch entstehungsgeschichtlich hat diese Sicht der Dinge wenig Plausibilität für sich. *Tonio Kröger* wurde 1899 konzipiert, als er noch an *Buddenbrooks* arbeitete, und war Ende 1902, ein Jahr nach Erscheinen des Romans, abgeschlossen (2.2, 126 ff.). Dass sich in einer so kurzen Zeitspanne eine tief greifende Wandlung in der Auffassung des Leitmotivs vollzogen haben könnte, ist recht unwahrscheinlich. Im Übrigen wird dieser Selbstkommentar durch die Präsenz von einer Reihe von esoterischen, keineswegs statischen Leitmotiven im Roman selbst dementiert.

Wenn Leitmotivik nichts anderes bedeutete als die Wiederholung des Gleichen, so wäre in der Tat der Schluss unausweichlich, dass sich darin das Bild einer statischen Welt abspiegelt, in der für die Dimension einer geschichtlichen Prozesshaftigkeit kein Raum ist.[86] Doch so verhält es sich nicht, weder bei Wagner noch bei Thomas Mann.

Das zentrale Verhältnis der Leitmotivik zu Zeit und Geschichte steht auch im Mittelpunkt der Wagner-Kritik Theodor W. Adornos. Er deutet die Leitmotive als starre allegorische »Bildchen« und als Symptom der generellen Tendenz in Wagners Musik zum »Warencharakter« der Kunst und gelangt von daher letztlich zu einer entschiedenen Verurteilung der Leitmotivik. Adorno argumentiert, dass die Variationen und Verknüpfungen der Leitmotive bei Wagner lediglich eine »Umbeleuchtung« zeitigten, die weder eine psychologische und schon gar nicht eine geschichtliche Veränderung anzeigten; denn im Gegensatz zu der Motivarbeit Beethovens basiere die Wagners auf der »Lüge«, dynamisch zu sein, auf der Prätention, dass Wiederholung gleich Entwicklung sei. Deshalb statuiere die ganze aufwendige »Entfesselung der Kräfte« im *Ring* letztlich nichts weiter als die »Invarianz« des geschichtlichen und gesellschaftlichen Seins, und der »letzte Schluß von Wagners Weisheit und Musik« am Ende von *Götterdämmerung* sei: »Nichts ist geschehen«, »Nichts ändert sich«. Gerade an der Kompositionstechnik Wagners, und nicht an den Programmschriften, versucht Adorno also den Nachweis zu führen, dass Wagner der faschistischen Ideologie vorgearbeitet habe, da seine ästhetische Ideologie wie jene »dem Begriff des Fortschritts abgeschworen« habe.[87]

Adornos vehemente Verwerfung der Wagner'schen Motivtechnik ist nicht frei von Widersprüchen.[88] Die fällige Entgegnung lieferte Ernst Bloch, dessen Einsichten für das Verständnis der Motivtechnik nicht nur Wagners, sondern auch Thomas Manns von größtem Interesse sind. Bloch bezieht eindeutig und pointiert[89] eine Gegenposition zu Adorno, indem er dem Leitmotiv gerade die Funktion zuerkennt, die dieser ihm abgesprochen hatte: die dynamische Gestaltung von Prozesshaftigkeit aus dem Geist der Utopie. Bloch stützt sich auf die Etymologie von »Motiv« im Sinne von »Beweggrund« und vindiziert diese Bedeutung an mehreren Beispielen aus dem *Ring*[90], an denen die »Leitmotivik« mit »unerhört textüberlegener Fern-Konkordanz« das Bühnengeschehen gleichsam rückwärts und vorwärts durchsichtig macht. Unter den verborgenen »Paradoxa« in Wagners Musik, um deren Enthüllung es Bloch zu tun ist, nehmen die »janushaften Leitmotive« eine zentrale Bedeutung ein; sie markieren, besonders im *Ring*, »gleichsam treibende Haltestellen«, an denen die Orchestersprache eine »untergleichzeitige«, d. h. erinnernde, oder »übergleichzeitige«, d. h. vorwegnehmende Funktion erfüllt. Dabei fällt in Blochs Deutung der Akzent vor allem auf die vorausweisende Qualität des Leitmotivs; er bezeichnet diese als »beschleunigende Antizipation« gegenüber den bekannteren und zahlreicheren Erinnerungsmotiven, die er als »aufholende Regression« versteht. So gesehen kann Bloch der Wagner'schen Leitmotivik nicht nur die Gestaltung von Prozesshaftigkeit bescheinigen, die selbst noch über den letzten Takt von *Götterdämmerung* hinaus eine Erlösungsutopie zu projizieren vermag, sondern auch eine neuartige Dynamisierung der Erfahrung von Zeit, nämlich als »Ungleichzeitigkeit zugleich«.[91]

Blochs Deutung der Leitmotivik findet eine Stütze sowohl in der neueren Wagner-Forschung als auch in den theoretischen Schriften Wagners. Auch in der aktuellen Diskussion der Wagner-Forschung über das Leitmotiv steht dessen Funktion in der Gestaltung von Zeit im Mittelpunkt. Hier sind vor allem die Arbeiten von Carl Dahlhaus zu nennen, dem wir die luzideste Erörterung der Leitmotiv-Problematik verdanken. Dahlhaus räumt auf überzeugende Weise mit mehreren Klischeevorstellungen der Wagner- und Mann-Literatur auf: der Auffassung etwa, Wagners Motivtechnik sei in allen seinen Werken von gleicher Art oder es lasse sich eine organische Entwicklung der Leitmotivik feststellen. Zwischen *Lohengrin* und *Das Rheingold*, zwischen den wenigen Erinnerungsmotiven dort und der umfassenden Leitmotivik hier, besteht nach Dahlhaus keine graduelle, sondern eine prinzipielle, qualitative Differenz.[92] Dieses Neue an der Motivtechnik des *Ring* stellt sich ihm als eine neuartige Gestaltung von Zeit dar. Schon der junge Thomas Mann hatte sich gegen die weit verbreitete Meinung, auch Wagners eigene, gewandt, das Musikdrama trachte nach »Gegenwart«, nach Vergegenwärtigung, während der *Ring* doch eigentlich ein »szenisches Epos« (IX, 375) sei und Wagner ein »theatralischer Epiker« (14.1, 128). Dahlhaus bestätigt diese Einsicht, indem er daran erinnert, dass die Keimzellen von Wagners Tetralogie in den rein epischen Partien zu erblicken sind, genauer gesagt, in dem Problem der Mitgestaltung des »Ungegenwärtigen«.[93] Dazu gehört neben der Präsenthaltung der Vergangenheit die Antizipation des Künftigen, und zwar nicht nach Weise des Sprechdramas als »Vorwissen der Katastrophe«, sondern als verfließendes Vorgefühl von Ereignissen oder Situationen, deren Umrisse sich dann allmählich deutlicher abzeichnen. Entscheidend für das literaturwissenschaftliche Interesse an Wagners Musik ist der Befund, dass »Leitmotivik« die Funktion erfüllt, »Zeit bewußt zu machen«, wobei »die Zeit selbst, nicht nur das vergangene Ereignis, das in die Gegenwart eingreift, ein wirkendes Moment« darstellt.[94]

Eine besonders aufschlussreiche und von der Thomas-Mann-Forschung kaum genutzte Evidenz für die spezifisch literaturtheoretischen Aspekte der *Ring*-Musik bieten die Überlegungen, die Wagner selbst darüber angestellt hat – anstellen musste, um die gewaltige, zuerst episch angelegte Stoffmasse des Nibelungen-Mythos (1848) in die neue musikdramatische Form zu zwingen. Welche unerwarteten Erfahrungen Wagner mit dem »Eigenwillen« dieses Werkes zu machen hatte, hat er selbst in seiner großen Werbeschrift *Mitteilung an meine Freunde* in bewegten Worten berichtet, und Thomas Mann hat dieses Vorgangs angesichts seiner eigenen Erfahrung mit der *Buddenbrooks*-Konzeption mehrmals und geradezu feierlich gedacht (XI, 380 f.; IX, 515 f.). Diese Selbstbespiegelung ist alles andere als ein Zufall, ging es doch hier wie dort um dieselben Probleme der epischen Organisation von Vorgeschichte, d. h. um die Gestaltung von Zeit.

Wagner charakterisierte die *Ring*-Fabel einmal als einen »mit den Augen der Musik ersehene[n] Stoff« (JA VI, 299). Dieser Primat der musikalischen Imagination begründet folgerichtig seine Zurückweisung des Begriffs Leitmotiv, den zuerst Wilhelm August Ambros 1860 auf Wagner in Anschlag gebracht hatte und den Hans von Wolzogen in die Wagner-Exegese eingeführt und popularisiert hat.[95] Wagner beanstandete daran, dass dieser Begriff seine Motive auf deren »dramatische Bedeutsamkeit und Wirksamkeit« festnagle, während ihre eigentliche Funktion im »musikalische[n] Satzbau« begründet liege (JA IX, 334). Er wehrt sich somit gegen die – nicht ganz ohne sein Zutun – aufgekommene Tendenz, sein Kompositionsverfahren quasi zu literarisieren und es auf einen Katalog von inhaltlich festlegbaren Bedeutungseinheiten einzuengen. Was Wagner an dem Begriff »Leitmotiv« und seinen Implikationen störte, ist unschwer nachzuvollziehen anhand seiner Argumentation in *Oper und Drama* (1851) und *Über die Anwendung der Musik auf das Drama* (1879). Wäre die Zerlegung seiner Musiksprache in Leitmotive gerechtfertigt, so wäre damit hinfällig, worauf seine Reform der Oper im Innersten gerichtet war: die Realisierung von Einheit, dem ästhetischen »Haupterfordernis eines Kunstwerkes« (ebd., 333). Wagner bestimmte die so genannte Nummern-

Oper zum »entferntesten« Gegenpol seines neuen Musikdramas (ebd.); in der Analyse von Leitmotiven musste er konsequenterweise eine regressive Banalisierung seiner Reform spüren, nämlich die Substituierung der verachteten Nummern-Oper durch die Vorstellung von einem Gebilde aus zahllosen Miniatur-Nummern.

Ausschlaggebend für das Verständnis von Einheit im Sinne Wagners ist die Einsicht in den Modus des Einheit stiftenden musikalischen Verfahrens. Statt von Leitmotiven spricht Wagner von »Grundmotiven« (JA VII, 339). Sie sind ihrem Wesen nach »plastisch«, d.h. umformbar, der harmonischen und dynamischen Umbildung fähig. Zwar greift Wagner gelegentlich zu einem tektonischen Bild – so wenn er die »Grundmotive« als »*Säulen* des dramatischen Gebäudes« bezeichnet (ebd.) –, doch wäre es abwegig, von daher auf eine statische Bestimmung der Motive zu schließen. Im Gegenteil, das ganze Gewicht seiner Ausführungen fällt auf den dynamischen Charakter der Motive und ihrer Verarbeitung zu »einem das ganze Kunstwerk durchziehenden Gewebe von Grundthemen« (JA IX, 334). Die »ersichtlich gewordenen Thaten der Musik« (ebd., 276), als die er einmal das Wesen des Musikdramas bezeichnete – einer Musik, die als »bewegungsvolle[r] Mutterschooß« (JA VII, 328) gedacht ist –, sind Bewegung und Verwebung. Im Gegensatz zum bildenden Künstler müsse sich die Kunstabsicht des Musikers nicht auf das Fertige, sondern auf »das Werdende« (ebd., 329) richten, also auf die Gestaltung von Prozesshaftigkeit. Diese Aufgabe des Motivgewebes kann dadurch erfüllt werden, dass die »zu melodischen Momenten verdichteten Motive«[96] über die jeweilige dramatische Situation hinaus verweisen und die Erfahrung von Zeit auf die Vergangenheit und Zukunft hin öffnen. Dazu ist die »Sprache des Orchesters« berufen aufgrund ihrer Fähigkeit, »Ahnungen und Erinnerungen zu erwecken« (ebd.). Während Wagner bis zum *Lohengrin* seine Hauptmotive als Erinnerungsmotive verwendet, wird in *Oper und Drama*, also im Gedanken an die Konzeption des *Ring*, eine durchgängige und somit Einheit stiftende Dynamisierung der Motivtechnik postuliert. Mit bisher unerhörter Konsequenz will Wagner die episch-dramatische Gegenwart des Bühnengeschehens als ein Prozesshaftes transparent machen, an dem noch vergangenes Geschehen und schon künftige Geschicke mitwirken.[97] Allerdings ist diese Erfahrung den Protagonisten des *Ring* nicht gleichermaßen gegeben. Loge, Erda und die drei

Nornen scheinen sie in ausgezeichnetem Maß zu besitzen; Siegmund und Sieglinde überhaupt nicht, und die drei Hauptgestalten werden ihrer nur selten inne: Wotan in seiner großen Szene im 2. Aufzug der *Walküre*, Siegfried erst angesichts des Todes und Brünnhilde erst mit dem Entschluss zum Selbstopfer.

Entscheidend für die Kunstabsicht Wagners ist aber nicht die Zeiterfahrung der oft dem Vergessen anheim gegebenen Helden, sondern die Zeiterfahrung, die die Musik im Zuschauer erweckt. Bei Wagner ist der Rezipient ausdrücklich als notwendiger und integraler Bestandteil des Werkes konzipiert. Seine Bestimmung ist es, an dem »Werden« im Kunstwerk »selbstthätigen Mitantheil zu nehmen« und sich zum »Zeugen des Werdens« zu machen, d. h. eines Prozesses, »dessen Werden in nächsten und weitesten Kreisen uns stets gegenwärtig ist« (ebd., 329f.). Der tiefste ästhetische Ehrgeiz Wagners musste sich somit auf eine Motivtechnik richten, die Einheit und Prozesshaftigkeit zugleich zu realisieren vermochte. Dieses Kunstideal Wagners erklärt hinreichend, wie mir scheint, dass Thomas Mann ihn den großen Epikern der Epoche an die Seite stellen konnte und dass er selbst als Epiker den »Zauber« dieser Musik »so stimulierend« empfand »wie sonst nichts in der Welt« (14.1, 73).

* * *

Was spricht dafür, dass schon der junge Thomas Mann Wagners Motivtechnik in dem hier referierten Sinne auffasste? Die zahlreichen Selbstzeugnisse geben keine eindeutige Auskunft. In einigen der späteren Äußerungen neigt Mann dazu, wie bereits zitiert, für *Buddenbrooks* lediglich ein mechanisches »Leitmotiv« im Sinne der »physiognomisch-naturalistisch[en]« (XI, 116) Charakterisierung gelten zu lassen. In den Zeugnissen unmittelbar nach Vollendung des Romans hingegen wird die Abhängigkeit von Wagners *Ring* gerade auch in Hinsicht auf die Motivtechnik offen eingestanden (14.1, 73 ff.; 21, 179 f.). Und einige Jahre später, 1908, bekennt er: »Den tiefsten künstlerischen Einfluß hat zweifellos Richard Wagner auf mich ausgeübt – ein Einfluß, der sich wenigstens in der Compositionsart von ›Buddenbrooks‹ nicht verleugnet.« (21, 394) Dass Mann speziell in der »Compositionsart« des *Ring* eine Stütze für die eigene Romankomposition fand, erscheint einigermaßen plausibel, wenn wir uns die gestaltungstechnischen Probleme vergegenwärtigen, vor die sich der bisher nur in der Novellenform erprobte Autor gestellt sah. Der ursprüngliche Plan sah eine Novelle über einen »sensitiven Spätling« vor. Die unerwartete Aufforderung Samuel Fischers, einen Roman zu schreiben, führte zunächst zu der Konzeption eines auf 14 Kapitel veranschlagten Kaufmannsromans (1.2, 425), der mit dem Tod Hanno Buddenbrooks enden und zuvor die Geschichte der drei vorangegangenen Generationen ausbreiten sollte. Diese Absicht, nämlich den Tod Hannos zum logischen Schlusspunkt einer langen Entwicklung zu machen, konfrontierte Thomas Mann mit mannigfachen Problemen der epischen Integration. Die ursprüngliche Thematik vom Ende einer Familie war auf die anfänglichen Keimzellen dieser Entwicklung zurückzuführen, und diese Entwicklung sollte als ein in sich kohärenter Geschehensablauf einsichtig gemacht werden. Für diese Aufgabe boten die bisher geschriebenen Novellen keine Lösung, und auch die anderen literarischen Modelle, an denen sich Thomas Mann orientierte, die Romane der Gebrüder Goncourt, Lies, Kiellands und Fontanes waren wenig ergiebig für die Gestaltungsprobleme der anvisierten Monumentalform, die den 14-Kapitel-Plan sehr bald verdrängte. Wohl auf dieses Stadium der Werkgeschichte bezieht sich das spätere Bekenntnis: »nie, so glaubte ich, würde ich es mit der großen Form des Romans aufnehmen können«. (XIII, 137) In dieser Situation musste von dem episch-musikalischen Monumentalwerk Wagners ein willkommener und unwiderstehlicher Anreiz zur Anlehnung und Nachbildung ausgehen. Wagner bot die »starke Hand«, von der das gleichzeitige Bekenntnis-Gedicht *Monolog* spricht: »Ich bin ein kindischer und schwacher Fant, / Und irrend schweift mein Geist in alle Runde, / Und schwankend fass' ich jede starke Hand.« (VIII, 1106)

Auch die Genese des *Ring* war die Geschichte einer ungeheuren Konzeptionserweiterung vom Ende her. Die Lösung, die Wagner schließlich gefunden hatte, war auch für Manns Romanprojekt relevant, speziell für das Problem des Anfangs, der schon den Keim des Verfallsprozesses enthalten sollte. Das erste Buch von *Buddenbrooks* lässt denn auch die Anlehnung an *Das Rheingold* deutlich erkennen. Die Geschichte der Buddenbrooks beginnt wie im *Ring* mit der Inbesitznahme einer neuen Wohnung: dort ist es die »Götterburg« Wotans, hier das »weitläufige, alte Haus« in der Mengstraße. In beiden Fällen wird eine in sich geschlossene, kontinuierlich vergegenwärtigte Handlung ausgebreitet, die die beiden Familien im Glanz des Erfolgs präsentiert. Wie im *Ring*, dort allerdings eklatanter, zeichnet sich aber schon hier ein »heimlicher Riß« (1.1, 53) ab, der das Ende ahnen lässt: Gottholds Forderung nach wirtschaftlicher Entschädigung entspricht der Forderung der Riesen nach Entlohnung für den Bau Walhalls. Der Einzug der Götter in Walhall, die Klage der Rheintöchter um das geraubte Gold, Loges Voraussage der Götterdämmerung: Thomas Mann hat sich diese Themenkomplexe partiell anverwandelt, sie neu arrangiert und aus dem mythologischen Höhenbereich in den großbürgerlichen Alltag versetzt.

Die thematischen und strukturellen Anlehnungen an Wagners Tetralogie sind damit keineswegs erschöpft. Die Bedeutung des Goldes im *Ring* spiegelt sich in dem Kampf um die Bewahrung und Mehrung des Buddenbrook'schen Firmenkapitals. Die Rivalität zwischen den Wälsungen und den Nibelungen wiederholt sich in der Rivalität zwischen den Buddenbrooks und den Hagenströms. Es fällt auch auf, dass die ungewöhnliche Elfteiligkeit des Romans der Elfteiligkeit der Tetralogie entspricht. Die Elfteiligkeit der Wagner'schen Tetralogie ergibt sich, wenn das umfangreiche, zweigeteilte »Vorspiel« zur *Götterdämmerung* mitgezählt wird: *Das Rheingold* (1), *Die Walküre* (3), *Siegfried* (3), *Götterdämmerung* (4). Dies mag als weiteres Indiz dafür angesehen werden, dass es dem *Buddenbrooks*-Autor in der Orientierung auf Wagner in erster Linie um Probleme der Struktur und der epischen Strategie zu tun war. Dazu gehört vor allem das epische Hauptproblem des Romans: die Zeitspanne von vier Generationen als einen einheitlichen Prozess von komplexer Dynamik zu gestalten. Inwieweit Thomas Mann diese Kunstabsicht verwirklicht und sich dabei dem Verfahren Wagners genähert hat, ist besonders aufschlussreich an einer bisher wenig beachteten Stelle des Romans abzulesen, dem 6. Kapitel des 7. Buchs.

Im Mittelpunkt dieses kurzen Kapitels steht ein Gespräch zwischen Tony und Thomas Buddenbrook. Aus Riga ist ein Brief von Pastor Tiburtius, dem Schwager, eingegangen, in dem dieser von der schweren Erkrankung seiner Frau Clara, geborene Buddenbrook, Mitteilung macht. Tony geht hinüber in das neue, prächtige Haus des Senators zu einem vertraulichen Gespräch. Darin wird nun der bisher zurückgelegte Weg der Familie, der im Ganzen erfolgreich, ja glanzvoll verlaufen ist, mit überraschender Entmutigung reflektiert und der künftige Niedergang in ahnungsvoller Resignation antizipiert. Im Kleinen arrangiert Thomas Mann hier eine intime, düster gestimmte Szene, die an die große Szene in *Die Walküre* zwischen Wotan und Brünnhilde erinnert. An beiden Stellen ruht die Handlung, und die Reflexion schweift rekapitulierend zurück zum Anfang, aber auch in eine ferne, unheilschwangere Zukunft. Bei Wagner kulminiert die Szene in Wotans Ausbruch des »furchtbarsten Schmerzes« und »der Verzweiflung«: »Zusammenbreche, was ich gebaut! Auf geb ich mein Werk; nur eines will ich noch: das Ende, das Ende!« Weniger pathetisch, aber dem Sinne nach übereinstimmend dämmert Thomas Buddenbrook schon hier die Einsicht: »der Rückgang … der Abstieg … der Anfang vom Ende …« (1.1, 473) Die pathetische Wucht der Szene Wagners teilt sich auf zwei Ebenen mit: der bewussten Einsicht Wotans in den heillosen Stand der Dinge und gleichzeitig damit des gerade hier sehr detaillierten Motivgewebes. Die Sprache des Orchesters ist jedoch ambivalent und deckt sich nicht völlig mit dem Bewusstsein Wotans. Einerseits werden entscheidende Motive des bisherigen Geschehens rekapituliert (das Rheingold, Alberichs Verfluchung der Liebe und des Rings, der Nibelungen-Neid, das Vertragsmotiv, Wotans Unmut und andere mehr), andererseits wird aber auch das Schwert-Motiv präsent gehalten und damit Wotans »großer Gedanke« vom Ende des *Rheingold*, der für den Zuschauer die Aussicht auf Erlösung aus der Verstrickung Wotans durch Siegfried, den »Freien«, offen hält. So vermittelt die Szene eine nach rückwärts und vorwärts weit geöffnete zeitliche Perspektive, und sie akzentuiert die Ambivalenz des Geschehens, das sowohl auf Götterdämmerung als auch auf Erlösung der Götter gerichtet ist. Zu fragen ist, ob auch in *Buddenbrooks* eine solche Doppelbödigkeit realisiert ist und welche Zeiterfahrung dem Leser dadurch mitgeteilt wird.

Im ersten Teil des Kapitels nehmen wir durch die Augen Tonys die Pracht des neuen Hauses auf, das »ihr ganz einfach die Macht, den Glanz und Triumph der Buddenbrooks bedeutete«: Triumph vor allem über Hermann Hagenström, der »eine Kate im Vergleiche damit« bewohnt; Macht, die mit der Wahl Thomas' zum Senator erlangt wurde, und Glanz angesichts der aussichtsreichen Zukunft der Familie, für die seit der Geburt Hannos »eine ganz neue Zeit« anzuheben scheint. Diese Motive sind bereits als die sichtbarsten Zeichen des »eklatanten Aufschwunges« identifiziert worden. In unmittelbarem Gefolge, ja eigentlich gleichzeitig damit, treten aber eine Reihe von Gegenzeichen auf, die nun in das Bewusstsein des Senators treten – Zeichen des öffentlichen Misserfolgs und der Familien-Degenereszenz. Thomas hat zum ersten Mal »eine nicht ganz kleine Partie Roggen nicht sehr vorteilhaft [...] verkaufen müssen«, und – schmerzlicher noch – erst »gestern« ist er im Aufsichtsrat der Büchener Eisenbahn von seinem Rivalen Hagenström »ganz einfach zu Boden geredet, widerlegt, beinahe dem allgemeinen Lächeln ausgesetzt« worden. Ausgelöst wird seine bittere Rekapitulation aber von der Nachricht aus Riga über Claras Gehirntuberkulose. Von daher schweifen seine Gedanken zu Christians Gelenkrheumatismus, zu Hannos beinahe letaler Gehirnaffektion, den Symptomen von Hannos Entwicklungsverzögerung und schließlich zu seiner eigenen »Verstimmung«, der Unterhöhlung seines Erfolgs- und Siegeswillens. In ihm steigt die Ahnung auf, dass »mir etwas zu entschlüpfen begönne«. Da vertraut der Senator seiner Schwester seine beunruhigendsten Gedanken an und gesteht ihr: »Ich habe in den letzten Tagen oft an ein türkisches Sprichwort gedacht, das ich irgendwo las: ›Wenn das Haus fertig‹ ist, so kommt der Tod.« Und der ungläubigen Tony erläutert er diesen Satz so: »Aber ›Senator‹ und Haus sind Äußerlichkeiten [...]. Ich weiß, daß oft die äußeren, sichtbarlichen und greifbaren Zeichen und Symbole des Glückes und Aufstieges erst erscheinen, wenn in Wahrheit alles schon wieder abwärts geht. Diese äußeren Zeichen brauchen Zeit, anzukommen, wie das Licht eines solchen Sternes dort oben, von dem wir nicht wissen, ob er nicht schon im Erlöschen begriffen, nicht schon erloschen ist, wenn er am hellsten strahlt ...« (1.1, 463–474) Thomas Buddenbrook deutet sich in diesem Bild die bisherige widersprüchliche Entwicklung. Aufstieg und Niedergang sind keine sukzessiven, sondern simultane Vorgänge; sie können deshalb auch nicht an einer beliebigen Stelle korrigiert werden. Das türkische Sprichwort besagt eigentlich: Wenn das Haus fertig ist, ist der Tod schon unterwegs zu mir, Macht und Glanz sind »schon im Erlöschen begriffen«. Diese Einsicht bestimmt die Zukunftserwartung, die Ahnung des unaufhaltsamen Abstiegs. Bezeichnenderweise lautet das letzte Wort des Kapitels: »sich ergeben«.

Thomas Mann operiert hier mit der Technik der Motivbündelung, wie er sie in Wagners *Ring* an den epischen Höhepunkten beobachten konnte. Durchaus passt auf dieses Kapitel Blochs prägnanter Begriff der »treibenden Haltestelle«, an der »aufholende Regression« und »beschleunigende Antizipation« geleistet wird. Und wie Wagner es selbst gefordert und verwirklicht hatte, ist das Bewusstsein von Geschichte als einem Werdenden gestaltet. Noch deutlicher als bei Wagner – etwa am Schluss von *Rheingold* oder in der Begegnung des Wanderers mit Siegfried – wird hier eine Zeiterfahrung ins Bewusstsein gehoben, die jeder Siegeszuversicht den Boden entzieht: die Erkenntnis von der unaufhebbaren Simultaneität gegenläufiger Bewegungen. Diese Erkenntnis wird dem Leser durch den Akt der Bewusstwerdung Thomas Buddenbrooks mitgeteilt – allerdings nur teilweise, denn zum entscheidenden Teil reicht sie über den Zeithorizont der Protagonisten hinaus. So wie Wagners Orchester über das Bewusstsein der Handelnden hinaus den Hörer zum »Zeugen des Werdens« macht, so stellt auch Thomas Mann über die Köpfe der Geschwister hinweg weiter ausgreifende, das ganze Werk umfassende Zeitbezüge her, die das Werden des Verfalls- und Verfeinerungsprozesses nicht nur »in nächsten«, sondern in der Tat auch »in weitesten Kreisen« vergegenwärtigen.

Das Haus, das in Thomas' türkischem Sprichwort gemeint ist, sein eigenes in der Fischergrube, stellt im Bewusstsein des Lesers unwillkürlich eine Verbindung her zum Anfang des Romans, dem alten Haus in der Mengstraße. Den vorigen Bewohnern jenes Hauses, den Ratenkamps, war zunächst ein glänzender Aufstieg beschieden, auf den ein trauriges »Sinken der Firma« (1.1, 25) folgte. In dem türkischen Sprichwort wird dieser Zusammenhang thematisiert und bekräftigt; es schlägt auch die Verbindung zu dem Sinken der Buddenbrooks und dem schließlichen Verkauf der beiden Häuser, dem in der Mengstraße und in der Fischergrube, der das schon hier erahnte Ende der Firma und Familie auch äußerlich besiegeln wird. Die Zeiterfahrung des Lesers an dieser Stelle, bei wiederholter Lektüre, ist somit reicher und tiefblickender als die der Gestalten. Eine solche Dynamisierung der Zeiterfahrung leisten auch das Motiv des Briefes und des Roggenverkaufs. Briefe haben in diesem Roman oft eine ominöse Bedeutung, sie erinnern von außen an den heimlichen »Riß« im scheinbar wohl gefügten Gebäude. So war es mit jenem Brief Gottholds am Anfang, so ist es auch hier mit dem Brief des Pastor Tiburtius, nur hat sich inzwischen die Summe erhöht. Dort ging es um 33 335, hier um

127 500 Kurantmark, Claras Mitgift und Erbe. Den jeweiligen Hütern des Firmenkapitals erscheinen die Motive der Fordernden gleichwohl identisch: »fromme Geldgier« (1.1, 51) dort, hier ein klerikaler »Erbschleicher« (1.1, 477).

Noch weiter über das gegenwärtige Geschehen hinaus verweist das Eingeständnis des unvorteilhaften Roggengeschäfts. Einige Jahre später wird sich dieses Missgeschick in der Fehlspekulation auf die Pöppenrader Ernte wiederholen, wobei dort weniger der finanzielle Verlust als vor allem der psychologische Schaden wirklich katastrophale Folgen annimmt. Eine weitere vorausweisende Funktion auf den Niedergang erfüllt die Rekapitulation der biologischen Verfallserscheinungen der Familie, zumal am Beispiel Claras, von der es heißt, dass sie »sich gar keine Mühe gäbe, zu leben« (1.1, 471). Auch dieses Motiv der Lebensmüdigkeit wird in gesteigerter Form wiederholt werden, im Sterben des Senators und vor allem Hannos. Wie jener unglückliche Roggenverkauf erweist es sich als eines jener Zeichen, die Zeit brauchen, um anzukommen. Die Ahnung, dass die Zeit dieser Verfallserscheinungen kommen wird, wird von Thomas Buddenbrook deutlich ausgesprochen. Entscheidend ist aber nicht dieses, sondern die Vermittlung einer Einsicht in den widersprüchlichen, prozesshaften Charakter von Zeit und Geschichte: Was als Aufstieg erscheint, bringt den Niedergang schon mit sich, die Zukunft ist bereits im Gange; das Haus ist fertig, der Tod schon unterwegs.

* * *

Angesichts der hier betrachteten strukturellen Beziehungen zwischen Manns Roman und Wagners *Ring* darf die Auskunft von 1904, wonach *Buddenbrooks* auch eine Nachbildung der *Ring*-Tetralogie im Kleinen und Komischen vorstelle, nicht länger als eine nachträgliche Fanfare der Eitelkeit abgetan werden. Die Bedeutung dieser Beziehungen für den Roman wie für das Gesamtwerk wird immer noch unterschätzt; sie ist gleichwohl grundlegend, denn bereits *Buddenbrooks* enthält eine kleine Phänomenologie des Wagnerismus, die in den späteren Werken weiter ausgebaut und differenziert wird.

In der Forschung ist der Wagnerismus in *Buddenbrooks* vornehmlich als Parodie der Gestalten und Fabelmuster der Wagner'schen Mythen aufgefasst worden[98]: Thomas, Tony und Hanno dürfen als ironische und burleske Kontrafakturen der drei Hauptgestalten des *Ring*: Wotan, Brünnhilde und Siegfried, gedeutet werden. Der Beginn der Romanhandlung ist dem zentralen Handlungsmotiv in *Das Rheingold* nachgebildet, der Inbesitznahme einer neuen Wohnung. Dieser Impuls zur Anlehnung an ein bewundertes Vorbild und gleichzeitig zu seiner Parodie und humoristischen Ent-Stellung muss als ein Charakteristikum von Manns prinzipiell intertextuell ausgerichtetem Schaffen von den ersten Anfängen bis zum *Erwählten* gelten. Die Vorbildlichkeit Wagners beschränkt sich hier allerdings auf einige wenige Werke, die als Kontrafakturen Wagner'scher Werke angelegt sind wie z. B. *Tristan, Wälsungenblut* und, in geringerem Maße, *Der Zauberberg*. Es ist jedoch offensichtlich, dass Manns Wagnerismus keineswegs auf diese Werke beschränkt ist. Denn eigentlich produktiv geworden ist seine Wagner-Faszination ja dadurch, dass er die prinzipiell epischen Qualitäten der von Wagner entwickelten Wirkungsmittel entdeckte. Und dieser im engeren Sinne technische Aspekt des literarischen Wagnerismus hat sich in Manns Erzählkunst insgesamt niedergeschlagen; er konstituiert ein wesentliches Merkmal ihrer Modernität.

Im Gegensatz zu dem burlesken und humoristischen Geist, der aus den Parodien der Wagner-Mythen spricht, ist im Hinblick auf das Handwerkliche seines Wagnerismus ein durchaus ernstes Schüler-Meister-Verhältnis zu konstatieren. Denn in dem Versuch, die Erzählkunst um gewisse Wagner'sche Techniken zu bereichern und so zu modernisieren, war der junge Thomas Mann ein beflissener Schüler und Nachahmer Wagners, und zwar aus jenem produktiven Geist der Bewunderung, den er im Alter als richtunggebend für seine ganze künstlerische Entwicklung hervorhob (XIII, 132 f.). Das macht es verständlich, dass er 1904, in der entscheidenden formativen Epoche seiner Entwicklung, das »Wesentliche« und Neue seiner Erzählkunst, das über die stilistischen Einflüsse Fontanes, der Russen und anderer hinausreicht, in seinem Wagnerismus erblickte; bezeichnenderweise enthält das Bekenntnis zu seinem »Meister und nordischen Gott« (14.1, 75) nicht den geringsten ironischen oder kritischen Vorbehalt, der solche Bekenntnisse aus einer späteren Zeit gewöhnlich begleitet.

Man hat sich angewöhnt, diesen technischen Aspekt des Thomas Mann'schen Wagnerismus mit dem Begriff des Leitmotivs zu belegen. Diese populär gewordene Identifizierung seiner Erzählweise mit der Leitmotivik ist jedoch noch manchen Missverständnissen ausgesetzt. Aufgrund der hier betrachteten Evidenz lassen sich aber eine Reihe von Differenzierungen vornehmen. Zunächst ist daran zu erinnern, dass Manns Erzählkunst nichts mit dem romantischen Ehrgeiz zu tun hat, die Dichtung der Musik anzunähern. Nicht darauf zielt sein Wagnerismus, nicht auf eine illusorische Vermischung der Künste, sondern auf einen rein und eminent literarischen Begriff von Prosa, der in den neunziger Jahren des 19. Jahrhunderts aus historisch erklärbaren Gründen auf das musikalische Verfahren des reifen Wagner orientiert war. Weiterhin muss betont werden, dass sich die Bedeutung Wagners nicht in exoterischer Leitmotivik erschöpft. Wenn Mann davon spricht, dass die Werke Wagners »so stimulierend, wie sonst nichts in der Welt auf meinen Kunsttrieb wirken« (14.1, 73), so ist damit gewiss mehr gemeint als diese mechanische Leitmotivik. In *Buddenbrooks* ist dabei an bestimmte Merkmale der Makrostruktur zu denken: die Elfteiligkeit und die epische Strategie des Anfangs sowie den typisch Wagner'schen Kunstgriff, den epischen Fluss anzuhalten und einen zusammenfassenden Rückblick und Vorausblick zu liefern: in dem Kapitel über das türkische Sprichwort etwa oder in Hannos großer Klavierphantasie am Ende. Außerdem wären hier Thomas Manns subtile Kunst der Vorbereitung und der Überleitung zu nennen, sein Sinn für effektvolle Szenen sowie seine Ironie. Und schließlich ist mit Nachdruck festzustellen, dass der Begriff des Leitmotivs in seiner gängigen und inflationären Bedeutung als Charakterisierungsformel die eigentliche Funktion und Wirkung der Motivtechnik sowohl bei Wagner als auch bei Thomas Mann verfehlt. Wie wir sahen, ging es Mann nicht um die vordergründigen Effekte des charakterisierenden Leitmotivs, sondern um den Versuch, einige der komplexen, modernen und geheimen Wirkungen der Wagner'schen Motivtechnik für die Erzählkunst fruchtbar zu machen. Das ist der eigentliche, spezifisch künstlerische Beweggrund seines Wagnerismus, und diese erzähltechnische Dimension des Wagnerismus hat auf entscheidende Weise seinen Werkbegriff, seinen Zeitbegriff und sein Verständnis von Geschichte mitgeprägt.

Für die musikalisch gebildeten Zeitgenossen lag das Faszinierende an Wagners Musik in dem Bruch mit der Autorität der Tonarten- und der Perioden-Struktur in der Musik der Klassik und in der Entwicklung einer neuartigen Motivik, die zum beherrschenden Struktur- und Sinnträger des Werkes avancierte. Hier konnte die Bewunderung eines jungen und ehrgeizigen Schriftstellers produktiv werden, denn diese Motivtechnik ließ sich leicht auch als eine epische Technik auffassen, zumal er noch in Übereinstimmung mit Wagner sich einem Werkbegriff verpflichtet fühlte, der an dem klassischen Ideal der Einheit und der Vollendung in sich selbst orientiert war. In Nachahmung Wagners versuchte Mann diesen Werkbegriff auf eine neuartige Weise dadurch zu verwirklichen, dass er ein das ganze Kunstwerk durchziehendes Gewebe von Motiven (JA IX, 276) zum Instrument der psychologischen Enthüllung und strukturellen Erhellung und damit zum eigentlichen Sinnträger bestimmte. So richtete sich sein Artisten-Ehrgeiz auf die Schaffung eines Beziehungskomplexes von höchstmöglichem Beziehungsreichtum. Es ist der bekannte Ehrgeiz, *»gute Partituren«* zu schaffen (XII, 319).

Mit dieser Kunstabsicht reicht das Werk Thomas Manns über die von Nietzsche vermittelte Wagner-Rezeption, die in der Dekadenz-Problematik ihren Brennpunkt hatte, hinaus. Ihre eigentliche ästhetische Heimat ist der Symbolismus, für dessen Kunstprogrammatik das Werk Wagners und seine Deutung durch Charles Baudelaire konstitutiv waren. Der junge Thomas Mann kannte weder Baudelaire noch Mallarmé noch die von Wagner inspirierten Experimente Edouard Dujardins mit dem *monologue intérieur*. Gleichwohl gehört sein Frühwerk gerade aufgrund der Wagner-Schülerschaft zum Symbolismus, zu dem er schon in seinen literarischen Anfängen mit der Orientierung an Hermann Bahr unterwegs war. Völlig unbekannt waren Thomas Mann diese Bezüge jedoch nicht, sonst hätte er auf die Frage nach französischen Einflüssen nicht mit dem emphatischen Hinweis auf Wagner antworten können.[99] Dies sollte uns denn nicht länger daran hindern, neben Nietzsche auch Baudelaire als einen Wegbereiter des Thomas Mann'schen Wagnerismus anzuerkennen.

Ein das ganze Kunstwerk durchziehendes Gewebe von Motiven ist Ausdruck und Abbild eines veränderten Begriffs von Zeit. Darin hat das klar geordnete und trennbare Nacheinander des traditionellen Erzählens einer Zeiterfahrung Platz gemacht, die zugleich komplexer und dynamischer ist. Sie zielt auf die Gestaltung von Zeit als einem prozesshaften Werden, in dem jeweils gegenläufige Bewegungen gleichzeitig im Gang sind. Entscheidend ist nun, dass diese Zeiterfahrung nicht auf das Bewusstsein der fiktiven Gestalten oder die Erklärungen des Erzählers beschränkt bleibt. Sie teilt sich dem Leser indirekt und mit großer Suggestionskraft mit – in Analogie zu der doppelbödigen Kommunikation in Wagners Musikdrama. Was dort, ausdrucksvoller, aber weniger bestimmt, das Orchester leistet, versucht Mann mit einem symbolistischen System von Motiven herzustellen: die Bewusstmachung im Leser des »Werdens in nächsten und weitesten Kreisen« (JA VII, 329 f.).

Ein solcher Zeitbegriff musste auch das Geschichtsbild, das *Buddenbrooks* zugrunde liegt, entscheidend prägen. Für den jungen Thomas Mann war Geschichte zunächst und zuvörderst ein Problem der epischen Machbarkeit, vor das er sich beim Übergang von der psychologischen Novelle zum Gesellschaftsroman gestellt sah. Verständlich, dass gewisse Kategorien des Epischen auf das Geschichtsverständnis einwirkten und nicht umgekehrt eine Geschichtsphilosophie auf die Erzählweise. Daher scheinen in seinem Verständnis von Geschichte, auch später, gewisse ›musikalische Kategorien‹ durch: Auch in der Geschichte herrschen Wiederholung, Variation und »Rückbeziehung über weite Strecken«.[100] Der vermeintlich zwingende Schluss, dass das Element der Wiederholung in der Leitmotivik notwendig ein statisches Geschichtsbild vermittle, ist jedoch ein Trugschluss. Denn Manns Erzählweise erfüllt eine unerlässliche Bedingung jeder Geschichtsdeutung, die überzeugen soll: Sie gestaltet Zeit als einen dynamischen Prozess. Darin herrscht, jedenfalls im Frühwerk, eine Dialektik von Progression und Regression ohne eindeutiges Telos. Denn dass im Falle der Buddenbrooks die geschichtliche Entwicklung sich als Verfall manifestiert, hat in erster Linie dekadenzpsychologische Gründe und ist nicht die Konsequenz eines deterministischen Geschichtsverständnisses. Daran zu erinnern, ist die so bedeutende Funktion von Hannos Freund, dem jungen Grafen Kai von Mölln, der aus noch »dekadenteren« Verhältnissen stammt als Hanno und ihnen doch nicht erliegt.

* * *

In jener bereits mehrfach zitierten Auskunft über sich selbst, die den irreführenden Titel *Der französische Einfluß* trägt, bekennt der *Buddenbrooks*-Autor, dass die Wagner'schen Wirkungsmittel »schon völlig Instinct« bei ihm geworden seien (14.1, 74). Es darf als Zeichen der hochgradigen Selbstbewusstheit dieses wagnerisierenden Erzählers gewertet werden, dass der Roman selbst auf seine Anlehnung an Wagner ironisch reflektiert. Das geschieht im 6. Kapitel des 8. Buches in jener glänzenden Episode um Edmund Pfühl, den Organisten von Sankt Marien, eine der vielen unvergesslichen Nebenfiguren des Romans. Hier wird dem Leser auf geistvolle Weise zu Bewusstsein gebracht, was es mit dem Seelenzauber, der von der Wagner'schen Musik ausgeht, unter einem familien- und mentalitätsgeschichtlichen Blickwinkel auf sich hat.

Edmund Pfühl, eine Figur, die Thomas Mann von Oskar Panizza übernommen und mit dem Vokabular von Nietzsches Wagner-Kritik gewappnet hat[101], verkörpert jenen für die Frühphase der Wagner-Rezeption repräsentativen Typus des widerwilligen Wagnerianers. Das Panizza'sche Vorbild, ein biederer Dorfschullehrer namens Gottlieb Freundlich, »voll zarter Anlagen« und Verehrer Haydns, Mozarts und Beethovens, steht dem Wagner-Kult ablehnend gegenüber, findet sich aber in Bayreuth wider Willen fasziniert von *Tristan* und *Parsifal*. Gegen seine Überzeugung, doch um seine Lehrerstelle zu behalten, tritt er dem Wagner-Verein bei und sieht sich fortan in der misslichen Lage, seinen Schulkindern an Hand von Wagner-Opern Musikunterricht erteilen zu müssen, obgleich er weiß, dass diese Musik »Gift« ist und etwas Diabolisches an sich hat.[102] Hier konnte Thomas Mann anknüpfen. Sein widerwilliger Wagnerianer ist ein »vierschrötige[r]«, doch lauterer und ob seiner »kontrapunktischen Gelehrsamkeit« zu Ruhm gekommener Musikant, der Palestrina und Bach vergöttert und der von der »moralisch-logischen Würde des strengen Satzes« erfüllt ist (1.1, 545). Er reagiert mit Abscheu und »wild empörte[m] Widerstand« auf die schrankenlose Chromatik des *Tristan*-Vorspiels, zu dem er von Gerda Buddenbrooks überredet wurde und das er nach zwanzig Takten unter den bedenklichsten Anzeichen einer tief greifenden Verstörung abbricht: »das ist keine Musik [...] Dies ist das Chaos! Dies ist Demagogie, Blasphemie und Wahnwitz! Die ist ein parfümierter Qualm, in dem es blitzt! Dies ist das Ende der Moral in der Kunst.« »Ich spiele dies nicht!« (1.1, 547 f.) Pfühl ist überzeugt, dass diese Musik den kleinen Hanno »ganz und gar vergiften« (1.1, 548) werde. In Hanno ist den bis dahin unmusikalischen Buddenbrooks ein sensitiver, den gefährlichen Reizen der Wagner'schen Musik wehrlos ausgelieferter Spätling erwachsen, dessen Passion für die Musik seinen Leistungswillen unterminiert und seine Lebensuntauglichkeit besiegelt. Hanno kauert auf einem Sessel, wobei er »eins seiner Kniee mit beiden Händen umspannte« (1.1, 543), und lauscht dem Musizieren und den Gesprächen Edmund Pfühls mit seiner schönen, der Musik Wagners mit Haut und Haaren ergebenen Mutter. Thomas Mann hat ihr mit Bedacht Züge einer bösen Fee verliehen: »Nun, Hanno, ein bißchen Musik naschen?« (1.1, 546) Der Siebenjährige nascht davon, und Wagner wird ihm prompt zur Droge, die ihm, als Überdosis konsumiert, den Tod bringt. Denn so wie Gerda auf dem Weg über die Kontrapunktik des *Meistersinger*-Vorspiels dem Organisten von Sankt Marien Wagner am Ende doch schmackhaft zu machen versteht, vermittelt sie auch ihrem Sohn den abgefeimten Zauber der *Tristan*-Musik, dem er mit seiner finalen und letalen Klavierphantasie, einer symbolischen Artikulation seines Lebensüberdrusses und seiner Todessehnsucht, schließlich erliegt.

Das im Sessel lauschende Kind – es ist dieselbe Situation, wie die in Manns Erinnerung an seine Mutter geschilderte (XI, 421 f.)[103] – wird also schon sehr früh »der Musik als einer außerordentlich ernsten, wichtigen und tiefsinnigen Sache gewahr« (1.1, 549). Spätestens hier wird auch der Leser gewahr, dass der Siegeszug der Wagner'schen Musik als eine gravierende Sache von unabsehbaren Konsequenzen für das geistig-seelische Wohlergehen der Familie Buddenbrook anzusehen ist. Diese Konsequenzen erfahren in diesem Roman eine recht drastische, durch den epochenspezifischen Dekadenz-Diskurs geprägte Definition als Willenslähmung und biologische Degenereszenz. Das Thema sollte den *Buddenbrooks*-Autor jedoch nie mehr los lassen. Im *Zauberberg* werden die »finsteren Konsequenzen« (5.1, 989 f.) des der deutschen Musik innewohnenden Seelenzaubers zum ersten Mal für die deutsche Kultur im Ganzen thematisiert. Im *Doktor Faustus* schließlich enthüllen jene schon im *Zauberberg* erkannten finsteren Konsequenzen eine »Katastrophendynamik« (VI, 400), von der sich der ehrenwerte Organist Edmund Pfühl noch nichts träumen ließ. Der nach Größe und Repräsentanz strebende junge Autor aber hatte bereits früh, mit seinem »epischen, von Leitmotiven verknüpften und durchwobenen Generationenzuge« (14.1, 74), eine Thematik entdeckt, die seinem eigenen, mächtigen Lebenswerk zum Leitmotiv dienen sollte: die finsteren Konsequenzen des unvergleichlichen Seelenzaubers der deutschen Musik.

5. »Blödsinnig schön!« Französische Musik im *Doktor Faustus*

Französische Musik im *Doktor Faustus* zu untersuchen, scheint auf den ersten Blick ein reichlich kapriziöses und wenig aussichtsreiches Unterfangen. Thomas Manns Deutschland- und Musik-Roman, der aus triftigen Gründen auch ein München-Roman ist, handelt so entschieden von deutscher Musik und ist so offenkundig um einen ausdrücklich so betitelten »deutschen Tonsetzer« zentriert, dass praktisch alle Interpreten den französischen Musikbeispielen nur eine sehr untergeordnete Rolle zugestehen wollen. In dem Berg von Sekundärliteratur, der sich um dieses Buch aufgehäuft hat, ist keine Studie zu entdecken, die die Bedeutung der französischen Musik in diesem Roman zu klären versuchte; offenbar gilt als ausgemacht, dass es sich dabei um eine *quantité négligeable* handelt. Immer noch weit verbreitet ist das Vorurteil, »dass andere Musik jenseits von Wagner und der romantischen Musik im Werk kaum Niederschlag gefunden hat« und dass Mann dazu neigte, »die Musik Wagners mit der Musik überhaupt gleichzusetzen«.[104]

Hier gilt es gründlich umzudenken. Der Autor dieses Romans war geradezu durchdrungen von der Überzeugung, dass es die historische Aufgabe und Chance der Deutschen sei, den »Intellektuellentraum von einem europäischen Deutschland« zu verwirklichen, anstatt umgekehrt, wie unter Hitler geschehen, in blinder Verkennung und in krasser Perversion des historisch Angemessenen mit Gewalt ein »deutsche[s] Europa« (VI, 229) zu schaffen, das der übrigen Welt unerträglich wäre. Zu dieser Überzeugung war Thomas Mann nur widerstrebend gelangt, gegen zunächst tief sitzende persönliche und gesamtkulturelle Vorurteile. Umso leidenschaftlicher vertrat er diese Überzeugung in den vierziger und fünfziger Jahren.[105] Sie darf als eine der entscheidenden Lehren betrachtet werden, die er aus der Zeitgeschichte und nicht zuletzt aus seinen eigenen Verirrungen gezogen hatte. Denn anfänglich, genauer gesagt, während des Ersten Weltkriegs und mehr noch während der kollektiven Empörung in Deutschland über die Auflagen der Versailler Friedensverträge, hatte sich auch Mann in das Lager der Franzosenhasser begeben. Noch im Juli 1921 schreibt er in einem Brief: »Ich liebe diese Rasse nicht, sie ist thöricht und gefährlich. Man muß den Mut seiner Antipathie haben und nicht aller Welt gefallen wollen.« (22, 402)

Damals stand er bereits in Verbindung mit dem Romanisten Ernst Robert Curtius, dessen taktvollem Vermittlerwerk es zu verdanken ist, dass sich nach dem Krieg zwischen den verfeindeten Nachbarn wieder enge geistige Verbindungen unter Schriftstellern anbahnten. Das betraf nicht zuletzt den am *Zauberberg* strickenden Thomas Mann, der mit seiner republikanischen Wende von 1922 auch eine Öffnung nach Westen vollzog. Fortan gestaltete sich sein Verhältnis zu Frankreich freundlicher. Im *Doktor Faustus* findet sich ein Reflex davon in Zeitbloms Bemerkung: »Seither hat die Geschichte mich gelehrt, unsere Besieger von damals [...] mit anderen Augen zu betrachten.« (VI, 452) In der Tat! Als Thomas Mann 1950 zum ersten Mal nach dem Zweiten Weltkrieg in Paris weilte, legte er Wert darauf, die Leiden Frankreichs unter der deutschen Besatzung öffentlich zu würdigen. »Lassen Sie mich es aussprechen«, eröffnete er seinen Zuhörern in der Sorbonne, »daß ich als Mensch, als Europäer, als Schriftsteller, der dem französischen Genius Unendliches verdankt, mit Ihrem edlen Lande gelitten, tief gelitten habe vor zehn Jahren, als der abstoßende Abenteurer, dem Deutschland in die Hände gefallen war, seinen elenden Sieg über Frankreich feierte [...].« (XIII, 231) Das Tagebuch und die Briefe vom Mai und Juni 1940 bestätigen dieses Bekenntnis voll und ganz.

Der Anlass von Manns Besuch 1950 in Paris war die Veröffentlichung des *Doktor Faustus* in der »Sprache Montaignes, Voltaires und Flauberts« im »klassische[n] Land der Literatur«. Bezeichnenderweise betonte er bei dieser Gelegenheit, dass sein Roman unerachtet der »stark deutsche[n] Färbung« eine europäische Dimension besitze, die ihn hoffen lasse, dass dieses Buch in Frankreich eine verständnisvolle Aufnahme finden und als »unmittelbare[r] Beitrag zur literarischen Kritik unserer Zeit« gewürdigt werde (XIII, 233 f.). Selbst wenn man hier ein gerüttelt Maß an Eigenwerbung in Rechnung stellt, so bleibt doch Manns feste und, wie ich zeigen will, wohl begründete Überzeugung, dass dieser Musikroman im klassischen Land der Literatur Anklang finden werde. Allein schon dieser historische Hintergrund gebietet es, den französischen Anteil an diesem Deutschland-Roman genauer ins Auge zu fassen und nach der Funktion der französischen Musik zu fragen. Vorläufig und vereinfacht lässt sich wohl sagen, dass ihre Bedeutung gerade in ihrer Marginalität im strikten Wortsinn begründet ist: Die französische Musik markiert die Ränder und die Grenzen der deutschen. Und dies ist denn auch als erster grundlegender Befund festzuhalten: Nicht die italienische Musik, wie man mit guten historischen Gründen erwarten könnte, sondern die französische Musik stellt den Gegenpol zur deutschen dar und lässt deren eigentümliches Profil deutlicher hervortreten.

Wenn es richtig ist – und davon war Thomas Mann seit seinen Anfängen fest überzeugt –, dass die Musik die »deutscheste« der Künste ist (XI, 227), so liegt die Vermutung nahe, dass die Seelengeschichte der deutschen Musik entscheidende Aufschlüsse zu liefern vermag zur Erhellung des Kardinalproblems, vor das sich jeder Interpret der deutschen Geschichte gestellt sieht, nämlich die Heraufkunft des Bösen, das Hitler und der Nationalsozialismus darstellen, aus seinen geistigen und kulturellen Voraussetzungen zu begreifen. Statt wie die zünftigen Historiker die üblichen Verdächtigen zu vernehmen – den Militarismus, den Kapitalismus, den Antisemitismus –, lenkte der Chronist der deutschen Seelengeschichte den Verdacht auf einen universell bewunderten, über jeden Verdacht scheinbar erhabenen Aspekt der deutschen Kultur: die Musik. Thomas Mann mutet uns den kühnen Gedanken zu, dass eine tiefe Wurzel all dessen, was Friedrich Meinecke mit dem problematischen Begriff »deutsche Katastrophe« bezeichnete[106], nicht in etwas eindeutig Bösem zu suchen sei, sondern in etwas unbezweifelbar Gutem. Sein *Doktor Faustus* macht uns sehen, dass der durchaus gerechtfertigte Stolz der Deutschen auf ihr musikalisches Erbe einem kollektiven Hochmut Vorschub leistete, der die psychologische Voraussetzung war für den Griff nach der Weltmacht. Es war der in Faustischem Ehrgeiz unternommene Versuch, die musikalische Suprematie in politische Hegemonie umzusetzen.

Damit soll keineswegs eine symbolische Äquivalenz von Leverkühn und Deutschland behauptet werden, die von den Kritikern des Romans, auch den wohlwollenden, oft als dessen Intention unterschoben wird.[107]

Allenfalls lässt sich ein Verhältnis der Antizipation ausmachen. Der Geist, in dem Leverkühn seine neuartigen Werke konzipiert, antizipiert den Geist des nationalsozialistischen Deutschland. In beiden Fällen handelt es sich letztlich um »Welteroberungsunternehmen« (VI, 230). Das heißt nun aber, dass Deutschland den Weg in die »Anti-Humanität« (VI, 378) nicht trotz oder im Widerspruch zu seiner hoch stehenden Musikkultur gegangen ist, wie Friedrich Meinecke und viele andere in ihrem überkommenen Glauben an das Positive von Kultur meinten. Im Gegenteil – und darin liegt die unvermindert fortdauernde Anstößigkeit dieses Romans: Deutschland ist den Weg in die Antihumanität nicht trotz, sondern in gewissem Sinne wegen seiner kulturellen Errungenschaften gegangen und oft genug und allzu gerne unter Berufung auf diese.

Die Frage, wie Thomas Mann zu dieser im doppelten Sinne anstößigen Überzeugung gelangte, ist nicht so schwer zu beantworten, wie viele Interpreten meinen. Ein entscheidendes Moment war die eigene historische Erfahrung. Thomas Manns ästhetische und ideologische Investitionen in die deutsche Musik, zumal die Wagners, waren höher und riskanter als die jedes anderen deutschen Schriftstellers. Während des Ersten Weltkriegs erklärte er die Musik zur »Nationalkunst in Deutschland« (15.1, 199). Damals gerierte er sich als der wortgewaltige Anwalt des deutschen Eigensinns, nämlich eine vom Westen wie vom Osten abweichende Staatsform zu verwirklichen, was er mit der Einzigartigkeit der in der Musik zentrierten deutschen Kultur zu begründen versuchte. Dieses angestammte Einvernehmen von Nation, Musik und Autor wurde 1933 auf traumatische Weise aufgekündigt und endgültig zerstört, als eine opportunistische Allianz von Münchner Wagnerianern und neuen Machthabern seine Wagner-Rede zum Vorwand nahm, ihn als undeutsch zu denunzieren und somit, nach der »nationalen Erhebung Deutschlands«, seine Rolle als Repräsentant der deutschen Kultur zu negieren. Die Rede ist von dem schamvollen *Protest der Richard-Wagner-Stadt München* gegen Thomas Mann.[108] Wie muss es in den Köpfen seiner Münchner Denunzianten aussehen, fragte er sich im Tagebuch (8. 4. 1933). Diese Frage war tief beunruhigend nicht zuletzt deswegen, weil er selbst tief verwickelt war in die Vorgeschichte dessen, was 1933 manifest geworden war. Jede Auseinandersetzung damit bestärkte ihn in dem melancholischen Bewusstsein des *tua res agitur*.

Aus dem Nachdenken über diese Frage, d. h. über den Nexus von Musik und Politik, ist *Doktor Faustus* hervorgegangen. Dieser Roman darf als der bedeutendste und tiefstblickende Beitrag gelten zu der uns immer noch beschäftigenden Frage nach der Verortung der deutschen Katastrophe in der deutschen Kultur. Nachdem es lange Zeit üblich war, Thomas Manns Einsichten als abwegig abzutun, ist man heute unter Politologen und Historikern offenbar eher bereit, sein Verständnis von Geschichte zu würdigen, wofür vor allem Herfried Münkler und Heinrich August Winkler zu nennen sind.[109]

* * *

Das Interesse Thomas Manns an französischer Musik wird zum ersten Mal 1924 im *Zauberberg* greifbar, einem psychologischen Monumentalporträt der Vorkriegsepoche aus der Perspektive der Nachkriegszeit. In diesem Werk ist die Musik zum ersten Mal einem Generalverdacht ausgesetzt. Es ist bezeichnenderweise Settembrini, der Anwalt der Aufklärung und des Westens, der diesen Verdacht ausspricht. Er hege, bekennt er, eine »politische Abneigung gegen die Musik«, ja er gehe sogar so weit, die Musik für »politisch verdächtig« zu erklären, denn sie leiste dem Quietismus und der geistigen Trägheit Vorschub und bringe die »Welt nicht vorwärts« (5.1, 174 f.). Hier, relativ früh im Roman, vermischt sich Thomas Manns damalige Antipathie für die leiermannartige Rhetorik des westlichen Liberalismus mit Nietzsches Verdächtigung der Musik aus Gründen der »Reinlichkeit« in »Dingen des Geistes« (KSA 2, 373). Doch so wie der Roman insgesamt gegen Ende hin eine Annäherung an die Positionen Settembrinis erkennen lässt, so macht sich auch der Erzähler dessen Verdacht gegen die Musik zu Eigen und vertieft ihn noch, jedenfalls im Hinblick auf die deutsche Musik.

Indiz dafür ist das große Musik-Kapitel *Fülle des Wohllauts*, dem ein verdecktes politisches Programm eingeschrieben ist.[110] Unter Hans Castorps berühmten »fünf Vorzugsplatten« finden sich vier nichtdeutsche Beispiele, darunter nicht weniger als drei französische: Debussys *Vorspiel zum Nachmittag eines Fauns*, die Szene in Lillas Pastias Taverne aus Bizets *Carmen* mit der abschließenden Blumenarie des Don José sowie aus Gounods *Faust*-Oper Valentins Gebet. Vergegenwärtigt man sich

Thomas Manns bekannte musikalische Präferenzen, ist dies eine eigentlich überraschende Auswahl, die auf eine bestimmte Absicht schließen lässt. Entscheidend ist dabei, dass Castorp nach sieben Jahre im Zauberberg sich mit Leichtigkeit in die nichtdeutsche Musik einzufühlen und sich mit ihr zu identifizieren vermag – ein Zeichen dafür, dass dieser »schlichte« junge Deutsche, begünstigt durch sein hanseatisches Erbe, die inneren Voraussetzungen mit sich bringt, das Nichts-als-Deutsche hinter sich zu lassen und sich so zur europäischen Welt hin zu öffnen. Freilich bleibt Castorp hier noch im Banne des Schubert'schen *Lindenbaum*-Lieds und dessen verführerischer Sympathie mit dem Tode. Dass damit eine spezifisch deutsche Empfindungsweise bezeichnet wird, geht aus der abschließenden Reflexion des Erzählers hervor. Darin wird, ohne dass sein Name fällt, das Werk Wagners als gesteigerte Romantik gedeutet – als mächtiger Spross des »Lindenbaums.« All dies gilt dem Erzähler nun als »Seelenzauber mit finsteren Konsequenzen« (5. 1, 989 f.). Es sind dies Andeutungen, die über den wohlfeilen Generalverdacht Settembrinis hinausgehen und Manns wachsende Distanz zum deutschen, spezifisch Münchner Musikkult erkennen lassen, dem im *Doktor Faustus* eine »stehengebliebe[] Wagnerei« (VI, 270) bescheinigt wird. Eben diese finsteren Konsequenzen der deutschen Musik werden in dem großen Deutschland-Roman auf breiter Basis entfaltet und, angereichert mit der historischen Erfahrung zweier Dekaden verhängnisvollster deutscher Geschichte, von ihren mentalitätsgeschichtlichen Voraussetzungen her ausgeleuchtet.

Thomas Manns Kenntnis der französischen Musik war in der Epoche des *Doktor Faustus* weit größer als zur Zeit des *Zauberberg*. Dies war in erster Linie das Verdienst Bruno Walters, seit 1913 Thomas Manns wichtigste musikalische Orientierungsfigur. Er verdankt dem Dirigenten, wie noch zu zeigen ist, die Bekanntschaft mit dem Werk Hector Berlioz', die eine Art späte Liebe wurde. Seine Sympathie für französische Musik ging so weit, dass er erklären konnte: wäre er zum Musiker geboren, so würde er dirigieren wie Bruno Walter und komponieren wie César Franck (X, 510). Ein für einen Wagnerianer höchst buchenswertes Geständnis! Es datiert von 1946, also mitten aus der Arbeit am *Doktor Faustus.* Dieser Roman bietet ein beispiellos detailliertes Bild des deutschen Musiklebens in der Epoche nach Wagners Tod – ein Bild, das jedoch nicht zuletzt dadurch Profil gewinnt, dass darin einige unverkennbar französische Züge und Elemente eingearbeitet sind. Bezeichnend für Leverkühns Einstellung zur französischen Musik ist eine unscheinbare Episode, die zu Beginn des 23. Kapitels präsentiert wird. Leverkühn zieht in eine neue Wohnung in der Münchner Rambergstraße, die ihm die Senatorswitwe Rodde zur Verfügung stellt. In seinem Zimmer hängt – »Relikt eines verschollenen Enthusiasmus« – ein schön gerahmter Stich, der »Giacomo Meyerbeer am Klavier, eingebungsvoll erhobenen Blicks in die Tasten greifend und umschwebt von den Gestalten seiner Opern, darstellte« (VI, 260). Man würde nun erwarten, dass der deutsche Tonsetzer jenes kitschige »Relikt« sogleich aus seinem Gesichtskreis entfernt. Doch er erklärt, dass ihm »die Apotheose nicht einmal so übel« gefalle, und lässt sie hängen. Allerdings – und hier kündigt sich die durchgängige Delikatesse an, mit der Thomas Mann das Thema französische Musik traktiert – dreht Leverkühn bei der Arbeit dem verklärten Großmeister der Grand opéra den Rücken zu.

* * *

Vergegenwärtigen wir uns zunächst Kapitel 38. Man ist zu Gast bei dem reichen Papierfabrikanten Bullinger in der Widenmayerstraße. Nach den »kulinarischen Annehmlichkeiten« bietet der Gastgeber, bei Likör und Zigarren, Kostproben aus seiner reich bestückten Sammlung neuer Schallplatten. Als erstes erklingt der Walzer aus Gounods *Faust*, den jedoch einer der Gäste als für einen Volkstanz »entschieden zu elegant und salonmäßig« (VI, 546) erklärt. Dieser Stil passe weit besser zu der »reizenden Ball-Musik« in der *Phantastischen Symphonie* von Berlioz. Man verlangt nach diesem Stück, doch als der Gastgeber zu seiner großen Verlegenheit gestehen muss, dass er diese Platte nicht besitzt, pfeift Rudi Schwerdtfeger, seines Zeichens Konzertmeister des Zapfenstößer-Orchesters, die gewünschte Melodie makellos und »mit unfehlbaren Lippen«. Es folgen einige deutsche Beispiele dieses Genres von Josef Lanner und Johann Strauß, was eine Dame zu der Frage veranlasst, ob man »mit all diesem leichtfertigen Zeug« den anwesenden Komponisten nicht langweile. Leverkühn beeilt sich zu beteuern, dass niemand »an diesen in ihrer Art meisterhaften Dingen mehr Vergnügen haben« könne als er. Sein

Mentor Kretzschmar[111], der »in jeden, aber auch jeden organisierten Lärm« verliebt sei, habe ihn gelehrt, sich für keine Musik zu gut zu halten. Er selbst halte dafür, dass man »im Schweren und Guten [...] sehr sattelfest« sein müsse, »um es so mit dem Leichten aufzunehmen«. Zur Illustration verlangt er nach der »Des-Dur Arie der Dalila aus ›Samson‹ von Saint-Saëns«, und als der stolze Gastgeber die gewünschte Platte präsentiert, bittet Leverkühn um »Silentium«. Nun folgt eine jener treffenden und ironisch lächelnden Musikbeschreibungen, für die Thomas Mann zu Recht berühmt ist: »Durch das Schallgitter strömte ein stolzer Mezzosopran, der sich um eine gute Aussprache nicht viel kümmerte: Man verstand das ›Mon cœur s'ouvre à ta voix‹ und dann kaum noch etwas, aber der Gesang, leider von einem etwas winselnden Orchester begleitet, war wundervoll in seiner Wärme, Zärtlichkeit, dunklen Glükkesklage, wie die Melodie, die ja in beiden gleichgebauten Strophen der Arie erst in der Mitte zu ihrem vollen Schönheitsgange ansetzt und ihn betörend vollendet, besonders das zweite Mal, wo die Geige, nun doch ganz klangvoll, die üppige Gesangslinie genußreich mitzieht und ihre Schlußfigur in wehmütig zartem Nachspiel repetiert.« (VI, 548)

Alle Anwesenden sind von dieser Musik ergriffen. Bullinger jedoch, der Gastgeber, befindet: »Blödsinnig schön!« Das bricht den Bann; jeder Ansatz zur Schwärmerei über diese Art von Musik ist damit »derb-kennerhaft« im Keim erstickt. Was sich hier mit bajuwarischer Plumpheit Ausdruck verschafft, ist eine Verlegenheit des ästhetischen Urteils – Zeichen eines gebrochenen Verhältnisses der durchweg deutschen Zuhörer zu einer Musik, deren Schönheit nur widerwillig, gleichsam mit schlechtem Gewissen, anerkannt wird. Diese Musik wird zwar als schön, aber auf eine schwer zu definierende Weise als minderwertig empfunden. Leverkühn teilt diese Empfindung, denn er meint, Bullingers »blödsinnig schön« sei »hier ganz exakt und nach dem Wortsinn am Platze«, und dieses den Nagel-auf-den-Kopf-Treffen erheitert ihn gar. Welches Licht wirft nun seine Zustimmung zu Bullingers Diktum auf die tieferen Beweggründe seines Plädoyers für das vermeintlich Leichte und seine Hochschätzung der Arie der Dalila? (Dieses Musikstück kann jedoch nur in der hier gemeinten Konzertfassung als eine Arie bezeichnet werden, denn in der Oper ist es ein Zwiegesang Dalilas und Samsons.) Offenbar ist auch Leverkühns Verhältnis zu dieser Musik ein gebrochenes; Bewunderung und Verachtung sind darin untrennbar verquickt. Mit genau solchen gemischten Gefühlen hat er auch sein Violinkonzert geschrieben, jene für ihn eigentlich untypische Komposition, die Schwerdtfeger ihm als Denkmal ihrer Liebesbeziehung abverlangt, um nicht zu sagen erpresst hat. Das Violinkonzert aber, mit dessen Charakterisierung das Kapitel 38 einsetzt, gilt dem Erzähler wie auch dem Komponisten als »Apotheose der Salonmusik« (VI, 544) – gleichfalls eine Kennzeichnung, in der sich Bewunderung und Verachtung mischen.

Damit ergibt sich unvermeidlich eine Gleichsetzung von Salonmusik und französischer Musik, was nicht zuletzt dadurch unterstrichen wird, dass Leverkühn in Vorbereitung auf seine »Apotheose der Salonmusik« die Violinbehandlung bei Charles August Beriot, bei Henri Vieuxtemps und Henri Wienawski »genau studiert«. Es zeichnet sich aber auch ab, dass Leverkühn nicht ganz aufrichtig ist, wenn er sich in Sachen Salonmusik auf seinen Lehrer beruft. Im Unterschied zu diesem hält er sich eigentlich doch für ein wenig zu gut, denn er ziert sich ja lange, das gewünschte Violinkonzert zu schreiben. Es bleibt dem Numismatiker Dr. Kranich vorbehalten, die tief sitzenden Vorbehalte deutscherseits gegen die »blödsinnig schöne« Musik französischer Provenienz zu artikulieren. Es ist der offensichtliche Primat des Sinnlichen vor dem Geistigen, der die Wirkung der französischen Musik erklärt und sie gleichzeitig, nach Kranichs Überzeugung, als eine »Gefahr« (VI, 550) für die deutsche Kultur erscheinen lässt. Leverkühn unterscheidet zwischen geistiger und sinnlicher Schönheit und redet mit sichtlicher Anstrengung der sinnlichen das Wort. Er versichert, dass der Geist auch »von der animalischen Schwermut sinnlicher Schönheit aufs tiefste ergriffen werden« (VI, 549) könne. Doch restlos glaubwürdig wirkt die Velleität dieser Beteuerungen nicht. Wenn er bemerkt, dass von der Musik fast nichts übrig bliebe, wenn man »den rigorosesten geistig-moralischen Maßstab« anlegte – nichts als ein paar »reine Spektren von Bach« (VI, 550) –, so lässt sich nicht übersehen, dass er selbst, vom Violinkonzert abgesehen, sehr wohl die rigorosesten geistig-moralischen Maßstäbe anlegt und sein ästhetisches Ideal des »strengen Satzes« entschieden auf die Seite der »reinen Spektren« Johann Sebastian Bachs tendiert und keineswegs auf die Seite von Dalilas betörender Des-Dur-Arie. Im Gegensatz jedoch zu den Bullingers und Kranichs unter seinen Zeitgenossen empfindet er die sinnliche Schönheit französischer Musik nicht als Gefahr für die deutsche Kultur, sondern eher als eines ihrer Desiderate. Doch Leverkühns inneren Vorbehalt gegen die französische Musik vermag auch die ihm persönlich ungemein sympathische Marie Godeau nicht zu entkräften. Sie hat in Paris an den neuesten Erzeugnissen des französischen Balletts und der französischen Oper mitgewirkt und erzählt dem neugieren, doch skeptischen deutschen Tonsetzer von den jüngsten Arbeiten seiner französischen Kollegen – von Poulenc, Auric, Chabrier und Vittorio Rieti, von Ravels *Daphnis und Chloe* und Debussys *Jeux*. (VI, 557)

Wenig später nach dieser Abendgesellschaft, in Kapitel 42, führt uns der Erzähler in ein Konzert des Zapfenstößer-Orchesters im Kaimsaal. Es ist Schwerdtfegers Abschiedskonzert, denn er beabsichtigt, die Bühnenbildnerin Marie Godeau zu heiraten und mit ihr nach Paris zu ziehen, wo er in dem neu gebildeten *Orchestre Symphonique* spielen soll. Dazu kommt es jedoch nicht, denn Schwerdtfeger wird unmittelbar nach dem Konzert in der Straßenbahn Linie 10 von seiner ehemaligen Geliebten erschossen. Dem Berlioz-Kenner kann hier nicht verborgen bleiben, dass sein Schicksal in der Musik, die er spielte, vorgezeichnet war. Wir hören, dass es sich um ein »Berlioz – Wagner Programm« handelt – eine Zusammenstellung, für die wohl weniger die in Deutschland kaum anerkannten ästhetischen Affinitäten der beiden Komponisten[112] verantwortlich war, als die Gewissheit, ein volles Haus zu haben. Über das Programm erfahren wir nur, dass es mit dem Vorspiel zu den *Meistersingern* endete, aber nicht, welches Werk von Berlioz aufgeführt wurde. Doch wer könnte ernsthaft bezweifeln, dass es die *Fantastique* war? Schwerdtfeger wird schon an früherer Stelle mit diesem Werk assoziiert, und nun stellt es sich heraus, dass ihm genau das Schicksal beschieden ist, worüber Berlioz seinen Künstler-Helden im vierten Satz der Symphonie phantasieren lässt – ein »Gang zum Richtplatz«. Ein subtiler Fall somit von Nachahmung der Kunst durch das Leben!

Unmittelbar nach dem Konzert, in der Garderobe, trifft der Erzähler auf Professor Gilgen Holzschuher, einen Dürer-Experten, der seiner Ablehnung des französischen Komponisten und vermutlich auch der Geringschätzung vieler anderer Konzertbesucher empört Luft macht. Die Zusammenstellung von »welschem Virtuosen- und deutschem Meistertum«, wie er sie gerade habe erleben müssen, »sei eine Geschmacklosigkeit, die überdies nur schlecht eine politische Tendenz verberge. Allzu sehr sehe sie nach deutsch-französischer Verständigung und Pazifismus aus, wie denn dieser Edschmidt [der Dirigent des Abends] als Republikaner und als national unzuverlässig bekannt sei« (VI, 593). Ein prächtiges Beispiel somit jener »stehengebliebenen Wagnerei«, die das intellektuelle Profil Münchens insgesamt prägt! Dass von dieser Gesinnung eine direkte Linie zum Nationalsozialismus führt, wird mit der anschließenden Bemerkung des Dürer-Mannes, der dem Kunsthistoriker Wilhelm Waetzold nachempfunden ist, in aller Klarheit angedeutet. Holzschuher wünscht sich nämlich eine Zeit herbei, in der »an der Spitze großer Orchester Männer von unzweifelhaft deutscher Gesinnung stehen« werden. Damit ist hier eine aufschlussreiche mentalitätsgeschichtliche Diagnose gestellt: Die Opposition gegen Berlioz wie überhaupt gegen das Fremde ist das zuverlässige Indiz eines reaktionären Nationalismus, der dem Nationalsozialismus vorarbeitet. Ein besonders eklatantes Beispiel für den Nexus von Musik und Politik!

* * *

Wie erklärt sich, dass Hector Berlioz in diesem Roman von der deutschen Musik eine derart bedeutende, gleichsam seismographische Funktion erlangen konnte? Und wie erklärt sich, dass man Berlioz' Bedeutung für den *Doktor Faustus* so lange verkannt hat? Letzteres mag mit der überragenden Rolle Theodor W. Adornos bei der Ausarbeitung der Musikbeschreibungen in diesem Roman zu tun haben. Adorno hatte wenig zu sagen über Berlioz und wusste nicht recht, wie er Walter Benjamin in einem Brief von 1937 gestand, was er von ihm halten sollte.[113] Und da es üblich ist, die Musikthematik des *Doktor Faustus* vorzüglich im Lichte Adornos zu betrachten, hält man es für überflüssig, über den Gesichtskreis dieses einen musikalischen Ratgebers hinauszublicken.

Es war, wie bereits angedeutet, Bruno Walter, der Vorgänger in der Adorno-Rolle des »Geheimen Rats«, der den *Faustus*-Autor auf die Berlioz-Spur setzte. Sobald es Mann klar war, dass sein nächster Roman einen Komponisten zur Hauptfigur haben würde, wandte er sich an seinen Freund aus Münchner Tagen, um sich über »den fachmäßigen Ausbildungsgang eines creativen Musikers« kundig zu machen: »Es ist wohl sehr verschieden«, schrieb er, »und geht nicht notwendig auf einem Konservatorium vor sich? Hugo Wolf scheint nie auf einem solchen studiert zu haben. Auch Strawinsky nicht [...]. Er hat seine produktive Frühentwicklung unter der Aufsicht von Rimskij-Korssakow durchgemacht. – Sollte ich wohl eine Kompositionslehre lesen? Haben Sie eine? Übrigens will ich Schönberg um Rat fragen.«[114] Der Dirigent erklärte ihm nun, dass »der interpretierende Musiker« auf jeden Fall eine Konservatoriumsausbildung brauche, ein Komponist hingegen nicht unbedingt. Allerdings sei es »nicht denkbar«, dass jemand »ohne *Unterweisung durch einen verehrten Meister*« komponieren lerne. Und um dem Autor bei der Erfindung einer glaubhaften Komponistenbiographie behilflich zu sein, fügte er hinzu: »Vielleicht lesen Sie einmal *Berlioz ›Autobiographie‹* – sie wird Ihnen viel Anregung bieten.«[115]

Thomas Mann tat, wie ihm geheißen. Er erfand zunächst die unvergessliche Figur des Wendell Kretzschmar, machte ihn zum Organisten von Kaisersaschern – eine Rolle, die ihn zum Mentor des jungen Leverkühn prädestinierte. Entscheidend ist jedoch, dass Kretzschmar als Deutsch-Amerikaner, den es nach Europa zieht, von einer beispielhaft kosmopolitischen Geistesart ist und eine besondere Vorliebe für französische Musik hat. Selbstverständlich machte sich Thomas Mann sogleich an die Lektüre von Berlioz' berühmten Memoiren, die er in einer englischen Ausgabe mit kritischen Anmerkungen des großen englischen Wagner-Biographen Ernest Newman las.[116] Er erwärmte sich nicht sogleich für den zur Aufschneiderei neigenden Franzosen. Schließlich aber lernte er das Buch sehr schätzen, denn es bot ihm anschauliche Beschreibungen des deutschen Musiklebens im 19. Jahrhundert und eine Fülle musikalisch-technischer Details. Nicht überraschend goutierte Thomas Mann auch den Schriftsteller Berlioz ob seiner spitzen Feder und seiner hohen Kunst der versteckten Bosheiten. Er las die umfangreichen Memoiren, wie dem Tagebuch zu entnehmen ist, über eine Zeitspanne von sechs Monaten während der ersten Phase seiner Arbeit am *Doktor Faustus*, bevor Adorno in Aktion trat. Es lässt sich also mit gutem Grund von einer prä-Adorno'schen Arbeitsphase sprechen, die sich in der Hauptsache von Bruno Walter herschreibt.

Spät erst in seinem Leben hat Thomas Mann begonnen, Werke des französischen Komponisten mit Bewusstsein und Aufmerksamkeit zu hören. Den Anstoß gab offenbar ein von Bruno Walter geleitetes Konzert in der Hollywood Bowl in Los Angeles im August 1940. Auf diesem Programm stand u. a. die Ouvertüre zu *Benvenuto Cellini*, Berlioz' großer Künstleroper von 1838. Nun aber, während der Arbeit an seinem Roman, hörte er Werke von Berlioz mit wachsendem Interesse. Das Tagebuch bezeugt, dass er die folgenden Werke mit einer zur Sache gehörenden Aufmerksamkeit zum Teil wiederholt hörte: die *Symphonie Fantastique*, das große *Requiem*, *La Damnation de Faust*, die *Cellini*-Ouvertüre und *Harold en Italie*. Letzteres Werk, halb Symphonie, halb Bratschen-Konzert, wurde sein erklärter Liebling. Er schätzte vor allem den zweiten Satz, den so genannten Pilgermarsch mit dem zarten Glockentoneffekt, und erklärte das Werk schließlich, nachdem er es fünfzehnmal gehört hatte, für schlichtweg »genial« (Tb. 26. 10. 1951). Mann besaß eine klassische Einspielung des *Harold* mit William Primrose und dem Boston Symphony Orchestra unter Serge Koussevitzky. Als er sich 1948 an einer der beliebten Umfragen über seine zwölf Lieblingsplatten beteiligte, nominierte er selbstverständlich auch diese Aufnahme.[117]

Berlioz wird im Roman zuerst im 7. Kapitel erwähnt, das von dem Instrumenten-Magazin des Nikolaus Leverkühn handelt. Alle, auch die seltensten Instrumente sind vorhanden und werden liebevoll beschrieben. Man sollte nun annehmen, dass sich Thomas Mann hier auf Berlioz' berühmte Instrumentationslehre stützte[118], zumal Bruno Walter ihm diese Schrift empfohlen hatte. Stattdessen stützte sich Thomas Mann auf das kleine Handbuch von Fritz Volbach: *Die Instrumente des Orchesters*[119], das selbstverständlich mehrere Hinweise auf den Komponisten des *Requiems* und der *Fantastique* enthält. Bei der Beschreibung der »kupfernen Kesselpauke« wird erwähnt, dass Berlioz nicht weniger als sechzehn Pauken verlangte, da es zu seiner Zeit die Maschinenpauke noch nicht gab, die es dem Timpanisten erlaubt, die Pauke mit einem raschen Handgriff einem Tonartenwechsel anzupassen. Damit ist das »Tuba mirum« des *Requiems* gemeint, für das Berlioz in der Tat sechzehn Pauken vorschrieb, um damit ein »Gleitgepolter« (VI, 59), d. h. einen Glissando-Effekt zu erzielen. Viel später im Roman erfahren wir, dass Leverkühn in seinem apokalyptischen Oratorium mit großem Effekt solche Glissandi einsetzt. Auch bei der Beschreibung der Piccoloflöte ist Berlioz, wenn auch ungenannt, präsent. Dieses Instrument, so werden wir belehrt, weiß »im Orchester-Tutti durchdringend die Höhe zu halten und im Irrlichter-Reigen, im Feuerzauber zu tanzen« (VI, 58). Gemeint sind hier der »Tanz der Irrlichter« in *La Damnation de Faust* sowie der »Feuerzauber« am Schluss der *Walküre*. Diese beiläufige Zusammenstellung von Berlioz und Wagner kehrt, wie wir sahen, in dem fatalen Zapfenstößer-Konzert wieder und enthüllt dort ihren ungeahnten politischen Zündstoff.

Es zeichnet den Mentor des jungen Leverkühn aus, dass er mitnichten nur auf die deutsche Musik fixiert ist; er ist auch mit der französischen Musik, zumal Berlioz, bestens vertraut. Auch dass Thomas Mann ihn Kretzschmar nannte, hat seinen verborgenen Sinn. Hermann Kretzschmar war der Name eines zu Anfang des 20. Jahrhunderts prominenten, 1924 verstorbenen Musikwissenschaftlers. Er war der Autor u.a. einer einflussreichen Essaysammlung: *Musikalische Zeitfragen* (1904), und eines verbreiteten *Führers durch den Konzertsaal* (1913). Hermann Kretzschmar vertrat aber auch einen musikalischen Nationalismus, der für Berlioz nichts übrig hatte. In einem Artikel von 1914 mit dem bezeichnenden Titel *Krieg und deutsche Musik*, verkündete er, dass das deutsche Musikleben sehr wohl mehrere Generationen lang ohne fremde Kompositionen auszukommen vermöchte und dass es für deutsche Komponisten ziemlicher wäre, die deutschen Meister der Vergangenheit besser zu kennen.[120] Dass Thomas Mann dem Mentor seines fiktiven deutschen Tonsetzers ausgerechnet diesen befrachteten Namen gab und ihn zu einem Berlioz-Liebhaber machte, entbehrt also nicht einer gezielten Ironie. Berlioz galt zu Lebzeiten in seinem Heimatland als ein in gewissem Sinne deutscher Musiker, war er doch neben Liszt und Wagner der Älteste in dem Triumvirat der von Franz Brendel so benannten »Neudeutschen Schule«. Nach seinem Tod änderte sich das Bild jedoch sehr rasch, und Berlioz erlangte einen geradezu emblematischen Status als französischer Komponist, zumal in Deutschland. So war denn die Einstellung zu Berlioz, als sich Thomas Mann mit dem Schöpfer der *Fantastique* und des *Harold en Italie* zu beschäftigen begann, keineswegs bloß eine Sache des persönlichen Geschmacks, sondern eine politische Frage. Dies bezeugt, wie wir sahen, die Gestalt des Gilgen Holzschuher auf sehr prägnante Weise.

Der Berlioz'sche Zug in der geistigen Physiognomie Kretzschmars tritt besonders deutlich hervor, wenn wir hören, dass »Shakespeare und Beethoven zusammen [...] an seinem geistigen Himmel [...] ein alles überleuchtendes Zwillingsgestirn« waren und dass er es liebte, »seinem Schüler merkwürdige Verwandtschaften [...] in den Schaffensprinzipien [...] der beiden Giganten nachzuweisen« (VI, 97). Dieser Shakespeare- und Beethoven-Kult aber bezeichnet, wie Mann den Memoiren entnehmen konnte, den innersten Kern der künstlerischen Persönlichkeit des großen Franzosen. Eben diesen kosmopolitischen Horizont vermittelt Kretzschmar auch seinem Schüler. Er studiert mit dem jungen Leverkühn nicht nur die großen Namen der deutschen Musik, sondern macht ihn auch mit slawischer und französischer Musik bekannt, namentlich Berlioz, César Franck und Chabrier. Er steuert zudem dadurch dem musikalischen Nationalismus entgegen, dass er seinem Zögling zeigt, »was Gounod von Schumann hatte, was César Franck von Liszt, wie Debussy sich auf Mussorgski stützte, und wo d'Indy und Chabrier wagnerisierten«, um so den »verschränkten«, transnationalen »Zusammenhang von Kultur bloßzulegen« (VI, 104).

Besonders charakteristisch für den weltoffenen musikalischen Horizont Kretzschmars ist seine unorthodoxe Instrumentationsübung. Er beauftragt Leverkühn mit der Orchestrierung des Klavierauszugs einzelner Akte von Opern Cherubinis oder Grétrys. In den resultierenden Orchestrierungen prahlt nun der angehende Komponist mit den technischen Errungenschaften eines Berlioz, eines Debussy und eines Richard Strauss. Der Vergleich mit den von Cherubini und Grétry selbst ausgeführten Orchesterpartituren gibt dann »Meister und Lehrling zu lachen« (VI, 200). Diese Methode der musikalischen Unterweisung ist genau dieselbe, die Rimski-Korsakow bei dem jungen Strawinsky anwandte, wie dieser in seinen Erinnerungen schildert.[121] Thomas Mann hatte dieses Buch zur Vorbereitung auf seinen Musikroman gelesen.

Hier ist daran zu erinnern, dass sich in Leverkühns Laufbahn ein triadisches Schema abzeichnet.[122] Lediglich in seiner mittleren, von Faustischem Hochmut geprägten Schaffensperiode verschreibt sich Leverkühn einem rein nationalistischen und antieuropäischen Programm, wenn er mit dämonischer Hilfe den Durchbruch zu einer neuen Kompositionsweise erzwingt, um damit die Suprematie der deutschen Musik zu sichern. Lediglich in dieser Phase antizipiert Leverkühn das politische Hegemoniestreben des Deutschen Reiches. Festzuhalten ist jedoch, dass französische

Musik einen unverlierbaren Teil von Leverkühns musikalischer Bildung ausmacht. Davon zeugen ausgerechnet seine beiden Monumentalwerke: *Apocalypsis cum figuris* und *Dr. Fausti Weheklag*, deren Thematik so ganz auf die deutsche Sphäre begrenzt zu sein scheint. Beide weisen jedoch Spuren einer Nachwirkung französischer Musik auf, wenn auch nicht so vordergründig wie in der frühen Symphonie *Meerleuchten*, die gleichsam im Schatten von Debussys Meisterwerk *La Mer* entstanden ist. In Leverkühns apokalyptischem Oratorium wird zwar die Klangwelt des französischen Impressionismus »ins Lächerliche gezogen« (VI, 499), doch ist dies keineswegs als antifranzösischer Affekt zu werten. Vielmehr gehört dieses Stilprinzip zu der programmatischen, charakteristisch Adorno'schen Paradoxie der Gesamtkonzeption. Derzufolge steht die Dissonanz für den »Ausdruck alles Hohen, Ernsten, Frommen, Geistigen [...], während das Harmonische und Tonale der Welt der Hölle, in diesem Zusammenhang also einer Welt der Banalität und des Gemeinplatzes, vorbehalten ist« (VI, 498). Ein hervorstechendes Stilmerkmal dieser Komposition ist »die ausnehmend häufige Verwendung des Gleitklanges« (VI, 497), also des Glissandos, in den Posaunen und Chor-Partien, wo ihnen eine gewisse »anti-humane Dämonie abzuhören« ist. Dieses Stilmerkmal hat jedoch offenbar seinen Ursprung in den »Pauken-Glissandi« dieser Partitur, »ermöglicht durch die – hier während des Wirbels manipulierte – Verstellbarkeit der Maschinenpauke auf verschiedene Tonstufen«. Mit anderen Worten, es ist derselbe Effekt, wozu Berlioz im *Requiem*, vor der Erfindung der Maschinenpauke, sechzehn verschieden gestimmte Pauken benötigte, wie wir bei der Vorstellung des modernen Orchesters im 7. Kapitel belehrt worden sind. Damit nicht genug, Leverkühn erweist dem Schöpfer des *Requiems* auch in der Nutzung des Raumes seine Reverenz. Bei Leverkühn verordnen vier Stimmen an den Ecken des Altars »das Loslassen der vier Würgeengel« am Weltende. Auch Berlioz platzierte vier Gruppen von Blechbläsern in die Ecken des Raumes, von wo sie ihren Furcht erregenden Ruf zum Jüngsten Tag erschallen lassen.

Und selbst noch in der Faust-Kantate erweist Leverkühn seinem Vorgänger, dem Schöpfer von *La Damnation de Faust*, versteckt seine Reverenz. Leverkühn greift, wie bekannt, auf das alte *Faustbuch* zurück, in dem Doktor Faust für seinen Hochmut bestraft wird und zur Hölle fährt. Leverkühn komponiert nun für diese »Höllenfahrt Fausti« eine »schauerliche Ballettmusik«, einen »Höllengalopp«, der jedoch, zum Abschluss des Werkes, allmählich in einen Klagechor übergeht. Durchaus vergleichbar endet das Faust-Werk von Berlioz mit einem schauerlichen »Ritt zum Abgrund« (La Course à l'abîme) samt Pandämonium mit den Stimmen einer phantastischen Höllensprache, gefolgt von einer getragenen Chorszene im Himmel, die diese »dramatische Legende« beschließt.

Die Berlioz-Spuren in Thomas Manns Roman sind damit keineswegs erschöpft. Durchaus denkbar ist es, dass Leverkühns sympathischer Onkel seinen Vornamen Nikolaus dem von Berlioz besonders geschätzten Großvater, Nicolas Marmion, verdankt. Mit Sicherheit jedoch hat Thomas Mann den unverwechselbaren Namen Griepenkerl den Memoiren des französischen Komponisten entnommen. Darin berichtet Berlioz mit Wärme und Dankbarkeit über den Kritiker Robert Griepenkerl, der bereits 1843, als er Deutschland zum ersten Mal bereiste, mit einer Art Werbeschrift über ihn hervorgetreten war: *Ritter Berlioz in Braunschweig: Zur Charakteristik dieses Tondichters.*[123] Thomas Mann spielt mit dem Namen und der Funktion dieser Figur bei Berlioz. Im *Doktor Faustus* ist Griepenkerl der hervorragende Fagottist des Zapfenstößer-Orchesters und zudem ein tüchtiger Kopist. Er übernimmt die heikle Aufgabe, die Partitur der Shakespeare-Oper für die Drucklegung zu kopieren. Die dabei erworbene intime Werkkenntnis verleiht seiner brieflich ausgedrückten Bewunderung für Leverkühns Musik, die allgemein auf Unverständnis stieß, eine unbestechliche Autorität. Griepenkerl trägt sein Preislied auf diese Musik mit »besorgtem Enthusiasmus« vor; dabei hebt er witzigerweise gerade die Qualitäten der Leverkühn'schen Komposition hervor, die an Berlioz gemahnen: die »Kühnheit« und »Neuheit seiner Ideen«, die »Feingliedrigkeit der Faktur«, die »rhythmische Versatilität«, die »Instrumentationstechnik, durch welche ein oft kompliziertes Stimmengewebe vollkommen klar gehalten« sei (VI, 348). Somit findet Berlioz' Stolz auf die Würdigung durch Robert Griepenkerl ein fernes, doch distinktes Echo in Leverkühns Genugtuung über das Kennerlob des Fagottisten Griepenkerl.

Eine weit gewichtigere Rolle im Leben Leverkühns als der brave Fagottist hat die Prostituierte Esmeralda. Der Name erscheint sonst nirgends bei Thomas Mann, und Victor Hugos *Glöckner von Notre Dame*, die offensichtlichste Quelle für diesen Namen, scheint er nie gelesen zu haben.

Auch hier hat er sich möglicherweise von Berlioz anregen lassen, der ausführlich von dem Misslingen einer Oper von Louise Bertin berichtet, bei der er selbst mit Rat zur Seite stand.[124] Die Oper hieß *Esmeralda* und basierte auf Victor Hugos Roman. Im *Doktor Faustus* steht der Name Esmeralda für ein kapitales Ereignis im Leben Leverkühns und dient darüber hinaus als eine Art Markenzeichen seiner Musik. Von Esmeralda empfängt er die vermeintlich Genie spendende, tödliche Infektion. Das Notensymbol, das er aus Hetaera Esmeralda destilliert – h-e-a-e-es –, zieht sich durch seine Werke als musikalisch kodiertes Memento seines Paktes mit den dämonischen Mächten. Leverkühns Fünf-Noten-Motiv hat sein berühmtestes Vorbild in der gleichfalls autobiographischen *idée fixe* des Berlioz'schen Durchbruchswerks, der *Symphonie Fantastique*, deren fünf Sätze durch dieses Motiv musikalisch und programmatisch verbunden sind. Die Tatsache, dass Robert Schumann und Alban Berg auf ähnliche Weise Intimstes in ihre Kompositionen hineingeheimnist haben, tut der Bedeutung des Berlioz'schen Modells für Leverkühn keinen Abbruch.

* * *

Wie bereits angedeutet, sind die französischen Motive des *Doktor Faustus* Bestandteile eines übergreifenden Themas, nämlich Deutschlands Verhältnis zu Europa und zur Welt. Dieses zentrale Thema erhält in Kapitel 37 seine glänzendste Orchestrierung. Es handelt von Saul Fitelberg, dem Pariser Impresario moderner Musik, der nach Pfeiffering gekommen ist, um Leverkühn mit mephistophelischem Witz und Charme auf einem »Zaubermantel« (VI, 534) nach Paris zu locken und ihm dort die Welt zu Füßen zu legen. Der Versuch misslingt kläglich. Leverkühns Weigerung jedoch, die auf einer stillen Verachtung für Paris basiert und alles, was Paris repräsentiert, wirft das denkbar erhellendste Licht auf den ganzen Komplex Deutschland – Europa.

Als Überredungsstrategie bedient sich Fitelberg in erster Linie des *name dropping*. In regelmäßigen Abständen flicht er berühmte Namen in seine Suada, um dem scheuen, der Einsamkeit bedürftigen deutschen Tonsetzer die unwiderstehliche Attraktivität der Hauptstadt der Welt zu belegen: James Joyce, Picasso, Ezra Pound, Jean Cocteau, Diaghilev, Virgil

Thomson, Manuel de Falla. Doch diese sind entweder keine Musiker oder keine Franzosen. Wenn Fitelberg schließlich die Gruppe Les Six erwähnt – also Georges Auric, Louis Durey, Arthur Honegger, Darius Milhaud, Francis Poulenc und Germaine Tailleferre –, lässt sich das verächtliche Lächeln Leverkühns und seiner Freunde nur allzu leicht vorstellen. Der Gedanke, dass diese Gruppe französischer Komponisten die musikalische Avantgarde repräsentiere, ist für den deutschen Tonsetzer, für dessen musikalischen und intellektuellen Rigorismus Arnold Schönberg und Theodor W. Adorno den Maßstab liefern, eine nicht ernst zu nehmende Zumutung. Vermutlich hatte Thomas Mann durch Adorno Kenntnis von dieser 1920 hervorgetretenen Gruppe französischer Komponisten, deren spezifische Bedeutung für die in diesem Kapitel verhandelte Thematik der deutsch-französischen Beziehungen daraus zu ersehen ist, dass diese eine ausdrücklich antideutsche, spezifisch anti-Wagner'sche und anti-Schönberg'sche Musikauffassung vertraten.[125] Die von Fitelberg angepriesene Pariser »Sphäre des Wagnisses und des Affronts« (VI, 536) hat denn auch ganz und gar nichts Anziehendes für Leverkühn, ebenso wenig wie die Aussicht, als ein »boche« gefeiert zu werden, der an der Spitze des musikalischen Fortschritts marschiert – »à la tête du progrès musical« (VI, 533) – und der aufgrund seiner Genialität der ganzen Welt gehöre. Der Geist, der aus dem Diktum »blödsinnig schön« spricht, hat also durchaus weltanschauliches Gewicht; er erweist sich hier als Indiz eines fatalen »Einsamkeitshochmut[s]« (VI, 537) und »Inferioritätsgefühl[s]« (VI, 539), die einem gedeihlichen Verhältnis Deutschlands zur Welt im Wege stehen.

Der Pariser Impresario ist ein aus Lublin stammender Jude. In dieser Eigenschaft bietet er sich an, die Rolle des Vermittlers bei der großen Welt zu spielen. »Die Deutschen«, so Fitelberg, »sollten dem Juden erlauben, den médiateur zu machen […], den Manager, den Impresario, den Unternehmer des Deutschtums« (VI, 542). Der Jude sei »durchaus der rechte Mann dafür«, denn »wir sind international, – aber wir sind pro-deutsch, sind es wie niemand sonst in der Welt« (VI, 541). Es bestehe eine Verwandtschaft zwischen der Rolle des Deutschtums und des Judentums, denn beide sind »gleicherweise […] verhaßt, verachtet, gefürchtet, beneidet, gleichermaßen befremden sie und sind befremdet« (ebd.). Der deutsche Einsamkeitshochmut entspreche »dem jüdischen Erwähltheitsdünkel« (ebd.). Im Grunde teile aber der Jude mit dem Deutschen den Ernst in geistigen Dingen und die Abneigung gegen »die Sphäre des Valse brillante« (VI, 539) und vermutlich auch Dalilas betörenden Ohrwurm.

Doch Fitelberg, der zwischen den Kulturen vermittelnde Impresario, weiß, was Leverkühns Verachtung zu entgehen scheint, nämlich dass das französische Verhältnis zur Musik, obwohl oder gerade weil es den Faustischen Ehrgeiz des deutschen Musikkults nicht kennt, ein zutiefst menschliches ist. Fitelberg verweist zum Beleg auf Jules Massenet, der einem Kompositionsschüler von mittlerer Begabung den Rat gegeben habe, seinen Kompositionsversuch zu Hause seiner Freundin vorzuspielen; das Weitere »werde sich dann schon finden« (VI, 540). Deutsch sei das nicht, meint Fitelberg, doch human; Leverkühns Schüler, wenn er welche hätte, hätten es bestimmt nicht so gut.

Das Fitelberg-Kapitel, das in der Forschung ob seiner antisemitischen Stereotypisierung besonders umstritten ist[126], wirft ein sehr erhellendes Licht auf einen zweifellos anstößigen Aspekt dieses Deutschland- und Musikromans. Wenn die Judenfeindschaft ein wesentlicher Faktor in Deutschlands Hinwendung zur »Anti-Humanität« (VI, 378) war, so dürfte in diesem Buch der deutsche Antisemitismus nicht ausgeblendet werden, wie es hier jedoch der Fall zu sein scheint, vor allem nicht in einer Darstellung des deutschen Musiklebens, dem seit Wagner der Antisemitismus gleichsam eingeimpft war. Nun lässt sich aber an der Figur des Fitelberg in aller Klarheit ablesen, dass Thomas Mann das Thema des deutsch-jüdischen Verhältnisses unter ein übergreifendes Thema subsumiert hat: Deutschlands problematisches Verhältnis zur Welt. Das Verdikt »blödsinnig schön«, womit eine andersartige musikalische Welt letztlich abqualifiziert wird, ist Teil einer umfassenderen Pathologie. Niemand sieht dies klarer in diesem Roman als Saul Fitelberg. Er kennt Deutschland. Er ist der Einzige, der weiß und es auch ausspricht, dass Deutschland im Grunde genommen ein antisemitisches Land ist – »essentiellement anti-sémitique« (VI, 540). Dessen ungeachtet stehe der Jude dem Deutschen näher als jeder andere, und eben deshalb ist er vorzüglich zum Vermittler zwischen der deutschen Kultur und der Welt geeignet. Wenn aber die Deutschen – so der etwas närrische, doch kluge Impresario – diese Vermittlung ausschlagen, so steht ihnen ein schlimmes Schicksal bevor: »Sie werden sich mit ihrem Nationalismus, ihrem Hochmut, ihrer Unvergleichlichkeitspuschel, ihrem Haß auf Einreihung und Gleichstellung, ihrer Weigerung, sich bei der Welt einführen zu lassen und sich gesellschaftlich anzuschließen, – sie werden sich damit ins Unglück bringen, in ein wahrhaft jüdisches Unglück, je vous le jure.« (VI, 541 f.)

Somit erweist sich auch unter dem Aspekt der französischen Musik, dass die zentrale historische und politische Thematik dieses Romans musikalisch kodiert ist und dass diese ohne Rekurs auf den Musikdiskurs nicht adäquat zu erfassen ist. Gerade der Aspekt der französischen Musik lässt das gesamtkulturelle und das individuell psychologische Syndrom besonders klar hervortreten, das Deutschland den unseligen, ja verheerenden Ehrgeiz eingab, anstatt Deutschland zu europäisieren, Europa germanisieren zu wollen.

»Überall Meister, wie böse Geister«

6. Richard Wagner oder das »Paradigma welterobernden Künstlertums«

Was eigentlich ist gemeint, wenn wir von Thomas Mann als einem Wagnerianer sprechen? Was ist sein historischer Ort in dem weiten Spektrum der Wagner-Wirkung und Wagner-Aneignung? Und inwieweit ist Thomas Mann sowohl als Erzähler als auch als Interpret der deutschen Geschichte durch die Auseinandersetzung mit Wagner geprägt?

Beginnen wir die Betrachtung dieser Fragen mit einem Satz von Franz W. Beidler, einem Bewunderer Manns und Angehörigen der Wagner-Sippe. In einem Brief von 1947 über seine Pläne für eine Neuorganisation der Bayreuther Festspiele, bei denen Mann eine führende Rolle übernehmen sollte, erklärte Beidler seine Wahl mit dem Argument: »Er muß heute mit Fug und mit Recht als der erste und tiefste aller Wagnerianer im positiven Sinne dieses Begriffs bezeichnet werden.«[127] Dieser Satz gibt zwei wesentliche Aspekte des Problems zu erkennen. Offenbar kommt die Spezies Wagnerianer in einer positiven und einer negativen Variante vor. Darüber hinaus kann offenbar jemand, der gestern als ein Wagnerianer im negativen Sinn galt, heute als ein Wagnerianer im positiven Sinn wahrgenommen werden – und umgekehrt. Für einen Kenner der Materie wie Beidler verstand es sich also von selbst, dass wir es mit einem widersprüchlichen und umstrittenen Phänomen zu tun haben, dessen Wahrnehmung offenbar dem geschichtlichen Wandel unterliegt.

Bevor wir das Phänomen des Wagnerianers und des Wagnerismus näher betrachten, sei daran erinnert, dass Manns lebenslange Passion für Wagner sich schon zu Lebzeiten und mehr noch in seinem Nachleben als eine Belastung, um nicht zu sagen als ein Handikap für seine Reputation als genuiner Vertreter der literarischen Moderne erwiesen hat. Das erhellt allein schon daraus, dass praktisch alle anderen Vertreter der literarischen Moderne – sei es Kafka, Rilke, Musil, Broch, Brecht oder Benn –

keine Wagnerianer, wenn nicht gar Anti-Wagnerianer waren. Moderne im emphatischen Sinn und Wagnerismus gelten weithin als unvereinbar. Schwerer noch als diese Rückneigung im Ästhetischen wog die politische Hypothek, die nach dem Ende des Dritten Reichs jedem angelastet wurde, der sich auf irgendeine Art und Weise von Wagners Werk fasziniert zeigte. Das betraf in erster Linie Thomas Mann, der zwar eine subtile politische Wagner-Kritik entwickelte, diese aber mit jedem Eingeständnis seiner Verfallenheit an den ästhetischen Zauber der Wagner-Opern selbst wieder in Frage stellte.

In einem intellektuellen Klima, in dem es als ausgemacht galt, dass Wagner neben Nietzsche zu den Wegbereitern des Nationalsozialismus zu rechnen sei, stand Manns wenn zwar nicht ideologische, so doch emotionale und ästhetische Anhänglichkeit an den Schöpfer des *Tristan* und der *Meistersinger* – ausgesprochen oder unausgesprochen – unter dem Verdacht der Anfälligkeit für faschistische Ideologie. Dabei stellte Manns Wagnerismus in der Epoche der Zweistaatlichkeit in der Bundesrepublik eine schwerere Hypothek dar als in der DDR, wo einerseits der Antifaschismus des *Faustus*-Autors eine höhere Wertschätzung genoss und andererseits die Bemühungen um eine progressive Wagner-Deutung früher in Gang kamen als im Westen. Hingegen entwickelte die linke Intelligenz der Bundesrepublik, die an den Hochschulen und im Feuilleton tonangebend war, gegenüber Wagner eine ausgeprägte Berührungsscheu, die sich in den siebziger und achtziger Jahren im Zuge der Diskussion über dessen Antisemitismus und über seine Rolle in den Antezedentien des Holocaust weiter verfestigte. Die verbreitete Berührungsscheu Wagner gegenüber zeitigte einmal mehr jene wohlfeile »Genie-Erledigung auf Grund armseliger Bescheidwisserei« (x, 894), die Mann schon 1927 anprangerte, als Wagner im Namen der Neuen Sachlichkeit zum schlechthinnigen Antipoden erklärt wurde. In den sechziger Jahren war es dann der Philosoph Ernst Bloch, der die »gleichgültige Unkenntnis des Wagner-Werks in der Jugend […] gerade in Deutschland« grollend tadelte. Bloch polterte gezielt gegen »jene bürgerlichen jungen Leute, die buchstäblich ohne Not, dafür oft schnöselhaft absprechend, sich und Bessere um das immerhin nicht kleinliche Werk betrügen«.[128] Es ist unter den historischen Voraussetzungen der Nachkriegszeit keine Überraschung, dass der Wagnerismus Manns vielen lange Zeit als ein Makel erscheinen musste, der seiner

Kanonisierung als echtbürtiger Vertreter der Moderne ebenso im Wege stand wie der Anerkennung seines Beitrags zur politischen Kultur Deutschlands.[129]

Wenn die geradezu reflexhafte negative Wahrnehmung Thomas Manns als Wagnerianer heute mehr und mehr in den Hintergrund tritt, um einer umsichtigeren und tiefer blickenden Sehweise Platz zu machen, so scheint dieser Perspektivenwechsel wohl weitgehend auf die Neukonstitution Deutschlands als postklassischer Nationalstaat zurückzuführen zu sein. Seit 1990 besteht kein zwingender Grund mehr, die deutsche Geschichte mit zweierlei Erinnerung zu frisieren, wie dies in der Periode der Zweistaatlicheit entschieden der Fall war, als der Umgang mit der deutschen Vergangenheit von ideologischen Grabenkämpfen geprägt war. Der durch solche Kämpfe nicht länger verstellte Blick auf die deutsche Geschichte schuf auch günstigere Voraussetzungen für eine neue Wertschätzung von Manns kritischem Wagnerismus, der keineswegs bloß von ästhetischer, sondern auch von historischer und politischer Bedeutung war. Auf einer tieferen, mentalitätsgeschichtlichen Ebene war ihm, wie zu zeigen ist, die deutsche Geschichte des 19. und 20. Jahrhunderts durch Wagner und sein Welt eroberndes Werk erst lesbar geworden. Er brachte deshalb kein Verständnis auf für alle die, die es nach 1945 eilig hatten, mit dem Gestus eines demonstrativen Sühnestolzes sich von den Ikonen ihrer Geschichte zu distanzieren – sei es Luther, Friedrich der Große, Bismarck, Nietzsche oder Wagner. Sein Kommentar dazu im Tagebuch: »Sie wollen ihre Geschichte abschütteln u. nicht mehr Deutsche sein.« (3.1.1948) Mann wäre es nie in den Sinn gekommen, Luther, Bismarck oder Nietzsche abschütteln zu wollen und schon gar nicht Wagner, da dessen Werk ihm unverzichtbar geworden war für die mentalitätsgeschichtliche Deutung der langen Inkubationszeit des Nationalsozialismus.

Noch einmal also: Was ist mit dem Begriff des Wagnerianers gemeint? Der Begriff war schon zu Lebzeiten Wagners aufgekommen und entpuppte sich in den drei Dekaden nach Wagners Tod als ein gesamtkulturelles Phänomen von europäischer Ausstrahlung. Der Erfolg des Wagnerismus in der Literatur des *Fin de siècle* gründete zu einem beträchtlichen Teil, wie Erwin Koppen dargelegt hat, auf seiner begrifflichen Unschärfe, die ihn für die unterschiedlichsten Programme und Zwecke verfügbar erscheinen ließ.[130] Diese Unschärfe eignet auch dem Begriff des Wagnerianers, der den einen eine Auszeichnung, den anderen ein Stigma ist. Das *Duden Universalwörterbuch* (1989) definiert den Wagnerianer als »Anhänger der Musik Richard Wagners«. Dies ist eine sehr enge Begriffsbestimmung, die seiner umstrittenen kulturgeschichtlichen Bedeutung mitnichten gerecht wird. Die englische Sprache kennt das Wort »Wagnerian« sowohl als Adjektiv als auch als Nomen. In der substantivischen Form hat es die Bedeutung von Interpret, Experte oder Bewunderer Wagners und der Wagner'schen Musik.[131] Offensichtlich verrät die englische Begriffsbestimmung etwas mehr von der historischen Bedeutung des Phänomens als die deutsche. Der historische Begriff des Wagnerianers erlangt jedoch erst dann seine vielstimmige und dissonante Resonanz, wenn wir uns in Erinnerung rufen, welches Bedeutungsspektrum er für Nietzsche hatte, den eigentlichen Erwecker von Thomas Manns lebenslanger Passion für Wagner.

Nietzsche hatte für den Typ des Wagnerianers, wie er zuerst im Umkreis der 1878 gegründeten *Bayreuther Blätter* in Erscheinung trat, nichts als Spott und Hohn übrig. Die ganze »Wagnerei« war ihm eine geistlose Sphäre, die jeden kritischen Beobachter wünschen lässt: »Ein Königreich für Ein gescheites Wort!« (KSA 6, 324) Man lasse sich von diesen Ausfällen jedoch nicht täuschen über Nietzsches eigene »Wagnerei«. Wer den Typus mit so intimer Kenntnis zu schildern versteht wie er, von dem darf vermutet werden, dass das Phänomen, das er anprangert, ihn selbst auch berührte. Ein berühmter Satz in *Ecce Homo* lautet: »Abgerechnet nämlich, dass ich ein *décadent* bin, bin ich auch dessen Gegensatz.« (KSA 6, 266) In Abwandlung dieser Aussage ließe sich auch formulieren: Abgerechnet, dass ich ein Anti-Wagnerianer bin, bin ich auch dessen Gegensatz, nämlich ein Wagnerianer – der bedeutendste, wie man sogleich hinzufügen muss, der Generationen von Wagnerianern die Stichworte geliefert hat und, wenn nicht alles täuscht, noch lange liefern wird.

Der gierigste und produktivste aller Stichwortempfänger Nietzsches war der *Buddenbrooks*-Autor. Nietzsche hatte, soweit es das Phänomen Wagner betrifft, keinen gelehrigeren Schüler als Thomas Mann, dem der Philosoph in zweierlei Hinsicht als vorbildlich galt: zunächst als einzig angemessener, weil mit sich uneiniger Interpret Wagners, nämlich Bewunderer und Kritiker zugleich, sodann aber auch als ethisches Beispiel für die Einstellung zu Wagner, nämlich als der dramatischste Fall von Selbstüberwindung – einem ethisch motivierten Abschiednehmen von einer großen Liebe. Als Deutschland an einem historischen Scheideweg angelangt zu sein schien, verlangte Mann von seinen Zeitgenossen in seiner Nietzsche-Rede von 1924 (15.1, 788–793), wie zuvor schon im *Zauberberg* (5.1, 989), die Überwindung ihrer Liebe zur Romantik und zu Wagner. Selbstüberwindung wurde zur dringlichsten Forderung des Tages erklärt.[132] Die Nietzsche-Rede ist einer seiner vielen Appelle an die politische Vernunft, zu denen sich Mann in wachsendem Maße verpflichtet fühlte. Sie waren nicht an die politischen Parteien und ihr Führung gerichtet, sondern an die sich unpolitisch dünkenden, kulturbeflissenen Bürger und zielten auf deren Geistes- und Seelenverfassung in dem Bewusstsein, dass eine wirklich radikale Umkehr ihrer »Rückneigung« zur Romantik und allem, wofür die Romantik in Deutschland stand, auf der Ebene der Mentalitäten auszutragen war.

Thomas Mann entpuppte sich selbst als ein Wagnerianer vom Schlage Nietzsches – als ein mit allen Wassern der Nietzsche'schen Wagner-Kritik gewaschener Interpret, mal hingerissener Bewunderer und beredter Exeget, mal selbstbewusster Opponent und unverblümter Kritiker. In einem ganz bestimmten Sinn darf sogar behauptet werden, dass Mann dem Schöpfer des *Ring des Nibelungen* näher stand als Nietzsche, nämlich in seiner Rolle als nachschaffender Künstler. Nietzsche war weder als Komponist noch als Dichter Wagnerianer. Mann hingegen fand seine Identität als Epiker über das Vorbild Wagners. In einem weiteren, ganz anderen Sinn war Mann gegenüber Nietzsche im Vorteil, wenn denn hier von Vorteil überhaupt die Rede sein kann. Im Unterschied zu Nietzsche hat Mann die schlimmste Periode im Nachleben Wagners, die für immer mit Hitler, dem Dritten Reich und dem Holocaust verknüpft bleiben wird, als Zeitzeuge und Opfer miterlebt, was ihn uns heute, als Wagnerianer, eingeweihter und wissender erscheinen lässt als selbst Nietzsche. In dem Maße, in dem wir den Weg in die deutsche Katastrophe als einen auch kulturell vorgezeichneten verstehen lernen, muss sich unser Interesse an einer Erhellung dieses Wegs somit auf Thomas Mann richten, auf seine Analyse des Phänomens Wagner und seiner welterobernden Musik.

* * *

In einem Artikel von 1927 aus Anlass einer Neuinszenierung des *Lohengrin* am Stadttheater Würzburg erinnert sich Thomas Mann: »Den ›Lohengrin‹ lernte ich am ehesten kennen, habe ihn unzählige Male gehört und weiß ihn nach Wort und Musik noch heute fast auswendig.« (x, 895) Der Ort dieser in mancher Hinsicht lebensentscheidenden Begegnung war das Lübecker Stadttheater. Den Lohengrin sang der später in München, Bayreuth und New York erfolgreiche Emil Gerhäuser (1868–1917) – damals »[i]n seiner Stimme Maienblüte« (xi, 418). Gerhäuser sang in der Spielzeit 1893/94 in Lübeck; Thomas Mann war damals achtzehn Jahre alt und stand im letzten Jahr seiner ruhmlosen Schulkarriere. Auf dem Kaiserthron in Berlin saß seit fünf Jahren ein Monarch, der mit *Lohengrin* einen populären, patriotischen Kult trieb. Heinrich Mann hat ihn im *Untertan* in einer ebenso boshaften wie hellsichtigen Satire angeprangert, was den Bruder umso mehr schmerzte und empörte, als damit an das künstlerische »Kapital-Ereignis« seines Lebens (xi, 418) gerührt wurde. Es ist psychologisch ebenso aufschlussreich wie verständlich, dass Heinrichs literarische Hinrichtung des Schwanenritters in dem lebenslang von *Lohengrin* Verzauberten eine starke, unwillkürliche »Haßempfindung« (Tb. 29. 4. 1920) weckte.

Den Lübecker *Lohengrin* erlebte der Achtzehnjährige noch in dem unverminderten Märchenglanz, mit dem dieses Gipfelwerk der deutschen Romantik so verschwenderisch ausgestattet ist, also noch bevor ihm Nietzsche die Augen und Ohren öffnete für die problematischen Reize Wagners. Der 1893 geschriebene Text *Heinrich Heine, der »Gute«* lässt zwar darauf schließen, dass er bereits einige Nietzsche-Kenntnisse besaß, nicht aber von dessen Wagner-Schriften. Heinrich Mann begann Nietzsche 1891 zu lesen; Thomas wird ihm nicht viel später gefolgt sein.[133] Aber da Heinrichs Interesse nicht auf Wagner zentriert war, wird sich Thomas nicht sogleich die Wagner-Schriften vorgenommen haben. Manns Weg führte demnach von Wagner zu Nietzsche, nicht umgekehrt, was die Stabilität seiner Liebe gerade zu diesem Werk, die alle späteren Anfechtungen unbeschadet überstand, einigermaßen erklärlich erscheinen lässt.

Die Wagner-Schriften hat Thomas Mann offenbar erst Ende 1894 zu lesen begonnen. Da hatte es ihn bereits nach München gezogen, der eigentlichen Hauptstadt des deutschen Wagner-Kults. Hier hatte Wagner mit *Tristan und Isolde* und *Die Meistersinger von Nürnberg* seine größten Triumphe gefeiert, und hier oblag man der Pflege des Wagner-Erbes mit lokalpatriotischem Eifer und Stolz. Es war eine Stadt, in der junge Leute ohne besonderen Anlass das Nothung-Motiv pfiffen, wie man in *Gladius Dei*, Manns Huldigung an das leuchtende München, nachlesen kann. Das München der Prinzregenten-Ära war in einem eminenten Sinn Richard-Wagner-Stadt, deren Atmosphäre mit einem dumpfen Wagner-Kult geradezu schwanger war. Berauscht und beglückt tauchte der Neuankömmling in diese Sphäre ein, überließ sich einem um die Politik unbesorgten »Kulturglück[]«[134], ohne im Entferntesten ahnen zu können, dass diese Stadt ihn knapp vierzig Jahre später aus ihren Mauern vertreiben würde – schockierenderweise unter Berufung auf ihren Nimbus als Richard-Wagner-Stadt. Möglicherweise aber ahnte er doch etwas. Wie anders wäre die apokalyptische Vision am Schluss von *Gladius Dei* zu deuten – die Vision eines Schwertes über der Stadt, die sich einem unverantwortlichen Kulturglück ergeben hat.

Die erste Dekade seiner Münchner Jahre darf als die Maienblüte von Manns Wagnerismus bezeichnet werden. Sie gipfelte in der homoerotischen Beziehung zu Paul Ehrenberg, die 1904 mit der Werbung um Katia Pringsheim ihren Abschluss fand. In jener Hochzeit seines Wagnerismus, als er »keine ›Tristan‹-Aufführung des Münchner Hoftheaters versäumte« (14.1, 302), hatte er darüber hinaus Umgang mit Pauls Bruder, Carl Ehrenberg, einem Dirigenten und Komponisten. Die Brüder musizierten mit Thomas Mann[135], und Carl fungierte in jenen Jahren als Manns musikalischer Berater – der Erste in einer illustren Reihe, an deren Ende Theodor W. Adorno steht. Damals in München nahm Manns Identität als Schriftsteller, gesteuert durch das synergetische Zusammenspiel seiner Nietzsche-Lektüre und seiner Immersion in den Münchner Wagner-Kult, jene unverwechselbaren Konturen an, die ihn zum »ersten und tiefsten Wagnerianer« der deutschen Literatur werden ließen. Hatte der ganz junge Thomas Mann sich in Lübeck noch eher als »[l]yrisch-dramatische[n] Dichter« (21, 21) gesehen, so verstand sich der Debütant auf der literarischen Szene Münchens, der zu einem Wagnerianer im Geiste Nietzsches mutiert war, ganz entschieden als Epiker. Nietzsches Einblicke in den Geist und die Machart der Wagner'schen Musikdramen hatten ihn ermächtigt, selbst auch zu »wagnern« und seinen ersten Roman nach Wagners epischem Monumentalwerk zu modellieren.[136]

Der junge Thomas Mann besaß genug Scharfsinn und war psychologisch gewitzt genug, Nietzsches Invektiven gegen Wagner, seine »böse und selbst gehässige Kritik«, als »Verherrlichung« mit umgekehrten Vorzeichen (XII, 75) aufzufassen. Dies setzte ihn in den Stand, die mit *Das Rheingold* einsetzende neuartige Kompositionsweise als eine Herausforderung an die Konventionen der realistischen und naturalistischen Erzählweise und als eine Bereicherung des modernen Romans zu begreifen. Im Ring-Zyklus, der die Nummernstruktur der überkommenen Operntypen ebenso hinter sich ließ wie die regelmäßige Periodenstruktur der klassischen Symphonik und die »dichterisch-musikalische Periode« zum Formprinzip erhob, herrscht ein episches Verfahren, das, richtig erfasst, auch dem Erzählen im Medium Literatur neue Wege zu weisen vermochte. Das geht über die so genannten Leitmotive – ein Begriff, den Wagner nicht billigte – weit hinaus. Im *Ring* setzte Wagner, konsequenter und exemplarischer als in allen seinen anderen Werken für die Bühne, das Orchester als die Beziehungen herstellende, Zusammenhänge aufdeckende, Ahnungen und Erinnerungen registrierende, unerlässlich kommentierende und umfassend Ordnung stiftende Instanz ein. In gewissem Sinn übernimmt das Orchester die Funktion eines personalen, d. h. kommentierenden Erzählers. Wagner bezeichnete das Orchester im Musikdrama als »Sprachorgan« oder »Tonsprachorgan«, das über die Köpfe der Protagonisten hinweg als »Ergänzung« zu deren verstandesmäßigen Äußerungen den unbewussten »Gefühlsinhalt« kundzutun und das im Bewusstsein der Akteure »Ungegenwärtige« für den Hörer zu vergegenwärtigen vermag (JA VII, 329, 347 f., 341).

Für ehrgeizige, auf Neuerung bedachte Autoren musste sich das epische Verfahren im *Ring des Nibelungen* als eine attraktive, verführerische Möglichkeit darstellen, der ästhetischen Forderung der Stunde nach Überwindung des Naturalismus und Verinnerlichung des Erzählens nachzukommen. Solche Forderungen waren damals vor allem aus Wien von Hermann Bahr zu vernehmen, und insoweit der junge Thomas Mann ihnen Folge leistete, darf man in ihm ein auf Wagner getauftes Mitglied des Jungen Wien sehen. Der Epiker Wagner lieferte dem angehenden Romancier eine Fülle neuer Möglichkeiten der künstlerischen Verfeinerung. Die für die moderne Literatur insgesamt kennzeichnende Verinnerlichung des Erzählens, die im *stream of consciousness* etwa in Arthur

Schnitzlers *Leutnant Gustl*, in James Joyces *Ulysses* oder in Thomas Manns *Lotte in Weimar* ihren Gipfelpunkt erreichte, ist Wagner abgelauscht und abgewonnen. Die Tatsache, dass der Autor, der diese Erzähltechniken am konsequentesten vorangetrieben hat, nämlich Joyce, ein dezidierter Wagnerianer war, bestätigt diesen Befund.[137] Es darf also mit Fug und Recht behauptet werden, dass ein entscheidender Modernisierungsschub der Erzählkunst sich von der Anverwandlung Wagner'scher Gestaltungsmittel herschreibt; ihr gemeinsamer Nenner ist der Wille zu einer autonomen, den Naturalismus transzendierenden Symbolstruktur.

Durch die Lektüre der Wagner-Schriften Nietzsches sensibilisiert, entdeckte der junge Thomas Mann in Wagner eine Quelle der Inspiration, deren erzähltechnische Reize seinem Schriftstellerehrgeiz zur Größe die stärksten Impulse vermittelte. Nach Abschluss der *Buddenbrooks* gab er zu Protokoll, dass der Roman Wagners *Ring* nachgebildet sei, und zwar »im Kleinen und Leisen« und »im Komischen«, wie denn überhaupt »sonst nichts auf der Welt [...] so stimulierend« auf seinen Kunsttrieb wirkte wie »die Werke dieses Mächtigsten« (14.1, 73 f.). Von daher rührt sein bekannter Ehrgeiz, »*gute Partituren*« (XII, 319) zu schreiben – ein Ideal, das für ihn auch dann Gültigkeit behielt, wo die Inspiration vom Stoff in die Form gewandert ist. Der alte Thomas Mann bekennt in einem Brief an Adorno: »Ich habe Wagnern viel nachgemacht, mich viel an ihn ›erinnert‹.« Aus eben diesem Grund betrachte er sich als Wagnerianer, allerdings mit dem Vorbehalt, dass er im Gegensatz zu dem Schöpfer des *Ring* nie an den »illusionäre[n] Charakter des Kunstwerks als eines Wirklichen« geglaubt habe; sein eigenes Verhältnis zum »Werk« im emphatischen Sinn sei »zu ehrlich-ironisch« gewesen, stets geneigt, »die Produktion« von Kunst »humoristisch« zu kompromittieren.[138]

So hoch der Kurswert Wagners auf dem literarischen Feld der Jahrhundertwende auch stand, die Entscheidung des literarischen Anfängers für die Wirkungsmittel »jenes Mächtigsten« hatte in seinem Fall einen besonderen und überaus zwingenden, persönlichen Grund. Wie jeden angehenden Autor drängte es ihn, »mit meinen Erlebnissen unter die Leute [zu] gehen« (21, 89), doch die bedrängendsten, der Mitteilung am meisten bedürftigen seiner Erlebnisse waren nicht öffentlichkeitsfähig, weil sie den Charakter seines Begehrens, das gleichgeschlechtlich und gesellschaftlich geächtet war, an den Tag gebracht hätten. Wie die Aufsehen erregenden Fälle von

Oscar Wilde und von Graf Eulenburg einmal mehr demonstrierten, war jeder Anschein von Homosexualität zu vermeiden, wenn das hohe Ziel der Repräsentanz erreicht werden sollte. Der Ehrgeiz zur Größe und der autobiographische Schreibimpuls kollidierten und waren nicht ohne weiteres in Einklang zu bringen. Um mit seinen Außenseiterproblemen unter die Leute gehen zu können, bedurfte es einer Technik der Camouflage, d. h. eines Ausweichens auf »diskrete[] Formen und Masken« (ebd.), die seine Bedrängnisse dadurch öffentlichkeitsfähig machten, dass sie den wahren Charakter seiner Erlebnisse verhüllten, ohne ihn ganz zum Verschwinden zu bringen.[139] Dies ist der entscheidende Grund für die durchgehende Doppelbödigkeit des Thomas Mann'schen Erzählens, in dem ein wie immer gearteter Oberflächentext von einem diskreten Subtext begleitet ist.

Die Masken, deren der junge Thomas Mann bedurfte, und die Subtexte, die er seinen Erzählungen einverwob, nahm er von überall her, d. h. aus anderen Texten, deren Verwendbarkeit für die eigenen Bedürfnisse ihm oft an einem einzigen Detail aufging. So griff er, bar aller »anxiety of influence« im Sinne Harold Blooms, in den Fundus großer, bewunderter Autoren, war sich aber auch nicht zu schade für Anleihen bei literarischen Eintagsfliegen oder bei seinem Bruder.[140] Schon in seiner ersten veröffentlichten Erzählung scheut er sich nicht, sich der Marianne-Episode aus *Wilhelm Meisters Lehrjahren* zu bedienen. Im *Kleinen Herrn Friedemann*, einer Erzählung, in der er nach mehreren vergeblichen Anläufen seinen literarischen Durchbruch erzielte, dient ihm die Gestalt des Alonzo Gieshübler aus *Effi Briest* als Maske. In der burlesken Novelle *Tristan* liegen neben der demonstrativen Bezugnahme auf Wagner Anknüpfungen bei Gabriele d'Annunzio (*Trionfo della morte*), E. T. A. Hoffmann (*Rat Krespel*) und Edgar Allan Poe (*The Fall of the House of Usher*) vor, die er zur Selbsterkundung und kritischen Prüfung seiner Existenz als Künstler brauchte.

Ein besonders instruktives, weil eine Wagner-Oper involvierendes Beispiel dafür, wie Mann die von Nietzsche (KSA 5, 352) so benannten »Hunde im Souterrain« (21, 72) ausgehfähig gemacht hat, bietet die *Friedemann*-Novelle. Er konstruiert ein kaum erkennbares, weil camoufliertes *alter ego*, das dem liebenswürdigen, aber leider missgestalteten Apotheker Gieshübler nachgebildet ist und in dem niemand so leicht einen autobiographischen Bezug vermuten würde. Johannes Friedemann hat seinen

Frieden mit dem Leben gemacht, indem er sich aus gegebenem Anlass einen schmerzlichen Liebesverzicht abgerungen hat. Mann führt sein *alter ego* in eine Aufführung des *Lohengrin* mit dem Ergebnis, dass durch die Musik Wagners die Hunde im Souterrain wieder erwachen und ihn ins Verderben reißen. So wird hier, gestützt auf Nietzsches Kritik der asketischen Ideale, das Friedemann'sche Glücksrezept – Verzicht auf Liebe, Bescheidung mit den epikuräischen Tröstungen des kleinen Glücks à la Gieshübler – als trügerisch und impraktikabel entlarvt. Entscheidend ist nun aber, dass hier zum ersten Mal im Werk Manns ein leitmotivischer Verweisungszusammenhang zu erkennen ist, der Wagners Musik und nicht etwa Tolstoi oder anderen literarischen Vorbildern nachgebildet ist.[141] Wagner lieferte also nicht nur Masken, sondern in der Hauptsache Formen. Wagner'sche Masken bilden lediglich ein Requisit der Camouflage unter vielen; doch welche Form der Camouflage auch gewählt wird, sie funktionieren nach Art der Wagner'schen Motivstruktur. Wagner erweist sich somit als die entscheidende Instanz in der literarischen Identitätsbildung des jungen Thomas Mann.

Die für sein Schreiben bahnbrechende Konstellation der *Friedemann*-Novelle: Fontane, Nietzsche, Wagner, bildet, beträchtlich augmentiert, auch das Gerüst für den ersten Roman.[142] Mit *Wälsungenblut*, der skandalumwitterten Novelle von 1905, erreichte Manns literarisches Wagnerisieren einen Höhe- und zugleich Wendepunkt. Hier liefert, in noch höherem Maß als in der Novelle *Tristan*, ein Werk Wagners den Handlungsvorwurf und den Kristallisationspunkt, von dem aus sich eine sowohl biographisch als auch gesellschaftlich brisante Thematik entfaltet – die der Assimilation.[143] Damit war das literarische Verfahren der Wagner-Parodien nach Nietzsches Rezept – »man übersetzt Wagnern in's [...] Moderne [...], in's Bürgerliche! [...] Nichts unterhaltender [...]« (KSA 6, 34) – gleichsam ausgeschöpft. Nach der Novelle über das Wälsungenblut, deren Veröffentlichung Mann wegen ihrer verfänglichen Thematik unterbinden musste, griff er nicht wieder zu einem Wagner-Sujet. Es wäre jedoch verfehlt, weil kurzsichtig, daraus den Schluss zu ziehen, dass von da an »Wagner bei Thomas Mann definitiv ausgespielt« hatte.[144] Wagner blieb nicht nur für den Essayisten Thomas Mann, sondern auch für den Romancier eine zentrale Orientierung. Dies lässt sich ohne weiteres erkennen, sobald man die Wagner'schen Elemente in den nach *Wälsun-*

genblut entstandenen Werken nicht auf der Ebene des *plots*, sondern der Struktur und des ideellen Anspielungshorizonts sucht.

Der Zauberberg erwuchs aus dem Plan zu einer Novelle, die zunächst als Satyrspiel und humoristisches »Gegenstück« (21, 529) zur Tragödie Aschenbachs im *Tod in Venedig* konzipiert war. In diesem frühen Stadium sollte noch einmal eine Wagner-Oper das Handlungsgerüst bilden, nämlich *Tannhäuser*, d.h. die Sage vom Hörselberg, in dem Tannhäuser sieben Jahre in den Armen der Frau Venus verbrachte. Diese »Hörselbergidee« (XI, 125) ist nach der ungeheuren Ausweitung der Roman-Konzeption nur noch in groben Umrissen auszumachen. Umso schwerer wiegt jedoch die Präsenz Wagners in der mentalitätsgeschichtlichen Diagnose der Vorkriegszeit, die dieser Roman mit unvergleichlicher Tiefenschärfe bietet. Wenn die Vorkriegsepoche im Innersten von einer »Sympathie mit dem Tode« (5.1, 988) geprägt war, wenn uns die Musik als gefährlich vorgestellt wird – als ein vormals liebenswerter »Seelenzauber«, der jedoch finstere Konsequenzen gezeitigt hat –, so wird uns damit bedeutet, dass diese Epoche in einem subtilen, doch präzisen Sinn im Zeichen des *Tristan*-Schöpfers stand.[145]

Der Zyklus der vier *Joseph*-Romane ist »in genauer Analogie zum *Ring des Nibelungen* als Tetralogie« angelegt; in Manns Œuvre, das sich »von Anfang bis Ende in Wagners Spuren bewegt«, markiert der monumentale *Joseph*-Zyklus den höchsten Gipfel.[146] Nicht nur ist die Makrostruktur des *Joseph* wie schon in *Buddenbrooks*, nur in weit höherem Ausmaß und mit höherem Reflexionsgrad, dem *Ring des Nibelungen* nachgebildet, auch auf der Ebene der Mikrostruktur und der epischen Verarbeitung des Mythos hat sich Mann sichtlich an Wagner orientiert. »Immer«, bemerkt Eckhard Heftrich zu Recht, »ist Wagner mitzuhören« bei dieser »Konkurrenz-Schöpfung zum ›Faust‹ und zum ›Ring‹«.[147] Auch die Rede von der »Parallelaktion« zum *Ring*, »imitatio und Kontrafaktur« zugleich[148], hat ihre Berechtigung. Nirgends ist diese Strukturparallele augen-, beziehungsweise ohrenfälliger als in der Art und Weise, in der die beiden Tetralogien einsetzen. Dort das tiefe Contra-Es des Bassfagotts, mit dem das Vorspiel des *Rheingold* anhebt – ein von Mann rückhaltlos bewunderter Kunstgriff; hier das *Höllenfahrt* betitelte Vorspiel, das mit dem sprachlichen Äquivalent des Bassfagotts beginnt, dem Wort »tief«: »Tief ist der Brunnen der Vergangenheit.« (IV, 9) Diese Imitation wiederholt sich zu Beginn des vierten Romans, *Joseph, der Ernährer*, der ebenfalls mit einem Vorspiel beginnt, *Vorspiel in Oberen Rängen*, ganz wie *Götterdämmerung*, der ein mythologisches Vorspiel vorgeschaltet ist, die Szene mit den drei Nornen.

Vom *Doktor Faustus* ging lange Zeit die Rede, dass dieser Roman in Reaktion auf die politische Instrumentalisierung Wagners im Dritten Reich eine Abwendung von Manns ästhetischem Idol markiere. So hat man immer wieder versucht, in der Struktur des Romans Spuren der dodekaphonischen Kompositionsprinzipien nachzuweisen. Solche Versuche leiden jedoch meist an interpretatorischer Willkür und begrifflicher Unschärfe, verursacht durch ein angestrengtes Schielen auf das magische Quadrat in Leverkühns Arbeitsstube. Manns bekannte Neigung zu mystischen Zahlenspielen bleibt jedoch strukturell irrelevant. Spätestens seit der Untersuchung von Carl Dahlhaus über »Fiktive Zwölftonmusik« haben alle Versuche, den *Faustus* als Zeugnis einer strukturellen Ausrichtung auf die Neue Musik zu lesen, ihre ohnehin bescheidene Plausibilität eingebüßt.[149] Wenn aber immer noch versucht wird, »Übereinstimmung« zu sehen »zwischen der Erzählordnung und dem musiktheoretischen Paradigma des Romans«, so geschieht das gewöhnlich aus wohlmeinenden Gründen: Man will diesem Roman eine radikale Modernität, ja sogar postmoderne Züge zuschreiben, um ihn aus dem ästhetisch wie ideologisch kompromittierten Bannkreis Wagners zu befreien.[150] Wer sich jedoch durch gewisse Selbstkommentare, die mit dem hohen Kunstanspruch der von Adorno vertretenen Moderne kokettieren, nicht irre machen lässt, der wird sich der Erkenntnis nicht verschließen können, dass hier die bewährten, aus Wagner gewonnenen Erzählprinzipien ihre Geltung behalten haben.[151] Dieser größte Musikroman der deutschen Literatur ist sehr wohl nach musikalischen Prinzipien konstruiert. Freilich ist es nicht die Schönberg'sche Methode der »Komposition mit zwölf Tönen«, die als sein ästhetisches Paradigma zu gelten hat, sondern, wie überall in diesem Œuvre, die Kompositionsweise des reifen Wagner. Nicht anders als *Der Tod in Venedig*, *Der Zauberberg* oder die *Joseph*-Romane bleibt auch der *Doktor Faustus* dem frühmodernen Ideal maximaler motivischer Verflechtung und formaler Geschlossenheit sowie dem vertrauten Wagner'schen Idiom verpflichtet – eher Richard Strauss vergleichbar als Arnold Schönberg.

Diese Affinität zu Wagner im Formalen auch noch in diesem Spätwerk muss als völlig einleuchtend bezeichnet werden angesichts gewisser Geständnisse im Tagebuch und in der *Entstehung des Doktor Faustus*. Sie lassen keinen Zweifel daran, dass er der Neuen Musik Adrian Leverkühns keine ästhetisch reizvollen Seiten abzugewinnen vermochte und dass die »Dreiklang-Welt des Ringes […] im Grunde meine musikalische Heimat« geblieben sei (Tb. 28. 9. 1944). Im Übrigen kokettierte Mann unablässig mit dem Gedanken, dass dieser Roman, wie er Agnes E. Meyer schon vor Schreibbeginn wissen ließ, »mein ›Parsifal‹« werden würde[152] – eine Vorstellung, die offensichtlich die Vorbildlichkeit und Verbindlichkeit des von Wagner Geleisteten zur Voraussetzung hat. Ausschlaggebend für die untergründige Wagner-Nähe ist jedoch die historische Situierung des fiktiven deutschen Tonsetzers und der Krise, vor die er sich gestellt sieht. Die im *Doktor Faustus* exponierte Krise ist nicht irgendeine beliebige, sondern die Krise der nach-Wagner'schen Musik. Als solche ist sie auch durch den Werdegang Leverkühns unmissverständlich gekennzeichnet. Leverkühn selbst spricht diese Erkenntnis in aller Klarheit aus, wenn er bemerkt, »daß die ganze deutsche Musikentwicklung zu dem Wort-Ton-Drama Wagners hinstrebe« (VI, 218) und folglich die Nachgeborenen vor der Aufgabe stehen, der Zusammengehörigkeit von Musik und Sprache neue Ausdrucksmöglichkeiten abzugewinnen. Bezeichnenderweise bezeugen Leverkühns Hauptwerke die Priorität der Vertonung von Texten gegenüber der absoluten Musik. Dass Wagner in der Tat als Gipfel der deutschen Musikentwicklung anzusehen ist, verrät Leverkühn auf eine bezeichnend diskrete, ja verschämte Weise im 15. Kapitel, wenn er als höchstes Beispiel des Schönen in der Musik eine wunderbar einfühlsame und genaue Beschreibung eines ungenannten Musikstückes liefert (VI, 178 f.). Es ist das Vorspiel zum dritten Akt der *Meistersinger von Nürnberg*.

* * *

Um den ganzen Umfang der Bedeutung Wagners für Thomas Mann zu erfassen, ist es notwendig, den Blick von den Werken auf das Werk zu richten – das Lebenswerk. So erhellend es ist, die strukturellen und motivischen Beziehungen zwischen einzelnen Werken aufzudecken, solche philologischen Exerzitien verbleiben im Bereich der Einfluss-Studien, deren Erkenntniswert letztlich doch als recht bescheiden zu beziffern ist. Etwas anderes ist es, wenn eine bedeutende Gestalt der Vergangenheit sich als ein geschichtlicher Faktor erweist. Diese unbestreitbare Wirkung Wagners, die nicht so sehr von einem einzelnen Werk ausging, sondern von Wagner als Gesamterscheinung, hat sich vielfach doch schwer fassbar in den Gemütern des Nachgeborenen niedergeschlagen, weil diese, wie es im *Zauberberg* heißt, den »Reizen der [hochromantischen Wagner'-schen] Gefühlssphäre [...] im höchsten Grade zugänglich« (5.1, 987) waren. Bis zu welchem Grad sie es waren, konnte nur von dem ganz ermessen werden, der sich selbst diesen Reizen bis zur Neige ergeben hatte.

Der Ehrgeiz schon des jungen Thomas Mann zielte auf Größe und Repräsentanz. »Auf Größe war nämlich während der Arbeit [an den *Buddenbrooks*] fortwährend mein heimlicher und schmerzlicher Ehrgeiz gerichtet« (21, 164), schreibt er im März 1901 seinem Bruder – eines der vielen einschlägigen Zeugnisse aus der Frühzeit. Was aber stellte er sich unter Größe vor? Für einen im Wilhelminischen Reich aufgewachsenen Autor waren die Normen praktisch vorgegeben. Goethe und Wagner galten als die alles überragenden Ikonen der deutschen Kultur. Ausschlaggebend für ihre Weltgeltung war nicht etwa der Umstand, dass Goethe mit *Torquato Tasso* das Musterbeispiel der Gattung Künstlerdrama vorgelegt oder dass Wagner mit *Tristan und Isolde* ein Gipfelwerk des musikalischen Dramas geschaffen hatte, sondern der Nimbus ihres Lebenswerks.

Der junge Thomas Mann betrachtete zunächst den Schöpfer des *Ring des Nibelungen* als das Maß aller künstlerischen Größe, wie die Rede des *Buddenbrooks*-Autors von seinem »Meister und nordischen Gott« (14.1, 75) in aller Deutlichkeit signalisiert. Diese anfangs unangefochtene Vorrangstellung Wagners wurde mit dem *Versuch über das Theater* von 1908 ernsthaft in Frage gestellt und unterminiert, sodass er auf dem Höhepunkt seiner Wagner-»Krise« (21, 478) in Goethe einen »unvergleichlich verehrungs- und vertrauenswürdigere[n] Führer und Nationalheld[en]« zu erblicken begann: »Die Deutschen sollte man vor die Entscheidung stellen: Goethe oder Wagner. Beides zusammen geht nicht.« (21, 479) Die Deutschen? Selbstredend war es Thomas Mann selbst, der sich vor diese Orientierungsalternative gestellt sah. Zu diesem Zeitpunkt – der

Tod in Venedig war im Entstehen begriffen – fürchtete er, die Deutschen würden sich für Wagner entscheiden. Er fürchtete dies, weil er von der bei Lichte besehen »gesündere[n] Geistigkeit« Goethes (14.1, 304) überzeugt war, ohne dass er aber Wagners Macht, die Seelen zu verzaubern, je vergessen hätte.

Nach Ausbruch des großen Krieges waren alle Bedenken hinsichtlich der fragwürdigen Geistigkeit Wagners mit einem Male gegenstandslos. Die im Geiste eines europäischen Kulturkampfes konzipierte Interpretation, die Mann dem Krieg zu geben beliebte, bedeutete die begeisterte, ja rauschhafte Parteinahme für Wagner und seine Welt. Da es für den Autor der *Betrachtungen* in diesem Krieg letztlich um das Recht Deutschlands ging, an seiner musikzentrierten Kultur festzuhalten, verloren alle kritischen Bedenken, die er vor dem Krieg gehegt hatte, ihr Gewicht. Die Welt Wagners enthüllte sich ihm nun als die »Heimat seiner Seele« (XII, 80). Keine Frage, dass die seelische Heimat genauso entschlossen zu verteidigen war wie die geographische.

Die untergründige Spannung im geistigen Haushalt Thomas Manns zwischen Goethe und Wagner blieb über das Kriegsende hinaus bestehen. In dem bereits zitierten kleinen Wagner-Aufsatz von 1927 bringt er diese Spannung auf die folgende Formel: »Unseren Werkinstinkt zu stacheln, ist niemand besser geschaffen« als Wagner. »Unser menschlich-dichterisches Teil wendet sich zu Goethe.« (X, 895) Es bedurfte der »nationalen Exkommunikation« von 1933, beziehungsweise 1936[153], und eines geschärften Bewusstseins, dass der Nationalsozialismus mit seinem vulgären Wagner-Kult die Verhunzung der deutschen Kultur im Ganzen betrieb, um Mann davon zu überzeugen, dass die Alternative Goethe oder Wagner, die sonst durchaus gerechtfertigte Trennung zweier so »polarisch voneinander entfernten Sphären« (IX, 506), belanglos geworden war, weil viel mehr auf dem Spiel stand als solche Parteiungen. Angesichts des flagrantesten Missbrauchs der deutschen Kultur zur Rechtfertigung von Unrecht und Verbrechen musste die Gleichsetzung von Goethe und Wagner als das Gebot der Stunde erscheinen – ein Gebot des Kampfes gegen das nationalsozialistische Regime. In dem Zürcher Vortrag von 1937 argumentiert er somit: »Goethe und Wagner, beides ist Deutschland [...] zwei gewaltige und kontradiktorische Ausformungen des vielumfassenden Deutschtums« (IX, 506 f.).

Dies ist die eine, von der Vernunft und dem historischen Bewusstsein beschienene Seite der Medaille. Auf der anderen, im Schatten liegenden Seite dominierte weiterhin das lebensgeschichtlich begründete Gefühl der Zugehörigkeit zur Welt Wagners. Ein sehr bezeichnendes Indiz dafür sind seine verstreuten Bemerkungen über die schiere Lebensleistung Wagners und über seinen traumhaften, weltweiten Erfolg. Wagner, der sein »Erdenpensum«, gekrönt von der Festspielidee, mit beneidenswerter Konsequenz zu Ende gebracht hatte, war ihm zeitlebens der Maßstab des schlechthin Gelungenen. Noch in *Meine Zeit* (1950) ist ihm *Der Ring des Nibelungen* »*das* Werk par excellence« (XI, 312). Und so wie ihm die Größe des Lebenswerks Bewunderung abnötigte, so konnte er nicht umhin, dem planetarischen Erfolg Wagners neidvoll-träumerisch nachzuhängen: »Der Erdball ist, fünfzig Jahre nach des Meisters Tode, allabendlich in diese Musik eingehüllt. [...] Ein Monstreerfolg, wie Wagners Musiktheater ihn ›erzielt‹ hat, ist großer Kunst sonst überhaupt niemals zugefallen.« (IX, 415) Für dieses ganz und gar exzeptionelle Phänomen hatte er bereits 1927 die Formel vom »Paradigma welterobernden Künstlertums« (X, 894) geprägt – eine auf den ersten Blick harmlose Formulierung, eingegeben von einem hohen Maß an Bewunderung und einer Prise Neid. Diese Kennzeichnung Wagners als welterobernd erwies sich dann jedoch als Kristallisationspunkt für weiter führende, mentalitätsgeschichtliche Einsichten.

Das Schauspiel von Wagners welterobernder Musik hatte der Zwanzigjährige in Rom selbst miterlebt und sich in den *Betrachtungen* (XII, 80–82), patriotisch gerührt, in Erinnerung gerufen.[154] Der Verdacht, dass diesem patriotisch erbaulichen Triumph Wagners eine verborgene, politische Dimension innewohnt, scheint ihm bereits 1927 gekommen zu sein. Der Satz über Wagners welteroberndes Künstlertum fährt nämlich fort: »und Europa erlag seinem Können, genau wie es der Staatskunst Bismarcks erlag.« Wagners und Bismarcks Werk zusammen markierten den »Höhepunkt einer romantischen Hegemonie des deutschen Geistes«. Zwei Sphären, die an und für sich nichts miteinander zu tun haben, werden hier zusammen gesehen und als Emanationen eines und desselben Hegemoniestrebens gedeutet. Von Wagner als Imperialisten war schon in den *Betrachtungen* (XII, 122) die Rede, dort noch in einem durchaus affirmativen Sinn. In dem großen Essay von 1933 sieht sich Mann wiederum mit dem beunruhigenden Gedanken konfrontiert, dass Wagners Musik mit ihrem planetarischen Erfolg eine Sorgen erregende politische Bedeutung haben könnte. Im Anschluss an die Bemerkung, dass Wagners Musik jeden Abend irgendwo auf dem Erdball erklingt, greift er zu einer Reihe von charakterisierenden Adjektiven: imperialistisch-weltunterwerfend, gewaltig, agaçante, despotisch, aufwiegelnd-demagogisch, einem ungeheuren, cäsarischen Machtwillen entstammend. Doch dann wird sogleich konjunktivisch abgewiegelt: Ein Beobachter »könnte« auf den Gedanken kommen, dass das »eigentliche[] Agens« dieser Musik ein verborgener Machtwille sei. Doch dieser Gedanke wird, wenn nicht verworfen, so doch entschärft mit dem Argument, dass sich Wagner in allen seinen Unternehmungen keines machtpolitischen Ehrgeizes bewusst war. Dazu bemüht er einen Brief Wagners an Mathilde Wesendonck von 1860 als Beleg; darin heißt es: »nur das Gefühl meiner Reinheit gibt mir diese Kraft. Ich fühle mich rein: ich weiß in meinem tiefsten Inneren, daß ich stets für andere, nie für mich wirkte.« Dieses Argument, wie Mann wohl selbst auch wusste, kann kaum als stichhaltig bezeichnet werden.

Den wirklich Erkenntnis fördernden Gesichtspunkt erfassen wir erst, wenn wir die Frage stellen, für wen denn das welterobernde Künstlertum Wagners das Paradigma abgeben soll. Für Künstler allgemein, egal aus welchem Land sie stammen mögen? Es haben aber nicht nur Künstler Wagner als Paradigma reklamiert. Politisch und mentalitätsgeschichtlich weit relevanter ist die Erkenntnis, dass die Protagonisten des Wagner-Kults in der Musikwissenschaft und -publizistik, getragen von der Masse der einfachen Musikliebhaber, aus dem Welterfolg Wagners auf ihre Weise politisches Kapital schlugen und dass der feste, vorgeblich unpolitische Glaube an die Vorrangigkeit der deutschen Musik in der Welt sich umstandslos instrumentalisieren und zum Anspruch auf politische Hegemonie umfunktionieren ließ.

Dass dem vermeintlich unpolitischen Wagner-Kult ein beträchtliches politisches Gewicht innewohnte, wurde 1933 in aller Deutlichkeit manifest. Kaum war Hitler an die Macht gekommen, beeilten sich die Spitzen der deutschen Musikwissenschaft ihren Zeitgenossen zu erklären, dass das neue Deutschland das von Wagner visionär erschaute und der »Volkskanzler« Hitler ein charismatischer Führer vom Schlage des Wagner'schen Hans Sachs sei, der Deutschland zu einer Vormachtstellung führen werde, die seinen kulturellen Leistungen gemäß ist.[155] Es gibt keine demoskopischen Studien, aus denen man ersehen könnte, eine wie große Rolle der Wagner-Kult bei der Etablierung der nationalistischen Herrschaft gespielt hat. Seine Wirkung lässt sich numerisch nicht erfassen, weil sie sich auf der Ebene der Mentalitätsgeschichte entfaltet. Gleichwohl ist nicht daran zu zweifeln, dass die inflationäre Wagner- und Hitler-Panegyrik von 1933 die Akzeptanz und Legitimierung des Regimes befördert hat. Spätestens zu diesem Zeitpunkt musste es jedem tiefer blickenden Beobachter klar sein, dass Wagner ein politischer Faktor war und Deutschlands Hinwendung zum Nationalsozialismus ohne ein Verständnis des Wagner-Erbes nicht adäquat zu erfassen war. Von nun an war der Wagnerianer Thomas Mann gefordert, seine Deutung Wagners auf die Interpretation der deutschen Geschichte anzuwenden. Diese historische Aufgabe konkretisierte sich für ihn in der Gestalt Adolf Hitlers.

* * *

In *Leiden und Größe Richard Wagners* ist die Hitler-Wagner-Affinität noch kein Thema. In dem Zürcher Vortrag von 1937 über den *Ring* wendet sich Mann abschließend sehr emphatisch gegen den »Mißbrauch«, der heute »mit Wagners großer Erscheinung getrieben« werde (IX, 527), wenn man ihn als Propheten und Vordenker des nationalsozialistischen Staates reklamiere. Erste Belege für Manns Nachdenken über das Hitler-Wagner-Problem finden sich 1935 im Tagebuch im Anschluss an die Lektüre eines Buches über Wagner und Meyerbeer von Josef Engel de Sinoja. Dieser Autor erstellt ein ganzes Register von Wagners problematischen Charaktereigenschaften: Anmaßung, Größenwahn, Undankbarkeit gegenüber Wohltätern, Lust am Ausüben von »Terrorismus«, vor allem aber »Antisemitentum«.[156] Mann notiert: »Grausiges Gefühl davon, wieviel dieser als Charakter abscheuliche Kleinbürger tatsächlich vom Nationalsozialismus antizipiert.« (13.2.1935) Dieses Bild von Wager als einem protonazistischen Kleinbürger tritt nun während der Hitler-Herrschaft in den Vordergrund und behält auch nach 1945 seine Gültigkeit.

Das Nachdenken über Hitler und Wagner erhebt sich mit *Bruder Hitler* auf eine höhere Stufe der Reflexion. Mann schrieb dieses berühmte Psychogramm Hitlers im April 1938 in Los Angeles während einer Erholungspause auf seiner ersten Vortragsreise durch Nordamerika, die nicht zuletzt die USA auf die Notwendigkeit eines Krieges gegen Nazideutschland vorbereiten sollte. Hitler wird nun als ein in die Politik verschlagener Wagnerianer gekennzeichnet – eine Diagnose mit weit reichenden Implikationen bezüglich des Nexus von Musik und Politik. Hitlers Karriere weise die märchenhaften Züge einer Wagner-Figur auf. Wie Siegfried habe er mit der Parole »Deutschland, erwache!« seine »heilige Braut« wach geküsst, und wie der übermütige Knecht in dem Märchen vom *Juden im Dorn* kühle er sein Mütchen am Juden (XII, 848). Wiederum richtet sich der Blick in erster Linie auf die Person Hitler und den Typus, den er repräsentiert. Bemerkenswert, dass der Gedanke an den Juden im Dorn schon hier auftaucht, bevor Mann die Wagner-Studien Adornos kennen lernte, in denen diesem Märchen eine zentrale Bedeutung für den psychischen Haushalt des *Meistersinger*-Schöpfers zugeschrieben wird. Ein verhunzter Wagnerianer also, ein schrecklich missratener Bruder – und doch ein umjubelter, von Erfolg zu Erfolg eilender Verzauberer seines Volkes. Wie reimt sich das? Thomas Mann erkannte intuitiv – und dies bleibt sein nicht unbeträchtliches Verdienst innerhalb der immensen Hitler-Literatur –, dass ein derart außerhalb jeglicher Norm liegender Fall wie der Hitlers am adäquatesten in künstlertypologischen Kategorien zu erfassen ist: als eine Art dilettantisches Genie.

In dem Wagner-Essay von 1940, seiner Replik auf Peter Viereck, wird der Gedanke der Antizipation, den er nach der Lektüre Sinojas im Tagebuch notierte, zum ersten Mal öffentlich vertreten. Nun aber ist es nicht bloß die Person Wagner, sondern sein Werk, das als »die genaue geistige Vorform« (XIII, 358) der Naziideologie hingestellt wird. Das heißt, dass nun auch einzelne Werke, in der Hauptsache *Der Ring des Nibelungen* und *Die Meistersinger von Nürnberg*, als Antizipationen des Nazigeistes angesehen werden. Damit war Mann hier schon, bevor er im Juli 1944 Adornos Wagner-Studien las, zu demselben Pauschalbefund gelangt wie dieser. Die bündigste Formulierung dieses Pauschalbefunds hat Thomas Mann in seinem berühmten Brief an Emil Preetorius vom 6. Dezember 1949 vorgelegt, der unter dem Goethe'schen Titel *Wagner und kein Ende* auch als Essay veröffentlicht wurde. Dort heißt es: »gewiß, es ist viel ›Hitler‹ in Wagner« (X, 926) – eine Formulierung, die, aus dem Kontext gerissen, immer wieder missverstanden und missbraucht worden ist.[157] Hier ist zunächst der biographische Kontext zu berücksichtigen. Preetorius war seit 1919 mit Mann befreundet und hatte zu vier seiner Bücher den Buchschmuck geliefert. Im Dritten Reich war er bis 1939 als »szenischer Leiter« der Bayreuther Festspiele an exponierter Stelle tätig, weshalb er von Mann in dem offenen Brief an Walter von Molo vom September 1945 an den Pranger gestellt wurde. Neben Wilhelm Furtwängler (leicht erkennbar als jener ungenannte »Kapellmeister, der, von Hitler entsandt, in Zürich, Paris oder Budapest Beethoven dirigierte«) ist es Preetorius (ebenfalls leicht erkennbar als der ungenannte Künstler, der »für Hitler-Bayreuth Wagner-Dekorationen« entwarf), die Mann als Beispiele anführt dafür, »wie deutscher Geist, deutsche Kunst sich beständig zum Schild und Vorspann des absolut Scheusäligen hergaben« (XII, 957 f.). Derselbe Preetorius – Wagnerianer von hohen Graden auch er – verfiel nach dem Krieg auf den Gedanken, ausgerechnet Thomas Mann vorzuschlagen, »eine Apologie Wagners« zu verfassen, »die der irrigen und irreführenden Meinung entgegentritt, Wagner sei eine Art Nazi« gewesen.[158] Angesichts so viel »stehengebliebene[r] Wagnerei« (VI, 270) musste Mann den Eindruck gewinnen, dass hier der Satz von dem groben Klotz, auf den ein grober Keil gehört, anzuwenden war, und replizierte mit der heute gern zitierten, weil anstößigen Formulierung: »gewiß, es ist viel ›Hitler‹ in Wagner«. Der Satz ist also zunächst einmal als eine sehr gezielte Absage zu verstehen – als Absage an das Ansinnen eines stehen gebliebenen Wagnerianers von einem Wagner-geschädigten, prominenten Autor eine Unbedenklichkeitserklärung zu Wagner in der Art der damals gängigen »Persilscheine« zu erwarten. Im Übrigen bestätigt diese Auseinandersetzung über Wagner unmittelbar nach dem Krieg die Richtigkeit von Manns Entscheidung, für die Gestalt des Sixtus Kridwiß, eines präfaschistischen Münchner Intellektuellen, Preetorius zum Modell zu nehmen.

Davon abgesehen ist aber ein ideengeschichtlicher Kontext in Anschlag zu bringen. Wie stets, wenn Thomas Mann von Wagner handelt, ist auch hier Nietzsche mitzudenken. Es war in der Tat Nietzsche, der das gedankliche Muster für Manns Satz über Wagner und Hitler lieferte, als er bemerkte: »Es ist viel Wagner in Baudelaire.« (KSA 11, 601) Wir haben es also mit einer Variation einer Formulierung Nietzsches zu tun, übertragen auf einen neuen Kontext. Von daher wird nun auch der eigentliche Sinn der Aussage Manns und Nietzsches deutlich; der erschöpft sich nicht in der Behauptung einer geistigen oder seelischen Affinität, sondern zielt auf die Erhellung einer verdeckten historischen Beziehung im Sinne von Antizipation. Diese erstreckt sich im Falle Wagners und Hitlers über eine größere historische Distanz als im Falle Baudelaires und Wagners und ist eben deshalb umso bemerkenswerter. Antizipation ist jedoch nicht mit Vorhersage zu verwechseln in dem simplistischen Sinn, dass Hitler lediglich vollstreckte, was sein Prophet Wagner ihm geheißen. Vielmehr meint Antizipation die Ausprägung bestimmter Mentalitätsformen, die sich im historischen Rückblick als besonders wirkungsmächtig herausstellen. Antizipation liegt also paradoxerweise erst dann vor, wenn eine Aneignung erfolgt ist, wobei das Angeeignete gern als Erbe ausgegeben wird.

Ein letztes Beispiel soll Manns Sicht der Hitler-Wagner-Beziehung verdeutlichen. In einem Brief von 1935 an Franz W. Beidler, von dem er gerade einen Essay über Cosima Wagner gelesen hatte, bemerkt er: »Es ist unglaublich, wieviel Nationalsozialismus im Bayreuthianismus schon steckt [...]. Unseres Adolf Schwäche für ›Wagner‹ hat schon ihre gute und schöne Berechtigung.«[159] Das Moment der Antizipation und der Aneignung, redensartlich als Schwäche Hitlers für Wagner ausgegeben, sind hier folgerichtig als aufeinander bezogen erkannt.

Manns Nachdenken über Wagner geht somit weit über die eigenen, werkbezogenen Bedürfnisse hinaus. Es erlangte in den Jahren nach 1933, der Inkubationszeit des *Doktor Faustus*, seinen Endpunkt in der Erkenntnis, dass Wagner, mentalitätsgeschichtlich betrachtet, ein zentraler Faktor war in der Vorgeschichte der deutschen Katastrophe. Das Beispiel des wehvollen Wagner-Erbes lehrte ihn zwei Lektionen, die grundlegend waren für die Konzeption des *Faustus*. Der viel beschworene Nexus von Kultur und Politik, zumal die mit und nach Wagner virulent gewordene Politisierung der Musik in Deutschland funktionierte weniger auf der Ebene politischer Ideen als vielmehr auf der tiefer gelagerten Ebene der Mentalitäten – eine Einsicht, an die im Roman mit der dafür charakteristischen Selbstreflexivität erinnert wird: »›Bei einem Volk von der Art des unsrigen‹«, so Zeitblom, »›ist das Seelische immer das Primäre und eigentlich Motivierende; die politische Aktion ist zweiter Ordnung, Reflex, Ausdruck, Instrument‹.« (VI, 408) Die historische Wirkungsweise von Mentalitäten aber, dies die zweite Lektion, ist nicht die der Widerspiegelung gesellschaftlicher und politischer Gegebenheiten, sondern die der Antizipation oder des Aussäens – einer Funktionsweise also, die allen Versuchen einer allegorischen Parallelisierung von deutscher Musik und deutscher Geschichte oder von Leverkühn und Hitler die erkenntnistheoretische Basis entzieht. Aus dem Paradigma welterobernden Künstlertums, als das Wagner sich ihm darstellte, gewann Thomas Mann das für seinen Musikroman fundamentale Paradigma mentalitätsgeschichtlicher Wirkungsweisen.

Mit alledem darf Thomas Mann als ein Wagnerianer in einem neuen und durchaus radikalen Sinn bezeichnet werden. Er ist zunächst einmal ein Künstler, dessen Laufbahn als Schriftsteller sich im Schatten Wagners entfaltete; im Grunde hat er, der als Schüler seines Meisters und nordischen Gottes begann, nie aufgehört, Wagner dadurch zu huldigen, dass er ihm, im Kleinen und Leisen, viel nachgemacht hat. Mit den beiden großen Essays von 1933 und 1937, doch keineswegs nur in diesen Texten, profilierte er sich sodann als Wagner-Interpret von hohen Graden, der eine intellektuell anspruchsvolle, psychoanalytisch gewitzte und ideologiekritisch relevante Deutung Wagners vorgelegt hat, die uns noch heute zu fesseln vermag. Schließlich entpuppte sich Thomas Mann dadurch als ein Wagnerianer *sui generis,* dass er, ungeachtet seiner emotionalen Bindung an die Wagner-Sphäre, seinen eigenen Wagnerismus problematisierte und zum Gegenstand selbstkritischer Reflexion machte, die vor allem im *Zauberberg,* in der Nietzsche-Rede von 1924 und im *Doktor Faustus* ihren Niederschlag gefunden hat. Erst aufgrund dieser Problematisierung Wagners hat er sich, allen Anflügen einer peinlichen Brüderschaft zum Trotz, als den Antipoden des anderen Wagnerianers begreifen gelernt und damit als Statthalter einer kritischen, intellektuell anspruchsvollen Wagner-Exegese, die es gegenüber dem Wagner-Kult des Dritten Reichs zu verteidigen und zu retten galt, damit nach der Niederwerfung Hitlers spätere Generationen wieder daran anknüpfen konnten.[160]

7. Richard Strauss oder Zeitgenossenschaft ohne Brüderlichkeit

»Wieviel Brüderlichkeit bedeutet Zeitgenossenschaft ohne weiteres!« Der Satz steht in den *Betrachtungen eines Unpolitischen* (XII, 424) und ist auf Hans Pfitzner gemünzt, dessen *Palestrina,* 1917 unter Bruno Walter in München uraufgeführt, Thomas Mann zu einem glänzenden Essay inspiriert hatte. Dieser Text wurde in die *Betrachtungen* aufgenommen und markiert dort eine ästhetisch und ideologisch zentrale Stelle. Mann präsentiert den Gedanken der brüderlichen Zeitgenossenschaft mit dankbarem Staunen angesichts der Tatsache, dass, unabhängig voneinander, er und Pfitzner auf die Formel von der »Sympathie mit dem Tode« gestoßen seien. Diese Koinzidenz dient ihm zum Beleg, dass Pfitzner nicht bloß Zeitgenosse, sondern ein Bruder im Geiste sei und dass der Schöpfer des *Palestrina* und der Autor des noch in seinen Anfängen stehenden *Zauberberg* demselben konservativen und charakteristisch deutschen Kulturbegriff verpflichtet seien. So jedenfalls wollte es ihm 1917 erscheinen, sieben Jahre vor Beendigung des Romans und noch vor Ende des Krieges und den folgenden politischen Umwälzungen.

Die Grenzen des Satzes, dass Zeitgenossenschaft *eo ipso* ein hohes Maß an geistiger Brüderlichkeit zeitigt, sind ohne weiteres zu erkennen, sobald man sich das spätere feindliche Verhältnis Pfitzners zu Thomas Mann vergegenwärtigt. Der einst so extravagant Umworbene sagte sich von dem Autor der *Betrachtungen* förmlich los. Das tat er taktloserweise in einem Brief zu dessen 50. Geburtstag. Es sollte jedoch noch schlimmer kommen, viel schlimmer. Blickt man darüber hinaus auch auf Manns musikalische Präferenzen vor den *Betrachtungen,* so kann kein Zweifel sein, dass sich das Enkomium für Pfitzner nicht allein von der damals stark empfundenen Affinität zu *Palestrina* herschreibt; es signalisiert auch eine Parteinahme gegen Pfitzners großen Rivalen und Antipoden Richard

Strauss. Auch er ein Zeitgenosse Manns, doch offenbar kein Bruder im Geiste.

Strauss wird in den *Betrachtungen* lediglich zweimal erwähnt, was allein schon Bände spricht im Vergleich zu den zwanzig eindringlichen Seiten über Pfitzner. Richard Strauss, obgleich kein Pazifist, hatte sich als einer der wenigen prominenten Vertreter der deutschen Kultur geweigert, den Aufruf vom Oktober 1914 zu unterzeichnen, in dem 93 Künstler und Professoren den deutschen Überfall auf Belgien guthießen und sich mit Kaiser und Vaterland solidarisch erklärten.[161] Strauss bot damals seinen Zeitgenossen das Bild des über die deutschen Grenzen längst hinausgewachsenen, weltbürgerlichen Künstlers, märchenhaft erfolgreich, aber im Politischen, trotz seines Wagnerismus, nicht recht zuverlässig. Mann deutete sich diese kleine Unstimmigkeit so, dass er Pfitzner und Engelbert Humperdinck zu den Erben von Wagners »deutschbürgerliche[m] Teil« und »altdeutsch-kunstmeisterliche[m] Element« erklärte, während er Strauss als den Erben von »Wagners europäisch[em] Intellektualismus« identifizierte (XII, 108). Eine »Sympathie mit dem Tode« konnte Strauss nicht nachgesagt werden. Der Komponist der *Salome* und des *Rosenkavalier* erschien dem Thomas Mann der *Betrachtungen* als wesensfremd und wurde deshalb mit Schweigen übergangen. Wovon nicht direkt geredet wird, von dem kann jedoch sehr wohl indirekt gehandelt werden. Auch wenn es nicht ausdrücklich gesagt wird, so spürt doch der Leser, dass Strauss in den *Betrachtungen* ins andere Lager verwiesen wird; er bezeichnet das musikalische Pendant zum Zivilisationsliteraten, den Zivilisationsmusiker.

Die Strauss-Pfitzner-Konstellation problematisiert die These von der brüderlichen Zeitgenossenschaft auf eine sehr anschauliche Weise. Wenn der Zeitgenosse Pfitzner als ein Bruder im Geiste empfunden wird, der Zeitgenosse Strauss jedoch als Fremder, wenn nicht gar als Gegner, so kann Zeitgenossenschaft nur vordergründig zur Erklärung dienen. Sie fungiert als ein taktisches Argument. Zeitgenossenschaft nährt ja auch Feindschaft, Intimfeindschaft – wie das Beispiel Heinrich Mann schlagend beweist. Thomas Manns Verhältnis zu Richard Strauss ist denn wohl auch eher im Sinne einer Intimfeindschaft zu deuten, die wie im Falle des Bruders auf dem Boden einer verdeckten Verwandtschaft erwuchs. So wäre denn zu fragen: Wie viel *Verwandtschaft* bedeutet Zeitgenossenschaft ohne weiteres? Inwieweit dürfen Thomas Mann und Richard Strauss nicht nur als Zeitgenossen gesehen, sondern auch von ihrer historischen Prägung und ihrem ganzen kulturellen Habitus her als Verwandte begriffen werden?

Auf den ersten Blick scheint keinerlei Beziehung, geschweige denn Verwandtschaft zu existieren. Thomas Mann hat keinen Essay über Strauss geschrieben; es gibt keine Strauss-Mann-Korrespondenz. Auch die gegenseitigen Erwähnungen in Briefen an andere sind selten. Der große Strauss-Hofmannsthal-Briefwechsel z. B. enthält keine einzige Erwähnung Manns, was umso merkwürdiger ist, als dieser mit dem Dichter des *Rosenkavalier* auf freundschaftlichem Fuß stand. Es hat den Anschein, als habe Hofmannsthal sehr bewusst das Thema Thomas Mann vermieden, weil er wusste, dass es bei seinem Partner tabu war.

Die Thomas-Mann-Literatur reflektiert diese scheinbare Beziehungslosigkeit. Fasziniert von dem alles überschattenden Verhältnis zu Wagner, hat man das feine Netz von Beziehungen zwischen Strauss und Mann auf sich beruhen lassen. Die Strauss-Literatur bietet ein ähnliches Bild. Dort wird dem Thema Thomas Mann mit einer gewissen Geflissentlichkeit aus dem Weg gegangen – verständlicherweise angesichts des unschmeichelhaften Lichts, das von den Ereignissen von 1933 her auf Strauss fällt. Es sind jedoch zwei bemerkenswerte Ausnahmen zu verzeichnen: Walter Thomas' Buch *Richard Strauss und seine Zeitgenossen* und Rüdiger Görners Studie *Der Zauber des Letzten*. Thomas gelangte, intuitiv und ohne Kenntnis der uns zur Verfügung stehenden Quellen, zu dem Schluss, dass Mann mit Strauss »im Grunde mehr gemeinsam hatte als mit denen, die er ehemals als seine echten Weggefährten angesehen hatte«.[162] Diese scharfsichtige Beobachtung lässt sich heute anhand eines reicheren Quellenstandes untermauern und beträchtlich differenzieren. Görner geht noch weiter und konstatiert eine »verleugnete Wahlverwandtschaft«, die sich für ihn vor allem in beider Spätwerk manifestiert: beide seien sie »Künstler des Späten«.[163] Mit anderen Worten: Es ist hier eine Geschichte zu rekonstruieren, die Geschichte einer verdeckten und weitgehend unterirdischen Beziehung. Sie ist geprägt von manchen Parallelen, aber auch Berührungen und Überschneidungen, und findet ihre wohl zugespitzteste Artikulation in jenem von Strauss mitunterzeichneten *Protest der Richard-Wagner-Stadt München* gegen Manns Wagner-

Rede von 1933. Diese eine direkte Intervention erscheint aus heutiger Perspektive so fatal, dass sie den Blick zu verstellen droht auf die vielen anderen, weniger eklatanten Berührungen. Vergegenwärtigen wir uns also zunächst einige der auffälligsten verwandtschaftlichen Züge in beider geistiger Physiognomie.

* * *

Die markanteste Familienähnlichkeit zwischen Strauss und Thomas Mann gründet in ihrem Wagnerismus. Beide waren in einem emphatischen, wenn auch keineswegs identischen und daher konkurrierenden Sinne Wagnerianer. Richard Strauss wuchs in einem nicht gerade Wagner-freundlichen Haus auf; sein Vater, der Hornvirtuose Franz Strauss, war Anti-Wagnerianer. Der junge Strauss gelangte erst 1885 in seiner Kapellmeisterzeit in Meiningen durch den Wagner-Propagandisten Alexander Ritter zu einer Würdigung des Bayreuther Meisters. Er trug seine Wagner-Nachfolge dann aber sehr selbstgewiss zur Schau: am demonstrativsten in *Guntram* (1893), seiner ersten Oper. Sein Wagnerismus wurde rasch und allgemein anerkannt, unerachtet der ebenso wichtigen Anknüpfungen in seinen reinen Orchesterwerken an Liszt und Berlioz oder, in seiner Kammermusik, an Schumann und Brahms. Mit einer gewissen Zwangsläufigkeit wuchs der junge Strauss in die Rolle des Nachfolgers und Erben Richard Wagners – eine Rolle, die ihm schon Hans von Bülow bescheinigt hatte, als dieser ihn »Richard II.« titulierte.[164] In Bayreuth zählte man ihn bald zu den künstlerisch und weltanschaulich verlässlichsten Mitstreitern für die Bayreuther Idee. Manns Wagnerismus, in das Medium der Sprache und Literatur transponiert, war diskreter – so diskret, dass er sich veranlasst sah, auf die »wagnerischen und eminent nordischen Wirkungsmittel«, deren er sich geradezu instinkthaft bediene, selbst und nicht ohne Koketterie aufmerksam zu machen (14.1, 74). Obgleich Strauss und Mann sich anschickten, zwei ganz verschiedene Bereiche der deutschen Kultur zu beherrschen, war die Rivalität und Spannung gleichsam vorprogrammiert, denn beide erhoben mit ihren so andersartigen Werken Anspruch auf das Erbe Wagners. Strauss war kein Epigone wie Humperdinck, doch im Verhältnis zu dem gesamten Spektrum des Wagnerismus, der ein europäisches Phänomen war[165] und zu dem auch die mannigfache Kritik an Wagner zu zählen ist, bezeichnet er letztlich eine konservative, betont nationale und vor allem affirmative Variante des Wagnerismus. Mann hingegen machte sich schließlich zum Anwalt eines liberalen, übernationalen, vor allem jedoch kritischen Wagnerismus. Es ist diese, noch genauer zu verfolgende Differenz innerhalb desselben Lagers, aus der sich ihre so unterschiedliche, doch gleichermaßen erfolgreiche Laufbahn als repräsentative deutsche Künstler, aber auch ihre Kollision 1933 herschreiben lassen. Gleichwohl gilt von beiden, was Mann 1920 offen einbekannte: Sie lebten und wirkten im »Schatten« Wagners (22, 344) und wurden nicht müde, ihre Hervorbringungen mit denen Wagners zu vergleichen und zu messen.

Man darf es als ein weiteres Merkmal ihrer Zeitgenossenschaft werten, dass beide sich zu Nietzsche und Schopenhauer bekannten, wenngleich diese für Strauss niemals die Bedeutung von intellektuellen Eideshelfern gewannen wie im Falle Thomas Manns. Während die Hochschätzung Schopenhauers und ein gewisses Maß an innerer Affinität zu diesem Philosophen bei beiden relativ konstant blieben, markiert das Verhältnis zu Nietzsche einen entscheidenden Differenzpunkt. Strauss' große »Tondichtung frei nach Friedrich Nietzsche« *Also sprach Zarathustra* (1896) verknüpfte seinen Namen mit dem des tragischen Philosophen auf eine weithin sichtbare, demonstrative Weise. Dennoch wäre es verfehlt, in Strauss einen Nietzscheaner zu erblicken, wie dies ganz entschieden von Mann gesagt werden kann. Strauss war ein Eklektiker, im Intellektuellen mehr als im Musikalischen; seine »Tondichtung« bleibt, gemäß den medienspezifischen Grenzen der Musik, eine bloß approximative Aneignung der in ihrer Zeit hoch geschätzten, ja populären »Atheisten-Bibel«. Ganz anders Thomas Mann, der mit dem Nietzsche des *Zarathustra* und des »Übermenschen« wenig anzufangen wusste. Es sei »bei weitem nicht sein bestes Buch«, stellte er ebenso kühl wie zutreffend fest, und die Zarathustra-Figur charakterisierte er als einen »Schemen von hilfloser Grandezza, oft rührend und allermeist peinlich – eine an der Grenze des Lächerlichen schwankende Unfigur« (IX, 682 f.). Umgekehrt wusste Mann gerade jenem Teil von Nietzsches Schriften die stärksten und nachhaltigsten Impulse abzugewinnen, die Strauss am allerwenigsten schätzte: der Wagner-Kritik.

* * *

Seit je hat die Kritik an Strauss, zumal die außermusikalische, ihre Hauptzielscheibe in seinem renommistischen Hang zur Selbstdarstellung gefunden. Ein Tondichter, der sich zu Lebzeiten sein eigenes Monument errichtet – das Beispiel *Ein Heldenleben* – und der die empirisch-häusliche Sphäre eines Künstler-Bürgers in das sonst dem Erhabenen vorbehaltene Stilkleid der großen symphonischen Form kleidet – das Beispiel der *Sinfonia domestica* –, verstößt bewusst und provokativ gegen die bestehenden Normen des guten Geschmacks und die Konventionen der klassisch-romantischen Musikpraxis. Dass diese Werke nicht etwa ein marginales Phänomen in seinem Schaffen bezeichnen, sondern ein ganz wesentliches Merkmal, belegen das Münchner »Singgedicht« *Feuersnot* (1901) und die »bürgerliche Komödie« *Intermezzo* (1924). Mit Recht hat Hermann Danuser in dieser Wendung zur Selbstdarstellung und -reflexion und in der Entscheidung, die »soziale Hauptinstitution der bürgerlichen Gesellschaft: Ehe und Familie, zum Gegenstand tönender Diskurse zu machen«, ein revolutionäres »Modell ästhetischer Modernität« ausgemacht.[166]

So Norm verletzend das ungeniert autobiographische und selbstreflexive Element des Strauss'schen Schaffens empfunden wurde: in der Literatur war der Drang zur Selbstaussage und Selbstdarstellung spätestens durch Goethe und Flaubert legitimiert. Thomas Mann huldigte diesem Drang auf eine kontrolliert diskrete, gleichwohl radikale Weise praktisch sein ganzes Leben lang. »Nicht von Euch ist die Rede«, bekannte er in seinem ästhetischen Credo *Bilse und ich,* »gar niemals, seid des nun getröstet, sondern von mir, von mir …« (14.1, 110) Das gilt von *Buddenbrooks* und den frühen Erzählungen bis *Doktor Faustus.* In besonderem Maße gilt es jedoch von jenem Quartett von mehr oder weniger häuslichen, idyllischen Texten vom *Gesang vom Kindchen* und *Herr und Hund* zu *Unordnung und frühes Leid* sowie *Mario und der Zauberer,* in denen die Selbstdarstellung mit einer stark an Strauss erinnernden Selbstbewusstheit und Ironie betrieben wird.

Der Selbstdarstellung des Künstlers um die Jahrhundertwende eignete längst nicht mehr das Pathos der Goethe'schen Maxime, »zu sagen, was ich leide«. Sie zielte nicht mehr vorrangig auf Authentizität, sondern auf Repräsentanz, die mehr bedeutet als Erfolg, nämlich ein Sich-Wiedererkennen der Epoche im Werk ihrer repräsentativen Künstler. Sowohl

Strauss als auch Mann wussten sich jenem charakteristisch wilhelminischen Künstlerehrgeiz zum Repräsentativen verpflichtet. Thomas Manns ganze Laufbahn als Schriftsteller war ausdrücklich auf dieses Ziel ausgerichtet. Der Münchner Bürgersohn Strauss erzielte Repräsentanz früher und leichter als der Lübecker Patriziersohn; beide jedoch waren seit ihren Anfängen an Erfolg gewöhnt; Anerkennung und die Gunst des Publikums begleiteten sie ihr Leben lang. Im Unterschied zu Strauss jedoch fand sich Mann veranlasst, den Ehrgeiz zur Größe und das Streben nach Repräsentanz zu problematisieren. Sobald er sich, nach dem Erfolg von *Buddenbrooks* und *Tonio Kröger,* dieses Aufstiegs zum repräsentativen, ja »klassischen« Schriftsteller bewusst wurde, begann er, eine Novelle zu planen, in der das Problem der Repräsentanz kritisch reflektiert werden sollte. Diesem Impuls zur Selbstkritik verdankt *Der Tod in Venedig* seine Entstehung. Ziehen wir das Strauss'sche Pendant, *Ein Heldenleben,* zum Vergleich heran, so treten die Differenzen im Einzelnen wie auch die Familienähnlichkeit dieser beiden Schlüsselwerke nicht nur ihrer Autoren, sondern der ganzen Wilhelminischen Epoche in überraschender Deutlichkeit hervor.

Der Held, dessen Leben in der Strauss'schen Tondichtung zelebriert wird, ist ein exemplarischer, moderner Künstler – nicht anders als bei Thomas Mann. Hier der große, repräsentative Schriftsteller, dort der große, repräsentative Komponist. Beide Werke sind nicht etwa Früchte des Alters, sondern entstammen derselben Altersstufe: Strauss schuf *Ein Heldenleben* im Alter von 34, Mann den *Tod in Venedig* im Alter von 36 Jahren. In beiden Fällen wird die Identität des Helden durch denselben Kunstgriff etabliert, nämlich einen Werk-Katalog. Es sind Werke, die als solche des jeweiligen Autors leicht erkennbar sind und die die fiktiven Helden als Selbstprojektionen ihrer Autoren ausweisen. So webt Strauss in dem »Des Helden Friedenswerke« überschriebenen Abschnitt ein dichtes, brillant verarbeitetes Gewebe von Zitaten aus eigenen, meist schon berühmten Werken (*Don Juan, Zarathustra, Tod und Verklärung, Don Quixote, Till Eulenspiegel, Guntram, Macbeth, Befreit* und *Traum durch die Dämmerung*).[167] Ganz ähnlich verfährt Thomas Mann im 2. Abschnitt der Venedig-Novelle, wo Aschenbach ausdrücklich genannte oder durch Anspielung leicht zu erkennende Werke Manns zugeschrieben werden, und zwar nicht nur aufgegebene Arbeiten (das Friedrich-Projekt, den Gesellschaftsroman *Maja*, die Erzählung *Ein Elender*, der Essay *Geist und Kunst*), sondern auch veröffentlichte Werke (*Buddenbrooks, Fiorenza, Königliche Hoheit* und *Felix Krull*). Das gleiche Verfahren dient jedoch ganz anderen Zwecken. Während Thomas Mann sein Werkverzeichnis analysiert, und zwar eingangs, vor der Reise nach Venedig, um dadurch Aschenbachs Anfälligkeit gegenüber den in seinem Leben verdrängten dionysischen Mächten zu diagnostizieren, platziert Strauss das Werkverzeichnis gegen Ende seines *Heldenlebens,* wo es nur noch einen Sinn haben kann, nämlich die Erfüllung des Helden in der triumphalen Es-Dur-Verklärung des Schlusses zu untermauern. Der Strauss'sche Held stirbt gleichsam *mit* seinen Werken, Gustav von Aschenbach aber stirbt *an* seinen Werken.

Es fällt auf, dass Mann und Strauss dieselben Lebensbereiche ihrer Künstlerhelden beleuchten, um deren spezifischen Charakter zu bestimmen: die Kritiker des Helden, seine Lebensgefährtin und seine kriegerischen Taten. Strauss widmet diesen Bereichen jeweils eine eigene, deutlich abgesetzte Sektion; Mann verhandelt sie zusammen in dem biographisch-bibliographischen Essay, der das 2. Kapitel der Novelle bildet. Weitere Unterschiede springen ins Auge. Strauss liefert ein breit ausgemaltes Schlachtenstück, aus dem er seinen Helden siegreich hervorgehen lässt. Aschenbach leistet seinen Kriegsdienst mit der »Prosa-Epopöe vom Leben Friedrichs von Preußen« (2.1, 507) und mit der Verherrlichung der preußischen Tugenden Zucht, Willenskraft und Heroismus in den Werken seiner Mannesjahre. Die Tatsache, dass er dafür die Anerkennung des Staates kassiert – er wird in den Adelsstand erhoben –, enthüllt sich später als Symptom seiner Korrumpierbarkeit.

Eine weit gewichtigere Rolle als bei Mann spielt bei Strauss die Lebensgefährtin des Helden. Ihr ist ein besonders virtuoser und inniger Abschnitt gewidmet, der dritte, während Mann Aschenbachs Ehe gleichsam nur der Ordnung und Vollständigkeit halber erwähnt, um ihre Bedeutungslosigkeit für das Schicksal des homosexuell empfindenden Helden zu betonen. Eine gefühlvoll ausgemalte eheliche Liebesszene wie in der Strauss'schen Tondichtung stünde der Thomas Mann'schen Konzeption diametral entgegen. Und vollends undenkbar wäre bei Aschenbach, was Strauss seinem Helden gönnt: eine liebevolle Gefährtin, die ihrem Mann in den Fährnissen des Lebens zur Seite steht und ihre Stimme, die Solovioline, in die Schlussapotheose des Helden mischen darf. Es ist offensichtlich: Der Strauss'sche Held fühlt sich getragen und erhoben vom Bürgerlichen. Aschenbachs Reise endet dagegen im Unbürgerlichen *par excellence*: der Entwürdigung durch den Eros.

Und schließlich die Kritiker der beiden Künstler-Helden. Bei Strauss werden sie gleich eingangs als die »Widersacher« und Feinde des Helden vorgestellt; es sind Karikaturen, ihre Ausdrucksweise ist weitgehend kakophonisch. Im *Tod in Venedig* erscheint die Rolle der Kritik in einem ganz anderen Licht. Der Kritiker, der Aschenbach im Sinnbild des heiligen Sebastian deutet, sowie der feine Beobachter, der ihn im Bild der geschlossenen Faust vorstellt, werden von der Erzählung voll und ganz verifiziert. Aschenbachs Heldentum wird in der Tat als ein »Heroismus [...] der Schwäche« erwiesen, ganz wie der kluge »Zergliederer« (2.1, 511 f.), mit dem sich der Erzähler praktisch identifiziert, erkannt hat. In *Ein Heldenleben* hingegen wird die Kritik gleichsam überwunden, die Kritiker behalten bei Strauss nicht Recht. Es bedarf keiner weiteren Analysen: Die Positionen sind deutlich genug differenziert. Während die Strauss'sche Musik, unerachtet ihrer ironischen Schlaglichter, noch eine ganz ungebrochene, geradezu renommistische Haltung zum Heroischen, zum Bürgerlichen und zur Kunst bekundet, sieht Thomas Mann sich gehalten, eben diese Bereiche zu problematisieren und ihrer Brüchigkeit zu überführen.

Eine noch deutlichere Differenz ließe sich am Beispiel jener beiden anderen Werke herausarbeiten, in denen der Komponist und der Schriftsteller zum selben Sujet griffen: nämlich Joseph in Ägypten. Strauss setzte diesen Gegenstand in einem großen, für Diaghilev in Paris gelieferten Ballett in Musik, zu dem Hofmannsthal und Graf Kessler das Szenar geschrieben hatten. Die *Josephslegende* war zwar ein Erfolg, gehört aber nicht in die erste Reihe des Strauss'schen Œuvre; es ist eine konventionelle Bearbeitung des Gegenstands. Durchaus unkonventionell ist hingegen die Strategie, mit der Mann die *Joseph*-Geschichte modernisiert hat, nämlich unter Aufarbeitung der neuesten religionsgeschichtlichen und mythologischen Forschungen sowie der Aneignung der Freud'schen und Jung'schen Psychoanalyse. So betrachtet, scheint zwischen der *Josephslegende* von 1914 und der 1925 begonnenen Tetralogie *Joseph und seine Brüder* nicht eine Dekade, sondern ein ganzes Jahrhundert zu liegen.

* * *

Thomas Mann kam 1894 als Neunzehnjähriger in die bayrische Metropole und verbrachte an die 40 Jahre dort. Strauss blieb Münchner, trotz seiner ausgedehnten Dirigententätigkeit in Berlin, Wien und anderswo und obgleich er seit 1908 in Garmisch lebte. Er stellte die Verkörperung des kultivierten, weltoffenen Münchnertums dar. Seine Geburtsstadt, in der er zweimal Hofkapellmeister war, blieb die Drehscheibe seiner vielfältigen Wirkung. Man sollte meinen, Strauss und Mann hätten sich kennen und freundschaftliche Beziehungen pflegen müssen, nicht zuletzt aufgrund ihrer vielen gemeinsamen Interessen, zumal an Wagner. Stattdessen aber erzeugte die räumliche Nachbarschaft Rivalität und Misstrauen auf beiden Seiten. Und so hat es auch seine fatale Stimmigkeit, dass die »Richard-Wagner-Stadt München«, sobald sie zur »Hauptstadt der Bewegung« avancierte, der Scheideweg ihrer so andersartigen, doch gleichermaßen weit ausgreifenden Laufbahnen wurde.

Ein biographisches Dokument von 1895 markiert den Beginn der Beziehung. In einem Fragebogen nennt Thomas Mann als einen seiner Lieblingskomponisten, gleich nach Wagner, »*Richard* Strauß« (14.1, 33). Es ist unwahrscheinlich, dass der literarische Debutant den längst berühmten Komponisten damals schon persönlich kannte.[168] Offenbar aber kannte er ihn aus dem Konzertsaal, was umso bemerkenswerter erscheint, als von Strauss' Œuvre damals erst das Frühwerk bis *Till Eulenspiegel* (1895) vorlag. Mit einiger Sicherheit dürfen wir schließen, dass er von diesem Zeitpunkt an den früh berühmten Komponisten nicht mehr aus den Augen ließ.[169] Die erste dokumentarisch belegte Bekanntschaft mit einem Strauss-Werk bezeichnet zugleich auch den Höhepunkt seiner Bewunderung. Mann berührte auf einer Vortragsreise nach Prag und Breslau auch Dresden, wo er *Salome* sah. Die Uraufführung dieses Sensationswerks fand am 9. Dezember 1905 statt, dem Tag, an dem Mann seine Reise antrat; demzufolge hätte er zwar nicht die Uraufführung, sondern eine der ersten Wiederholungen der Premierenserie miterlebt. Die einzige überlieferte Reaktion auf dieses Erlebnis steht in einem Brief an den Bruder: »eine tolle Zauberei! aber das interessirt Dich nicht« (21, 342). Thomas Mann hingegen, der eben *Wälsungenblut* geschrieben hatte, interessierte sich für dieses Werk, ein Gipfelwerk der europäischen Décadence, sein Leben lang. Von ihm war er am meisten fasziniert, wie die biographischen Zeugnisse und vor allem der *Doktor Faustus* erkennen lassen.

Schon in den folgenden Jahren jedoch gewannen die kritischen Momente in Manns Einstellung zu Strauss die Oberhand. Es liegt nahe, diese Veränderung auf *Elektra* zurückzuführen. Mann sah, wie wir aus einem Brief an Hofmannsthal wissen (21, 401), die Münchner Premiere unter Felix Mottl am 14. 2. 1909. Wenig später schreibt er an Walter Opitz, offenbar im Hinblick auf *Elektra:* »Straußens ›Fortschritt‹ ist Gefasel. Vom Parsifal leben und zehren sie Alle.« (21, 427) Der Vergleich mit Wagner weist darauf hin, dass die Distanzierung von Strauss als Bestandteil einer umfassenden Bilanz des Wagnerismus zu sehen ist. Dieser erschien ihm nun veraltet, ohne dass er jedoch gewillt gewesen wäre, für einen der um 1910 eifrig proklamierten Modernismen zu optieren. Einen Ausweg aus seiner Wagner-Krise schien zunächst die Neuklassik zu bieten; die Auseinandersetzung mit dem neuklassischen Programm hat ihren sichtbarsten Niederschlag im *Tod in Venedig* gefunden.[170] Noch aufschlussreicher sind die Notizen zu *Geist und Kunst*, einem ehrgeizigen Essay, mit dem sein Autor nicht zurande kam und den er seinem Alter Ego Gustav Aschenbach vermachte. In diesen 1909 bis 1911 geschriebenen Notizen ist das Verhältnis zu Strauss weiterzuverfolgen.

Es ist ohne weiteres einzusehen, dass Strauss eminent zum Thema gehört, wenn von der Krise der Moderne gehandelt werden soll. Wäre der Essay zustande gekommen, so hätte der Schöpfer der *Salome* und der *Elektra* darin eine Schlüsselrolle eingenommen. Thomas Mann erblickt in ihm den »König« der Wagnerianer. Der diesbezügliche Gedankengang lässt sich in etwa wie folgt rekonstruieren. »Wagners Einfluß auf die Zeit« manifestiere sich vornehmlich in der Volkstümlichkeit und Kindlichkeit Humperdincks und bei Siegfried Wagner »mit seinen Schlichtheiten«. Unter diesen Voraussetzungen findet er es eigentlich »erstaunlich«, »daß *Strauß* König werden konnte« – statt jene. »Jedenfalls«, so schließt die Notiz, »wirkt sein Virtuosentum, seine stofflich sehr unsimplen Neigungen oft genug als Labsal.«[171] Demgegenüber findet sich an anderer Stelle eine gewichtige Einschränkung der Strauss'schen Modernität. Es geht um das Fehlen einer ernsthaften Wagner-Kritik in Deutschland. Das »Volk« verhalte sich mit »absoluter Gläubigkeit« zu Wagner, also unkritisch, und die Musiker erblickten in ihm einen Klassiker. Ihre Neuerungen blieben äußerlich. Dann heißt es mit Bezug auf Strauss: »Diese Herren haben sonderbar ingenieurhafte Begriffe von Fortschritt. Für mich, für uns, denen eine Baßtuba, ein Schlagwerkzeug und zehn Kakophonien *mehr* nichts sehr Wesentliches bedeutet, ist Wagner noch immer etwas brennend Aktuelles, ein Problem, das Problem der Modernität selber – und alles Spätere, ›Elektra‹ mit einbegriffen, vergleichsweise uninteressant.« (TMS 1, 178) Es ist offensichtlich, Mann spricht hier in der Rolle des Schiedsrichters in Sachen Wagnerismus und Modernität. Der Verdacht, dass sich hier eine geheime Rivalität mit dem allgemein anerkannten König der Wagnerianer bemerkbar macht, ist nicht von der Hand zu weisen: Seine angebliche Modernität wird in Frage gestellt, um dagegen eine authentischere, modernere Wagner-Nachfolge geltend zu machen.

Es mag überraschen, dass Mann schon hier, lange vor den *Betrachtungen* und *Palestrina*, es für angebracht hält, Strauss mit Pfitzner zu vergleichen. Solche Vergleiche wurden später in Deutschland beliebt. So hat man Pfitzner für den Naiven im Sinne Schillers, Strauss hingegen für den Sentimentalischen erklärt (Hermann von Waltershausen), oder man erblickte in Strauss den Weltbürger und in Pfitzner den Nationalisten und guten Patrioten (Walter Thomas); einige Pfitzner-Anhänger (Walter Abendroth) sahen in der Konkurrenz mit Strauss gar die Wagner-Meyerbeer-Konstellation wiederholt, wobei die Rolle Wagners für Pfitzner reklamiert wurde. Mann hingegen richtet die Aufmerksamkeit auf die beiden Komponisten, um die Schwierigkeit zu demonstrieren, »die Intellektualität eines modernen Künstlers richtig abzuschätzen«. Einerseits sei Strauss in seiner Musik »unzweifelhaft« der Geistigere und Geistreichere. Andererseits stimmt er aber Pfitzners Bemerkung zu, die Strauss'sche Musik verführe dazu, »das Geistige in der Musik mit dem Genialen zu verwechseln«. Dementsprechend ist es ihm »unzweifelhaft«, dass Pfitzner der »Wärmere, Gemütlichere, Innig-Innerlichere, der Empfindungsvollere und musikalisch Inspiriertere« von beiden sei, wohingegen Strauss der »Kalte, der Techniker, der Kluge, der Geistreiche« genannt wird – also mit deutlich abwertendem Zungenschlag. Mann findet es jedoch bezeichnend, dass gerade Pfitzner »die größere Fähigkeit zum kritischen Kunstdenken bewiesen« habe, wofür er auf dessen Aufsatz *Zur Grundfrage der Operndichtung* verweist, der 1908 in den von Pfitzner mitherausgegebenen *Süddeutschen Monatsheften* erschienen war. Strauss hingegen sei einer theoretischen Reflexion auf solcher Höhe nicht fähig; er habe nicht mehr zu bieten als das »Trotzen auf den Ingenieur-Begriff ›Fortschritt‹«. Nach solchen, wie man meinen sollte, gewichtigen Einschränkungen mutet nun aber der Schlussgedanke dieser aufschlussreichen Notiz überraschend positiv an: »Übrigens möchte ich nicht verschweigen, daß ich R. Strauß bei alldem nicht nur für den stärkeren, zwingenderen, wirksameren, sondern für den größeren Künstler von beiden halte, – nämlich für denjenigen, der dem Kultur- und Zeitpsychologen immer als der Interessantere, Typischere, Repräsentativere, ›Modernere‹ erscheinen wird.« (TMS I, S. 200 f., Nr. 94)

Strauss erhält hier also noch knapp den Vorzug, weil er als der Interessantere und Modernere erscheint. Diese Wertung fügt sich ganz in das Muster von Manns übrigen ästhetischen Präferenzen jener Periode – des Schriftstellers vor dem Dichter, des Literaten vor dem Künstler und anderer mehr. Allerdings erscheint ihm die Überlegenheit des *Salome*-Komponisten keineswegs zwingend; auch die Einwände gegen Strauss finden sein Verständnis, und die Gestalt Pfitzners übt schon hier, als dessen *opus magnum* noch gar nicht vorlag, eine unleugbare Anziehung auf ihn aus. In der von dem verbreiteten Kulturchauvinismus angeheizten Atmosphäre, in der die *Betrachtungen* geschrieben wurden, bedurfte es nur noch eines kleinen Anstoßes, um ihn entschieden für Pfitzner Partei ergreifen zu lassen.

Vermutlich wäre Thomas Mann auch ohne *Palestrina* und ohne den Krieg mehr und mehr von Strauss abgerückt. Dessen Entwicklung nach *Elektra* traf bei ihm auf wachsende Skepsis und Ablehnung. Das bezeugt seine überraschend scharfe und missgünstige Reaktion auf den *Rosenkavalier*. Er sah die Münchner Premiere dieses Sensationserfolgs unter Mottl am 1. Februar 1911. Pikanterweise bestimmte er Hofmannsthal, mit dem ihn seit drei Jahren eine kollegiale, wenn auch etwas förmliche Freundschaft verband, zum Empfänger seiner Kritik. Mit unverhohlenem Erstaunen bestätigt er, dass der Erfolg dieser neuen Strauss-Oper »auch hier […] kolossal« war und dass der Komponist eine viertelstündige Ovation geerntet habe und »ein Dutzend mal […] erschienen« war. Über die Musik urteilt er sodann mit einer an Feindseligkeit grenzenden Schärfe:

> Vier Stunden Getöse um einen reizenden Scherz! Und wenn dieses Mißverhältnis die einzige Stylwidrigkeit bei der Sache wäre! Wo ist Wien, wo ist achtzehntes Jahrhundert in dieser Musik? Doch nicht in den Walzern? Sie sind anachronistisch und stempeln also das Ganze zur Operette. Wäre

es nur eine. Aber es ist Musikdrama anspruchsvollsten Kalibers. Dabei ist, da Strauß von Wagners Kunst, die Deklamation mit dem Riesenorchester *nicht* zuzudecken, garnichts versteht, kein Wort verständlich. All die tausend sprachlichen Delikatessen und Kuriositäten des Buches werden erdrückt und verschlungen, und das ist am Ende gut, denn sie stehen in schreiendem stilistischen Widerspruch zu dem raffinierten Lärm, in dem sie untergehen, und der noch zweimal so raffiniert, aber viel weniger Lärm hätte sein dürfen. Kurz, ich war recht verstimmt und finde, dass Strauß nicht wie ein Künstler an Ihrem Werk gehandelt hat. (21, 473 f.)

Thomas Mann hat später versöhnlicher und günstiger über den *Rosenkavalier* geurteilt.[172] Das kann jedoch seiner ersten Reaktion nichts von ihrer bemerkenswerten Aggression nehmen. Wir können nur spekulieren, was ihn dazu bewogen hat. Gewisse Anhaltspunkte liefert der zitierte Brief. Seine Spitzen richten sich gerade gegen jene zentralen Elemente bei Strauss, die in den Augen des Zeitgenossen seinen Erfolg begründeten: das Idiom und den Orchesterapparat Wagners sowie die Zusammenarbeit mit Hofmannsthal, der seit *Elektra* der beneidete Partner des Komponisten war. Es hat den Anschein, als wollte Mann einen Keil treiben zwischen den Librettisten und den Komponisten, den er eines Dichters vom Rang eines Hofmannsthal offenbar nicht für würdig erachtete. Und was Straussens Reputation als Erbe Wagners betrifft, seine Stellung als »König« der Wagnerianer und als »Richard II.«, so wird sie hier praktisch vernichtet und, *implicite*, von Mann selbst usurpiert. Nach einer symbolischen Exekution wie dieser war Strauss in seinen Augen in gewissem Sinn »erledigt«. Seine Nichtbeachtung in den *Betrachtungen* findet hier eine weitere Erklärung.

* * *

Es liegt eine gewisse melancholische Ironie über dem Mann-Strauss-Verhältnis im Ersten Weltkrieg. Während Thomas Mann, anfangs jedenfalls, seine Hoffnung auf eine offensive Verteidigung der deutschen Sache setzte, weigerte sich Strauss, der ebenso patriotisch gesinnte musikalische Repräsentant der Wilhelminischen Periode, dem Paris und London zugejubelt hatten, in den Chor der antiwestlichen Proklamationen einzustimmen. Gleichzeitig erkor sich Mann in Pfitzner einen neuen Repräsentanten des musikalischen Deutschland – Straussens Konkurrenten und Antipoden. Dabei musste er in seinen besseren Stunden wissen, dass die Idolisierung Pfitzners und die extravagante Hymne auf *Palestrina* im Grunde der musikalischen Nachhut galt, so wie er wenige Jahre zuvor gewusst hatte, dass Strauss der interessantere und modernere Musiker war. Thomas Mann irrte sich, ging fehl, im Politischen wie im Musikalischen – eine Einsicht, der er sich nur zögernd stellte, die aber dann die Konzeption seines großen Romans der deutschen Musik, *Doktor Faustus*, entscheidend prägen sollte. Der Protagonist dieses Romans lässt die ganze Strauss-Pfitzner-Sphäre, mit der er gleichwohl in Beziehung gebracht wird, weit hinter sich und erzwingt, mit tragischen Konsequenzen, jenen Durchbruch, der in die Barbarei führt, schließlich aber das Tor zu einer neuen, humaneren Gefühlssphäre aufstößt.

In den Jahren der Weimarer Republik erfuhr das Verhältnis zu Strauss keine nennenswerte Veränderung. In dieser Periode erreichte der Ruhm Thomas Manns in Deutschland mit der Veröffentlichung des *Zauberberg* seinen Zenit. Der Ruhm des *Rosenkavalier*-Schöpfers verblasste dagegen. Manns Einschätzung des längst nicht mehr als Konkurrenz empfundenen Komponisten als eines vormals kühnen, nun aber schal gewordenen Künstlers werden auch die Opernwerke jener Jahre – *Die Frau ohne Schatten* (1919), *Intermezzo* (1924), *Die Ägyptische Helena* (1928) und *Arabella* (1933) – eher bestätigt als korrigiert haben. Wir dürfen annehmen, dass Mann (vielleicht mit Ausnahme der *Arabella*) diese Opern kannte. Mit Sicherheit wissen wir dies von der *Frau ohne Schatten* und der *Ägyptischen Helena* (Reg. 28/177). Manns Tagebuch (2. 3. 1920) überliefert seine Reaktion auf *Die Frau ohne Schatten*: »Nach kurzer Ruhe im Schlafzimmer eine Tasse Thee genommen und ins Hoftheater, auf [Bruno] Walters Platz ›Die Frau ohne Schatten‹ zu hören. Riesiges Orchester, virtuose Tonstürme, Schwirren der Dämonen. Bedeutende Klangschönheiten, phantastisch. Dazwischen Trivialität und ennui. Am wohlthuendsten zu hören das Duett der Färbersleute mit den Vorhalten in der Höhle. Auch der Schluß.« Die Zwiespältigkeit dieses Urteils fügt sich in das vertraute Bild, wiewohl zu beachten ist, dass Thomas Mann hier weniger heftig reagiert als in dem *Rosenkavalier*-Brief an Hofmannsthal.

Es gehört zu den Seltsamkeiten dieses Verhältnisses, dass es in den Jahren ihrer Weltgeltung kaum zu einer persönlichen Begegnung zwischen Strauss und Mann gekommen zu sein scheint. Aller Wahrscheinlichkeit nach trafen sie nur ein einziges Mal zusammen, am 22.1.1918 zum Tee im Hause Bruno Walters in München, wovon Mann seiner Lübecker Kollegin Ida Boy-Ed, einer Opernfreundin, beiläufig Mitteilung macht (22, 219). Ein halbes Jahr nach dem Triumph des *Palestrina*, an dem Bruno Walter als Dirigent und Thomas Mann als Propagandist maßgeblichen Anteil hatten, war dies offensichtlich nicht der günstigste Augenblick zu einer Annäherung. Man blieb auf Distanz, das Verhältnis war weiterhin von Misstrauen und Antipathie gekennzeichnet, wie eine Bemerkung von Strauss in einem Brief an den Dirigenten Clemens Krauss von 1932 erkennen lässt. Er habe eine Komposition des Dirigenten am Radio hören wollen, doch die Sendung sei ausgefallen, weil (es ist ein Goethe-Jahr) »Thomas Mann zu lange über Goethe gequatscht« habe.[173]

Daran änderte sich auch nichts, als sich Pfitzner 1925 förmlich von Thomas Mann lossagte. Wie so viele Gesinnungsgenossen aus der Zeit der *Betrachtungen* konnte und wollte Pfitzner Manns Bekenntnis zur Republik nicht gutheißen. In dem Maße, in dem in Deutschland Pfitzners Name mit dem Thomas Manns noch verknüpft ist, fällt darauf der Schatten des *Protests der Richard-Wagner-Stadt München*, jenes von Hans Knappertsbusch initiierten Angriffs auf Thomas Mann, den Pfitzner, anders als Strauss, im klaren Bewusstsein der ideologischen Gegnerschaft und aus einer gewissen pervertierten Redlichkeit heraus unterzeichnete. Der *Protest* erschien in der Osterausgabe der *Münchner Neuesten Nachrichten* vom 16./17. April 1933. Thomas Mann kam er am Tag darauf in Lugano zu Gesicht. Das Tagebuch verzeichnet den »Choc von Ekel und Grauen«, den ihm diese Aktion auslöste. Offensichtlich war das »hundsföttische Dokument« nur euphemistischerweise ein »Protest« genannt worden, denn in seiner Wirkung und wohl auch in seiner Absicht konstituierte es einen Akt der »nationale[n] Exkommunikation« und eine »lebensgefährliche Denunziation« (XIII, 91), wie Thomas Mann sogleich erkannte. Es verursachte das schmerzlichste und nachhaltigste Trauma, das ihm je von Seiten der deutschen Öffentlichkeit widerfahren ist.

Strauss war Mitunterzeichner – der prominenteste und angesehenste. Ob er aus Naivität unterschrieb, wie seine Apologeten argumentieren, oder aus Opportunismus, wie seine Gegner meinen, ist schwer zu entwirren; beide Momente sind in Anschlag zu bringen. Gewiss gehörte er jedoch nicht zu den Initiatoren des Protests, die eher in den Kreisen eines Hausegger, Knappertsbusch und Pfitzner zu suchen sind. Die Tatsache, dass über 40 prominente Münchner Persönlichkeiten sich bereit fanden, Thomas Mann öffentlich zu denunzieren, muss auch heute noch Erstaunen erregen. Diese Aktion platzte jedoch nicht völlig wie aus heiterem Himmel auf die Szene; es gab Antezedentien. Zwei Jahre zuvor, in der Affäre um die französische Übersetzung von *Wälsungenblut*, war Thomas Mann von Friedrich Hussong in einem Artikel, der von der gesamten Hugenberg-Presse gebracht wurde, scharf angegriffen worden. Derselbe Hussong hatte nach Manns *Republik*-Rede 1922 das Etikett von »Saulus Mann« geprägt, das ihm im gesamten rechten Lager anhaftete und das auch noch in dem Münchner »Protest« mitschwingt. Im Zusammenhang mit *Wälsungenblut* – die 1905 geschriebene Erzählung war damals aus Furcht vor einem Skandal zurückgezogen worden und war in Deutschland nur wenigen durch einen Privatdruck von 1921 bekannt – lauteten die Vorwürfe von rechts: »intellektuelle Unreinlichkeit gegenüber dem deutschen Publikum«, »Profitgier«, »erschreckende Geschmacklosigkeit« und Darstellung von »Blutschande«.[174] Mit anderen Worten, Thomas Mann war kein unbeschriebenes Blatt in Sachen Wagner; gegen ihn lag in dieser Hinsicht schon etwas vor, und auf diese Verwundbarkeit durften die Münchner Protestler zählen.

Strauss war am 10. Februar 1933 nicht unter den Zuhörern im Audimax der Münchner Universität, wo Thomas Mann seine Rede zum Gedenken an Wagners 50. Todestag vorgetragen hatte; auch hatte er offenbar die Auszüge, die in der *Vossischen Zeitung* erschienen waren, oder den Text des umfänglichen Essays, der im Aprilheft der *Neuen Rundschau* zum Abdruck kam, zu diesem Zeitpunkt noch nicht gelesen.[175] Woher dann die Motivation zum Mitmachen bei dieser leichtsinnigen Aktion? Strauss zufolge, wie wir indirekt aus Manns Tagebuch (19.5.1934) wissen, habe er sich von Siegmund Hausegger, dem Präsidenten der Münchner »Akademie der Tonkunst«, dazu bewegen lassen. Das jedenfalls erklärte er Lilly Reiff gegenüber, als er 1934 aus Anlass einer Festwoche zu Ehren seines 70. Geburtstags in Zürich weilte. Lilly Reiff, die mit beiden befreundet war und offenbar zu vermitteln suchte, berichtete

Katia Mann, Strauss habe sich sogleich nach seiner Ankunft in Zürich nach Thomas Mann »erkundigt und geäußert, es sei doch schade – ich könnte doch sehr gut in Deutschland leben – es habe doch niemand etwas gegen mich«. Die nur allzu glaubwürdig klingende Episode wirft ein bezeichnendes Licht auf die nachgerade unfassbare Ahnungslosigkeit des fast 70-jährigen Komponisten in politischen Dingen, der sich offenbar nicht einmal die Möglichkeit einer Belästigung und Verfolgung, geschweige denn eines Schutzhaftbefehls, vorstellen mochte. Man fragt sich, über wen Strauss weniger Bescheid wusste: die Nationalsozialisten oder Thomas Mann?

Die Frage, welcher politischen Couleur Strauss zuzurechnen sei, ist bei einem sich so ausgeprägt als unpolitisch verstehenden Musiker, von dem der Satz überliefert ist: »Zuerst kommt die Kunst und dann kommen die anderen Rücksichten«[176], nicht einfach übers Knie zu brechen. Niemand wird im Ernst behaupten wollen, Strauss sei ein Nationalsozialist gewesen. Andererseits kann nicht übersehen werden, dass Strauss 1933 keinerlei antifaschistische Gesinnung an den Tag legte oder gar den Erwartungen der neuen Machthaber in irgendeiner Weise zuwiderhandelte. Am treffendsten hat wohl der kanadische Historiker Michael H. Kater das politische Profil des Komponisten bezeichnet: »Strauss was a right-wing conservative who liked the glitter of the dictatorial tools he saw in action after January 1933, but he was too much steeped in a traditional bourgeois world with its broad political spectrum, rather than a one-dimensional, revolutionary-totalitarian one, to understand the real makeup of the Nazis and to use those tools efficaciously himself.«[177] Zwei weitere Gesichtspunkte kamen hinzu, um Strauss dazu zu bewegen, sich den neuen Machthabern zur Verfügung zu stellen. Das neue Regime, angeführt von einem passionierten Musikliebhaber und bekennenden Wagnerianer, versprach, energisch dafür zu sorgen, dass Deutschland seine musikalische Vormachtstellung in der Welt, die sie in der Weimarer Republik zu verlieren drohte, sichergestellt wird. Darüber hinaus schien die antimodernistische Kunstauffassung des Nationalsozialismus am ehesten eine Gewähr dafür zu bieten, dass Richard Strauss wieder die unangefochtene Nummer eins der deutschen Musikszene werden würde, was er in den gut zwei Jahrzehnten vor 1933 nicht mehr gewesen war.

Strauss wurde am 15. November 1933 in einem feierlichen Staatsakt in der Berliner Philharmonie, in Anwesenheit Hitlers, von Goebbels in seiner Eigenschaft als Präsident der Reichskulturkammer zum Präsidenten der Reichsmusikkammer ernannt. Das geschah offenbar ungefragt – so sicher durfte man seiner Gefügigkeit sein. Strauss lehnte nicht ab. Er versah sein Amt energisch und zielbewusst.[178] Schon nach einem Jahr jedoch erschien er dem Regime untragbar; er erwies sich kulturpolitisch als zu elitär und kosmopolitisch, auch ermangelte er des rechten antisemitischen Eifers. Bestrebungen, Strauss seines Amtes zu entheben, waren offenbar seit Ende 1934 im Gang.[179] Die Gelegenheit bot sich sodann im Sommer 1935. Strauss hatte einen Brief an seinen jüdischen Librettisten Stefan Zweig geschrieben, in dem er auf dessen Mitarbeit an seiner nächsten Oper *Friedenstag* insistierte und dem durch die Allianz mit Strauss kompromittierten Autor versicherte, er »mime« lediglich das Amt des Präsidenten der Reichsmusikkammer, »um Gutes zu tun und größeres Unglück zu verhüten«.[180] Dieser Brief wurde von der Gestapo abgefangen. Wieder zeigte sich Strauss ahnungslos und von den Konsequenzen seiner Handlungsweise überrascht. Durch den Brief an Zweig, der Hitler persönlich vorgelegt wurde, untragbar geworden, sah sich Strauss am 6. Juli 1935 mit der Aufforderung konfrontiert, aus Gesundheitsgründen um seinen Rücktritt einzukommen. Eine Woche später sandte er ein Ergebenheitsschreiben an Hitler[181], in dem er bat, sich vor dem Führer persönlich rechtfertigen zu dürfen. Dieser wahrlich erschütternde Brief markiert den moralischen Tiefpunkt in Straussens unheldischem Leben, wie George Marek zutreffend bemerkt.[182] Das Beste, was Strauss geschehen konnte, war, dass sein Brief unbeantwortet blieb. Ungeachtet des Bruchs mit dem neuen Regime blieb Straussens persönliche und künstlerische Freiheit im Wesentlichen unangetastet. Aus diesen und späteren Jahren sind verschiedene regimekritische Äußerungen überliefert; sie machen aus ihm keinen entschiedenen Antifaschisten.

Vor diesem Hintergrund verliert die Erklärung, die Strauss für seine Unterschrift unter den Münchner *Protest* Lilly Reiff gegenüber gab, ihre Glaubwürdigkeit. »Hausegger habe ihn bearbeitet«, vertraute er der Zürcher Freundin, von der er annehmen durfte, dass sie diese Erklärung Thomas Mann übermitteln würde. Dieser vermerkte die Aussage Straussens ohne Kommentar im Tagebuch; ihre Seichtheit und Unzulänglichkeit sprechen für sich. Hätte Strauss ohne die »Bearbeitung« durch Hausegger nicht unterschrieben? Braucht sich eine Persönlichkeit wie Richard Strauss von irgendjemandem in seiner Handlungsweise bestimmen zu lassen, noch dazu von einem so wenig distinguierten Komponisten wie Hausegger? Weit wahrscheinlicher ist, dass ihm die in dem *Protest* artikulierte Kritik an Mann mehr oder weniger aus dem Herzen gesprochen war. Es gibt zu denken, dass er Lilly Reiff gegenüber bemerkte, »in dem geistreichen Aufsatz [Thomas Manns Wagner-Essay] ständen ja immerhin zurückzuweisende Dinge« (Tb. 19.5.1934). Wir dürfen daraus schließen, dass er sich inzwischen mit dem Text von Manns Essay bekannt gemacht hatte, der ihm von Peter Suhrkamp, dem Herausgeber der *Neuen Rundschau*, am 19. April, drei Tage nach Veröffentlichung des *Protests*, zugesandt worden war mit der dringenden Bitte, sich zu erklären und von der ganzen Aktion zu distanzieren. Offenbar hat Strauss dies zunächst in Erwägung gezogen, wie ein von Michael Kater entdecktes Dokument zu bezeugen scheint. Es handelt sich um einen unveröffentlichten Brief an Knappertsbusch vom 21. April, in dem er den Dirigenten um eine dringende Aussprache über Thomas Mann bittet. Die Sache scheint aber im Sand verlaufen zu sein. Nicht auszuschließen ist jedoch, was Kater vermutet: »Strauss wanted to take Knappertsbusch to task for something, because he felt embarassed.«[183]

Was spezifisch wollten die Münchner Protestanten zurückweisen? Der Text des *Protests* mit seinen in ihrer Art denkwürdigen Formulierungen gibt klare Auskunft darüber.[184] Sein ideologisches Profil ist deutlich genug zu erkennen: Hier meldet sich, getragen von der Welle der »nationale[n] Erhebung Deutschlands«, das wild nationalistisch gesinnte Alt-Wagnertum zu Wort, um die von Nietzsche inaugurierte psychologische Wagner-Deutung in ihrem wirkungsvollsten zeitgenössischen Vertreter zu treffen und in Bann zu tun. Nicht nur lief keines dieser Anliegen den bekannten, konservativen Anschauungen von Strauss zuwider, der ganze *Protest* fügt sich ohne weiteres in das Grundmuster seines Verhaltens im Jahr der »nationalen Erhebung«. Die Möglichkeit, Strauss könne aus Versehen, Leichtsinn, Übereilung unterschrieben haben oder um Hausegger einen Gefallen zu tun, wird vollends hinfällig angesichts seines Verhaltens gegenüber Bruno Walter und Arturo Toscanini. Ungeachtet internationaler Proteste erklärte er sich bereit, an Stelle von Bruno Walter, der unter massivem Druck abgesagt hatte, ein Konzert mit den Berliner Philharmonikern zu dirigieren, so wie er für den aus Protest fernbleibenden Arturo Toscanini in Bayreuth den *Parsifal* übernahm. Die Annahme, Strauss habe allein »dem Orchester zu Liebe« und »Bayreuth zu Liebe«[185] gehandelt, ohne politische Hintergedanken und ohne die politische Signalwirkung seiner Handlung auch nur zu ahnen, ist unhaltbar und kann nur von den desperatesten Apologeten bemüht werden.

* * *

Thomas Mann hat Strauss nicht für einen der Urheber der Münchner Aktion gehalten. Er sah in ihm eher einen, der aus einem gewissen Leichtsinn heraus und ohne sich um die Konsequenzen zu scheren, mitmacht. Nicht an Strauss, sondern an Pfitzner adressierte er folglich seine große Erwiderung – den »Dichter und Schriftsteller Hans Pfitzner«, dem er sich einst brüderlich verbunden fühlte und dem er nicht hingehen lassen könne, »was man einem sonntagskindlichen Geist wie Richard Strauss in Gottes Namen hingehen zu lassen bereit ist« (XIII, 83). An Pfitzner werden hier offensichtlich strengere Maßstäbe angelegt als an den Nur-Musiker Strauss. Warum wohl? Weil Strauss ein »sonntagskindlicher Geist« nachgesagt wurde? Oder weil Musiker als Gattung, Strauss insbesondere, nun einmal ein sonntagskindliches Verhältnis zur Welt haben? Die Rede von Strauss als dem Sonntagskindlichen enthüllt eine wesentliche Komponente in Manns Strauss-Bild; sie taucht in abgewandelter Form 1945, am Ende des Dritten Reichs, wieder auf, als er den *Doktor Faustus* schreibt. In einer Radioansprache spricht er von der »monumentalen Wurschtigkeit eines Richard Strauss« (XIII, 744). Monumental angesichts der Bedeutung von Strauss und der Gewichtigkeit seiner Rolle im Dritten Reich, aber dann doch »Wurschtigkeit«, anstatt, wie Mann auch hätte formulieren können, Komplizenschaft, Mitschuld. Was sich hier abzeichnet, ist ein Abstraktionsprozess von dem individuellen Fall Richard Strauss zu dem Paradigma des Nichts-als-Musikers, dem die Konsequenzen seines Verhaltens gleichgültig sind und der im Moralischen wie im Politischen einen abgründigen *je-m'en fichisme* praktiziert. Dadurch wurde Strauss in Manns Augen zum Gegenbild – er tat das, was ihm sein eigenes politisches Gewissen verbot –, aber auch zur Vergleichsfigur, die das praktizierte, was er selbst immerhin auch einmal in Erwägung zog: nämlich sich zur Verfügung zu stellen und mitzumachen, wie das Tagebuch verrät. Neun Monate nach seinem »Draußenbleiben« verzeichnet er »Gedanken an eine Rückkehr nach Deutschland«. Unweigerlich richten sie sich, neben Gerhart Hauptmann, auch auf Richard Strauss, die beiden prominentesten der regimefreundlichen Künstler. Was Thomas Mann hier erwägt – aber verwirft –, ist eine diskrete, nicht repräsentative, gewissermaßen unschuldige Rückkehr nach Deutschland – in der Praxis ein Ding der Unmöglichkeit. Doch der Gedanke als solcher ist ihm nicht fremd – »Schließlich brauchte man sich nicht zu benehmen wie Hauptmann und Strauss, sondern könnte eine ernste und jedes Hervortreten ablehnende Isolierung bewahren.« (Tb. 20. 11. 1933)

Wie sehr ihm bei solchen Überlegungen das abschreckende Beispiel von Richard Strauss vorschwebte, zeigt seine Reaktion ein halbes Jahr später anlässlich jener Strauss-Festwoche im Mai 1934 in Zürich. Thomas Mann war von Hermann und Lilly Reiff eingeladen worden, in ihrer Loge, mit dem Komponisten, einer Aufführung der *Salome* beizuwohnen. Er lehnte selbstverständlich ab. Dann aber konnte er es sich doch nicht versagen, die Aufführung wenigstens teilweise in der Radioübertragung mitzuerleben. Das vertraute Faszinationswerk erscheint ihm nun, wie zu erwarten, in einem recht kritischen Licht: »Ich empfand stark die Oberflächlichkeit, Überholtheit und törichte Kälte des Schmißwerkes und seines bürgerlichen Ästhetizismus von vor dem Kriege.« (Tb. 2. 5. 1934) Doch im selben Atemzug fühlt er sich wieder gedrängt, sich mit Strauss zu vergleichen und in dem inzwischen zum Präsidenten der Reichsmusikkammer Avancierten das Kontrastbild auszumachen: »Ist nicht dieser Strauss, dies naive Gewächs des Kaiserreichs, viel unzeitgemäßer geworden als ich? Müßte er nicht als Künstler viel unmöglicher im ›3. Reiche‹ sein als ich? Er ist dumm und elend genug ihm seinen Ruhm zur Verfügung zu stellen, und es macht ebenso dumm und elend Gebrauch davon.«

Manns Tagebuch aus dem amerikanischen Exil belegt überraschend eindrucksvoll, in welchem Maß die Reflexion auf Strauss und seine Musik ihn weiterhin begleiteten. Der Gesamteindruck bleibt ein höchst zwiespältiger, ebenso lebendig bleibt jedoch die Faszinationskraft des Strauss'schen Werkes. Es scheint, als habe Mann, im Vorfeld des seit 1933 ins Auge gefassten *Doktor Faustus*, immer stärker die Notwendigkeit empfunden, über eine kritische, historische Diagnose der Musik Richard Strauss' zu verfügen. Auffallenderweise wird Strauss nun weniger als Repräsentant seiner Zeit denn als Vorläufer und Ankündiger gedeutet. So bemerkt er etwa über *Tod und Verklärung* anlässlich einer Konzertübertragung, die er in Princeton am Radio mithörte: »Strauss (›Tod u. Verklärung‹) schien mir ungeheuer charakteristisch für das neudeutsche Wesen und was daran als überlegen zu fürchten.« (Tb. 6.1.1940) Ein Jahr später kommentiert er *Ein Heldenleben,* das er unter Toscanini am Radio erlebte, wie folgt: »Sehr deutsch und sehr hitlerisch, trivial, brutal, raffiniert, ›gigantisch‹, egozentrische Selbstfeier, revolutionärer Kitsch. Man soll nicht zu trennen und zu unterscheiden suchen.« (Tb. 1.2.1941) So gesehen, wäre die Strauss'sche Musik eine antizipatorische Artikulation der gegenwärtigen Verkehrung des deutschen »Wesens« ins Brutale – Vorbote »einer heraufziehenden Barbarei«. (VI, 486)

Offensichtlich berührt ein solches Urteil nicht alle Teile des Strauss'schen Œuvres. Der *Rosenkavalier* zum Beispiel erfährt nun eine merklich positivere Würdigung als zu Anfang. Nach einer als »ausgezeichnet« empfundenen Aufführung im Deutschen Theater 1937 in Prag bewundert er das »Orchesterraffinement« sowie die »gefühlte Dichtung«, die ihn, trotz großer Müdigkeit, sehr bewegten (Tb. 10.1.1937). Diese Hochschätzung des *Rosenkavalier* erhielt sich offenbar bis zum Ende. 1949, schon nach Strauss' Tod, bemerkt er über die Suite aus dem *Rosenkavalier*: »Ist doch eine höchst liebenswürdige Musik.« (Tb. 18.12.1949) Das Nebeneinander von Bewunderung und Abwehr belegt vor allem sein Urteil über *Salome.* Mann besuchte Ende 1940 eine Aufführung unter Arthur Rodzinsky in Chicago; sein Eindruck ist zwiespältig, aber das Werk bedeutet ihm offenbar am meisten unter allen Strauss-Opern: »[...] etwas rohe Aufführung, veraltete Neurasthenie, erniedrigte Wagner-Mittel mit persönlicher Note, glänzend gemacht, erfolgssicher. Die Szene und Kostüme interessierten mich.« (Tb. 21.11.1940) Letzteres ist vermutlich im Hinblick auf den gerade begonnenen vierten Band des *Joseph* gesagt, doch in einer tieferen Schicht war ihm die Wiederbegegnung mit diesem Werk in erster Linie für *Doktor Faustus* wichtig.

Es mag angesichts der Heftigkeit seiner früheren Reaktion überraschen, dass Thomas Mann im Alter Strauss eigentlich recht nachsichtig beurteilte. Er war offenbar beeindruckt, als ihm Stefan Zweig, der Librettist des Komponisten, bei seinem Besuch im Juli 1935 von Straussens zwiespältiger Einstellung zu den Machthabern berichtete und von der erzwungenen Niederlegung aller Ämter. Mann quittierte dies im Tagebuch (14.7.1935) mit einem knappen »Gut«. Schließlich muss ihm auch zu denken gegeben haben, dass ein Mann von der Integrität eines Willi Schuh zu Strauss' Bewunderern und Freunden zählte. Schuh, der Musikkritiker der *Neuen Zürcher Zeitung*, war einer der ganz wenigen, der schon vier Tage nach Veröffentlichung des Pamphlets energisch den Unfug des Münchner Wagner-Protests anprangerte – eine Geste, die der *Faustus*-Autor ihm hoch anrechnete und nicht vergaß.[186] Als Mann die »Meldung vom Tode Richard Strauß'« erfuhr, notiert er im Tagebuch am 8.9.1949: »Mit Ernst aufgenommen.« Eine nochmalige Kritik oder Invektiven unterbleiben jedoch. Stattdessen hält er wenig später eine Anekdote fest, die Bruno Walter bei einer Dinner-Party in seinem Haus zum Besten gegeben hatte: »Strauß auf dem Totenbett: ›Es geht dahin. Dirigieren? Hier nicht mehr. Vielleicht droben. Wir machen den ›Figaro‹, und der Mozart wird rufen: ›Strauß! Schon wieder zu rasche Tempi!‹« (Tb. 18.10.1949) Mann fügt dem nur ein Wort hinzu: »Sympathisch.« Offenbar schwingt darin ein Bewunderung mit für das nie bestrittene Musikantentum von Richard Strauss, vielleicht auch für seine Liebe zu Mozart, für den er selbst im Alter eine wachsende Zuneigung entdeckte. In diesem Sinne bekennt er selbst einem Adorno gegenüber, einem der gewichtigsten Strauss-Verächter, eine zwar ambivalente, doch überwiegend nachsichtige Einstellung zu Strauss. Er sehe der angekündigten Abhandlung Adornos über den »Strauss-Richardl [...] heiter erwartungsvoll« entgegen, denn diese müsse »unfehlbar höchst amüsant« ausfallen: »Der Revolutionär als Sonntagskind – es ist doch ein einmaliger Fall und belustigend im besten Sinn. Ich habe immer viel für ihn übrig gehabt, wohl ansichtig seiner Erfolgswindbeutelei. Seine Nonchalance war sympathisch, und er hatte bei seinem enormen Talent viel Liebe und Aufblick. ›Der Mozart! Wie der schreibt! I kann's net!‹«[187]

Manns nachsichtige, versöhnliche Einstellung erscheint umso bemerkenswerter, als sie absticht von der feindseligen Haltung seiner beiden ältesten Kinder. Erika insbesondere verurteilte Straussens Rolle im Dritten Reich. Wie das Wagner'sche Wotanskind, als das er sie gerne bezeichnete, vermeinte Erika gelegentlich, die Gedanken ihres Vaters besser zu kennen als er selbst. So schrieb sie 1942 einen Leserbrief an die *New York Times*[188], in dem sie in starken Worten dagegen protestierte, dass im amerikanischen Rundfunk Musik von Strauss und Schallplatten mit dem Pianisten Walter Gieseking gespielt würden, solange sich das Land mit dem Deutschen Reich im Krieg befinde. In ihrem Brief zitierte sie missbilligend eine Äußerung Bruno Walters, wonach zwischen der Musik und dem Charakter ihres Komponisten strikt zu unterscheiden sei. Offenbar beklagte sich Bruno Walter darüber beim Vater, der, wie das Tagebuch ausweist (19. 2. 1942), ihm und seiner Position Recht gab.

Wie seine Schwester urteilte auch Klaus Mann schärfer und radikaler als der Vater über die mit dem Deutschen Reich kooperierenden Kulturgrößen. Gegen Ende des Krieges kam er als Berichterstatter für die amerikanische Armeezeitschrift *Stars and Stripes* nach Deutschland, wo er in München das zerstörte Haus seiner Eltern und in Garmisch, in seiner Villa, Richard Strauss besuchte. Ohne seine Identität preiszugeben – er stellte sich als »correspondent Smith« aus Chicago vor –, fragte er den über 80-jährigen Komponisten aus und berichtete sodann darüber (der Militärzensur halber auf Englisch) an den Vater in Kalifornien.[189] Für *Stars and Stripes* schrieb er einen ausführlicheren Bericht[190], der später in gemilderter Form in die Schlusspartie seiner Autobiographie *Der Wendepunkt* eingearbeitet wurde. Offenbar hatte man Strauss über das Täuschungsmanöver Klaus Manns aufgeklärt, denn er nahm diesen Vorfall zum Anlass, direkt an Thomas Mann zu schreiben. Wir wissen von der Existenz dieses Briefes aus einem Strauss-Brief an Willi Schuh.[191] Er wurde nie abgeschickt und ruht noch im Strauss-Nachlass.[192]

Die schon zitierte Formulierung von der »monumentalen Wurschtigkeit eines Richard Strauss« wurde aller Wahrscheinlichkeit nach von dem Brief Klaus Manns über den Besuch bei Strauss angeregt. Es fällt auf, dass sich Mann keinen der sehr abschätzigen Ausdrücke seines Sohnes zu Eigen macht. Dem *Faustus*-Autor ging es offensichtlich nicht um Verurteilung, sondern um Verstehen. Für einen, der sich einst selbst hatte dazu hinreißen lassen, seine Dienste dem Vaterland zur Verfügung zu stellen, konnte der Fall Strauss – auch er im Grunde ein »Unpolitischer« – nicht völlig unverständlich sein. Es kommt hinzu, dass Mann wie Strauss, der eine jüdische Schwiegertochter zu schützen hatte, aus ähnlichem Grund (um seine Schwiegereltern zu schützen) sich in den ersten Jahren des Exils gewisse Rücksichten auferlegt hatte. Mit anderen Worten, der Fall Strauss stand ihm näher, als der erste Augenschein ahnen lässt. Das belegt auf eine überaus aufschlussreiche Weise eine Stelle im Tagebuch vom 18. 6. 1939: »Verfolgt von der Mitteilung [Fritz] Landshoffs, daß R. Strauss, 75 jährig, nach der Festaufführung seiner letzten Oper in Wien, wozu Hitler herbeigeflogen, am nächsten Tage mit diesem Lunch gehabt.«[193] Mit dieser öffentlichkeitswirksamen Geste sollte offenbar ein Signal der Aussöhnung mit dem schwierigen Komponisten gesetzt werden, und als solches wurde es auch von Thomas Mann empfunden. Warum aber fühlte er sich »verfolgt« von dieser Geschichte? Warum ging sie ihm so nahe?

Erinnern wir uns, dass Mann Ende 1933 selbst mit dem Gedanken wenigstens gespielt hatte, nach Deutschland zurückzukehren und dort eine diskretere Rolle als Strauss zu spielen; stellen wir in Rechnung, dass er einen Roman über die unheimlichen Beziehungen zwischen der deutschen Musik und dem Nationalsozialismus plante und dass er selbst gerade in einem schonungslosen Essay Hitler als einen »Bruder« (XII, 845 – 852) diagnostiziert hatte, so begreift man die Faszination, die von der Sinnfälligkeit der Strauss-Hitler-Konstellation für ihn ausgegangen sein musste. Hätte er auch irgendwann einmal mit Hitler an einem Tisch sitzen können oder müssen? Die Tatsache, dass ein solcher Gedanke, wenn auch noch so unwahrscheinlich, überhaupt auftauchen konnte, lieferte wohl eines der geheimsten Motive zum *Faustus.*

In das weitere Quellgebiet dieses Musikromans haben wir denn auch die Revision des Thomas Mann'schen Strauss-Bildes zu platzieren. Für die zehn Jahre zwischen dem Münchner *Protest* und dem Beginn des *Doktor Faustus* ist ein Objektivierungsprozess zu konstatieren, in dem die komplexen Emotionen vis-à-vis Strauss gleichsam geläutert wurden. Er sieht in diesem deutschen Tonsetzer nun nicht mehr den Rivalen, den Gegner oder den verachteten Opportunisten, sondern den Repräsentanten einer Epoche und einer Mentalität, die mehr mit dem Aufkommen des Nationalsozialismus zu tun hatte, als für möglich gehalten wurde. Strauss verkörpert den charakteristisch deutschen Typus des unpolitischen Künstlers, der mitverantwortlich ist für den verhängnisvollen Verlauf der deutschen Geschichte – nicht obwohl, sondern gerade weil er das Ästhetische vom Politischen glaubte trennen zu können.

Manns letzte briefliche Stellungnahme zu seinem großen Zeitgenossen erfolgte anlässlich der Uraufführung der *Liebe der Danae*, die er 1952 bei den Salzburger Festspielen miterlebte. Sie ist ganz auf das Werk, nicht die Person gerichtet, und spiegelt sein Bemühen um eine objektive Würdigung. Der Umstand, dass der Brief an Emil Preetorius gerichtet ist, der das Bühnenbild entworfen hatte, wird nur unwesentlich zu der relativ wohlgesonnenen Beurteilung beigetragen haben: »Ein so recht glückliches Werk ist es nicht, wie Sie ja andeuten mit Ihrem guten Bild von den ungleichen Beinen, und wird sich kaum die Welt erobern. [Josef] Gregor hat schlecht gedichtet, und Hofmannsthal würde hastig auf seine Nägel blicken. In der Musik natürlich viel Schönes und Reizendes, aber zuviel Pauke, zuviel Pomp und Leere doch auch. Ihre Ausstattung freilich ist schlechthin unübertrefflich, eine ständige Augenweide. Und die Vergoldungsszene, beginnend mit einer kleinen pompejanischen Vase ist ja auch technisch ganz ausgezeichnet.« (Br. III, 267)

* * *

Manns Tagebuch berichtet Ende September 1949, also kurz nach dem Tod des Komponisten, von einer Unterhaltung, in der »[v]iel über R. Strauß« gesprochen wurde. Er notiert sich: »Leverkühn der nach-Straußische Komponist, den es hätte geben müssen.« (23.9.1949) Inwieweit, so ist zu fragen, kann der »deutsche Tonsetzer« Leverkühn als Post-Straussianer bezeichnet werden? Und welche Rolle spielte Strauss bei der Konzeption des *Doktor Faustus*?

Der Ausdruck »nach-Straußische[r] Komponist« suggeriert zweierlei: dass Leverkühn, wenn auch nur vorübergehend, ein Straussianer war, und dass er sich, von einem gewissen Zeitpunkt an, von Strauss distanzierte; auf jeden Fall aber bezeichnet Strauss einen Bezugspunkt seines Werks. Auf Leverkühn und Strauss träfe somit zu, was Nietzsche im *Fall Wagner* zur Situation der Musik nach Wagner bemerkt hatte: »›Wagner *resümiert* die Modernität. Es hilft nichts, man muss erst Wagnerianer sein …‹« (KSA 6, 12) Auch Leverkühn musste, aus zwingenden historischen Gründen, zuerst ein Straussianer sein. Die Krise, aus der er einen Ausweg sucht, ist also nicht irgendeine unbestimmte Krise der modernen Kunst, sondern spezifisch die Spätromantik eines Richard Strauss.

Leverkühns Affinität zu dieser Sphäre ist besonders evident in seinem frühen Opus *Meerleuchten*. Man sah, so hören wir, »in dem jungen Verfasser einen hochbegabten Fortsetzer der Linie Debussy-Ravel« (VI, 202). Zuvor jedoch wird eine Berührung mit Strauss suggeriert. *Meerleuchten* stellt gleichsam Leverkühns Gesellenstück in der Kunst des Orchestersatzes dar, die generell als die ureigenste Domäne von Richard Strauss galt und in seiner *Alpensinfonie* kulminierte. Leverkühn, der »die deutsche, österreichische Spät-Romantik gehört und gelesen hatte« (VI, 200), bedient sich des »hypertrophischen Klangapparat[s] des nachromantischen Riesenorchesters« (VI, 201), ohne an seine Zeitgemäßheit wirklich zu glauben. Und so trägt denn »dies glaubenslose Meisterstück koloristischer Orchesterbrillanz heimlich die Züge der Parodie und der intellektuellen Ironisierung der Kunst überhaupt« (VI, 202). Mit anderen Worten, mit *Meerleuchten* passiert Leverkühn die historisch von Strauss repräsentierte Phase der Spätromantik.

Der Bezug auf Strauss wird auch dort deutlich, wo Leverkühn von der Parodie zur Überwindung der Spätromantik fortschreitet. Das geschieht zuerst in seiner Vertonung von Klopstocks Ode *Die Frühlingsfeyer*. Sie markiert vor allem darin einen Fortschritt, dass sie eine »Enthaltsamkeit von billigen Wirkungsmitteln« an den Tag legt und »verbrauchte Tonmalerei« verschmäht – kein »Harfengetön« und »keine Pauken«, obgleich der Text zu solchen Effekten gleichsam »auffordert« (VI, 352 f.). Leverkühns Aufbruch zu einem neuen musikalischen Idiom ist demnach als Abschied von der Strauss'schen Spätromantik deutlich genug gekennzeichnet. Seine Puppen-Oper über den heiligen Gregorius bestätigt diesen Befund. Alles, was uns über diese Partitur mitgeteilt wird, signalisiert eine bewusste Abkehr von dem Wagner'schen Musikdrama, wie es in Leverkühns Epoche vor allem von Strauss praktiziert wurde, und eine Hinwendung zu dem schlankeren, vitaleren Neoklassizismus von Igor Strawinskys *L'Histoire du soldat*, die Leverkühns Gregorius-Oper offenbar zum Modell diente.

Die Bedeutung von Strauss für die Entwicklung der Leverkühn-Figur wird vollends deutlich anhand der bekannten *Salome*-Episode. Wir haben gesehen, welche Rolle *Salome* in der Mann-Strauss-Beziehung spielte; von daher wäre jedoch nicht zu vermuten, welches Gewicht dieser Oper im *Doktor Faustus* zugeschrieben wird, wo sie mit einer schicksalhaften

Entscheidung im Leben Leverkühns assoziiert ist. Es ist der Entschluss, jene Prostituierte wieder aufzusuchen, deren Bekanntschaft er in Leipzig eher zufällig gemacht hatte und vor deren Berührung er in Panik geflohen war. Nun aber begehrt Leverkühn, von Esmeralda infiziert zu werden in der phantastischen Hoffnung, dass die von der Syphilis freigesetzten, Genie fördernden Kräfte ihn in den Stand setzen werden, die Krise der spätromantischen Musik zu überwinden. Es ist einigermaßen verständlich, warum Leverkühn das Ziel seiner Reise, Pressburg, seinen Freunden verschweigt. Es bedarf jedoch sehr der Erklärung, warum er dazu die österreichische Premiere von *Salome* vorschützt, deren Dresdner Premiere, wie auch sein Autor, er in Gesellschaft Kretzschmars bereits miterlebt hat. Warum also Graz als Vorwand? Warum überhaupt *Salome* an diesem Kreuzweg der Leverkühn'schen Biographie? Offensichtlich reicht die Leverkühn-*Salome*-Assoziation weit über den biographischen Rahmen im Leben Thomas Manns hinaus und verweist auf den mythischen Subtext des Romans, in dem die syphilitische Infektion als Äquivalent des faustischen Pakts figuriert.[194]

Eine Tagebuchnotiz von 1945 zeigt, dass die prinzipiell ambivalente Einstellung zu dieser Strauss-Oper auch in der *Doktor-Faustus*-Zeit vorhielt: »Die Salome, von Musikern gerühmt, geistig genommen unerlaubt und liederlich.« (11.11.1945) Es ist ohne weiteres einzusehen, dass ein solches Werk, in dem das Vorzügliche mit dem Liederlichen und Verbotenen aufs Engste verschränkt ist, eine Anziehung ausüben muss auf einen Geist wie Leverkühn. Der äußert sich denn auch über das »glückhaft-revolutionäre Werk« und seinen Autor mit jener charakteristischen Mischung von Anerkennung und Spott, mit dem er prinzipiell alles bedenkt, was ihm »interessant« erscheint: »Was für ein begabter Kegelbruder! Der Revolutionär als Sonntagskind, keck und konziliant. Nie waren Avantgardismus und Erfolgssicherheit vertrauter beisammen. Affronts und Dissonanzen genug, – und dann das gutmütige Einlenken, den Spießer versöhnend und ihn bedeutend, daß es so schlimm nicht gemeint war … Aber ein Wurf, ein Wurf …« (VI, 207 f.) Wir spüren jedoch, dass sich die Bedeutung der *Salome*-Episode nicht darin erschöpft, eine Station in der ästhetischen Erziehung Leverkühns zu markieren. Ihre verborgene Funktion schreibt sich primär von der Verknüpfung mit der syphilitischen Infektion und somit dem Teufelspakt her, also einem

Schicksalsmoment im Leben Leverkühns und – auf der allegorischen Ebene – Deutschlands.

Je umständlicher die Erklärungen des Erzählers, desto dringlicher ist der Leser aufgerufen, ihm auf seinen Schleichwegen zu folgen; das darf geradezu als die Regel gelten in einem derart überdeterminierten Text wie diesem. Dass Leverkühn nach Graz geschickt wird, um eine Oper zu sehen, die er bereits kennt, hat vermutlich ebenso viel mit dem Ort zu tun wie mit dem Werk selbst.

Die österreichische Premiere des Sensationswerks fand tatsächlich am 16. Mai 1906 unter der musikalischen Leitung des Komponisten in Graz statt. Im Publikums saß neben der musikalischen Prominenz auch der 17-jährige Adolf Hitler.[195] Es ist zwar möglich, aber nicht recht wahrscheinlich, dass die Leverkühn-Strauss-Hitler-Konstellation ihre Existenz einem Zufall verdankt. Dafür erscheint sie zu stimmig und sinnfällig, denn so weit hergeholt und atemberaubend diese Konstellation zunächst auch anmutet, so ist doch nicht zu leugnen, dass sie eines der innersten Anliegen dieses Romans wie in einem Emblem repräsentiert.[196] Zudem lässt das Tagebuch (4. 3. 1944) darauf schließen, dass Mann sich mit Stefan Zweigs Erinnerungsbuch *Die Welt von gestern* beschäftigte, in dem dieses höchst buchenswerte Ereignis berichtet wird. Aller Wahrscheinlichkeit nach hatte er also Kenntnis von jenem kuriosen historischen Detail. Und das dürfte ein Grund mehr gewesen sein, Leverkühns Pakt mit dem Teufel mit *Salome* zu assoziieren. Mann hatte sich 1939, wie wir sahen, von der Hitler-Strauss-Assoziation ja geradezu »verfolgt« gefühlt.

* * *

Es ist nicht bekannt, ob Strauss vor seinem Ableben Thomas Manns Musikroman noch zur Kenntnis nahm. Es ist anzunehmen, dass er den Roman geflissentlich ignorierte. Und wenn er ihn gekannt hätte, so hätte er ihn vermutlich als wesensfremd abgelehnt. Sie hatten sich zeitlebens recht wenig zu sagen und blieben sich fremd. Es war eine Zeitgenossenschaft ganz ohne jene in den *Betrachtungen* beschworene Brüderlichkeit, aber eine Zeitgenossenschaft, deren sich beide sehr wohl bewusst waren. Wenn Fremdheit ihr Verhältnis zueinander bestimmte, so ist daran zu erinnern, dass Fremdheit primär eine Funktion der Perspektive ist. Richard Strauss und Thomas Mann standen sich zu nahe – zeitlich, räumlich und als Künstler im Schatten Wagners –, als dass sie imstande gewesen wären, über das Trennende hinaus auch die verwandtschaftlichen Züge wahrzunehmen. Mit wachsender historischer Distanz tritt jedoch das Verbindende deutlicher hervor, sodass es uns heute leichter fällt, die in ihrer Zeitgenossenschaft begründete Verwandtschaft zu sehen und zu benennen.

Was zunächst in die Augen springt, ist die Vergleichbarkeit ihrer Vorrangigkeit in der Literatur beziehungsweise Musik ihrer Zeit; das Verwandtschaftliche reicht jedoch bis ins Innere ihrer Kunstpraxis. Ihre Vorrangigkeit galt keineswegs unangefochten und absolut. Beide zählten zu Anfang ihrer Karriere zu den Modernen, wurden aber, von einem bestimmten Punkt an, von anderen, jüngeren Spielarten von Modernismus überholt. Der Kontakt mit der Avantgarde ging mit dem Erfolg verloren, der sich bei beiden sehr früh einstellte, noch vor ihrem 30. Lebensjahr. Der Erfolg zu Lebzeiten war die Voraussetzung ihres Aufstiegs zu Würde und Repräsentanz, die nur dem zuerkannt wird, in dessen Werk sich die Kultur tragenden Schichten wieder erkennen. Richard Strauss und Thomas Mann standen, unerachtet gewisser Zynismen über den Bürger und trotz einiger bürgerschreckhafter Gesten, im Grunde auf sehr gutem und vertrautem Fuß mit dem Bürgertum, dem sie beide entstammten. Eine Differenzierung ist jedoch insofern angezeigt, als Mann, aufgrund seiner Herkunft aus einer Sonderform des Bürgertums, dem hanseatischen Patriziat, gegenüber dem dominanten, gründerzeitlichen Bürgertum der Wilhelminischen Epoche eine gewisse kritische Distanz bewahrte. Strauss hingegen, mütterlicherseits dem Münchner Bieradel entstammend, fand sich durchgehend in einem weitergehenden Einvernehmen mit dem deutschen Bürgertum als Mann. Diese ideologische Differenz blieb während des Ersten Weltkriegs noch verdeckt, brach aber 1933 offen hervor.

Es ist für beider Laufbahn als repräsentative deutsche Künstler von entscheidendem Gewicht, dass sowohl Strauss als auch Mann ihren Aufstieg als Wagnerianer antraten – also gleichsam im Fahrwasser des Wagner'schen Werkes, dem umjubelten Flaggschiff der Wilhelminischen Kultur. An Wagner gemahnt bei beiden zunächst das künstlerische Ethos des Fertigmachens und der Wille zur großen Form. Obgleich beide auch die kleine Form beherrschten – man denke an die Bedeutung des Liedschaffens bei Strauss und die der epischen Kurzform bei Thomas Mann –, beruht doch ihre Sonderstellung auf den eigentlich monumentalen Dimensionen ihres Œuvres: bei dem einen die Weiterentwicklung des spätromantischen Orchestersatzes und die Modernisierung des Wagner'schen Musikdramas, bei dem anderen die epischen und ideellen Lasten der Romane von *Buddenbrooks* bis *Doktor Faustus*. Gleichwohl trifft auf beide zu, was Adorno 1964 im Rückblick dem Strauss'schen Werk bescheinigte: »Das Wenige, aus dem er Vieles machte, tritt mit Aplomb auf.« (GS 16, 568) Der thematische Horizont bleibt auch bei Thomas Mann eigentlich eng und fest umrissen. Das Viele und Große seiner Hervorbringungen enthüllt sich von nahem betrachtet als Aufschwellung von wenigem; bezeichnenderweise waren alle seine Romane anfänglich als Novellen konzipiert.

Freilich bedarf es einer außerordentlichen Könnerschaft, um aus wenigem vieles zu machen und ihm den Stempel des Geglückten, des Aplombhaften aufzudrücken. Könnerschaft trägt nun aber ein doppeltes Gesicht, bei Strauss nicht weniger als bei Mann. Sie trägt deutschmeisterliche Züge in der vollkommenen Beherrschung des Handwerklichen. Gute Partituren zu liefern, war der selbstverständliche Ehrgeiz beider. Ihre Texte, die literarischen wie die musikalischen, sind geschlossen und suchen Vertrauen zu erwecken in die Finalität ihrer Wagner'schen Apotheosen. Dem Schöpfer der *Salome* wie dem Autor des *Tod in Venedig* diente praktisch jedes Werk zum Anlass, einen Text zu einem »Beziehungsfest« zu gestalten. Bei Mann ist diese deutschmeisterliche Gewissenhaftigkeit und Kunststrenge eher noch deutlicher ausgeprägt als bei Strauss; es finden sich bei diesem mehr Entgleisungen als bei jenem.

Könnerschaft ist aber auch Virtuosität, die selbstverständliche Beherrschung des Schwierigen und Gewagten in allem, was das Technische betrifft. Es ist bemerkenswert, wie bei Strauss und Thomas Mann Modernität in durchaus vergleichbarem Sinn nicht als revolutionärer Bruch mit der Tradition verstanden wird, sondern als ihre liebende Auflösung und verjüngte Fortschreibung. Der klassisch-romantische Textbegriff – bei Wagner praktisch noch völlig intakt – ist bei Strauss und Mann schon merklich unterminiert: Zitat, Selbstzitat, die prinzipielle Intertextualität des Schreibens und Komponierens erweisen das Altmeisterliche ihrer Partituren als gewollt und künstlich; sie sind moderner als sie erscheinen wollen. Das Gewagte, in den Mantel des Schicklichen gehüllt, verschmäht es, auf seine Gewagtheit aufmerksam zu machen. Virtuosität schlägt sich unter solchen Vorzeichen in Ironie nieder, und Parodie dringt auf immer breiterer Front ins Werk ein, dem der Zweifel an seiner eigenen Authentizität mehr oder weniger deutlich an der Stirn geschrieben steht. Vom *Rosenkavalier* bis zu *Capriccio* gehört das Parodische zur Signatur des Strauss'schen Werkes nicht anders als im Falle Thomas Manns, bei dem vom *Tod in Venedig* bis zum späten *Krull* die Parodie einen immer breiteren Raum beansprucht, und der im *Doktor Faustus* nicht von ungefähr die Parodie als ein zentrales Problem der modernen Kunst thematisiert. Es ist diese ausgeprägte technische Virtuosität sowie das gleichermaßen sonntagskindliche Verhältnis zum Neuen und Innovativen, die das deutschmeisterliche Gepräge ihres Gesamtwerks vor dem Odium des Provinziellen bewahren, dem beispielsweise das Werk Pfitzners nicht hat entgehen können.

Es darf als ein weiterer Aspekt ihrer Wagner-Nachfolge angesehen werden, dass beide als ausgesprochen erotische Künstler zu gelten haben. Autorisiert durch das mächtige Beispiel Richard Wagners, des erotischsten Künstlers des 19. Jahrhunderts, räumten sowohl Strauss als auch Thomas Mann dem Geschlechtlichen einen prominenten, ja dominanten Platz in ihrem Werk ein. Auch darin unterscheiden sie sich von Pfitzner, dessen *Palestrina* nicht zuletzt dadurch hinter seinem Vorbild, den *Meistersingern,* zurückbleibt, dass ihm der Sinn für die Rolle des Geschlechtlichen im schöpferischen Prozess so völlig abgeht. Kein Zweifel, dass Thomas Mann in einem emphatischeren Sinne ein erotischer Künstler genannt zu werden verdient als Strauss, trotz *Salome,* trotz *Rosenkavalier* und trotz *Ariadne auf Naxos.* Bei Mann lagen aufgrund der im Alter immer offener einbekannten Homoerotik die Dinge komplizierter als bei Strauss. Es ist aber gerade diese Vertrautheit mit den bürgerlich nicht sanktionierten Formen des Begehrens, die den Schöpfer Gustav Aschenbachs, Mut-em-enets und Felix Krulls als den unvergleichlich tieferen Psychologen des Geschlechtlichen ausweist. Strauss hingegen hatte keine Bedenken, sich dem Protest gegen Mann, der auch ein Protest gegen Freud und die Psychoanalyse war, anzuschließen. Verglichen mit ihm hatte Thomas Mann entschieden ein »keckeres Verhältnis« zum Unbewussten und zum Geschlechtlichen.

Adorno bemerkte an Strauss, dass er »der Innerlichkeit ein Schnippchen« (GS 16, 568) schlägt. Diese Distanz zu einer falschen, deutschen Innerlichkeit setzt ihn ab von dem bewusst, ja programmatisch seelenhaften Pfitzner – man denke an dessen große »romantische Kantate« *Von deutscher Seele.* Es verbindet ihn andererseits jedoch mit Mann, der wie Strauss die falschen Töne »walddunkler Seelen« und des Gemüthaften instinktiv vermied (GS 16, 570). Die im Vergleich zu den meisten ihrer Zeitgenossen außerordentliche Weltläufigkeit ihres Werkes hat in der Immunität gegen alle Spielarten teutonischer Gefühlsschwere eine ihrer tiefsten Wurzeln. Bei aller Weltläufigkeit jedoch mangelt dem Werk Thomas Manns wie dem von Strauss der jugendfrische Schmelz des Neuen und Künftigen, der dem Wagner'schen Schaffen, trotz allem, gerade auf seiner reifsten Stufe, sehr wohl noch eignet. Strauss und Mann sind beide durchdrungen von dem Geist der Spätzeitlichkeit, sie blicken beide zurück und haben nicht zuletzt aus diesem Grund keine Schüler und Nachfolger im eigentlichen Wortsinn gefunden. Der Wagnerismus ihrer frühen Werke stempelte sie zu Modernen, doch in dem Maße, in dem der Wagnerismus selbst alterte, geriet auch ihr Werk in den Geruch des Überholten. Beide versuchten, die Modernität ihres Frühwerks im Zeichen Wagners dadurch zu verjüngen und zu retten, dass sie auf die Wiener beziehungsweise Weimarer Klassik zurückgriffen: Strauss, indem er sich immer unverhüllter als Mozartianer stilisierte, Thomas Mann, indem er neben – später über – Wagner immer demonstrativer Goethe stellte. Beispiel gebend ist die Souveränität, mit der beide ihren Weg als Künstler gegangen sind: Strauss, unbekümmert um den Adorno'schen »Materialsfetischismus« (H. Danuser) und den vermeintlich vom Weltgeist vorgeschriebenen, einzig gültigen Weg des künstlerischen Fortschritts, Mann, auf Distanz bedacht zu den rasch wechselnden, vermeintlich unausweichlichen Modernismen seiner Zeit. So spricht aus beider Werk das Pathos des Unwiederbringlichen und Endzeitlichen, aber auch die unverwechselbar sonore Stimme einer herbstlichen Humanität, die in der unfassbaren Serenität des Strauss'schen Spätwerks und in der unerwartet bewegenden späten Essayistik Manns zu vernehmen ist. Anders als bei Strauss ist bei Thomas Mann, der eine Dekade später auf den Plan trat, dieser Ton von Anfang an da; in gewissem Sinne sind alle seine epischen Hervorbringungen »letzte Lieder«.

8. Hans Pfitzner oder die »inneren Mängel unseres Kulturglückes«

Von allen Komponisten, die in Thomas Manns Leben eine Rolle spielten – das Spektrum reicht von einer unbedeutenden Lokalgröße wie Carl Ehrenberg bis zu den Vorreitern der musikalischen Avantgarde des 20. Jahrhunderts, Arnold Schönberg und Igor Strawinsky –, war es merkwürdigerweise Hans Pfitzner, der Schöpfer der profunden Künstleroper *Palestrina*, der den nachhaltigsten Eindruck auf ihn machte. Manns Interesse blieb jedoch auf dieses eine musikdramatische Werk beschränkt; Pfitzners übrige Opern, die symphonischen Werke, die Kammermusik und das Liedschaffen, das ihn eigentlich hätte interessieren müssen, blieben außerhalb seines Gesichtskreises. Im Übrigen war das Einvernehmen zwischen Mann und Pfitzner von kurzer Dauer. Es dauerte von 1917, der Uraufführung des *Palestrina*, bis 1922, Manns Bekenntnis zur Weimarer Republik. Eine persönliche Freundschaft wie im Falle Bruno Walters, der *Palestrina* aus der Taufe gehoben hatte, ergab sich daraus jedoch nicht. Dafür war nicht zuletzt das Naturell des Komponisten zu schwierig, zu knorrig. Nach einem Besuch Pfitzners im Hause Mann schrieb dieser an Bruno Walter, dass der Tonsetzer, trotz fünf Gläsern Moselwein, sich nicht eigentlich wohl gefühlt habe. Pfitzner sei »ein schwieriger, wunder, zwiespältiger Mensch [...] zum Sich wohl fühlen wohl nicht geboren« (22, 200).

Und doch ist der Autor der *Betrachtungen* zu Hans Pfitzner in ein näheres Verhältnis getreten, hat sich für ihn engagiert wie sonst für keinen anderen zeitgenössischen Komponisten. Es ist ihm nicht wohl bekommen. Nach Manns politischer Wende erfolgte die Entzweiung. Es blieb jedoch nicht bei der Entzweiung. Als 1933 eine neue Zeit nicht nur im politischen, sondern auch im kulturellen Leben anbrach, war Pfitzner als einer der Ersten zur Stelle, um Manns Zuständigkeit als Interpret Wagners, einer der wichtigsten Legitimationsfiguren des neuen Regimes, zu bestreiten. Pfitzner war nicht nur einer der über vierzig Mitunterzeichner des *Protests der Richard-Wagner-Stadt München*, sondern auch einer der Köpfe dieser Aktion, die Mann als ein »hundsföttische[s] Dokument« (Tb. 19. 4. 1933) bezeichnete und als »lebensgefährliche Denunziation« (XIII, 91) empfand. Der Protest der Münchner Wagnerianer erwies sich als der eigentliche Auslöser von Manns endgültiger Trennung von Deutschland. Während jedoch das Exil für Mann sich als ein mächtiger Schub zur Befestigung seiner Weltgeltung und seiner herausragenden Stellung im kulturellen Gedächtnis der Deutschen erwies, hatte die geistige Kumpanei mit dem Nationalsozialismus für Pfitzner die entgegengesetzten Folgen. In dem von ihm willkommen geheißenen Dritten Reich fand seine schon in der Weimarer Republik einsetzende Marginalisierung ihre Fortsetzung, sodass der »deutscheste«, doch ewig vom Pech verfolgte Komponist nach der Niederwerfung des Nationalsozialismus in jeder Hinsicht vor einem Scherbenhaufen stand. Die Bitterkeit dieser Lebenserfahrung übertrug sich nun aber – in einer atemberaubenden, doch für den vergifteten Geist der Nazisympathisanten keineswegs untypischen Reaktion auf den prominenten Exilanten – auf das Verhältnis zu seinem ehemaligen Lobredner, das in offenen Hass umschlug und ihn zu Äußerungen hinriss, die an Giftigkeit die Reaktion der literarischen Vertreter der inneren Emigration noch übertraf.

Für Mann blieb Pfitzner eine verstörende, aber auch erhellende Referenzfigur, die seine Wahrnehmung von deutscher Musik, von deutscher Geschichte und ihrem fatalen Nexus entscheidend geprägt hat. In gewissem Sinn war die Symptomatik des Falles Pfitzner für den *Faustus*-Autor noch schlagender als die anders gelagerten Fälle Richard Strauss und Wilhelm Furtwängler, gerade weil der Schöpfer des *Palestrina* fester an Hitler und das nationalsozialistische Deutschland geglaubt hatte als der von ihm ungeliebte Kollege oder der ihm wohl gesonnene Dirigent. Dem Betrachter der Mann-Pfitzner-Beziehung stellt sich ihre Geschichte geradezu als ein Lehrstück dar – als Lehrstück über die Politisierung der Musik in Deutschland und über den Kampf um das Erbe Wagners. Pfitzner stilisierte sich zum einzig legitimen Erben Wagners. In seinem *Richard Wagner* überschriebenen Gedicht nimmt er das Motiv des Welterbes aus dem Schluss der *Götterdämmerung* auf und erklärt mit nicht zu überhörender programmatischer Intention: »Dein Erbe nehmen wir zu eigen, / Um es als hohes Gut uns zu bewahren.« Der eigentliche Sinn dieser Zeilen erschließt sich erst, wenn die Betonung aus »wir« und »bewahren« gebührend beachtet wird.

Der Fall Pfitzner verdient aus zwei Gründen unsere Aufmerksamkeit – Gründen der Repräsentanz und der Langzeitwirkung. Pfitzner galt zu seiner Zeit in einem heute schwer nachzuvollziehenden und weitgehend verdrängten Maße als der führende Vertreter eines betont deutschen, entschieden antimodernistischen Begriffs von Musik. Seine Vorrangstellung war zwar nur eine vorübergehende – sie fiel in das Halbjahrzehnt nach der Uraufführung seines *Palestrina* 1917 –, fand damals jedoch zumindest bei einem unverdächtigen Zeitzeugen eine eindrucksvolle Bestätigung. In einem *Zeitwende* betitelten Essay von 1922 konstatierte Paul Bekker, Musikkritiker der *Frankfurter Zeitung* und einer der angesehensten Beobachter der deutschen Musikszene, einen deutlichen »Aufstieg« der künstlerischen Geltung Hans Pfitzners bei einem gleichzeitigen »Abstieg« der bisherigen Galionsfigur der deutschen Musik, Richard Strauss, zu dem der Schöpfer des *Palestrina* und der symphonischen Kantate *Von deutscher Seele* die »Gegenerscheinung darstelle.[197] Dieses Urteil wiegt umso schwerer, als Bekker wenige Jahre davor von Pfitzner in seiner Streitschrift *Die neue Ästhetik der musikalischen Impotenz: ein Verwesungssymptom* (1919) rüde angegriffen worden war[198] und er somit Grund gehabt hätte, Pfitzners Ansehen zu schmälern. Freilich lässt Bekker keinen Zweifel daran, dass er den »Aufstieg« Pfitzners für höchst bedenklich hält. Er konstatiert eine »propagandistische Wendung seines Denkens und Schaffens«, eine »gewaltsame Anklammerung an die Herrlichkeit des Vergangenen« und eine »parteimäßige Einstellung auf aktuelle Zeitkämpfe«. Und im Hinblick auf die »neue Musik«, zu deren Fürsprecher sich Bekker gemacht hatte[199], bemerkte er an die Adresse Pfitzners: »Zwang zum Hassen ist Symptom des Nichtbegreifenkönnens.«[200]

Heute hingegen muss Pfitzner als ein weithin vergessener und vernachlässigter Komponist bezeichnet werden. Außerhalb Deutschlands gilt dies nahezu uneingeschränkt, während in Deutschland selbst und in Österreich eine ansehnliche Gemeinde von Freunden seiner Kunst, angeführt von einer rührigen Pfitzner-Gesellschaft, eifrig um die Pflege seines Erbes, zumal seiner Lieder, bemüht ist. Diese ehrenwerte und harmlose

Beschäftigung mit dem Werk Hans Pfitzners gerät jedoch in ein Zwielicht, wenn versucht wird, mit dem musikalischen Werk auch die Geisteshaltung seines Produzenten zu retten.[201] Dort aber, wo ein blind exkulpatorischer Eifer auch den geistigen Habitus dieses Komponisten, der von einer tiefen Affinität zum Nationalsozialismus geprägt war, zu retten bestrebt ist, begibt sich die Pfitzner-Pflege, die weitgehend eine Pfitzner-Apologetik ist, auf eine abschüssige Bahn und wird zu einem öffentlichen Ärgernis, das auch außerhalb des kleinen Kreises der Pfitzner-Spezialisten Aufmerksamkeit erfordert.

* * *

Hans Pfitzner und Bruno Walter haben unabhängig voneinander ihren festen Platz in den Annalen der Musikgeschichte. Darüber hinaus aber sind ihre Namen auf immer verbunden durch eine in vieler Hinsicht repräsentative Künstlerfreundschaft, die, den Zeitläuften zum Trotz, über ein halbes Jahrhundert Bestand hatte. Sie hatten sich 1899 in Berlin kennen gelernt; kaum zwei Jahre später brachte der junge, aufstrebende Kapellmeister Pfitzners Musikdrama *Der arme Heinrich* an der Berliner Hofoper zur Aufführung. Wenige Jahre später überzeugte er seinen zunächst skeptischen Opernchef, Gustav Mahler, von den musikalischen Qualitäten von Pfitzners zweiter Oper *Die Rose vom Liebesgarten*; Mahler brachte sie 1905 in Wien heraus. Bruno Walter durfte also schon damals als der bedeutendste Förderer Pfitzners gelten. Den Höhepunkt ihrer Beziehung markiert jedoch die Uraufführung der »musikalischen Legende« *Palestrina* am 12. Juni 1917 am Münchner Prinzregententheater. Wohl zu Recht hat Walter in seinen Lebenserinnerungen *Thema und Variationen* die Erstaufführung des *Palestrina* als die bedeutendste künstlerische Tat seiner zehnjährigen Amtszeit als Münchner Generalmusikdirektor bezeichnet.[202]

Dass jenes Ereignis den Nimbus einer musikalischen Sternstunde des Münchner Musiklebens erlangte, verdankt es in der Hauptsache ihrer literarischen Verklärung durch den Dritten im Bunde, Thomas Mann. Der damals mit den *Betrachtungen eines Unpolitischen* Beschäftigte, von Bruno Walter in die Partitur eingeführt, besuchte in jenem Münchner Festspielsommer von 1917 alle sechs Aufführungen und schrieb eine nachgerade panegyrische Würdigung, in der Pfitzners schwermütige, von Endzeitstimmung erfüllte Künstleroper als das Gipfelwerk des nach-Wagner'schen Musiktheaters gefeiert wird. Pfitzners Oper hatte für Mann Belegfunktion. Zu belegen war das entscheidende Argument, mit dem er den gegenwärtigen Krieg zu verteidigen und Deutschlands Sache zu rechtfertigen versuchte. In diesem Krieg, so wähnte Thomas Mann, kämpfe Deutschland um sein Recht auf kulturelle Selbstverwirklichung. Entscheidend für den Kulturbegriff der *Betrachtungen* ist nun aber der Primat der Musik und *eo ipso* die Abwertung des Politischen, denn in der Politik glaubte er die »*Verdrängerin der Musik*« (XII, 303) zu erkennen. Genau besehen sei es der Geist des *Lohengrin*-Vorspiels, der mit der westlichen Zivilisation Krieg führe (XII, 80). Pfitzners *Palestrina* war ihm nun das große, überaus willkommene Beispiel einer dem Politischen und jedem Fortschrittsgeist abholden Kunst. Pfitzner lieferte ihm den Beweis, dass jener musikzentrierte Kulturbegriff noch lebendig war – wert, verteidigt zu werden. Seine »musikalische Legende«, die in einem melancholisch-ironischen Verhältnis zu den *Meistersingern* steht, kam Mann wie gerufen; die Beweisnot wäre sonst noch ärger gewesen.

Mit und durch Thomas Mann war nun aber die Politik in das prinzregentenzeitliche »Kulturglück« unseres Triumvirats eingedrungen – ein Kulturglück, dessen »innere Schwäche« er erst später zu erkennen vermochte. In der *Faustus*-Zeit, in einem programmatischen Brief an den Kunsthistoriker Max Osborn vom 15. Oktober 1944, diagnostizierte Mann die »innere Schwäche« des ausschließlich in der Kultur lebenden, dezidiert unpolitischen »geistigen Menschen« als Politikferne und Politikverachtung. Der Thomas Mann jener Jahre, nicht weniger als Pfitzner, ist als ein Paradebeispiel dieses intellektuellen Habitus anzusehen. Mann stilisierte sich damals angestrengt zu einem »Unpolitischen«, trug aber durch seine Rechtfertigung des Krieges im Namen der deutschen Musik ein gerüttelt Maß zur Politisierung der Musik in Deutschland bei. Pfitzner seinerseits stellte in *Palestrina* die Politik als die Feindin der Musik dar. Später bekannte er, dass er »von eigentlicher Politik nicht das geringste verstehe« und lediglich »die gefühlsmäßige nationale Einstellung habe«.[203] Dass diese nationale Einstellung, gerade weil sie rein gefühlsmäßig existierte, allzu leicht instrumentalisiert und missbraucht werden konnte, vermochte er nicht zu erkennen. Der Prozess der Selbsterkenntnis, der auf Seiten Manns mit den *Betrachtungen* unwiderruflich in Gang gekommen war, entfaltete nun aber eine unvermutete Dynamik, die das weltanschauliche Einvernehmen der drei Protagonisten der *Palestrina*-Premiere sprengte. Das einstmals enge, herzliche Verhältnis der drei zerbrach unter dem Druck der politischen Entwicklung und zeitigte neue Frontstellungen.

Die erste Phase der Beziehung Thomas Manns zu Pfitzner stand ganz im Zeichen einer tief empfundenen ästhetischen und weltanschaulichen Affinität zu *Palestrina* – einem Werk, in das er sich, wie er Paul Amann schrieb, »sofort über beide Ohren verliebt« habe. Dies sei »ein Stück sterbender Romantik, etwas Letztes aus der Wagner-Schopenhauer'schen Sphäre, etwas absolut Bezauberndes für mich […]. Sein Erscheinen in diesem Augenblick war für mich nicht mehr und nicht weniger als ein großes Glück, es macht mich positiv, es erlöst mich von der Polemik […].« (22, 202) Damals erblickte er in Pfitzner den »überlieferungsvollsten vielleicht unter den Lebenden« (15.1, 218) und somit ein Bollwerk gegen die neuen Zeitströmungen, die ihn ästhetisch und politisch verunsicherten. Dies mochte ihn bewegt haben, bei der Gründung des »Hans-Pfitzner-Vereins für deutsche Tonkunst« mitzuwirken und zu des Komponisten 50. Geburtstag eine Tischrede zu halten. Das damals herrschende, von den Zeitläuften begünstigte, politisch-ästhetische Einvernehmen konnte jedoch keinen Bestand haben, weil Mann, im Gegensatz zu Pfitzner, das künstlerische Selbstvertrauen und den politischen Mut fand, mit der Zeit zu gehen und die lieb gewonnenen Überzeugungen »im Lichte unserer Erfahrung« zu überdenken. Jener *Palestrina*-Sommer von 1917 war wohl die letzte trügerische Erscheinungsweise jenes vorkriegszeitlichen Kulturglücks, das nicht zuletzt deswegen als großes Glück empfunden wurde, weil man wähnte, der Sorge um das Politische und Soziale enthoben zu sein. In einem Aufwallen rauschhaften Nationalismus hatte sich Mann im August 1914 mit der Sache Deutschlands identifiziert. Der damit initiierte Selbsterkundungsprozess brachte ihn schließlich zu der Erkenntnis, dass er um der nationalen Repräsentanz willen, nach der er sein Leben lang strebte, mitverantwortlich war für das politische Schicksal Deutschlands, nicht eines vergangenen oder künftigen, sondern des gegenwärtigen. Konsequenterweise bekannte er sich 1922 mit der Rede *Von deutscher Republik* zur Weimarer Republik und rief die deutsche Jugend auf, ein Gleiches zu tun. Ebenso konsequent handelte er im Grund auch, als er in einer Neuauflage der *Betrachtungen* die anstößigsten demokratiefeindlichen Stellen tilgte – etwa 30 Seiten insgesamt; der Panegyrikus auf *Palestrina* blieb davon aber unberührt.[204] Gleichwohl nahm Pfitzner die politische Neuorientierung Thomas Manns sehr persönlich. Auf seine biedere, deutsche Art erachtete er die Treue zu bestimmten weltanschaulichen Positionen als eine Tugend, die er nicht in Frage stellte, während ihm alle geistige Beweglichkeit suspekt war. Es war daher unausbleiblich, dass er die »letzten öffentlichen ›politischen‹ Kundgebungen« Manns, also die Berliner Republik-Rede, als Abfall und Verrat wertete. Brieflich ließ er wissen, jene politischen Kundgebungen hätten den Autor der *Betrachtungen* ihm »schmerzlich […] entfremdet«.[205] Die Tatsache, dass er dies in einem Brief zu Manns 50. Geburtstag mitteilte, stellte sich ihm bezeichnenderweise nicht als Taktlosigkeit dar, sondern als ein Zeichen von aufrechter, durch nichts zu beirrender Sachlichkeit. Thomas Mann rief ihm ein schmerzliches, ironisches, doch keineswegs unversöhnliches Adieu zu. Er könne verstehen, schreibt er dem verstimmten Komponisten am 23. 6. 1925, dass »meine neueren geistigen Entschlüsse« ihm »zuwider« seien; er bittet ihn aber, zu akzeptieren, dass sie »dem Gefühl einer Verantwortung« entstammen, die für einen Schriftsteller »strenger sein mag, als diejenige, die dem Musiker auferlegt ist«. Der Brief schließt mit der hellsichtigen Diagnose ihres Verhältnisses »sub specie aeterni[tatis]«: »Unsere beiderseitige Stellung in der Zeit weist eigentümliche Verwandtschaften auf. Es steht uns frei, uns zu verfeinden; aber wir werden nicht hindern können, daß künftige Zeiten unsere Namen häufig in einem Atem nennen werden.« Die vielleicht feinste Pointe des Briefes wird, wie es sich hier wohl gehört, in ein Wagner-Zitat gekleidet. Dem Hitler-Verehrer Pfitzner ruft er zu: »Du folgtest selig der Liebe Macht …« (Br. I, 241 f.) Die Fortsetzung von Wotans zugleich tadelnder und strafender Rede zu Brünnhild konnte sich Pfitzner sicher leicht ins Gedächtnis rufen: »folge nun dem, den du lieben mußt!« Die Worte Wotans beziehen sich auf Siegfried, der an dieser Stelle der *Ring*-Handlung noch gar nicht die Bühne betreten hat, der aber dem Tod verfallen ist und die Götterdämmerung herbeiführen wird. Es ist bezeichnend für den zwischen ihnen anhängigen Erbstreit, dass Mann aus jenem Werk zitiert, das den Kampf um Wagners Erbe ahnungsvoll antizipiert. Seine intuitive

Diagnose an diesem lebensgeschichtlich markanten Scheideweg identifiziert Pfitzner also als den Verfechter einer dem Untergang geweihten Sache – der Sache jenes anderen Wagnerianers, dem Pfitzner, mit der Verblendung des Nichts-als-Musiker, seit jener Unterredung Anfang 1923 im Schwabinger Krankenhaus, als Hitler den wegen eines Gallenleidens darniederliegenden Komponisten besuchte, in der Tat zu folgen entschlossen war.

Auf das Argument der Sachlichkeit – einer Sachlichkeit »unter Männern« – berief sich Pfitzner auch, als er seine Beteiligung an der berüchtigten Femeaktion der Münchner Wagnerianer gegen Thomas Manns Wagner-Rede von 1933 zu rechtfertigen versuchte.[206] Die Sache, um die es ging, war die deutsche Musik und stellvertretend dafür Richard Wagner, den Thomas Mann dadurch herabgesetzt haben sollte, dass er dessen Werk zu einer eklatant undeutschen Lehre wie der Freud'schen Psychoanalyse und überhaupt zur Moderne in Beziehung gebracht habe – noch dazu im Ausland.[207] Der *Protest der Richard-Wagner-Stadt München* war von Hans Knappertsbusch, dem Nachfolger Bruno Walters in München als Generalmusikdirektor, angezettelt worden, doch deuten alle Anzeichen darauf hin – auch wenn die Apologeten des Komponisten dies bestreiten –, dass Pfitzner, der sich in der Nachfolge Richard Wagners gern zum »deutschesten« der lebenden Komponisten stilisierte, eine federführende Rolle dabei hatte. In einem Brief an Knappertsbusch versichert er, er gebe seine Unterschrift »mit Freuden«; er sei auf Reisen gewesen, doch hoffe er, seine Zustimmung erreiche ihn noch rechtzeitig vor Veröffentlichung des Manifests. Dass er befugt war, den Text des von Knappertsbusch entworfenen Protestschreibens zu modifizieren und sein Änderungsvorschlag angenommen wurde, zeigt zur Genüge, dass ihm eine federführende Rolle zukam.[208] In seiner *Antwort an Hans Pfitzner* prangert Thomas Mann die Aktion der Münchner Wagnerianer als eine gänzlich unberechtigte »nationale Exkommunikation« an und deutet sie als die opportunistische Geste einer vorauseilenden Anbiederung an das neue, der deutschen Musik wohlgesonnene Regime (XIII, 78–92). Diese Schrift konnte jedoch 1933 nicht mehr erscheinen; dem Fischer Verlag war die Veröffentlichung in der *Neuen Rundschau* zu riskant.

Nach 1933 verfestigten sich die Feindbilder auf beiden Seiten. Im *Faustus* zeichnet Mann, verschlüsselt zwar, doch unmissverständlich, ein äußerst kritisches Bild von Pfitzners den Fortschritt hemmender Rolle.[209] Was Pfitzner seinerseits von Mann hielt, geht aus der Affäre um seinen Brief an Bruno Walter vom 5. Oktober 1946 hervor, in dem der für seine eigenwilligen Sprachschöpfungen bekannte Komponist Deutschland mit einem Kanarienvogel verglich; darauf ist noch zurückzukommen. Thomas Mann war ihm nun gar der größte Nestbeschmutzer und Verunglimpfer von Deutschlands Ehre. Spätestens damals wurde offenkundig, dass Pfitzners Empfindlichkeit in Sachen Thomas Mann obsessive Züge angenommen hatte und er in die vorderste Reihe der im damaligen Deutschland keineswegs seltenen Thomas-Mann-Hasser einzureihen ist. »Die Deutschen«, schrieb Pfitzner damals, »haben keine Ehre im Leibe – sie verdienen Thomas Mann – schlimmeres [sic] kann ich über sie nicht sagen.«[210]

An Pfitzners Feindseligkeit änderte auch die Tatsache nichts, dass dieser, wie er sehr wohl wusste, mit Bruno Walter eng befreundet war. Mann erblickte in Bruno Walter, als dieser 1913 nach München kam, zunächst vor allem den Eleven Gustav Mahlers, der ihm zu früh gestorben war, also gleichsam dessen Stellvertreter. Nicht zuletzt deswegen erkor er sich den Mahler-Schüler zu seinem Lieblingsdirigenten. Er stellte sich auch auf die Seite des jüdischen Generalmusikdirektors, als dieser von der Münchner Musikkritik wegen seiner artfremden Pflege des Wagner-Erbes angegriffen und schließlich aus der Richard-Wagner-Stadt München hinausgeekelt wurde, um Hans Knappertsbusch Platz zu machen. In all diesen Jahren nahm Bruno Walter für Thomas Mann in etwa die Rolle ein, die während der vierjährigen Arbeit am *Doktor Faustus* Theodor W. Adorno auf weit dramatischere und energischere Art spielen sollte – die des »Wirkliche[n] Geheime[n] Rat[s]« (XI, 293) in allen musikalischen Belangen.

Einen historisch ebenso aufschlussreichen Aspekt der Dreierkonstellation stellt die Pfitzner-Walter-Beziehung dar. Obgleich der Dirigent 1933 aus Leipzig vertrieben und somit als Opfer des Naziregimes zu betrachten ist, Pfitzner hingegen, vorsichtig ausgedrückt, als Sympathisant, überlebte ihre Künstlerfreundschaft das Dritte Reich zunächst unbeschadet. Die Erklärung dafür ist wohl in erster Linie in der ihnen gemeinsamen Überzeugung von der Autonomie der Kunst zu suchen. Sie erlaubte eine Unterscheidung zwischen Werk und Person, sodass beiderseits der Respekt für das Werk des anderen von keinen politischen Überlegungen in Frage gestellt wurde. Es war deshalb für Bruno Walter selbstverständlich, auch nach Pfitzners Anbiederung an das neue Regime dessen Werke aufs Programm zu setzen, so etwa 1937 *Palestrina* in Wien und 1946 die drei *Palestrina*-Vorspiele in New York. Nach Kriegsende, als er von Pfitzners Not erfuhr, schickte er ihm so genannte »Futterpakete«[211], und als dieser sich einem Entnazifizierungsprozess unterziehen musste, stellte er ihm ein nobles Charakterzeugnis aus. Er bescheinigte dem verehrten Komponisten einen »character of high moral qualities« und versicherte der amerikanischen Militärbehörde, dass zwischen einem »man of such value« und den Nazis keine Beziehung bestanden haben könne.[212] Walters Schreiben, das seiner Gutwilligkeit ein höheres Zeugnis ausstellt als seiner Wahrheitsliebe, gelangte nicht rechtzeitig an die Spruchkammer und konnte nicht verhindern, dass Pfitzner als »Belasteter« für schuldig befunden und mit Aufführungsverbot belegt wurde. Kurze Zeit später jedoch, im März 1949, wurde Pfitzner in einem zweiten Verfahren freigesprochen mit der bemerkenswerten, nur formell alles erklärenden Begründung, dass er kein Parteimitglied gewesen sei.[213]

Das Pfitzner-Walter-Verhältnis, verankert in der ihnen gemeinsamen Kunstreligion, schien gegen jede politische Anfechtung gefeit zu sein. Von daher ist es zunächst überraschend, dass es beinahe doch zum offenen Bruch gekommen wäre. Der Anlass dazu war ein Kommentar Pfitzners zu dem Massenmord an den Juden, durch den der politische Abgrund, der zwischen ihnen klaffte, mit einem Male sichtbar wurde. Pfitzner berichtete vom Tod seines alten Freundes und Förderers Paul Nikolaus Cossmann. Offenbar glaubte er selbst – weil er es glauben wollte –, was man ihm über das Ende Cossmanns erzählt hatte, nämlich dass er »in guter ärztlicher Behandlung« eines sanften, natürlichen Todes gestorben sei – in Theresienstadt! Wer etwas anderes behaupte, so Pfitzner, verbreite »Greuelmärchen«.[214] Walter erwiderte knapp: »Das Entsetzliche, was geschehen ist, übersteigt alles, was die Phantasie an Grausamkeit ausdenken könnte«, und er beschwor den alten Freund, »Trennendes« künftig nicht zu berühren; es sei genug da, was sie verbinde.[215] Pfitzner fühlte sich nun durch diesen taktvollen Hinweis auf Trennendes zu einer ausführlichen Selbstrechtfertigung aufgerufen. Sie geriet ihm aber um einiges zu uneinsichtig und rechthaberisch und verdarb so alles. Walter antwortete darauf in aller Kürze, indem er lediglich bestätigte, dass in der Tat ein »Abgrund« existiere zwischen ihren Denkweisen[216]; es sollte sein letzter Brief an den Schöpfer des *Palestrina* sein.

Von Pfitzners Rechtfertigungsbrief an Walter[217] existieren mehrere Entwürfe; es ist eine sorgfältig ausgearbeitete Selbstverteidigung, bei der er sich auf seine *Glosse zum II. Weltkrieg* stützte, ein 17-seitiges Dokument, das erst 1987 im vierten Band der *Sämtlichen Schriften* von Bernhard Adamy bekannt gemacht wurde.[218] Diese Aufzeichnungen sind der einlässlichste Versuch des Komponisten, sich über sein Verhältnis zum Dritten Reich und zum Holocaust Rechenschaft abzulegen. Beide Dokumente, die *Glosse* und der Brief an Walter, zeigen auf exemplarische Weise, wie die Fixierung auf alte Feindbilder und lieb gewonnene Ideologeme dem tief verwurzelten Wunsch Vorschub leistete, der selbstkritischen Auseinandersetzung mit der eigenen Vergangenheit auszuweichen. Der Feind ist wieder einmal Thomas Mann. Sein Vergehen bestehe darin, dass er, wie auch Hermann Hesse, das »gesamte deutsche Volk« für »Hitlers Taten und Untaten« verantwortlich mache. Vor dem Hintergrund einer pauschalen Kriegsschuldthese, die er Hermann Hesse und Thomas Mann voreilig unterstellt[219], entwickelt er seine gewundene, nichts wissende und nichts wissen wollende Argumentation. Wer sich über »die K.Z.-Greuel« aufhalte, meint Pfitzner, der solle auch die Untaten der Roten Armee im Osten anprangern. Die deutschen Untaten würden wieder einmal übertrieben nach demselben »teuflisch ausgeheckten Lügensystem«, mit dem schon im Ersten Weltkrieg »alles Deutsche« diffamiert worden sei. Weder die Russen noch die Amerikaner hätten heute in den Nürnberger Kriegsverbrecherprozessen das Recht, »tapfere Heerführer, die im Kriege ihre Pflicht getan haben, zum schimpflichen Tode« zu verurteilen und sich dabei als Anwalt der Menschlichkeit aufzuspielen.

Charakteristisch für den exkulpatorischen Geist dieser Argumentationsweise ist die monokausale Rückführung des Dritten Reichs und seiner Verbrechen auf den Ersten Weltkrieg sowie die in den Versailler Verträgen festgelegte, alleinige Kriegsschuld Deutschlands. Es war eine unter Nazisympathisanten verbreitete Sicht der Dinge. Im Falle Pfitzner kam wohl ein starkes, persönliches Motiv hinzu. Deutschland musste die 1871 dem neuen Reich zugeschlagenen Gebiete Elsass und Lothringen an Frankreich zurückgeben. Das bedeutete, dass Pitzner seinen Posten als *de facto* Generalmusikdirektor Straßburgs und des ganzen Elsass, wo er »einen sozusagen allmächtigen Posten innehatte«[220], auf immer verlor. Die Straßburger Jahre (1908 – 1917), in denen ihm zeitweilig Wilhelm Furtwängler, Otto Klemperer und George Szell zur Seite standen, waren die künstlerisch erfülltesten seiner Laufbahn. Seine Entfernung aus Straßburg musste ihm wie die Vertreibung aus dem Paradies vorkommen, dem er bis zum Ende nachtrauerte.

Auch Pfitzners persönliche Hochachtung für Hitler, in dem er bis zum Ende einen »großen Deutschen« erblickte, gründete offenbar in erster Linie auf dessen entschiedener Opposition von Anfang an gegen die Deutschlands Ehre herabsetzende Kriegsschuldthese der Sieger von 1918. So zögerte er auch nicht, einen Beitrag zu liefern zu dem Ergebenheitsmanifest, zu dem nach dem Attentat auf Hitler fünfzig Künstler und Wissenschaftler von Hans Hinkel und Hanns Johst aufgefordert wurden. Pfitzner erklärte im August 1944, als jedem Einsichtigen das Ende vor Augen stand: »Es hat wohl selten oder niemals der Führer eines Volkes oder Heeres eine größere und furchtbarere Verantwortung auf sich genommen als Adolf Hitler, da er nach dem verlorenen Weltkriege das Schicksal des deutschen Volkes in seine Hand nahm. Wer hätte 1918 gedacht, daß Deutschland sich noch einmal erheben könne, und wie steht es jetzt da! Ist es nicht das beste und auch das klügste, dem Führer dasselbe Vertrauen zu schenken, gerade jetzt, wo Europa in einer Krise erster Ordnung steht?«[221] Bruno Walter gegenüber erklärte er in diesem Zusammenhang, man könne ein Volk unmöglich so martern und demütigen, wie es in und nach dem Ersten Weltkrieg mit Deutschland geschehen sei, »ohne daß die Folgen, die mit causaler Gesetzmäßigkeit daraus entstehen, dem entsprechend sind«. Pfitzners Brief mündet schließlich in ein trotzig-pathetisches Bekenntnis zu der »platonischen Idee von Deutschland«, bei der es sich, wie er es gewohnt war, um einen zum Fetisch erhobenen Begriff von Kultur handelt, das Idol jenes von Thomas Mann diagnostizierten Kulturglücks, das sich unpolitisch wähnt und seine innere Schwäche und Hinfälligkeit nicht wahrhaben will. Für die Greuel der Nazis seien einige wenige Ausnahmen verantwortlich, »wie es sie in einem 80 Millionenvolke und unter außergewöhnlichen Umständen immer gibt«. Die Unterstellung, das deutsche Volk sei »eine nach Millionen zählende Bande von grausamen Verbrechern«, weist er zurück. Das eigentliche, ewige Deutschland sei das Land Luthers, in dem die h-moll-Messe und der *Faust* und die *Meistersinger* hervorgebracht, in dem die Vernunftkritiken und die *Welt als Wille und Vorstellung* gedacht worden sind – »diesem Land bleibe ich treu bis zu meinem letzten Hauch«. Dieses »Land der Dichter und Denker« sei, mit Hölderlin gesprochen, »das heilige Herz der Völker« oder, mit Pfitzners eigenen, schrulligen Worten, »der Kanarienvogel unter Spatzen«.[222]

Die Vogelmetapher beeindruckte Thomas Mann, dem Bruno Walter ein halbes Jahr nach Erhalt den Brief Pfitzners zu lesen gab. Mann schrieb gerade einen Artikel zu Hermann Hesses 70. Geburtstag, und da Hesse und er von Pfitzner angegriffen worden waren, spießte er das Bild von Deutschland als dem Kanarienvogel unter lauter Spatzen auf und brandmarkte es als Kennzeichen eines unverbesserlichen Nazisympathisanten: »Das Bild als solches ist eigentümlich verfehlt und albern, von seiner Unbelehrbarkeit, dem unverbesserlichen Dünkel, der sich darin ausdrückt […] ganz abgesehen.«[223] Als Pfitzner Manns Hesse-Artikel in der *Neuen Zürcher Zeitung* zu Gesicht bekam, erkannte er sich, obwohl ungenannt, natürlich in dem »namhaften, alten Tonsetzer in München, treudeutsch und bitterböse« wieder. Pfitzner setzte sich hin und verfasste sogleich eine *Antwort auf Thomas Manns Anrempelung vom 30. Juni 1947.*[224] Es ist wiederum eine rechthaberische, zänkische Schrift, die aber keine neuen Argumente enthält. Kennzeichnend ist seine Genugtuung darüber, dass Thomas Mann jetzt genau wisse, wie er über ihn denke, und »daß ich Niemanden gründlicher verachte als diesen bis zur öden Lächerlichkeit eitlen und bis zum glatten Volksverrat perfiden Charakter«. Volksverrat also, weil Mann die Identität des »guten« und des »bösen« Deutschland behauptet hatte. In den Augen Pfitzners nahm sich dieser Verrat offenbar ruchloser aus als der ganz einfache Verrat an Freunden und Kollegen. Die Fetischisierung des unpolitischen Deutschlandbildes der Romantik und der Wahn von der Unantastbarkeit der »heiligen« deutschen Kunst erreichen hier einen denkwürdig-traurigen Höhepunkt.

* * *

In der Pfitzner-Literatur wird gerne auf dieses Bekenntnis zu der platonischen Idee von Deutschland verwiesen, um seine Denkweise verständlich zu machen. Letztlich impliziert diese Stelle aber den schmeichelhaften, doch uneinsichtigen Gedanken, dass Deutschland um seiner kulturellen Leistungen willen Nachsicht verdiene für das im Dritten Reich Geschehene. Dieser Gedanke wird nun implizit auch für Pfitzners vielfach kompromittiertes Verhältnis zum Nationalsozialismus geltend gemacht. Dabei werden in der Hauptsache zwei miteinander verknüpfte Argumente ins Feld geführt; sie bilden den Kern der Pfitzner-Apologetik.

1. *Der Antisemitismus.* Pfitzners Antisemitismus wird gewöhnlich verharmlost, indem man ihn als komplex und widersprüchlich bezeichnet und in einer politischen »Grauzone« ansiedelt, in der keine eindeutigen Aussagen zu machen seien.[225] Oder man argumentiert gar, Pfitzner habe das Image des Antisemiten nur deshalb gepflegt, um unter diesem Deckmantel »desto besser für die Juden eintreten zu können«.[226] Nun ist es zwar richtig, dass Pfitzner mehrfach für befreundete jüdische Künstler eingetreten ist und sich nicht scheute, Solidarität zu zeigen und etwas zu riskieren; so zum Beispiel im Fall des Dirigenten und Komponisten Felix Wolfes, des Regisseurs Otto Ehrhardt und des Schriftstellers Paul Nikolaus Cossmann. Er tat dies aber nicht aus Opposition zur Rassenpolitik des Regimes, sondern aus vermeintlich höheren Gründen um der deutschen Kultur willen. Pfitzner war auch darin der unkritische Nachfahre Richard Wagners, dass er die »heilige deutsche Kunst« verabsolutierte; da nun aber nicht zu bestreiten war, dass auch jüdische Musiker sich um die deutsche Kunst verdient gemacht hatten – Mendelssohn und Mahler zum Beispiel, oder die Dirigenten Leo Blech und Oskar Fried –, suchte er anfangs gelegentlich eine nichtrassistische Definition des Judentums zu geben, derzufolge das Kriterium der nationalen oder internationalen Gesinnung, der positiven oder kritischen Einstellung zum Deutschtum, den Ausschlag geben sollte. Er verwickelte sich dabei, wie auch seine Apologeten gerne konzedieren, in Widersprüche und Absurditäten.[227] Es war wiederum Paul Bekker, der Pfitzners kapriziös unverantwortlichen Umgang mit der Vokabel Jude mit dem gebotenen Sarkasmus quittierte: »Also: der Jude ist Nichtjude, sofern er deutschnational empfindet, der Nichtjude Jude, sofern er nicht deutschnational empfindet! Herr Profes-

sor Hans Pfitzner aber hat allein das Patent für deutschnationales Empfinden.«[228]

Von besonderem Interesse ist in diesem Zusammenhang das Urteil Otto Klemperers, der Pfitzner von dessen Berliner und Straßburger Zeit her gut kannte. Im Rückblick charakterisierte der Dirigent seinen einstigen Lehrer wie folgt: »Pfitzner was no philo-Semite. But he wasn't anti-Semitic either. He liked Jews whom he considered to be good Germans and he hated any sort of internationalism.« Bezeichnenderweise fügte Klemperer in seiner unverblümten Art hinzu: »A little crazy.«[229]

Die ganze schizophrene Naivität von Pfitzners Verhalten geht aus der Petition für Felix Wolfes hervor. Sie war direkt an den Führer gerichtet. Pfitzner erinnert zunächst an die »mir unvergeßliche« erste Begegnung mit Hitler 1923 im Schwabinger Krankenhaus, um dann mit dem folgenden Argument für eine Ausnahme im Falle Wolfes zu plädieren: »Obgleich er Jude ist, dürfte es, um eine werkgetreue Wiedergabe etwa der *Meistersinger* zu gewährleisten, keinen befähigteren und mehr von hohem künstlerischen Gewissen geleiteten Dirigenten geben als ihn.«[230] Es ist offensichtlich ein moralisch und intellektuell unhaltbares Argument, wie es auch der gern zitierten, vermeintlich entlastenden Erklärung Pfitzners zum Antisemitismus zugrunde liegt: »Der Antisemitismus schlechthin und als Haßgefühl ist durchaus abzulehnen.«[231] Entscheidend ist dabei die Vokabel »schlechthin«. Pfitzner lehnt den pauschalen, systematischen Antisemitismus ab; Ausnahmen sind zu machen, aber nur für solche jüdische Mitbürger, die kulturell bedeutend sind und sich einer nationalen Gesinnung befleißigen. Dies war hier offenbar der Fall. Und über solche Ausnahmen zu befinden, steht eigentlich nicht den Politikern zu, sondern Kulturträgern wie ihm. Von dem sonst so protest- und streitfreudigen Komponisten war unter diesen Voraussetzungen kein Einspruch gegen die Rassenpolitik als solche zu erwarten. Im Gegenteil: 1933 brüstete er sich damit, den Kampf gegen das Judentum schon zu einer Zeit geführt zu haben, »als es noch gefährlich war«. Er habe zeit seines Lebens in die »Kerbe gehauen, die heute als theoretische Voraussetzung der nationalsozialistischen Weltanschauung gilt«.[232] Bei so viel Bewunderung für Hitler und Übereinstimmung im Weltanschaulichen mutet es wie eine gespenstische Ironie des Schicksals an, dass Hitler offenbar zu wissen wähnte, Pfitzner sei nicht rein arischer und wenigstens zum Teil jüdischer Abstammung, was, wie Pfitzner meinte, seine wenig zuvorkommende Behandlung im Dritten Reich erkläre.[233]

Von welcher Herkunft war nun Pfitzners Judenfeindschaft? War sie ökonomisch oder psychologisch oder durch seinen Künstlerneid motiviert? Er selbst führte sie auf seine Berliner Erfahrungen als junger Komponist zurück, als er sich im Berliner Musikleben starker jüdischer Konkurrenz ausgesetzt sah. Seinem Freund Paul Nikolaus Cossmann erklärte er in einem Brief von 1898, »daß ich mich hier in Berlin ganz besonders als Antisemit ausgebildet habe. Man hat hier die Gefahr und die Macht so nahe vor Augen.« Hellsichtig fügt er seinem jüdischen Freund gegenüber hinzu: »Es ist schon beinahe krankhaft bei mir.«[234] Vermutlich haben alle diese Gesichtspunkte eine Rolle gespielt, entscheidend war aber unbestreitbar der rassische Gesichtspunkt. Deutlicher als er es in seiner notorischen *Glosse zum II. Weltkrieg* tat, kann man es eigentlich nicht sagen: »Das Weltjudentum *ist* ein Problem und zwar ein rassisches, aber nicht nur ein solches, und es wird noch einmal aufgegriffen werden, wobei man sich Hitlers erinnern wird.«[235] Dies schreibt Pfitzner 1946! Hitler sei nicht dafür zu tadeln, dass er die Endlösung der Judenfrage in Angriff genommen habe, sondern nur seiner Methode wegen, ihrer »berserkerhaften Plumpheit«, die sich von des Führers »angeborenem Proletentum« herschreibe. Auch wenn Pfitzner rassistisch argumentiert, geht es ihm jedoch in der Hauptsache um die Bewahrung der kulturellen Substanz, wie aus einem Brief an den Leipziger Oberbürgermeister Goerdeler hervorgeht. Dort schreibt er, es sei ihm in erster Linie darum zu tun, »die Einwirkung irgendwelchen fremdländischen Geistes auf [das] nationale Kunstleben«[236] abzuwehren. Hier gibt sich die Herkunft des Pfitzner'schen Antisemitismus deutlich zu erkennen, nämlich von Wagner her. Wagners *Judentum in der Musik* war ihm zeitlebens eine »ernste, liebevolle und tapfere Schrift«, die er im Prinzip, wenn auch nicht in allen Details guthieß.[237]

Auch Pfitzners Kommentar zu Otto Weininger verweist auf Wagner zurück. Dieser Fall von exemplarischem jüdischem Selbsthass – Weininger hatte sich als Dreiundzwanzigjähriger das Leben genommen – bildete im Übrigen schon einen Gesprächsgegenstand bei seiner Unterredung mit Hitler 1923. Weiningers Selbstmord hatte Pfitzners Sympathie. Mit dem Satz, Ahasvers Erlösung könne allein über seinen Untergang erfolgen, endet Wagners Pamphlet; analog dazu erblickt auch der selbstbewusste Erbe von Wagners Antisemitismus in Weiningers Tod den »Bereitschaftswillen zum Tod, es kündigt sich etwas wie die Erlösung Ahasvers an«.[238] Diese Tonart von Judenfeindschaft durfte sich insofern gemäßigt dünken, als sie der nazistischen Endlösung die Selbstauslöschung der Juden vorgezogen haben würde. Noch in der Verteidigungsschrift von 1946 nennt er das »internationale Judentum« in unverstelltem Nazijargon »das Böseste« schlechthin.

Es wird oft behauptet, Wagners antisemitische Schriften hätten in seiner mächtigen Wirkungsgeschichte eine untergeordnete Rolle gespielt und seien eine *quantité négligeable*. Der Fall Pfitzner belegt im Gegenteil ein ganz substanzielles Nachwirken; er bestätigt, was Jens Malte Fischer am Beispiel der Mahler-Literatur aufgezeigt hat, nämlich die nachhaltige Kontinuität des Wagner'schen Antisemitismus in den inneren Zirkeln der deutschen Musikkultur.[239] Manns Charakterisierung dieser Geistesverfassung in dem Hesse-Artikel als »Unbelehrbarkeit« ist somit weder übertrieben noch abwegig. Angesichts von Pfitzners Verstocktheit und mangelnder Bereitschaft zur Selbstkritik wirkt es einigermaßen deplatziert, zu behaupten: »Immerhin durfte Pfitzner nach 1945 der einzige Komponist gewesen sein, der sich überhaupt geistig mit dem Nationalsozialismus auseinandergesetzt hat, wenn dies auch inadäquat geschehen ist.«[240]

2. *Die nationale Gesinnung.* Eine zweite Entlastungsstrategie stützt sich auf das Argument von Pfitzners nationaler Gesinnung, wobei die oft zitierte Stelle bemüht wird: »Ich, der ich von eigentlicher Politik nicht das geringste verstehe, sondern nur die gefühlsmäßige nationale Einstellung habe …«[241] Es ist dies aber eine sehr deutungsbedürftige Stelle, wenn man bedenkt, dass diese Aufzeichnungen, *Eindrücke und Bilder meines Lebens,* während des Krieges geschrieben wurden, das Ende vor Augen. Pfitzners Verhalten in der Weimarer Republik und im Dritten Reich lässt sich nicht in jedem Fall als naiv und ahnungslos abtun. Vollends unhaltbar ist die These Bernhard Adamys, Pfitzners deutschnationale Grundeinstellung markiere einen klaren Trennungsstrich zwischen seinem Denken und dem Nationalsozialismus, ja dass er zu »den fundamentalsten grundsätzlichen Auffassungen des Nationalsozialismus vom Deutschtum«[242] im Widerspruch gestanden habe. Wenn Adamy meint, nur eine ganz

oberflächliche Betrachtung könne Pfitzners Deutschtum mit dem Nationalsozialismus identifizieren[243], so ist dem entgegenzuhalten, dass gerade die deutschnationale Gesinnung und der Kulturchauvinismus Pfitzner'scher Prägung ihm und tausend anderen als Eselsbrücke zum Nationalsozialismus dienten. Der Antisemitismus bezeichnet nur einen, wenn auch einen besonders wuchtigen Pfeiler, der das weltanschauliche Gebäude sowohl der deutschnational als auch der nationalsozialistisch Gesinnten trug. Im Übrigen verführt die Rückführung aller politischen Torheiten Pfitzners auf seine an und für sich gute nationale Gesinnung zu dem von ihm selbst hartnäckig propagierten Schluss, er sei selbst als Opfer des Dritten Reichs zu betrachten – verkannt, vernachlässigt, zu wenig aufgeführt. Diese manifeste Unwahrheit wird widerlegt von seinen vielfachen Anbiederungen an das Regime und seine Bereitwilligkeit, dem Dritten Reich als kulturelles Aushängeschild zu dienen: so zum Beispiel im April 1942 mit dem offiziellen *Palestrina*-Gastspiel der Bayrischen Staatsoper im besetzten Paris oder mit seinen Konzerten für den mit ihm befreundeten Generalgouverneur von Polen, Hans Frank, dem berüchtigten »Polenschlächter«, im November 1942 und noch im Juli 1944 in Krakau, gleichsam in Hörweite von Auschwitz. Nichts belegt die Unhaltbarkeit der These Adamys schlagender als dieses wohl anstößigste Beispiel von Pfitzners keineswegs nur naiver Bereitwilligkeit, sich dem Naziregime zur Verfügung zu stellen.

* * *

Ein abschließender Blick auf die Dreierkonstellation Pfitzner, Walter, Thomas Mann: Ihr sternstundenhaftes »Kulturglück« 1917 bei der *Palestrina*-Premiere bezeugt, dass eine tief reichende Gemeinsamkeit im geistigen und weltanschaulichen Bereich vorhanden gewesen sein muss. Sie bestand einerseits in der Idolisierung eines Begriffs des »ewigen Deutschland«, das in der Musik den höchsten, gültigsten Ausdruck des deutschen Wesens zu fassen wähnte und sich über die Politik erhaben fühlte. Was jedoch Pfitzner von den beiden anderen immer weiter entfernte, war einerseits sein verbissener, das Fremde ängstlich abwehrender Nationalismus und andererseits seine »Rückneigung« (5.1, 989) zu einer ganz bestimmten Phase der Nationalgeschichte, die am bündigsten mit den Namen Eichendorff, Carl Maria von Weber, Robert Schumann und dem frühen Richard Wagner zu bezeichnen ist. In jener Epoche waren die kulturellen Leistungen der Deutschen, zumal auf dem Gebiet der Musik, ihr einziger Stolz. Zweifellos hat dieses mythisierte Deutschlandbild mit seiner Erhöhung der Musik zur Nationalkunst eine stark identitätsbildende Kraft ausgeübt – im Falle Thomas Manns und Bruno Walters nicht anders als bei Pfitzner und wohl der Mehrzahl des deutschen Bürgertums. Bei Thomas Mann und Bruno Walter kamen jedoch, als Respons auf die Krisenhaftigkeit der Zeit, zwei entscheidende Elemente hinzu: die weltbürgerliche Öffnung zum Außerdeutschen hin sowie die Bereitschaft, der geschehenden Geschichte offenen Geistes zu begegnen. Diese lebensfreundliche Weisheit des *Zauberberg*-Autors fand ihren entschiedensten Ausdruck in den programmatischen Bemerkungen am Ende eines Essays, den er im Sommer 1925 schrieb, unmittelbar nachdem Pfitzner ihm die Freundschaft aufgekündigt hatte; sie sind wohl auf ihn, den einst Verehrten, nun aber Verlorenen gemünzt und sollen diesen alles andere als erbaulichen, doch unumgänglichen historischen Exkurs zu einem guten Ende bringen:

> Das Schlimmste und Falscheste aber in allen Stücken ist Restauration. Die Zeit, der vor sich selber graut, ist voll von Restaurationsverlangen, von Velleität der Rückkehr, der Wiedereinsetzung des Alten und Würdigen, der Wiederherstellung zerstörter Heiligkeit. Umsonst, es gibt kein Zurück. Alle Flucht in lebensleer gewordene historische Formen ist Obskurantismus; alles fromme »Verdrängen« der Erkenntnis schafft nur Lüge und Krankheit. Es ist eine falsche, dem Tode zugewandte und im Grunde glaubenslose Frömmigkeit, denn sie glaubt nicht an das Leben und seine unerschöpflichen Heiligungskräfte. Der Weg des Geistes muß überall zu Ende gegangen werden, damit Seele wieder sein könne. Nicht um Verdrängen und Restauration kann es sich handeln, sondern um Einverleibung und Einverseelung der Erkenntnis zur Bildung neuer Würde, Form und Kultur. (15.1, 1043 f.)

9. *Salome* und *Palestrina* als historische Chiffren: Zur musikgeschichtlichen Codierung des *Doktor Faustus*

Thomas Manns Musik- und Deutschlandroman stellt den Leser vor eine Reihe von Problemen, die auf den ersten Blick verwirren und eine konzeptionelle Schwachstelle anzuzeigen scheinen, aber bei genauerem Hinsehen sich als Scheinprobleme erweisen. Eine besonders auffallende und leicht zu isolierende Schwierigkeit dieser Art bereitet die für jegliches Verständnis dieses Romans zentrale musikgeschichtliche Codierung. Hier scheint eine Divergenz vorzuliegen zwischen der Repräsentation der deutschen Musikgeschichte des 20. Jahrhunderts und Thomas Manns eigener Erfahrung der Musik seiner Zeit. Adrian Leverkühn ist ein moderner Komponist in einem ganz spezifischen Sinn: Seine Kompositionen, jedenfalls die seiner Reifeperiode, sind unzweifelhaft als fiktionales Analogon der Zwölftonmusik Arnold Schönbergs und seiner Schüler gekennzeichnet. Mann selbst jedoch hatte kein engeres Verhältnis zur Neuen Musik und konnte sich selbst mit der Hilfe eines Experten vom Schlage eines Theodor W. Adorno nicht dafür erwärmen. Die »Dreiklangwelt des ›Ringes‹«, bekennt er in seinem Bericht über die Entstehung des Romans, sei »im Grunde [s]eine musikalische Heimat« (XI, 208) geblieben. Sein Verständnis der Musik der Wiener Moderne bezeichnet er hingegen als »initiierte Ignoranz« (XI, 245).

Thomas Mann blieb in der Tat zeit seines Lebens im Bannkreis Wagners. Das zeigt sich besonders deutlich an seinen musikalischen Präferenzen im Hinblick auf die Musik nach Wagner. Die beiden zeitgenössischen Komponisten, die er am intensivsten erlebte, waren, wie die beiden voranstehenden Kapitel gezeigt haben, Richard Strauss und Hans Pfitzner, die beiden antipodischen Wagner-Erben. Als einen Wagner-Erben betrachtete Thomas Mann sich selbst aber auch. Strauss und Pfitzner waren somit Rivalen – Rivalen, denen er den Vorwurf machte, dass sie das Erbe pervertierten, indem sie sich gegen die Inanspruchnahme Wagners durch Adolf Hitler und das Dritte Reich nicht nur nicht wehrten, sondern Beihilfe dazu leisteten. Somit gehören sie aufs Engste zu jener Vorgeschichte der deutschen Katastrophe, die der Roman zu erzählen versucht. Von daher drängt sich die Frage auf: Welche Rolle spielen der *Salome*-Komponist und der Schöpfer des *Palestrina* in diesem Roman? Und in welchem Verhältnis stehen sie zu dem dominanten Paradigma der Neuen Musik Leverkühns?

Strauss wird im Roman namentlich genannt, Pfitzner nicht. Beide sind jedoch gleich tief dem symbolischen Subtext eingeschrieben, der den Weg Deutschlands zu Hitler und in die Barbarei bezeichnet. Dieser Subtext ist geprägt von Manns Geschichtsverständnis, wie es sich während der Weimarer Republik und im Exil herausgebildet hatte. Selbstredend stand im Mittelpunkt allen geschichtlichen Nachdenkens die Frage nach den Wurzeln des Nationalsozialismus. Sie wurden im geistesgeschichtlichen und psychologischen Bereich gesucht; ökonomische Erklärungen lehnte Thomas Mann, wie er in dem Wagner-Essay von 1940 (XIII, 358) argumentierte, als oberflächlich und falsch ab. Im Übrigen teilte er diese Privilegierung geistiger und psychischer Faktoren in der Ätiologie des Nationalsozialismus mit allen nichtmarxistischen Faschismustheorien. Angesichts dieser geschichtstheoretischen Voraussetzungen und der eigenen Lebenserfahrung war es unausbleiblich, dass über die historische Rolle zweier so exponierter Repräsentanten der deutschen Musikkultur wie Strauss und Pfitzner im *Doktor Faustus* in offener oder verdeckter Form Rechenschaft abzulegen war.

* * *

Die Strauss-Stelle im Roman ist bekannt, ja berüchtigt ob ihrer zwiespältigen und griffigen Charakterisierung des *Salome*-Komponisten. Entscheidend ist jedoch die Verknüpfung des Namens Strauss mit einer der rätselhaftesten, wenn auch zweifellos zentralen Episoden im Leben des fiktiven deutschen Tonsetzers Adrian Leverkühn. Im 19. Kapitel werden wir umständlich und detailliert über eine Reise informiert, die Leverkühn gerade unternommen hat, um der österreichischen Premiere der *Salome* beizuwohnen. Der Leser muss das insofern merkwürdig finden, als Leverkühn mit seinem Lehrer Kretzschmar Straussens Sensationswerk ein halbes Jahr zuvor schon in Dresden bei seiner Uraufführung kennen gelernt hatte – ein Detail, in dem Manns eigene Erfahrung und die seiner fiktionalen Projektionsfigur exakt übereinstimmen, nur dass der *Faustus*-Autor nicht die Premiere, sondern eine spätere Aufführung der Premierenserie besucht hatte.[244] Kein anderes zeitgenössisches Werk macht einen so nachhaltigen Eindruck auf Leverkühn, dass er es zweimal zu sehen und mitzuerleben wünscht. Für ihn stellt *Salome*, der ein Text Oscar Wildes zu Grunde liegt, ein »glückhaft-revolutionäre[s] Werk« dar, »dessen ästhetische Sphäre ihn keineswegs anzog«; doch interessierte es ihn, so versichert der Chronist, »in musikalisch-technischer Beziehung und besonders noch als Vertonung eines Prosa-Dialogs« (VI, 205). *Salome* markiert also einen Entwicklungsstand der Musik, den Leverkühn als modern und auf der Höhe der Zeit anerkennt, wiewohl er selbst die Strauss'sche Erfolgsformel durchschaut und ihn derentwegen ein wenig verachtet. Sein Urteil über Strauss und *Salome* fällt dementsprechend zwiespältig aus; es ist eine betont mokante Respektbezeugung: »Was für ein begabter Kegelbruder! Der Revolutionär als Sonntagskind, keck und konziliant. Nie waren Avantgardismus und Erfolgssicherheit vertrauter beisammen. Affronts und Dissonanzen genug, – und dann das gutmütige Einlenken, den Spießer versöhnend und ihm bedeutend, daß es so schlimm nicht gemeint war … Aber ein Wurf, ein Wurf …« (VI, 207 f.). Dass in der Kennzeichnung »keck und konziliant« ein Element der Kritik enthalten ist – ein Zweifel an der Aufrichtigkeit des sonntagskindlichen Revolutionärs –, geht aus den Worten hervor, mit denen in den *Betrachtungen eines Unpolitischen* die *Salome* Oscar Wildes bedacht wird: »ein Werk von unsterblicher Prägnanz und Kraft; die harte Künstlichkeit dieses aufrichtigen und aufrechten Ästhetizismus hat die Wahrheit des bösen und schönen Lebens«. (XII, 548)

Die ironische Distanz, aus der im *Faustus* über *Salome* geurteilt wird, zeigt an, dass Leverkühn bereits an dieser Stelle innerlich über Strauss hinaus und zu neuen Ufern des musikalischen Ausdrucks unterwegs ist. Das *Salome*-Erlebnis dient somit zunächst zur Charakterisierung und historischen Platzierung von Manns fiktivem Tonsetzer. Er ist Post-Straussianer – ein »nach-Straußische[r] Komponist«, wie er im Tagebuch (23. 9. 1949) einmal genannt wird. Leverkühns Frühwerk bestätigt diese Kennzeichnung. Sein erstes größeres Werk, die »Symphonische

Phantasie« *Meerleuchten* resultiert aus dem Studium der deutschen und österreichischen Spätromantik. Es ist Leverkühns musikalisches Gesellenstück, das seine Fähigkeit demonstriert, ein »Stück ausgesuchter Tonmalerei« à la Richard Strauss zu liefern. Die Pointe dieser Partitur ist nun, dass er selbst nicht mehr an die Zeitgemäßheit dieses »klangfunkelnde[n]« (VI, 202) Idioms glaubt und sich seiner lediglich in halbparodistischer Absicht bedient. Mit der Vertonung von Klopstocks *Frühlingsfeyer* wird seine Abkehr von der Spätromantik explizit. Es lässt sich leicht ausmalen, zu welchen Klangräuschen diese wohl berühmteste poetische Gestaltung von Gewitter und Regenbogen einen Richard Strauss inspiriert hätte; seine *Alpensinfonie* lässt es ahnen. Leverkühn wählt nun aber einen überraschend asketischen Satz für Bariton, Orgel und Streichorchester. Dabei wird ausdrücklich betont, dass er die »verbrauchte Tonmalerei« verschmäht und sich »Enthaltsamkeit von billigen Wirkungsmitteln« – »keine Pauke«, kein »Harfengetön« (VI, 352 f.) – auferlegt. Die Distanzierung von Strauss könnte nicht pointierter statuiert werden!

Leverkühns Puppenoper über den *heiligen Gregorius* setzt diese Entwicklung fort und markiert einen weiteren, historisch ausgewiesenen Innovationsschub. Alles, was uns über diese Partitur mitgeteilt wird, signalisiert eine bewusste Abkehr von dem Wagner'schen Musikdrama, wie es in Leverkühns Epoche in erster Linie von Strauss in *Salome* und *Elektra* praktiziert wurde, und eine Hinwendung zu dem schlankeren, vitaleren Neoklassizismus von Igor Strawinskys *L'Histoire du soldat*, die der Gregorius-Oper offensichtlich zum Modell diente und die zudem mit dem *Faustus* durch ihre Thematik der Teufelsverschreibung verwandt ist. Die neoklassizistische Linie setzt sich in Leverkühns Vertonung von Shakespeares Komödie *Love's Labour's Lost* fort und gibt jener Übergangsphase von der Spätromantik zur Neuen Musik ihr Gepräge. Diese Entwicklungslinie des Frühwerks bezeichnet die historische Situierung der mit musikalischer und außermusikalischer Bedeutung schwer befrachteten Tonsetzerfigur. Die Krise, die er am Anfang seiner Laufbahn vorfindet und aus der er einen Ausweg sucht, ist also nicht irgendeine verschwommene, auf dies und jenes beziehbare Krise der modernen Kunst, sondern die Krise der Spätromantik, in der die nach-Wagner'sche Musik an eine Grenze gelangte. Leverkühn strebt nun – und darin lässt er an Schönberg denken – nach einer weit radikaleren Lösung dieser Krise als der konziliante Richard Strauss, der sich in *Rosenkavalier* und *Ariadne auf Naxos* mit einem historisierenden Neoklassizismus begnügte. Leverkühns Weg weicht also darin von dem Arnold Schönbergs ab, dass er den Weg über den Neoklassizismus geht, den dieser als Um- und Abweg erkannt hatte und vermied.

Für eine Verknüpfung Leverkühns mit dem Werk von Strauss gab es auch sonst gute Gründe, die mit der Stellung der *Salome* in der Frühgeschichte der musikalischen Moderne zu tun haben. Ursprünglich war für die österreichische Premiere des Sensationswerks selbstverständlich Wien vorgesehen, wo Gustav Mahler, als Direktor der Hofoper, sich besonders energisch für *Salome* eingesetzt hatte.[245] Seine Bemühungen scheiterten jedoch am Zensor, sodass man nach Graz ausweichen musste. Dort fand die lang erwartete Premiere am 16. Mai 1906 statt; Strauss selbst übernahm die musikalische Leitung. Zu dieser Aufführung fand sich viel musikalische Prominenz ein, darunter Gustav und Alma Mahler, Alexander Zemlinsky, Arnold Schönberg und Alban Berg. Auch Giacomo Puccini war aus Italien angereist. Die Grazer Premiere der *Salome* ging so in die Annalen der Musikgeschichte ein, und dieser Umstand allein, von dem Thomas Mann vermutlich durch Adorno, einen Schüler Alban Bergs, Kenntnis hatte, mag Grund genug gewesen sein, Leverkühn nach Graz zu schicken.

Es gab jedoch noch einen weiteren, eher sinistren Grund: Der Grazer *Salome*-Premiere wohnte auch der 17-jährige Adolf Hitler bei, wie dieser selbst – aus welchen Gründen auch immer – dem Sohn des Komponisten in Bayreuth einmal anvertraute. Strauss erzählte davon gelegentlich, auch in Briefen[246], und von daher fand dieses bemerkenswerte Detail Eingang in Stefan Zweigs Memoiren *Die Welt von Gestern*.[247] Es ist zwar möglich, aber nicht recht wahrscheinlich, dass die Leverkühn-Strauss-Hitler-Konfiguration ihre Existenz einem Zufall verdankt. Dafür erscheint sie jedoch zu stimmig und sinnfällig, denn so unwahrscheinlich, weit hergeholt und atemberaubend diese Konfiguration zunächst auch anmutet, so ist doch nicht zu leugnen, dass sie eines der innersten Anliegen dieses Romans wie in einem Emblem repräsentiert.[248] Im Übrigen gibt es in Manns Tagebuch (4. 3. 1944) Anzeichen dafür, dass er, während er am *Doktor Faustus* arbeitete, sich mit dem Buch von Stefan Zweig beschäftigte und also Kenntnis von jenem kuriosen historischen Detail hatte.

Dass es in irgendeinem Sinne ausschlaggebend war für Manns Entscheidung, die österreichische Premiere der *Salome* mit Leverkühns Teufelsverschreibung in Pressburg zu assoziieren, ist jedoch, bei aller Überdeterminierung der biographischen Details, eher unwahrscheinlich.

Die gewichtigste und folgenreichste Bedeutungsschicht der *Salome*-Episode erschließt sich erst dann, wenn wir uns den eigentlichen Zweck der Reise nach Graz in Erinnerung rufen. Die *Salome*-Premiere in Graz dient ja lediglich zum Vorwand einer anderen, schicksalhaften Reise, nämlich nach Pressburg, wo Leverkühn seine Esmeralda aus dem Leipziger Bordell wiedersieht. Von ihr holt er sich jene syphilitische Ansteckung, die ihn dazu in den Stand setzen soll, die u. a. von *Salome* indizierte Krise der modernen Musik zu überwinden – so seine sowohl medizinisch wie theologisch verwegene, doch im Kern durchaus faustische Spekulation. Dabei wird der Leser im Unklaren gelassen, ob Leverkühn auf seiner Reise zuerst Graz oder Pressburg berührt; ja sogar die Frage, ob er überhaupt in Graz war, wird von dem ob dieser Episode in Panik versetzten Biographen, dem Humanisten Serenus Zeitblom, in Frage gestellt. Vergeblich, denn der Motivzusammenhang und der allegorische Subtext des Romans machen es gleichsam über den Kopf des eher prüden Biographen klar, dass der Leverkühn-Salome-Esmeralda-Konfiguration eine zwingende Stimmigkeit eignet.

Es gehört zu der durchgängigen Überdeterminiertheit der biographischen Details im *Doktor Faustus*, dass sich für die Verknüpfung von Leverkühns Biographie mit der mythischen Figur der Salome auch ein literarischer Beleg anführen lässt. Thomas Mann kannte aus seinen frühen Münchner Jahren, die so viel Stoff lieferten für diesen Roman, *Das Liebeskonzil*, jene satirisch-blasphemische »Himmelstragödie« von Oskar Panizza, die bei ihrem Erscheinen 1894 einen Skandal erregte. Thomas Mann verfasste einen kurzen Artikel darüber in der damals von seinem Bruder geleiteten Zeitschrift *Das Zwanzigste Jahrhundert* (14.1, 26f.). Das Sujet jener skandalumwitterten »Himmelstragödie« Panizzas gehört sehr zur Sache von Manns Roman: Auf einem himmlischen Liebeskonzil wird beschlossen, die Menschheit für ihre sexuellen Ausschweifungen zu bestrafen; dem Teufel wird aufgetragen, eine ansteckende Krankheit zu erfinden, die die Geschlechtsorgane selbst befällt; zur Partnerin wählt er sich das verworfenste Weib der Hölle – das ist, wie sich nach der Musterung mehrerer Kandidatinnen herausstellt, niemand anderes als Salome –, und durch sie gelangt die Syphilis unter die Menschen. Dies die verzweifelt grimmige »Erklärung« Panizzas für das plötzliche, unerklärliche Auftreten der Syphilis zu Ende des 15. Jahrhunderts. In dem Interesse an der dämonischen Dimension des Sexuellen berühren sich Thomas Mann, Panizza und Strauss, beziehungsweise Oscar Wilde, und in der »mythischen« Rolle Salomes als Quelle der Syphilis findet ihre Präsenz im *Doktor Faustus* eine weitere Rechtfertigung. Von Panizzas Stück aus, das ein ernst zu nehmendes theologisches Gerüst besitzt, ergeben sich Konsequenzen für den durchgängigen Gnaden-Diskurs des *Doktor Faustus,* der hier jedoch nicht weiter verfolgt zu werden braucht.

* * *

Verglichen mit der Präsenz von Richard Strauss im *Doktor Faustus* muss die Rolle Pfitzners als diskret, beinahe anonym bezeichnet werden. Gleichwohl gehört Pfitzner auf eine bisher kaum geahnte Weise zu diesem Roman, und zwar, nicht anders als Strauss, zu seinem thematischen Zentrum.

Eine leicht zu entziffernde Anspielung auf Pfitzner erfolgt im 36. Kapitel. Dort wird von der Erstaufführung von Leverkühns Oratorium *Apocalypsis cum figuris* berichtet, bei der die Rolle des Evangelisten von »einem Tenoristen eunuchalen Typs namens Erbe« gesungen wurde (VI, 500). Kein Zweifel, damit ist Karl Erb gemeint, der die Rolle Palestrinas 1917 in München kreierte. Die Uraufführung des apokalyptischen Oratoriums unter der Leitung Otto Klemperers findet in Frankfurt statt, nicht in München, was in jeder Hinsicht näher gelegen wäre. Dort, so versichert uns der Chronist, hätte man gegen Leverkühn angesichts eines so radikalen neuen Werkes den »Vorwurf des ›Kultur-Bolschewismus‹ mit Erbitterung« erhoben. Frankfurt also, das Frankfurt Adornos, als Oase der Moderne und – hier wird die Spitze gegen Pfitzner erkennbar – als »Widerspiel zur nationalistisch-wagnerisch-romantischen Reaktion, wie sie namentlich in München zu Hause war« (VI, 515 f.). Wer könnte daran zweifeln, dass diese abschätzige Charakterisierung von Manns bösen Erfahrungen mit den Querelen des Münchner Kultur- und Musiklebens seit der Bruno-Walter-Ära eingegeben ist? Der Satz ist ein Denkzettel an die Adresse der »eigentlich dummen Stadt« (x, 223), in der er einst als »Halbbolschewik« gebrandmarkt und aus der er im Namen Richard Wagners vertrieben worden war.[249]

Eine weitere, noch gewichtigere Pfitzner-Spur beginnt sich abzuzeichnen, sobald wir die viel diskutierte Berater-Rolle Adornos näher betrachten. Thomas Mann hatte den Frankfurter Musikkritiker und Philosophen im Juli 1943 kennen gelernt, zwei Monate nach Beginn der Niederschrift des *Doktor Faustus.* Ein Mann von so stupendem musikalischen Wissen und kritischer Intelligenz wie Adorno kam dem unter seinen Bekannten nach Hilfe ausschauenden Autor wie gerufen. In den folgenden Monaten avancierte der um fast dreißig Jahre jüngere Adorno, der gerade seine *Philosophie der Neuen Musik* im Manuskript abgeschlossen hatte, zu Manns »wirkliche[m] Geheime[n] Rat« (xi, 293), auf den er sich in allen die Neue Musik betreffenden Belangen dankbar stützte. Als der Roman bis zum 30. Kapitel gediehen war, übergab er das gesamte Manuskript seinem musikalischen Berater zur Begutachtung – ein einzigartiges Vorkommnis in Thomas Manns Schaffen. Bei der Konzeption und Ausführung von Leverkühns späten Kompositionen war Adorno gleichsam Mitautor – ein Umstand, der jedoch nicht dazu verführen sollte, Adornos Einflussnahme auf den Roman für unbegrenzt zu halten. Gegen Adornos geschichtsphilosophische und kulturkritische Anliegen setzte sich Mann noch ganz zuletzt, bei Gelegenheit von *Dr. Fausti Weheklag,* erfolgreich zur Wehr[250], sodass der geschichtliche Gehalt des Romans in allem Wesentlichen als von ihm geprägt anzusehen ist.

Adorno war dem *Doktor-Faustus*-Autor jedoch nicht nur als Theoretiker der Neuen Musik wichtig. Er war auch der Verfasser eines *Versuchs über Wagner,* von dem damals vier Kapitel geschrieben waren und in dem Mann viel von seinem eigenen Wagner-Bild wiederfand. Insofern Adornos Wagner-Studie als Versuch zu werten ist, »die Urlandschaft des Faschismus aufzuhellen, damit sie nicht länger die Träume des Kollektivs beherrscht« – so der Autor in einer Selbstanzeige von 1952 (GS 13, 503) –, konvergierten seine kritischen Interessen mit dem Erzählimpuls, der Thomas Mann diesen Roman schreiben ließ. Darüber hinaus brachte Adorno als Kompositionsschüler Alban Bergs und, vor 1933, formidabler Musikkritiker in Frankfurt ein ungeheures Wissen über das Musikleben der Weimarer

Republik mit, das Manns eigene Erinnerungen ergänzen und korrigieren konnte.

Bezeichnend für Adornos glückliche Hand ist sein erster, eher indirekter Beitrag zum *Doktor Faustus*. Er brachte Thomas Mann ein Buch von Julius Bahle, *Eingebung und Tat im musikalischen Schaffen. Ein Beitrag zur Psychologie der Entwicklungs- und Schaffensgesetze schöpferischer Menschen* (Leipzig 1939). Dieses Buch sollte sich als überaus einschlägig erweisen.[251] Bahle (1903–1986), seines Zeichens Privatdozent der Psychologie in Jena, hatte schon 1935 in einem Aufsatz in *Das neue Musikblatt* Pfitzners bekannte Lehre vom »Einfall« und »autonomen Schaffensprozeß« in Frage gestellt, worauf der *Palestrina*-Komponist, der sich von Bahle »unverschämt angerempelt« fühlte[252], im *Völkischen Beobachter* den Jenenser Privatdozenten auf rüde Weise attackierte und als nicht zuständig, weil nicht selbst ausübender Künstler, zurechtwies.[253] Bahle hatte 1936 eine erste zusammenfassende Darstellung seiner empirisch fundierten Anschauungen in seinem ersten Buch vorgelegt: *Der musikalische Schaffensprozess. Psychologie der schöpferischen Erlebnis- und Antriebsformen* (Leipzig 1936), das auf seiner Jenenser Dissertation von 1930 (*Zur Psychologie des musikalischen Gestaltens*) beruhte. Bahle antwortete seinem prominenten Kontrahenten mit einem Artikel in der *Frankfurter Zeitung* (4.2.1936) über *Pfitzner und die Psychologie des modernen Schaffens*. Das nun veranlasste den empörten Komponisten, gegen den vorlauten und respektlosen Dozenten die Partei einzuschalten und zu einem Vorgehen gegen Bahle und die seit dem Streit mit Paul Bekker, ihrem jüdischen Musikkritiker, unrühmlich bekannte *Frankfurter Zeitung* aufzufordern. Vergeblich. Bahles Buch von 1939 nun, das Adorno dem *Faustus*-Autor zuschanzte, rekapituliert den Streitfall und liefert zahlreiche Belege und Selbstaussagen lebender und toter Komponisten – für Thomas Mann, der das Buch nach Ausweis des Tagebuchs (12.–23.7.1943) sorgfältig studierte, eine wahre Fundgrube.

Übrigens ließ es Pfitzner, der Polemiken brauchte wie andere den Applaus, keineswegs bei den publizistischen Attacken bewenden. 1940 schickte er eine die ganze Streitsache zusammenfassende Schrift *Über musikalische Inspiration* nach, die bereits 1943 ihre 4. Auflage erlebte. Unwahrscheinlicherweise setzte sich der mit deutscher Gründlichkeit und Zähigkeit geführte Streit zwischen Bahle und Pfitzner, der Züge einer Farce an sich hatte, nach dem Krieg weiter fort. Bahle replizierte auf Pfitzners Schrift mit einem Buch zum Thema *Hans Pfitzner und der geniale Mensch* (Konstanz 1949), mit dem er das letzte Wort behalten sollte, denn als es erschien, war sein Gegner bereits verstorben. Um seiner Position Nachdruck zu verschaffen, ließ Bahle auf dem Vorsatzblatt seines Buchs drei Kanonen schwersten Kalibers auffahren in Form von zustimmenden Urteilen von Seiten Adornos, Thomas Manns und Hermann Hesses. Adorno: »Diese psychologische Kulturkritik am Beispiel von Hans Pfitzner ist mir sehr aus dem Herzen geschrieben.« Mann: »Ihr Buch ist gut und wichtig. Ich bin neugierig, wie lange in Deutschland noch solche mutige Bücher erscheinen werden.« Hesse: »Es freut mich, daß Sie diesen dummen, alten Gnom zur Strecke gebracht haben.«[254]

Es ist nicht nötig, die Argumente dieser nicht enden wollenden Polemik hier im Detail zu rekonstruieren. Es genügt zu wissen, dass durch Bahles Buch von 1939 die berühmte Einfallslehre Pfitzners, der theoretische Kern seiner bewusst reaktionären Musikästhetik – und damit generell das Problem der Inspiration in einer zum Epigonentum verurteilten Periode der Musikgeschichte – auf sehr anschauliche Weise aktualisiert worden war. Alles deutet darauf hin, dass Bahles Buch dem *Faustus*-Autor geholfen hat, das Dilemma seines modernen Faust auf den Punkt zu bringen, nämlich die Frage der Inspiration. In Pfitzner und Bahle standen sich zwei konträre Konzeptionen von musikalischer Kreativität gegenüber. Hier die Überzeugung, dass der Einfall letztlich eine unerklärliche, göttliche Eingebung sei, aus der sich der weitere Verlauf der Komposition zwangsläufig ergibt; dort die Vorstellung, dass Kreativität eine Sache vieler kleiner Einzelinspirationen sei, deren Verarbeitung Sache des Künstlers ist. Hier die alle intellektuellen Überlegungen bezwingende, irrationale und zutiefst romantische Vorstellung von Kunst; dort die nüchterne und bescheidene Rechenschaftsablegung über den mühsamen Prozess der künstlerischen Hervorbringung.

Adorno hatte somit den richtigen Griff getan; er hatte dem *Doktor-Faustus*-Autor den Zugang zu einem inspirationstheoretischen Diskurs eröffnet, der aufgrund seiner künstlerpsychologischen Brisanz sehr zur Sache gehörte. Im Übrigen führte dieser Diskurs zurück zu Pfitzners Polemik gegen Paul Bekker von 1919 und zu Pfitzners ersten Äußerungen zum Problem des Einfalls in dem Essay über Operndichtung, den er 1908 in den *Süddeutschen Monatsheften* veröffentlicht hatte und der schon damals Manns Aufmerksamkeit erregte.[255] Nicht zu reden von *Palestrina*, ein Werk, das mit gutem Recht eine Oper über das Problem der Inspiration genannt werden könnte. Mit anderen Worten: Der Fokus auf die Inspirations-Thematik eröffnete Perspektiven auf praktisch die ganze Lebensspanne des deutschen Tonsetzers Leverkühn und lieferte diesem Epochenroman die geheime Leitthematik. Es ist die prototypische Leitthematik nicht nur Pfitzners, sondern weitgehend auch der ganzen post-Wagner'schen Epoche der deutschen Musikgeschichte. Vor dem Hintergrund dieses Inspirations-Diskurses ist es alles andere als ein Zufall, dass in dem zentralen 25. Kapitel, dem so genannten Teufelsgespräch, nicht nur Adorno selbst als der Musikkritiker mit der Hornbrille, sondern auch Pfitzners hochproblematische und den historischen Moment tief bezeichnende Inspirationstheorie ihren Platz gefunden haben.

An der Stelle, an der das Teufelsgespräch zur Sache kommt, wo, im Sinne des Faust-Mythos, die Bedingungen des Pakts geklärt werden, geht es um das Wissen und die Qualität des künstlerischen Einfalls: Was ist Inspiration? Wie und wo kann sie erworben werden? Was sind die Bedingungen von Genialität und Originalität? »Nimm gleich einmal den Einfall«, spricht Leverkühns Gegenüber, »was ihr so nennt, was ihr seit hundert oder zweihundert Jahren so nennt, – denn früher gabs die Kategorie ja gar nicht, so wenig wie musikalisches Eigentumsrecht und all das. Der Einfall also, eine Sache von drei, vier Takten, nicht mehr, mehr nicht. Alles übrige ist Elaboration, ist Sitzfleisch. Oder nicht?« (VI, 316) Pikanterweise bedient sich Thomas Mann hier eines Satzes von Richard Strauss über die Rolle des Sitzfleischs, mit dem sich sowohl Bahle als auch Pfitzner in ihrer Polemik auseinander setzten: Bahle zustimmend, Pfitzner ablehnend. Strauss artikuliert die pragmatische, empirisch vielfach gestützte Sicht dieser heiklen Frage. Das gewichtigste und schlagendste Beweisstück sind jedoch Beethovens Notizbücher; sie stützen das Argument, dass Komponieren »Sitzfleisch« sei, auf sehr anschauliche Weise. Beethoven ging sogar so weit, das Prinzip »Sitzfleisch« auf den Einfall selbst anzuwenden, ihn nicht als gottgegeben hinzunehmen, sondern an ihm herumzubessern. Daher das häufige »Meilleur« (VI, 317) in seinen Notizbüchern.

Was die teuflische Stimme Leverkühns in Aussicht stellt und wonach es diesen verlangt, ist aber etwas qualitativ ganz anderes: der künstlerische

Schaffensakt als rauschhafte, alle Konventionen vom Tisch räumende, geniale Zwangshandlung. Das Dilemma der Nachfahren Wagners, wie allen Epigonentums, besteht darin, dass sie von diesem Phantom nur träumen können, doch andererseits danach streben müssen, wenn je wieder ein Durchbruch, ein Innovationsschub in der Größenordnung des *Tristan* erzielt werden soll. Wem das Erbe eine Last geworden ist – und das gilt für Strauss und Pfitzner wie für Leverkühn –, der erträumt sich die große, epochemachende Eingebung als Gnade. Wie nur je ein Mephistopheles malt Leverkühns Alter Ego das erträumte Inspirations- und Schöpfungsglück in den verführerischsten Farben: »Eine wahrhaft beglückende, entrückende, zweifellose und gläubige Inspiration, eine Inspiration, bei der es keine Wahl, kein Bessern und Basteln gibt, bei der alles als seliges Diktat empfangen wird, der Schritt stockt und stürzt, sublime Schauer den Heimgesuchten vom Scheitel bis zu den Fußspitzen überrieseln, ein Tränenstrom des Glücks ihm aus den Augen bricht […]«. (VI, 317)

Wie könnte ein Künstler, der sich der »unüberwindlichen Schwierigkeiten heutigen Komponierens« (VI, 322) bewusst ist und der drohenden »Gefahr des Unschöpferischen« (VI, 320) ins Auge starrt, einer solchen Verlockung widerstehen? Leverkühn widersteht nicht. Längst schon, in seinem Denken und Spekulieren, ist er unterwegs zum »wahren Herrn des Enthusiasmus« (VI, 317), der der Teufel ist. Zu beachten ist allerdings, dass es sich dabei um einen Ausbruch aus den Leverkühn vertrauten Bahnen des modernen ästhetischen Diskurses handelt, um ein Hinter-die Schule-Laufen, also einen gravierenden Rückfall in vormoderne, romantische und irrationale Vorstellungen. Leverkühn hegt eigentlich, wie der Erzähler uns bereits im 4. Kapitel berichtet, eine starke Aversion gegen jede Form von Mystifizierung des künstlerischen Schaffens: »er hatte über Kunst und Künstlertum äußerst nüchterne, ja, reaktiverweise, schneidende Meinungen und war dem ›romantischen Brimborium‹, das damit anzustellen der Welt eine Zeitlang beliebt habe, so abhold, daß er sogar die Wörter ›Kunst‹ und ›Künstler‹ nicht gern hörte […] Ebenso war es mit dem Worte ›Inspiration‹, das man in seiner Gesellschaft durchaus zu vermeiden und allenfalls durch ›Einfall‹ zu ersetzen hatte. Er haßte und verspottete jenes Wort – […].« (VI, 38)

Was erwartet Leverkühn auf der anderen Seite nach erfolgtem Durchbruch? Es ist das Phantom einer welterobernden, weltbeherrschenden Revolution der musikalischen Sprache, die mit einem Mal die vermeintliche »Gefahr des Unschöpferischen« bannt; es ist Führerschaft in der Musik, die aber Führerschaft in einem allgemeinen Sinne meint, im Kulturellen und Politischen, sodass einen »das heilige Grauen davor ankommen soll« – das derart inspirierte Genie wie den Leser: »Wir stehen dir für die Lebenswirksamkeit dessen, was du mit unserer Hilfe vollbringen wirst. Du wirst führen, du wirst der Zukunft den Marsch schlagen, auf deinen Namen werden die Buben schwören, die dank deiner Tollheit es nicht mehr nötig haben, toll zu sein. Von deiner Tollheit werden sie in Gesundheit zehren, und in ihnen wirst du gesund sein. Verstehst du? Nicht genug, daß du die lähmenden Schwierigkeiten der Zeit durchbrechen wirst, – die Zeit selber, die Kulturepoche, will sagen, die Epoche der Kultur und ihres Kultus wirst du durchbrechen und dich der Barbarei erdreisten, die's zweimal ist, weil sie nach der Humanität, nach der erdenklichsten Wurzelbehandlung und bürgerlichen Verfeinerung kommt. Glaube mir!« (VI, 324) Wer diesem Phantom von inspirierter Genialität folgt, wird sich bedenkenlos der hier gleichsam lächelnd antizipierten »Barbarei erdreisten«. Leverkühn folgt ihm und antizipiert darin jenen anderen »genialen« Führer, der seine Barbarei nicht bloß in Töne setzen wird, sondern sie in Blut und Eisen übersetzt.

Der Zusammenhang dieses teuflischen Inspirationsdiskurses mit Pfitzner, dem selbst wenig erfolgreichen »Zeitgenossen« Leverkühns, ist nicht auf den ersten Blick ersichtlich. Gleichwohl ist diese zentrale Auseinandersetzung des *Doktor Faustus*, die gewiss nicht zufällig in dem italienischen Gebirgsort Palestrina angesiedelt ist, ganz in Pfitzner'sche Vorstellungen getaucht. Es sind vor allem die Stichworte »Einfall« und »seliges Diktat«, die auf Pfitzner verweisen, den Theoretiker der musikalischen Inspiration und den Schöpfer des *Palestrina*. In dieser »musikalischen Legende«, deren Ursprung auf jenen entscheidenden Epochenumbruch um 1910 anzusetzen ist, hatte sich Pfitzner in seiner Projektionsfigur des päpstlichen Kapellmeisters den Akt des Komponierens als »seliges Diktat« erträumt. Damit sollte einerseits seine Inspirationslehre demonstriert und beglaubigt werden; andererseits sollte damit aber auch der Zukunft der Marsch geschlagen werden – der Zukunft der deutschen Musik und der Zukunft Deutschlands.

Erinnern wir uns an die zentrale Inspirationsszene im ersten Akt der Pfitzner'schen Oper. Ein Engel sitzt hinter dem Komponisten und singt ihm den Anfang der Messe zu. Palestrina »ergreift mechanisch die Feder und singt: ›Kyrie eleison‹«. Der Vorgang wiederholt sich; wiederum heißt es ausdrücklich: »Er lässt die Feder nicht aus der Hand – schreibt und singt: ›Christe eleison‹.« Kein Zweifel, wenn je der Akt des künstlerischen Schaffens als »seliges Diktat« konzipiert und musikalisch-szenisch realisiert worden ist, so hier. Und Pfitzner macht uns glauben, dass die »ganze Messe« in einer »einz'gen Nacht« entstanden ist – kein Mäkeln über den ihm geschenkten Einfall in der Manier Beethovens, kein »Sitzfleisch« im Sinne von Richard Strauss. Was Pfitzner in jener Schlüsselszene vorführt, ist ein künstlerischer Durchbruch kraft der Macht künstlerischer Schöpferlust: »Wie durch die eigne Brust / selig nun zieht / Allmächt'ge Schöpferlust.« Dieses Phantom darf als das Paradigma von Leverkühns Inspirations- und Durchbruchsphantasien betrachtet werden. Selbst der unvergängliche Ruhm, den der Teufel dem deutschen Tonsetzer verspricht, ist der genaue Widerhall der Verheißungen am Ende des *Palestrina:* »Du bist jetzt der Berühmteste von allen. / In fernsten Zeiten wird man dich noch nennen. / Und nicht nur nennen, deine Werke singen!«[256]

* * *

Damit ergibt sich nun ein ebenso überraschender wie zwingender Befund: Die Strauss-Pfitzner-Spuren führen ins Zentrum des Romans. Auf der allegorischen Ebene ist ihnen dieselbe Funktion zugeschrieben: Sie bezeichnen, neben vielen anderen Elementen, den Weg zum »Teufel«, den Weg in die Katastrophe. *Salome* liegt gleichsam auf dem Weg zu Esmeralda und signalisiert Leverkühns Entscheidung, auf den großen Genialitätsschub durch Krankheit und Rausch zu setzen, d. h. auf den Teufelspakt. Die Fortsetzung dieses Weges führt wenig später an einer weiteren Wegmarke der deutschen Musikgeschichte vorbei, von der Thomas Mann eine intime Kenntnis hatte: *Palestrina*. Pfitzners Oper wird zwar nicht ausdrücklich genannt und auch nicht, wie *Salome,* exakt in ihren historischen Kontext eingefügt, sie liefert aber das Paradigma einer epochenspezifischen, künstlerpsychologischen Befindlichkeit, wie sie sich am zugespitztesten in Leverkühn manifestiert. Pfitzners musikalische Legende findet ihren epischen Niederschlag in dem Traum von der großen, genialen, der Zukunft den Marsch schlagenden Künstlertat. Wer sie ernstlich will, muss dämonische

Kräfte in Anspruch nehmen, denn die Mittel zu einer solchen Großtat, deren welterobernde Wirkung in Beethoven'schen und Wagner'schen Maßstäben zu denken wäre, sind nur beim »wahren Herrn des Enthusiasmus« zu holen. Wer das große Werk als »seliges Diktat« empfangen will und damit im Grunde, wie Hans Pfitzner, die volkhaften Tiefen der deutschen Seele meint, der wirbt um ein Dämonisches und Teuflisches – im Rückblick mochte es Thomas Mann sehr wohl so sehen und es sich so denken.

Pfitzners romantisch-reaktionärer Kunstbegriff wird im ästhetisch-politischen Diskurs des Romans also denjenigen Elementen zugerechnet, die das »Gute« in der deutschen Seelen- und Kulturgeschichte ins »Böse« haben umschlagen lassen (XI, 1146), um die berühmte Formulierung in Manns Washingtoner Vortrag über *Deutschland und die Deutschen* aufzugreifen. Die Avantgarde, die Leverkühn anführen wird, ist zwar dem Schönberg/Adorno'schen Modell der Neuen Musik verpflichtet, sie gründet aber in einer vormodernen, reaktionären Künstlerpsychologie, die, wie Pfitzner, Kunst als »seliges Diktat« aus trüben Tiefen und als welterobernde Genietat begreift. Eine solche Kunstauffassung, so legt dieser Roman nahe, arbeitet dem reaktionären Genie-Evangelium des Nationalsozialismus in die Hand.[257] Das Hinter-die-Schule-Laufen, dessen sich Leverkühn am Ende zeiht und das auf das Verfehlte der deutschen Geschichte im Großen verweist, ist demnach in dem Werdegang des scheinbar abseitigen Tonsetzers vorgezeichnet: der Rückfall in die Barbarei auf dem Weg nach vorn, die Verquickung von Romantik und Moderne im Geistig-Seelischen.

Thomas Mann wurde nicht müde – schon während der Entstehung des Romans und in den zahllosen späteren Selbstkommentaren – den autobiographischen Gehalt des *Doktor Faustus* zu betonen. Die Forschung hat diese Ansicht des Romans auf vielfache Weise bestätigt und untermauert, sodass die Bezeichnung »radikale Autobiographie« als unbestritten gelten darf.[258] Doch was ist damit gemeint? Die hier verfolgten Spuren erlauben uns, die radikal-autobiographische Dimension dieses Romans anhand einer spezifischen historischen Erfahrung zu konkretisieren: Thomas Manns Erfahrung der Musikgeschichte seiner Zeit. Er erlebte sie aus der Perspektive eines Wagner-Erben und als engagierter Teilnehmer an dem historischen Kampf um das Wagner-Erbe, der beileibe nicht auf die

Musik beschränkt war, sondern auch in der Literatur und vor allem in der Politik ausgetragen wurde.

Diese Erfahrungsschicht bildet das Fundament für die politische und mythologische Allegorisierung der deutschen Musikgeschichte im *Doktor Faustus*. Die Einbeziehung der Neuen Musik Arnold Schönbergs und seiner Schule ist eine gewagte Fortschreibung seines eigenen Erfahrungsfundus, zu der er von Adorno ermutigt und ermächtigt worden war. In gewissem Sinne bezeichnet also die oft in Frage gestellte Einbeziehung der Zwölftonmusik eine offenbar späte Konzeptionserweiterung, eine Zutat zu dem ursprünglich als autobiographischem Epochenroman begonnenen *Doktor Faustus*. Die von Adorno vermittelte Neue Musik übersteigt den autobiographischen Horizont des Romans, der aber dadurch zu einer das Persönliche transzendierenden Rechenschaft über den Weg der deutschen Kultur in die Barbarei gesteigert ist. Diese Erweiterung des musikgeschichtlichen Horizonts nach vorn, über den eigenen musikalischen Erfahrungsbereich hinaus, ist nicht zuletzt aus dem Grund gerechtfertigt, dass Schönbergs Weg, sein Durchbruch zur seriellen Musik, sich sehr wohl als Fortsetzung des Kampfes um das Wagner-Erbe deuten lässt und von Schönberg auch so gesehen wurde. Schönberg und mit ihm sein fiktives Analogon Adrian Leverkühn führen aus und erzwingen mit faustischem Ehrgeiz, was Strauss und Pfitzner, die konservativen Wagner-Erben, nur anzudeuten und wovon sie nur zu träumen vermochten: den welterobernden Durchbruch. Die auf den ersten Blick willkürliche, scheinbar nur im biographisch-anekdotischen Bereich verankerte Entscheidung Thomas Manns, Richard Strauss und *Salome* sowie den *Palestrina* in den *Doktor Faustus* hineinzunehmen und als historisch-psychologische Chiffren auf dem Weg zum Teufel einzusetzen, hat darin ihre gute Begründung und tiefe Berechtigung.

Vom »Herrscherglück des Dirigenten«

10. Bruno Walter

In einem späten Brief an Bruno Walter bezeichnet Thomas Mann die Freundschaft mit dem Dirigenten mit einem Ausdruck, der »freudig« und ein wenig kokett das mythische Vorbild der Goethe-Schiller-Freundschaft evoziert, als einen »Glücksfall in meinem Leben«.[259] Etwas geheimnistuerisch fügt er hinzu, dass diese Freundschaft ihm mehr bedeute »als ich mir den Anschein geben mag«. Es ist nicht sogleich ersichtlich, worin ihre eher verborgene Bedeutung bestehen soll. Diese Frage bedarf einer tiefer blickenden Spurensicherung und soll abschließend der Gegenstand unserer Betrachtung sein; zunächst jedoch ist der biographische und historische Kontext zu rekonstruieren, in dem diese Freundschaft gedieh.

Die vielen Indizien der beiderseits lebhaft empfundenen Glückhaftigkeit dieser Männerfreundschaft springen dem Betrachter hingegen sogleich ins Auge. Die freundschaftlichen Beziehungen begannen spätestens 1916 und waren bis zum Ende von keinem Zerwürfnis ernstlich getrübt, unerachtet gewisser Belastungen persönlicher und intellektueller Natur, denen sie doch auch ausgesetzt waren. Da man zuerst in München und später in Los Angeles nahe beieinander wohnte und sich regelmäßig besuchte, zudem auch oft miteinander telefonierte, ist ihr Briefwechsel relativ schmal geblieben.[260] In den erhaltenen Tagebüchern jedoch taucht der Name Bruno Walter häufiger auf als jeder andere, die Familienmitglieder ausgenommen. An Walters siebzigstem Geburtstag endlich proponierte der um ein Jahr Ältere, ihr Verhältnis auf den Duzfuß zu stellen. Aus heutiger Sicht mag die formelle Besiegelung ihres vertraulichen Verhältnisses als eine reichlich späte Geste erscheinen, doch war man zu ihrer Zeit mit der bequemen Informalität des persönlichen Umgangs nicht so rasch zur Hand wie heute. Diese Duzfreundschaft ist umso bemerkenswerter, als in dem von vielen als kalt und lieblos erachteten Leben Manns, abgesehen von dem frühen Gefährten Kurt Martens, sonst keine andere nachzuweisen ist, so wie auch kein anderer Fall bekannt wäre, dass er aus Rührung jemanden umarmt hätte, wie es nach dem Bruno-Walter-Konzert am 18. Juni 1954 in Zürich überliefert ist.

Dabei ward es ihnen keineswegs an der Wiege gesungen, dass sie zueinander finden würden. Bruno Walter Schlesinger stammt aus einer kleinbürgerlichen jüdischen Familie in Berlin. Der Vater Joseph Schlesinger war Buchhalter in einem Textilbetrieb, aber auch Musikliebhaber. Dennoch beneidete Mann, der durch seine Geburt Begünstigte, den um ein Jahr jüngeren Freund um einen ganz bestimmten Aspekt seiner Kindheit und Jugend. Walters außerordentliche Begabung, genährt von seiner Mutter Johanna, die das Stern'sche Konservatorium besucht hatte, wurde sehr früh erkannt. Seine musikalische Ausbildung wurde in professionelle Hände gegeben und erfuhr eine zielstrebige Förderung: Kaum achtzehn Jahre alt, darf er in Köln seine erste Oper dirigieren (Lortzings *Der Waffenschmied*), und noch im selben Jahr findet er sich am Stadttheater Hamburg an der Seite Gustav Mahlers, der sein Mentor und Vorbild wird.

Auch Manns Interesse an der Musik wurde von seiner Mutter geweckt, doch seine spezifisch literarische Begabung wurde in seinen jungen Jahren weder wahrgenommen noch gefördert. Die einzige günstige Bemerkung des Vaters über ihn in seinem Testament bescheinigt ihm ein »weiches Herz«. Was er geworden, habe er sich durch Fleiß erwerben müssen und »dank der Gabe zu bewundern und zu lernen« (x, 511). Dieses Element eines freundschaftlichen Neids auf den von der Musik Begünstigten macht sich noch in dem letzten seiner vier Artikel über den Dirigenten bemerkbar, wenn er die Frage aufwirft, wer von ihnen, die sie »jeder auf seine Art« den Leuten »etwas vorgespielt«, die größere Anzahl »der erdbewohnenden Menschheit [...] berührt und beeindruckt« hätte. Manns Antwort klingt durchaus ehrlich: »Die größere Quote, versteht sich, kommt auf Dich.« (x, 507)

Der entscheidende Grund für die Dauer und Festigkeit ihrer Freundschaft liegt zweifellos in Bruno Walters Rolle als »Herr über alle Musik«, wie sich Erika Mann in einer ihrer vielen Huldigungen an den Bewunderten ausdrückte.[261] Durch ihn lernte der *Zauberberg*-Autor mehr Musik kennen, lernte sie auch besser verstehen, als durch jeden anderen seiner musikalischen Auskunftsquellen von Carl Ehrenberg und Klaus Pringsheim bis zu Theodor W. Adorno. Und da sein eigenes Werk der Musik wie eines Lebenselixiers bedurfte, war es unausbleiblich, dass der aus Berlin stammende, doch in allem Wesentlichen durch Wien geprägte Musiker in seinem geistigen Haushalt eine geheime Schlüsselrolle erlangte.

Es wird oft übersehen, dass es Bruno Walter war, an den er sich zuerst um Rat wandte, als er *Doktor Faustus*, seinen großen Musikroman, ernstlich in Angriff nahm. Adorno kam erst später hinzu, und da der Philosoph der Neuen Musik von Walters Dirigaten keine sehr hohe Meinung hegte[262], konnte es nicht ausbleiben, dass in der *Faustus*-Zeit ihre Freundschaft in eine krisenhafte Phase geriet. Gleichwohl wird Bruno Walter im Roman namentlich genannt, und zwar als Uraufführungsdirigent von Leverkühns »kosmischer Symphonie« *Wunder des Alls* beim Tonkünstlerfest 1920 in Weimar (VI, 516), wodurch ihm ein Ehrenplatz zugewiesen wird in dem idiosynkratischen kleinen Pantheon der Musik, das Manns Roman nicht zuletzt auch darstellt.

Die Häufigkeit der Kontakte und der Musikerlebnisse ist jedoch lediglich ein Indiz, keine zwingende Begründung dafür, dass er Bruno Walter als den ihm »gemäßesten Dirigenten« empfand, wie er sich 1939 im Tagebuch (12. 4.) ausdrückte. In einem Artikel zum 70. Geburtstag des Dirigenten bekannte er gar: »Zum Musiker geboren, hätte ich komponiert ungefähr wie César Franck und dirigiert – wie Du.« (X, 510) Ausschlaggebend für die wechselseitige Anziehung war eine Art von reziproker Symmetrie ihrer Interessen. Manns Passion für die Musik fand in Walter einen dafür höchst empfänglichen Partner und Mentor, so wie umgekehrt die weit gespannten literarischen Interessen des Musikers in der Verehrung für den Autor des *Zauberberg* und der *Joseph*-Romane einen ihnen gemäßen Gegenstand fanden. Für den »latenten musikalischen Gehalt«[263] der Mann'schen Werke hatte Walter einen sehr wachen Sinn. »Überhaupt Thomas Mann und die Musik!«, bemerkte er in *Thema und Variationen*, seiner Autobiographie, »beherrscht sie ihn nicht mehr als er selber ahnt?«[264] Mann seinerseits bescheinigte dem Musiker eine »Literaturverwandtschaft und kritisch-schriftstellerische Anlage« sowie eine »feurig-intelligente Liebe zur Welt des Geistes und der Dichtung [...], die sich im Gespräch fast enthusiastischer noch kundgibt als die Passion für das eigene Handwerk« (x, 480). Ein musikbesessener Schriftsteller und ein in die Literatur verliebter Dirigent – dies waren die besten Voraussetzungen für eine tiefe Verbundenheit über vier Jahrzehnte hin.

Die wohl feinsinnigste, aber auch der Klärung bedürftigste Bemerkung über Manns Verhältnis zur Musik und damit auch zu deren »Mittelsmann« (x, 479) stammt von Bruno Walter selbst. Auf die Eröffnung Manns, dass er vorhabe, einen Musikerroman zu schreiben, antwortet er im Sinne eines »Na endlich!«. Längst schon sei er ein solches Werk »sich, uns und vor allem der Musik schuldig«, um dann ebenso ironisch wie wissend hinzuzufügen: »Sie war ja doch eigentlich Ihre Muse und war Ihnen gegenwärtig in Ihren Umarmungen mit anderen, wie Ottilie es Eduard war in ähnlicher Lage.«[265] Die Anspielung auf Goethes *Wahlverwandtschaften*, so durfte Walter vermuten, würde bei einem Autor, dem dieser Roman, jedenfalls in der deutschen Literatur, als der höchste galt, auf ein geneigtes Ohr treffen. Es ist ein vieldeutiges Aperçu; seine tiefste Bedeutung wird sich erst dann erschließen, wenn der imaginäre Partner von Manns Umarmungen in seinem wahren Charakter erkannt ist.

* * *

Thomas Mann besaß einen zweifelsohne konservativen, doch durchaus ausgeprägten und verfeinerten musikalischen Geschmack, der ihn in den Stand setzte, auch in Fragen des künstlerischen Ranges in der musikalischen Reproduktion mitzureden. Einen Huldigungsartikel von 1936 beschließt er mit dem Ausruf: »Ihr Name wird glänzen in der Geschichte der Dirigierkunst« (x, 483). Gottlob gebe es ja Platten, die Walters Rang dokumentierten. Mit Sicherheit dachte er dabei an die Einspielung des ersten Akts der *Walküre* 1935 mit Lotte Lehmann, Lauritz Melchior und Emanuel List, die Walter ihm zum Geschenk gemacht und die zu Recht als legendär gilt. In einem weiteren Huldigungstext versichert er, Bruno Walter gehöre heute im Reich der Musik zu ihren »vier oder fünf großen Repräsentanten und Sachwaltern auf Erden« (xiii, 860). Taktvollerweise erwähnt er keine anderen Namen und lässt es offen, in welch erlauchter Gesellschaft er seinen Freund sieht. Man wird jedoch davon ausgehen können, dass er Wilhelm Furtwängler und Arturo Toscanini dazu zählte; zu beiden unterhielt Walter lange Zeit ein kollegiales, freundschaftliches

Verhältnis. Vermutlich zählte Mann auch Otto Klemperer und Leopold Stokowski zu den vier, fünf Großen. Wie dem auch sei, Bruno Walter gilt auch heute noch als ein herausragender Vertreter seines Metiers, doch zu den ganz Großen zählt man ihn eigentlich nicht mehr.

Allerdings stellt Harold C. Schonberg in seinem Standardwerk *The Great Conductors* Bruno Walter in die erste Reihe der Dirigenten aller Zeiten: »He was a superbly equipped musician and one of the great conductors of history.«[266] Schonberg sieht ihn auf einer Höhe mit Furtwängler und Toscanini, nicht zuletzt weil er zwischen deren Extremen die Mitte gehalten habe. Thomas Manns Einschätzung wird also zumindest von diesem einen New Yorker Musikkritiker von prononciert konservativem Geschmack geteilt. Heutige Experten, die Walter nur aus seiner Diskographie kennen, urteilen strenger, nicht zuletzt in Übereinstimmung mit Adornos abfälligen Verdikten über »Mahlers Erben«.[267]

Während Schonberg Walter als einen »romantic in an anti-romatic era« sieht[268], betont Mann einen gewissen Reifungsprozess seines musikalischen Intimus. Anfänglich sah er in Walter in erster Linie einen feurigen, seinem Idol nacheifernden Mahler-Nachfolger; in seinem Geburtstagsartikel von 1936 streicht er hingegen Walters Orientierung an der »himmlische[n] Ratio Mozarts« (x, 481) heraus – eine Affinität, die sich in Walters Alterswerk immer deutlicher manifestierte. Der Name Bruno Walter ist jedoch aufs engste mit dem bewegten Nachleben Mahlers verbunden. Mahler hatte ihm die Uraufführung seiner Neunten Symphonie sowie von *Das Lied von der Erde* anvertraut, und nach dem Tod des Komponisten, zumal in den Dekaden der Mahler-Verachtung während des Dritten Reichs, aber auch davor und danach, galt er als der geachtetste Anwalt des Mahler-Erbes. Allerdings ist seine Rolle als Erbeverwalter nicht unumstritten, da seine Mahler-Programmierung sehr subjektiv war und er bestimmte Werke, die Sechste und Siebte Symphonie, praktisch boykottierte.[269]

Auch in der neueren Literatur über die Kunst des Dirigierens würdigt man eher seine Mozart- und Brahms-Dirigate als seine Beethoven- oder auch Mahler-Interpretationen. In dem originellen und aufschlussreichen Buch über die Kunst der »Musikdarsteller« von Hans-Klaus Jungheinrich – ein Buch, zu dem die berühmte Analyse des Dirigenten als Macht- und Führerfigur von Elias Canetti manche Stichworte geliefert hat – wird Bruno Walter wie folgt charakterisiert: »Seinem Musizieren ist alles Dämonische fern. Die lichte Humanität der *Zauberflöte* ist der humane Wurzelgrund seines Künstlertums. Schattenwesen gibt's, aber sie dienen der schönen Profilierung der Lichtwesen. Mozart überhaupt erscheint ihm als engelhaft milde musikalische Menschwerdung des Göttlichen. Eine schöne weltliche Frömmigkeit durchtränkt seine Geistigkeit.«[270] Jungheinrich lässt sich nicht auf Rangfragen ein. Doch ist nicht zu zweifeln, dass er die Dirigierkunst Walters für zwar schätzenswert, aber altmodisch hält, weil dieser, ein unverblümter Gegner der Neuen Musik, den aus dieser Musik kommenden ästhetischen Impulsen verschlossen blieb. Diese Grenze von Walters ästhetischem Horizont wurde für Mann vor allem im Hinblick auf den *Doktor Faustus* zu einem Problem, das ihrer Freundschaft beiderseits ein Höchstmaß an Delikatesse abverlangte.

Übereinstimmung herrscht hingegen unter den zeitgenössischen Augen- und Ohrenzeugen hinsichtlich der menschlich anziehenden Qualitäten Bruno Walters. Er war überzeugt von den »moralischen Kräften der Musik« – so der Titel eines seiner Essays[271] –, und dieser Glaube teilte sich den Musikern wie dem Publikum auf eine gewinnende Art mit. Dazu noch einmal Jungheinrichs Vignette: »Er lächelt schon, wenn er hereinkommt. Dankbar grüßt er auf dem Weg zum Podium ins Publikum, das ihn dankbar grüßt. Er freut sich auf die Musik. Er freut sich über seine Freude an der Musik.«[272] Auch Walters jüngerer Kollege und Nachfolger als Chef der New Yorker Philharmoniker, Leonard Bernstein, dessen Karriere als Dirigent einen großen Sprung machte, als er am 14. November 1943 in der Carnegie Hall für den erkrankten Walter einspringen durfte, legte wiederholt beredtes Zeugnis ab für die in seinem Metier offenbar nicht sehr verbreitete menschliche Wärme. Als Bernstein vor einem Konzert das Ableben Bruno Walters bekannt zu geben hatte, sagte er: »He was one of the saints of music – a man all kindness and warmth, goodness and devotion.«[273]

* * *

Bruno Walter hatte sich in München bereits einen guten Namen gemacht, als er 1912 als Nachfolger Felix Mottls zum neuen Königlichen Generalmusikdirektor an die Münchner Hofoper berufen wurde. Im Jahr davor hatte er in München *Das Lied von der Erde* uraufgeführt, und 1910 schon hatte er Mahler bei der Vorbereitung der Uraufführung der monumentalen Achten Symphonie mit den Münchner Philharmonikern assistiert. Er kam somit als Protegé Gustav Mahlers in die Bayrische Metropole, dessen glorreiches Wirken an der Wiener Hofoper von 1897 bis 1907 er in München duplizieren sollte.

In München nun trat er in die Fußstapfen Felix Mottls, eines hoch angesehenen Wagner-Dirigenten, der dem Meister selbst bei der Vorbereitung der ersten Bayreuther Festspiele als Mitglied der so genannten Nibelungen-Kanzlei assistiert hatte. Mottl war 1911 am Dirigentenpult, im zweiten Akt eines *Tristan*-Dirigats, gestorben – ein Abgang, der nicht umhin konnte, seine Aura rückblickend zu verklären. Unter diesen Voraussetzungen hätte es jeder Nachfolger schwer gehabt. Walter trat sein Amt mit Jahresbeginn 1913 an, doch dauerte es geraume Zeit, bis der Autor des *Tod in Venedig* und der neue Musikchef sich kennen lernten. Eigentlich hätte sich die persönliche Bekanntschaft bereits auf dem Empfang nach der glanzvollen Mahler-Premiere am 12. September 1910 ergeben können, bei welcher Gelegenheit Mann dem vom Tode gezeichneten Komponisten vorgestellt wurde.[274] Mann war von Mahler, in dem ihm »der ernsteste und heiligste künstlerische Wille unserer Zeit verkörpert« (21, 464) schien, tief beeindruckt, was nicht fehlen konnte, die Wahrnehmung von dessen künstlerischem Testamentvollstrecker mitzuprägen. Offenbar haben sich die ersten persönlichen Kontakte über die Mann- und Walter-Kinder hergestellt, deren »wilde Streiche [...] und deren gegenseitige Anstiftung zu phantasievollen Ungezogenheiten« Anlass zu »erregten Telephonanrufen und persönlichen Beratungen gab«.[275]

Entscheidend für das Zustandekommen enger, freundschaftlicher Beziehungen waren jedoch musikalische Erlebnisse, jedenfalls auf Seiten Manns. An erster Stelle zu nennen ist hier ein Liederabend am 20. November 1916 im Saal des Hotels Vier Jahreszeiten. Der große holländische Bass Anton van Rooy, der in Bayreuth und an der Met in New York gesungen hatte, gab *Die Winterreise*, begleitet von Bruno Walter. Mann empfand den düsteren Schubert'schen Zyklus und seine Darbietung durch van Rooy und Walter als »etwas vollkommen Exzeptionelles«[276] und gedachte dieses Abends immer wieder. Die Nachwirkungen sind im *Zauberberg* und noch im *Doktor Faustus* auszumachen. Aus den Briefen jener Tage geht hervor, dass er die Wiederannäherung an die Musik – »meiner eigentlichen Heimatsphäre« (22, 167) – Bruno Walter danke. Der Kontakt zur Musik hatte sich seit dem freundschaftlichen Umgang mit den Brüdern Carl und Paul Ehrenberg etwas gelockert. Nun aber war ihm die Fülle der musikalischen Anregungen durch den Dirigenten höchst willkommen. Er brauchte sie dringend für die *Betrachtungen eines Unpolitischen*, denn der problematische Kerngedanke des Riesenessays, dass Deutschland auf Grund seiner musikzentrierten Kultur sich vom Westen unterscheide und in dem aktuellen Krieg nichts weiter als seine kulturelle Eigenart verteidige, brachte ihn zunächst etwas in Beweisnot.

Am willkommensten aber war dem Autor der *Betrachtungen* Hans Pfitzners musikalische Legende *Palestrina*, dessen denkwürdige Uraufführung am 12. Juni 1917 im Prinzregententheater sich zu einem der größten Triumphe der Ära Walter gestaltete. Pfitzners große Künstleroper lieferte den glänzendsten Beweis, dass die deutsche Musik kein Ding der Vergangenheit war, sondern sich der größten Lebendigkeit erfreute. Mann wurde von Walter in die Partitur eingeführt, und er wohnte den Proben bei. Schließlich besuchte er alle sechs Aufführungen jenes Sommers. Diese in Manns Leben einmalige Immersion in das Werk eines lebenden Komponisten zeitigte eine ergriffene, in ihrem intellektuellen Niveau bis heute nicht übertroffene Würdigung des Werkes, die einen Glanzpunkt der *Betrachtungen* darstellt (XII, 406–426).

Seit dieser persönlichen Annäherung Ende 1916 war der gesellige Umgang mit »dem guten, feurigen, kindlichen, begeisterten Generalmusikdirektor« (22, 210) ein unverzichtbarer Bestandteil von Manns geistigem Haushalt. Bruno Walter spielte und sang seinem neuen Verehrer aus den gerade einzustudierenden Opern vor und unterhielt seinen Gastgeber mit dem Vortrag von Liedern oder eines ganzen Aktes einer Wagner-Oper. Noch war das Grammophon nicht in Manns Leben getreten: Sein Musikerleben war »live« im schönsten Wortsinn, sei es in Walters Akademie-Konzerten im Odeon, sei es bei Opern. Der Generalmusikdirektor wurde gewöhnlich in einer Hofkutsche mit blau livriertem Kutscher und Diener von zu Hause abgeholt, wobei oft genug der Nachbar aus der Poschingerstraße mitfahren durfte.[277] In der Oper und im Odeon standen Thomas Mann und oft auch Katia und den Kindern die für den Direktor reservierten Plätze zur Verfügung.

In diesen ersten Jahren der Freundschaft erfuhr Manns Musikkenntnis eine beträchtliche Erweiterung. Durch Walter lernte der Autor der *Betrachtungen* eine stattliche Reihe von Werken kennen, die nicht unbedingt auf seinem Wege lagen. Im Cuvilliés-Theater erlebte er einen denkwürdigen Abend von Einaktern mit Händels *Acis und Galatea,* Pergolesis *La serva padrona* und Johann Schenks *Der Dorfbarbier.* Die deutsche Romantik wurde ihm durch Marschners *Hans Heiling,* Webers *Oberon* und Lortzings *Undine* nahe gebracht. Aus der jüngeren deutschen Produktion lernte er Hugo Wolfs *Corregidor* kennen, von Pfitzner, neben dem *Palestrina,* den *Armen Heinrich, Die Rose vom Liebesgarten* und *Das Christelflein,* und von Pfitzners Rivalen Richard Strauss *Die Frau ohne Schatten* sowie von Franz Schreker *Die Gezeichneten,* in der die von Walter entdeckte Delia Reinhardt die Hauptrolle der Carlotta sang.

Bei all diesen musikalisch aufregenden *events* spielte Bruno Walter eine Wendell-Kretzschmar-Rolle, wie besonders deutlich an seiner öffentlichen Einführung in Beethovens *Missa solemnis* zu erkennen ist. In seinem *Brief aus Deutschland [III]* erinnert sich Mann lebhaft an Walters enthusiastische Bemühungen, wie er »zwischen Rednertisch und Flügel hin und her wechselnd« seinen Vortrag »mit musikalischen und gesanglichen Illustrationen versah – und zwar mit einem Temperament, einer geistvollen Naivetät und Hingabe an seinen hohen Gegenstand, die Alles mit sich fortrissen« (15.1, 688). Mann war allerdings zu unbestechlich, als dass er die Diskrepanz zwischen Walters schönem Enthusiasmus und der nüchternen Wirklichkeit der Aufführung übersehen hätte. Im Tagebuch (31. 10. 1920) vermerkte er: »Die Erwartungen, die W[alter]s Vortrag erregt, erfüllten sich doch kaum stellenweise. Um Musik zu genießen, muß ich sie *oft* gehört haben, *genau* kennen.« Diese Ernüchterung verdarb ihm den Abend jedoch keineswegs, denn er verstand es, anderweitig auf seinen Sinnengenuss zu kommen: »Der Haupt-Eindruck war ein auffallend schöner junger Mann slavischen Typs und in einer Art von russischem Kostüm, mit dem sogar etwas wie ein Kontakt per distance sich herstellte, da er meine Aufmerksamkeit sofort bemerkte und offenbar Gefallen daran fand.« Ein Indiz von vielen, dass die in jungen Jahren gepflegte Verknüpfung des Musikerlebens mit der gleichgeschlechtlichen Gefühlssphäre bei ihm Bestand hatte.

Die traumatischen Erfahrungen, die Mann 1933 mit dem Komplex »Musik in München« machen sollte, haben ihre historischen Wurzeln in den Vorgängen, die ihn zur Jahreswende 1916/17 veranlassten, in einer Sache öffentlich Stellung zu beziehen, die zunächst von rein lokaler Bedeutung zu sein schien, die sich jedoch bald als ein epochales Problem entpuppen sollte. Der Autor der *Betrachtungen*, überzeugt, dass Kunst und Politik zwei separate und separat zu haltende Sphären darstellten, vermochte damals die politischen Implikationen der Vorgänge um Bruno Walter noch nicht zu erkennen. Diese Erkenntnis kam ihm erst als Resultat eines langsamen und folgerichtigen Lernprozesses, der seine politische Physiognomie auf immer prägen sollte. Ausgangspunkt dieses Lernprozesses war jener bereits erwähnte Kulturbrief über Musik in München, der in drei Fortsetzungen in der Berliner Tageszeitung *Der Tag* erschien.

In diesem Zusammenhang ist zunächst zu betonen, was aus Walters »aufreizend diskreter« Autobiographie[278] nicht klar und deutlich hervorgeht, nämlich dass er von Anfang an antisemitischen Sticheleien ausgesetzt war. Gleich in seinem ersten Jahr war der einhundertste Geburtstag Wagners zu begehen. Am 21. Mai 1913 tat sich München unter anderem mit der Einweihung des Denkmals von Heinrich Waderé neben dem Prinzregententheater hervor. Es war eine der ersten repräsentativen Amtshandlungen des neuen Generalmusikdirektors, der die Feier mit dem *Huldigungsmarsch*, dem Wach-auf-Chor und dem *Tannhäuser*-Marsch musikalisch umrahmte.[279] Bei dieser Prestige-Angelegenheit und vollends bei den Opernfestspielen des Sommers wurde den Meinungsmachern der Münchner Musikkritik mit einem Mal klar, worauf sie sich in den kommenden Jahren einzurichten hatten: Das Erbe des »deutschesten« Künstlers lag in München von nun an in den Händen eines – wie man später zu sagen pflegte – »artfremden« Dirigenten.

Zum Wortführer dieses Unbehagens machte sich Geheimrat Dr. Alexander Dillmann, Musikkritiker der *Münchner Neuesten Nachrichten*. Dillmann begann schon 1913 mit den Codewörtern des Antisemitismus an den Wagner-Dirigaten Walters herumzumäkeln. Er redete seinen Lesern ein, Walter neige zu stark zum Detaillieren von »hundert geistreich von ihm erfundene[n] Einzelzüge[n]«; seine Tempi, mal überhetzt, mal zerdehnt, seien schlicht falsch; er habe keinen Zugang zu der wahren

Empfindung einer Wagner-Oper, da ihm die »stilistische Sicherheit« abgehe – ein Manko, das nach dem stillschweigenden Vorurteil der Zeit letztlich darauf zurückzuführen sei, dass »artfremden« Künstlern der Zugang zu den höchsten Emanationen des deutschen Volksgeistes von Natur aus verschlossen sei. Die *Münchner Neuesten Nachrichten* wiesen den Dirigenten zurecht, er möge gefälligst von seinen sehr persönlichen Experimenten Abstand nahmen, denn er gefährde damit den Ruf Münchens als Hort der vom Meister abgesegneten Wagner-Interpretation.[280] Damit war der Ton angegeben, in dem ein einflussreicher Teil der Münchner Musikkritik über Bruno Walters Arbeit in Oper und Konzert berichten sollte.

Es ist das Verdienst August Mayers, schon damals dieser ideologischen Opposition im Gewand der Musikkritik gegen den »artfremden« Dirigenten die Maske vom Gesicht gezogen zu haben. Ohne Namen zu nennen, denunzierte er in einem beherzten Artikel, der im Oktober 1916 in der Zeitschrift *März* erschien, die Argumentation Dillmanns und anderer als verlogen und dilettantisch.[281] Wer so schreibe, habe nichts anderes im Sinn als die Entfernung des Künstlers aus München. Wenn dies gelänge, so wäre dies »der schlimmste Schlag für die deutsche Oper nach Mahlers Rücktritt« 1907 in Wien. Über August Mayer ist wenig bekannt.[282] Offenbar stammte er aus Wien und war Privatdozent der klassischen Philologie; als Mitarbeiter an Efraim Frischs *Neuem Merkur* und, unter dem Pseudonym August Oehler, als Beiträger zu Stefan Georges *Blättern für die Kunst* war er mit der Münchner Kulturszene bestens vertraut.

Vermutlich kannte Thomas Mann diesen Artikel, als er im Dezember 1916 die Galeerenarbeit der *Betrachtungen* unterbrach, um selbst einen ausführlichen Bericht über die Münchner Musikszene zu schreiben. Möglicherweise wurde er erst durch Mayers mutige Intervention im *März* dazu veranlasst. Er war ein aufmerksamer Leser literarischer Zeitschriften und kannte August Mayer zumindest dem Namen nach, denn er erwähnt ihn in zwei Briefen an Paul Amann (27. 6. und 5. 9. 1916). Manns Artikel ist als Kulturbrief für eine Tageszeitung der Hauptstadt aufgemacht, aber in der Hauptsache handelt es sich dabei um eine extravagante Würdigung von Walters bisherigem Wirken in München. Dies gilt besonders für den dritten Teil des Berichts, den er in den späteren Sammlungen der essayistischen Schriften wegließ. Nur an einer, allerdings zentralen Stelle nimmt

Mann indirekt auf den auch von Mayer nicht ausdrücklich benannten Kern der Sache, den Antisemitismus, Bezug, wenn er versichert, Bruno Walter sei sehr wohl zum »Verwalter und Vermittler nationaler Kulturgüter« berufen, und zwar auf Grund seines Talents und weil er deutsch sei »seinem Geiste, seinem Herzen, seiner Bildung und Liebe, wenn auch meinetwegen nicht seinem Blute nach«. Im Übrigen sei Walter »Musiker und Romantiker genug, um den Glauben an die Gemeinschaft schaffende Macht der Kunst inbrünstig festzuhalten«. (15.1, 200) Die Bedeutung dieses Artikels geht also über die eines »Freundschaftsunternehmens«, wie er an Ernst Bertram schrieb (31.12.1916), weit hinaus; wir haben es mit einer lokalpolitischen Parteinahme zu tun, deren Nachwirkungen auf nationaler Ebene sehr bald manifest werden sollten.

Es gehört zu den Merkwürdigkeiten von Walters in Kalifornien geschriebener Autobiographie, dass er auf die Rolle der antisemitischen Anfeindungen bei seinem Weggang aus München nicht eingeht.[283] Dort berichtet er, er habe den Gedanken, München zu verlassen, aus »künstlerischen Erwägungen« gefasst, aus dem wachsenden Gefühl, seine »Aufgabe« in München beendet zu haben. Im Übrigen habe sich dadurch ein Ausweg eröffnet aus einer »leidenschaftliche[n] Verstrickung, welche die Elemente tragischer Entwicklung enthielt«[284] – eine diskrete Anspielung auf Delia Reinhardt, der großen Liebe seines Lebens, mit der er erst in den letzten anderthalb Jahrzehnten seines Lebens vereinigt werden sollte.[285] Es gab jedoch einen konkreten Grund: seine sich mehrende Gastspieltätigkeit, die bei seiner Trennung von München zur Sprache kam.[286] Die sich mehrenden Abwesenheiten waren jedoch selbst nur Konsequenz einer wachsenden Enttäuschung und Frustration, die ihren tiefsten Grund in den schon in seinem ersten Jahr einsetzenden Angriffen auf seine angeblich unidiomatischen Wagner-Interpretationen hatten. Wir wissen aus einem Brief an den befreundeten Dirigenten Ossip Gabrilowitsch, dass er deshalb schon 1916 daran dachte, München in Richtung Boston zu verlassen.[287] Damals nannte er als Grund »die maßlose Agitation gegen mich, die von der hierin einigen Presse betrieben« würde. Dass diese Agitation letztlich die jüdische Herkunft des Dirigenten zum Gegenstand hatte, wird auch an dieser Stelle nicht ausdrücklich anerkannt. Bruno Walters Stolz – wie der vieler assimilierter, getaufter Deutscher jüdischer Abstammung – auf seine deutsche Identität verleitete ihn, die wahren Gründe der Anfeindung, die ihm in

München entgegenschlug, zu ignorieren. Offenbar identifizierte sich Walter als Musiker sehr stark mit dem Christentum – so sehr, dass einige jüdische Orchestermitglieder der New Yorker Philharmoniker daran Anstoß nahmen, wenn ihm in den Proben zu Bachs *Matthäus-Passion* die Tränen kamen.[288]

Das Nicht-wahrhaben-Wollen des Antisemitismus war ein im deutschen Bildungsbürgertum verbreitetes Phänomen. Diese Einstellung, die auch Mann lange teilte, findet eine bezeichnende Entsprechung in Walters ausweichender Erklärung der Gründe für seine Konversion zum Katholizismus, die als solche in seiner Autobiographie keine Erwähnung findet. Wir wissen aus anderen Quellen, dass es sein Mentor Gustav Mahler war, der ihm dazu geraten hatte, bevor er als Zwanzigjähriger seine Stelle in der schlesischen Metropole Breslau antrat.[289] In *Thema und Variationen* wird allein die Namensänderung erklärt. Dem zufolge habe der Breslauer Operndirektor Theodor Löwe ihm geraten, den dort recht verbreiteten Namen Schlesinger abzulegen, was er mit dem Gedanken an Wagners Genie-Gestalt Walther von Stolzing und dessen historischem Vorbild Walther von der Vogelweide auch gern getan habe.[290] Eine Erklärung von geradezu abgründiger Verdrehtheit! Offenbar sollten das *factum brutum* des deutschen Musiklebens und der gerade im kulturellen Bereich unerbittliche Assimilationsdruck nicht durch Anerkennung aufgewertet werden, denn dies hätte Walters Glauben an den Sinn und den Erfolg der Konversion erschüttert.

Was nun Manns Wahrnehmung seines Freundes angeht, so ist eine gewisse widersprüchliche Unentschiedenheit nicht zu übersehen. Aus der Erwähnung Walters wie auch Otto Klemperers im *Doktor Faustus* (VI, 500, 516) könnte man nicht entnehmen, dass diese beiden Dirigenten ihrer jüdischen Herkunft wegen aus Deutschland vertrieben wurden – ein Wissen, das man bei dem der inneren Emigration zuzurechnenden Erzähler Zeitblom eigentlich voraussetzen dürfte. Mann hatte in Los Angeles persönlichen Umgang mit beiden Musikern und war mit ihrem Schicksal durchaus vertraut. Dessen Nichterwähnung im Roman gehört zu dem generellen historiographischen Manko des *Faustus* – der Rekonstruktion eines Antisemiten-reinen Deutschlands. In Manns Artikel wird der Faktor »Blut« zwar erwähnt, aber keineswegs in den Mittelpunkt gerückt.

Als Mann im Frühjahr 1923 wieder über Bruno Walter schrieb – in seinem dritten Feuilleton für die amerikanische Zeitschrift *The Dial* –, kam er der ominösen Bedeutung der Feindschaft gegen Walter viel näher. Inzwischen hatte Adolf Hitler die Münchner Bühne betreten, ein ebenso passionierter wie bornierter Opernfan, der Walter von Wien her kannte und ihn offenbar von Anfang an zur Zielscheibe seiner zunächst noch lokal begrenzten Agitation machte.[291] Dies zeitigte einen für Manns politischen Lernprozess bis hin zur Konzeption des *Doktor Faustus* beunruhigende Wahrnehmung: Dass München »die Stadt Hitlers« und »die Stadt des Hakenkreuzes« (15.1, 694) geworden war, wurde ihm zuerst an den Vorgängen um Bruno Walters Abgang klar. Für Mann manifestierte sich der Nationalsozialismus somit zuerst in der Opposition gegen »seinen« Dirigenten; er deutete sie als Ausdruck einer generellen Geistfeindschaft. In dem Artikel für *The Dial* heißt es dazu: der »literarisch-kritizistische Geist europäischer Demokratie, der in Deutschland vornehmlich durch das Judentum vertreten wird«, habe in München keine Heimstatt und sei dort, »soweit vorhanden, einer populären Abneigung ausgesetzt […], die gelegentlich derbste Formen annimmt«. (15.1, 694) Bemerkenswert an diesem Passus ist zunächst der frühe Zeitpunkt von Manns Aufmerksamkeit auf Hitler als eines politischen Faktors schon ein halbes Jahr vor dem Hitler-Putsch am 9. November 1923, als der »deutsche Faszistenführer« zum ersten Mal, zunächst vorübergehend, die Aufmerksamkeit der deutschen Öffentlichkeit auf sich zog. Des Weiteren ist festzuhalten, dass Mann den Nazismus zuerst als eine geistfeindliche, nicht zufällig in München beheimatete Bewegung erfuhr, was ihn dazu bewegte, ihre Wurzeln weniger in ökonomischen oder rassistischen als in kulturellen Faktoren zu suchen. Dies legt den Schluss nahe, dass sich dem *Faustus*-Autor rückblickend der fatale Nexus von Musik und Politik zunächst an dem offenbarte, was seinem Nachbarn und musikalischen Mentor widerfahren war. So erweist sich das Kapitel »Bruno Walter in München« im Lichte der historischen Erfahrung und angesichts dessen, was Walter und Mann 1933 widerfahren sollte – die Vertreibung des Dirigenten aus dem deutschen Musikleben; die »nationale Exkommunikation« (XIII, 91) des Nobelpreisträgers auf Grund seiner missliebigen Wagner-Rede –, gleichsam als ein Probelauf der deutschen Geschichte.

In der Bewegung selbst war man sich der signalhaften Bedeutung der Bruno-Walter-Affäre sehr wohl bewusst. In einem Artikel im *Völkischen Beobachter* vom 6.5.1934 über Hans Knappertsbusch, seit 1923 Walters Nachfolger in München und Initiator der Protestaktion gegen Thomas Mann, verweist ein gewisser Max Neuhaus mit lokalpatriotischem Stolz auf diese Episode in der Frühphase der Bewegung. Der Kampf um Bruno Walter sei ein erster Sieg gewesen, »den deutsches Wesen sich erkämpft« und der »zum ersten Male in Deutschland die Riesenmacht des Judentums zu Boden zwang. Es war das erste Morgenrot, das den endgültigen Sieg der Hitlerbewegung ankündigte.«

* * *

Die Zäsur von 1933 brachte zunächst keine Änderung in Manns Verhältnis zu Bruno Walter, der bis zur Dazwischenkunft Adornos im Juli 1943 sein wichtigster Vermittler von Musik blieb. Vermutlich rückten sie nach der 1930 in Berlin gemeinsam erfahrenen Einschüchterung politisch näher zusammen. Damals verdankte Mann es der Ortskenntnis Walters, der ihn über einen Schleichweg in Sicherheit brachte, als bei Manns Vortrag *Appell an die Vernunft* im Beethovensaal von den Nazis inszenierte Randale und eine Schlägerei ausbrachen.[292] In den ersten Jahren des Exils, als die Manns zuerst in Zürich, dann in Princeton lebten, während die Walters zunächst in Wien und ab 1939 in Los Angeles wohnten, wurden die wechselseitigen Besuche notgedrungen rarer als in den Münchner Jahren. Umso gewissenhafter besuchte man nach Möglichkeit die Konzerte und Opern-Dirigate Walters. Gastierte dieser in Zürich, konnte er auf seine Münchner Freunde zählen; war er in Winterthur oder Luzern zu Gast, nutzte man die Gelegenheit zu einem Ausflug dorthin. Einen Höhepunkt markierten die Salzburger Festspiele 1935.[293] Dort hörte Mann nicht nur ein denkwürdiges *Don Giovanni*-Dirigat Walters, sondern auch *Fidelio* und *Falstaff* unter Toscanini. In Amerika sodann hörte man den Freund des Hauses in New York sowohl in der Carnegie Hall als auch der Metropolitan Opera und einmal sogar in Washington. Am häufigsten aber erlebte man Walter in Los Angeles, sei es in der Philharmonie, sei es in der Hollywood Bowl, dem Freiluftspielort des Los Angeles Philharmonic Orchestra während des Sommers; dazu kommen die Privatkonzerte in Walters Haus in Beverly Hills oder bei Lotte Lehmann in Santa Barbara.

Das »Weimar am Pazifik«, wie man die deutsche Emigrantenszene in Südkalifornien gerne bezeichnet, bedeutete für Thomas Mann in erster Linie ein Wiedereintauchen in die Musikkultur der Weimarer Republik. Sie war jedoch weniger durch den konservativ eingestellten Walter vertreten als durch die Vertreter der Moderne wie Arnold Schönberg, Hanns Eisler, Theodor W. Adorno und Otto Klemperer. Besonders charakteristisch für Manns Anhänglichkeit an »seinen« Dirigenten sind seine Versuche, auch unterwegs über das Radio sich möglichst kein Walter-Konzert entgehen zu lassen. Auf Vortragsreise in der tiefsten Provinz des Mittleren Westens versuchte man über ein extra mitgeführtes Radio die Übertragung eines Walter-Konzerts zu empfangen – vergeblich (10. 2. 1940). Und auf einer samstäglichen Ausfahrt lauschte man im Auto der Übertragung eines *Fidelio* aus der Metropolitan Opera, von der Mann so ergriffen war, dass er nach der ersten Szene des zweiten Akts den Wagen anhalten ließ, um mit gespanntestem Interesse zu verfolgen, wie Walter die große Leonoren-Ouvertüre vor der Schlussszene dirigierte – »das beste Musikstück der Welt«, wie er nicht müde wurde zu wiederholen (VI, 107).

Wer sich vor Augen hält, dass gerade Musiker die größten Schwierigkeiten mit Manns Musikroman haben, wird nicht überrascht sein, dass mit dem *Doktor Faustus* das Verhältnis zu Bruno Walter in ein krisenhaftes Stadium eintrat. Manns Herleitung der geschichtlichen Katastrophe aus der »deutschesten der Künste«, d. h. der deutschen Musikidolatrie, beunruhigte zum Beispiel einen bedeutenden Musiker wie den Geiger Adolf Busch, den er darob nur mit Mühe zu beschwichtigen vermochte (XI, 227). Auch Bruno Walter, dem der schon im *Zauberberg* ausgeführte Gedanke, die Musik sei »politisch verdächtig« (5.1, 175), durchaus fremd war, konnte den *Faustus* nicht mit demselben ungetrübten Vergnügen lesen wie die *Joseph*-Romane.

Zunächst ist jedoch zu betonen, dass Manns bewährter musikalischer Mentor eine nicht zu unterschätzende, produktive Rolle bei der Konzeption des Romans gespielt hat. An ihn wandte sich der *Faustus*-Autor zuerst, als die Konturen des Romans noch lückenhaft und undeutlich waren. Walter empfahl ihm die berühmte Autobiographie von Hector Berlioz: »sie

1 Das Lübecker Stadttheater in der Beckergrube, Schauplatz der frühesten Wagner-Erlebnisse des jungen Thomas Mann.

2 Der Odeonsaal, ein Zentrum des Münchner Musiklebens.

3 Das 1901 eröffnete Prinzregententheater, ein Duplikat des Bayreuther Festspielhauses mit »amphitheatralischem Zuschauerraum« und »unsichtbarem Orchester«, in dem Pfitzners *Palestrina* uraufgeführt wurde.

4 Emil Gerhäuser (1868–1917), der »in seiner Stimme Maienblüte« in Lübeck den Lohengrin und den Tannhäuser sang.

5 Anton van Rooy (1870–1932), der führende Wotan und Holländer seiner Zeit, dessen Gestaltung der Schubert'schen *Winterreise* 1916 bei Thomas Mann Epoche machte.

6 Carl Ehrenberg (1878–1962), Kapellmeister und Komponist, mit dem Thomas Mann in seiner Münchner Junggesellenzeit musizierte.

7 Der Kapellmeister Klaus Pringsheim (1883–1972), Katias Zwillingsbruder, der Thomas Mann 1909 bei seinem einzigen Besuch der Bayreuther Festspiele begleitete

8 Bruno Walter (1876–1962), der neu ernannte Königliche Generalmusikdirektor in Paradeuniform bei der Einweihung des Münchner Wagner-Denkmals 1913.

9 Der »sonntagskindliche« Richard Strauss (1864–1949), »König der Wagnerianer«, zur Zeit seines größten Erfolgs mit *Salome*.

10 Bruno Walter, Hans Pfitzner und der Bühnenbildner Ludwig Kirschner bei der Vorbereitung der Uraufführung von *Palestrina*.

11 Der Komponist und der Dichter des *Rosenkavalier*, Richard Strauss und Hugo von Hofmannsthal (1874–1929).

12 Opernglück in Salzburg 1935, wo Thomas Ma *Don Giovanni* unter Bruno Walter und *Fidelio* so *Falstaff* unter Arturo Toscanini hörte.

13 Die großen Vier des Berliner Musiklebens auf dem Empfang in der italienischen Botschaft anlässlich von Toscaninis Deutschland-Gastspiel mit den New Yorker Philharmonikern; von links: Bruno Walter, Arturo Toscanini, Erich Kleiber, Otto Klemperer, Wilhelm Furtwängler.

14 Die 1883 eröffnete Metropolitan Opera in New York, Ecke Broadway und 39th Street.

15 Zu Gast in Lotte Lehmanns Haus in Santa Barbara 1943; stehend: Lotte Lehmann, Bruno Walter, Erika Mann.

16 Die berühmte, 1922 eröffnete Hollywood Bowl, in der Thomas Mann zahlreichen Konzerten mit Bruno Walter und dem Los Angeles Philharmonic Orchestra beiwohnte.

17 Wilhelm Furtwängler (1886–1954) zur Zeit seines Engagements in Lübeck, 1912.

18 Hans Pfitzner – »zum Sich wohl fühlen wohl nicht geboren« – gezeichnet von Emil Preetorius.

19 Emil Preetorius (1883–1973), Buchillustrator, Bühnenbildner und Präsident der Bayrischen Akademie der Schönen Künste, im *Doktor Faustus* als Dr. Kridwiß verewigt.

0 Hans Knappertsbusch (1888–1965), Bruno
Valters Nachfolger und Initiator des Protests
er *Richard-Wagner-Stadt München*, 1932.

21 Franz W. Beidler (1901–1981),
Richard Wagners erstgeborener Enkel
und Verehrer Thomas Manns.

22 Ernest Newman (1868–1959),
der englische Musikkritiker und
Wagner-Biograph.

23 Arnold Schönberg (1874–1951), Pionier der Neuen Musik.

24 Theodor Wiesengrund Adorno (1903–1969), des *Faustus*-Autors »wirkliche Geheime Rat«.

wird Ihnen viel Anregung bieten.«[294] In dem musikalischen und literarischen Werk des großen Franzosen entdeckte Mann so etwas wie eine späte Liebe, deren Niederschlag zu den noch wenig gewürdigten Aspekten des Romans gehört.[295] Dass im *Doktor Faustus* nicht die italienische, sondern die französische Musik ein Gegenmodell zur deutschen darstellt, verdankt sich wohl in der Hauptsache Bruno Walter und der von ihm angeregten Berlioz-Lektüre. Man wird darin eine ursprüngliche »Walter'sche« Schicht dieses Musikromans erblicken dürfen, die jedoch durch die mächtige, rein »deutsche« Einflussnahme Adornos weitgehend verdeckt worden ist. Mann lernte Adorno im Juli 1943 kennen; schon wenig später nahm der Autor der *Philosophie der Neuen Musik* gleichsam das Heft in die Hand und avancierte zum »Wirkliche[n] Geheime[n] Rat« (XI, 293) des *Faustus*-Autors. Walters Rat in musikalischen Dingen war nun nicht mehr gefragt. Immerhin ging die Entscheidung, Leverkühns Liebe zu dem kleinen Nepomuk in den Roman einzubauen, offenbar auf eine Anregung Walters zurück, dass »Frido [Thomas Manns Enkelsohn] darin eine Rolle spielen« solle.[296] Zwar zeigte sich Mann »erschrocken«, als Erika ihm berichtete, Walter habe an dem vorab gedruckten kurzen Text *Das Harmonium* aus dem siebten Kapitel[297] »mehreres Musikalisch-Technische« auszusetzen gehabt; zudem sei der *Faustus*-Autor einer »Einflüsterung Schönbergs« aufgesessen.[298] Aber diese Missverständnisse waren rasch ausgeräumt, als Mann ihm die ersten sieben Kapitel im Ganzen zu lesen gab. Zerknirscht und charmant schrieb Walter aus New York: »Ich habe noch nie einen so faszinierenden Blick in ein Werdendes getan wie hier und ich kann mir nicht allzu böse sein wegen einer Blamage, die sich so für mich gelohnt hat.«[299] Als ihm Mann den Abschnitt über Beethovens Opus 111 vorliest, scheint er wieder völlig für den Roman gewonnen. »Nie sei über Beethoven so Wahres gesagt worden«, versicherte er Mann, nicht ahnend, dass »manches« an dieser berühmten Stelle »von Adorno als das Meine übernommen« war (Tb. 23. 7. 1945). Doch Mann gab sich hinsichtlich Walters inneren Widerstands gegen den Roman keiner Täuschung hin. An Erika schrieb er darüber mit der dem »Wotanskind« angemessenen Vertraulichkeit: »Er *hat etwas* gegen das Buch und kann nichts als Bedenken äußern, – als ob ich davon nicht selbst genug hätte. Er ist misstrauisch, dass ich Atonales, Schönberg'sches, kurz Kritisches und der Krise Zugehöriges hineinbringe, was ich natürlich auch tue, aber doch nicht in dem völlig harmlosen Kapitelchen, das er gelesen hat […].«[300]

Angesichts der Richtung, die der Roman nun einschlug, konnte bei Walter von einer »mitdichtenden Einfühlung«, die Adornos Mitarbeit auszeichnete[301], nicht die Rede sein. Der Dirigent war weder Adorno, den er offenbar ignorierte, noch der Neuen Musik, die er verabscheute, wohlgesinnt. Während einer Autofahrt in Los Angeles machte er seine »völlige Ablehnung der atonalen Musik« auch dem verehrten Freund klar, wie dieser im Tagebuch (11. 7. 1945) vermerkte. Weder Mann noch Adorno gaben sich einer Illusion darüber hin, dass der »herzensgute Walter« ein Mensch von »kindisch-reaktionären Ansichten« (30. 9. 1947) sei und die von Adorno propagierte Musik »als antimusikalisch verabscheut«.[302] Die Skepsis, mit der der *Faustus*-Autor seinem Duzfreund ein Exemplar des Romans widmete, war nur allzu wohlbegründet; im Tagebuch (5. 12. 1947) prophezeite er ihm »viel Mühe und Aerger« damit. Als man sich eine Woche später wieder sieht, setzt Walter zu vermutlich gezwungen klingenden Komplimenten über das erst zur Hälfte gelesene Buch an, doch Mann schneidet ihm das Wort ab (Tb. 12. 12. 1947) – ob aus Sorge, sich ärgern oder schämen zu müssen, bleibt offen. Später bestätigt ihm Erika, dass Walters Reaktion die einer »kummervollen Bewunderung« war. (Tb. 23. 12. 1947)

Trotz dieser beträchtlichen Differenzen im Philosophischen litt die Mann-Walter-Freundschaft letztlich keinen Schaden. Mann konnte dem Dirigenten seine musikalischen Präferenzen schon deswegen nicht übel nehmen, weil er sie selbst weitgehend teilte. Die Dreiklangwelt von Wagners *Ring* blieb seine »musikalische Heimat«, wie er in der *Entstehung* (XI, 208) bekannte; das steht so bereits in den *Betrachtungen* (XII, 80). Als er sich wieder einmal die Schlussszene des *Rheingold* vorspielt, ist er »fast zu Tränen bewegt« und gesteht sich im Tagebuch (22. 2. 1948): »Gebe für diese Stelle allein die ganze Musik Schönbergs, Bergs, Kreneks und Leverkühns dahin.« Im Übrigen hatte er seinem alten, von Adorno verdrängten musikalischen Cicerone schon an früherer Stelle versichert, was die moderne Musik beträfe, »so brauchen Sie für mich persönlich nichts zu fürchten: Ich bin da im Grunde von Kopf bis Fuß auf romantischen Kitsch eingestellt, und bei einem recht schön verminderten Septimakkord gehen mir immer noch die Augen über.«[303] Was die Beziehung belastete, waren nicht musikalische, sondern generell intellektuelle Differenzen. Mochte Thomas Mann als passionierter Musikliebhaber noch so sehr auf »romantischen Kitsch« schwören, als Intellektueller nahm er den lebhaftesten Anteil an den von der Moderne aufgegebenen Fragen. Sein von Nietzsche und Schiller gewecktes Interesse an kritischer Diagnose und philosophischer Spekulation einerseits und andererseits sein wacher Sinn für die tiefe, ihm durchaus sympathische Traditionsverbundenheit der »Mit-Inauguratoren der neuen Musik« (VI, 318) wurden durch den Umgang mit Adorno entschieden geschärft. Er ließ sich sein Interesse an den ästhetischen Aporien und intellektuellen Reizen der Neuen Musik durch sein Missfallen an ihr mitnichten nehmen. Bei seinem alten Freund vermisste er eine solche intellektuelle Aufgeschlossenheit. Zumindest an einer Stelle – man hatte sich gemeinsam ein Streichquartett von Béla Bartók angehört – verzeichnet das Tagebuch eine Spur von »Verachtung« (5. 9. 1946) für den musikalischen Mentor, den er nun in gewissem Sinn hinter sich gelassen hatte. Auf Bruno Walter und seinesgleichen scheint gemünzt, was Mann im *Doktor Faustus* dem Teufel in den Mund legt: »Mein Lieber, die Situation ist zu kritisch, als daß Kritiklosigkeit ihr gewachsen wäre!« (VI, 320) Das ist Adorno, wie er sich räuspert und wie er spuckt, und nicht zufällig, sondern mit genauem Kalkül trägt der Teufel an dieser Stelle die Maske des Philosophen der Neuen Musik.

* * *

Einer ganz anderen und wohl auch schwereren Belastung war die Freundschaft mit Walter im familiären und persönlichen Bereich ausgesetzt, nämlich durch die unglückliche Leidenschaft Erikas für den Freund ihres Vaters. Die Anfänge dieser Gefühlsverstrickung, die zuerst Irmela von der Lühe in ihrer Biographie Erika Manns enthüllt hat[304], liegen im Dunkel und reichen vermutlich bis in ihre Adoleszenz zurück. Offenbar erreichte ihr Verhältnis zu Walter gerade in der *Faustus*-Zeit ihre intensivste Phase. Erikas Feuilleton in einer amerikanischen Zeitschrift zu Walters Dirigentenjubiläum, das der Vater »anmutig« fand (Tb. 17. 4. 1944), sowie eine Reihe von Sonetten aus dieser Zeit, scheinen dies zu bezeugen.[305] Erika hatte wohl gehofft, dass nach dem Tod von Walters Frau Elsa 1945 ihr Verhältnis in irgendeiner Form befestigt werden würde, zumal ihr die

Walter'sche Ehe als »Hölle« (Tb. 20. 4. 1944) erschien. Doch die Hoffnung, die »große Liebe« ihres Lebens[306] zu salvieren, wurde grausam enttäuscht, als der Geliebte, der mit der Tochter Lotte allein lebte, die Beziehung wieder in »väterliche« Geleise lenkte und zudem im Oktober 1948 seine Freundin aus Münchner Tagen, Delia Reinhardt, zu sich holte und in seiner Nähe ein Haus für sie mietete. Reinhardt hatte sich nach zwei unglücklichen Ehen der Rudolf Steiner'schen Anthroposophie verschrieben, zu der sie auch Walter im hohen Alter bekehrte.[307]

Erika hatte lediglich ihre Mutter und ihren Bruder Klaus ins Vertrauen gezogen und diese auf strengste Diskretion dem Vater gegenüber verpflichtet. Es ist jedoch höchst unwahrscheinlich, dass Thomas Mann verborgen blieb, wie zwei ihm nahe stehende Menschen zueinander standen. Offenbar hätte er es als unschicklich empfunden, im Tagebuch oder in Briefen daran zu rühren. Allerdings sprechen die häufigen stereotypen und lakonischen Vermerke – »Erika abends bei Walters« (22.12.1947), »Erika zieht nachmittags zu Walters« (10.7.1948), »Erika siedelt zu Walters über« (20.8.1948) – ihre eigene beredte Sprache. Nur an einer Stelle spricht Thomas Mann von ihrem »Verhältnis«, als Erika aus St. Moritz einen Brief an Walter schreibt, der »wohl dem Verhältnis ein Ende macht« (29.7.1950). Doch zu diesem Zeitpunkt hatte Walter schon längst beschlossen, sein Verhältnis zur Tochter seines Freundes auf eine »natürliche, d. h. väterliche Basis« zu stellen.[308] Undenkbar, dass die inzestuöse Dimension dieser Beziehung – der Geliebte war der dem Vater am nächsten stehende Freund und hätte ihr Vater sein können, vielleicht sein sollen – den Autor des *Erwählten* nicht gefesselt haben könnte. Das Tagebuch vermerkt lediglich Mitgefühl für seine Lieblingstochter und lässt die kummervolle Einsicht ahnen, dass sein Freund – der »greise Unhold«, wie ihn Klaus Mann nannte[309] – sich in eine Situation der »Lügenhaftigkeit« (Tb. 1.8.1950) hineinmanövriert hatte.

So genant all dies für das persönliche Verhältnis zu dem Dirigenten sein mochte, Thomas Mann bewahrte einen vertraulichen, herzlichen Ton in seinem Umgang mit ihm. Nach wie vor bewunderte er Walters mitreißende Musikalität, ja er beneidete ihn darum, weil die Musik seine eigenen kreativen Impulse auf eine Weise zu wecken und zu beleben vermochte, die ihm selbst nicht zu Gebote stand. Den gelegentlichen Enttäuschungen über Walters musikalische und politische Ansichten – Letztere bezeichnete Erika unumwunden als »hahnebüchen« (Tb. 19.9.1947) – stand die Bewunderung für Walters schiere Vitalität und Heiterkeit im Alter gegenüber, die ihm selbst mehr und mehr abhanden kam. Walter hatte in seinem Leben manchen Schicksalsschlag politischer und persönlicher Natur hinnehmen müssen; so verlor er 1939 seine Tochter Gretel, die von ihrem Mann ermordet wurde, als sie sich von ihm scheiden lassen wollte, um Ezio Pinzas willen, des größten Don-Giovanni-Darstellers seiner Zeit.[310] Gleichwohl durfte Mann wohl zu Recht konstatieren, dass sein Freund sich in einer eigentlich »glücklichen Lebenslage« befinde: »Niemand hat es besser« (Tb. 25.5.1951). Dass der Fünfundsiebzigjährige sich ungehemmt den Gaumenfreuden hingeben konnte, fand der in dieser Beziehung einigermaßen Eingeschränkte nun doch »beneidenswert« (Tb. 4.5.1951). »Wie Du da bist«, schreibt er ihm zum Fünfundsiebzigsten, »hast Du eigentlich jeden Tag Geburtstag, und Dein Leben zieht längst nur noch in festlicher Höhe dahin.«[311] Wenn ihn daran überhaupt etwas verdross – flüchtig verdross –, so war es die Freundespflicht, über den in aller Welt Gefeierten immer wieder zu schreiben. Seit seinem ersten Freundschaftsdienst für Bruno Walter – *Musik in München* – hatte er wiederholt für und über ihn geschrieben, öfter als über jeden anderen lebenden Künstler. Das entlockte ihm schließlich doch einen Stoßseufzer: »Immer schreiben!« (12.5.1951), wobei er ohne Zweifel an den Hans Sachs der *Meistersinger* dachte, der seine Verdrossenheit in die Worte fasst: »Immer schustern. Das ist nun mein Los.«

* * *

Damit wenden wir uns der eingangs aufgeworfenen Frage zu nach der Bedeutung dieser Freundschaft im geistig-seelischen Haushalt Thomas Manns. Offensichtlich ist sie jenseits der bisher betrachteten Aspekte im Psychologischen und Ästhetischen zu suchen. Dies meinte Walter doch wohl, als er Manns Verhältnis zur Musik mit der Passion Eduards für Ottilie verglich. Sein Aperçu will bedeuten, dass dem Dichter im Akt der Zeugung eine geliebte Gestalt vor der Seele schwebt, die eine andere ist als die angetraute Gattin, in deren Umarmung die Hervorbringung statthat, nämlich die Musik statt der Literatur. Man möchte zunächst vermuten, dass er bei der Hervorbringung seiner beziehungsreichen Motivgewebe eine musikalische Struktur im Sinne hat: die vollkommene Stimmigkeit eines Kunstlieds, die tönende Architektur einer Symphonie oder Ouvertüre oder die monumentalen Dimensionen eines Musikdramas. Möglicherweise ist es aber ein Anderes, der Person des Dirigenten näher Stehendes. Wer oder was also ist der imaginäre Partner in Manns kreativen Umarmungen?

Dass er den Ehrgeiz hatte, »gute Partituren« zu liefern, hat er in den *Betrachtungen eines Unpolitischen* (XII, 319) und anderswo oft und nicht ohne Stolz erklärt. Doch kann sich der Wille zu guten Partituren allein aus einem so abstrakten Gebilde wie dem Zeichensystem einer Partitur nähren? Dazu bedarf es der wiederholten sinnlichen Erfahrung eines musikalischen Gebildes von der Vielstimmigkeit und Vielschichtigkeit einer Symphonie oder einer Oper, bevor es den Wunsch zu einer wie auch immer gearteten Nachgestaltung zu wecken vermag. Auch damit hat es jedoch eine einigermaßen komplizierte Bewandtnis, zumal bei einem nicht professionell ausgebildeten Hörer. Ein Anderes ist es, wenn dem Musik Erlebenden ein kundiger Führer und Anwalt des Komponisten zur Hand geht – jemand, der unter Einsatz seiner ihm zu Gebote stehenden Körpersprache die Musik in Mimik zu übersetzen und so darzustellen vermag. Ein extrovertierter Dirigent also, ein Musikdarsteller, um das von Jungheinrich bevorzugte Synonym zu gebrauchen. Eine feine Ahnung davon vermittelt das folgende Sonett eines musikalisch sehr bewanderten Dichters, Franz Werfels.

Der Dirigent

Er reicht den Violinen eine Blume
Und ladet sie mit Schmeichelblick zum Tanz.
Verzweifelt bettelt er das Blech um Glanz,
Und streut den Flöten kindlich manche Krume.

Tief beugt das Knie er vor dem Heiligtume
Des Pianissimos, der Klangmonstranz;
Doch zausen Stürme seinen Schwalbenschwanz,
Wenn er das Tutti aufpeitscht, *sich* zum Ruhme.

Mit Fäusten hält er fest den Schlußakkord;
Dann harrt er, hilflos eingepflanzt am Ort,
Dem ausgekommenen Klange nachzuschaun.

Zuletzt, daß er den Beifall, dankend, rüge,
Zeigt er belästigte Erlöserzüge
Und zwingt uns, ihm noch Größres zuzutraun.[312]

Die bestechende Anschaulichkeit dieses Gedichts, mehr noch die psychologische Decouvrierung eines inneren Widerstreits zwischen dem Anspruch jedes Dirigenten, allein der Musik zu dienen, und der Versuchung, sich selbst als den eigentlichen Helden des Geschehens zu profilieren, verrät eine tiefe Einsicht in die Aporien der musikalischen Reproduktion. Es ist nicht klar, ob Thomas Mann dieses Gedicht gekannt hat. Wer jedoch einen so elementaren Gefallen an Nachahmung und Vorführung, an jeder Art von Performanz empfand wie er, hätte Werfels Sonett gewiss goutiert, zumal wenn man ihm eröffnet hätte, dass es auf niemand anders gemünzt ist als auf Bruno Walter. Werfel kannte Walter gut; der Dirigent seinerseits bescheinigte dem Dichter, er habe in seinen Opernvorstellungen und Konzerten »nie einen heißer mitfühlenden, inniger der Musik hingegebenen Zuhörer gehabt als Franz Werfel«.[313]

In einem Atemzug mit Werfel müsste hier auch Thomas Mann genannt werden. Auch seine Passion für die Musik nährte sich von der Lust am Beobachten des Dirigenten, doch statt ein Gedicht darauf zu machen, verarbeitete er, was er bemerkte, in den Gesten und Dispositionen seines eigenen Musizierens mit Worten und Sätzen. Zweifellos erfuhr sein Musikerleben durch heimliches Mitdirigieren eine Steigerung und Vertiefung. Man denke an den *Don Giovanni* 1935 in Salzburg. Thomas Mann saß in der ersten Reihe direkt hinter dem Dirigenten. Es bedarf keiner überbordenden Phantasie, um sich auszumalen, wie der seit jeher von der Arbeit des Dirigenten Faszinierte bei der »Glanzaufführung« dieses, wie er fand, »seltsamen Werkes« (23.8.1935) an Walters Dirigat partizipierte. Und Walter selbst ahnte, dass der hinter ihm Sitzende auf jede seiner Gesten und jeden Vorgang im Orchestergraben Acht haben würde, wusste er doch aus Erfahrung, wie wach und intensiv das Musikerleben Manns war. Davon erwähnt er in *Thema und Variationen* ein bezeichnendes Beispiel: »ich erinnere mich, als ich ihm den zweiten Akt des ›Tristan‹ vorspielte, daß er mich durch seine bis ins Einzelne gehende Kenntnis des Werkes verblüffte, indem er nachträglich das leise Es der Trompete zu den Worten ›das bietet dir Tristan‹ reklamierte, das ich ausgelassen hatte.«[314]

Dieses charakteristische Mittun-Wollen beim Dirigieren reicht tief hinab in die eigentümliche Verfassung des Thomas Mann'schen Kunsttriebs. Das lässt die frühe Novelle *Der Bajazzo* erkennen, ein Werk, dessen biographischer Wahrheitsgehalt in umgekehrtem Verhältnis zu seinem künstlerischen Misslingen steht. Als Kind – wir wissen nicht in welchem Alter – hat der Bajazzo ein »wohlausgestattetes Puppentheater« zu Weihnachten geschenkt bekommen. Dieses Geschenk teilt er gewissermaßen mit Hanno Buddenbrook, dessen Puppentheater seinerseits in Wilhelm Meisters Kindheit vorgebildet ist; im Übrigen ist die Bedeutung des Puppentheaters nicht nur aus der Kindheit Goethes, sondern auch Richard Wagners und vermutlich vieler anderer Kinder aus bürgerlichem Hause bezeugt. Was jedoch den jungen Bajazzo von seinen fiktiven und historischen Vorfahren unterscheidet, ist die Privilegierung der musikalischen Komponente des Theaters, vor allem jedoch die Rolle des Kapellmeisters. Eingeschlossen in seinem Zimmer, abgeschlossen von der Welt und bei künstlicher Beleuchtung »zur Erhöhung der Stimmung«, bringt der Bajazzo auf seinem Theater »die merkwürdigsten Musikdramen« zur Aufführung. Er ist Theaterdirektor, Dramaturg, Dekorateur und Kapellmeister in Personalunion. In erster Linie jedoch genießt er die Rolle des Dirigenten. Dies ist, wie man vermuten darf, der eigentliche Zweck der ganzen aufwendigen Veranstaltung. Dabei ruhte die linke Hand »auf einer großen, runden Pappschachtel, die das einzige sichtbare Orchesterinstrument ausmachte«. (2.1, 123) Mit einer Klingel gibt er das Zeichen zum Beginn der Vorstellung, »worauf ich den Taktstock erhob und ein Weilchen die große Stille genoß, die dieser Wink hervorrief«. Der Bajazzo verliert sich in diese Rolle des alles hervorbringenden und kontrollierenden Dirigenten; er genießt seine Allmachtsphantasie und den Traum von Beifall umtostem Erfolg und Ruhm. So liebt er es, den Ruhe gebietenden Taktstock eine Weile in der Höhe zu halten, bevor er den Einsatz zur Ouvertüre gibt: »Alsbald jedoch ertönte auf eine neue Bewegung hin der ahnungsvoll dunkle Trommelwirbel, der den Anfang der Ouvertüre bildete, und den ich mit der linken Hand auf der Pappschachtel vollführte, –

die Trompeten, Klarinetten und Flöten, deren Toncharakter ich mit dem Munde auf unvergleichliche Weise nachahmte, setzten ein, und die Musik spielte fort, bis bei einem machtvollen crescendo der Vorhang emporrollte und in dunklem Wald oder prangendem Saal das Drama begann.« Was da zur Aufführung kommt, bleibt im Dunkel. Der Bajazzo erinnert sich lediglich an »seltsam volltönende Verse, die voll großer und kühner Worte steckten und sich zuweilen reimten, einen verstandesmäßigen Inhalt jedoch selten ergaben«. Entscheidend ist allein seine Rolle als Dirigent, der alle Instrumente kontrolliert, ja die Musik überhaupt erst hervorbringt und zum Erklingen bringt: »Die Oper nahm ihren Fortgang, während ich mit der linken Hand trommelte, mit dem Munde sang und musizierte und mit der rechten nicht nur die darstellenden Figuren sondern auch alles übrige aufs umsichtigste dirigierte, so daß nach den Aktschlüssen begeisterter Beifall erscholl, der Vorhang wieder und wieder sich öffnen mußte und es manchmal sogar nötig war, daß der Kapellmeister sich auf seinem Sitze wendete und auf stolze zugleich und geschmeichelte Art in die Stube hinein dankte.« (2.1, 124 f.)

»Dieses Spiel«, so beschließt der Bajazzo diese Episode seiner Selbstanalyse, »blieb bis zu meinem dreizehnten oder vierzehnten Jahre meine Lieblingsbeschäftigung«. Dazu Mann selbst in seinem Essay über *Kinderspiele*: »Ich liebte dies Spiel so sehr, daß mir der Gedanke, ihm jemals entraten zu können, unmöglich schien.« (14.1, 80). Und in der Tat, der Schöpfer des *Bajazzo* ist diesem Spiel eigentlich nie entwachsen. Das Dirigent-sein-Wollen blieb ein heimlicher Wunsch sein Leben lang, auch und gerade dort, wo er nicht dirigiert, sondern »nur« schreibend komponiert. Gelegentlich jedoch verrät ein Detail, eine Geste das Fortleben dieser Dirigenten-Phantasie, so etwa im *Zauberberg*. Castorps nächtliche Musikorgien erschöpfen sich keineswegs darin, dass er sich von seinen »Vorzugsplatten« immer wieder berieseln lässt. Vielmehr haben wir ihn uns als einen älter gewordenen, aber immer noch mitdirigierenden Bajazzo vorzustellen, der nicht mehr den kindischen Aufwand seines Puppentheaters betreibt, aber umso bewusster das »Herrscherglück des Dirigenten« auskostet, etwa »indem er mit aufgehobener Hand einer Trompete den pünktlichen Einsatz gab« (5.1, 947 f.). Nicht nur das Lauschen, sondern auch das Mitdirigieren gehört also zu seinem Kunstgenuss, wenn er sich spät abends in den Salon des Sanatoriums Berghof schleicht, »alle

Türen« schließt und »dort die halbe Nacht« verbringt – »tief beschäftigt« (5.1, 969). Auch den *Zauberberg*-Autor selbst, wenn er einem Konzert oder einer Oper lauscht, haben wir uns als einen tief Beschäftigten vorzustellen, als einen Hörer, der im Geiste mitdirigiert, die interpretatorischen Entscheidungen des Dirigenten nach- und mitvollzieht, besonders bei einem Musiker, mit dessen innerstem Trachten er so vertraut war, wie dies bei Bruno Walter der Fall war.

Wozu aber mochte einem Wortkünstler wie Thomas Mann das notgedrungen wortlose »Herrscherglück des Dirigenten« taugen? Anders gefragt: Welche Rolle spielte in seinem geistig-seelischen Haushalt die das Geschäft des Dirigenten nachvollziehende Gewohnheit, musikalische Abläufe und ihre Gestaltung mit gespanntester Aufmerksamkeit zu verfolgen, und die offenbar nie erloschene Neugierde, den geheimnisvollen Wirkungen der Tonarchitektur auf die Spur zu kommen? Erst unter diesem Gesichtspunkt eröffnet sich der Blick auf die alle landläufige Musikliebhaberei weit hinter sich lassende, wahrlich exzeptionelle Rolle der Musik und damit Bruno Walters im Leben dieses Autors.

»Der Dichter«, so Sigmund Freud, »tut […] dasselbe wie das spielende Kind«.[315] Es ist nicht nur diese lakonische, aber fundamentale Feststellung in *Der Dichter und das Phantasieren*, die diesen klassischen Essay von 1908 wie eine Fallstudie zu dem Autor des *Bajazzo* und des *Zauberberg* erscheinen lässt. Einschlägig ist vor allem Freuds Unterscheidung zwischen Dichter und Nicht-Dichter, Künstler und Nicht-Künstler. Da allen »Heranwachsenden« kaum etwas so schwer wird wie der Verzicht auf die »einmal gekannte Lust«, d.h. die in den Kinderspielen genossene Lust, schafft der Erwachsene sich Ersatzbefriedigungen. Während der Nicht-Dichter sich alle möglichen »Surrogatbildung[en]« verschafft, spinnt der Dichter die an seine Kinderspiele anknüpfenden Phantasien fort; er wird ein »Tagträumer«, sein Phantasieren gewährt ihm eine Fortsetzung seiner Kinderspiele und Allmachtsphantasien.

Im Fall Thomas Manns kommt jedoch eine entscheidende Komplikation hinzu, eine Nuance, die die eigentliche Bedeutung Bruno Walters für ihn und sein »Phantasieren« besonders einsichtig werden lässt. Wiewohl unter all seinen Kinderspielen die Rolle des Kapellmeisters in seinem Puppentheater zweifellos die lustvollste war – das Spiel, von dem die psychologisch prägendste und nachhaltigste Wirkung ausging –, ist Mann doch nicht Kapellmeister geworden, so wenig wie Leverkühn, der die Karriere der »stabführenden Frack-Primadonna« (VI, 177) nie ernsthaft in Betracht zieht. Mann schlug nicht die musikalische, sondern die literarische Richtung ein und beschloss, »lyrisch-dramatischer Dichter« zu werden – so die früheste seiner Selbstdefinitionen (21, 21). Es stellte sich jedoch bald heraus, dass er auf das in der Kindheit so intensiv genossene »Herrscherglück« des Dirigenten mitnichten zu verzichten bereit war. Er wusste, sich dieses »Herrscherglück« auf Umwegen zu verschaffen – mit und durch Bruno Walter. Bezeichnenderweise waren auch die beiden »Vorgänger« Walters, Carl Ehrenberg und Klaus Pringsheim, Dirigenten.

Damit stehen wir vor der entscheidenden Frage, in welchem Sinne die offenbar existenziell notwendige Dirigenten-Phantasie Thomas Manns auch ästhetisch von Belang war. Wir bekommen eine Ahnung davon, wenn wir das in der Vorstellung von »Herrscherglück« enthaltene Element der Macht isolieren und in seinen psychologischen und ästhetischen Implikationen näher betrachten. Wertvolle Fingerzeige dazu sind aus der berühmten Analyse des Dirigenten von Elias Canetti zu gewinnen.

Der Kontext, in dem Canetti den Dirigenten beschreibt, hat auf den ersten Blick etwas Verblüffendes, ja Schockierendes. »Der Dirigent« steht im Schlussteil von Canettis *opus magnum* von 1960, *Masse und Macht*, einem groß angelegten philosophischen Essay, der versucht, die »Wurzeln des Faschismus« und des Holocaust in seinen »tiefsten Ursprüngen und weitesten Verzweigungen« bloßzulegen.[316] Dabei stützt sich Canetti weitgehend auf anthropologische Studien, doch zielt seine Analyse nicht zuletzt auf scheinbar unverfängliche Formen von Machtausübung gleichsam im Herzen der westlichen Zivilisation: der katholischen Kirche, zum Beispiel, oder eben dem Phänomen des Konzert-Dirigenten. Canetti hatte in Wien und Zürich Umgang mit dem Dirigenten Hermann Scherchen; es ist anzunehmen, dass er auch Dirigate Bruno Walters miterlebt hat. Jedenfalls verrät seine kleine Phänomenologie des Dirigenten eine große Vertrautheit mit den Ritualen und der psychologischen Dynamik, die der Institution Symphoniekonzert in der ersten Hälfte des 20. Jahrhunderts ihre ungeschriebenen, doch eisern geltenden Gesetze aufgeprägt haben.[317]

»Es gibt keinen anschaulicheren Ausdruck für Macht als die Tätigkeit des Dirigenten«[318], statuiert Canetti gleich im ersten Satz. Mögen der Dirigent selbst und mit ihm die Musiker sich noch so gutgläubig als Diener der Musik begreifen, »was immer er tut, wirft Licht auf die Natur der Macht«. Auch das still und unbeweglich sitzende Publikum, das den Kult der Musik und des Dirigenten trägt und am Leben erhält, will diesen Aspekt nicht wahrhaben und verfällt so selbst dem Bann der allein vom Dirigenten ausgeübten und kontrollierten Macht. Dafür, dass in einem Konzert der Dirigent der alleinige Machthaber ist, gibt es viele Indizien, beginnend mit seiner allein stehenden, herausragenden Stellung vor dem Orchester, einer »kleinen Armee von Berufsspielern«, dessen Stimmen er »mit der Hand allein oder mit Hand und Stab« zum Leben erweckt oder zum Verstummen bringt, denn er hat »Macht über Leben und Tod der Stimmen«. Die Partitur gibt ihm die Gesetze an die Hand und damit die Macht, über »Gesetzesbrecher« – also patzende Instrumentalisten – »mit Blitzeseile her[zu]fallen«. Für das der Musik still lauschende Publikum wird der Dirigent, den es nur von hinten sieht, zum »Führer«. »Sein Rücken steht immer vor ihnen, als wäre er das Ziel [...]. Der Haufen im Saal wird durch ihn entführt.« Für seine Leistung als Führer empfängt er schließlich den dankbaren Beifall der Zuhörer – »die alte Akklamation des Siegers«. So lange er dirigiert, besteht die Welt aus nichts anderem als aus dem Werk, das aufgeführt wird, und »genau so lange« ist der Dirigent »der Herrscher der Welt«.

Mit diesem Seitenblick auf Canettis *Masse und Macht* ist das scheinbar unschuldige »Herrscherglück des Dirigenten«, von dem es den einfachen Helden des *Zauberberg* zu kosten verlangt, mit einem Mal in ein merkwürdiges und beunruhigendes Zwielicht getaucht. Es kann hier nicht weiter verfolgt werden, welche Bedeutung Canettis Analyse für das Verständnis der historischen Rolle der deutschen Musikidolatrie während der mentalitätsgeschichtlichen Inkubationszeit des Nationalsozialismus zuzuerkennen ist. Wir können jedoch den für Manns Ästhetik zentralen Punkt in Canettis Analyse erhellen, wenn wir nach der Grundlage der ungeheuren Macht des Dirigenten, des Führers, fragen. Es ist nicht primär, wie man vermuten könnte, seine charismatische Persönlichkeit. Vielmehr beruht seine unangreifbare Herrschaft über die Empfänger seiner Anweisungen und Befehle auf der Beherrschung des vom Orchester exekutierten Werkes. Der Dirigent allein, nicht die Instrumentalisten, ist in der Lage, das Werk vollständig zu erfassen, »denn während die Musiker nur Stimmen vor sich liegen haben, hat er die vollständige Partitur im

Kopf oder auf dem Pult«. Der Dirigent – und nur er – ist allwissend im Hinblick auf das Werk und seine Teile, und nur er kontrolliert den »Ablauf innerhalb der Musik«. Damit aber erweist sich der Dirigent auf Grund der Erfordernisse und Gepflogenheiten seiner Tätigkeit geradezu als Verkörperung eines bestimmten ästhetischen Ideals. Es ist das Ideal des Kunstwerks, wie es in der deutschen Frühromantik beschworen wurde – eines Werktypus also, dessen Organisation musikalischen Strukturen und Gesetzen nachgebildet ist. Dieser Werkbegriff erlangte in der symphonisch-epischen Struktur des Wagner'schen Musikdramas seine höchste Aufgipfelung. In ihrem Schatten entwickelte Thomas Mann seine virtuose Erzählweise, die, wie man längst erkannt hat, dem Wagner'schen Ideal des nahtlosen Motivgewebes und dessen Makrostrukturen zutiefst verpflichtet ist. Das Schreiben – bezeichnenderweise liebte er es, von seinem Musizieren zu sprechen – war ihm nicht zuletzt auch eine Machtausübung über heterogene Elemente und disparate Stimmen, die nur eine dem Dirigenten vergleichbare musikalische Intelligenz zur symphonischen Stimmigkeit zu zwingen vermag. Bei der Hervorbringung solcher literarischer Partituren, so dürfen wir schließen, erfüllte ihn selbst eine Art Herrscherglück, für das ihm das Herrscherglück des Dirigenten – sei es Bruno Walter oder einer der ungenannten Kapellmeister der nächtlichen Musikorgien auf dem Berghof – als ein Gleichnis von nicht auszuschöpfender Sinnigkeit diente.

11. Wilhelm Furtwängler

Die Bayreuther Festspiele 1936 wurden am 19. Juli mit einer Neuinszenierung von *Lohengrin* eröffnet, einem Werk, das in Bayreuth seit 1909 nicht mehr aufgeführt worden war. Damit erfüllte sich ein Wunsch Hitlers, des *de facto* Oberherrn der Festspiele, der mit *Lohengrin* prägende Kindheitserinnerungen an das Linzer Landestheater verband und in seiner Jugend für sich Bühnenbilder zu dieser romantischen Oper entworfen hatte. Hitler bestimmte auch, wer dirigieren sollte – Wilhelm Furtwängler. Dessen Einstellung zu dem neuen Deutschland hatte bisher zwar manches zu wünschen übrig gelassen, doch der eigenwillige und schwierige Dirigent galt in der ganzen Welt als der bedeutendste Exponent der deutschen Musikkultur und war im Übrigen Hitlers Lieblingsdirigent.

Auch sonst war alles auf Glanz und Repräsentanz ausgerichtet. Hitler hatte dafür gesorgt, dass an nichts gespart zu werden brauchte, zumal man im Jahr davor eine ökonomisch bedingte Pause hatte einlegen müssen – das letzte Mal in der Geschichte der Festspiele. Die Kostüme für die Neuinszenierung Heinz Tietjens waren von einer nie gesehenen Kostbarkeit; die von Emil Preetorius entworfenen Bühnenbilder stellten an Pracht und Monumentalität alles in den Schatten, was in Bayreuth je zu sehen war. Und es sangen die damals hervorragendsten Kräfte des deutschen Musiktheaters: Franz Völker, Maria Müller, Margarete Klose, Jaro Prohaska, Josef von Manowarda und Herbert Janssen. Verständlich, dass der *Lohengrin* von 1936 in den Annalen Bayreuths noch heute einen legendären Nimbus genießt.[319]

1936 war auch das Jahr der Olympischen Spiele in Berlin. In Rücksicht darauf wurde die Bayreuther Spielzeit zwei Wochen lang unterbrochen. Nach der Olympiade, bei der auch der fabelhafte Chor der Bayreuther Festspiele einen Auftritt hatte, kehrte Hitler nach Bayreuth zurück, um sich noch einmal an »seinem« *Lohengrin* zu ergötzen. Sowohl den Wagner-Festspielen als auch den Olympischen Spielen – beides Schaufenster des neuen Deutschland – war ein unbestreitbar glänzender Erfolg beschieden. Beide Prestigeveranstaltungen erzielten die von Hitler und seinen Helfern klüglich geplante Wirkung. Die Berliner Spiele sollten vor der ganzen Welt demonstrieren, dass das »neue Deutschland« kein rassistischer Staat war, wie es ärgerlicherweise gelegentlich den Anschein haben mochte. Und die Bayreuther Festspiele bezeugten, dass das große Erbe der deutschen Musik bei Hitler und seinem Favoriten Furtwängler in denkbar besten Händen lag. Damit diese Botschaft auch überall vernommen werde, wurde der Bayreuther *Lohengrin* nicht nur in ganz Deutschland, sondern auch im europäischen Ausland sowie in Nord- und Südamerika über den Rundfunk ausgestrahlt.

An jenem 19. Juli 1936 lauschte auch Thomas Mann in seinem Haus in Küssnacht am Zürichsee dem *Lohengrin* aus Bayreuth. Er tat es mit schlechtem Gewissen. Im Tagebuch notierte er: »Man hätte nicht zuhören sollen, dem Schwindel nicht sein Ohr leihen, da man im Grunde alle, die dabei mittun, verachtet.« (19.7.1936) Alle – das meinte Emil Preetorius, den mit ihm befreundeten Bühnenbildner, vor allem jedoch Wilhelm Furtwängler, weil seine Mitwirkung vor allen anderen geeignet war, dem propagandistischen »Schwindel« Glaubwürdigkeit zu verleihen. Gleichwohl war es im Hause Mann offenbar undenkbar, die Übertragung aus Bayreuth zu ignorieren. Auch der *Buddenbrooks*-Autor verband mit *Lohengrin* teuerste Lübecker Jugenderinnerungen. Zudem weilten seine Schwiegereltern Alfred und Hedwig Pringsheim zu Besuch – er ein Wagnerianer der ersten Stunde. So war es selbstverständlich, dass man den ganzen Tagesablauf auf die Übertragung abstimmte. Um vier Uhr versammelte man sich vor dem Radio. In der ersten langen Pause nahm man den Tee, in der zweiten das Abendessen – fast so, als wäre man in Bayreuth dabei. Der Hausherr verfolgte »das Ganze« mit größter Aufmerksamkeit. Er fand Völker »vortrefflich« und war erstaunt, dass man die sonst mit Einwilligung des Komponisten gestrichene »Fortsetzung der Gralserzählung« singen ließ; es war ein besonderer Coup dieser Inszenierung.[320]

Anders als Furtwängler und Preetorius war sich Mann der Schwindelhaftigkeit der ganzen Veranstaltung deutlich und qualvoll bewusst. Im Tagebuch notierte er: »Die Vorstellung, daß dieser idiotische Schurke da süß-heldische Romantik ›genießt‹, während sozialistische Arbeiter gefoltert werden und ein hündisches Gericht den André, nachdem es alle Entlastungsaussagen unterdrückt, zum Tode verurteilt – über die Maßen ekelhaft.«[321] Mann erkannte, was Furtwängler nicht wahrhaben wollte, dass hier mit der deutschen Musik allgemein und mit Wagner im Besonderen ein politisches Signal gesetzt wurde. Die Idolisierung der deutschen Musik als einer alle Politik transzendierenden Kunst diente zur Legitimierung einer Politik, die es sich zum Ziel gesetzt hatte, die musikalische Suprematie der Deutschen in die politische Suprematie des Deutschen Reiches in Europa umzusetzen. Und doch ist das hervorstechendste Merkmal von Manns Reaktion auf diesen *Lohengrin* des Jahres 1936 nicht der Ekel vor der klar durchschauten Schwindelhaftigkeit des Ganzen, sondern die Faszination durch das Phänomen Wagner. Einerseits also weiß Thomas Mann nur zu genau: »Man hätte nicht zuhören sollen«, andererseits findet er sich einmal mehr dem vertrauten Zauber des *Lohengrin* verfallen, sodass er keineswegs das Radio abschaltet, wie das Gewissen ihn mahnt, oder das Zimmer verlässt, sondern wie der widerwillig faszinierte Erzähler von *Mario und der Zauberer* »das Ganze« über sich ergehen lässt. Auch 1934 lauscht man im Hause Mann der Direktübertragung aus Bayreuth, einer *Götterdämmerung* unter Karl Elmendorff. Aus der betreffenden Tagebuch-Notiz (9. 8. 1934) geht hervor, dass lediglich Frau Katia und »die Kinder« wirklich zuhörten, während der Hausherr gleichsam weghörte: »Mir widerstand es; ich mag nichts aus Deutschland hören. Allem, was von dort kommt, fehlt die Unschuld; Kulturpropaganda liegt allem zugrunde.«

Wagners Musik blieb trotz allem das große Faszinosum für ihn. Es ist eine Faszination von der dubiosen Art: So verwerflich ihm Furtwänglers Mittun bei der nationalsozialistischen Kulturpropaganda auch erschien, so empfänglich zeigte er sich für die von ihm dirigierte Musik. Diese Ambivalenz kommt noch elf Jahre später zum Tragen, als der *Faustus*-Autor gebeten wurde, zu dem »Fall Furtwängler« Stellung zu nehmen. Davon wird abschließend zu handeln sein.

* * *

Der Fall Furtwängler hat seit der Entnazifizierung des Dirigenten 1947 nichts von seiner Brisanz verloren. Es geht darin einerseits um seine Rolle im Dritten Reich und die Stichhaltigkeit seiner Rechtfertigung. Es geht andererseits um die den persönlichen Fall transzendierende Problematik von Kunst und Politik und damit um einen immer noch unterschätzten Faktor in der historischen Ursachenforschung zur deutschen Katastrophe, nämlich die Rolle der klassischen Musik bei der Legitimierung der nationalsozialistischen Herrschaft.[322]

Heute sind der Nimbus und die Aktualität Furtwänglers ungebrochen, wie einmal mehr die Veröffentlichungen zur fünfzigsten Wiederkehr seines Todestages bezeugt haben. Es scheint, dass die »deutsche Furtwänglerei«, von der schon Adorno sprach[323], erst jetzt ihre volle Schubkraft und Flughöhe erreicht habe. Im Vergleich zu den ersten Nachkriegsjahren neigt man heute überwiegend dazu, Furtwänglers Verhalten nach 1933 zu entschuldigen und zu rechtfertigen. Diese exkulpatorische Tendenz erhielt 1986 durch das auf Grund seiner Materialfülle imponierende Buch von Fred Prieberg: *Kraftprobe. Wilhelm Furtwängler im Dritten Reich*, einen mächtigen Schub.[324] Darin werden Furtwänglers Konflikte und Kompromisse zu einer Kraftprobe zwischen dem judenfreundlichen Dirigenten und den antisemitischen Machthabern stilisiert.

Auch im Ausland scheint sich eine Furtwängler-freundliche Sicht des Falles durchzusetzen, wiewohl er dort keine so unbedingte Hochschätzung und Vorrangstellung genießt wie im eigenen Land.[325] Ein bedeutendes Indiz dafür ist das 1995 in London uraufgeführte Stück des südafrikanischen Autors Ronald Harwood: *Taking Sides,* in dem die Sympathien – hier der charismatische Kunstpriester, dort ein banausischer Untersuchungsoffizier aus der amerikanischen Provinz – recht ungleich verteilt sind. Harwoods Stück wurde 2002 von dem ungarischen Regisseur István Szabó mit Stellan Skargard und Harvey Keitel in den Hauptrollen verfilmt. Sowohl Harwood als auch Szabó präsentieren den Fall Furtwängler als Paradigma eines immer wiederkehrenden Konflikts zwischen dem Künstler und einer letztlich kunstfeindlichen Diktatur, wodurch jedoch die ganz spezifischen Konturen des Falles verwischt werden. Das nationalsozialistische Regime stellte sich ja nicht eigentlich gegen die bürgerliche Kultur, sondern spannte sie, allen voran die Musik, für ihre quasiliturgische Ästhetisierung des politischen Lebens ein. Vor allem aber standen

Furtwänglers ästhetische und weltanschauliche Positionen, wie noch zu zeigen, der zur Macht gekommenen Ideologie zu nahe, als dass daraus ein unversöhnlicher Konflikt konstruiert werden könnte.

Es war bezeichnenderweise ein englischer Historiker, Richard J. Evans, der auf eine auffällige Seite der Furtwängler-Apologetik hingewiesen hat, nämlich das Ressentiment gegen die Kritiker des Dirigenten.[326] Evans nennt als Beispiel Priebergs Herabsetzung Ira Hirschbergs, der 1936 in Amerika den Protest gegen Furtwängler organisiert hatte, als dieser auf Empfehlung Toscaninis die New Yorker Philharmoniker übernehmen sollte. Für Prieberg ist Hirschberg nichts als »ein aus Baltimore gebürtiger Jude, Aufsteigernatur, maßlos ehrgeizig und von jenem Typus, der über Leichen geht«.[327] Heute argumentiert man subtiler. Gleichwohl schält sich immer deutlicher eine Konstante der apologetisch gesinnten Furtwängler-Literatur heraus, nämlich das Ressentiment gegen den gewichtigsten deutschen Kritiker des Dirigenten, Thomas Mann, der oft, genannt oder ungenannt, als Zielscheibe der Pro-Furtwängler-Argumentation herhalten muss. Der *Faustus*-Autor war der konsequenteste und deshalb aufreizendste Kritiker all der Künstler und Intellektuellen, die, statt Deutschland zu verlassen, bei dem »Hexensabbat [...] mitgetanzt und Herrn Urian aufgewartet« haben, wie er sich in dem Offenen Brief an Walter von Molo vom September 1945 ausgedrückt hatte. Manns Kritik zielte auf Künstler wie Preetorius und Furtwängler. Dieser war unschwer als jener ungenannte »Kapellmeister« zu erkennen, der »sich einer obszönen Lüge schuldig« gemacht habe, als er »unter dem Vorwande, er sei ein Musiker und mache Musik, das sei alles«, »von Hitler entsandt, in Zürich, Paris oder Budapest Beethoven dirigierte« (XII, 957 f.). Diese Formulierung ist so schwerwiegend, dass noch heute, wer Furtwängler rechtfertigen will, die Kritik Manns entschärfen oder widerlegen muss. Das wird jedoch kaum je versucht. Stattdessen stellt man Thomas Mann gerne hin als einen, der als ruhmreicher Emigrant leicht reden hatte und in seinem glückhaften Exil nicht zu ermessen vermochte, wie schwer es für Furtwängler war, im Dritten Reich seinen Weg zu gehen. Die Gereiztheit der Furtwängler-Apologeten gegenüber dem *Faustus*-Autor ist ein untrügliches Zeichen dafür, dass sich das Verhältnis der Deutschen zu Thomas Mann, will sagen: seiner Deutschland-Kritik, fünfzig Jahre nach seinem Ableben noch keineswegs entspannt hat.[328] Selbst in der neuen, Prieberg-kritischen Biographie von Herbert Haffner lebt das Ressentiment gegen den *Faustus*-Autor weiter. Furtwänglers Entschluss, nicht nach Amerika zu entweichen, sei umso mehr zu würdigen, als auch für ihn »im sonnigen Kalifornien [...] eine Villa bereitgestanden« hätte, »wie für Thomas Mann oder Bruno Walter«.[329] An diesem Satz ist so ziemlich alles falsch, was aber dem hinterhältigen Sinn solcher Formulierungen kaum Abbruch tut – will sagen: Furtwängler hat es sich schwer gemacht, die Emigranten hatten es leichter, ihre Kritik ist ungerecht.

Ein aufschlussreiches Beispiel der aktuellen Furtwängler-Apologetik bietet Joachim Kaiser – aufschlussreich, weil bei ihm, dem beredtsten deutschen Musikkritiker, die Bewunderung für den Dirigenten die Oberhand behält über seine kaum weniger eloquente Bewunderung für den *Buddenbrooks*-Autor. Nicht dass Kaiser blind wäre für die Peinlichkeiten der politischen Meinungsäußerungen Furtwänglers. Er spricht in diesem Zusammenhang von einem »grausig unklugen Hamsun-Trotz«, jedenfalls nach 1945, jedoch einem »nicht ganz unverständliche[n]«. Von Manns zahlreichen Kommentaren zu Furtwängler wird ein einziger angeführt, nämlich die sarkastische Verballhornung des Namens im Tagebuch zu »Furchtwängler« in Reaktion auf seinen an Goebbels gerichteten »Kulturbrief« vom 13. April 1933. So erweckt Kaiser den durchaus irreführenden Eindruck, als habe Mann über den großen Furtwängler nur »hämisch [...] gespöttelt«, ohne sich viel um ein ausgewogenes Urteil zu bemühen. Manns Kritik der politischen Moral Furtwänglers – eine Kritik, deren Ernst dem hohen Ernst des Furtwängler'schen Musizierens durchaus Rechnung trägt – kann unter solchen Vorzeichen unter den Tisch fallen. Nur so ist die alle Einwände souverän beiseite schiebende Stilisierung Furtwänglers zu einem zu Unrecht geschmähten Helden der dunklen Hitler-Zeit möglich. In dieser ungeniert voreingenommenen Lesart erscheint Furtwängler als »ein Oppositioneller«, denn so sei er damals vom Bildungsbürgertum wahrgenommen worden, oder »zumindest als Unpolitischer, der seinen jüdischen Musikern half, wo er konnte, und Nazi-Veranstaltungen mied, wo immer es möglich war«.[330] So anfechtbar diese Sicht der Dinge ist, bezeichnend und entscheidend ist ein anderes: die Hintansetzung moralischer Gesichtspunkte angesichts der ästhetischen Überwältigung durch die Eindringlichkeit der Furtwängler'schen Interpretationskunst. Wie Kaiser, so will es scheinen, empfindet die Mehrzahl der deutschen Bewunderer des »Jahrhundert-Dirigenten«.

Die anspruchsvollste Apologie, die das Furtwängler-Jubiläum gezeitigt hat, lieferte Peter Gülke, Musikwissenschaftler und selbst Dirigent. Wie Kaiser, doch detaillierter und anknüpfend an Hans-Joachim Hinrichsens Analyse von Furtwänglers »Tempoarchitektur«[331], beschreibt Gülke, was Furtwänglers Interpretationen so unverwechselbar macht: eine unvergleichliche, aller Routine abholde Elastizität des Musizierens, ein superber Sinn für symphonische Architektonik, der ihn zum »Meister verknüpfender Übergänge und großbogiger Entwicklungen« machte, sowie das dem Heidegger'schen Begriff der Gelassenheit vergleichbare Prinzip, die musikalische Reproduktion gleichsam geschehen zu lassen, statt sie zu forcieren.[332] Dies sind treffliche Bemerkungen, die Furtwänglers Selbstverständnis als eines dirigierenden Komponisten, statt eines komponierenden Dirigenten, und das »rätselhafte Ineinander von sachlicher Treue und interpretatorischer Kühnheit«, das Adorno an diesem Dirigenten bewunderte (GS 19, 468), konkret illustrieren.

Die Originalität von Gülkes Würdigung liegt darin, dass er Furtwänglers Kunst, dessen eigener Meinung zum Trotz, einen verdeckt politischen Sinn zuerkennt. Ohne dies offen zu reflektieren, zeichnet sich bei ihm eine Deutungsstrategie ab, die einerseits Adornos Diktum: »Musikalische Interpretation ist wesentlich stets Kritik«[333], verpflichtet ist und andererseits dem Begriff der »verdeckten Schreibweise«, den Dolf Sternberger für ein adäquates Verständnis der Literatur der so genannten inneren Emigration vorgeschlagen hat.[334] Dieser verdeckt politische Sinn von Furtwänglers Musizieren wird von Gülke am Beispiel jenes legendären Dirigats von Beethovens Neunter am 24. März 1942, auf das sich auch Kaiser bezieht, darzutun versucht. Volker Hagedorn hat darüber in der *Zeit* bemerkt: »Schlimmerer Konzerthusten als an diesem Abend ist wohl nie mitgeschnitten worden – aber auch keine aufregendere Interpretation der *Neunten*.«[335] In dieser Interpretation, so Gülke, werde die Musik unter einen furiosen »Interpretationsdruck« gesetzt, durch den Furtwänglers Lesart von Beethovens Gipfelwerk – von den »Abstürzen« und »katastrophischen Ballungen« des Kopfsatzes bis zur »überdrehten Paranoia des Finale« – eine existenzielle, politisch verformte Grenzsituation abbilde und damit die »spezielle Wahrheit« der historischen Situation.

Hier werde im »Gestus einer Verzweiflungstat« der »Verteidigungszustand der Musik« ausgerufen, und zwar von einem, der sich zum »Statthalter großer Musik« und zu deren Retter erwählt wusste. Vermutlich sei dies der Grund, warum »nie ein Musiker auf so verschiedene Weise so wichtig gewesen [sei] wie damals er«.[336]

Diese seine Lebensrolle als Opponent der Nazis und als »Retter der Musik« im Sinne von Pfitzners *Palestrina* sei Furtwängler in den extremen politischen Verhältnissen des Hitler-Staats zugewachsen. Für Gülke waren es die »Bedrängnisse der Nazi-Zeit«, die »dem Musiker und der Person Furtwängler eine unvergleichliche, wie immer makaber begründete Existenzsteigerung bescherten« und ihn zu dem gemacht haben, was er im kulturellen Gedächtnis der Deutschen darstellt. Es versteht sich von selbst, dass Furtwänglers größter Rivale, Arturo Toscanini, und sein strengster Kritiker, Thomas Mann – beides Emigranten – einer solchen Existenzsteigerung entraten mussten. Sie sind somit auch nicht im Stande, die Leistung und historische Bedeutung dieses »gewaltigen Musikers«[337] angemessen zu würdigen. Gülke konzediert zwar, dass einige Äußerungen Furtwänglers nach dem Krieg in der Tat mit Thomas Mann »töricht« zu nennen sind, aber er wehrt das Argument, Furtwängler hätte Deutschland verlassen können und sollen, mit einem seinerseits bezeichnenden Gegenargument ab. Wer so argumentiere, unterstelle, Furtwänglers Emigration hätte »schwerer gewogen« und ein stärkeres Zeichen gesetzt »als z. B. die Thomas Manns«. Diese Argumentation ist jedoch nicht stichhaltig angesichts der unbestreitbaren Priorität, die im Hitler-Staat der Musik bei jeder Gelegenheit zuerkannt wurde, sodass die Behauptung, ein Weggang Furtwänglers hätte dem Dritten Reich empfindlicheren Schaden zugefügt als das Draußenbleiben Thomas Manns 1933, mitnichten als abwegig zu bezeichnen ist.

Gülkes beherzte, keineswegs unkritische, aber unterm Strich doch heroisierende Rettung Furtwänglers wirft weitere Fragen auf. Gesetzt den Fall, die »Bedrängnisse der Nazi-Zeit« hätten dem Dirigenten in der Tat eine in seinem Musizieren erkennbare »Existenzsteigerung« beschert, so stellt sich die Frage, in welchem Sinn die daraus resultierende außerordentliche Emphase seiner Interpretationen zu deuten wäre? Als Signale einer ästhetisch-politischen Opposition, wie Gülke meint? Oder als Signale der Solidarität mit dem kämpfenden und »tragisch« untergehenden Deutschland? Diese letztere Deutung der Naziführung teilte vermutlich ein großer Teil des Publikums. Furtwänglers eigene Aufzeichnungen schließen, wie noch zu zeigen, eine solche Deutung zumindest nicht aus.

Im Übrigen: Wann wäre der Beginn der Bedrängnisse durch die Naziherrschaft anzusetzen? Etwa bereits am 21. März 1933, als Furtwängler mit seinem *Meistersinger*-Dirigat in der Staatsoper zu dem propagandistischen Gesamtkunstwerk des »Tags von Potsdam« den musikalischen Schlussstein lieferte? Oder erst 1934 nach seinem mutigen Eintreten für Paul Hindemith, das ihm die Entlassung aus allen seinen Ämtern einbrachte? Oder bei seinem Dirigat der *Meistersinger* zum Auftakt des NSDAP-»Parteitags der Freiheit« 1935 in Nürnberg? Oder gar erst nach Beginn des Krieges in den Philharmonischen Konzerten in dem von Bomben bedrohten Berlin? Oder erst 1943 und 1944 bei den »Kriegsfestspielen« in Bayreuth, als er wiederum die *Meistersinger* leitete? Gülke wie auch Kaiser verweisen zur Beglaubigung ihrer Würdigungen in der Hauptsache auf jene legendenträchtigen, von allen Reichssendern übertragenen Konzerte der Jahre 1942 bis 1944, deren Aufzeichnungen, 1945 von der Roten Armee beschlagnahmt, erst in den achtziger und neunziger Jahren im Westen wieder bekannt wurden. Diese in der Tat eindrucksvollen Tondokumente haben nachhaltig und weltweit zur Zementierung des Mythos Furtwängler beigetragen. Hingegen sind seine zahllosen anderen Dirigate während des Dritten Reichs nur sehr lückenhaft dokumentiert, sodass Gülkes These einer politisch bedingten und in Furtwänglers Musizieren manifesten Existenzsteigerung eine bloße Hypothese bleiben muss. Wenn wir jedoch annehmen, wie auch Gülke nahe legt, dass die Bedrängnisse des Dirigenten spätestens 1934, möglicherweise schon 1933 nach den ersten antisemitischen Maßnahmen einsetzten, so müsste die Ausrufung eines Verteidigungszustandes der deutschen Musik und ihres humanistischen Erbes an allen späteren Dirigaten irgendwie ablesbar sein. Dies ist jedoch nach allem, was wir darüber wissen, nicht der Fall. Im Gegenteil, das auch nach dem Hindemith-Eklat von 1934 anhaltende und sehr erfolgreiche Werben um die Dienste des Dirigenten legt viel eher die Vermutung nahe, dass man in seinem Musizieren nichts Subversives oder gar Oppositionelles bemerkte. Vielmehr deutet alles darauf hin, dass Furtwängler von 1933 bis 1945 *ad majorem Germaniae gloriam*

Musik machte und nicht nur von Thomas Mann, sondern auch von der Naziführung und seinem deutschen Publikum in diesem Sinne wahrgenommen wurde.

* * *

Die anhaltende, emotionale Diskussion über Furtwänglers Verhalten im Dritten Reich verlief bisher ergebnislos: Es werden Behauptungen widerlegt, die niemand aufgestellt hat, während andererseits eminent zur Sache gehörige Fragen geflissentlich vermieden werden. Manche Apologeten des Dirigenten argumentieren immer noch gegen den angeblich 1938 von Toscanini in Salzburg erhobenen[338] und implizit häufig auch Thomas Mann zugeschriebenen Vorwurf, Furtwängler sei *de facto* ein Nazi gewesen. Dieser Vorwurf wird heute von niemandem ernstlich erhoben und ist so offensichtlich haltlos, dass er keiner Widerlegung bedarf. Die aus diesem Scheinproblem erwachsene, verbreitete Neigung, die Anzahl seiner Führerdirigate gegen die Anzahl der von ihm beschützten jüdischen Musiker aufzurechnen, ist ein unwürdiges und letztlich zu nichts führendes Unterfangen. Auch das Argument von der viel berufenen politischen Naivität Furtwänglers verfängt nicht bei einem Menschen seines geistigen Formats. Dass er idealistischer- und verblendeterweise glaubte, er könne die große deutsche Symphonik in einer Art von politischem Vakuum pflegen und so rein und unschuldig erhalten, bedeutet ja nicht, dass er – ein Künstler, der häufig »draußen« war – so gar nicht ahnte, was es mit dem nationalsozialistischen Deutschland auf sich hatte.

Weiter führend ist eine andere Frage: Was ließ einen lauteren, von den humanistischen Werten der deutschen Musik beseelten Mann wie Furtwängler glauben, er könne in dem neuen Deutschland etwas ausrichten, sei es als treuer Hirte seiner Philharmoniker, sei es als Vizepräsident der Reichsmusikkammer oder als der vermeintlich unersetzliche Garant einer höchsten Ansprüchen genügenden Musikpflege? Was mochte ihn wähnen lassen, er könne, wie Kaiser suggeriert, als »Oppositioneller, zumindest als Unpolitischer« wirken, wenn rings um ihn her alle Medien letztlich politischen Zwecken zu dienen hatten – in der Unterhaltungsbranche zur Ablenkung und kollektiven Betäubung, auf Philharmonikerniveau zur Stärkung der Moral und zur Festigung der eignen Identität als Angehöriger einer zur Suprematie berufenen Kulturnation? Was schließlich mochte Furtwängler hoffen lassen, selbst noch als sich militärisch das Blatt gegen Deutschland zu wenden begonnen hatte, er stehe im Dienste humanistischer Ideale, die ihn zum Durchhalten verpflichteten?

Antworten auf diese Fragen findet, wer unter der Oberfläche der Querelen mit dem Regime bis zu der weit gehenden Übereinstimmung in den ästhetischen und weltanschaulichen Überzeugungen des deutschnationalen Bildungsbürgertums, dem sich Furtwängler zeitlebens verbunden fühlte, mit bestimmten kulturpolitischen Positionen des Nationalsozialismus vordringt. Als das neue Regime großen Erfolg damit hatte, den Gewinn der Staatsmacht als nationale Erhebung und Erneuerung darzustellen, war man bereit, den neuen Machthabern eine Chance zu geben. Dies traf besonders auf das deutsche Musikleben zu: Nicht nur die akademische Musikwissenschaft, sondern auch die zahlenstarke Gruppe der »Musikschaffenden«, die sich in der Weimarer Republik verunsichert und in ihrer Existenz bedroht fühlten, sowie das Heer der auf Bach, Beethoven und Wagner eingeschworenen Musikliebhaber begrüßten, oft genug enthusiastisch, die »nationale Erhebung« nicht zuletzt, weil an ihrer Spitze ein ostentativer Musikfreund und bekennender Wagnerianer stand.[339] Nur wenn wir annehmen, dass auch zwischen dem »Jahrhundertdirigenten« und dem Nationalsozialismus eine »breite Konsenszone«[340], ja eine diskrete Form von *entente cordiale* bestand, lässt sich sein Verhalten im Dritten Reich bis zu dem Durchhaltetheater der Bayreuther Kriegsfestspiele begreiflich machen.

An Indizien einer solchen Übereinstimmung herrscht kein Mangel. Furtwänglers ästhetische Überzeugungen sind zutiefst in der romantischen Genieästhetik verwurzelt, die er als zeitlos gültig empfand und an denen er, darin Hans Pfitzner vergleichbar, zur Abwehr neuerer Konzeptionen von Kunst und Kreativität eisern festhielt. In der Genieästhetik gründet vor allem sein Selbstverständnis als dirigierender Komponist. Er war des festen Glaubens: »Wer nicht in sich ein Stück Beethoven, Wagner usw. hat, wer nicht in irgendeiner Weise ›kongenial‹ ist, wird sie [ihre Musik] nie wirklich interpretieren können.«[341] Soweit in Hitlers, Goebbels' und Rosenbergs Verlautbarungen über Kunst ein ästhetischer Kern auszumachen ist, so ist es der Geniekult, der im Dritten Reich gezielt dazu eingesetzt wurde, auf Hitler selbst die Aura des genialen, in seinem Schalten und Walten unangreifbaren Künstlers zu projizieren.[342]

Wie der Nationalsozialismus prinzipiell, hing Furtwängler einer biologistischen Kunstauffassung an. Über nichts reflektiert er in seinen Aufzeichnungen so häufig wie über das organische Wesen des Kunstwerks. Er fordert, »dass das biologische Denken, das in Landwirtschaft und Medizin von der Harmonie des organischen Geschehens ausgeht, endlich auch in der Kunst Platz greift«.[343] Überzeugt, dass die Form der Fuge und der Sonate (und somit der Symphonie) ein »rein deutsches Gewächs« ist, vermag er sich über die symphonischen Bemühungen nichtdeutscher Komponisten nur herablassend zu äußern: »Deutschland […] ist der eigentliche Schöpfer der reinen Instrumentalmusik großen Stils, eine wirkliche Sinfonie ist von Nicht-Deutschen überhaupt nie geschrieben worden. (Halbsinfoniker, wie Berlioz, César Franck, Tschaikowsky, stehen in allem Wesentlichen gänzlich unter deutschem Einfluss).«[344] Vergleichbare Äußerungen finden sich bei Furtwängler zuhauf; sie belegen, dass im Deutschland des frühen 20. Jahrhunderts Genieästhetik, Kulturchauvinismus und ein politisch nur allzu leicht zu instrumentalisierendes Suprematiedenken nahe beieinander wohnten. Ein schlagenderes Beispiel für den Hochmut, den Mann im *Doktor Faustus* als den dämonischen Herd der deutschen Musikidolatrie diagnostiziert hat, wäre schwerlich zu finden.

Die Tatsache, dass dieser Hochmut selbst bei Arnold Schönberg bezeugt ist[345], zeigt, wie sehr das ganze deutsche Musikleben davon durchdrungen war. Furtwängler dürfte sich in diesem Denken jedoch eher von Heinrich Schenker, dem von ihm hoch geschätzten Wiener Musiktheoretiker, bestärkt gefühlt haben. Für Schenker galt es als ausgemacht, dass Deutschland auf Grund seiner hohen Musikkultur zur »Weltherrschaft im geistigen Sinn« berufen sei.[346] Nicht zuletzt aus diesem Grund war es »sicherlich kein Zufall«, wie Adorno bemerkt, dass Furtwängler »eine so starke Beziehung zu den Theorien von Heinrich Schenker hatte«. (GS 19, 469) Der Nationalsozialismus hatte sich diese vor allem von Houston Stewart Chamberlain propagierte Denkweise schon früh zu eigen gemacht und durfte in diesem Punkt auf die jubelnde Akklamation oder das stille Einverständnis aller Musik liebenden Deutschen zählen. Wenn überhaupt eine ernst zu nehmende kulturelle Begründung für das deutsche Weltmachtstreben in Betracht kam, so war es die musikalische Suprematie der Deutschen, die keiner so bezwingend unter Beweis zu stellen vermochte wie Furtwängler. Davon war auch Hitler überzeugt, der ihm dafür manche Unbotmäßigkeit nachsah. Goebbels, dem »die Stellung Deutschlands als Land der Musik in der Welt« ebenso wichtig war wie Furtwängler, hielt in seinem Tagebuch durchaus zutreffend fest, dass der Dirigent »einer der stärksten Aktivposten in unserer gesamten Kulturpolitik« war.[347] In diesem fundamentalen Punkt herrschte zwischen dem Dirigenten und den Machthabern eine solide Interessengemeinschaft.

Es wäre nun aber verfehlt, Furtwänglers ausgeprägtes Sendungsbewusstsein, das in dem verbreiteten musikalischen Suprematiedenken gründete, als ein Produkt der veränderten politischen Verhältnisse aufzufassen, etwa als Reaktion auf den Zugriff der neuen Herren auf die heiligsten Güter der deutschen Kultur. Diese Denkweise war bei ihm schon lange vor 1933 ausgeprägt; sie war dem deutschen Musikwesen gleichsam eingeimpft und brauchte von den Nazis nicht erst erfunden zu werden. Das bemerkenswerteste Zeugnis für den implizit aggressiven Geist des Suprematiedenkens im deutschen Musikleben stellt Furtwänglers fulminante Kritik seines großen Rivalen Toscanini dar – ein Dokument, von dem sich Joachim Kaiser auf eine bedenklich bedenkenlose Art enthusiasmiert zeigt. Es handelt sich dabei um eine penible, gut zehnseitige Analyse von Dirigaten des Italieners.[348] Der Anlass war Toscaninis triumphale Deutschland-Tournee mit seinen New Yorker Philharmonikern im Frühjahr 1930, dem seine Bayreuth-Dirigate von 1930 und 1931 – Letztere an der Seite Furtwänglers – auf dem Fuß folgten. Gewisse stilistische Merkmale lassen vermuten, dass der Text für eine Veröffentlichung gedacht war, doch wurde er zu Lebzeiten nicht publik gemacht und kam erst 1980 mit der Veröffentlichung seiner *Aufzeichnungen* ans Licht.

Um den Eindruck eines vorschnellen Urteils zu vermeiden, stellt Furtwängler eingangs fest, dass er den Erfolg seines Kollegen schon seit geraumer Zeit verfolgt habe – in Mailand, Zürich und New York – und er es sich deshalb nicht nehmen ließ, auch seine beiden Berliner Konzerte zu besuchen. Offenbar stellte sich Furtwängler der Welterfolg Toscaninis als eine Bedrohung der deutschen Vormachtstellung dar, die nur er richtig einzuschätzen und zu beschreiben vermochte. Auf die so »leicht suggerierbare Presse« und das Publikum sei in dieser Hinsicht kein Verlass, weil sie sich allzu leicht blenden ließen von dem orchestralen Hochglanz und von dem ihn besonders irritierenden »Gerede« von der »notengetreuen« Wiedergabe, die er als eine »musikalische Schicksalsfrage« betrachte.[349] Es manifestiert sich darin eine in Deutschland tief sitzende Skepsis gegen den angeblich bloß äußerlichen Aspekt der Notentreue und die als typisch amerikanisch verschriene technische Perfektion – eine Skepsis, die übrigens auch Adorno teilte, wenn er darin spezifisch im Hinblick auf den in Amerika ob seines technischen Perfektionismus idolisierten Maestro aus Italien eine »Eulenspiegelei« glaubt konstatieren zu müssen.[350] Diesen quasimusikpolitischen, generellen Vorbehalten gibt Furtwängler eine persönliche Note, indem er unnötigerweise daran erinnert, in den Augen der Berliner – sprich: jüdischen – »Linkspresse« habe Toscanini zudem den Vorzug, kein Deutscher zu sein, und die Tatsache, dass er andererseits kein Jude sei, empfehle ihn besonders in München.

Furtwängler ist ersichtlich um den Anschein von Ausgewogenheit bemüht. Er ringt sich einige zweifelhafte Komplimente ab, die er jedoch im selben Atemzug relativiert. Einem Tutti im Kopfsatz von Haydns Symphonie Nr. 101 zum Beispiel bescheinigt er »die Qualität großer elastischrhythmischer Prägung«, um jedoch sogleich hinzuzufügen, dass dies mit eigentlicher Präzision nicht viel zu tun habe. Nur der Durchschnittshörer vermeine hier »Präzision, Genauigkeit« zu vernehmen; in Wirklichkeit ist es nichts weiter als »ein gewisser militaristisch-exakter Geist des Musizierens, der übrigens nicht Toscaninis Eigentum ist, sondern in Amerika heute gang und gäbe ist«.[351]

Furtwänglers Notate zeugen von manchen treffenden, weil durch den bösen Blick des Konkurrenten geschärften Beobachtungen zu Toscaninis Interpretationen, doch unterm Strich fällt die Bilanz entschieden negativ, ja eigentlich vernichtend aus. Das Andante der Haydn-Symphonie sei »steif und seelenlos« geraten; das »Wesen der Haydnschen Musik und ihres Stiles« insgesamt habe der Kollege glatt verfehlt.[352] Der eigentliche Prüfstein für Furtwängler ist jedoch Beethoven. Die dritte Leonoren-Ouvertüre stelle »eine im deutschen Sinn ganz vollgewichtige Aufgabe« dar – eine Aufgabe, vor der Toscanini, der in »übler Opernmanier« dirigierende Kapellmeister aus Italien, versagt habe. Entscheidende Passagen seien »völlig eindruckslos« am Ohr vorbeigezogen, und »auch sonst«

habe sogar »jeder kleinste Ansatz zu einer seelisch-psychologischen Durchdringung« gefehlt. Eine bestimmte Modifikation der Tonstärke, die Toscanini vorgenommen habe – *mf* statt des vorgeschriebenen *pp* –, bezeichnet der deutsche Kapellmeister gar als »eine Ohrfeige, die er dem fühlenden und wissenden Hörer erteilt«.[353] Nicht viel günstiger fällt das Urteil über Toscaninis *Eroica*-Dirigat aus. Die Einzelbeobachtungen sind ihm hier weniger wichtig als die Bemühung, das Versagen seines italienischen Konkurrenten zu erklären. Bei Toscanini manifestiere sich – und hier zeichnet sich *ex negativo* sein eigenes Credo ab – eine »Fremdheit und naive Ahnungslosigkeit gegenüber einer der Hauptforderungen der eigentlichen sinfonischen Musik, der Forderung des organischen *Werdens,* des lebendig-organischen Herauswachsens jeder melodischen, rhythmischen, harmonischen Bildung aus dem *Vorhergehenden*«.[354]

Gewiss wird man ein gut Teil dieser Kollegenschelte auf das Konto von Furtwänglers notorischer Eifersucht zu setzen haben. Solche Kollegenschelten gehören, wie Hans-Klaus Jungheinrich in seiner erhellenden Phänomenologie des »Musikdarstellers« bemerkt, durchaus zu einem Metier, in dem der Hang zum Allein-Rechthaben besonders ausgeprägt zu sein scheint. Richtig ist, was man selbst tut, »falsch, was die anderen machen«.[355] Doch mit einem so schlichten, psychologisierenden Befund wäre die schlüsselhafte mentalitätsgeschichtliche Bedeutung dieses Textes verfehlt. Furtwänglers Toscanini-Kritik belegt, dass in seinem Denken lange vor 1933 eine Denk- und Redeweise über die deutsche Musik ausgeprägt war, die sich *à la longue* als eine tragfähige Grundlage für eine Zusammenarbeit zu dem, wie er wähnte, »Aufbau des neuen deutschen Musiklebens«[356] erweisen sollte, so prekär sich diese auch zeitweilig gestalten mochte.

Wie sehr in der Kritik an Toscanini, den Adorno durchaus im Sinne Furtwänglers als dessen »Gegenpapst« bezeichnet (GS 16, 52), ein Wille zur musikalischen Weltherrschaft zum Ausdruck kommt, zeigt sich mit erschreckender Deutlichkeit in den Bemerkungen über das Debussy-Dirigat seines Kollegen. Toscanini hatte Debussy persönlich gekannt; sein Debussy galt weithin als authentisch. Doch vor Furtwängler fand seine Interpretation von *La mer* keine Gnade. Bei keinem Stück, das Toscanini in Berlin bot, sei die Enttäuschung größer gewesen: »Seine gerade, durchaus primitiv-ungeistige Art ging an der sensiblen Debussyschen Tonsprache so konsequent und dabei naiv-ahnungslos vorbei, dass man sich nur wundern konnte, warum er das Werk überhaupt brachte …«[357] Nicht genug also, dass Furtwängler seinem Konkurrenten um die Vormachtstellung in der Musikwelt eine biologisch und kulturell begründete Unfähigkeit attestiert, deutsche Musik zu verstehen und adäquat nachzugestalten, er bestreitet auch, dass »der Italiener dem Franzosen, der Romane dem Romanen ein besonders verständnisvoller Geburtshelfer gewesen« sei.[358] Das zu Grunde liegende Denkmuster ist leicht zu entziffern. Wenn nicht einmal Arturo Toscanini einen Sinn für »romanische« Musik hat, so wird auch diese reiche Provinz der europäischen Musik zu ihrem eigenen Vorteil der Pflege der Deutschen anzuvertrauen sein. Die dem Selbstverständnis des deutschen Musiklebens unveräußerliche Überzeugung, dass die deutsche Musik zur Weltherrschaft berufen sei, dass – um an eine zentrale Denkfigur Thomas Manns zu erinnern – Europa deutsch, statt Deutschland europäisch werden solle: Hier ist sie konkret zu fassen. Dazu eine erhellende Aufzeichnung Furtwänglers von 1933: »Es handelt sich darum, die deutsche Musik als die ›europäische‹ zu erfassen. Sie ist es immer gewesen und muss es bleiben.«[359] Wer die musikalischen Machtverhältnisse in Europa so sieht, der wird sich auch kein Gewissen daraus machen, den Expansionswillen des Deutschen Reiches musikalisch zu unterstreichen und zum Beispiel das fünfjährige Bestehen des so genannten »Reichsprotektorats Böhmen und Mähren« mit einem Festkonzert auf dem Prager Hradschin zu markieren, wie es Furtwängler am 16. März 1944 tat, so wie er es sich auch nicht hatte nehmen lassen, am 7. November 1940 die Eröffnung des nunmehr »Deutschen« Opernhauses in Prag mit einem Gastspiel seiner Philharmoniker aus der Reichshauptstadt zu feiern.[360]

Angesichts solcher Zeugnisse dementiert sich die These von der Kraftprobe zweier antagonistischer Wertewelten von selber. Diese Partnerschaft hatte ein festes Fundament in zentralen ästhetischen und weltanschaulichen Überzeugungen.[361] Zu schweigen von anderen Aspekten der Übereinstimmung: die Ablehnung der Weimarer Republik; die Akzeptanz des Führerprinzips, die Feindschaft gegen den obsessiv bekämpften »modernen Intellektualismus«, wobei nicht extra erklärt zu werden brauchte, dass das »Prävalieren des Intellekts«[362] ein Signum der vom jüdischen Geist beherrschten Kultur der Weimarer Republik war. All dies war der untergründigen Übereinstimmung genug, um die tragische und historisch so markante Illusion des Wilhelm Furtwängler zu nähren, er könne beim »Aufbau des neuen deutschen Musiklebens« nicht nur mitwirken, sondern dieses vor den Zumutungen der Tyrannei bewahren und retten.

* * *

Fragen wir nach den Gründen für die fortdauernde Faszination der Furtwängler-Mann-Konstellation, so stoßen wir in der Hauptsache auf zwei. Da ist zum einen der historische Konflikt zwischen der inneren Emigration und den wirklichen Emigranten – ein Konflikt, der untergründig noch heute weiterschwelt, weil seine politischen und moralischen Implikationen noch keineswegs erledigt sind. Auch diese Vergangenheit macht keine Anstalten, zu vergehen. Die historische Kontroverse zwischen innerer und äußerer Emigration wird in den Geschichtsbüchern gern personalisiert, als handle es sich um einen Zusammenstoß zwischen Thomas Mann und Frank Thiess. Der Schriftsteller Frank Thiess war ein Furtwängler-Verehrer, der sich im Gegensatz zu dem Dirigenten offen zu dem neuen Staat bekannt hatte.[363] Man täte jedoch besser, Furtwängler als den emblematischen Protagonisten der inneren Emigration zu betrachten nicht nur aus Gründen des geistigen Formats – Mann sprach unumwunden von dem »heillos mediokren Frank Thiess«[364] –, sondern vor allem, weil die Musik historisch eine gewichtigere Rolle bei der Verführbarkeit der deutschen Eliten gespielt hat als die Literatur.

Zum anderen erinnert die Furtwängler-Mann-Konstellation an ein Vexierbild, vor dem der Betrachter eine punktuell bis zur Deckungsgleichheit gehende Ähnlichkeit festzustellen meint, während sich schon bei der kleinsten Veränderung des Blickwinkels abgründige Differenzen auftun. Anfänglich, d. h. in den ersten drei Jahren des Dritten Reichs, als Mann sich ein taktisches Schweigen über die Vorgänge in Deutschland auferlegte, fühlte er sich selbst, wiewohl er nun sein Domizil in der Schweiz hatte, der inneren Emigration im Reich zugehörig. Dabei unterschied er durchaus zwischen den opportunistischen Galionsfiguren wie Richard Strauss und Gerhart Hauptmann und den in Schweigen verfallenen Kollegen. Als er in der *Neuen Weltbühne* einen Artikel über die Zustände in Deutschland liest, spricht er am 7. November 1933 im Tagebuch von der »innere[n] Emigration, zu der ich im Grunde gehöre«. Wenig später jedoch bereitet ihm der Gedanke an eine mögliche »Rückkehr nach Deutschland«, wo er eine »ablehnende Isolierung« (20.11.1933) bewahren könnte, eine unruhige Nacht. In diesen Jahren changierte seine Einstellung zu den in Deutschland Verbliebenen, insbesondere zu Furtwängler, zwischen Verachtung und Respekt hin und her je nach den Meldungen, die er gerade gelesen hatte. Für die schwierige Lage der Inneren Emigration zeigte er auch nach der Kampfansage gegen Hitler-Deutschland bis 1945 durchaus Verständnis. Noch in *Schicksal und Aufgabe*, einem Vortrag von 1943, wirbt er in der amerikanischen Öffentlichkeit um Sympathie für »eine nach Millionen zählende ›innere Emigration‹«, die im Land selbst auf das Ende warte, »wie wir es tun«. (XII, 923) Was ihn gegen die Innere Emigration und damit auch gegen Furtwängler einnahm, war die nach dem Krieg zuerst in dem Offenen Brief Walter von Molos manifeste Selbstbemitleidung und Uneinsichtigkeit. Die Aufforderung, schnellstens nach Deutschland zurückzukehren, um die Wunden zu heilen, weil er es in der Fremde doch so viel besser gehabt habe, musste ihm als eine Zumutung erscheinen, die er guten Gewissens und mit den gebotenen kritischen Erinnerungen, einschließlich der Kritik am Verhalten Furtwänglers, ablehnen konnte. Schwerer als die Verkennung der Leiden an Deutschland auch im Exil wog dabei die mangelnde Bereitschaft, das ganze Ausmaß des Geschehenen und im Namen der deutschen Kultur Verübten zur Kenntnis zu nehmen. Nähe und Ferne der beiden Jahrhundertfiguren, die anfänglich beide zur inneren Emigration tendierten, die sich jedoch in diametral entgegengesetzte Richtung voneinander entfernten, sind vor ihrem Erfahrungshorizont wenigstens schlaglichtartig auszuleuchten, wenn ihr denkwürdiges Verhältnis einigermaßen ausgewogen beurteilt werden soll.

Betrachtet man die biographischen und geographischen Berührungspunkte in den Lebensläufen Furtwänglers und Manns, die beide ab 1894 ihr Domizil in München hatten, so ist es eigentlich erstaunlich, dass keine engere persönliche Bekanntschaft zustande kam. Der junge Willi Furtwängler war ein Schulkamerad der Pringsheim-Söhne und war in dem berühmten Pringsheim-Palais in der Arcisstraße wohlgelitten, auch nachdem man ihn vom Gymnasium nahm, um ihm eine prinzenhafte Privaterziehung angedeihen zu lassen. Die Väter – Alfred Pringsheim, ein Mathematiker, und Adolf Furtwängler, ein Archäologe und Direktor der berühmten Glyptothek – waren Kollegen an der Universität München. Katia besuchte im Winter-Semester 1902/03 Furtwänglers Kolleg über »Moderne ästhetische Streitfragen«.[365] Dieser Beziehungen zwischen den beiden Häusern blieb Furtwängler bis zum Ende eingedenk, denn Ende 1937 oder Anfang 1938 besuchte er die alten Pringsheims, die aus ihrem Palais ausgewiesen worden waren und in einer Mietwohnung in der Widenmayerstraße lebten. Der »süße Willi« habe »neulich geschlagene 2½ Stunden« bei Hedwig Pringsheim gesessen, meldete diese an ihre Tochter in Zürich.[366] Und noch 1947 wandte sich der Dirigent im Namen von Heinz Pringsheim, Katias Bruder, der sich in einer Notlage befand, brieflich an Thomas Mann. Ob Mann das erste Konzert des zwanzigjährigen Furtwängler mit dem Münchner Kaim-Orchester im Februar 1906 besucht hat oder ob er ihn während dessen zweijähriger Lehrzeit als Korepetitor unter Felix Mottl an der Münchner Hofoper von 1908 bis 1910 gehört hat, lässt sich nicht mehr feststellen. Man wird also annehmen dürfen, dass eine Bekanntschaft vom Hörensagen und gleichsam auf Blickweite bestand.[367]

Eine solche Beinahe-Beziehung über Ida Boy-Ed muss auch während Furtwänglers Kapellmeisterzeit in Lübeck von 1911 bis 1915 bestanden haben. Obwohl in ihrer Korrespondenz nichts davon zur Sprache kommt, ist es schlecht vorstellbar, dass die Kollegin aus Lübeck bei ihren regelmäßigen Besuchen in München nichts über Furtwänglers Erfolge in ihrer gemeinsamen Heimatstadt berichtete, zumal offenbar sie es war, in ihrer Eigenschaft als Vorsitzende des »Vereins der Lübecker Musikfreunde«, die den jungen Dirigenten in die Hansestadt geholt hatte.[368] Als 1915 durch den Weggang Artur Bodanskys nach New York die Stelle des ersten Kapellmeisters am Nationaltheater Mannheim frei wurde, war es Bruno Walter, der Furtwängler nach Mannheim empfahl; dort erfolgte sein meteorhafter Aufstieg zu internationaler Prominenz und schließlich seine Berufung nach Berlin und Leipzig.

In der Zeit vor 1933 finden sich keine Anhaltspunkte dafür, dass Thomas Mann etwa in Berlin oder München ein Furtwängler-Dirigat miterlebt hätte. Der Name Furtwängler taucht im Tagebuch zuerst am 21. März 1933 auf, bei Gelegenheit seines *Meistersinger*-Dirigats an jenem fatalen »Tag von Potsdam«. Das viel zitierte Etikett »Lakaien« bezieht sich auf ihn sowie auf Richard Strauss, der sich bereit erklärt hatte, ein Konzert der Berliner Philharmoniker zu übernehmen, dessen Leitung Bruno Walter abzugeben gezwungen wurde.[369] Schon hier ist ihm der Fall Furtwängler eine Frage der politischen Moral. Implizit steht der Vorwurf der mangelnden Zivilcourage im Raum, wie die Verballhornung des Namens zu »Furchtwängler« drei Wochen später (13. 4. 1933) anzeigt. Auch ein Mangel an Solidarität mit den von den neuen Machthabern Ausgegrenzten schwingt hier wohl mit, wie wenig später aus einer verräterischen Gedankenassoziation hervorgeht. Im November 1934 hatte Furtwängler öffentlich für den beargwöhnten und verpönten Paul Hindemith eine Lanze gebrochen, was die Entlassung aus allen seinen Ämtern nach sich zog. Mann vermerkt (19. 11.) anerkennend die »energischen Worte« Furtwänglers, doch kann er nicht umhin, dabei an die politische Denunziation zu denken, die ihm selbst im April 1933 durch den *Protest der Richard-Wagner-Stadt München* widerfahren war. Damals habe kein Schriftstellerkollege für ihn die Hand gerührt, wie es jetzt Furtwängler für seinen Kollegen tat. Noch 1945 in dem Offenen Brief an Walter von Molo, der die inkriminierenden Bemerkungen über jenen ungenannten »Kapellmeister« enthält, erinnert er an die »analphabetische und mörderische Radio- und Pressehetze« gegen ihn. Die Münchner Aktion hatte ihn derart traumatisiert, dass davon die Wahrnehmung all derer, die sich dem neuen Regime zur Verfügung stellten, gefärbt war. Nach dem »Tag von Potsdam« verfolgte Mann die Presseberichte über den Dirigenten mit größter Aufmerksamkeit. Die Meldung über Furtwänglers Entlassung entlockt ihm ein »sehr eindrucksvoll«, ja er knüpft daran die unrealistische Hoffnung auf eine um sich greifende »Musik-Emeute« (6. 12. 1934). Als diese ausbleibt und Furtwängler seine Dirigententätigkeit wieder aufnimmt, nennt er den Kompromiss unverblümt eine »Unterwerfung« (2. 3. 1935).

Unter diesen Vorzeichen konnte ihre Begegnung im Jahr darauf in Zürich nur einen für beide unbefriedigenden Verlauf nehmen. Furtwängler weilte zu einem *Tristan*-Dirigat in der Stadt, doch Mann hielt sich fern. Man sah sich zwar im Foyer des Schauspielhauses, ohne sich aber zu begrüßen (21. 5. 1936). Am Tag darauf, bei einer Abendgesellschaft im Hause des kunstsinnigen Industriellen Hermann Reiff, war ein Ausweichen nicht länger tunlich. Offenbar suchte Furtwängler das Gespräch, doch Mann verhielt sich ausweichend und »schwimmend«. Auch als sich drei Wochen später, im Wiener Hotel Imperial, die Wege wieder kreuzten, hielt Mann Distanz (14. 6. 1936).

Bei aller Distanzierung von dem »Lakaien« Hitlers bewahrte sich Mann jedoch sehr wohl einen Sinn für die außerordentliche Bedeutung Furtwänglers als Musiker. Nur wenige Tage nach dem Rencontre im Hause Reiff veranstaltet er eines seiner geliebten Plattenkonzerte mit neuen Wagner-Einspielungen. Wieder einmal ist er von dem »Rheingoldschluß [...] begeistert«, und er bedenkt die »großartige Spannung zwischen der Ring- und Tristan-Sphäre« (31. 5. 1936). Nun bedauert er, sich »mit Furtwängler neulich nicht weiter über W[agner] unterhalten zu haben«. Wie daraus zu ersehen, erlitt seine Hochschätzung des Dirigenten durch dessen politisches Verhalten keinen Abbruch. Als er gegen Ende des Kriegs im Radio Furtwänglers Interpretation von Tschaikowskys *Pathétique*-Symphonie lauscht, notiert er: »eine unleugbar überragende Aufführung« (10. 1. 1945). Schließlich hat es beinahe etwas Bewegendes, dass sich Mann für ein Wunschkonzert, das ihm der Süddeutsche Rundfunk 1954 bereitete, auch das *Lohengrin*-Vorspiel wünscht, sein Lieblingsstück von Wagner, und zwar in einer Einspielung von Furtwängler (Br. III, 339). Und als ihn die Meldung über den Tod des großen Dirigenten erreicht, rafft er sich gar zu einem respektvoll erschütterten Kondolenzbrief an Preetorius auf und schreibt: »Der Tod Furtwänglers, so schmerzlich für die ganze musikalische Welt, muss Sie als nahen Freund und geistigen Vertrauten des Dahingegangenen besonders erschüttert haben. Lassen Sie mich Ihnen mein herzliches Mitgefühl aussprechen. Ich lese, dass Furtwängler noch bis zu seiner letzten Krankheit an dem Vortrag gearbeitet habe, den er in Ihrer Akademie zu halten gedachte. Diesen Traum hat der Tod nun abgeschnitten. Auch das muss eine bittere Enttäuschung für Sie gewesen sein und für alle Münchener, die sich auf dies Ereignis gefreut hatten.«[370] Der Brief enthält kein Anzeichen einer persönlichen Trauer; das Mitgefühl gilt lediglich dem um Furtwängler trauernden Freund, doch mag man dabei auch einen leisen Ton des Bedauerns darüber vernehmen, dass gerade er sich die rückhaltlose Bewunderung für einen großen Musiker aus Gründen der politischen Moral versagen musste.

Umgekehrt war es gerade der Gesichtspunkt der politischen Moral, der Thomas Mann im März 1954 zu einem begeisterten Bekenntnis zu Pablo Casals veranlasste, dem großen spanischen Cellisten und Dirigenten, der sich weigerte, in Spanien zu konzertieren, solange dort die faschistische Diktatur Francisco Francos herrschte, oder überhaupt in einem Land aufzutreten, »in dem Freiheit und Recht misshandelt werden«. Die folgende bewunderungsvolle Beschreibung von Casals Haltung liest sich *ex negativo* wie eine gezielte Kritik an Furtwänglers Haltung im Dritten Reich: »Hier ist keine Spur von escapism, von ästhetischer Neutralität in Fragen der Menschlichkeit, von jener Bereitschaft zur Prostitution [...] Er ist zum Symbol geworden eines Künstlertums, das unverführbar auf sich hält, zum Symbol unerschütterlicher Einheit von Kunst und Moralität.« Diesem Musiker erweist Mann seine »tiefste Ehrerbietung«, weil darin »ein hinreißendes Künstlertum sich mit entschiedenster Verweigerung jedes Zugeständnisses an das Böse, an das moralisch Miserable und die Gerechtigkeit Beleidigende auf eine Weise verbindet, die geradezu unseren Begriff vom Künstler läutert und erhöht, ihm für einmal jede Ironie entzieht und in verwilderter Zeit ein Beispiel stolzer, durch nichts zu bestechender Integrität setzt«. (x, 826) Keine andere Stelle in Manns essayistischem Werk bietet eine derart bündige und energische Definition dessen, was er sich unter politischer Moral vorstellt. Eine solche vorbildliche Haltung attestierte er nicht allein Casals, sondern auch Adolf und Fritz Busch, die, vom Regime umworben, Nazi-Deutschland den Rücken kehrten – aus Gründen der politischen Moral. Dass es für diese Haltung auch glänzende deutsche Beispiele gab, verleiht der impliziten Spitze gegen Furtwängler in der Huldigung an Pablo Casals ihre besondere Schärfe.

* * *

Manns gewichtigste Äußerung zum »Fall Furtwängler« stellt jener eingangs erwähnte Text dar, ein anderthalbseitiges Fragment. Furtwängler hatte sich im Dezember 1946 vor dem Berliner »Entnazifizierungsausschuß für Kulturschaffende« erfolgreich verteidigt; zuvor schon, im Mai 1946, war er in Wien formell entnazifiziert worden. Der Berliner Ausschuss empfahl der Alliierten Entnazifizierungskommission, dem Antrag des Dirigenten auf unbeschränkte Ausübung seines Berufes stattzugeben. Das Urteil der Alliierten Kommission ließ auf sich warten und erfolgte erst Ende April 1947; es lautete: Kategorie IV, will sagen »Mitläufer«, d. h. kein Freispruch.[371] Damit stand aber der Wiederaufnahme seiner Dirigententätigkeit nichts mehr im Weg. Bereits am 6. April leitete er in Rom, wo er keines Entnazifizierungsspruchs bedurfte, sein erstes Konzert nach dem Krieg. Am 25. Mai sodann durfte er im Titania-Palast in Berlin-Steglitz seine triumphale Rückkehr an das Pult des Berliner Philharmonischen Orchesters feiern.

So weit waren die Dinge jedoch noch nicht gediehen, als Thomas Mann am 8. März 1947 von Manfred George, dem Chefredakteur des New Yorker *Aufbau*, um eine Stellungnahme gebeten wird. Das Tagebuch verzeichnet eine empfindliche »Aufstörung«; die Arbeit an dem großen Essay *Nietzsche im Lichte unserer Erfahrung* war gerade jetzt in ein kritisches Stadium getreten. Doch Georges Ansinnen konnte nicht einfach ignoriert werden, weil Furtwängler sich gezielt gegen Manns Kritik in dem Offenen Brief vom September 1945 zur Wehr setzte – ein Artikel, der zuerst im *Aufbau* erschienen war. Nach Beratungen mit Katia am Tag darauf beginnt er am 10. März mit der Niederschrift. Schon am nächsten Tag jedoch beschloss er, den Auftrag abzulehnen. An Manfred George schreibt er: »Was mich betrifft, so habe ich nach einiger Prüfung und einigem Versuchtsein endgültig beschlossen, nicht Stellung dazu zu nehmen. Schließlich war ich es, der Furtwänglers Haltung vor aller Welt getadelt hat, und wenn er sich nun verteidigt, so ist es nicht an mir, mich wieder gegen seine Verteidigung zu verteidigen. Die Antwort würde mich, wie ich nun einmal bin, notwendig weit führen, und ich würde mich dieser Weitläufigkeit schämen.« (Br. II, 529)

Die Wiederbeschäftigung mit dem Fall Furtwängler geschah widerwillig; da ließ denn die Einsicht in die Untunlichkeit des Unterfangens nicht lange auf sich warten. Umso bemerkenswerter, dass er eine Verständigung über den Abgrund hinweg zumindest versuchte, wie aus seiner wohlwollenden Charakterisierung von Furtwänglers Verteidigungsschrift zu ersehen ist. Er konzediert gleich eingangs, dass dies in der Tat »eine außerordentlich eindrucksvolle Schrift« sei, die »zum großen Teil mit unanfechtbaren, Achtung gebietenden Fakten arbeitet und den Verfasser vom Vorwurf des Mangels an Mut und gutem Willen völlig entlastet. Es ist gar kein Zweifel – und war mir auch vor dieser Lektüre nie zweifelhaft, dass Furtwängler sich im Rahmen des in einem Terrorstaat Möglichen wie ein Mann benommen, große Opfer gebracht, viel gewagt, vielen geholfen hat und in seiner Opposition gegen die Kunstpolitik des Regimes bis an die genaue Grenze dessen gegangen ist, was er sich in seiner Stellung […] irgend erlauben konnte. Die Bezichtigung, er sei ein Nazi gewesen, ist als falsch erwiesen, im technischen, inquisitiven Sinn steht er gereinigt da […].«[372] Mann nimmt auch zur Kenntnis, dass Furtwängler bei seiner Befragung in Berlin wie auch schon in deutschen Konzertsälen während des Dritten Reiches als Märtyrer gefeiert wurde – »mit Recht«, fügt er hinzu, »denn er hat gelitten und gerungen, hat sich unter unendlichen Schwierigkeiten, halben und ganzen Zugeständnissen, abwechselnd mit trotzigen Verweigerungen, immer am Rande des K. Z., zwischen den Klippen und Schlünden, den Fallen und Fangeisen der nationalsozialistischen Kulturpolitik hindurchgewunden […].«

Wie ist nun diese nach allem Vorausgegangen überraschend positive Darstellung der Situation des Dirigenten zu deuten? Gut möglich, dass die einleitenden Bemerkungen zu der doch recht umfänglich geplanten Stellungnahme als eine rhetorische Finte gedacht waren, um den folgenden Vorhaltungen den Anschein der Einseitigkeit zu nehmen. Die Vorhaltungen beginnen damit, dass Mann die von Furtwängler beteuerte und von seinen Verehrern bedingungslos akzeptierte »Unschuld« in Frage stellt und stattdessen von »tragische[r] Ahnungslosigkeit« spricht. Habe er denn nie einen Blick in den *Völkischen Beobachter* getan, nichts von der »Niederknüppelung des Marxismus« und der »Judenentrechtung« mitbekommen, als sich die Konzentrationslager füllten und die Synagogen brannten? Furtwängler sei allein auf die »Reinerhaltung des Konzertlebens bedacht« gewesen und habe sich der Illusion hingegeben, »es sei etwas getan, wenn [er] die jüdischen Mitglieder seines Orchesters solange schützt und deckt,« – an dieser Stelle, mitten im Satz, bricht das Manuskript ab, vielleicht nicht zufällig an dieser Stelle. Furtwängler pochte gerne darauf, dass er »unter allen Musikern im 3. Reich sich am meisten für die Juden eingesetzt hat«.[373] Diese unbestrittene Tatsache gilt allen seinen Bewunderern zum Beweis seiner Untadeligkeit, wenn nicht gar Opposition. Mann hingegen spricht gezielt nur von jüdischen *Musikern*, was die Frage nach Furtwänglers Einstellung zur pauschalen antijüdischen Politik des Naziregimes im Raume stehen lässt.

Plausibler will es scheinen, die versöhnlich gestimmten Passagen des Textes wie auch den Entschluss, die ganze Sache abzubrechen, als Ausdruck eines verborgenen Zwiespalts zu deuten. Das Bewusstsein, dass er einst selbst teilhatte an der unpolitischen Musikidolatrie, die einen Furtwängler zum Lakaien Hitlers werden ließ, konnte nicht verfehlen, den anklägerischen Furor zu temperieren.

Ohne Kenntnis dessen, was Thomas Mann über ihn zu schreiben sich angeschickt hatte, musste Furtwängler den Eindruck einer völligen Ablehnung durch den *Faustus*-Autor gewinnen. Er war es, der nun, wie schon 1936 in Zürich, das Gespräch suchte, und zwar nicht, wie er versicherte, über die in dem Molo-Brief enthaltene Kritik an seiner Person, sondern über Manns Washingtoner Vortrag *Deutschland und die Deutschen*. Die dort unternommene Herleitung der »deutschen Katastrophe« aus der deutschen Innerlichkeit und ihrer schönsten Blüte, der Musik, musste den Einspruch eines Mannes wie Furtwängler auf den Plan rufen. Offenbar hatte er, wie aus seinem Brief von Ende Juni hervorgeht, darüber eine längere »Antwort an Thomas Mann« verfasst, diese aber nicht abgeschickt; in jenem Brief bittet er den *Faustus*-Autor um ein klärendes Gespräch über »deutsche Fragen«.[374] Thomas Mann lehnte ab. Sein Gegenbrief aus Flims ist nicht erhalten, doch lässt sich sein Inhalt aus Furtwänglers Antwort vom 4. Juli 1947 in etwa erschließen. Demnach habe Mann zu verstehen gegeben, dass der Fall Furtwängler für ihn keineswegs erledigt sei und er dessen Verteidigungsschrift missbillige. Darauf Furtwängler: »Darf ich fragen, was Sie daran missbilligen?« Angesichts der anerkennenden Worte über ebendiese Schrift in dem abgebrochenen *Aufbau*-Artikel und angesichts seines Entschlusses vom 11. März, sich nicht weiter mit diesem Fall zu beschäftigen, würde man eigentlich einen verbindlicheren Ton erwarten.

Es steht zu vermuten, dass in diesem Zusammenhang die Aufsehen erregende Ovation, die das Berliner Publikum dem Dirigenten bei seinem ersten Wiederauftritt am 25. Mai 1947 bereitete, eine Rolle gespielt hat. Erika Mann hatte die Zeitungsberichte darüber zum Anlass eines Leserbriefes an die *New York Herald Tribune* genommen, worin sie die fünfzehnminütige Ovation für Furtwängler als eine politische Demonstration deutete. Sie sei Ausdruck des Widerwillens der Deutschen gegen die ganze Entnazifizierungspolitik der Alliierten und ihres Willens zum

Vergessen. Es sei denn auch bezeichnend, dass bisher kein antifaschistischer Musiker, sei es Toscanini oder Bruno Walter, Bronislav Hubermann oder Adolf Busch, nach Berlin eingeladen worden sei.[375] Diese Sicht der Dinge machte sich offenbar auch Erikas Vater zu eigen, denn aus Furtwänglers Brief vom 4. Juli geht hervor, dass er die Berliner Beifallsdemonstration zur Sprache gebracht hatte. Aus einem Brief an Arnold Bauer wissen wir, wie sehr ihn diese eigentlich läppische Sache beschäftigte und wie übertrieben er darauf reagierte. Er halte es nicht für angezeigt, schreibt er am 4. Juli aus Flims, zum gegenwärtigen Zeitpunkt Deutschland zu besuchen; das werde durch die Erinnerung und »durch manches Gegenwärtige« erschwert: »Sie glauben nicht, wie mich die 15 Minuten-Demonstration für Furtwängler, die mit Musik wenig zu tun hatte, dégoutiert und entmutigt hat! Hätte man statt dessen Adolf Busch[376] eingeladen und *ihm* 15 Minuten lang applaudiert, so würde ich nach Deutschland kommen. Aber so? Die Verachtung des Emigrantentums, der Dünkel, dass nur diejenigen etwas von Deutschland verstehen und darüber mitreden dürfen, die 1933 dort sitzengeblieben, Deutschland ›treu geblieben‹ sind – das alles ist unerträglich. Manfred Hausmann verbietet mir den Mund, erklärt, dass ich von Deutschland nur reden könne wie der Blinde von der Farbe, lässt mich wissen, dass meine Kriegssendungen, die Millionen über die ganze Welt hin ein Trost waren, leeres, totes Geschwätz gewesen seien. Und wie hat überhaupt, gerade in den letzten Monaten wieder, die deutsche Presse, mit wenigen anständigen Ausnahmen, an mir herumgehackt, gezwackt und geplackt! Ich war oft krank davon, und draussen, hier in der Schweiz zum Beispiel, nimmt man es als schlechtes Zeichen – für den deutschen Geisteszustand.«[377] Ein Beleg mehr, wie zentral der Fall Furtwängler in Manns Auseinandersetzung mit der inneren Emigration eingebettet war.

Während Mann an Arnold Bauer schrieb, verfasste Furtwängler seinen Brief an Mann. Darin spielt nun die Sache mit der Ovation eine unverhältnismäßig große Rolle. Mehr als die Hälfte seines Schreibens verwendet er darauf zu erklären, dass es sich um keine von ihm herbeigeführte politische Demonstration gehandelt habe. Eine solche habe er unterbunden, indem er in den Begrüßungsapplaus hinein den Einsatz gegeben habe. Der viertelstündige Applaus am Ende hingegen sei in Europa ganz normal: »15 Minuten ist für Berlin – und Beethoven nichts Außergewöhnliches.« In Wien habe er 1943 nach einem *Tristan* 32 Minuten Beifall bekommen. Dass Thomas Mann nicht ihn, sondern in der Hauptsache das Verhalten des Publikums in Frage stellte, übersah er in seinem Rechtfertigungseifer. Furtwängler versichert unbeirrt und angesichts seines Adressaten mit gesteigerter Emphase, »von Anfang bis Ende [...] mit Einsatz meiner ganzen Person, im Großen wie im Kleinen, Widerstand geleistet« zu haben und wiederholt seine Bitte um ein klärendes Gespräch. Und wie schon Walter von Molo zwei Jahre zuvor – und ebenso unangebracht und erfolglos – ermahnt er Mann, sich seiner historischen Rolle bewusst zu bleiben: »Für Sie sind heute die Möglichkeiten und gewissermaßen auch die Verpflichtung, Deutschland zu helfen, außerordentliche – ganz gleichgültig, wie die Deutschen darüber urteilen mögen.«[378] Im Tagebuch (8. 7. 1947) quittiert Mann das lange Schreiben des Dirigenten mit einem einzigen Wort: »töricht« – eine ebenso lakonische wie nervöse Geste der Abwehr gegenüber einem, dessen innere Verwandtschaft ihm lästig geworden war. Furtwängler wurde keiner Antwort mehr gewürdigt.

Bei diesem hinterließ Manns Haltung bittere Enttäuschung – wohl auch eine Wunde, die bis zum Ende nicht mehr heilen sollte. An den mit Mann befreundeten Emil Preetorius schrieb er: »was heißt in diesem Fall das anmaßende Wort ›mißbilligen‹?« Verlange man denn, »daß Menschen wie ich ausgelöscht oder für 10 Jahre aus dem Kulturleben verbannt werden müssten?« Manns Einstellung schien ihm »in höchstem Grade pharisäisch«, und er beschließt seine Klage – damit sein Unverständnis noch einmal unterstreichend – hilflos pathetisch: »Was ist das für eine lächerliche, ungütige, unchristliche, unweise und schließlich auch unpsychologische Welt.«[379]

Vier Jahre später hatte die melancholische Geschichte dieser Nicht-Beziehung ein gespenstisches Nachspiel. Thomas und Katia Mann beschließen, die Festspiele in Salzburg zu besuchen – »Furtwänglers ungeachtet«, wie es in einem Brief heißt.[380] Eine koboldhafte Laune des Schicksals will es, dass die Manns und die Furtwänglers dasselbe Haus Waldburg in Aigen zum Quartier haben. Die beiden Paare sind die einzigen Gäste im Haus, was ein vier Tage langes geflissentliches Aneinander-Vorbeisehen notwendig macht – das stumme, mimische Äquivalent ihres Aneinander-Vorbeiredens in der erregten Atmosphäre der ersten Nachkriegsjahre. So gespannt und gereizt muss die Atmosphäre gewesen sein, dass Herr und

Frau Thomas Mann ihre ungünstigen Plätze – »blödsinnig schlecht und erniedrigend« – zum Vorwand nehmen, nach der ersten Szene der von Furtwängler dirigierten, glanzvollen Premiere von Verdis *Otello* das Theater zu verlassen, um bei einem Apéritif im Café Toselli und einem Nachtmahl im Peterskeller ihre Fassung wieder zu gewinnen.

* * *

Bleibt die Frage nach den tieferen Gründen von Thomas Manns Haltung. Einen Schlüssel dazu scheint eine Bemerkung Furtwänglers zu Preetorius über die Affinität seiner eigenen und Manns Musikauffassungen zu bieten. Sie seien in ihrer »Grundeinstellung zu den hier in Frage kommenden Dingen doch […] kaum voneinander verschieden«. Das müsse auch Thomas Mann »wohl wissen«.[381] In seinem Brief an Mann spielt er ebenfalls darauf an: »Indessen, sollten Sie und Ihre Tochter Erika ganz vergessen haben, was die Musik für die Deutschen bedeutet, immer bedeutet hat?«[382]

Zweifellos hatte Furtwängler Recht damit, doch war er unfähig zu erkennen, was sie trennte. Manns Wissen von dieser Nähe, von ihrer praktisch identischen mentalitätsgeschichtlichen Prägung, ist im *Doktor Faustus*, seiner radikalen, selbstanklägerischen Autobiographie niedergelegt – einem Roman, dem Furtwängler, geradeheraus gesagt, nicht gewachsen war. An Preetorius schreibt er darüber, er habe das Buch mit anfänglichem Widerwillen gelesen, doch habe sich sein Interesse während der Lektüre etwas belebt. Er bescheinigt dem Roman stilistische Qualitäten, »auch eine große Kenntnis der Weltlage – geistig gesprochen«. Immerhin habe er von Thomas Manns »Geist und seinem Wesen im Ganzen genommen einen größeren Eindruck bekommen als früher«. Das endgültige Urteil fällt gleichwohl negativ, wenn auch etwas kryptisch aus: »Eine ungewöhnliche Beweglichkeit und Vielseitigkeit des Denkens ersetzt den Mangel an Selbsteintreten und Selbstverantwortung, die ihn eben doch zum Literaten, wenn auch sehr hoher Art stempelt.«[383] Das alte Klischee also des kalten Künstlers und wurzellosen Literaten, ein Ladenhüter der deutschen Thomas-Mann-Rezeption. Es passt zu diesem Bild, dass sich Furtwängler von den Büchern eines Frank Thiess stärker angesprochen fühlte als von einem modernen Roman, obgleich darin nicht zuletzt auch sein Fall verhandelt wird: der Nexus von Musik und Politik, die finsteren Konsequenzen der Musikidolatrie in Deutschland.

Furtwängler hatte auch insofern Recht, als der Autor der *Betrachtungen eines Unpolitischen* sich einst ebenso borniert dem in der deutschen Musik gründenden Superioritäts- und Hegemoniedenken verschrieben hatte wie er. Während Mann jedoch im Rückblick die Notwendigkeit einer Verabschiedung dieses Denkens erkannte und unter Berufung auf Nietzsches Selbstüberwindung propagierte[384], blieb der Dirigent ihr zeitlebens verhaftet, unbeirrt durch die sich mehrenden Zeichen einer unheiligen Allianz von Politik und Musik. Im Gegenteil, Furtwängler versprach sich viel von der »nationalen Erhebung« von 1933, und dieser idealistische Optimismus hielt lange vor, sodass er in der Tat, wie Peter Heyworth anmerkte, nur in einem sehr begrenzten Sinn als ein Nazigegner anzusehen ist.[385] Viele Anzeichen sprechen dafür – ganz abgesehen von den selbstgerechten, zur Irreführung der Nachwelt geschriebenen Tagebüchern des Joseph Goebbels –, dass sich Furtwängler in zunehmendem Maß, wie Michael Kater resümiert[386], mit dem kämpfenden und »tragisch« untergehenden Deutschland identifiziert hat.

Die sich historisch notwendig entfaltende politische Divergenz der beiden lässt sich besonders klar an ihrem Verhältnis zu Hans Pfitzner ablesen, dem Hoffnungsträger der emphatisch deutschen Musik, die sich das Motto »Reaktion als Fortschritt« aufs Panier geschrieben hatte.[387] Furtwängler war vor seiner Berufung nach Lübeck unter Pfitzner Korepetitor in Straßburg. In der Folgezeit ließ er den Kompositionen dieses betont deutschen Meisters eine weit intensivere Pflege angedeihen als etwa den Symphonien Gustav Mahlers. Er hielt dem knorrigen Komponisten des *Palestrina* und der symphonischen Kantate *Von deutscher Seele* die Treue, unbeirrt durch dessen Antisemitismus oder die immer spärlicher werdenden Beweise seiner kreativen Potenz. Ihre Affinität war sowohl ästhetischer als auch weltanschaulicher Natur. Thomas Mann seinerseits erlebte mit Pfitzners *Palestrina* 1917 und einige Jahre darüber hinaus eine Art von weltanschaulichem Honigmond, als er von Bruno Walter, dem Uraufführungsdirigenten dieser »musikalischen Legende«, in das Werk eingeführt wurde. In den *Betrachtungen* diente ihm Pfitzners *Palestrina* als der schlagendste Beleg für die Lebendigkeit und Überlegenheit der musikzentrierten deutschen Kultur. Die freundschaftlichen Beziehungen wurden von Pfitzner aufgekündigt, nachdem sich der Autor der *Betrachtungen* zu der von ihm und seinen Gesinnungsgenossen heftig abgelehnten Weimarer Republik bekannt hatte. Im Jahr der »nationalen Erhebung« ließ sich Pfitzner sodann herbei, mit Hans Knappertsbusch den schäbigen *Protest der Richard-Wagner-Stadt München* gegen Thomas Mann anzuzetteln. Von da an blieb Pfitzner für ihn das Paradebeispiel von borniertem Nationalismus und politischer Uneinsichtigkeit.

Sowohl Mann als auch Furtwängler entstammen einem Milieu, in dem der sich philosemitisch dünkende Antisemitismus die Norm war. Spuren dieser Mentalität lassen sich bei beiden bis zum Ende nachweisen. Noch im April 1933, in Reaktion auf die ersten judenfeindlichen Maßnahmen des neuen Regimes, vertraut Thomas Mann dem Tagebuch (10.4.1933) seine Genugtuung über die »Entjudung der Justiz« an; und im *Doktor Faustus* lässt er, wider besseres Wissen, die nicht wenigen antisemitischen Elemente stehen. Doch Mann legt auch diese angestammten Ressentiments ab und agitiert ab 1936 für den Krieg gegen Hitlers Staat. Der Autor des *Joseph* war einer der Ersten, der in Amerika auf die Vernichtungspolitik gegenüber den Juden Europas aufmerksam machte und der die Deutschen zur »rückhaltlose[n] Kenntnisnahme« des ganzen Ausmaßes des Jahrhundertverbrechens ermahnte (XI, 1050, 1106). Zu einer solchen Kenntnisnahme hat sich Furtwängler nie durchgerungen, wie peinlicherweise ein Brief an Bruno Walter erkennen lässt. Er könne »die Gefühle der Juden gegenüber den Deutschen durchaus verstehen«, schreibt er dem wegen seiner jüdischen Abstammung vertriebenen Kollegen am 22. Januar 1949, um dann jedoch in vollkommener Selbstbefangenheit fortzufahren: »aber ist es nicht noch viel furchtbarer, von seinem eigenen Volk in so entsetzlicher Weise unterdrückt, terrorisiert und schließlich – mit mehr oder weniger Recht – an den Pranger gestellt zu werden, wie es mit uns zurückgebliebenen Deutschen geschah? Warum versucht niemand, sich in die Lage derjenigen zu versetzen, die in Deutschland geblieben waren, und alles, was dort geschah, mindestens genau so verabscheuten wie die, die draußen waren.«[388] Ein Zeugnis von fast Pfitzner'scher Verstocktheit.

Schließlich ist ein letzter, von Prieberg aus dem Nachlass publizierter Text hier anzuführen, weil dessen Gedankengang eine frappierende Übereinstimmung mit der zentralen Einsicht des *Doktor Faustus* in die Dialektik von Freiheit und Gesetz aufweist. Die Aufzeichnung datiert vom September 1939, kurz nach Kriegsbeginn: »Warum Deutschland in diesem Krieg siegt? Warum sich das autoritäre System notwendig mit der Zeit durchsetzt? Es entspricht menschlichem Wesen, dass der Mensch schrankenlose oder auch nur zu große Freiheit nicht verträgt. In der Kunst zeigt sich das ebenso deutlich. Reger und Strauss, von den Atonalen zu schweigen, stellen den Zustand dieser Freiheit dar. Sie sind schon veraltet und erledigt. Was not tut, ist eine neue Erfüllung des Gesetzes.«[389] Wie der *Faustus*-Autor spürt Furtwängler, dass die Entwicklungsdynamik der Musik die der politischen Geschichte gleichsam antizipiert und dass im politischen Leben wie in der Musik die schrankenlose Freiheit das Verlangen nach Gesetz, Ordnung, Organisation gebiert. Furtwängler jedoch erblickt darin die notwendig sieghafte Sache des autoritären Prinzips. Thomas Mann erblickt in demselben Phänomen den Keim einer, wie es im Roman heißt, unaufhaltsamen »Katastrophendynamik« (VI, 400).

Gleichfalls im *Doktor Faustus*, an bedeutender Stelle, steht der Satz: »Die höchste Passion gilt dem absolut Verdächtigen« (VI, 323), womit die Musik gemeint ist. Mann und Furtwängler verband solche höchste Passion für die Musik. Dass aber Musik und Musikidolatrie etwas Verdächtiges seien – »Politisch verdächtig«, wie es schon im *Zauberberg* steht (5.1, 175) –, blieb jenseits von Furtwänglers Erfahrungshorizont, weil er sich dem politischen Lernprozess, dem sich Mann in seinem wachsenden Sinn für die politische Verantwortung des Künstlers zwar widerwillig, doch mit dem melancholischen Mut des standhaften Zinnsoldaten[390] aussetzte, durchaus enthoben wähnte.

»Wehvolles Erbe, dem ich verfallen.«

12. Bayreuth

Wer von Thomas Mann und Wagner spricht, denkt nicht unbedingt auch an Bayreuth. Der passionierte Bewunderer und Kritiker des Bayreuther Meisters, der von sich sagte, dass er im Schatten Wagners lebe und dass der Schöpfer des *Ring des Nibelungen* der Künstler sei, »auf den ich mich am besten verstehe«[391], machte die Pilgerreise zum Grünen Hügel lediglich ein einziges Mal, im Sommer 1909, und betrachtete es nach seiner republikanischen Wende von 1921/22 geradezu als seine Pflicht, gegen die in Bayreuth praktizierte politische Indienstnahme Wagners zu protestieren. So konnte der Eindruck entstehen, dass es sich bei Manns Wagnerismus um ein rein ästhetisch motiviertes, jeder Art von Bayreuth-Hörigkeit weit entrücktes Phänomen handelt. Dies ist denn auch die bis heute in der Thomas-Mann-Forschung vorherrschende Meinung.[392]

Thomas Mann selbst hat seine Passion für Wagner gerne als das Resultat einer Verzauberung durch das Werk, die ihm in seiner Jugend widerfahren war und die bis zum Ende Bestand hatte, in unermüdlicher Bewunderung »freudig bewegt« dargestellt. »[F]reudig bewegt« gab er sich bereits 1904 in seinem ersten öffentlichen Bekenntnis zu Wagner, das in den Werkausgaben unter dem leicht irreführenden Titel *Der französische Einfluß* zu finden ist. Der Artikel handelt in der Hauptsache von Wagners Bedeutung für den *Buddenbrooks*-Autor. »[N]ichts in der Welt« wirke auf seinen Kunsttrieb so stimulierend wie das Werk Richard Wagners, den er ganz ohne Ironie und ohne jeglichen Vorbehalt »meinen Meister und nordischen Gott« (14.1, 73, 75) nennt. Von Wagners Weltanschauung ist nicht die Rede, schon gar nicht von der in Bayreuth vertretenen Wagner-Orthodoxie. Gegen diese, so meint man, war der junge Thomas Mann mit Nietzsches Entlarvungspsychologie gewappnet.

Die Implikationen dieses Klischees sind weitreichend und gewichtig. Es bescheinigt dem jungen Thomas Mann einen vom völkischen Geist unbefleckten Modernismus. Wagners Musikdramen – das hatte Nietzsche mit bestechendem Scharfsinn klargestellt – waren Dokumente einer authentischen Moderne, unerachtet ihrer mythisch-heroischen Drapierung. Wagner »*resümiert* die Modernität«, so Nietzsche in seiner kritischsten Wagner-Schrift, »es hilft nichts, man muß erst Wagnerianer sein …« (KSA 6, 12) »Bayreuth« hingegen, d. h. der Geist der *Bayreuther Blätter* und des ganzen Bayreuther Kreises, steht für die Anti-Moderne schlechthin, den völkischen Nationalismus, und dagegen, so möchte man meinen, sei der Nietzsche-Adept immun gewesen. Doch wie stichhaltig ist die These, dass Thomas Mann einen von allen Bayreuther Elementen unberührten, rein ästhetischen Wagnerismus vertreten habe? Wer genauer hinblickt und sich von dem ideologisch besetzten Moderne-Begriff nicht beirren lässt, dem stellt sich der Wagner-Kult des jungen Thomas Mann um einiges verwickelter dar.

* * *

Zunächst jedoch ein Vorgriff auf eine denkwürdige Episode, die sich Anfang 1947 zutrug. Der Bericht darüber in der *Entstehung des Doktor Faustus* gibt nur eine oberflächliche und zum Teil irreführende Vorstellung von dem durchaus sensationellen Charakter jener Begebenheit. Dem Tagebuch zufolge erhielt Thomas Mann am 25. Januar 1947 ein »[l]anges Schreiben nebst Dokumenten von Beidler aus Bayreuth in Sachen der Neu-Organisation des Wagner-Theaters. Antrag der Ehrenpräsidentschaft.« Mit »Beidler« ist Dr. Franz Wilhelm Beidler gemeint, der Sohn Isolde Wagners und damit Enkel Richard und Cosima Wagners, die jedoch mit einem juristisch einwandfreien, doch moralisch höchst fragwürdigen Schachzug dafür Sorge getragen hatte, dass dieser erstgeborene Enkel Richard Wagners von der Bayreuther Erbfolge ausgeschlossen blieb.[393] Der Wagner-Enkel war der Sekretär und Mitarbeiter Leo Kestenbergs, des legendären Preußischen Ministers für Wissenschaft, Kunst und Volksbildung; 1934 ließ er sich in Zürich nieder, wo er mit Thomas Mann häufigen und vertraulichen Umgang pflegte. Von 1943 bis 1971 versah Beidler das Amt des Sekretärs des Schweizerischen

Schriftstellerverbands. Neben Friedelind, der Tochter Siegfried und Winifred Wagners, war Beidler der einzige Wagner-Spross, der gegen den Bayreuther und nationalsozialistischen Missbrauch der Ideen seines Großvaters öffentlich protestiert hatte; er war auch der einzige Wagner-Nachkomme, der eine Jüdin, Ellen Gottschalk, heiratete. Ebendiese Unbeflecktheit von dem braunen Bayreuth ließ ihn und Friedelind nach 1945 als besonders geeignet erscheinen, bei der schon bald nach Kriegsende ins Auge gefassten Weiterführung der Wagner-Festspiele eine leitende Rolle zu übernehmen.[394]

Das im Krieg unbeschädigte Festspielhaus war von der amerikanischen Militärregierung der Stadt Bayreuth in Treuhandschaft übergeben worden. Der damalige Oberbürgermeister, Dr. Oskar Meyer, ergriff nun die Initiative und wandte sich an Beidler mit dem Ersuchen, er und Friedelind, die beiden »berechtigten« und »unbelasteten Nachfahren des Meisters«, mögen sich für die dereinstige Wiederaufnahme der Festspiele zur Verfügung stellen. Beidler entwarf darauf recht detaillierte »Richtlinien für eine Neugestaltung der Bayreuther Festspiele«.[395] Vorgesehen war unter anderem ein Stiftungsrat, besetzt mit illustren Namen und ausgewiesenen Vertretern des anderen Deutschland; ihm sollte Thomas Mann als Ehrenpräsident vorstehen.

Beidlers Antrag traf Thomas Mann im fernen Pacific Palisades nicht unvorbereitet; man hatte in dieser Sache bereits Briefe getauscht. So konnte Mann schon zwei Tage später, obgleich er mit dem *Doktor Faustus* im »Endkampf« lag, ausführlich antworten. In den *Regesten* ist dieser Brief – wohl unter dem Eindruck des Berichts in der *Entstehung des Doktor Faustus* – fälschlich als Absage gekennzeichnet worden (Reg. 47/34). Der Bericht in der *Entstehung* wurde aber nach dem Scheitern des Beidler'schen Projekts geschrieben, mit dem besseren Wissen des Chronisten, und muss von daher als unzuverlässig angesehen werden. Manns Brief vom 27. Januar 1947 bedeutet mitnichten eine Absage oder einen »vornehmen Rückzieher«.[396] Dies hat Dieter Borchmeyer in seiner Einleitung zu Beidlers Cosima-Biographie überzeugend klargestellt. Manns Bescheid muss als hinhaltend bezeichnet werden, als »dilatorisch[]«, wie es im Tagebuch (27.1.1947) heißt. Er betont, dass er von widerstreitenden Empfindungen bewegt sei. Einerseits hege er ein so tiefes Misstrauen gegen die politische Entwicklung in Nachkriegsdeutschland, dass davon auch die Pläne zur Erneuerung Bayreuths betroffen seien. Andererseits bedeute Beidlers Antrag natürlich auch so »etwas wie die phantastische Erfüllung eines Jugendtraumes und einer Jugendliebe«. Abschließend unterstreicht er noch einmal den abwartenden Charakter seiner Stellungnahme: »Dies alles soll keine Absage sein. Ich muss die Angelegenheit noch besser bei mir abklären und alles erwägen.«[397] Mann zögerte also; es kann somit kein Zweifel sein, dass der Gedanke an Bayreuth eine Versuchung darstellte. Das ist unter anderem daran zu erkennen, dass er – verräterischerweise – es sich nicht versagen kann, Beidler sogleich einige konkrete Vorschläge zu machen hinsichtlich der in Aussicht genommenen Dirigenten. Er meldet gegen Hermann Scherchen und Ernest Ansermet Vorbehalte an und schlägt vor, den Musikredakteur der *Neuen Zürcher Zeitung*, Willi Schuh, »einen klugen und hochanständigen Mann«, in den Beirat aufzunehmen.

Der deutungsbedürftigste Satz in diesem Brief ist die Kennzeichnung der Bayreuther Ehrenstellung, wenn sie denn wahr werden sollte, als die Erfüllung eines Jugendtraums und einer Jugendliebe. Man darf vermuten, dass bei dieser Formulierung die Erinnerung an *Lohengrin* hineinspielte, eine Oper, die er seit seiner Jugend liebte und der er just an dem Tag, an dem das Beidler'sche Angebot eintraf, wieder einmal, in einer Radioübertragung aus der Metropolitan Opera, gelauscht hatte. Wie dem auch sei, Mann bezieht jene träumerischen Gedanken seiner Jugend auf Bayreuth, nicht etwa bloß auf Wagner. Von solchen frühen Beziehungen zu Bayreuth ist jedoch nichts bekannt – Grund genug, sein Verhältnis zu Bayreuth ins Auge zu fassen und die Bayreuth-Komponente in seiner lebenslangen Fasziniertheit durch Wagner herauszuarbeiten.

Zunächst ist davon auszugehen, dass ihm Bayreuth schon in Lübeck ein Begriff war, denn dort hatte er Umgang mit mindestens zwei Personen, die eine Verbindung zu den Bayreuther Wagner-Festspielen hatten: Thomas' Violinlehrer, Ludwig Winkelmann, spielte im Orchester des Stadttheaters und war der Bruder Hermann Winkelmanns, der in der Uraufführung des *Parsifal* die Titelrolle gesungen hatte. Und einer seiner Klassenkameraden, Franz Sucher, war der Sohn prominenter Eltern: Rosa Sucher sang in Bayreuth die Sieglinde und Isolde, und Franz Sucher *père*, Hofkapellmeister in Berlin, diente in Bayreuth als Probendirigent. Es darf also angenommen werden, dass angesichts der frühen *Lohengrin*-Begeisterung im Umgang mit Ludwig Winkelmann und Franz Sucher gelegentlich von den Wagner-Festspielen in Bayreuth die Rede war.

* * *

Dass Thomas Mann die Bayreuther Festspiele nur ein einziges Mal besuchte, mag merkwürdig erscheinen angesichts der außerordentlichen Bedeutung, die Wagner für ihn besaß. Ein gewichtiger Grund für diese relative Bayreuth-Abstinenz dürfte in der großen Wagner-Tradition Münchens zu suchen sein. Wagner dominierte den Spielplan des Königlichen Hof- und Nationaltheaters. Darüber hinaus wurden seit dem Sommer 1901 unter der Leitung von Ernst von Possart Opernfestspiele durchgeführt, die Bayreuth ernsthaft Konkurrenz machten. Man hatte dazu eigens nach Bayreuther Vorbild ein neues Festspielhaus gebaut, das Prinzregententheater, und mit dem Hinweis »Amphitheatralischer Zuschauerraum – unsichtbares Orchester« sehr erfolgreich um Operntouristen zu werben begonnen. Der junge Thomas Mann – das belegen seine Briefe – partizipierte an dieser legendären Münchner Wagner-Szene, zusammen mit den Brüdern Ehrenberg, mit geradezu rauschhafter Hingabe. Nicht zufällig koinzidierte diese intensivste Periode seines Wagner-Kults mit der erfülltesten Periode seiner Beziehung zu Paul Ehrenberg. Homosexualität als geistige Lebensform fand schon damals im Wagner-Kult einen fruchtbaren Nährboden. Thomas Mann war sich dieses Zusammenhangs bewusst, denn Heinrich gegenüber bemerkte er am 7. März 1901: »Das Ganze [die Freundschaft mit Paul Ehrenberg] ist Metaphysik, Musik und Pubertätserotik« (21, 160). Sehr wahrscheinlich kannte er jenen Aufsehen erregenden Artikel Oskar Panizzas von 1895 über *Bayreuth und die Homosexualität*, in dem dieses nahe liegende, doch tabuisierte Thema zum ersten Mal verhandelt wurde.[398] Und es ist wiederum kein Zufall, dass sein augenfälligster Versuch, sich von der homosexuellen Gefühlssphäre zu distanzieren, nämlich im *Tod in Venedig*, begleitet war von einem Distanzierungsversuch von seinem Wagner-Kult, nämlich in dem kurzen Essay *Auseinandersetzung mit Richard Wagner*. Beide Distanzierungsversuche – der von Wagner und der von der Homosexualität –

sind bemerkenswert nicht etwa, weil sie erfolgreich gewesen wären, denn das waren sie keineswegs, sondern dafür, dass sie überhaupt unternommen wurden.

Die Münchner Wagner-Szene von 1900, so glänzend sie den Zeitgenossen erschien, musste auf *Parsifal* verzichten – das Wagner'sche Gipfelwerk. Wer den *Parsifal* sehen wollte, musste die Pilgerfahrt nach Bayreuth unternehmen, denn die Schutzfrist für Wagners Alterswerk war noch in Kraft. Offenbar hat Thomas Mann, kaum dass er im Sommer 1894 in München Fuß gefasst hatte, mit dem Gedanken gespielt, nach Bayreuth zu fahren. Jedenfalls lautet der erste Eintrag in dem frühesten erhaltenen Notizbuch: »Bayreuther Billette«, die in einer Münchner Musikalienhandlung erhältlich waren (Nb. 1, 15). In den folgenden Jahren begegnen wir in den Briefen und Notizbüchern verschiedentlich Hinweisen, die auf mehr oder weniger konkrete Bayreuth-Pläne schließen lassen. Im Sommer 1902 hören wir von der Absicht, Bayreuth zu besuchen, doch dann bleibt er in München und schwelgt in den als »bethörend schön« empfundenen Aufführungen des *Tristan* im Rahmen der neuen Opernfestspiele (Reg. 02/28). An Kurt Martens, der gerade in Bayreuth gewesen war, schrieb der damals mit *Fiorenza* Beschäftigte: »Hat Sie übrigens Bayreuth nicht eingeschüchtert und Ihrer eigenen Sache entfremdet? Mir wäre es unfehlbar so ergangen. Ich bin gerade der Kunst Wagners gegenüber vollständig wehrlos und könnte sicher vierzehn Tage nach dem ›Parsifal‹ keinen Strich thun.« (21, 213) Man wird diese Äußerung gegen den wenig später geschriebenen Satz halten müssen, demzufolge nichts in der Welt so stimulierend auf sein Schaffen wirke wie Wagners Musik. Thomas Mann zahlt hier dem *Nonplusultra* der Wagner'schen Kunst, dessen Nimbus er ganz im Geiste Bayreuths als singulär und geheiligt erachtet, schwärmerisch Tribut.

Dazu passt es, dass auch er in den Chor der Entrüstung einstimmte, als *Parsifal* am Heiligen Abend 1903 an der Metropolitan Opera in New York seine erste öffentliche Aufführung außerhalb Bayreuths erlebte. Die Met war an das deutsche Urheberrecht nicht gebunden und ignorierte den Willen Wagners.[399] In den Augen Cosima Wagners konstituierte der New Yorker »Raub« des *Parsifal* ein unverzeihliches Sakrileg; so traf denn auch alle an der New Yorker Inszenierung Mitwirkenden ihr Bannstrahl. Die deutsche Presse, nationalistisch gesinnt, wie sie war, schlug sich ganz auf die Seite der »Herrin von Bayreuth«. Auch der junge Thomas Mann schloss sich dieser Sehweise an und mokierte sich über das New Yorker »Pack«, das »den Parsifal aufführt« (Br. III, 449): ein erstes, kleines Indiz, dass sein Wagnerismus in jenen Jahren auch ein wenig Bayreuth-fromm war.

Im Sommer 1904 schien die als obligat empfundene Bayreuth-Reise eine beschlossene Sache zu sein. Sie scheiterte jedoch an Katia Pringsheim, der heftig umworbenen Erwählten. Um Katia auf dem Münchner Hauptbahnhof sehen zu können – sie berührte München auf der Durchreise von Bad Kissingen in die Schweiz gerade an dem Tag, für den er eine *Parsifal*-Karte besaß –, opferte er Bayreuth (21, 289). In dieser Episode zeichnet sich die Abwendung von Paul Ehrenberg und die Hinwendung zu einer mit der Eheschließung besiegelten bürgerlichen Verfassung, in der dem Wagner-Kult ein verminderter Stellenwert zukam, besonders sinnfällig ab. Doch wurde andererseits Manns Interesse an Bayreuth durch die Verbindung mit dem Hause Pringsheim neu belebt. Katias Vater, Alfred Pringsheim, Professor der Mathematik an der Universität, war ein musikalisch gebildeter und streitbarer Wagnerianer der ersten Stunde. Unbeirrt durch Wagners Judenfeindschaft zeichnete er Patronatsscheine und trug so sein Scherflein bei zur Finanzierung der ersten Bayreuther Festspiele.[400] Blieb das Verhältnis zum Vater eher kühl und gespannt, so stellte sich über die gemeinsame Wagner-Verehrung problemlos ein enges Band zu Katias Zwillingsbruder Klaus her. Klaus Pringsheim strebte damals die Dirigentenlaufbahn an; er war Assistent Gustav Mahlers an der Wiener Hofoper und hatte später in Berlin und Tokio eine höchst respektable Karriere. Es steht zu vermuten, dass nun Klaus Pringsheim die Rolle Carl Ehrenbergs, Pauls Bruder, als Gesprächspartner in Sachen Wagner übernahm.

Als sich schließlich die lange anvisierte Pilgerfahrt nach Bayreuth verwirklichen ließ, lag ihm die Periode seiner intensivsten Wagner-Schwärmerei um 1900 schon recht fern. Er war nun Familienvater, und sein Ehrgeiz zielte auf eine Form von Repräsentanz, in der die neuromantischen Tendenzen von einem neuklassischen Kunstideal abgelöst werden sollten. Eine solche Neuorientierung kündigte sich in dem *Versuch über das Theater* von 1907 und in den seit 1909 entstehenden Aufzeichnungen zu *Geist und Kunst* deutlich genug an. In beiden Schriften steht das Verhältnis zu

Wagner und zu Bayreuth im Brennpunkt der Reflexion. In dem Theateressay geht es dem durch den Misserfolg seines einzigen Theaterstücks ernüchterten *Fiorenza*-Autor um eine theoretische Selbstvergewisserung. Er zielt auf eine von Wagner unabhängige Schriftstellerschaft, etwa vom Schlage Gustave Flauberts, der sich, aus Gewissensgründen, der sinnlich-rauschhaften Avantagen des Theaters entschlagen hatte. Das Theater, so heißt es nun, vermittelt einen unreinen ästhetischen Genuss – unrein, weil sinnlich und aus der bloßen Addition autonomer Kunstformen gewonnen. Den Gipfel dieser modernen Entwicklung zum symbolischen, weihevollen Theater markiert für ihn der Grüne Hügel in Bayreuth. Aus dem Bann dieses Kunstzaubers will er sich jetzt lösen, um sein Repräsentanzstreben künftig auf Goethe auszurichten.

Thomas Mann kam demnach als skeptischer, zum Abschwören schon halb entschlossener Wagnerianer nach Bayreuth. Der Eindruck war dann aber doch überwältigender als erwartet. In Begleitung seines Schwagers Klaus Pringsheim besuchte er die *Parsifal*-Vorstellung am 8. August 1909, unter der musikalischen Leitung von Siegfried Wagner.[401] Was er sah, war die von Wagner sanktionierte Originalinszenierung von 1882 mit den berühmten Bühnenbildern von Paul Joukowsky. Über die *Parsifal*-Aufführungen jenes Sommers haben wir einige wenige, aber verlässliche Schlaglichter von Paul Bekker, der damals für die *Vossische Zeitung* schrieb. »Im *Parsifal*«, berichtet der abgebrühte Musikkritiker, »störte bei sonst sehr achtbarer Besetzung der unbedeutende Amfortas Clarence F. Whitehills.« Auch Max Dawison als Klingsor sei »unbedeutend« gewesen. »Durchweg Erfreuliches boten nur Orchester und Chor. Ersteres wird ja, dank der akustisch vorzüglichen Anlage und der brillant wirkenden vollzähligen Besetzung, stets Begeisterung erwecken. Auch am Chor hatte man nicht gespart. An 120 Sänger und Sängerinnen waren versammelt und überraschten namentlich in klanglicher Beziehung durch eine nahezu ideale Ausführung der Gesänge.« Bekkers Urteil über die Bayreuther Saison insgesamt war eher lauwarm: »Es war ein Ragout von fetten und mageren Bissen, und es gehörte eine reichliche Dosis Autosuggestion dazu, um jene Festspielstimmung zu erzeugen, die so viele empfunden zu haben vermeinen. Aber in Bayreuth sind die Leute begeisterungsfähiger als anderswo.«[402]

Es existieren zwei im Wesentlichen übereinstimmende Berichte darüber an Ludwig Ewers und Walter Opitz, deren musikalische Kenntnisse sich vermutlich dem fachmännischen Miterleben seines Begleiters verdanken. Ich zitiere den etwas ausführlicheren Brief an Ewers vom 23.8.1909:

> Anfang des Monats bekam ich durch Zufall ein Parsifal-Billet und fuhr nach Bayreuth, – zum ersten Mal und zu spät eigentlich, denn meine Passion für Wagner hat in den letzten Jahren bedeutend nachgelassen. Aber obgleich ich recht skeptisch hinging und das Gefühl hatte, nach Lourdes oder zu einer Wahrsagerin oder an sonst an einen Ort suggestiven Schwindels zu pilgern, war ich schließlich doch tief erschüttert. Gewisse Stellen namentlich im III. Akt, die Charfreitagsmusik, die Taufe, Salbung etc, dann aber auch das unvergeßliche Schlußbild – sind bedeutend und durchaus unwiderstehlich. Die Musik überhaupt der Gipfel der Modernität und von niemanden irgendwie überboten. R. Straußens »Fortschritt« ist Gefasel. Gerade vom Parsifal erben und zehren alle Heutigen. Eine so furchtbare Ausdruckskraft giebt es doch wohl in alten Künsten nicht wieder. Die Accente der Zerknirschung und Qual, an denen W. sein ganzes Leben lang geübt hat, kommen erst hier zu ihrer endgültigen Intensität. Tristans Sehnsucht ist thatsächlich noch überboten durch dieses Miserere mit seinen durchdringenden Einzelheiten, seinen insbrünstigen Grausamkeiten. Ob freilich dieser ganze Geist und Geschmack noch eine Zukunft hat, ob er nicht schon sehr historisch ist, ist eine andere Frage. Ich glaube, daß auf die jüngste Generation Walt Whitman mehr Einfluß hat, als Wagner. (21, 426)

Der Brief ist, wie leicht ersichtlich, ein Zeugnis der Unentschiedenheit und des Zweifels. Bei aller Ergriffenheit durch den Bayreuther Bühnenzauber bleibt Thomas Mann nüchtern genug, um das Festspielhaus als Ort suggestiven Schwindels zu durchschauen und innerlich auf Distanz zu halten. Auf der einen Seite ist ihm *Parsifal* das Gipfelwerk des modernen Musiktheaters, im Vergleich zu dem selbst Straussens *Elektra* verblasst, auf der anderen gibt er dieser Kunst keine Überlebenschance und glaubt, dass die Zukunft den freien Rhythmen des als männlich-modern empfundenen amerikanischen Lyrikers Walt Whitman gehört, einem am geistigen Horizont Manns neuen Fixstern, auf den er sich bezeichnenderweise 1922 in seiner Hinwendung zur Republik berufen wird. In einem viel zitierten Brief an den Berliner Kritiker Julius Bab ist es sodann Goethe, der die Stelle Walt Whitmans einnimmt. Die Deutschen sollten sich zwischen Goethe und Wagner entscheiden: »Beides zusammen geht nicht.« (22, 479) Im Ganzen wird man also konstatieren müssen, dass das Bayreuth-Erlebnis vom August 1909 die Pendelbewegung weg von Wagner nur momentan angehalten, aber nicht umgekehrt hat. Freilich war es in der Tat eine Pendelbewegung, die sehr bald schon, während des Kriegs, in eine vehemente Affirmation der Wagner'schen Kunstwelt umschlagen sollte.

Zunächst jedoch, in den bedeutenden, seit 1909 entstehenden Aufzeichnungen für eine große Abhandlung über *Geist und Kunst*, versucht Thomas Mann zwischen Wagner und Bayreuth sorgfältig zu unterscheiden. Die »bürgerliche Popularität« Wagners beruhe auf einem lächerlichen Missverständnis: »Gott Lob, den wahren Wagner hat man schließlich doch für sich.« (21, 388) Diese Unterscheidung hatte schon Nietzsche vorgenommen (KSA 3, 456; 4, 324), auf den er sich denn auch beruft, um seine Immunität gegen den populären Götzen von Bayreuth zu bekräftigen. In diesem betont unpopulären Sinn sollte in *Geist und Kunst* die »Literaturfeindlichkeit« (TMS 1, 157) Wagners angeprangert werden und damit natürlich auch die in den *Bayreuther Blättern* gepredigte Lehrmeinung von der gesamtkulturellen, d. h. auch literarischen Relevanz Wagners. Als ein Symptom jener Literaturfeindlichkeit galt ihm der gänzliche Mangel an psychologisch erhellender Kritik in der Wagner-Literatur Bayreuther Provenienz. Eine Wagner-Kritik, die diesen Namen verdiene, gebe es heute einfach nicht. Immer noch sei aus Nietzsche mehr zu lernen als aus den Schriften Glasenapps, Wolzogens, Thodes oder Golthers. Im Übrigen sei es bezeichnend, dass die eifrigsten Anhänger Wagners heute unter den völkischen Eiferern und Banausen anzutreffen seien. Einen Beleg dafür liefere der Werdandi-Bund, ein Verein schwärmerischer Reformer unter Führung von Henry Thode, der sich der Pflege einer auf »gesunder deutscher Gemütsgrundlage« beruhenden Kunst verschrieben habe. »Was für eine Menagerie«, notiert Thomas Mann, »die schöngeistig philosophierende Gefolgschaft *Wagners*! – [...] speichelnd vor idealistischer Geschwätzigkeit« (TMS 1, 161). In einem Brief an Heinrich Mann fällt das Urteil noch sarkastischer aus. Diese Art von Wagner-Schwärmerei sei »das Ekelhafteste, was man sich denken kann. […] Daß durch diesen Esel von Thode Wagners Name mit der Sache verquickt ist, könnte einen grämen, aber es ist schließlich ganz recht.« (21, 388) Ein Rückzug also auf den »wahren Wagner« bei gleichzeitiger Distanzierung von dem Bayreuther Zönakelwesen.

Bemerkenswerterweise stellt Thomas Mann hier auch schon einen gefährlichen Einfluss Wagners auf dem Feld der Politik fest. Dort mache jetzt die »Meistersinger-Demagogie« Schule. Als Beispiel dafür dient nicht etwa Kaiser Wilhelm II., ein Wagner-Schwärmer von hohen Graden, der es liebte, sein Säbelrasseln mit Wagner-Anspielungen zu untermalen, sondern sein Reichskanzler, Fürst Bülow. Wie Wagner appelliere Bülow an die »Ahnungslosen« und an die »Unpolitischen«; er sei der »Rattenfänger politisch unbefleckter Seelen« und damit Demagoge und Dilettant zugleich, eben der Typ des »politischen Wagnerianers« (TMS I, 196). Dieser früheste Beleg einer Wagner-Kritik, die auch die politischen Konsequenzen mitreflektiert, bleibt jedoch eine vereinzelte zeitkritische Glosse und verläuft zunächst im Sand.

Die entschiedensten Ansätze zu einer Distanzierung von Wagner artikuliert sodann der schon genannte Wagner-Essay von 1911. Dieser am Lido von Venedig entstandene Text, auf den in der *Venedig*-Novelle angespielt wird, erschien zuerst in dem Bayreuth-Sonderheft der Österreichischen Zeitschrift für Musik und Theater *Der Merker*. Er ist vor allem deshalb bemerkenswert, weil hier – und eigentlich nur hier – auch der »wahre Wagner« in Frage gestellt wird, d. h. das Gesamtkunstwerk als ästhetisches Modell der Moderne. Thomas Mann spottet nun über die »Addition von Malerei, Musik, Wort und Gebärde, die Wagner für die Erfüllung aller künstlerischen Sehnsucht auszugeben die Unbefangenheit hatte« (14.1, 303). Insbesondere distanziert er sich, unmittelbar vor Beginn der Niederschrift des *Tod in Venedig*, von einer Kunst, die ihre Größe im »Barock-Kolossalischen« und Schönheit »im Rausche« suche. All dies erachtet er nun für überlebt, dem 19. Jahrhundert angehörend. Was ihm als neues Kunstideal vorschwebt, ist eine »neue Klassizität«. Das klassische Meisterwerk des 20. Jahrhunderts stellt er sich als etwas »ausnehmend Logisches, Formvolles und Klares« vor, als »etwas zugleich Strenges und Heiteres« (14.1, 304).

Ob Thomas Mann mit dem *Tod in Venedig* ein solches zu Wagner auf Distanz gehendes, neuklassisches Meisterwerk gelungen ist oder ob sich der Sog der wagnerisierenden Erzählpraktiken, die er selbst bereits 1904 als schon instinkthaft empfunden hatte, nicht doch als stärker erwies, braucht hier nicht erörtert zu werden. Offensichtlich ist in dieser Distanzierung von Wagner Bayreuth inbegriffen. Vor allem das Argument, dass die post-Wagner'sche Kunst eine kühlere, vornehmere und selbst gesundere Geistigkeit manifestieren müsse, zielt offenbar auf den Bayreuther Ungeist.

Mit all diesen Distanzierungsversuchen verhielt sich Thomas Mann durchaus zeittypisch. Um 1910 und aus Anlass des Wagner-Jubiläums von 1913 bekundete sich allenthalben ein Wille, den Wagnerismus hinter sich zu lassen. Stellvertretend sei hier das symptomatisch betitelte Buch von Emil Ludwig genannt: *Wagner und die Entzauberten* (1913). Die von Thomas Mann selbst so empfundene persönliche Wagner-Krise war ein charakteristischer Zug in der geistigen Physiognomie der Zeit. Das gilt auch für die Hinwendung zur Neuklassik. Diese Bewegung war 1905 von Paul Ernst proklamiert worden, und Thomas Mann hielt über Samuel Lublinski, einem Verbündeten Paul Ernsts, gleichsam Tuchfühlung mit ihr.[403] Dass wir es hier mit einem übergreifenden Epochenphänomen zu tun haben, belegt unter anderem das Beispiel Richard Strauss, der exakt zur selben Zeit mit dem *Rosenkavalier* und *Ariadne auf Naxos* sich von dem Wagnerismus ab- und der Neuklassik zuwandte.

* * *

Vollends vom Zeitgeist getragen durfte sich Thomas Mann zu Beginn des Krieges fühlen, als er die Gelegenheit wahrnahm, über eine durchaus rauschhafte Identifikation mit der Sache des Vaterlands seine vornehme Künstlerisolation zu durchbrechen und zu überwinden. In den *Betrachtungen eines Unpolitischen* avanciert Wagner zu einem der drei Kronzeugen einer betont deutschen Kultur, zu deren Verteidigung der Krieg vermeintlich geführt wurde. Das hatte zur Folge, dass die in *Geist und Kunst* etablierte Differenz zwischen dem »wahren Wagner« und dem offiziellen Bayreuther Wagner wieder zugedeckt wurde. Es stellte sich nun heraus, dass das vermeintlich rein ästhetische Interesse an Wagner eine Empfänglichkeit für die ideologisch befrachteten Elemente des Wagner-Erbes keineswegs ausschloss. Im Gegenteil, diese Elemente waren stillschweigend mitrezipiert worden und verschafften sich nun auf eine geradezu eruptive Weise Ausdruck.

Thomas Manns Passion für Wagners Werk war – wie könnte es anders sein – von Anfang an eine mehr als bloß ästhetische Angelegenheit. Wie sehr sie auch seine Weltanschauung prägte und in verborgene seelische Bereiche hinabreichte, wurde erst während des Krieges offenbar. Die Welt Wagners ist ihm nun schlicht »die Heimat seiner Seele« (XII, 80). Wenn Krieg ist, gilt es die Heimat zu verteidigen – die seelische noch leidenschaftlicher als die geographische. In dieser »heiligen Not« tritt nun mit fast schon rührender Pünktlichkeit Lohengrin auf den Plan, der fatale Schützer von Brabant. Nun ist es der »Geist des Lohengrin-Vorspiels« (ebd.), der mit dem Westen im Krieg liegt. An dieser Stelle gibt die verblendete Entgegensetzung von Kultur und Zivilisation – in gewissem Sinn der Schlieffen-Plan des kriegerisch erregten Zivilisten Thomas Mann – seine geheime Wagner'sche Kodierung zu erkennen.

Die Heftigkeit des patriotischen Fiebers gibt ihm selbst auch zu denken. So bemüht er in den *Betrachtungen*, wortreich und nicht ohne intellektuelle Koketterie, tausend Gründe, um seine Zustimmung zu diesem Krieg zu erklären. Den wohl intimsten Beweggrund enthüllt er in dem Kapitel *Einkehr*. Es ist die Erinnerung an das Wagner-Erlebnis seiner Jugend, will sagen das Bewusstsein, von der Wagner'schen Kunstwelt geprägt zu sein und ihr auf immer anzugehören, so wie man trotz allem der Heimat verbunden bleibt. Neben *Lohengrin* ist es die Trauermusik für *Siegfried* und damit der ganze musikalische Kosmos des *Ring des Nibelungen*, die den patriotischen Enthusiasmus von 1914 inspirierten. Um diese subkutanen Zusammenhänge zu illustrieren, breitet er hier die Erinnerung an jenes ihn zu Tränen rührende Wagner-Erlebnis auf der Piazza Colonna in Rom aus, deren Bedeutung wir bereits an früherer Stelle gewürdigt haben.[404]

Thomas Mann liefert hier, *en miniature*, nichts weniger als eine Genealogie seines Nationalismus. Das Wagner-Erlebnis in Rom, so sieht er es jetzt, war ihm zur »Quelle patriotischer Gefühle« (XII, 81) geworden. Das Erzdeutsche auf europäischer Bühne triumphierend: Das war auch sein Traum. Die Erinnerung »an die nervösen Tränen, die einst beim Siege des Nothung-Motivs jäh seine Augen überfüllend ihm über das kalte Gesicht gelaufen waren«, wird nun zum Auslöser seines neu erwachten Patriotismus, der in den zwanzig Jahren dazwischen ruhte, um neue Kraft sich anzuschlafen – ganz wie jener gefährliche »Wahn«, über den Hans Sachs in den *Meistersingern* reflektiert.

Der 20-jährige Thomas Mann auf der Piazza Colonna: Das ist gleichsam die Urszene seiner Wagner-Begeisterung. Dass es auch die Urszene seines Nationalismus war, brachte erst die Selbsterforschung der *Betrachtungen* an den Tag. Der implizite Chauvinismus des deutschen Wagner-Kults wird hier noch weitgehend beschönigt, nämlich mit der stereotypen Rede von den europäischen Wirkungen und den »allerstärksten europäischen Reize[n]« der Wagner'schen Kunst. Zumindest eine Stelle jedoch verrät ein profundes Erfassen der Wagner'schen Wirkungsabsichten, wenn er ebenso bündig wie zutreffend konzediert, dass »Wagner Imperialist« war (XII, 122). Wagner hatte die deutsche Kolonialpolitik in der Tat legitimiert, und zwar mit dem Argument, die Deutschen würden die Kolonialisierung »besser machen« als die Spanier und Engländer. Selbstredend gilt dies auch für die Welteroberungsabsichten eines Künstlers vom Schlage Wagners. Thomas Mann registriert diese imperialistischen Tendenzen bei Wagner, ja er billigt und bewundert sie, ist doch auch sein heimlicher Ehrgeiz auf europäische Reize und Wirkungen *à la Wagner* gerichtet.

Mit alledem wird man nicht umhin können festzustellen, dass in dem Wagnerismus des frühen Thomas Mann mehr »Bayreuth« steckt, als er selbst hat wahrhaben wollen. Das gilt auch für die Thomas-Mann-Forschung, die lange gebraucht hat, sich der Rezeptionssteuerung durch den Autor zu entziehen. Bei aller kritischen Einstellung zu bestimmten Manifestationen des Bayreuther Geistes wurde stillschweigend und wohl auch unbewusst viel ideologisches Gepäck mitrezipiert.

Eine gewisse ideologische Arglosigkeit gegenüber »Bayreuth« erhellt allein schon aus der Tatsache, dass der Autor der *Betrachtungen*, wie Hermann Kurzke und Stephan Stachorski nachgewiesen haben, nahezu alle Wagner-Zitate aus Houston Stewart Chamberlains Prachtband *Richard Wagner* (1901) bezieht.[405] Mann erwähnt den Namen Chamberlain jedoch sehr selten, vermutlich wegen dessen total wagnergläubiger Feindschaft gegen Nietzsche.

Ein besonder heikles Beispiel für diese mehr oder weniger diskrete ideologische Befrachtung seines Wagner-Kults ist der Antisemitismus. Thomas Mann – und darin unterscheidet er sich von seinem Mentor Nietzsche –

schweigt sich aus über die Judenfeindschaft seines nordischen Meisters und Gottes. Natürlich war er sich dieser Problematik bewusst; sie repräsentiert den aus heutiger Sicht anstößigsten Aspekt von Wagners »schäbigem Charakter«. Aber offenbar betrachtete er dieses Thema mit dem damals üblichen, vom Holocaust noch ungetrübten Gleichmut. Lediglich an einer Stelle wird auf Wagners Verhältnis zu den Juden angespielt. Er verweist darauf als Beispiel »einer Undankbarkeit kolossalischen Styles, wie sie allenfalls Richard Wagner zukam, aber doch mir nicht«. (15.1, 427) Dass aber Wagner *Das Judentum in der Musik* verfasst hat, wäre aus Manns Wagner-Schriften nicht zu erfahren, wie umgekehrt in seiner Stellungnahme zur so genannten jüdischen Frage die Bedeutung Wagners für den deutschen Antisemitismus an keiner Stelle erörtert wird. Dies ist umso bemerkenswerter, als die Lesespuren in dem im Thomas-Mann-Archiv erhaltenen Exemplar des *Judentum*-Aufsatzes belegen, dass er mit diesem Text durchaus vertraut war.[406]

Was Bayreuth anbelangt, so war der dort gepredigte Antisemitismus mitnichten eine *quantité négligeable*, sondern die zentrale weltanschauliche Position, zumal nachdem der Kern der antisemitischen *hardliner* in Wahnfried durch die Heirat Eva Wagners mit Houston Stewart Chamberlain noch verstärkt worden war. Gewiss, mit jenem vom Arierwahn befeuerten Antisemitismus Bayreuther Provenienz hatte Thomas Mann nichts zu schaffen. Das bezeugt unter anderem seine Antwort auf eine Enquete zur *Lösung der Judenfrage*. Darin bekennt er sich – zwei Jahre nach seiner Verheiratung mit einer assimilierten Jüdin und unter Hinweis auf seine eigene »romanische Blutmischung« – als ein »überzeugter und zweifelloser ›Philosemit‹«, der jeglichen »Rassen-Chauvinismus« entschieden von sich weist (14.1, 174). Gleichwohl hinterlässt die Lektüre dieser seiner frühesten Stellungnahme zu diesem Thema heute einen zwiespältigen Eindruck. Wir haben es hier mit einer jener wohlmeinenden Beteuerungen von Philosemitismus zu tun, die bei jüdischen Lesern Unbehagen auslösen, weil sich dieser Philosemitismus durch seine Sprache selbst desavouiert. Ist es ein Zufall, dass Thomas Mann zur selben Vokabel greift, mit der Wagner, in seinem Pamphlet über das Judentum, seine abenteuerliche Argumentationskette beginnt? Wagner geht aus vom »*unwillkürlich Abstoßende*[n], welches die Persönlichkeit und das Wesen der Juden für uns hat«.[407] Mann seinerseits plädiert für eine »Veredelung des jüdischen Typus, die ihm alles für gute Europäer Abstoßende nehmen würde« (14.1, 176). Darüber hinaus bedient er sich unbedenklich des Repertoires der judenfeindlichen Stereotypisierung, vor allem der so genannten Ost-Juden. Von diesen spricht er als einer »zweifellos entarteten und im Ghetto verelendetsten Rasse« (ebd.) und unterscheidet sie von den »europäisch« gewordenen Juden. Letztlich vermittelt dieser Text den fatalen Eindruck, als verdienten Juden allein deshalb Sympathie und Schutz, weil sie, soweit sie sich assimiliert und ihre Identität abgestreift haben, einen »unentbehrlichen europäischen Kultur-Stimulus« darstellen (14.1, 174). Hier zeichnet sich eine Einstellung ab, die von der Hans Pfitzners oder Wilhelm Furtwänglers nicht gar so weit entfernt ist.[408]

Eine abschließende Bemerkung zu Thomas Manns Berufung auf Wagner während des Ersten Weltkriegs. Wenn er *Lohengrin* evoziert oder das Nothung-Motiv, so bedient er sich dieser Wagner'schen Chiffren ganz offensichtlich als Siegeszeichen. So wie einst Wagner im Zeichen des Nothung-Motivs in Rom »siegte«, so wird auch Deutschland, indem es lediglich seinen in Wagner kulminierenden Begriff von Kultur verteidigt, in diesem Krieg erfolgreich sein. Diese Denkart steht dem kulturell verbrämten Chauvinismus spezifisch Wilhelminischer Prägung näher, als er im Rückblick wahrhaben wollte. Es war der deutsche Kaiser, der nach seinem Besuch der Bayreuther Festspiele schon 1889 die Wagner'sche Musik als einen »Sieg Deutschlands« verbuchte; und in seinem aufschneiderischen Weltmachtstreben wurde der deutsche Souverän nicht müde, sich auf den Welterfolg der deutschen Kunst, in erster Linie Wagners, zu berufen.[409] Wenige Jahre nach den *Betrachtungen* wird auch Adolf Hitler das Nothung-Motiv bemühen, um den Sieg seiner Bewegung im Zeichen Wagners zu beschwören. In einem Brief an Siegfried Wagner vom 5. Mai 1924 drückte Hitler seine Freude über den Wahlsieg der NSDAP »gerade in der Stadt« aus, »in der, erst durch den Meister und dann durch Chamberlain, das geistige Schwert geschmiedet wurde mit dem wir heute fechten«.[410] Sie alle aber lasen die Wagner'schen Zeichen verkehrt. *Lohengrin* und das Nothung-Motiv sind alles andere als Siegeszeichen. Es sind – genau betrachtet – Symbole des Scheiterns. Der Gralsritter scheitert gerade an seiner Außerordentlichkeit, und Nothung, von Wotan als Instrument seines Selbstrettungsplans konzipiert, bezeichnet letztlich den Weg in die Götterdämmerung. Die Berufung auf Wagner in den *Betrachtungen* steht somit in einem bezeichnenden Zwielicht: Es lässt die allgemeine Siegeszuversicht im Glauben an die Überlegenheit der deutschen Kultur hervortreten; es enthüllt aber auch die unterschwellige Tendenz zum Untergang.

Damit bestätigt sich einmal mehr, was schon im Hinblick auf den Nationalismus und den Antisemitismus zu bemerken war: Thomas Manns Wagner-Bild bis zu den *Betrachtungen* stimmte in weit stärkerem Maße, als er sich selbst eingestand, mit dem Geist von Bayreuth überein. Wenn aber selbst ein so eminenter und kritischer Wagnerianer wie Thomas Mann sich nicht völlig aus dem Dunstkreis der Bayreuther Orthodoxie zu lösen vermochte, um wie viel stärker ist dann der Bann zu veranschlagen, den der populäre, selbst vom Kaiser propagierte Wagner-Kult auf die Masse des Bildungsbürgertums ausübte?

* * *

Der Ausgang des Krieges samt seinen politischen Konsequenzen markiert auch in Thomas Manns Verhältnis zu Wagner eine Epoche: Aus einem Mitläufer Bayreuths wurde ein entschiedener Gegner. Damit rühre ich an ein nach wie vor umstrittenes Thema der Thomas-Mann-Forschung, die Frage nämlich, ob die zwischen den *Betrachtungen* und der Rede auf die Republik vollzogene Neuorientierung wirklich als eine »grundsätzliche Wende« anzusehen ist. Herbert Lehnert und Eva Wessell haben mit guten Gründen die Bezeichnung »Wende« zurückgewiesen und stattdessen den Begriff »flexible Kontinuität« vorgeschlagen.[411] Mir scheint, dass im Hinblick auf das Verhältnis zum Werk Wagners die Rede von der flexiblen Kontinuität in der Tat zutrifft. Was jedoch das Verhältnis zu Bayreuth anbelangt, so wird man auf die Bezeichnung »Wende« wohl kaum verzichten können.

Diese Wende erfolgte durch Anstöße von außen: die Gründung der Weimarer Republik und die Wiedereröffnung der Bayreuther Festspiele im Juli 1924 mit den *Meistersingern*. Auf dem Festspielhügel wehte nicht etwa die Fahne der neuen Republik, sondern die alte schwarz-weiß-rote, wodurch sich Bayreuth endgültig als die heimliche Hauptstadt der Republikfeinde von rechts profilierte. Wie Thomas Mann die Vorgänge in und um Bayreuth beurteilte, lässt sich zuerst an seiner Antwort auf eine Umfrage der *Hamburger Nachrichten* vom 12. 10. 1924 über die Zukunft Bayreuths ablesen. Dort statuiert er mit durchaus untypischer Kurzangebundenheit, Wagner, will sagen seine »klug[e] und mächtig[e] Kunst«, werde niemals aufhören, ihn zu interessieren: »Aber Bayreuth, wie es sich heute darstellt, interessiert mich gar nicht, und ich muß glauben, auch die Welt wird es nie wieder interessieren.« (15.1, 787) Zweifellos ist die Formulierung »wie es sich heute darstellt« auf die nationalistischen Demonstrationen bei den Festspielen 1924 gemünzt.

Thomas Mann muss davon umso mehr beunruhigt gewesen sein, als ihm die Rolle der Hitler-Bewegung im Vorfeld der Festspiele nicht entgangen sein kann. Auf Hitler und seine Bewegung war Thomas Mann schon im Juli 1923, also vor dem Putschversuch im November dieses Jahres, zu sprechen gekommen. In seinem Kulturbrief an die amerikanische Zeitschrift *The Dial* berichtet er über die antisemitische Vergiftung Münchens, das heute »die Stadt Hitlers« und die »Stadt des Hakenkreuzes« (15.1, 694) geworden sei. Den Anlass dieser Diagnose lieferte die Vertreibung des jüdischen Generalmusikdirektors Bruno Walter aus München, an der die Hitler-Leute offenbar maßgeblich beteiligt waren.[412] Hinzu kam – am 1. Oktober 1923 – der erste Besuch Hitlers in Wahnfried; es folgten die Proklamationen Chamberlains und Winifred Wagners, die Adolf Hitler als den neuen Parsifal und Heilsbringer identifizierten und ihm so eine kaum zu überschätzende Legitimierung verliehen. Bezeichnenderweise war es der Antisemitismus Hitlers, der den Ausschlag gab für das propagandistisch unschätzbare Plazet aus Bayreuth. Hitler teile »unser aller Überzeugung über den verderblichen, ja todbringenden Einfluß des Judentums auf das Leben unseres Volkes«. Bedauerlicherweise wage jedoch keiner, »die Konsequenzen von seinem Denken auf sein Handeln zu ziehen: keiner außer Adolf Hitler«.[413] Im Sommer 1925 schließlich besuchte Hitler zum ersten Mal die Festspiele: Die Politisierung Bayreuths war dadurch endgültig in ein neues, die Republik bedrohendes Stadium getreten. Thomas Mann reagierte darauf mit einer Denunziation der »Restaurationsversuche Bayreuths«, bei denen Wagner als »Schutzherr einer höhlenbärenmäßigen Deutschtümelei« (15.1, 1022) missbraucht werde.

Damit steht aber auch die Frage im Raum, ob das Werk Wagners, also der »wahre Wagner«, an der Politisierung Bayreuths so ganz unbeteiligt und unschuldig sei. Thomas Mann kann nun seine Zweifel nicht mehr unterdrücken. In einem Brief an Josef Ponten (31.1.1925) charakterisiert er das Werk Wagners als »ethnisch-schwelgerisch« und erblickt mit Recht gerade darin eine Erklärung dafür, dass es »täglich einer roheren Popularität« verfalle.[414] Damit sind schon 1925 die Weichen gestellt zu der prinzipiellen und entscheidenden Auseinandersetzung um das Erbe Wagners, die sogleich im Jahre 1933 unumgänglich wurde. Es galt, den »höhlenbärenmäßigen« Wagnerianern und ihrem neuen politischen Verbündeten Adolf Hitler das Erbe streitig zu machen. Dies ist der tiefere, kulturpolitische Sinn von Manns großem Wagner-Essay von 1932/33, *Leiden und Größe Richard Wagners*, der die berüchtigte Protest- beziehungsweise Feme-Aktion der Münchner Wagnerianer zur Folge hatte. Diese von Hans Knappertsbusch initiierte Aktion bedeutete die »nationale Exkommunikation« (XIII, 91) Manns durch die Bayreuth-treuen Wagnerianer.

Franz Beidlers Gedanke von 1947, Thomas Mann zum Ehrenpräsidenten der Bayreuther Festspiele zu machen, darf als Versuch gewertet werden, jene beschämende »nationale Exkommunikation« von 1933 rückgängig zu machen. Es hat durchaus seine fatale Stimmigkeit, dass es in dem einen wie dem anderen Fall um Wagner ging, genauer gesagt: um das Erbe Wagners, das sich mit fortschreitender Zeit immer deutlicher als ein »wehvolles« zu erkennen gegeben hatte. Beidlers Vorstoß scheiterte – musste scheitern, weil die testamentarischen Bestimmungen Cosima und Siegfried Wagners ein anderes Modell für die Leitung der Festspiele vorsahen. Der erstgeborene Wagner-Enkel musste somit eine zweite Enterbung hinnehmen. In einem geharnischten Artikel von 1951 artikulierte er seine *Bedenken gegen Bayreuth*. Zu einem Zeitpunkt, als allenthalben in Deutschland Vergessen und Verdrängen an der Tagesordnung waren, erinnerte Beidler an die Geschichte Bayreuths als einer »Kultstätte mit ›weltanschaulicher Mission‹« und bezeichnete mit spitzer Zunge die Wiederaufnahme der Festspiele im Juli 1951 als ein Unterfangen, in dem sich »ein hohes Maß geglückter Spekulation auf die Vergesslichkeit der Menschen unserer Zeit manifestiert«.[415]

Gleichwohl war mit dem Scheitern des Beidler-Plans die Beziehung Thomas Manns zu Bayreuth keineswegs abgeschlossen. Im Mai 1953 wurde ihm eine mündlich ausgesprochene Einladung Wieland und Wolfgang Wagners zum Besuch der Festspiele überbracht (Tb. 22. 5. 1953), doch hinderten ihn anderweitige Verpflichtungen, der Einladung nachzukommen. Auch ohne seine persönliche Beteiligung an den Festspielen wird man doch sagen dürfen, dass in dem von Wieland und Wolfgang Wagner überaus erfolgreich gesteuerten Unternehmen Neu-Bayreuth etwas von Thomas Manns Geist eines kritisch-passionierten Umgangs mit Wagner fortlebte und noch fortlebt. Dies im Einzelnen auszuführen, würde weit über das hier gesteckte Ziel hinausführen.[416] Es würde jedoch bestätigen, was schon die hier betrachteten Aspekte erkennen lassen: dass Thomas Mann für ein psychohistorisches Verständnis der deutschen Geschichte im 20. Jahrhundert, insoweit sie von Wagner mitgeprägt wurde, unentbehrlich bleibt.

13. Musik in München: Kontext und Vorgeschichte des *Protests der Richard-Wagner-Stadt München*

Die Musik ist das Schicksal: Keine Formel scheint das Lebenswerk Thomas Manns in einem präziseren und umfassenderen Sinn auf den Begriff zu bringen als diese Abwandlung des bekannten napoleonischen Ausspruchs: Die Politik ist das Schicksal. Der *Doktor Faustus* handelt letztlich von nichts anderem. Dieser Roman erweist sich nun aber gerade darin als radikale Autobiographie, dass sein Autor die lebensbestimmende Macht der Musik in vielfältigster Weise, als Künstler und als Zeitgenosse, am eigenen Leib erfahren hat. Die in dieser Hinsicht schmerzlichste Lektion musste Mann von jenen über vierzig Kulturträgern hinnehmen, die 1933, unmittelbar nach der »nationalen Erhebung«, im Namen der »Richard-Wagner-Stadt München« gegen seine Wagner-Rede protestierten.[417] Die notorische Aktion der Münchner Wagnerianer sollte auf unvorhergesehene und schlimme Weise Epoche machen in seinem Leben. Kaum zehn Tage nach der öffentlichen Denunziation des Nobelpreisträgers durch seine Mitbürger setzte sich eine behördliche Maschinerie in Gang, die mit ihrer wohl dosierten Serie von Schikanen und Terrorakten eigentlich nur eines zum Ziel haben konnte: die Vertreibung, wenn nicht gar Vernichtung. Und in der Tat der Schutzhaftbefehl, der im Sommer 1933 gegen ihn erlassen wurde[418], hätte beim Wiederbetreten Deutschlands die Einlieferung in das gerade eröffnete Konzentrationslager in Dachau zur Folge gehabt.

Thomas Mann empfand die Münchner Protestaktion als »nationale Exkommunikation« (XIII, 91) – ein seltsam feierlicher Begriff, der die Tragweite und Tiefe der Verletzung ahnen lässt. Nicht nur war damit die Exilierung praktisch besiegelt, auch wenn der Betroffene sich dessen nicht sogleich bewusst war, sondern auch – und dies wird gerne übersehen oder verdrängt – die Trennung von Deutschland. Als im Sommer 1945 sein Kollege Walter von Molo ihn aufforderte, als »guter Arzt« nach

Deutschland zurückzukehren, um die Wunden heilen zu helfen, lehnte Mann vorderhand ab, nicht ohne gezielt an die »analphabetische und mörderische« Münchner Kampagne zu erinnern. Diese könne und werde er »[n]ie vergesse[n]« (XII, 954). Zwar kehrte er 1949 und später besuchsweise in sein Heimatland zurück, doch als er sich endgültig in Europa niederließ, wählte er aus guten Gründen die Schweiz zu seinem letzten Wohnsitz. Die wenigen Deutschlandbesuche der letzten Jahre gehörten zu seiner Imagepflege als deutscher Autor; es waren kosmetische Retuschen an schlecht verheilten Narben. Wäre der Wagner-Protest eine eindeutig von den Nazis ausgehende Aktion gewesen, hätte seiner Rückkehr nach der Zerschlagung der Naziherrschaft nichts im Wege gestanden. Der Protest wurde jedoch von führenden Vertretern des kulturellen Establishments vom Zaun gebrochen, die sich später zum Teil als Opfer des Regimes präsentierten. Die Wagner-Aktion von 1933 erwies sich in der Tat als die unwiderrufliche »nationale Exkommunikation«, als die der Betroffene sie sogleich empfunden hatte, und kein heiliger Speer hätte die Wunde zu schließen vermocht, die ihm die Münchner Gralshüter geschlagen hatten. Im Übrigen ist es überaus bezeichnend, dass Mann auch in dem Bonner Brief vom Januar 1937, dem Fanal seiner publizistischen Kriegserklärung an Nazideutschland, auf die Formel von der nationalen Exkommunikation zurückgreift (XII, 789) – ein verlässliches Indiz dafür, dass in seiner Sicht der Dinge die offizielle Ausbürgerung, die dem Bonner Brief vorausgegangen war, in der Aktion der Münchner Wagnerianer vorgezeichnet war.

Ein Schriftsteller, der sich so eklatant von Wagner herschreibt wie der *Buddenbrooks*-Autor und sich zu ihm als seinem »Meister und nordischen Gott« (14.1, 75) bekennt, wird sich nicht nur als dessen Schüler, sondern früher oder später auch als sein Erbe betrachten. Während Mann aber seine Schülerschaft offen einbekannte, jedenfalls anfänglich, ist seine Erbfolgeschaft nur indirekt zu erschließen. Sie profilierte sich erst in der Auseinandersetzung mit anderen Erben und Erbprätendenten, als deren fatalster sich Adolf Hitler herausstellen sollte. Von einer solchen epochalen Erbstreitigkeit soll im Folgenden die Rede sein. Sie hat München zum Schauplatz, die Stadt, die sich mit recht zweifelhafter Berechtigung als »Richard-Wagner-Stadt« empfand[419], die aber auch und keineswegs zufällig die Hauptstadt der nationalsozialistischen Bewegung war.

* * *

Es bestehen genug Gründe, sich über das Verhältnis von Anlass und Wirkung dieses denkwürdigen Kapitels deutscher Geschichte zu wundern. Schon Thomas Mann tat es, als er seinen Denunzianten zu bedenken gab, ob denn der »Verlust von Heim und Vaterland« (XIII, 92) in irgendeiner erkennbaren Relation zur Anstößigkeit seiner Wagner-Rede stehe. Auch wir haben uns heute noch zu wundern. Was ist das für ein Land, in dem eine missliebige Rede über Wagner die Ausstoßung zur Folge hat? In dem ein zum Repräsentanten Prädestinierter scheinbar über Nacht zum Märtyrer gemacht wird? Thomas Mann drückt sich vorsichtig und untertreibend aus, wenn er bemerkt, »daß mit einer deutschen Revolution, die einen Menschen wie mich aus dem Lande stößt, nicht alles ganz in Ordnung sein kann« (Reg. 33/71). Nun, es ist ein Land, in dem, wie Carl von Ossietzky treffend feststellte, ein Musiker Geschichte gemacht hat – verhängnisvolle Geschichte. Wenige Tage nach Manns Münchner Rede schrieb Ossietzky in der *Weltbühne:* »Richard Wagner wirkt fort, ein tönendes Gespenst, zu Zwecken beschworen, die mit Kunst nichts mehr zu tun haben, ein Opiat zur Vernebelung der Geister. Zum zweiten Mal [nach 1914] soll aus Deutschland eine Wagner-Oper werden. Siegmund und Sieglinde, Wotan, Hunding, Alberich und der ganze Walkürenchor und die Rheintöchter dazu sind – Heiajaheia! Wallalaleia heiajahei! über Nacht hereingebrochen mit der Forderung, über Leiber und Seelen zu herrschen.«[420] Der Wagner-Artikel Ossietzkys erschien am 21. Februar 1933; am 28. Februar wurde er verhaftet und in ein Konzentrationslager gebracht. Fünf Jahre später starb der inzwischen mit dem Friedensnobelpreis Ausgezeichnete an den Folgen der erlittenen Misshandlung. Übrigens war Ossietzkys *Neue Weltbühne* die einzige gewichtige Stimme in Deutschland, die den *Protest* der Münchner Wagnerianer anprangerte und offen die Partei Thomas Manns ergriff.[421]

Die Wagner-Oper, in die Deutschland 1933 sich nach Auffassung Ossietzkys zu verwandeln anschickte, gibt es nicht. Dem Historiker stellt sich die Verflechtung von Wagnerismus und deutscher Geschichte heute weniger plakativ dar. Nicht eine bestimmte Oper, sondern ein charakteristisch Wagner'sches Motiv hat der deutschen Geschichte seinen Stempel aufgedrückt: das Motiv des Erbes. Es ist das alles beherrschende Motiv des reifen Wagner und durchzieht vom *Rheingold* über die anderen Teile des *Ring*-Zyklus bis zum *Parsifal* das gesamte Werk und stellt darüber hinaus die zentrale Obsession des Bayreuther Reform- und Propaganda-Unternehmens dar. Letztlich geht es bei Wagner, der selbst von der Überzeugung, ein Erbe zu sein, durchdrungen war – der Erbe Beethovens –, immer um die Frage: Was ist das Erbe? Wer ist der rechtmäßige Erbe? Wer darf es zu eigen nehmen? Um dieses Erbe haben sich, beginnend schon zu Wagners Lebzeiten, im Wesentlichen drei Lager gestritten: das nationalistisch-völkische, das in Bayreuth sein Hauptquartier hatte und als dessen Führer sich schließlich Adolf Hitler, mit dem Segen des Hauses Wahnfried, erfolgreich aufspielen durfte; ein revolutionär-utopisches Lager, das in George Bernard Shaw, Anatoli Lunatscharski und Ernst Bloch seine profiliertesten Exponenten hatte; sowie ein kosmopolitisches und modernistisches, das sich von Baudelaire und Nietzsche herschrieb und als dessen Statthalter in Deutschland immer selbstbewusster niemand anders als Thomas Mann agierte. Sein großer Essay von 1933, *Leiden und Größe Richard Wagners,* war der Versuch, das Erbe Wagners im Sinne Nietzsches gegen die gänzliche Vereinnahmung und Verfälschung durch das völkische Lager zu retten. Es war ein ungleicher, zum Scheitern verurteilter Kampf – ein Florettfechter gegen eine Phalanx von Füsilieren. Das 1933 mit Gewalt monopolisierte Erbe blieb 12 Jahre in völkischer Hand. Nach dem schließlich auch von Hitler gewollten Ende des Dritten Reiches kehrten die 1933 in Acht und Bann getanen Erbanwärter zurück, um es aufs Neue zu reklamieren; sie taten es zögerlich und gleichsam mit zugehaltener Nase ob des Leichengeruchs, der seither auch an diesem Erbe haftet.

* * *

Die Forschung zu der berüchtigten Münchner Femeaktion hat sich primär mit der Suche nach ihrem Initiator befasst. Da unter den Unterzeichneten sich auch einige prominente Nazis befanden – Max Amann, zum Beispiel, der Verleger des *Völkischen Beobachters,* oder Hans Schemm und Adolf Wagner, beides Staatsminister des neuen Regimes in Bayern, und Karl Fiehler, der neue Erste Bürgermeister der Stadt – und da zudem im *Völkischen Beobachter* schon kurz nach seiner Wagner-Rede Hetzartikel gegen den »Halbbolschewiken« Thomas Mann erschienen, hegte man lange den Verdacht, dass die ganze Aktion von den neuen Machthabern in München und Berlin gesteuert wurde. Von dieser bequemen Legende ist endgültig Abschied zu nehmen. Es war, wie ein Dokument im Bayrischen Hauptstaatsarchiv belegt, Hans Knappertsbusch. Es handelt sich dabei um einen Brief des Münchner Operndirektors vom 3. April 1933, in dem er 41 Persönlichkeiten des Münchner Kulturlebens auffordert, den beiliegenden Protest zu unterzeichnen. Alle kamen der Aufforderung nach; die Liste ist identisch mit der am 16./17. April in den *Münchner Neuesten Nachrichten* veröffentlichten.[422] Einige Tage später folgte im selben Blatt eine Notiz, die sich auf ein weiteres Schreiben des Operndirektors beruft. Darin schließen sich drei weitere Namen dem Protest an sowie das »gesamte Solopersonal der Bayrischen Staatsoper«, die durch einen »bedauerlichen Irrtum« auf der ersten »Protest-Liste gegen Thomas Mann« ausgelassen worden waren. Wer sonst als Knappertsbusch hätte so summarisch über das gesamte Solopersonal der Staatsoper verfügen können? Dem *Protest* wurde die erhoffte Publizität zuteil: Er wurde gleichzeitig in der offiziösen *Bayerischen Staatszeitung* abgedruckt und über den Rundfunk verbreitet, wodurch er zudem den Anstrich des Offiziellen und Amtlichen erhielt. Der Brief Knappertsbuschs mit dem Briefkopf »Generaldirektion der bayerischen Staatstheater. Der Operndirektor«, hat folgenden Wortlaut:

> Euer Hochwohlgeboren!
> Herr Thomas Mann hat das Wagner-Jahr dazu benützt, um in einem zu Amsterdam gehaltenen Vortrag ein deutsches Genie, den größten Musikdramatiker aller Zeiten, zu verunglimpfen.
> Wie jeder produktive und reproduktive Musiker bin ich zwar an mitunter sehr seltsame Kunsturteile gewöhnt und darin geübt, sie zu ignorieren. Hier scheint mir aber Stillschweigen nicht am Platze zu sein.
> Bayern und München sind stolz auf den positiven Teil ihrer Beziehungen zu Richard Wagner, den sie König Ludwig II. verdanken. Was geschehen kann, um die negativen Seiten dieser Beziehungen auszugleichen, wird von der Münchner Wagner-Pflege, die zu betreuen derzeit ich die große Ehre habe, mit heißem Bemühen seit Jahr und Tag getan. Wer es deshalb wagt, den Mann, der deutsche Geistesmacht wie ganz wenige der Welt

dargetan hat, öffentlich zu verkleinern, soll seine blauen, hier weiß-blauen Wunder erleben!

Ich habe zunächst einem kleineren Kreise von Gleichgesinnten, den Herren Professor Dr. Hans Pfitzner, Verlagsdirektor Wilhelm Leupold und Chefredakteur Adolf Schiedt von der Münchener Zeitung, Generalintendant Frhr. Clemens von Franckenstein und Staatstheaterdirektor Dr. Arthur Bauckner, die Veröffentlichung des anliegenden Protestes vorgeschlagen und volle Zustimmung gefunden. Um der Kundgebung eine breite Basis zu geben, möchte ich mich nunmehr beehren, auch Euer Hochwohlgeboren anheimzustellen, Ihre Unterschrift unter den Protest zu setzen.

Ich sehe Ihrer sehr geschätzten möglichst umgehenden Antwort entgegen und bitte um Zusendung des beiliegenden Protestes.

Mit dem Ausdruck ausgezeichneter Hochschätzung
sehr ergeben
Bayerischer Staatsoperndirektor[423]

Kein Zweifel, mit diesem Schreiben ist die sprichwörtliche »smoking gun« gefunden. Der Brief bestätigt, was Mann schon im Juli 1933 vermutete (XIII, 83)[424], dass nämlich Knappertsbusch der Anstifter war. Der unmittelbare Kontext des Komplotts aber war der Münchner Rotary Club, dem auch Mann angehörte. Dort wurde auf einer Versammlung des Clubs am 4. April im Hotel Vier Jahreszeiten, also am Tag nach Knappertsbuschs Rundbrief, der Ausschluss des Nobelpreisträgers beschlossen.[425] Die Mitteilung dieses Beschlusses erhielt Mann am 8. April, wozu er im Tagebuch notierte: »Ich erhalte vom Rotary-Club München denselben Brief mit der trockenen Mitteilung der Streichung meines Namens, wie [Bruno] Frank. Er kam mir unerwartet. Hätte es nicht gedacht. Erschütterung, Amüsement und Staunen über den Seelenzustand dieser Menschen, die mich, eben noch die ›Zierde‹ ihrer Vereinigung, ausstoßen, ohne ein Wort des Bedauerns, des Dankes, als sei es ganz selbstverständlich. Wie sieht es aus in diesen Menschen?«

Bemerkenswert an dem Rundbrief Knapperstbuschs ist der Hinweis auf Amsterdam, wo Mann seinen Münchner Wagner-Vortrag am 13. Februar wiederholt hatte; weitere Wiederholungen folgten in Brüssel und Paris. Genau daran hatte schon das Parteiorgan *Der Völkische Beobachter* in jenem Artikel vom 13. Februar 1933 Anstoß genommen, was darauf schließen lässt, dass sich der Dirigent vor seiner Aktion der Rückendeckung von oben versicherte.[426] Es fällt nun auf, dass weder in dem Schreiben Knappertsbuschs noch in dem Text des *Protests* auf Thomas Manns Münchner Vortrag direkt Bezug genommen wird; es steht zu vermuten, dass keiner der Unterzeichner dem Vortrag beigewohnt hatte. Auch eine Bezugnahme auf den integralen Text des Wagner-Essays (IX, 363–426), der gerade in der *Neuen Rundschau* veröffentlicht worden war, liegt nicht vor. Schon hier wird deutlich, dass die pauschale Anprangerung bestimmter, nur sehr ungenau wiedergegebener Äußerungen in Sachen Wagner ein willkommener Vorwand war, unter dem man mit der höchst anstößigen Gesamterscheinung Thomas Mann abzurechnen entschlossen war.

Jeder Liebhaber von Detektivromanen weiß, dass selbst eine »smoking gun« kein absolut sicheres Indiz darstellt. Andere Täter können sehr wohl die Hand im Spiel gehabt haben. Was interessiert, sind die Motive und die Vorgeschichte, zumal nicht auf den ersten Blick ersichtlich ist, welchen zwingenden Grund der populäre Dirigent gehabt haben konnte, zu einer Aktion gegen den angesehensten Schriftsteller Münchens und Deutschlands aufzurufen. Es fällt auf, dass in dem Rundbrief von einem »kleineren Kreis von Gleichgesinnten« die Rede ist und dass unter diesen Pfitzner an erster Stelle genannt wird. Zwar schreibt Knappertsbusch, dass der Vorschlag zu einer »Kundgebung« gegen Thomas Mann von ihm stamme, aber gleichzeitig geht aus dem Brief hervor, dass er die Zustimmung der Gleichgesinnten suchte; ohne sie hätte er wohl kaum eine so heikle Sache auf die eigene Kappe genommen. Auch andere Anzeichen sprechen dafür, dass Pfitzner zu den Betreibern des Komplotts gehörte. Das gewichtigste Indiz liefert ein Brief vom 11. April 1934, also ein Jahr nach der Veröffentlichung des *Protests*. Pfitzner gibt darin an, dass er den Ton des Manifests »bedeutend abgemildert« habe. Ursprünglich sollte der Text mit der Frage enden: »Wer ist Richard Wagner und wer ist Thomas Mann?« Knappertsbusch habe die Frage mit einem Vergleich des Chimborasso mit dem Münchner Nockerberg beantworten wollen, doch habe er, Pfitzner, diesen Schlusspassus als unpassend verworfen. Offenbar hatte also Pfitzner ein Mitspracherecht, und Knappertsbusch akzeptierte ihn als Partner. Pikanterweise ist nun dieser Brief Pfitzners an seinen Biographen Walter Abendroth gerichtet, noch dazu mit dem ausdrücklichen Hinweis: »Vielleicht ist es Ihnen für später einmal erwünscht, diesen Brief aus der Tasche ziehen zu können.«[427] Ein Jahr nach der Protest-Affäre war Pfitzner daran gelegen, zu Knappertsbusch eine Distanz herzustellen. Während Pfitzner noch im März 1932 dem Dirigenten überschwänglich für die Aufführung eines Jugendwerks dankt und man sich zum gemütlichen Kegelschieben verabredet, vibriert ein Brief vom 16. Mai 1934 förmlich vor Erbitterung über die Absetzung von Pfitzners früher Oper *Die Rose vom Liebesgarten* vom Spielplan der Bayrischen Staatsoper durch Knappertsbusch.[428] Offenbar sollte nun die Kumpanei bei der Aktion gegen Mann für die Nachwelt ein wenig frisiert werden: Knappertsbusch als der übermütige Polemiker, dem die ganze Sache eine Gaudi war, er selbst hingegen als der besonnene Streiter für die Sache Wagners. Unabhängig von der Intention des Schreibers jedoch belegt dieser Brief gerade die von seinen Apologeten abgeleugnete Mitverantwortung Pfitzners bei der Planung und Abfassung des Protests.[429]

Nun, da Knappertsbusch und Pfitzner offenkundig als die Hauptverantwortlichen der Protestaktion zu gelten haben, stellen sich sogleich neue Fragen: Was hat die beiden zu dem Protest bestimmt? Waren künstlerische oder politische Gründe ausschlaggebend? Wie konnte es zu dieser öffentlichen Denunziation Thomas Manns kommen, mit dem doch beide zeitweilig ein mehr oder weniger freundschaftliches Verhältnis pflegten? Pfitzner verdankte ihm die geistig hochstehendste Würdigung, die seine Oper *Palestrina* je erfahren hat, und Knappertsbusch war praktisch Manns Nachbar; beide gehörten sie demselben Rotary Club an. Und was mochte den Dirigenten dazu veranlassen, mit den Nazis gemeinsame Sache zu machen, die ihn kaum drei Jahre später aus seinem Amt entfernen sollten?

Die einschlägige Forschung neigt zu einer politischen Sicht dieser Fragen. Paul Egon Hübinger deutet die Vorgänge um den Wagner-Protest als einen aus dem Hintergrund gesteuerten Versuch, eine »publizistische Kulisse« zu schaffen, die dem politisch motivierten behördlichen Vorgehen gegen Thomas Mann den Schein der Berechtigung geben sollte.[430] Den Initiatoren wird somit politischer Opportunismus unterstellt, sei es auch Naivität oder Kalkül. Auch Jürgen Kolbe postuliert eine politische Motivierung: Hier sei »bewußt« die Austreibung eines politischen Gegners betrieben worden – »die Quittung für seine zehnjährige demokratisch-kosmopolitische Wanderpredigerschaft«.[431] Für Kolbe und Hübinger ist es schlechterdings unvorstellbar, dass die Protestaktion in einem ernsthaften Sinne etwas mit Wagner zu tun haben könnte. Auch Peter Wapnewski befindet kurz und bündig: »natürlich ging es gar nicht um Thomas Manns Wagnerbild.«[432] Manns Wagner-Rede habe lediglich als Vorwand herhalten müssen, um dem prominenten Abtrünnigen, der, wie es im »Protest« heißt, »das Unglück erlitten hat, seine früher nationale Gesinnung [...] einzubüßen«, einen politischen Denkzettel zu verpassen.

Dass eine solche Motivation eine Rolle gespielt hat, ist angesichts der zitierten Formulierung nicht von der Hand zu weisen. Eine ausschließlich politische Erklärung des Wagner-Protests greift jedoch zu kurz. Sie verharrt an der politisch-behördlichen Oberfläche und dringt nicht zu den mentalitätsgeschichtlich gewichtigen Faktoren vor, aus denen die ganze Tragweite der Affäre hervorgeht. Wäre es den Protestlern lediglich um einen politischen Denkzettel gegangen, so hätten sie sich wohl der Einfachheit halber an ihre Freunde unter den neuen Machthabern gewandt und hätten alles Weitere diesen überlassen. Offenbar aber sollte Thomas Mann nicht primär als politischer Delinquent, sondern als inakzeptabler Interpret Wagners gebrandmarkt werden, wie aus Knappertsbuschs Rundschreiben deutlich hervorgeht, d. h. aber als Interpret der kulturell mächtigsten Legitimationsfigur des neuen Deutschland.[433]

Zumindest zwei Unterzeichner des Protests, die Komponisten Siegmund von Hausegger und Hans Pfitzner, lassen keinen Zweifel daran, dass es ihnen um die Sache, d. h. um Wagner, gegangen war. Hausegger, von Peter Suhrkamp zu einer Rechtfertigung seines Verhaltens aufgefordert, argumentierte, der Protest richte sich »gegen die gesamte geistige Einstellung und Gesinnung, aus der heraus Herr Thomas Mann glaubt, einer Erscheinung wie Richard Wagner gerecht werden zu dürfen«. Mit Manns Essay sei »die objektive Tatsache denkbar schwerster Herabsetzung des großen Meisters gegeben, dessen Bild Thomas Mann zur verzerrten Fratze verwandelt«.[434] Pfitzner seinerseits beteuert, dass es ihm allein um »Sachlichkeit« zu tun gewesen sei und erklärt, er habe den Protest »mit Bewußtsein unterzeichnet, nicht weil über das eine oder andere [...] unter Künstlern von Niveau zu reden wäre, sondern weil er es weithintönend in fremdem Lande sozusagen vor aller Welt von sich gegeben hat«. Wovon im eigenen Land unter verständigen »Männern« und »wissenden Leuten« durchaus gesprochen werden könne, das dürfe im Ausland nicht herausposaunt werden. Er und seine deutsch empfindenden Mitstreiter müssten sich »dagegen auflehnen, wenn wir erleben, daß ein öffentlicher Spruchsprecher, ein höchst geachteter Name über unseren größten Musikdramatiker Dinge sagt, die in der großen Öffentlichkeit mißverstanden werden *müssen*«.[435] Letztlich geht es also doch um das Wagner-Bild. Pfitzners Unterscheidung zwischen inländischer und ausländischer Rede über Wagner muss als fadenscheinig bezeichnet werden, da es ihm offenbar um die Suprematie der deutschen Musikkultur zu tun war, die durch ein problematisches Wagner-Bild wie dem Manns in Frage gestellt werden könnte.

Wie schon Knappertsbusch in seinem Rundschreiben betont Pfitzner die Anstößigkeit von Manns Auftreten im Ausland, was wohl als Echo zu deuten ist auf jenen Artikel im *Völkischen Beobachter* vom 17. Februar mit der Überschrift: »Skandal um Thomas Mann in Brüssel«. Darin wird der deutsche Botschafter Lerchenfeld dafür getadelt, dass er für den Halb-Bolschewiken Thomas Mann einen offiziellen Empfang gegeben habe in der irrigen Annahme, dass Mann berechtigt sei, im Ausland über den »deutschen Tonkünstler« Richard Wagner Reden zu halten. Es folgt der gezielte Hinweis, dass mit Adolf Hitler jetzt ein Wagner-Verehrer Reichskanzler sei, dem allein die Schirmherrschaft über alle deutsche Wagner-Ehrungen zukomme. Schon an diesem Punkt zeichnet sich ab, dass Knappertsbusch und seine Freunde sich den frischen Wind der »nationalen Erhebung« zunutze machten, um ihrem Angriff auf Mann die nötige Rückendeckung zu verschaffen. Die Beteiligung der schon genannten Münchner Nationalsozialisten unterstreicht diesen Charakter des Zweckbündnisses. Somit haben wir es mit einer Kollusion der Münchner Kulturträger mit den neuen Machthabern zu tun – eine Kollusion, die jedoch nicht von diesen, sondern von jenen ihren Ausgang nahm.

Seine äußerst bedrohliche Schlagkraft bezieht das Dokument aus der Berufung gleich im ersten Satz auf »die nationale Erhebung Deutschlands«, die inzwischen »festes Gefüge angenommen« habe. Der parteioffizielle Euphemismus von der nationalen Erhebung bezieht sich auf Hitlers Regierungsantritt am 30. Januar; sie bekam dadurch ein festes Gefüge, dass nach den Reichstagswahlen vom 5. März durch das am

23. März verabschiedete Ermächtigungsgesetz dem neuen Regime praktisch diktatorische Macht zufiel. Zehn Tage danach trat Knappertsbusch in Aktion. Die Relevanz dieser Ereignisse für die vorgeblich unpolitische Protestaktion im Namen Wagners wird sofort ersichtlich, wenn wir die auch den Protestlern wohl bekannte Identifikation Hitlers mit Wagner in Rechnung stellen. Sobald einem Wagnerianer vom Schlage Hitlers unbegrenzte Macht übertragen wird, fallen Wagner-Bilder, die von dem nun quasioffiziellen abweichen, in Acht und Bann. Wer immer die Acht und den Bann ausspricht, so durfte sich Knappertsbusch sagen, kann der allerhöchsten Approbation sicher sein.

* * *

Das Manifest der Münchner Wagnerianer stellt alles andere als eine rhetorische Glanzleistung dar. Es diskreditiert sich zudem selbst durch peinliche Missverständnisse und absichtliche Entstellungen. Gleichwohl ist es im Interesse einer mentalitätsgeschichtlichen Erhellung dieser Vorgänge erforderlich, den Text des *Protests* beim Wort zu nehmen. Es zeigt sich dann sehr rasch, dass wir es mit einem relativ komplexen Gebilde zu tun haben, einem Geflecht verschiedener Wagner-Diskurse mit distinkt politischen Implikationen. Diese Diskurse sind in dem Protest zu drei schwerwiegenden Vorwürfen zugespitzt.

Der erste Vorwurf lautet, Mann habe das Werk Wagners »als einen ›mit höchster Willenskraft ins Monumentale getriebenen Dilettantismus‹ bezeichnet«. Was hier als Zitat aufgetischt wird, ist jedoch aus dem Zusammenhang gerissen und ungenau wiedergegeben. Der betreffende Passus bei Mann lautet: »Tatsächlich und nicht nur oberflächlich, sondern mit Leidenschaft und Bewunderung hingeblickt, kann man sagen, auf die Gefahr hin, mißverstanden zu werden, daß Wagners Kunst ein mit höchster Willenskraft und Intelligenz monumentalisierter und ins Geniehafte getriebener Dilettantismus ist.« (IX, 375 f.) Kann man einen heiklen Sachverhalt umsichtiger und delikater formulieren? Den Protestlern war es jedoch nicht um sprachliche Feinheiten zu tun. Vielmehr waren sie auf das Reizwort »Dilettantismus« fixiert, mit dem hier aber eine doppelte Manipulation getrieben wird. Es wird unterdrückt, dass sich Mann an dieser Stelle auf Nietzsche bezieht, der in *Richard Wagner in Bayreuth*, seiner Propagandaschrift für die Bayreuther Festspiele, Wagners Jugend als »die eines vielseitigen Dilettanten« dargestellt hatte. Wer »oberflächlich hinblickte«, so Nietzsche, »möchte meinen, er sei zum Dilettantisieren geboren«. (KSA 1, 436) Zu Nietzsche aber hatte man sowohl in Bayreuth als auch im Braunen Haus ein zwiespältiges Verhältnis. Man hieß seinen dynamischen Lebensbegriff gut, samt dem griffigen Schlagwort vom »Willen zur Macht«. Seine Wagner-Kritik missbilligte man; von daher schien es ratsam, Manns Berufung auf Nietzsche mit Schweigen zu übergehen, um zu kaschieren, dass Manns Wagner-Deutung sich in einem von der Wagner-Rezeption vorgegebenen Rahmen bewegt und in einem durchaus ernst zu nehmenden Sinn als authentisch gelten darf.[436]

Eine weitere Manipulation, die aber zum Teil in der ambivalenten Begriffsgeschichte angelegt ist, besteht darin, dass die Vokabel »Dilettantismus«, die Mann und Nietzsche als künstlertypologische Charakterisierung verwenden, als Werturteil hingestellt wird. Dieser Eindruck wird dadurch verstärkt, dass zwei entscheidende Elemente in Manns Formulierung ausgelassen werden. Thomas Mann hatte geschrieben, dass wir es bei dem *Tristan*-Schöpfer mit einem ins »Geniehafte« gesteigerten Dilettantismus zu tun haben und dass Wagner sein Werk nicht bloß mit höchster Willenskraft, sondern »mit höchster Willenskraft und Intelligenz« geschaffen habe. Das macht ersichtlich im Ton und in der Substanz einen beträchtlichen Unterschied. In der Darstellung der Münchner Wagnerianer hört es sich aber so an, als habe Mann von einem monumentalen Dilettantismus gesprochen, das Resultat eines rein willentlichen Kraftakts ohne wirkliches Talent – Sitzfleisch statt Genie. Daher die Klage, Mann habe Wagner »etwas Amusisches« bescheinigt und damit eine nicht hinzunehmende »Herabsetzung unseres großen deutschen Musikgenies«.

Es hätte wenig Sinn, den Nachweis zu führen, dass Manns Gegner ihn willentlich oder unwillentlich missverstanden, und ihre Darstellung mit Zitaten aus Manns Schriften zu widerlegen. Aufschlussreicher und weiter führend ist die Erkenntnis, dass hier zwei unterschiedliche Dilettantismuskonzeptionen aufeinander stoßen. Bei Knappertsbusch, Pfitzner und ihren Mitverschworenen kommt die ältere, pejorative Vorstellung vom Dilettanten zum Tragen, die im 19. Jahrhundert geläufig war und die sich auf Goethes und Schillers Dilettantismusprojekt von 1799 berufen konnte. Zwar versuchten Goethe und Schiller dort zwischen Nutzen und Schaden des Dilettantismus zu unterscheiden, doch unterm Strich steht der Dilettant als der Nichtkünstler vor uns. In diesem Sinne haben die Münchner Wagnerianer den Begriff verstanden, und so gesehen ist ihre Entrüstung zum Teil nachvollziehbar.

Freilich entgeht ihnen, dass Mann hier mit einem differenzierteren, moderneren Begriff von Dilettantismus operiert, der, wie nahezu alles, was er über Wagner zu sagen wusste, von Nietzsche herkommt. Aus dem Passus über Wagners Dilettantismus wie aus dem Essay im Ganzen spricht das Bewusstsein, dass in seinem Fall das herkömmliche, oppositionelle Verhältnis der Produktionsweise eines Genies und der eines Dilettanten in Bewegung gekommen ist und alles, was man unter dem Begriff des Genialen und des Dilettantischen zu subsumieren pflegte, sich bis zur Ununterscheidbarkeit einander angenähert hat. Thomas Mann konnte sich dabei auf Winke und Andeutungen Nietzsches stützen, der das eingebürgerte, doch abgenutzte Vokabular von »Dilettant« und »Dilettantismus« offenbar bewusst vermied und stattdessen lieber von »Dilettantisieren« sprach. Vermutlich wollte er damit andeuten, dass für die, die bloß flüchtig hinblicken, Wagners multitalentiertes Schaffen etwas an sich hat, was früher als Dilettantismus galt, was aber im Zuge der Moderne eine neue Komplexion angenommen hat und deshalb als ein neues Phänomen kenntlich zu machen war. Daher »Dilettantisieren« statt Dilettant. Nietzsche definiert dieses Phänomen als »die gefährliche Lust am geistigen Anschmecken«. Sie setze eine exzeptionelle »Begabung« voraus und die Fähigkeit, sich in andere Existenzweisen mit Leichtigkeit hineinzuversetzen, sich von ihr erregen zu lassen und sie nachzubilden, ohne darin aufzugehen.

Damit antizipierte Nietzsche in seiner Wagner-Schrift von 1876 die Definition von Paul Bourget, die für den Dilettantismusbegriff der Jahrhundertwende, insbesondere für Heinrich und Thomas Mann[437], verbindlich wurde, um ein Dutzend Jahre. Im Vorwort zu seinem Roman *Le Disciple* (1891) beschreibt Bourget den modernen Dilettantismus als nichts weiter als »une disposition d'ésprit« – eine Geistesverfassung also, eine psychologische Haltung. Es folgt die viel zitierte Definition, die etwa so wiederzugeben wäre: Der Dilettantismus ist nichts weiter als eine geistige Haltung; sie zeichnet sich durch hohe Intelligenz und eine tiefe geistige

Begehrlichkeit aus und zieht uns abwechselnd zu verschiedenen Lebensformen hin; sie verleitet uns, sich in diese hineinzuversetzen, ohne uns daran zu verlieren. Die Übereinstimmung mit Nietzsche ist frappant und erklärt, warum dieser, als er Bourgets *Essais de psychologie contemporaine* (1884) zu lesen begann, von dessen Kulturkritik so angetan war. Die hervorstechendsten Eigenschaften des Dilettanten bei beiden ist seine stupende Vielseitigkeit und die in dieser Vielseitigkeit begründete, unwiderstehliche Lust am probeweisen Rollenspiel, die Nietzsche als geistiges Anschmecken, Bourget als intellektuellen Epikuräismus aufgefasst hat. Nicht zu trennen von der so definierten Disposition ist somit ein Element des Schauspielerhaften, die chamäleonhafte Fähigkeit zur Adaptation, aber auch der Anschein des Uneigentlichen. Hatte Nietzsche diese moderne Erscheinungsform von Kreativität am Beispiel Wagners erkannt, so beobachtete sie Bourget am Beispiel Baudelaires, Ernest Renans u.a. Nietzsche war sich der Übereinstimmung mit Bourget offenbar bewusst, wie sein ebenso lapidarer wie zutreffender Satz erkennen lässt: »Es ist viel Wagner in Baudelaire.« (KSA 11, 601)

Der Münchner *Protest* hat auch in Adornos *Versuch über Wagner* seinen Niederschlag gefunden. Im zweiten Kapitel, das zu den später, nach der Mitarbeit am *Doktor Faustus* entstandenen gehört, bezieht der Philosoph der Neuen Musik sich auf den Wagner-Protest, wenn er auf den »Chor der Entrüstung« anspielt, der »Thomas Mann antwortete, als er im Zusammenhang mit Wagners Namen den des Dilettanten nannte« (GS 13, 26). Adorno wertet die Entrüstung als ein verlässliches Indiz dafür, dass Mann »einen Nervenpunkt« traf, »als er in Wagners Verhältnis zu den Einzelkünsten, aus denen er sein ›Gesamtkunstwerk‹ schuf [...] etwas eigentümlich Dilettantisches« fand. Es überrascht nun, dass Adorno, anders als Mann, den Begriff des Dilettantischen im alten, pejorativen Sinn verwendet, weshalb er es sich auch nicht nehmen lässt, dem frühen Wagner »grobe Ungeschicklichkeiten im Satz und in der Akkordverbindung« bis hin zum *Lohengrin* anzukreiden. Später wollte Adorno sein Dilettantismusverdikt nicht mehr so ganz wahrhaben und versuchte seine Position dahingehend zu präzisieren, dass »Wagner die Sphäre des Dilettantischen gestreift habe«, ihr aber entwachsen sei (GS 16, 668). Gleichwohl figuriert bei ihm der Dilettantismus, wie er im *Versuch über Wagner* schrieb, als die Wagner'sche Variante jenes »Haufen[s] von Abfall, Schutt, Unrat, auf denen die Werke bedeutender Künstler sich zu erheben scheinen, und denen sie, knapp Entrinnende, etwas von ihrem Habitus verdanken.« (GS 13, 26) Will sagen: selbst noch auf der Höhe seines Schaffens haften dem Werk Wagners die Merkmale eines dilettantischen Verhältnisses zur Kunst an.

Die verborgene Brisanz des Dilettantismustopos wird jedoch erst dann offenbar, wenn wir in Betracht ziehen, dass hier ein Subtext über das Genie als geschichtlichen Faktor zum Tragen kommt. Der Begriff des Genies war, wie Jochen Schmidt in seiner unentbehrlichen *Geschichte des Genie-Gedankens* klargestellt hat, ein zentraler Glaubensartikel der nationalsozialistischen Weltanschauung; der »Genie-Kult« war die »legitimierende Grundlage des Führergedankens«.[438] Hitler selbst stellte in *Mein Kampf* immer wieder seine Bewunderung für bestimmte Genies heraus: Luther, Friedrich den Großen und Richard Wagner. Als die hervorragende Eigenschaft des Genies gilt tautologischerweise die Genialität; sie stempelt das Genie zu einer Ausnahmeerscheinung jenseits von Gut und Böse. Sobald nun die Staatsführung in Hitlers Hände kam, wurde sein persönlicher Geniekult Staatssache. Das Genievokabular fand Eingang in die tägliche politische Propaganda, die nun Hitler selbst zu einem begnadeten, in seinem Schalten und Walten unangreifbaren Genie stilisierte: In der tiefsten Not der Nation habe die Vorsehung, die es gut meint mit Deutschland, ihr ein Genie von der Größe Adolf Hitlers beschert. Von nun an wurde Hitler den Deutschen als ein genialer, von Erfolg zu Erfolg eilender Staatsmann, später als genialer Feldherr dargestellt, ja als »Gröfaz« – als größter Feldherr aller Zeiten. Dieser Geniekult, verbrämt mit der von Bayreuth sanktionierten Stilisierung Hitlers zu einer Wagner'schen Erlösergestalt, hatte ohne Zweifel einen beträchtlichen Anteil an seinem Erfolg bei dem national, nicht unbedingt nationalsozialistisch gesinnten Bürgertum.

Die Hitler-Panegyrik hätte jedoch nie den Erfolg gehabt, den sie zweifellos hatte, wäre der Glaube an das Genie als eines exzeptionellen, begnadeten, mit mystischen Kräften ausgestatteten und den Bereich des ordinär Politischen transzendierenden Übermenschen nicht fest verankert gewesen in den Köpfen der Deutschen. Hier hatten ein Jahrhundert deutsches Gymnasium und ein Jahrhundert nationalistische Literaturgeschichtsschreibung ihr Werk getan. Nicht zufällig sind im kulturellen Gedächtnis der Deutschen die vordersten Plätze ausnahmslos von Genies besetzt. Um noch einmal Jochen Schmidt zu zitieren: »Die aus dem Bereich der Kunst und Literatur stammende Genie-Ideologie erlaubte es, das Gewaltgenie« vom Schlage Hitlers »zu ästhetisieren.«[439] Durch ebensolche Ästhetisierungen gelangte das politische Leben in Deutschland auf die abschüssige Bahn ins Grauenvolle.

Es versteht sich von selber, dass ein Volk, das einen Luther, einen Friedrich, einen Beethoven und – das höchste der Wunder – einen Richard Wagner hervorgebracht hat, selbst eine geniale Ader besitzen muss. Dass die germanische Rasse, die Arier, die eigentlich geniale und kulturschaffende Rasse der Weltgeschichte sei, hat niemand wirkungsvoller verkündet als Houston Stewart Chamberlain in seinem Bestseller *Die Grundlagen des neunzehnten Jahrhunderts* (1899). Von dort fand dieses Ideologem Eingang in Hitlers *Mein Kampf*, wo es heißt: »Was wir heute an menschlicher Kultur […] vor uns sehen, ist nahezu ausschließlich schöpferisches Produkt des Ariers.«[440] Daraus folgt – und dies darf als ein fundamentaler Glaubensartikel der national wie der nationalistisch gesinnten Deutschen angesehen werden –, dass das deutsche Volk zu einer Vormachtstellung, die seinen kulturellen Leistungen angemessen ist, berufen und berechtigt sei.

Im Lichte dieser Zusammenhänge enthüllt der Vorwurf der Münchner Protestler, Thomas Mann habe Wagner als Dilettanten verunglimpft, eine ungeahnte politische Verfänglichkeit. Im Kern besagt die Zurechtweisung durch Knappertsbusch, Pfitzner und Co. nichts weniger als dies: Wer Wagner als einen Dilettanten hinstellt, verunglimpft damit nicht nur einen »deutschen Geistesriesen«, sondern indirekt auch die ganze Nation und ihren Führer. Kritik an Wagner war unter den veränderten historischen Vorzeichen nicht nur politisch verfänglich, sondern in einem metajuristischen Sinne auch ahndbar.

Ein zweiter Vorwurf gegen Thomas Mann lautet, er betrachte »Wagners Gestalten als ›eine Fundgrube für die Freud'sche Psycho-Analyse‹«. Wiederum suggerieren die Anführungszeichen, dass es sich um ein authentisches Zitat handle. In Wirklichkeit werden Manns diesbezügliche Ausführungen sehr verkürzt wiedergegeben und wieder mit einem bedrohlichen Subtext aufgeladen. Das Bild der Fundgrube kommt bei Mann nicht vor und ist eine wohl kalkulierte Zutat. Es stammt aus dem

Bergbau und bezeichnet die Stelle, an der eine Erzader, ein Schatz, entdeckt wurde, den nun jeder, berechtigt oder unberechtigt, plündern kann.

Thomas Mann hatte in dieser Sache bemerkt: »Über den Psychologen Wagner wäre ein Buch zu schreiben« (IX, 368). In seinem Essay beließ er es bei einigen Schlaglichtern und Hinweisen. Das Beispiel des Holländers, des jungen Siegfried und Kundrys zeige, dass Wagner, indem er die so genannte Leitmotivtechnik zum »Werkzeug psychologischer Anspielungen, Vertiefungen, Bezugnahmen« machte, im Grunde »Analyse« betrieben habe. Das »frühlingshaft keimende und hervorsprießende Liebesleben des Knaben Siegfried« wie auch gerade die »Zurückführung aller ›Liebe‹ aufs Sexuelle« lasse uns einen Wagner sehen, der »in merkwürdigster, intuitiver Übereinstimmung [...] mit einem anderen typischen Sohn des neunzehnten Jahrhunderts, mit Sigmund Freud, dem Psychoanalytiker« (IX, 369 f.) stehe. Was Thomas Mann konstatiert, ist eine epochenbedingte geistige Verwandtschaft zwischen Wagner und Freud, die Vorwegnahme psychoanalytischer Einsichten im Werk Wagners, die Erstaunen und Bewunderung wecken soll. Das Bild der Fundgrube hingegen suggeriert etwas anderes und ist Ausdruck einer chimärischen Furcht, dass ein kostbares kulturelles Gut in unbefugte Hände fallen und geplündert werden könnte.

Kein anderer Interpret trat damals so entschieden für eine Erhellung des Wagner'schen Œuvres durch die Psychoanalyse ein wie Thomas Mann, der in Deutschland, neben Arnold Zweig, einer der ganz wenigen bedeutenden Autoren war, die das Werk Freuds in ihr eigenes Schaffen integrierten. Schon im Frühwerk durch Nietzsche und Schopenhauer zur Erhellung psychopathologischer Phänomene inspiriert, hatte er in den frühen zwanziger Jahren begonnen, sich ernsthaft mit Freud zu befassen. *Der Zauberberg* und die *Joseph*-Romane legen Zeugnis von einer psychoanalytischen Beschlagenheit ab, die nicht ihresgleichen hat in der deutschen Literatur. Im Jahre 1929 trat er mit seinem Vortrag *Die Stellung Freuds in der modernen Geistesgeschichte* öffentlich für Freud ein und bekannte sich zur Psychoanalyse als einem der »wichtigsten Bausteine, die beigetragen worden sind zum Fundament der Zukunft, der Wohnung einer befreiten und wissenden Menschheit« (X, 280). Und nun, im Jahr der »nationalen Erhebung«, schickte sich der Lobredner Freuds an, auch das Werk Wagners jener artfremden Betrachtungsweise zu überantworten. Das musste alarmierend wirken. Mochte Mann es in seiner Romanwelt mit der »Zurückführung aller ›Liebe‹ aufs Sexuelle« halten wie er mochte; die Übertragung dieser Denkweise auf den »großen deutschen Meister Richard Wagner« musste jedem emphatisch deutsch empfindenden Freund der Wagner'schen Kunst unstatthaft erscheinen. Ominöserweise fand der Wagner-Vortrag in demselben Auditorium Maximum der Münchner Universität statt wie der Vortrag über Freud, damals auf Einladung des »Clubs demokratischer Studenten«. Alarmzeichen also, wohin man auch blickte!

Die beiden prominentesten Unterzeichner des Protests, Strauss und Pfitzner, standen der Psychoanalyse unwissend gegenüber. Das ist ebenso erstaunlich wie typisch für die damalige Stellung Freuds in Deutschland. Erstaunlich, wenn man bedenkt, wie nahe sowohl Strauss als auch Pfitzner den Interessen Freuds im Grunde genommen standen. *Salome* und *Elektra*, um nur diese Beispiele zu nennen, sind eigentlich gesättigt mit tiefenpsychologischem Wissen. Und doch gibt es keine Anzeichen dafür, dass Strauss, ein unermüdlicher Leser, je eine Schrift Freuds zur Kenntnis genommen hätte, und nichts deutet darauf hin, dass er während der langen Jahre in Wien je Kontakt gesucht hätte mit seinem berühmten Zeitgenossen in der Berggasse. Nicht anders verhält es sich im Fall Pfitzners: keine Spur einer Kenntnis oder einer Auseinandersetzung mit dem Werk des großen Seelenforschers. Dabei wäre Pfitzner, dem Schopenhauerianer (nicht anders übrigens als Thomas Mann), ein besonders einladender Weg zu Freud offen gestanden. Vor allem hätte seine Kunstanschauung, zumal seine Theorie vom Einfall, eine Brücke zu Freud schlagen können. Wenn überhaupt das Rätsel des Einfalls – also der Kreativität – zu klären ist, so über die psychoanalytische Erhellung des Unbewussten und der Freud'schen Mutmaßungen über die Funktionsweisen des menschlichen Geistes. Pfitzner zog es jedoch vor, von diesen Dingen keine Kenntnis zu nehmen und das Geheimnis der künstlerischen Kreativität im Dunkel seiner unaufgeklärten Irrationalität auf sich beruhen zu lassen.

Es ist schwer zu entscheiden, was für Pfitzners und Straussens Abstinenz von der Psychoanalyse in höherem Maße verantwortlich war: die Betonung der Sexualität oder der Umstand, dass Freud Jude war. Wie dem auch sei, sicherlich sind beide Motive in Anschlag zu bringen, und sicherlich bezeichnet die Ablehnung der Psychoanalyse ein weiteres Feld, auf dem die Präferenzen der konservativen Kulturelite mit den Interessen des Nationalsozialismus konvergierten. Dass im Dritten Reich die Psychoanalyse schon wegen der »artfremden« Abkunft ihres Pioniers geächtet war, versteht sich von selbst. Pseudowissenschaftliche Argumente wurden bemüht, um sie als Spielart des Materialismus zu brandmarken, sodass sie mit dem Marxismus in Verbindung gebracht werden konnte. Damit war, was ihre Gefährlichkeit betraf, die Psychoanalyse mit dem Bolschewismus auf eine Stufe gestellt. In einer Grundsatzerklärung heißt es dazu: »Der wissenschaftliche Materialismus der Freudschen Psychoanalyse ist eng verwandt mit dem ökonomischen Materialismus der Marxisten.«[441] Dem Bolschewismus aber galt, wie Hitler nicht müde wurde zu erklären, der Vernichtungskampf des Nationalsozialismus.

Vor diesem Hintergrund wird es verständlich, warum ein Plädoyer für die Psychoanalyse wie das von Thomas Mann vorgetragene in aller Entschiedenheit zurückzuweisen war: Es konstituierte einen Angriff auf fundamentale Werte und Überzeugungen nicht nur des Nationalsozialismus, sondern auch der konservativen Kulturelite. Wer wie Mann das Werk Wagners an die Psychoanalyse auszuliefern bereit ist, begeht zudem Verrat am Erbe des Verfassers von *Das Judentum in der Musik*. Die pauschale Abwehrgeste der Münchner Wagnerianer maskiert ihre panische Furcht, der »deutscheste der Deutschen« könne von einem Juden seziert und symbolisch entmannt werden, was ihn als Garanten des deutschen Führungsanspruchs entwerten würde. Streng genommen wäre das ein Sakrileg nicht nur an Wagner, sondern auch an der deutschen Volksseele, die im Werk Wagners ihren vollkommensten Ausdruck gefunden habe. Zur Abwehr dieser nicht zu ertragenden Vorstellung stellt man sich in vorauseilender Solidarität heimlich auf die Seite dessen, der gelobt hatte, Richard Wagner die ihm gebührende Ehre zukommen zu lassen und Deutschland von Marxismus und Judentum zu säubern. Die »nationale Erhebung« würde somit ein noch festeres Gefüge annehmen, wenn die deutsche Kultur von der Psychoanalyse und ihren Anwälten unbehelligt bliebe.

Der dritte Punkt der Anklage gegen Thomas Mann betrifft seine Deutung von Wagners »Deutschheit« – ein offensichtlich vordringliches Anliegen in einem Manifest, das die Vokabeln »deutsch« und »national« nicht weniger als neunmal verwendet. Wagners »Deutschheit« ist offensichtlich das dominante Motiv dieses Textes. In dieser Hinsicht wird Mann ein besonders merkwürdiger und zunächst verwirrender Vorwurf gemacht. Seine Kritik an Wagner werde »noch zur Unerträglichkeit gesteigert durch das fade und süffisante Lob, das der Wagnerschen Musik […] wegen dem Zugleich von ›Deutschheit‹ und Modernität erteilt wird«. Das heißt also, dass inkriminiert wird, wer Wagners Musik als zugleich deutsch und modern hinstellt und ihn auch noch dafür lobt. Man stutzt und fragt sich, wie Mann einen solchen Unsinn produzieren konnte.

Ein Blick auf Manns Text enthüllt denn sogleich, dass dieser Vorwurf auf einem fatalen Lese- oder Hörfehler beruht, an dem offenbar aber keiner der Unterzeichner Anstoß nahm, so wie auch niemand bemerkte, dass hier die *Betrachtungen* zu den *Gedanken eines Unpolitischen* mutiert waren. Mann spricht an der betreffenden Stelle von Mondänität, nicht Modernität, mit der es im Übrigen fünfzig Jahre nach Wagners Tod ohnehin eine eigene, komplizierte Bewandtnis habe. So fatal das Versehen, so aufschlussreich diese klassische Freud'sche Fehlleistung. Der Gedanke, dass Wagner nicht nur deutsch, sondern auch mondän sein soll, hat sie offenbar geblendet, und der Gedanke, dass Wagner nicht nur zeitlos, sondern auch modern sein soll, ruft panische Abwehr auf den Plan. Manns Gedankengang an dieser Stelle ist jedoch völlig plausibel und im Übrigen nicht sonderlich originell. Wie so oft in dem Wagner-Essay werden Nietzsche'sche Stichwörter aufgegriffen und fortgesponnen. Wagners »Deutschheit« sei »tief, mächtig und unbezweifelbar«, sein Werk eine »eruptive Offenbarung deutschen Wesens«. (IX, 421 f.) Dies wird ohne weiteres konzediert, aber sogleich auch nuanciert. Wagner sei eine äußerst kontradiktorische Natur, und in der Verschlungenheit der Widersprüche dürfe eine besonders auszeichnende Polarität gerade heute nicht übergangen werden, nämlich das »grandiose Zugleich und Ineinander von Deutschheit und Mondänität«. Wagners Werk »trief[e]« geradezu von einem demokratisch-europäischen Öl, das ihm »die Welt öffnet« und »internationales Verständnis sichert«. Was aber sind die Ingredienzen jenes Öls, das Wagners »Weltgerechtigkeit, Weltgenießbarkeit« ausmacht, »wie sie keiner deutschen Kunst diesen Ranges je mitgegeben wurde«? (IX, 421) Es sind die europäischen, kosmopolitischen Facetten seines Werks, das Mann als »modern gebrochen und zersetzt, dekorativ, analytisch, intellektuell« kennzeichnet. Gerade darin nun liege »seine eingeborene Fähigkeit« beschlossen »zu kosmopolitischer, zu planetarischer Wirkung«. (IX, 422)

Zum Abschluss seiner Ausführungen hatte Mann, der eine klare Vorstellung von seinen Gegnern besaß, die deutschtümelnden Wagnerianer vom

Schlage Pfitzners, Knappertsbuschs und Hitlers ins Visier genommen und erklärt: Wagners »Nationalismus ist in einem Maße mit europäischer Artistik durchtränkt, das ihn zu irgendwelcher Simplifizierung, auf deutsch: Versimpelung, im tiefsten untauglich macht«. (IX, 423) Es tut nichts zur Sache, dass Thomas Mann hier offenbar auch der »Weltgenießbarkeit« seines eigenen Werkes träumerisch nachhängt, denn in Wagner exemplifizert er seine Idealvorstellung von Deutschtum: weltgerecht und bei aller unverwechselbarer Deutschheit von der Welt akzeptiert. An Wagner also entscheidet sich für Mann nicht zuletzt sein Begriff von deutscher Kultur.

In dem Münchner Wagner-Protest von 1933 stießen somit zwei sehr unterschiedliche und letztlich unvereinbare Wagner-Bilder aufeinander: ein deutsch-nationales, dessen geistiges Gravitationszentrum Bayreuth war, und ein europäisch-kosmopolitisches, als dessen Gravitationszentrum Paris angesehen werden muss und dessen alleiniger Kustode in Deutschland Thomas Mann war. Zu keinem Zeitpunkt der deutschen Wagner-Rezeption kam die Unvereinbarkeit dieser Wagner-Bilder ungelegener als 1933. Was Mann an transnationalen, europäischen Zügen an Wagner hervorhebt und bewundert, gilt im anderen Lager als undeutsch. Mann zu Folge soll Wagners Kunst »modern gebrochen und zersetzt« sein. In der Nomenklatur der deutsch gesinnten Wagnerianer heißt das: dekadent und entartet. Und mit dem Etikett »intellektuell« und »analytisch« erweist sich zweifelsfrei die artfremde, d.h. jüdische Herkunft dieses Wagner-Bildes, jedenfalls für alle, die den Intellektualismus als typisch jüdisch durchschaut haben wollen.

Im Übrigen – und das wirft ein scharfes Licht auf die einfältige Bescheidwisserei der Gegner Manns – konnte kein echt deutsches Wagner-Verständnis von einem Schriftsteller erwartet werden, »der das Unglück erlitten hat, seine früher nationale Gesinnung bei der Errichtung der Republik einzubüßen und mit einer kosmopolitisch-demokratischen Auffassung zu vertauschen«. Mit diesem Argument greifen die Münchner Protestler die damals schon gut eingespielte Polemik gegen »Saulus Mann« auf, die 1922 nach dem Bekenntnis zur Republik einsetzte und sich in den Auseinandersetzungen mit Hans Pfitzner, Arthur Hübscher und Paul Nikolaus Cossmann wie auch in dem Streit um die französische Edition von *Wälsungenblut* fortsetzte.[442] Mit dem *Protest* von 1933 wurde Thomas Mann von seinen einstigen Gesinnungsgenossen die Rechnung präsentiert für das Ausscheren aus dem nationalen, konservativen Konsens. Auf eine Gelegenheit dazu hatte man offenbar lange gewartet. Wie lange, das sollen die folgenden Überlegungen klären helfen.

* * *

Am 12. Juni 1917 kam im Prinzregententheater, in dem sich dazu das gesamte »musikalische Deutschland« eingefunden hatte[443], Pfitzners »Musikalische Legende« *Palestrina* zur Uraufführung. Unter der Leitung von Bruno Walter und mit Karl Erb in der Titelrolle erzielte Pfitzners dritte Oper einen großen, umjubelten Erfolg. In der über 300-jährigen Münchner Operngeschichte, bemerkte ein Rezensent, markiere Pfitzners *Palestrina* zweifellos einen künstlerischen Höhepunkt und einen »Ehrentag«, wie man ihn seit Wagners Triumph mit den *Meistersingern* nicht mehr erlebt habe.[444] Thomas Mann, von Bruno Walter in die Partitur eingeführt, schrieb eine glänzende Würdigung. Es ist sehr wohl erschütternd, wie Willi Schuh schon 1933 bemerkte[445], und durchaus einer Erklärung bedürftig, dass der so glänzend Geehrte 15 Jahre später der Hetze gegen den einstigen Propheten seines Werkes die Hand leihen konnte. Hier ist jedoch daran zu erinnern, dass das schöne, meist verklärte Einvernehmen zwischen Pfitzner, Bruno Walter und Thomas Mann bei Gelegenheit des *Palestrina* leicht über die unter der Oberfläche schwelenden Spannungen hinwegtäuscht. Wer Manns Äußerungen über Wagner vor dem Krieg kennt, muss es als inkonsequent empfinden, dass er sich nun für eine rückwärtsblickende, an die *Meistersinger* und *Parsifal* anknüpfende Kunst einsetzt. An dieser Unstimmigkeit ändert auch die wiederholt beteuerte Sympathie für die »metaphysische[] Stimmung« von Kreuz, Tod und Gruft in Pfitzners Werk nichts (22, 199). Hatte er nicht erst 1911, als sein Verhältnis zu Wagner in eine »Krise« (21, 478) geraten war, von seinem »Meister und nordischen Gott« als einem nicht länger verbindlichen Paradigma Abschied genommen? Damals, als er den *Tod in Venedig* schrieb, sollte das Meisterwerk des 20. Jahrhunderts ein ganz und gar unwagnerisches Gepräge haben und eine »neue Klassizität« (14.1, 304) einläuten. All dies wird nun angesichts der »Musikalischen Legende« Pfitzners einfach verdrängt. Das bestätigt die Vermutung, dass die Allianz mit Pfitzner weniger ästhetische als weltanschauliche Gründe hatte; sie wäre ohne die Kriegssituation und Thomas Manns glühende Parteinahme für die deutsche Sache schwer denkbar. Pfitzner hatte für ihn Belegfunktion. Was *Palestrina* belegte, war nicht weniger als die Einzigartigkeit der deutschen Kultur, zu deren Verteidigung der Krieg nach Manns Überzeugung geführt wurde. Angesichts dieser strategischen Bedürfnisse durfte die Wagner-Skepsis der Vorkriegszeit übertönt und *Palestrina* guten Gewissens bewundert, ja geliebt werden. Pfitzners Werk erschien ihm nun gerade darin exemplarisch, dass es demonstrativ traditionsgebunden sowie selbstbewusst national und dazu von Wagner'scher Kunstfrömmigkeit erfüllt war. In dieser Beleuchtung konnte der Schöpfer des *Palestrina* als der neue, legitime Erbe Wagners ausgewiesen werden. Ihm wird nun von Thomas Mann die Führungsrolle in der deutschen Musik zugeschrieben, die Richard Strauss, der bis zum Krieg als der »König« der Wagnerianer galt (TMS I, 166)[446], mit dem populären *Rosenkavalier* verspielt hatte. Pfitzner durfte nun seit dem *Palestrina* als der neue König der Wagnerianer von Thomas Manns Gnaden gelten. Alfred Einstein urteilte genau so, nur mit anderen Worten: »so selbständig das neue Werk Pfitzners als musikalischen, als melodischen und harmonischen Erfinder zeigen mag, es ist im Kerne Wagnerischer als irgend ein anderes Werk der ganzen Wagner-Nachfolge, ja sein *Neues* besteht gerade in der Kühnheit, mit der es Wagnerischer zu sein wagt als Wagner selbst.«[447]

Bruno Walter war in den zehn Jahren (1913–1923), in denen er dem Münchner Musikleben vorstand, ein umstrittener Mann. Der Streit entzündete sich weniger an seiner Eigenart als Musiker – oder doch nur vorgeblich – denn an seiner Herkunft und seinem musikalischen Stammbaum. Er galt weithin als ein Zögling Mahlers, dessen *Lied von der Erde* er am 20. November 1911 in München uraufgeführt hatte. Und manchen erschien er aufgrund seiner jüdischen Abstammung als ungeeignet, die Münchner Wagner-Tradition fortzusetzen und die Nachfolge Felix Mottls, auf dem noch das Auge des Meisters mit Wohlgefallen geruht hatte, anzutreten. Offenbar dachte man jedoch über diesen heiklen Punkt am Hof, der Walter berufen hatte, anders als unter den Münchner Kritikern, den Anwälten des überwiegend bürgerlichen Publikums.

Die Anfeindungen des neuen Generalmusikdirektors ließen denn auch nicht lange auf sich warten. Genau betrachtet begannen die Angriffe auf Walter schon in den ersten Monaten seiner Amtszeit. Im Mai 1913 war es eine der ersten repräsentativen Aufgaben des neuen Operndirektors, ein

Wagner-Denkmal einzuweihen. In den Augen der überwiegend antisemitisch gesinnten Münchner Musikkritiker konkretisierte sich in diesem Einweihungsakt die ganze Anomalie der neuen Situation: die Pflege der Münchner Wagner-Tradition in den Händen eines Juden! Während der Festspiele dieses Sommers setzte sodann die Kritik an dem Wagner-Dirigenten Walter mit ganzer Tücke ein.[448] Der Angegriffene wehrte sich.[449] Er warf seinem gewichtigsten Kritiker, Dr. Alexander Dillmann von den *Münchner Neuesten Nachrichten*, musikalische Unbildung vor (»Herr [Alexander] Dillmann ist für einen Kritiker eines ersten Blattes zu ungebildet«) und forderte von ihm, unter Androhung eines Prozesses, eine öffentliche »Revokation«. Geheimrat Dillmann verweigerte die »Genugtuung«, doch wurde ein peinlicher Eklat gerade noch vermieden, indem Dillmann die Versicherung abgab, dass die »Meinungsverschiedenheiten [...] auf rein sachlichen Gebieten« lägen und dass gegen Herrn Generalmusikdirektor Walter durchaus keinerlei Verstimmung bestehe. Selbstredend war damit nichts bereinigt, die Verstimmung eher noch zementiert. Die Mehrzahl der Münchner Kritiker schlug sich auf die Seite ihres prominenten Kollegen, sodass in der Tat der Eindruck entstehen konnte, dass die Münchner Kritik »völlig einig« sei in der Agitation gegen Bruno Walter. Was die Münchner Kritik fortan dem Publikum einzuhämmern versuchte, waren die bekannten völkischen Klischees über jüdische Künstler: Bruno Walter verfehle die Eigenart der großen Werke der deutschen Musik; er habe keinen Zugang zu der großen Münchner Wagner-Tradition[450]; ihm sei es allein um äußere Effekte zu tun, und diese Neigung sei typisch für artfremde Interpreten deutscher Musik. Es ist offensichtlich, wer so argumentiert, will den Gescholtenen aus der Stadt hinausekeln.

Da trat schließlich im Oktober 1916 ein mutiger Musikfreund auf den Plan, der Altphilologe und Privatdozent August Mayer, und prangerte das Treiben der Münchner Kritiker als verlogenen Schwindel und krassen Dilettantismus an. Den Gegnern Walters sei es von Anfang an um nichts anderes gegangen als um seine Entfernung aus München. Mayer zeichnete die Münchner Kritiker als bornierte Stammtischhabitués, die gern im Zorn und »im heiligen Namen der Kunst« das Bierseidel auf ihren Kritikerstammtisch aufschlagen, ohne von Kunst viel zu verstehen.[451] Dem vorlauten Privatdozenten wurde prompt der Prozess gemacht. Am 22. Februar 1917 kam es vor dem Münchner Schöffengericht zu dem so genannten Kritikerprozess, angestrengt von einer Gruppe von Zunftgenossen, in dem August Mayer des »Vergehen[s] der Beleidigung« für schuldig befunden und zu 300 Reichsmark oder wahlweise 30 Tagen Gefängnis verurteilt wurde.

Im Rückblick auf diese markante Episode des Münchner Musiklebens stand später im *Völkischen Beobachter* zu lesen, der Kritikerprozess markiere einen ersten Sieg über »jüdische Quertreibereien«: einen Sieg, »den deutsches Wesen sich erkämpft, ein[en] Sieg, der zum ersten Male in Deutschland die Riesenmacht des Judentums zu Boden zwang. Es war das erste Morgenrot, das den endgültigen Sieg der Hitlerbewegung ankündigte.«[452] Man ist versucht, diese Darstellung als die Aufschneiderei eines eifrigen Nazijournalisten zu werten: Zur Zeit des Kritikerprozesses, Anfang 1917, war von Adolf Hitler noch nichts zu sehen und zu hören. Und doch muss man es im Hinblick auf die Bedeutung Wagners und der deutschen Musik für den Nationalsozialismus als aufschlussreich bezeichnen, dass aus der Perspektive von 1933 die Angriffe auf Bruno Walter als Vorboten der Hitler-Bewegung hingestellt werden konnten.[453]

Auch Thomas Mann meldete sich zu Wort. Alles deutet darauf hin, dass August Mayers Artikel ihn dazu veranlasste, auch seinerseits dem bedrängten Dirigenten publizistischen Beistand zu leisten. In einem längeren Artikel vom Dezember 1916, dem er den harmlos klingenden Titel *Musik in München* (15.1, 184 – 202) gab und den er aus taktischen Gründen in der Berliner Zeitung *Der Tag* veröffentlichte, nahm er entschieden Partei für seinen neu gewonnenen musikalischen Mentor. Er preist Bruno Walter als einen für München neuen Typus von Künstler, als einen modern-nervösen Leistungsethiker und unbezweifelbar großen Dirigenten aus der Schule und vom Schlage Gustav Mahlers. Es fällt auf, dass er die antisemitischen Motive des Kesseltreibens gegen Walter nicht offen anprangert. Aller Wahrscheinlichkeit nach geschah dies auf Wunsch des Betroffenen, der diese hässliche Seite des Konflikts stets herunterspielte und noch in seiner Autobiographie von einer antisemitischen Hetze gegen ihn nichts zu wissen vorgab.[454]

In seinem Artikel bezieht sich Mann auf einen Essay Bruno Walters über »Kunst und Öffentlichkeit«, den dieser zu seiner Verteidigung in den *Süddeutschen Monatsheften* veröffentlicht hatte. In diesem Essay unterscheidet Walter grundsätzlich zwischen einem starren Festhalten am großen Erbe Wagners und einer dem Neuen und Außerdeutschen offenen Einstellung im Geiste Wagners. An die Adresse seiner Kritiker gerichtet, versichert er, dass die Bayreuther Festspielidee für den Opernbetrieb einer modernen Großstadt nicht tauge, und warnt vor der »gedankenlosen Ausmerzung aller außerdeutschen Produktion«. »Das ganze und eigentliche Erbe Richard Wagners«, das die Münchner Wagnerianer gepachtet zu haben wähnten, gelte es erst noch »zu erwerben, um es zu besitzen«.[455] Dies sind, bei Lichte betrachtet, tollkühne Argumente: Bruno Walter und mit ihm Thomas Mann versuchten nichts Geringeres, als den Münchner Wagnerianern das heuchlerisch als heilig ausgegebene Erbe Wagners streitig zu machen. Im Unterschied zu 1933 entfaltete sich der Streit damals noch ohne Intervention der Staatsgewalt.

Weder die Einmischungen August Mayers und Thomas Manns noch die musikalischen Erfolge Bruno Walters, der die Münchner Oper an die Spitze der deutschen Opernbühnen geführt hatte[456], vermochten das Blatt zu wenden. Zermürbt und erschöpft von den Anfeindungen nahm Bruno Walter nach zehn Jahren seinen Abschied von München. Die in seinem Abschiedsgesuch angegebenen Gründe sind beschönigender Natur; auf die eigentlichen Gründe wird nur in den zartesten Tönen angespielt.[457] Was ihn schließlich vertrieben hatte, war jedoch kein Geheimnis, nämlich ein lokalpatriotisch verstockter Antisemitismus, der nicht dulden wollte, dass das Erbe Wagners ausgerechnet in der Richard-Wagner-Stadt München in »artfremden« Händen lag. Außenstehende Beobachter der Münchner Szene waren eher bereit als die Kombattanten an Ort und Stelle, die Sache beim Namen zu nennen. Hermann Nüßle charakterisierte in der Zeitschrift *Die Musik* die Anti-Walter-Kampagne als »eine wüste antisemitische Hetze«[458], und Paul Bekker konstatierte ebenso schlicht wie zutreffend, dass Bruno Walter in München, wie auch Fritz Reiner in Dresden, der »antisemitischen Bewegung weichen«[459] mussten.

An dieser Bewegung waren allem Anschein nach die Münchner Wagnerianer einschließlich der Pfitzner nahestehenden maßgeblich beteiligt. In einem Artikel von 1922 in der *Münchner Sonntagszeitung*, als Walters Abschied von München schon beschlossene Sache war, weist der Referent auf diese, wie es scheint, stadtbekannte Allianz hin: »Wer erinnert sich nicht an die Zeit, da manche Münchner Hotels große Hakenkreuze in der Halle anbrachten und Juden die Aufnahme verwehrten. Damals setzte auch eine antisemitische Hetze gegen Bruno Walter ein, als deren Ausgangspunkt vielfach der Pfitzner-Verein genannt wurde.«[460] Offenbar hatten sich die Anhänger der Hitler-Partei, die seit 1919 in München aktiv war, die Sache der Gegner Bruno Walters zu eigen gemacht. Und diese Musikfreunde, denen es angeblich allein um die Sache Wagners und der deutschen Musik ging, ließen es geschehen, dass diese Sache von anderen zu politischen Zwecken der anrüchigsten Art vereinnahmt wurde. Hier zeichnet sich ein Verhaltensmuster ab, das noch der Protestaktion gegen Thomas Mann von 1933 seinen Stempel aufgedrückt hat. Wie umgekehrt zu bemerken ist, dass jene Aktion bereits in dem Streit um Bruno Walter und dem Zusammengehen der Walter-Gegner mit den Anhängern der Hitler-Partei vorgezeichnet ist.

Was aber jene schon zitierte Behauptung des *Völkischen Beobachters* betrifft, wonach die erfolgreiche Kampagne gegen Bruno Walter einen der frühesten Siege der Hitler-Bewegung markierte, so ist sie keineswegs, wie es auf den ersten Blick erscheinen mochte, aus der Luft gegriffen. Es kommt hinzu, dass der junge Hitler, der den Dirigenten von Wien her kannte und der ungefähr zur selben Zeit wie dieser von Wien nach München zog, ein offenbar lebhaftes Interesse an ihm nahm. Spätere Äußerungen Hitlers über Bruno Walter[461] lassen darauf schließen, dass er die Entfernung Walters so heftig wünschte wie nur einer der vielen Walter-Gegner in München. Dass Hitler selbst und seine Anhänger bei der Kampagne gegen den artfremden Operndirektor tatkräftig mithalfen, hat somit, wiewohl noch keine konkreten Belege ermittelt werden konnten, alle Wahrscheinlichkeit für sich.

Für Thomas Mann bedeutete die Anti-Walter-Kampagne insofern eine Verlegenheit, als die Drahtzieher allgemein in den Kreisen des »Hans Pfitzner Vereins für deutsche Tonkunst« vermutet wurden – ein Verein, dessen Mitbegründer er war und zu dessen Unterstützung er aufgerufen hatte (15.1, 218 – 219). Eine Zeit lang versuchte er das Unmögliche, nämlich sich sowohl Pfitzner als auch Walter gegenüber loyal zu verhalten. Zweifellos spielte dabei die Erinnerung an das beglückende *Palestrina*-Erlebnis eine Rolle. Gegen Ende der Ära Walter jedoch trat er aus dem Dunstkreis der konservativen Revolution heraus und sagte sich von dem

Pfitzner-Verein los – ein Schritt, der, als Verrat ausgelegt, weder vergessen noch verziehen werden sollte.

* * *

Zum neuen Mann an Bruno Walters Stelle wurde Hans Knappertsbusch berufen. Dem damals Vierunddreißigjährigen gelang es im Nu, den heiligen Speer, den Klingsor Walter entweiht hatte, den grollenden Gralsrittern zurückzubringen. Fortan gerierte sich Knappertsbusch selbstbewusst als der Hüter des Grals – ein Amt, für das er sich gleichsam gesalbt wähnte. Der Sohn eines Elberfelder Fabrikanten, der eine Dissertation über »Das Wesen der Kundry in Wagners Parsifal«[462] geschrieben hatte und der von 1909 bis 1911 in Bayreuth Assistent von Siegfried Wagner und Hans Richter war, kam den Erwartungen der Münchner Wagnerianer in jeder Hinsicht entgegen. Ein hoch gewachsener blond-germanischer Typ von tadellos nationaler Gesinnung, pflegte er einen Dirigierstil, dessen Legitimität er über Hans Richter, dem Dirigenten des ersten Bayreuther *Ring*, vom Meister selbst herleitete: dynamisch variabel, *al fresco* statt detailverliebt, der momentanen Inspiration vertrauend, Proben und intellektuelles Kalkül verschmähend. Knappertsbusch dirigierte zuerst als Gast im Mai 1922 in München, unter anderem *Die Walküre* und *Die Meistersinger*. Im Vorfeld dieses Gastspiels hatte er den Intendanten Karl Zeiss wissen lassen: »Ich finde es nicht ganz ohne Bedeutung, wenn ich in der Wagner-Stadt München mein Wagner-Credo auch nach außen hin zeige; daher hätte ich gern außer den Meistersingern und den Tristan oder Siegfried oder Walküre auch Götterdämmerung dirigiert.«[463] Die Rede vom »Wagner-Credo« signalisiert deutlich genug, dass Wagner ihm eine Glaubenssache war – Glaube an ein als heilig empfundenes Erbe. Und die Bezeichnung »Wagner-Stadt München« ist ein unüberhörbarer Vorklang auf das Manifest von 1933. Wie eng gefasst er seine Wagner-Treue verstand, mag man daraus ersehen, dass er einen Wotan ohne den traditionellen Bart als eine Ungehörigkeit empfand.[464]

Die ersten Auftritte von Walters Nachfolger fanden eine nahezu einhellige Zustimmung sowohl beim Publikum als auch bei der Münchner Kritik, die sich förmlich überschlug vor Entzücken. Skeptische Stimmen wie die Alfred Einsteins in der *Münchner Post*, der Zeitung der Münchner

Sozialdemokratie, waren die Ausnahme. Der bedeutende Musikologe, dem aus rassischen Gründen eine akademische Karriere in Deutschland verwehrt wurde, schrieb 1922, als der Weggang Bruno Walters schon beschlossen war: »Ein Teil der Masse, die man Münchner Publikum nennt, scheint das Gastspiel von Knappertsbusch nicht unter dem Gesichtspunkt des Gedeihens unserer Münchner Oper betrachtet zu haben, sondern unter dem der Gewinnung eines guten Wagner-Dirigenten, der Bruno Walter angeblich nicht sei oder gewesen sei: das Urteil ist dabei nicht durch Levi und Mottl, sondern mehr durch Löwenbräu und Feldherrnhalle bestimmt worden.«[465] Offenbar gab man auf das Urteil Einsteins nichts; er zählte sichtlich zu jenen jüdischen Quertreibern, die perverserweise an dem »artfremden« Walter festhalten wollten. Knappertsbusch bekam zunächst einen Einjahresvertrag und wurde sodann auf Lebenszeit berufen. München war damit auf dem besten Weg, jene Richard-Wagner-Stadt zu werden, als die sie sich 1933 zu erkennen gab. Dabei wurde die Rolle Knappertsbuschs, der längst als das Haupt der Münchner Wagnerianer galt, auch außerhalb der völkischen Kreise allgemein gewürdigt. »Die Münchner Oper«, so schließt ein Huldigungsartikel von 1932 aus der Feder von Alexander Berrsche, dem damals tonangebenden Münchner Kritiker und Mitunterzeichner des Protests gegen Thomas Mann, habe »allen Grund, der zehnjährigen Wirksamkeit ihres musikalischen Führers zu gedenken. Nicht zuletzt deshalb, weil es gerade sein Verdienst ist, die Grundzüge der echten Wagnertradition durch Zeiten allgemeiner künstlerischer Verflachung und Anarchie gerettet und bewahrt zu haben.«[466]

Der Wechsel an der Spitze der Münchner Oper, der allgemein aufs lebhafteste begrüßt wurde, hatte für Mann eine Signalwirkung und zeitigte ungeahnte Konsequenzen. Außer ihm war es allein Alfred Einstein, der den Wechsel offen bedauerte. In einem Bericht in der *Frankfurter Zeitung* konstatierte Einstein eine »Krise« des Münchner Musiklebens, »die es schwer macht, noch von Übergang und nicht von Niedergang zu reden«.[467] Wenig später bescheinigte er Knappertsbusch nach einem Mozart-Dirigat »völlige Ahnungslosigkeit von diesem Größten« und fasste sein Urteil über den neuen Münchner Opernchef wie folgt zusammen: »Ein Unglück für Knappertsbusch ist es, daß er, der in seinen Grenzen ein glänzender zweiter Kapellmeister ist, an erster Stelle steht […]. Und so steht denn die Münchner Oper nicht mehr an erster Stelle.«[468]

Zuvor schon hatte Mann zu dem Wechsel Stellung genommen. In seinem Kulturbericht vom Juli 1923 für die New Yorker Zeitschrift *The Dial* würdigte er noch einmal eingehend die Ära Walter und die Verdienste Bruno Walters »um die Oper der bayrischen Hauptstadt«. (15.1, 687) Knappertsbusch hingegen wird mit keinem Wort erwähnt. Stattdessen kommt Mann auf etwas anderes zu sprechen: die antisemitische Vergiftung der Atmosphäre der einstmals heiteren, heute aber verdüsterten Stadt an der Isar. Hier schon fällt der Name Hitler – ein halbes Jahr vor dem Putschversuch, mit dem dieser die politische Bühne betrat. »München«, so erklärte Thomas Mann seinen amerikanischen Lesern, sei heute »die Stadt Hitlers, des deutschen Fascistenführers, die Stadt des Hakenkreuzes, dieses Symbols völkischen Trotzes und eines ethnischen Aristokratismus, dessen Gebaren freilich nichts weniger als aristokratisch ist« (15.1, 694). In Manns Augen zeichnet sich somit schon hier jene ominöse Konstellation Wagner – München – Hitler ab, die zehn Jahre später eine tiefe Zäsur in dem Kampf um das Erbe Wagners markieren sollte. Und umgekehrt konnte es Knappertsbusch nicht verborgen geblieben sein, dass sein Rotarier-Freund Thomas Mann für alles stand, wovor er, der die »große Ehre« hatte, »die Münchner Wagner-Pflege [...] zu betreuen«, das heilige Erbe zu bewahren entschlossen war.

* * *

Im Sommer 1925 erfüllte sich Adolf Hitler einen lang gehegten Herzenswunsch und besuchte zum ersten Mal die Wagner-Festspiele. Seit er am 1. Oktober 1923 Wahnfried seine Aufwartung gemacht hatte[469], durfte er als ernst zu nehmender Akteur auf der politischen Bühne gelten. Und seit Houston Stewart Chamberlain und Winifred Wagner ihn in offenen Briefen als den künftigen Heilsbringer identifiziert hatten[470], galt er der Wagner-Gemeinde als der künftige, politische Sachwalter des heiligen Erbes. Für jeden, der sehen konnte, war deutlich genug zu erkennen: Hier war, »dem Abgrund entstiegen«, ein neuer Prätendent erstanden, der sich anschickte, das Erbe Wagners entschlossen an sich zu reißen – unter Zustimmung der großen Mehrheit der deutschen Wagnerianer.

Thomas Mann war einer der wenigen, die damals begriffen, was für ein schlimmes Spiel hier gespielt wurde. Schon 1925 warnte er vor dem Missbrauch Wagners zum Zwecke der Volksverführung. Bei den »Restaurationsversuchen Bayreuths« müsse Wagner als »Schutzherr einer höhlenbärenmäßigen Deutschtümelei und Vertreter roher Biederkeit« herhalten, während der eigentliche Wagner, der Wagner Baudelaires und Nietzsches, unterdrückt werde (15.1, 1022). Es ist durchaus bemerkenswert und einzigartig, dass Thomas Mann hier schon das gefährliche Potenzial Wagners als Medium der »Verführung« und »Düpierung« des deutschen Volkes erkennt und beim Namen nennt. Er näherte sich damit einer politischen Deutung des deutschen Wagner-Kults, wie sie Heinrich Mann schon vor dem Krieg im *Untertan,* in seiner Satire auf *Lohengrin* und den deutschen Wagner-Kult artikuliert hatte. Nicht weniger bemerkenswert ist seine Erkenntnis, dass die Vorgänge in und um Bayreuth im Lichte zweier rivalisierender Wagner-Bilder zu deuten seien: eines völkisch nationalistischen und eines artistisch-kosmopolitischen.

Etwa zur selben Zeit, aus Anlass einer Faksimileausgabe der *Tristan*-Partitur, die man ihm zum Geburtstag geschenkt hatte, konstatierte Thomas Mann eine Diskrepanz, die heute größer sei denn je, zwischen dem »ästhetischen Zauber« des Wagner'schen Werkes und dem ethischen Verantwortungsbewusstsein des nationalen Wagner-Kults. Auch ihm, so gesteht er, bedeute Wagners *Tristan* immer noch ein »Letztes, Höchstes, Geliebtestes«. Gleichwohl ermahnt er sich selbst nicht weniger als seine Leser, von der Welt des *Tristan* innerlich Abschied zu nehmen. Wagner, so beschwört der *Zauberberg*-Autor seine Zeitgenossen, sei einfach »nicht zuträglich der europäischen Seele, welche dem Leben und der Vernunft zu retten ein hartes Stück Arbeit« und eine Sache der Selbstüberwindung sei (15.1, 1011). Mit dem Nietzsche'schen Begriff der Selbstüberwindung ist ein entscheidendes Stichwort zum Verständnis der inneren Biographie Thomas Manns benannt; es bietet den Schlüssel zum Verständnis seines schwierigen Entwicklungsgangs vom Bekenntnis zur Republik bis zum *Doktor Faustus.*

Selbstüberwindung praktizierte Thomas Mann zunächst im Hinblick auf Pfitzners *Palestrina.* Noch 1923 sagt er von diesem Werk, dass es als »geistige Erscheinung die gesamte zeitgenössische Opernproduktion [...] um Haupteslänge überragt«. (15.1, 687f.) Freilich erleichterte ihm Pfitzner die Selbstüberwindung, indem er seinerseits die Freundschaft zu dem einstigen Verkünder seines Werkes aufkündigte. Das geschah taktloserweise zu Thomas Manns 50. Geburtstag. In dem Geburtstagsbrief bekannte Pfitzner, »daß mich Ihre letzten öffentlichen ›politischen‹ […] Kundgebungen schmerzlich Ihnen entfremdet haben«.[471] Vorausgegangen waren Manns Bekenntnis zur Republik am 15. Oktober 1922 sowie die Kürzung der *Betrachtungen eines Unpolitischen* in der Neuauflage von 1922. Dieser vom Verleger gewünschten Kürzung waren einige demokratiefeindliche und nationalistische Formulierungen zum Opfer gefallen, die seinen ehemaligen Gesinnungsgenossen von der konservativen Revolution besonders teuer waren. Arthur Hübscher und Paul Nikolaus Cossmann, die zum engsten Kreis um Pfitzner gehörten, verwickelten den politisch »verschlankten« Autor 1927 in eine öffentliche Polemik über jene Streichungen, die ihm als Verrat und Abfall vom Deutschtum ausgelegt wurden.[472] Es hat durchaus seine fatale Stimmigkeit, dass im Protest der Münchner Wagnerianer, der zudem in Cossmanns *Münchner Neuesten Nachrichten* erschien, Thomas Mann der Abfall von seiner »nationalen Gesinnung« noch einmal gleichsam unter die Nase gerieben wurde. Waren Pfitzners Freunde 1928 der rhetorischen Brillanz Thomas Manns, der in zwei scharfen Artikeln – »Antwort an Arthur Hübscher« (XIII, 602–607) und »Die Flieger, Cossmann, ich« (XIII, 609–613) – seine Widersacher verspottete, noch wehrlos ausgeliefert, so wussten sie 1933 die Kräfte der »nationalen Erhebung« hinter sich. Diese Kräfte machten sich – ein Jahr vor dem Wagner-Protest – die von Hübscher und Cossmann artikulierten Vorwürfe gegen Thomas Mann zu eigen und benutzten sie in ihrer Kampagne gegen den als unpatriotisch und opportunistisch beschimpften, prominentesten Verteidiger des »Systems« der Weimarer Republik: Ein Artikel im *Völkischen Beobachter* vom 16. Januar 1932 bedient sich der gleichen Taktik und Argumente gegen den Verfasser der *Betrachtungen* wie im Jahr darauf die Münchner Wagnerianer.[473]

Als ein wesentlicher Punkt in der schrittweisen Verfeindung der einstigen Verbündeten müssen Pfitzners Sympathiebekundungen für Hitler seit 1923 gewertet werden. Als Hitler noch ein »kleiner Volksredner« war, über München hinaus noch kaum bekannt, empfing Pfitzner ihn zu einer längeren Unterredung im Schwabinger Krankenhaus. Man redete über den »Krieg und seine Auswirkungen, über Judenhaß und Antisemitismus und […] Otto Weininger«.[474] Keinem Beobachter konnte verborgen bleiben, dass sich Pfitzner als Patriot wie als Musiker von Hitler angezogen fühlte. Man wird es als Zeichen der ideologischen Vorreiterrolle Pfitzners auf der Münchner Musikszene werten dürfen, dass er als Erster Thomas Mann als politischen Gegner identifizierte. Bezeichnenderweise tischte er in der Replik auf Willi Schuh jenen Brief an Thomas Mann von 1925 auf, um zu belegen, dass die Trennung von dem einstigen Verbündeten nicht erst jüngsten Datums sei. Angesichts der offenkundigen Sympathie Pfitzners für den Nationalsozialismus als Weltanschauung, im Unterschied zum Regime, will es wenig bedeuten, dass er nie Parteimitglied wurde und sich im Dritten Reich, wie auch sonst, missverstanden und boykottiert wähnte.

* * *

Die Distanzierung von Thomas Mann fand ihre logische Entsprechung in Pfitzners Annäherung an Knappertsbusch, dessen Musikpflege primär dem Wagner-Erbe gewidmet war. Obgleich das persönliche Verhältnis der beiden eigentlich kühl und gespannt war und es schon 1934 zum offenen Bruch kam[475], entwickelte sich seit Knappertsbuschs Anfängen in München zwangsläufig jene Interessenkoinzidenz in Sachen Wagner, die die entscheidende Voraussetzung bildete für ihr Zusammenstehen gegen Thomas Mann 1933. Im Jahre 1929 war Pfitzner endlich, nach langjährigem Betreiben des Pfitzner-Vereins, als Kompositionslehrer an die Münchner Akademie der Tonkunst berufen worden. Knappertsbusch, der dem Verein angehörte, fiel es zu, die Münchner Feierlichkeiten zu Pfitzners 60. Geburtstag zu leiten. Sie gestalteten sich zu einer extravaganten Ehrung, der größten, die dem Komponisten des *Palestrina* und der programmatischen Kantate *Von deutscher Seele* vergönnt war. Während einer Pfitzner-Woche kamen praktisch alle seine Werke zur Aufführung; den Abschluss bildete eine große »Kundgebung für die deutsche Kunst« am 5. Mai 1929. Ausführlich berichtete darüber der *Völkische Beobachter* in dem ihm eigenen Stil und Geist: »2000 Mitwirkende stellten sich in den Dienst dieser heiligen Sache, die Knappertsbusch mit gewohnter Meisterschaft leitete und die überwältigend getragen war von Hans Sachsens Gebot: ›Ehrt eure deutschen Meister!‹«[476] Wie 1924 in Bayreuth machte das Absingen des Deutschlandlieds den Beschluss dieser Festaufführung der *Meistersinger* zu Ehren Pfitzners. Seither durften Knappertsbusch und Pfitzner, der außerdem einen Gastspielvertrag bei der Oper und beim Münchner Konzertverein hatte, als die beiden Hauptpfeiler des musikalischen Establishments in München gelten. Als solche waren sie nicht zuletzt auch für die würdige Gestaltung der Feiern zu Wagners 50. Todestag am 9. Februar 1933 mitverantwortlich.

In München hatte man sich für diesen Anlass mehr vorgenommen als in anderen Städten. Alle Bühnenwerke Wagners, einschließlich der Jugendwerke, sollten mustergültig zur Aufführung kommen. Der Anspruch Münchens, als *die* Wagner-Stadt Deutschlands zu gelten, sollte nachdrücklich untermauert werden. Für Knappertsbusch, der seit seiner Assistenz bei Hans Richter nach Bayreuth als seinem künstlerischen und weltanschaulichen Mekka blickte, dort aber noch nie hatte dirigieren dürfen, bot das Wagner-Jubiläum von 1933 die einmalige Chance, sich zu profilieren. Darüber hinaus versprach er sich von dem Gedenkjahr geistige Anstöße für die »zukünftige Entwicklung der Oper«. Die gegenwärtige »geistige Unproduktivität« in der Weimarer Republik, erklärte er in einem Interview zu Weihnachten 1932, sei auf nichts anderes als auf die Veruntreuung des Wagner'schen Erbes zurückzuführen; in der »Abtrünnigkeit der jungen Generation von Wagner« liege der »ganze Schlüssel« für die gegenwärtige Sterilität.[477]

Viel stand also auf dem Spiel für Knappertsbusch beim Anbruch der neuen Zeit. Verständlich, dass er auf jeden vermeintlichen Unterminierungsversuch allergisch reagierte und entschlossen war, dem Störenfried seine »weiß-blauen Wunder« zu weisen. Noch dazu in einem so publizitätswirksamen Fall wie dem Thomas Manns, der die Richard-Wagner-Stadt in der Auseinandersetzung von 1928 um München als Kulturzentrum als »Hort der Reaktion« und als »Sitz aller Verstocktheit und Widerspenstigkeit gegen den Willen der Zeit« angeprangert hatte; die Stadt sei durch »antisemitischen Nationalismus und Gott weiß welche finsteren Torheiten« vergiftet (x, 223 f.). Abgesehen von solchen Nestbeschmutzungen lag gegen Mann in Sachen Wagner ein beträchtliches Sündenregister vor – Gründe genug, um gegen diesen Mann im Namen Wagners zu protestieren; aus der Sicht der Münchner Gralshüter waren es durchaus zwingende Gründe.

Nach allem, was hier rekonstruiert worden ist, kann keine Rede mehr davon sein, dass die Protestaktion gegen Thomas Mann nichts mit Wagner zu tun hatte. Der Eindruck, dass hier der bare politische Opportunismus am Werk war, rührt in erster Linie daher, dass der Aktion der Münchner Wagnerianer eine Serie von Ereignissen vorangegangen war, die den *Protest* auf den ersten Blick als Ausfluss der »nationalen Erhebung« erscheinen lassen: die Ernennung Adolf Hitlers zum Reichskanzler, das Ermächtigungsgesetz, die Gleichschaltung der Medien, der Theater usw. Auch die behördlichen Maßnahmen gegen Thomas Mann im Gefolge des Wagner-Protests scheinen auf eine parteioffizielle Initiative zu deuten. Doch der Anschein trügt. Die Initiative ging von Knappertsbusch als dem hauptverantwortlichen Betreuer der »Münchner Wagner-Pflege« aus. Die eigentlichen Beweggründe reichen jedoch weit zurück bis zum Anfang der Walter-Ära.

Was nun dem Wagner-Protest seine von den Initiatoren sicher nicht vorhergesehene explosive Wirkung verlieh, war eine vorübergehende, durch das Wagner-Jubiläum begünstigte Interessenidentität der völkisch-national gesinnten Kulturträger mit den Kräften der »nationalen Erhebung«. In beiden Lagern galt Thomas Mann als eine Zumutung und Provokation: Den einen war er ein Halbbolschewik und »Gegner der nationalen Bewegung«, den anderen galt er als Abtrünniger, Nestbeschmutzer und ein in Sachen Wagner Unbefugter. Erst aufgrund des Zusammenwirkens dieser beiden Faktoren weitete sich die lokale Wagner-Affäre zur nationalen Exkommunikation des prominentesten deutschen Schriftstellers aus. Von hier führt eine direkte Linie zur offiziellen Ausbürgerung Thomas Manns am 2. Dezember 1936, die im *Völkischen Beobachter* unter der bezeichnenden Überschrift *Ausstoßung von Volksschädlingen* bekannt gegeben wurde.

Nicht zu verkennen ist schließlich, dass der Wagner-Affäre von 1933 eine geradezu emblematische, historische Bedeutung zuzuerkennen ist. Das Zusammengehen des national gesinnten Bildungsbürgertums mit den Nationalsozialisten im Namen Wagners hat das Dritte Reich ermöglichen helfen: Es war eine entscheidende Weichenstellung auf dem Weg dorthin. Im *Doktor Faustus* hat Thomas Mann versucht, diesen Zusammenhängen von Musik und Politik auf den Grund zu kommen – melancholisch sinnierend über die Ambivalenzen des vermeintlich unpolitischen »Kulturglücks«, dem er sich selbst in der Hochzeit seiner Wagner-Schwärmerei bis hin zu dem *Palestrina*-Erlebnis sorglos überlassen hatte, und im klaren Bewusstsein des *tua res agitur*.

14. Wider die »stehengebliebene Wagnerei«: Ernest Newman, Thomas Mann, Adorno

Die ereignisreiche zweite Europareise nach dem Krieg führte Thomas Mann im Frühjahr 1949 zunächst nach England, wo er am 13. Mai die Ehrendoktorwürde der Oxford University entgegennahm. In den darauf folgenden Tagen, die er in London verbrachte, sprach er vor dem englischen P. E. N.-Klub sowie in der Wiener Library, die der Erinnerung an die Naziverbrechen gewidmet ist. Einen Höhepunkt besonderer Art, jedoch eher intimer Natur, war die Begegnung mit Ernest Newman, dem großen Wagner-Biographen und Doyen der englischen Musikkritik. Das auf dieser Reise oft nur summarisch geführte Tagebuch verzeichnet dazu lediglich ein »Lunch mit Warburgs [dem Verleger Frederic Warburg und seiner Frau] und dem alten Ernest Newman« (19. 5. 1949) und lässt nicht ahnen, welche Bedeutung diese Begegnung für ihn hatte.

Einen Monat später in einem Brief aus Zürich an Agnes E. Meyer erfahren wir etwas mehr über dieses denkwürdige Rencontre. Zum Abschluss seines die bisherige Reise zusammenfassenden Briefes schreibt Mann: »Mit dem alten Newman hatten wir in London ein sehr nettes Zusammensein. Ich bilde mir etwas ein auf seine lebendige Anteilnahme am ›Faustus‹.«[478] Eine bemerkenswerte Charakterisierung, die uns neugierig macht! Was kannte Thomas Mann von Newman, einem Musikschriftsteller, dessen Werkverzeichnis der neuesten Ausgabe des *New Grove Dictionary of Music and Musicians* zufolge immerhin 21 Werke umfasst, zum Teil mehrbändige? Welche Form nahm Newmans Anteilnahme am *Doktor Faustus* an? Was verbindet und was trennt diese beiden bedeutenden Wagnerianer? Und inwiefern durfte sich Mann etwas darauf einbilden, in Newman einen wohlgesinnten Fürsprecher zu besitzen?

* * *

Ernest Newman gilt heute als einer der Großen des englischen Musiklebens. Er war ein Riese unter Zwergen – so der englische Musikritiker Peter Heyworth.[479] Newmans Freund und Protegé Walter Legge schrieb über ihn, niemand in England habe mehr getan »to raise the standard of performances, to broaden the repertoire, and to educate the public« als Newman, der sich stets bemühte, so zu schreiben, dass der sprichwörtliche »common man« ihn verstehen konnte.[480] William Mann, selbst ein distinguierter Musikkritiker und der Autor des Artikels über Newman im *New Grove*, bezeichnet ihn schlicht als den »most celebrated British music critic in the first half of the 20th century«. Autodidakt, der er war, erlangte Newman seine herausragende Stellung erst auf Umwegen. Geboren wurde er als William Roberts 1868 in Everton bei Liverpool. Dem Wunsch seines Vaters entsprechend, eines walisischen Schneidermeisters, wollte er nach Absolvierung des Liverpool College in den prestigeträchtigen Kolonialdienst eintreten. Aus Gesundheitsgründen daran gehindert, entschied er sich zunächst für das Bankfach, begann aber schon bald nebenher Artikel zu schreiben, und zwar unter dem Pseudonym Ernest Newman.

Über diese erste Phase von Newmans schriftstellerischer Tätigkeit ist wenig bekannt. Seine intellektuellen Interessen waren zunächst auf die Philosophie gerichtet.[481] Davon zeugt sehr eindrucksvoll sein 1897 erschienenes Buch: *Pseudo-Philosophy at the End of the Nineteenth Century*[482], eine Attacke gegen die philosophisch verbrämte Theologie der Darwin-Gegner von einem konsequenten Rationalisten, dem jede Form von Irrationalismus zuwider war und der sein Buch demonstrativ dem Andenken Charles Darwins widmete. Er wollte als Anwalt progressiver Ideen angesehen werden – als ein »new man in earnest« – und legte deshalb seinen angestammten Namen ab, um von nun an als Ernest Newman Anerkennung und Ruhm zu erwerben.[483] Newman, umgeben von dem regen Musikleben des »North of England«, das in den Symphonieorchestern von Manchester (Hallé Orchestra) und Liverpool seine wichtigsten Exponenten hatte, widmete sich nun mehr und mehr dem Studium der Musik und dem Schreiben über Musik und profilierte sich als Anwalt der musikalischen Moderne seiner Zeit mit besonderer Bevorzugung von Hugo Wolf, Richard Strauss und Edward Elgar. Der Erfolg seines ersten Buches *Gluck and the Opera* (1895) erbrachte ihm einen kurzzeitigen

Lehrauftrag am Midland Institute of Music in Birmingham. Außerdem führte diese erste Publikation zu dem Auftrag, ein Buch über Wagner zu schreiben. Es war der Beginn seiner lebenslangen, passionierten Beschäftigung mit Leben und Werk Wagners. Im Jahr 1905 wechselte Newman den Beruf und widmete sich ganz der Musikkritik, zunächst beim *Manchester Guardian*, sodann zwölf Jahre lang bei der *Birmingham Daily Post*. 1919 verlegte er seine Kritikertätigkeit nach London, wo er zunächst für die Sonntagszeitung *The Observer* schrieb und von 1920 bis kurz vor seinem Tod 1959 für *The Sunday Times*. Von London aus entfaltete Newman eine weltweite Wirkung, da seine Kolumnen oft von anderen Zeitungen, einschließlich amerikanischen, übernommen wurden. Zeitgenossen berichten, dass die Lektüre der sonntäglichen Musikkolumnen Newmans, ihrer Gelehrsamkeit, ihres Witzes und ihrer Sarkasmen wegen, auch in den nichtmusikalischen Kreisen des gebildeten London *de rigueur* war.

Newmans Hauptwerk *The Life of Richard Wagner* umfasst zirka zweieinhalbtausend Seiten und ist in vier starken Bänden 1933, 1937, 1940 und 1947 erschienen – eine Zeitspanne, die Manns Arbeit an den *Joseph*-Romanen (1927 – 1943) noch übertrifft, wenn man die dem ersten Band vorausgehenden jahrelangen Recherchen mitzählt. Die Beschäftigung mit Wagner begann schon in Liverpool und zeitigte zunächst 1904 in der Reihe »Music of the Masters« *A Study of Wagner* – eine Schrift, von der er sich später distanzierte. Dieser ersten Annäherung an sein Lebensthema folgten 1914 *Wagner as Man and Artist* und 1931 *Fact and Fiction about Wagner*, ein Buch, das in seiner ikonoklastischen Grundeinstellung als unmittelbare Vorstufe zu seinem Hauptwerk zu betrachten ist. Nach dessen Abschluss schickte Newman 1949 mit *Wagner Nights* seine eindringlichen Werkbetrachtungen nach – ein Buch, das sich heute noch weiter Verbreitung erfreut.

Newmans große Biographie hat im englischen Sprachraum als Modell und Vorbild breite Anerkennung gefunden. Der englische Philosoph Michael Tanner, selbst Autor einer bewundernswerten Studie über Wagner, hält sie, wiewohl in einigen Details veraltet, für bis heute unübertroffen; das Buch habe trotz seiner Länge etwas Hypnotisch-Bezwingendes.[484] Ein amerikanischer Rezensent bezeichnete Newmans Werk zu Recht als »an example of correct biographical procedure«.[485] Die Grundsätze seiner biographischen Methode hat Newman im Vorwort zum ersten Band in aller Kürze dargelegt. Es sind bemerkenswert pragmatische und in ihrem Wahrheitsanspruch bescheidene Grundsätze. Da immer wieder neue Dokumente aufgefunden werden und unser Wissensstand stets im Fluss ist, dürfe kein Biograph so tun, als besitze er die »final truth«. Der Biograph habe lediglich darauf zu achten, dass alle seine Aussagen und Schlüsse nicht etwa auf einer Auswahl, sondern auf der Gesamtheit der ihm zur Verfügung stehenden dokumentarischen Evidenz beruhen. Dies impliziert eine prinzipielle Kritik an dem in Bayreuth praktizierten, üblen Spiel mit der Kontrolle des Informationsflusses und der Auswahl, wenn nicht gar Fälschung von Dokumenten. Ebenso unabdingbar ist für Newman, dass der Biograph den musikalischen, ökonomischen und gesellschaftlichen Kontext, in den sich Wagner gestellt sah, in möglichster Dichte rekonstruiert. Dabei sei es wichtiger, genaue Rechenschaft über Wagners Finanzen abzulegen als über die Frauen in Wagners Leben, denn die Kenntnis seiner ökonomischen Situation »may not be as piquant as the other, but it is decidedly more vital«.[486] Und selbstverständlich könne der Biograph keine Rücksicht darauf nehmen, dass bei der Betrachtung der »more unpleasant features of his subject's character« das Bild seines Helden befleckt werde. Wie um seine Leser zu beschwichtigen, fügt Newman hinzu: »The character of no human being, not even were he a saint, as saints go, could come unflecked through so microscopic an examination as is possible, and indeed necessary, in the case of Wagner.«[487] Zu einer Zeit, als das Wort des Meisters noch ohne Abstriche zu gelten hatte, bestand Newman auf einer prinzipiellen Skepsis gegen alle Selbstaussagen Wagners. Seine Skepsis richtete sich auch gegen gewisse Wagner'sche Lieblingsbegriffe wie zum Beispiel Erlösung, womit er persönlich nichts anfangen könne.

In aller Entschiedenheit stellte sich Newman gegen die Hagiographie eines Glasenapp, den er unumwunden einen »blind partisan« nennt[488], und gegen die Propaganda eines Chamberlain, dessen Rassismus er verachtete. Seine Einstellung gegenüber den ideologischen Obsessionen Wagners war die einer stummen, kalten Verachtung.[489] Eine Ausnahme bildet Wagners notorischer Aufsatz *Das Judentum in der Musik*. Newman nennt ihn einen »savage article«, die vermehrte Neuauflage 1869 eine Narrheit (»folly«).[490] Freilich betrachtet er Wagners Antisemitismus lediglich als eine ideologische Verirrung unter anderen; noch bestand kein Anlass, sich über den die neuere Wagner-Diskussion dominierenden Zusammenhang von Antisemitismus und Holocaust Gedanken zu machen. Allerdings war er sich der schlimmen Kontinuität des Bayreuther Antisemitismus und seiner gegenwärtigen Ausprägung durchaus bewusst. Das geht u. a. aus seiner Besprechung von Cosimas Korrespondenz mit dem Prinzen von Hohenlohe-Langenburg hervor. Cosimas Obsession mit »dem« Juden ziehe sich wie ein Leitmotiv aus dem *Ring* durch ihre Briefe, nur mit dem Unterschied, dass Cosima ihr Leitmotiv tausendmal wiederhole, jedoch ohne die geringste Variation. Das alles lese sich heute, 1938, als hätte es auch gestern von »any leading Nazi« geschrieben sein können.[491] Was jedoch den selbstbewussten Briten weit mehr irritierte und seinen Widerstand mobilisierte, war die deutsche Wagner-Forschung, die im Sinne Chamberlains und Hitlers den deutschen Anspruch auf Weltherrschaft damit begründete, dass die Überlegenheit der deutschen Kultur, zumal der Musik, in der germanischen Rasse verankert sei – ein Argument, das bereits im Ersten Weltkrieg der deutschen Selbstrechtferigung dienen musste.[492] Dagegen polemisierte Newman in der *Sunday Times*, so etwa am 20. März 1938 in einem besonders erbitterten Artikel.[493] Unter dem Strich summiert sich Newmans Engagement in Sachen Wagner zu einem massiven Einspruch gegen das gesamte unkritische, mehr oder weniger Bayreuth-hörige deutsche Wagner-Schrifttum und bewährte sich eben dadurch als eine Bastion der Besonnenheit in einem Meer des Wahns.

Was die Lektüre von Newmans Wagner-Biographie noch heute so ansprechend erscheinen lässt, ist die Selbständigkeit seines Urteils, seine Furchtlosigkeit angesichts jeder Form von Autorität sowie die inquisitorische Lust des die Archive durchwühlenden Einzelkämpfers, die allen seinen Artikeln und Büchern etwas erfrischend Unakademisches verleiht. Als ein Sohn Liverpools, der nachmaligen Wiege der Beatles, bewahrte sich Newman, der zeitlebens Boxkämpfe und Fußballspiele besuchte und der ein Cricketspiel mit derselben Finesse zu beschreiben vermochte wie symphonische Konzerte[494], etwas von der unzeremoniösen Kampfbereitschaft, die den aus kleinen Verhältnissen stammenden Autodidakten, der sich in rauer Umgebung behaupten musste, kennzeichnet und ihm seine unverwechselbare intellektuelle Physiognomie verleiht. Heyworth fasst den einzigartigen Charakter dieses Musikkritikers wie folgt zusammen: »Newman was a great critic because he was a big man. It was this that gave him unique authority over a huge readership, the majority of which had only a marginal interest in music […].«[495]

Bei allem Fleiß, bei aller Umsicht und unerachtet seines gesunden Menschenverstands und seiner abgebrühten Menschenkenntnis, die selbst einem Adorno Bewunderung abnötigte[496], sind Newman Fehler unterlaufen, die einige seiner Positionen anfechtbar erscheinen lassen. Er selbst wäre wohl der Letzte gewesen, Unanfechtbarkeit zu reklamieren, und der Erste, sich im Lichte neuer Evidenz zu korrigieren. Solche Korrekturbedürftigkeiten im Detail tun jedoch der Frische und Plausibilität von Newmans Wagner-Porträt keinen Abbruch.

Beispielhaft für die Hochschätzung Newmans in der englischsprachigen Wagner-Literatur ist Robert Gutmans große, 1968 in New York erschienene Studie *Richard Wagner. The Man, His Mind, and His Music*. Gutman kritisiert und korrigiert Newman in einigen aufschlussreichen Details, lässt aber keinen Zweifel an seiner Hochachtung für seinen Vorgänger, auf dessen Schultern er stehe. Was Gutman diesem voraushat, ist ein aus der Lektüre Adornos gewonnenes, geschärftes Bewusstsein von der Rolle des Antisemitismus in der Vorgeschichte des Holocaust. In diesem Sinne distanziert sich Gutman von Newmans Charakterisierung des *Parsifal* als eines »song of love and pity«, die er als zu gutgläubig und naiv hinstellt angesichts der von Newman vernachlässigten Nähe von Wagners Abschiedswerk zu den rassistischen Regenerationsschriften. In dem Kapitel über *Tristan* weist er nach, dass Newman im Irrtum war, als er meinte, das befremdliche Personalpronomen »ihn«, das Isolde in Bezug auf Tristans Verhältnis zu Melot verwendet, durch ein vermeintlich weniger anstößiges »ihm« ersetzen zu dürfen.[497] Wie Thomas Mann und Adorno widerspricht auch Gutman Newmans verharmlosender Darstellung der Gründe für Nietzsches Flucht im ersten Festspielsommer aus Bayreuth nach Klingenbrunn; sie schreibt sich, wie Gutman meint, von Newmans Antipathie gegen Nietzsche her. Und ganz im Sinne von Adornos Newman-Besprechungen, auf die später einzugehen ist, schilt er dessen Gutgläubigkeit hinsichtlich Wagners Eintreten gegen die Vivisektion. Gutman rückt Wagners Mitleid mit dem Tier mit dem Hinweis auf Heinrich Himmlers Tierliebe, die jedoch Newman offensichtlich unbekannt war, in ein mentalitätsgeschichtlich höchst zwiespältiges Licht.

Wie Gutman betrachtet sich auch der Philosoph Bryan Magee, Autor zweier glänzender Studien zu Wagner und Schopenhauer[498], als ein in Newmans Schuld Stehender. Dies hindert ihn jedoch nicht daran, auf ein nicht unbeträchtliches Manko seiner Biographie aufmerksam zu machen. Sobald sich Newman auf das Gebiet der Philosophie begebe, so Magee, komme er, philosophisch ungeschult, wie er nun einmal sei, ins Schwimmen; insbesondere sei seine Darstellung von Wagners Verhältnis zu Schopenhauer unangemessen und zum Teil fehlerhaft.[499] In demselben Sinne respektvoller Richtigstellung verweist Barry Millington auf eine uncharakteristisch spekulative Konstruktion Newmans, der aus einer Bemerkung Cosimas über ein Motiv des *Siegfried-Idylls* den Plan zu einem Streichquartett postuliert, dem so genannten »Starnberg Quartett«.[500] Millington weist nach, dass diese Spekulation Newmans aus chronologischen Gründen unhaltbar ist.

All diese Richtigstellungen und Vorbehalte ändern nichts an der Tatsache, dass Newmans *Wagner* das für die seriöse Forschung im englischsprachigen Bereich verbindliche Wagner-Bild geliefert hat. Nicht das geringste seiner vielen Verdienste ist die umsichtige Untermauerung von Wagners Prestige über die Oper und die Musik hinaus als eine der großen Erscheinungen der westlichen Kultur. Auch die Tatsache, dass in England so genannte »Wagner seasons« als unverzichtbar betrachtet werden und dass sich Wagner dort anders als in den Vereinigten Staaten als relativ immun erwiesen hat gegenüber den antideutschen Vorurteilen, wie sie in beiden großen Kriegen des 20. Jahrhunderts an der Tagesordnung waren, sei in der Hauptsache das Verdienst Ernest Newmans.[501]

Die monumentale Biographie Newmans, die mehr ist als eine Lebensbeschreibung, nämlich auch eine genetische Werkbetrachtung, besitzt in der deutschen Wagner-Forschung nicht die Präsenz, die ihr gebührt. Wer sich die wichtigsten Wagner-Bücher der letzten zwei, drei Dekaden daraufhin anschaut, kann sich des Eindrucks nicht erwehren, dass Newman lediglich gerüchteweise bekannt ist – ein Autor, mit dem sich die Auseinandersetzung nicht lohnt. Zwei repräsentative Sammelbände jüngeren Datums erwähnen ihn nicht ein einziges Mal.[502] Die Länge der Newman'schen Biographie dürfte dabei wohl keine Rolle spielen; eher schon das eigentümliche Genre »Life and Works«, das sich im englischsprachigen Bereich weit höheren Ansehens erfreut als im deutschen. Die bloß schattenhafte Präsenz Newmans im deutschen Wagner-Schrifttum ist umso erstaunlicher, als kein Geringerer als Adorno mehrmals und mit Nachdruck auf Newman verwiesen und eine Übersetzung seiner Biographie angemahnt hat. Newmans »große Biographie bedürfte dringend der Übersetzung«, bemerkte er in seinem Bayreuther Vortrag von 1966 (GS 18, 214) – ein Ruf, dem bisher kein deutscher Verleger Folge geleistet hat.

* * *

Die erste Spur, die Thomas Manns Interesse an Newman erkennen lässt, findet sich im Tagebuch vom 22. April 1941. Dort ist die Lektüre einer Rezension des dritten Bandes der Newman'schen Biographie vermerkt, auf die er in der Wochenzeitschrift *The Nation*, seinem amerikanischen Leibblatt, gestoßen war.[503] Knapp ein Jahr später – noch ist *Joseph, der Ernährer* das Hauptgeschäft – erwähnt das Tagebuch die erste Lektüre in Newmans *The Life of Richard Wagner*. Offenbar empfand er Newmans Werk sympathisch und Vertrauen erweckend, denn als er sich dem *Doktor Faustus* zuwandte, griff er als einem der ersten zur Sache gehörenden Büchern zu Newmans Monographie über Hugo Wolf. Diese 1904, nur vier Jahre nach des Komponisten Tod erschienene Studie erklärt Hugo Wolf zum größten Meister des Kunstlieds, der selbst Schubert und Schumann übertreffe. Vermutlich war es Newman, der die heute weithin akzeptierte Charakterisierung Wolfs als »Wagner des Liedes« durchsetzte. Jedenfalls überrage Wolf alle Liedkomponisten in demselben Maß – und aus demselben Grund –, in dem Wagner vor allen anderen Opernkomponisten der Vorrang gebühre.[504] Bei dem *Faustus*-Autor, der das Kunstlied als eine »glorreiche[]« Manifestation des deutschen Geistes (VI, 106) in höchsten Ehren hielt, mussten derartige Erörterungen, zumal von einem Engländer, auf größtes Interesse stoßen.

Freilich stand ein anderer Aspekt der Biographie Hugo Wolfs im Vordergund seines Interesses. Der Komponist verbrachte die letzten sechs Jahre seines kurzen Lebens in einer Wiener Irrenanstalt; er litt an progressiver Paralyse, den Spätfolgen einer syphilitischen Infektion. Hugo Wolf konnte somit neben Nietzsche und Robert Schumann als Modell dienen für die Pathographie des fiktiven deutschen Tonsetzers Adrian Leverkühn. Mann hat das betreffende Kapitel, *Illness and Death*, das die Symptome der fortschreitenden Paralyse genau beschreibt, aufmerksam gelesen und seine Beschreibung von Leverkühns Ende damit angereichert. Die Tatsache, dass Newman das Wort »Syphilis« vermeidet, mag uns erstaunen, entspricht aber den damaligen Konventionen. Der *Faustus*-Autor brauchte solche Hinweise nicht. Neben den Krankheitssymptomen hat er aus Newmans Buch vermutlich ein weiteres Detail gewonnen: Saul Fitelbergs kopfschüttelnde Bemerkungen über die Unfähigkeit von Künstlern, einschließlich Hugo Wolfs, die Kreativität von Konkurrenten – Johannes Brahms etwa – anzuerkennen. Es spricht alles dafür, dass das entsprechende Kapitel bei Newman, *Musical Critic of the ›Salonblatt‹*, eine seiner Quellen war.[505]

Nach Ausweis des Tagebuchs vom 4. September 1944 studierte Thomas Mann ein weiteres Buch des Engländers: *The Unconscious Beethoven. An Essay in Musical Psychology* (1927).[506] Darin distanziert sich Newman zwar von Brunold Springers viel beachtetem Buch *Die genialen Syphilitiker*, dem er die These »civilization is syphilization« unterstellt, aber was den Fall Beethoven betrifft, so hielt er auch ihn für einen Syphilitiker. Diese Hypothese verleiht der zentralen musikgeschichtlichen Bedeutung Beethovens im *Doktor Faustus* ein zusätzliches künstlertypologisches Gewicht. Zwar wird Beethoven dort nirgends als Syphilitiker gekennzeichnet, doch offenbar war sich Mann der Diskussion darüber bewusst. Newman vermutet einen Zusammenhang zwischen gewissen persönlichen und stilistischen Eigenheiten Beethovens und zieht von daher eine Linie zu einer gewissen Formelhaftigkeit im Spätwerk. Eben solche formelhaften Phänomene standen auch im Mittelpunkt von Adornos kurzem Essay über den *Spätstil Beethovens*, die dieser dem *Faustus*-Autor gleich zu Beginn ihrer Bekanntschaft zur Kenntnis brachte (GS 18, 13–17). Wie schon bei dem Aspekt der syphilitischen Infektion Leverkühns ist demnach – wie auch bei der Erörterung von Beethovens Spätstil im 8. Kapitel – eine Überdeterminierung zu konstatieren, die bezeichnend ist für Manns Arbeitsweise und den Roman insgesamt. Ein weiteres Beispiel ist der Selbstmordversuch Leverkühns nach seinem Zusammenbruch; dasselbe Detail ist in den Biographien Schumanns, Nietzsches und Wolfs bezeugt.

Anders als sein gleichsam hauptamtlicher Berater Adorno war Newman ein Berlioz-Kenner und -Bewunderer[507], ein Umstand, der dem *Faustus*-Autor auf bisher kaum gewürdigte Art und Weise zustatten kam. Kurz vor Beginn der Niederschrift, wandte er sich an Bruno Walter, um von ihm bestimmte Auskünfte einzuholen. Walter empfahl ihm u. a. die Autobiographie von Berlioz zu lesen: »Sie wird Ihnen viele Anregungen bringen.«[508] Mann beherzigte diesen Rat. Über sechs Monate hin verzeichnet das Tagebuch die Lektüre von Berlioz' *Memoirs*, und zwar in der von Newman besorgten englischen Ausgabe von 1935.[509] Newman versah die Memoiren des französischen Komponisten mit zahlreichen erläuternden und kritischen Fußnoten, sodass der Leser nicht umhinkonnte, neben Berlioz auch die Stimme des englischen Wagner-Biographen mitzuregistrieren. Es steht zu vermuten, dass diese besondere Leseerfahrung dazu beigetragen hat, das Verständnis des *Faustus*-Autors für die politische Dimension der Entgegensetzung von deutscher und französischer Musik zu vertiefen, wenn nicht gar erst zu wecken. Zu verweisen ist hier auf Schwerdtfegers Abschiedskonzert im 42. Kapitel; es handelt sich um ein »Berlioz-Wagner-Programm«. Der Unmut von Teilen des Münchner Publikums über diese Zusammenstellung von »welschem Virtuosen- und deutschem Meistertum« (VI, 593), der sich im Anschluss an das Konzert Luft macht, fungiert als ein eklatantes Beispiel für die »stehengebliebene Wagnerei« Münchens, von der der Erzähler, zweifellos im Sinne des Autors, eine direkte Linie zum Nationalsozialismus zieht.[510]

Die Opposition gegen jede Art von stehen gebliebener Wagnerei, sei es in München, sei es in Deutschland allgemein, ist als das geistige Band anzusehen, das den *Faustus*-Autor und Newman verbindet. Es gibt keinen Anhaltspunkt dafür, dass Mann die beiden ersten Bände von dessen Hauptwerk, die 1933 und 1937 erschienen sind, gelesen hätte. Eine erste Kontaktnahme mit dem 1941 erschienenen dritten Band bezeugt, wie wir sahen, das Tagebuch am 5. April 1942. Fünf Jahre später, in der Schlussphase der Arbeit am Roman, erbittet er sich von Alfred Knopf, seinem und Newmans gemeinsamen amerikanischen Verleger, ein Exemplar des 1947 erschienenen (vordatierten) vierten Bandes »des ›Parsifal‹ wegen« (XI, 293). Dabei bleibt es jedoch offen, ob er auf Newmans Darstellung des *Parsifal* im Hinblick auf den Roman neugierig war – er bezeichnete ja den *Doktor Faustus* gelegentlich als seinen »Parsifal« – oder ob er der

Gespräche mit Adorno willen sich mit Newmans viertem Band vertraut machen wollte. Die *Entstehung* erwähnt lediglich eine Gelegenheit, bei der die beiden, bevor sie sich dem anstehenden Thema, Leverkühns letzter Komposition, zuwandten, »zunächst« offenbar ausführlich »über den vierten Band von Ernest Newmans großer Wagner-Biographie« unterhielten (ebd.). Man darf jedoch vermuten, dass Newmans Werk öfter als nur jenes eine Mal Gegenstand ihrer Gespräche war, denn Adorno nahm seiner eigenen Wagner-Studien wegen größtes Interesse an ihm.

Manns erste Leseeindrücke scheinen zwiespältig gewesen zu sein. Er las zuerst die Kapitel über Nietzsches Verhältnis zu Wagner und vermerkte im Tagebuch (21.11.1946): »Sehr unzufrieden.« Aus einem Brief an Knopf wissen wir[511], welches verhältnismäßig unbedeutende Detail (es erscheint in einer Fußnote) ihn zum Widerspruch reizte, nämlich Newmans Auffassung, Nietzsche habe im ersten Festspielsommer Bayreuth wegen eines »headache« und aus verletztem Stolz verlassen.[512] In der ganzen, sehr weitläufigen Nietzsche-Materie spielt dieses Detail jedoch keine besondere Rolle. Einen gewichtigeren Einwand gegen Newmans Darstellung trägt er sodann in der *Entstehung* vor, wo er argumentiert, der Bruch zwischen Nietzsche und Wagner könne nicht auf verletzten Stolz oder Eifersucht zurückgeführt werden, sondern resultiere aus einer viel früher einsetzenden Entfremdung. Eigentlich sei schon Nietzsches Huldigungsschrift *Richard Wagner in Bayreuth* ein Buch des Abschieds und psychologisch insofern bemerkenswert, als Nietzsche hier ein Werk verherrliche, das er innerlich bereits überwunden und hinter sich gelassen habe. Mann billigt jedoch, dass Newman Wagners Theorie und Weltanschauung ebenso kritisch und ohne falschen Respekt behandle wie die Philosophie Nietzsches. Der Unterschied sei der, dass Newman Wagner um der Werke willen alles verzeihe. Die darin implizierte Trennung der Werke von der Theorie bei Wagner, »als ob die nichts mit dem Denken zu tun hätten« (XI, 293), erregt allerdings seinen Widerspruch. Für die gelegentlich behauptete Trennbarkeit von Theorie und Werk, von Weltanschauung und Musik, kann Thomas Mann somit nicht in Anspruch genommen werden.

Mann hat es als Genugtuung empfunden, Wagner als »born amateur« charakterisiert zu sehen, was ihn zu der Bemerkung veranlasst: »Welches Ärgernis hatte ich aufgeregt, als ich in ›Leiden und Größe Richard Wagners‹ den Mann des ›Gesamkunstwerks‹ einen genialen Dilettanten genannt hatte!« (Ebd.) Hier zeichnet sich ein gemeinsamer Boden ab, der als weit tragfähiger und wichtiger zu werten ist als die spontanen, im Tagebuch vermerkten Einwände. In diese Richtung weist auch die Charakterisierung Newmans in dem zitierten Brief an Knopf als »expert and critic of the highest order«. Im Übrigen bescheinigt er Newman, dass er ein scharfes Auge besitze für die »repulsive sides of Wagner's character«. All dies lässt keinen anderen Schluss zu, als dass Mann, ungeachtet einer gelegentlichen Meinungsverschiedenheit, im Detail mit Newmans kritischer Tendenz im Großen und Ganzen einverstanden war.

Noch deutlicher tritt die Verwandtschaft der Newman'schen und Thomas Mann'schen Wagner-Bilder hervor, wenn wir die Positionen zweier anderer Autoren, die beide Mann nahe standen, in Betracht ziehen: Franz W. Beidlers und Adornos. Franz Beidler, der um sein Erbe betrogene, erstgeborene Enkel Richard Wagners[513], gehört zu den wichtigsten Stimmen einer kritischen Wagner-Rezeption. Seine Biographie Cosimas ist Fragment geblieben, musste es bleiben, da ihm in dem nazifizierten Bayreuth der Zugang zu den Quellen verweigert und er später durch die Inanspruchnahme als Sekretär des schweizerischen Schriftstellerverbands an der Weiterarbeit gehindert wurde. Der zweihundertseitige biographische Torso, der Cosimas erste Lebensetappen bis 1868 umfasst, wurde 1997 von Dieter Borchmeyer herausgegeben und lässt schmerzlich ahnen, was der Wagner-Kritik durch den Abbruch von Beidlers kritischer Pioniertat verlorengegangen ist.

Beidler war Schweizer und lebte in Zürich, wo er den von ihm hoch verehrten Thomas Mann kennen lernte. Der Autor von *Leiden und Größe Richard Wagners* nahm an der Entstehung von Beidlers Cosima-Biographie lebhaften Anteil. Nach der Lektüre einer Vorstudie schrieb er seinem jungen Bewunderer Ende 1933: »Die Berührung, die Ihre Studie mit der meinen aufweist, hat nichts Erstaunliches für mich, nur Erfreuliches, weil sie mir Bestätigung und Beruhigung bedeutet. Es handelt sich da einfach um ein besseres Wissen um die mächtige Erscheinung Wagners, das den Besseren gemeinsam ist.«[514] Zwei Jahre später, nach der Lektüre einer weiteren Vorstudie, ermutigt er den Wagner-Enkel, die Cosima-Biographie ernstlich in Angriff zu nehmen: »Sie müssen sie schreiben, und wenn Sie sie im Geiste dieser Vorstudie oder dieses Auszuges schreiben:

mit Pietät zugleich und unbeschönigender Einsicht in die schlimmen Zusammenhänge, so wird es ein außerordentlich schönes und aufschlussreiches Buch werden.«[515] Möglicherweise auf Anraten Manns schickte Beidler 1937 sein Cosima-Fragment an Newman, der aller Wahrscheinlichkeit nach Beidlers 1934 im *Manchester Guardian* erschienenen Artikel *Wagner the Revolutionary* kannte.[516] Newman war von Beidlers »kulturkritischer« Biographie so begeistert, dass er das Manuskript »nachdrücklich seinem amerikanischem Verleger Alfred A. Knopf empfahl, mit dem es tatsächlich zum Vertragsabschluss kam«.[517] In Newmans Wagner-Biographie wird Beidler nicht erwähnt; offenbar war seine Arbeit schon so weit gediehen, dass ihm Beidlers Manuskript keine neuen Gesichtspunkte für seine eigene Darstellung Cosimas erbrachte. Es war nun aber gerade Newmans schonungsloses Porträt Cosimas, das den Beifall Adornos fand.

Adorno hat in den Jahren 1938 bis 1947 Newmans *Life of Richard Wagner* insgesamt dreimal rezensiert, jedes Mal mit bemerkenswert positiver Akzentuierung. In etwa derselben Zeitspanne arbeitete er an seinen eigenen Wagner-Studien, die 1952 in dem *Versuch über Wagner* ihre endgültige Gestalt fanden. Es kann vor diesem Hintergrund nicht überraschen, dass sich der Autor des *Versuchs über Wagner* in allen Fragen die Biographie Wagners betreffend auf Newman als Kronzeugen beruft. Adornos erste Besprechung ist dem zweiten Band der Newman'schen Biographie gewidmet, die die Jahre 1848 bis 1860 behandelt. Sie ist auf Deutsch geschrieben und erschien 1938 in der *Zeitschrift für Sozialforschung* (GS 19, 371 f.). Adorno lobt die Sorgfalt, mit der hier die ökonomischen Verhältnisse der Hauptfiguren in die Betrachtung einbezogen werden, und hebt zwei Erkenntnisse hervor, die der »offizielle[n] Wagner-Überlieferung« der Glasenapp und Chamberlain widersprechen: dass Wagner an dem Dresdner Aufstand von 1849 »nicht als sympathisierender Zuschauer, sondern in denkbar exponiertester Weise« an der Seite Bakunins, Röckels und Heubners teilnahm und dass »die pessimistische Wendung Wagners früher zu datieren ist« als die Bekanntschaft mit dem Werk Schopenhauers, nämlich von dem Staatsstreich Napoleon III. im Dezember 1851.

Die Besprechung des dritten Bandes (1859 – 1866) ist auf Englisch verfasst und erschien 1941 in *Studies in Philosophy and Social Science*, der englischsprachigen Fortsetzung der *Zeitschrift für Sozialforschung* (GS

19, 400–403). Sie attestiert dem Musikkritiker außerordentlichen historischen Spürsinn und philosophischen Scharfsinn, die ihn in den Stand setzten, gegen das Dogma vom Musikdrama den Primat der Musik über das Drama aufzuzeigen. Adorno preist als die beiden Glanzstücke des dritten Bandes die Porträts von König Ludwig und Cosima. Newman mache sich ein besonderes Vergnügen daraus, die Legende von Ludwigs Geisteskrankheit zu zerstören. Und die Cosima gewidmeten Kapitel nennt Adorno »probably the most outstanding achievement of the whole book«. Über Newman hinausgehend bezeichnet er Cosima, mehr noch als Wagner selbst, als Präfiguration nazistischer Denk- und Verhaltensweisen. Dazu verweist er auf die Praxis der Monopolisierung der Bayreuther Linie in allen künstlerischen Belangen, die Suspendierung rationaler Entscheidungsweisen durch den Rekurs auf Autorität und Macht und nicht zuletzt auf ihren Antisemitismus, der noch um einige Grade gefühlloser und terroristischer gewesen sei als der Wagners. In einem gleichzeitigen Brief an Max Horkheimer bezeichnet er sie als »eine geradezu ungeheuerliche Figur«.[518] Allerdings unterschlägt Adorno Newmans sehr ausgeprägte Bemühung um Ausgewogenheit, die sich in der halb widerwilligen Anerkennung von Cosimas Verdiensten um das Werk Wagners und die Bayreuther Festspiele niedergeschlagen hat.

Adornos Besprechung des vierten Bandes ist 1947 in dem damals hoch angesehenen *Kenyon Review* erschienen. Ihre Entstehung fällt in die Zeit seiner Mitarbeit am *Doktor Faustus*; schon der Titel seines *Review*-Essay gibt zu erkennen, dass wir uns hier im Dunstkreis Thomas Manns bewegen: *Wagner, Nietzsche, Hitler* (GS 19, 404–412). Die Konzeption des Romans beruht auf der Überzeugung, die Mann und Adorno teilten, dass zwischen den politischen Prozessen, die den Nationalsozialismus zeitigten, und den kulturellen Prozessen insbesondere auf dem Gebiet der Musik ein enger Nexus besteht und dass, was in der Politik manifest geworden ist, in der Musik präfiguriert war. Nur auf dieser Gemeinsamkeit im Konzeptionellen war ihre gefeierte Zusammenarbeit überhaupt möglich.

Die Erkenntnis dieses Nexus bei Newman ergebe sich aus der Methode seiner Geschichtsschreibung, an der Adorno vor allem die Enthaltsamkeit von aller Psychologie hervorhebt sowie die Anlehnung an das Modell des Detektivromans, des genauen Gegenteils des dem Bildungsphilister so teuren Genres der *biographie romanesque*. Gerade auf Grund dieser typisch englischen Aversion gegen jede Art von Dramatisierung und Newmans Skepsis gegenüber den zahllosen Legenden um Wagner trete die Präfiguration Hitlers in Wagner deutlich hervor. Wie schon in der Besprechung des dritten Bandes unterstreicht Adorno, dass Cosima »more than anticipates the Fascist mentality«. Der vierte Band biete reiches Anschauungsmaterial dafür, wie sehr »Wagner, as a human being, crystallized to an amazing extent the Fascist character long before Fascism was ever dreamed of«. Allerdings räumt Adorno ein, dass Newman nicht so weit gehen würde. Diese Sicht der Dinge findet jedoch eine Entsprechung bei Thomas Mann in dem Essay *Bruder Hitler* von 1938, in der Erwiderung auf Peter Viereck von 1939 sowie in dem Brief an Emil Preetorius von 1949, der den viel zitierten und interpretationsbedürftigen Satz enthält: »es ist viel ›Hitler‹ in Wagner« (x, 926). Wie diese Berührungspunkte, so dokumentiert auch Adornos Kritik an Newmans Erklärung des Zerwürfnisses zwischen Wagner und Nietzsche die Nähe zu Mann. Wie dieser hält er Newman entgegen, »that Nietzsche's alienation from Wagner goes back far behind the first Bayreuth festival, that it was caused by Nietzsche's own philosophical development rather than by his headache or his narcissistic disappointment in Bayreuth«. Man darf vermuten, dass dieser Punkt zwischen Adorno und dem *Faustus*-Autor zur Sprache gekommen war. Der großen Bewunderung beider für Newmans monumentales Werk haben diese Vorbehalte offensichtlich keinen Abbruch getan.

* * *

Thomas Mann machte sich keiner Übertreibung schuldig, als er Newmans Anteilnahme am *Doktor Faustus* als »lebhaft« bezeichnete. Diese Auskunft ist wohl weniger auf ihre Unterredung in London zu beziehen als auf Newmans publizistisches Engagement, das in der Tat ungewöhnlich stark war. Worüber sie sich bei ihrem Lunch in London unterhalten haben, ist nicht bekannt; nicht einmal das genaue Datum ihrer Zusammenkunft steht fest. Vermutlich fand sie nach dem 15. Mai statt, einem Sonntag, an dem der zweite Teil von Newmans Besprechung in der *Sunday Times* erschienen war. Insgesamt hat Newman nicht weniger als viermal seine sonntägliche Kolumne darauf verwandt, ein englisches

Publikum für Manns Musikroman zu gewinnen.[519] Zusammen stellen seine vier Artikel einen Kommentar dar, der an musikalischer Sachkenntnis und historischem Verständnis alle anderen Besprechungen in den englischsprachigen Gazetten übertrifft. Der *Faustus*-Autor schätzte, wie wir aus einem Brief an Ida Herz wissen[520], das Lob des großen Wagner-Experten umso höher, als dieser über die Einwände, die er in der *Entstehung des Doktor Faustus* gegen seine Darstellung von Nietzsches Zerwürfnis mit Wagner angemeldet hatte, souverän hinwegsah. Newmans Besprechung des *Doktor Faustus* ist von der Forschung bisher kaum wahrgenommen worden. Allein Hans Wißkirchen hat auf sie aufmerksam gemacht; seine Darstellung ist jedoch notgedrungen knapp und unvollständig.[521]

Die Leser der *Sunday Times* erfuhren zum ersten Mal von Manns neuem Roman am 2. Januar 1949. Das Thema seiner Kolumne an diesem Sonntag ist »Music and the Satanic«. Sie handelt in der Hauptsache von Berlioz mit Streiflichtern auf Weber, Liszt, Franck und Weinberger, enthält aber einen nachdrücklichen Hinweis auf die gerade erschienene Übersetzung des Romans, die ihm aus New York zugekommen sei. Offenbar hatte Newman den Roman sogleich gelesen. Jedenfalls wusste er schon hier zu berichten, dass das 25. Kapitel einen höchst erstaunlichen Dialog enthalte, der dem Thema Musik und das Teuflische gleichsam die Krone aufsetze (»to crown it all«). Dieser Dialog zeuge von einer an Goethe gemahnenden Geistesschärfe – eine Bemerkung, die Mann sichtlich gefiel, denn er notierte sie sich im Tagebuch (24.1.1949). Er notierte sich auch, dass der Rezensent nächstens »mehr über das Buch« verheißen habe.

Newman ließ sich Zeit. Als er am 1. und 15. Mai in einer zweiteiligen Rezension wieder auf das Buch zu sprechen kam, musste er zwar einräumen, dass er selbst nach dreimaliger Lektüre über bestimmte Aspekte des Romans noch unschlüssig sei. Er versicherte seinen Lesern aber, dass er das Buch ungemein fesselnd fand und er immer wieder neue Bedeutungsschichten entdecke. Seine Unschlüssigkeit betreffe die Parallelisierung des Faustischen Komponisten mit Deutschland; darüber möge sich jeder Leser sein eigenes Urteil bilden. Keinen Zweifel lässt Newman hingegen daran, dass dieser Roman »the greatest achievement […] of the greatest living man of letters« darstelle. Thomas Mann besitze das Ohr und den Sinn eines Musikers und sei imstande, wozu vor ihm kein Romanautor fähig gewesen sei, nämlich das Funktionieren der musikalischen Einbildungskraft und den Prozess des Komponierens von innen darzustellen. Für jeden musikalisch interessierten Leser sei dies alles höchst spannend, in besonderem Maße aber das Teufelsgespräch sowie Leverkühns letzte Komposition, »The Lamentation of Doctor Faustus«. Möglicherweise unter dem Eindruck von Goethes Werk stellt Newman die Sache ein wenig einseitig so dar, als sei Leverkühns dämonische Infektion das Werk des Teufels und als verdanke sich der darauf basierende Pakt der Initiative des Bösen. Offenbar kannte Newman schon einige der negativen deutschen Reaktionen, denn er bemerkt, dass der Roman in diesem zentralen Punkt den Deutschen ein wenig zu viel zumute. Die Deutschen wollten und könnten nicht akzeptieren, dass ihre Geschichte »during the last generation has been the history of a moral and intellectual ›infection‹, a pact with the devil«. Die Konzeption von »Doktor Fausti Weheklag« nennt Newman stupend. Er hebt ihre Bestimmung als Zurücknahme der Neunten Symphonie hervor, beschreibt einfühlsam den Zusammenbruch von Zeitbloms Welt, seine apokalyptische Stimmung und Empfindung einer großen Tragik, betont jedoch, dass mit dem finalen G der Leverkühn'schen Komposition eine »faint pathetic suggestion of some sort of hope beyond hopelessness« aufscheine, die auch für das abschließende Gebet des Erzählers gelte.

Die aus heutiger Sicht bemerkenswerteste Beobachtung betrifft Manns Darstellung der Schuldfrage und des Schuldproblems. Newman erinnert daran, dass Siegermächte nach einem gewonnenen Krieg gewöhnlich keine Gewissenserforschung anstellen und kein Interesse daran haben, weit zurückliegende, obskure Kausalitäten zu ergründen. Das sei Sache der besiegten Nation, und so sei es Deutschland, das heute »does the hardest thinking about it all«. Eben dies habe in der gegenwärtigen Situation Deutschland allen anderen Nationen voraus – »at the present moment Germany is psychologically more advanced than the rest of the world«. Was Newman an Thomas Mann offenbar bewunderte, war die schonungslose Aufrichtigkeit, mit der er es sich zur Aufgabe machte, die inneren und äußeren Zwänge aufzudecken, die Deutschland zu dem gemacht haben, was es in den letzten zwanzig Jahren war. Und doch sei das Buch mit einer leidenschaftlichen Liebe geschrieben »for all that is best in the German soul«. Newman verweist auch auf den von Zeitblom artikulierten Horror nach der Befreiung der Konzentrationslager und die berechtigte Sorge, welchen Platz die anderen Völker künftig den Deutschen zuweisen werden, einer Nation, die wie einst die Juden in einem moralischen Getto leben müssten. Damit macht Newman wohl als erster Rezensent aus dem anglo-amerikanischen Bereich auf eine Dimension des Romans aufmerksam, die erst im Zuge des Holocaust-Diskurses in den Mittelpunkt des Interesses rückte.

Einen Monat später, am 12. Juni, widmete Newman dem Roman einen weiteren Artikel, der den Titel »A Schönberg Comedy« trägt und schon damit signalisiert, auf welcher Seite der Rezensent in dem so genannten Schönberg-Streit steht. Newman zitiert zunächst die neue Nachschrift zum Roman und fügt hinzu: »There is more in this than meets the eye.« Es folgt eine Rekapitulation des publizistischen Vor- beziehungsweise Nachspiels der Affäre.[522] Newman bezeichnet Schönbergs Offenen Brief, in dem er gegen Manns Verwendung der Zwölftonmusik protestiert, einen »pathetically foolish letter«, versucht ihn aber damit zu entschuldigen, dass »the poor man« den Roman gar nicht gelesen habe und von einer zwischenträgerischen »lady friend« (Alma Mahler-Werfel) irregeführt worden sei. Er beschließt seinen Bericht über diese traurige Komödie mit der sarkastischen Bemerkung, nun endlich wisse die ganze Welt, dass die Zwölftonmusik nicht von einem fiktiven, sondern von einem wirklichen Komponisten erfunden worden sei.

Mehr als die »Schönberg Comedy« interessiert Newman offenbar das Kapitel Adorno, das Mann in der gerade erschienenen *Entstehung des Doktor Faustus* ausgebreitet hatte. Kein Leser des Romans könne umhin, erstaunt zu sein über die musikalischen Kenntnisse des Autors. Nun aber, da Mann erklärt habe, dass ihm »Dr. Wiesengrund-Adorno« als Berater zur Seite stand, sei er, Newman, nicht länger erstaunt über die Sicherheit, mit der der *Faustus*-Autor sich auf musikalischem Gebiet bewege. Adorno sei »a younger associate of the one-time Schönberg-Berg circle and the possessor of one of the acutest minds it has ever been my good fortune to come across«. Höchstes Lob aus berufenem Munde und einer der frühesten Hinweise in der englischsprachigen Öffentlichkeit auf die Außerordentlichkeit von Adornos Erscheinung. Newmans Formulierung lässt vermuten, dass ihm Adornos zu diesem Zeitpunkt zwei Jahre alte, ausführliche Besprechung des vierten Bandes seiner Wagner-Biographie bekannt war. Mit dieser öffentlichen Verbeugung des »alten Newman« vor dem »younger« Adorno schließt sich in gewissem Sinn ein Kreis. Kein Zweifel also, Mann, Adorno, Newman und Beidler betrachteten sich als Verbündete. Ihre publizistischen Äußerungen bezeugen ein »meeting of the minds« und ein hohes Maß an Übereinstimmung, was den fatalen Nexus von deutscher Musik und deutscher Geschichte betrifft.

* * *

Ziehen wir ein Fazit. Thomas Mann hat in der *Faustus*-Zeit nicht weniger als vier Bücher Newmans herangezogen. Allein schon auf Grund dieser breiten Kontaktnahme mit dem Werk des englischen Musikschriftstellers ist dieser als die neben Adorno wichtigste Quelle seines musikalischen Spezialwissens im *Doktor Faustus* zu betrachten. Manns Interesse an Newman wie auch das an Strawinsky und an französischer Musik wirft ein bezeichnendes Licht auf einen wesentlichen, doch entschieden unterbelichteten Aspekt des Romans über die deutsche Musik: die Einbeziehung außerdeutscher Perspektiven.

Mit der Fokussierung auf Newman und seine wenigen deutschen Bewunderer rückt eine Konstellation des kritischen Wagnerismus in den Blick, als deren geistiges Band die Opposition gegen den deutschen Wagner-Kult fungierte. Sie waren sich einig in der Ablehnung all dessen, was im *Doktor Faustus* als die »stehengebliebene[] Wagnerei« (VI, 270) spezifisch Münchener Provenienz gekennzeichnet ist. Newmans Biographie bezieht ihre intellektuelle Energie aus der Überzeugung, dass das deutsche Wagner-Schrifttum à la Glasenapp und Chamberlain, nicht zu reden von der Schar der chauvinistischen und antisemitischen Schwärmer, der elementarsten Wissenschaftlichkeit und damit eines nachprüfbaren Wahrheitsgehalts entbehrt. Von daher konzipierte er seine Biographie als ein Anschreiben gegen die um Wagner angehäuften Legenden.

Seine drei deutschen Bewunderer durften sich jeder auf seine Weise als Wagner-geschädigt ansehen, was ihrer historischen Erfahrung des Nationalsozialismus eine nicht zu unterschätzende persönliche Dimension verlieh. Beidlers sozialutopische, an Shaws anarchistische *Ring*-Interpretation anknüpfende Wagner-Deutung und sein Projekt einer kritischen Cosima-Biographie waren in Bayreuth so unwillkommen wie seine bloße

Existenz als Wagner-Enkel, dessen Legitimität von seiner eigenen Großmutter vor Gericht erfolgreich angefochten worden war.[523] Dass Beidler als erster Wagner-Nachfahre mit einer Jüdin verheiratet war, Ellen Gottschalk, machte ihn damals doppelt untragbar. Adornos akademische Laufbahn, kaum begonnen, war 1933 im Zuge der rassistischen Säuberung des Berufsbeamtentums von »nicht-arischen« Mitgliedern unterbrochen worden. Auch seine Wagner-Studien, wie das Werk Newmans, verstanden sich als ein Anschreiben gegen die offiziöse Wagner-Deutung, die das Werk eines Glasenapp oder Alfred Lorenz prägt. Doch entschiedener als Newman thematisierte er den Antisemitismus, den er auch im Werk dingfest zu machen trachtete.

Verglichen mit Beidler und Adorno war Manns Weg zu einem kritischen Wagnerismus länger und steiniger. Noch in den *Betrachtungen eines Unpolitischen* ist eine gewisse Nähe zu Chamberlain zu spüren. Erst die Instrumentalisierung Bayreuths durch die Gegner der Weimarer Republik von rechts, beginnend mit den Festspielen von 1924, reaktivierte das ursprünglich von Nietzsche geweckte Potenzial einer Wagner-Kritik, die nun auch politisch motiviert war. Der von ihm nicht eigens betonte, doch zweifellos auschlaggebende Faktor in seiner Wendung gegen die »stehengebliebene[] Wagnerei« war der denunziatorische *Protest der Richard-Wagner-Stadt München* gegen seinen Wagner-Vortrag von 1933. Er empfand diese von Hans Knappertsbusch und Hans Pfitzner lancierte Aktion als eine Wunde, die noch 1945 schmerzte und nie wieder heilte (XII, 954). Nicht zuletzt dieser historischen Erfahrung verdankt sich die dem *Doktor Faustus* eingeschriebene Fatalität der Verkettung von deutscher Musik und deutscher Geschichte. Eben diese Erfahrung ließ ihm Beidler und Adorno als Verbündete erscheinen.

So zeichnet sich in der hier betrachteten Konstellation ein Strang der Wagner-Rezeption ab, der auf Grund seiner Ablehnung des seit 1933 staatlich sanktionierten Wagner-Kults *eo ipso* ein Politikum war, eine Artikulationsform der antifaschistischen Opposition. Es ist somit kein Zufall, sondern es liegt eine historische Zwangsläufigkeit darin, dass Beidler, als er beauftragt wurde, »Richtlinien für die Neugestaltung der Bayreuther Festspiele« auszuarbeiten, auf der Mitwirkung Newmans und Thomas Manns bestand.[524] Newman sollte als ständiger Berater einem internationalen Gremium von Experten angehören, Mann als Ehrenpräsident der von Grund auf umgestalteten Bayreuther Festspiele. Beidlers denkwürdiger Entwurf war aus juristischen Gründen zum Scheitern verurteilt und wurde abgelehnt, worauf der einmal mehr abgewiesene Wagner-Enkel in einem brisanten Artikel seine prinzipiellen *Bedenken gegen Bayreuth* – das noch undeutlich sich abzeichnende Neu-Bayreuth Wieland und Wolfgang Wagners – scharf artikulierte.[525]

Der hier gekennzeichnete Strang einer nichtoffiziösen, kosmopolitischen Wagner-Tradition lässt sich unschwer nach hinten bis zu den Anfängen des europäischen Wagnerismus zurückverfolgen, aber auch nach vorne bis in die Gegenwart verlängern.

Thomas Mann, Beidler und Adorno stehen in der Tradition von Baudelaires, Nietzsches und Shaws Wagner-Deutungen; sie bilden gleichsam die Brücke, über die Neu-Bayreuth und die in den fünfziger Jahren einsetzende, kritische Wagner-Rezeption sich ihrer geistigen Wurzeln versichern konnten. In der finstersten Periode von Wagners politischer Indienstnahme lieferten Newman, Thomas Mann, Beidler und Adorno die Gewähr für das Überleben jener anderen, kritischen und transnationalen Wagner-Tradition, an die die Überlebenden und Nachgeborenen anknüpfen konnten. Ihr Werk bedeutete im Sinne Adornos die Rettung Wagners durch Kritik. Dass sich Neu-Bayreuth auf diese Tradition besann, bezeugte sehr eindrucksvoll nicht nur das Werk Wieland und Wolfgang Wagners, sondern auch Wielands ausdrückliche Erklärung, er verdanke Newman, was man als die wissenschaftliche Grundlage Neu-Bayreuths bezeichnen könnte.[526] Es wäre ein Leichtes zu zeigen, dass auch die kritische Aufarbeitung von Wagners »wehvollem Erbe« in der deutschen Wagner-Diskussion der letzten zwanzig, dreißig Jahre ihre wichtigsten Stichworte von Adorno und Thomas Mann bezogen hat. Nicht zuletzt nährt sich auch das aktuelle, weltweite Interesse an Wagner aus den kritischen Impulsen, die von den hier betrachteten Positionen ausgehen. Ihr kritisches Potenzial ist noch keineswegs ausgeschöpft.

15. Philosophisch alarmierende Musik: Thomas Mann und Adorno

Jeder Versuch, das spannungsreiche Beziehungsfeld auszuleuchten, das wir mit den Namen Thomas Mann und Theodor W. Adorno zu assoziieren gewohnt sind, erfordert vorab eine Besinnung auf das durchaus außergewöhnliche Verhältnis von Ästhetik und Politik, wie es sich in Deutschland im 19. Jahrhundert entwickelt hatte, denn dieser Nexus markiert den Brennpunkt ihres Nachdenkens über Deutschland. Die Außergewöhnlichkeit dieses Verhältnisses erscheint dem Beobachter von jenseits des deutschen Horizonts – aus dem Blickwinkel einer die Musik weniger privilegierenden Kultur als der deutschen – naturgemäß eklatanter als den unmittelbar Betroffenen. Es handelt sich bei diesem eigenartigen Verhältnis offensichtlich um eine Erbschaft der Romantik, die in einem bis heute weitgehend verkannten Sinn die deutsche Geschichte geprägt hat. Ausschlaggebend für diese historische Langzeitwirkung war, wie Nietzsche am klarsten erkannte, die Vermählung von Musik und Philosophie, die eine entschiedene Privilegierung der Musik bedeutete und einen weit verbreiteten Musikkult zeitigte. Etwa Mitte des 19. Jahrhunderts wurde die Musik zur »deutschesten der Künste«[527] erhoben, um nicht zu sagen sakralisiert, sodass sie allenthalben und bis weit ins 20. Jahrhundert als der vollkommenste Ausdruck von »Deutschheit« ausgegeben werden konnte. Die politischen Auswirkungen dieses deutschen Musikkults wurden erst im 20. Jahrhundert manifest, als die Propheten des Dritten Reichs von Houston Stewart Chamberlain bis Adolf Hitler sich regelmäßig auf die Errungenschaft der deutschen Kultur beriefen, um Deutschlands Suprematiestreben und vorgeblichen Kampf ums Überleben zu rechtfertigen – mit durchschlagendem Erfolg, jedenfalls in Deutschland und Österreich.

Thomas Mann und Adorno, wiewohl von unterschiedlichen philosophischen Voraussetzungen ausgehend, trafen sich in dem Bemühen, den

Nexus von Kultur und Politik bloßzulegen und den Umschlag von Ästhetik in Barbarei ins Bewusstsein zu heben. Sie trafen sich auch darin, dass sie die Musik nicht nur als die »ohne Zweifel [...] tiefsinnigste« und »faszinierendste«, sondern auch – wie Thomas Mann 1944 formulierte – die »philosophisch alarmierendste [...] Erscheinung der Kultur und Humanität« (XIII, 859) betrachteten. *Doktor Faustus* ist die Konkretisierung dieser Erkenntnis. Als alarmierend ist diese Wirkung nicht in einem vagen, allgemein philosophischen Sinn zu verstehen, sondern in einem spezifisch geschichtsphilosophischen, wobei mit Nietzsche vorausgesetzt wird, dass die deutsche Musikgeschichte als Paradigma der politischen Geschichte Deutschlands zu interpretieren ist.

Die Vorstellung, dass von der Musik etwas philosophisch Alarmierendes ausgehen könnte, ist unverkennbar von Nietzsches grundsätzlicher Verdachtsstrategie inspiriert und zeichnet sich bei Mann zuerst im *Zauberberg* ab. Settembrini, der Anwalt der Vernunft, des Fortschritts und der Wertegemeinschaft des Westens, setzt die Musik insgesamt einem Generalverdacht aus; sie sei »politisch verdächtig«, denn sie leiste der geistigen Trägheit Vorschub und bringe die Welt nicht vorwärts (5.1, 174 f.). Gegen Ende des Romans, in dem großen Musikkapitel, wird dieser Verdacht, zugespitzt auf die deutsche Musik von Schubert bis Wagner, entschieden bestärkt, wenn der Erzähler diese als »Seelenzauber mit finsteren Konsequenzen« (5.1, 174 f.) diagnostiziert. Es sind *politisch* finstere Konsequenzen, wie Thomas Mann am Ende des *Zauberberg* andeutet und sich dann im *Doktor Faustus*, befrachtet mit zwei weiteren Dekaden unheilvoller deutscher Geschichte, breit auszuführen veranlasst sah. Dort steht der Satz, der seine historisch begründete Einstellung zur Musik wohl am bündigsten zum Ausdruck bringt: »Die höchste Passion gilt dem absolut Verdächtigen«. (VI, 323) In diesem Nachdenken über die politischen Implikationen der Musik in Deutschland wurde Thomas Mann von Adorno bestärkt, ja radikalisiert. Freilich war er letztlich weder bereit noch willens, die musikalische und philosophische Radikalität seines geradezu einschüchternd beschlagenen, um fast dreißig Jahre jüngeren Assistenten nachzuvollziehen. Die Gründe dafür lassen sich leicht aus den erhaltenen Zeugnissen rekonstruieren.

Es war nicht zuletzt in der passionierten, weil von Zweifeln durchsetzten Liebe zur Musik, dass Thomas Mann sich als der bedeutendste literarische Nachfahre Nietzsches erwiesen hat. Ergriffen von *Tristan und Isolde* hatte der frühe Nietzsche in der *Geburt der Tragödie* das »Mysterium« der »Einheit zwischen der deutschen Musik und der deutschen Philosophie« feierlich beschworen. Diese Vereinigung von Musik und Philosophie stehe im Begriff, eine »neue Daseinsform« zu begründen, »über deren Inhalt wir uns nur aus hellenischen Analogien ahnend unterrichten können«. Zeichen dieses Neuen sei die »Wiedergeburt der Tragödie« aus dem Geiste der Musik im Werk Richard Wagners (KSA 1, 128). Dass die Kräfte, die zu jener Vereinigung geführt haben, letztlich politischer Natur waren, unterlag für Nietzsche keinem Zweifel. In der zweiten Hälfte des 18. Jahrhunderts wurden Musik und Philosophie, die gleichzeitig eine Blüte erlebten, sich ihrer Affinität bewusst. Nietzsche deutet diesen historischen Moment als ein »seliges Sichwiederfinden«, als »Rückkehr« des deutschen Geistes »zu sich selbst«, nachdem »für eine lange Zeit ungeheure, von aussen her eindringende Mächte« diesen »zu einer Knechtschaft unter ihrer«, d. h. fremder »Form gezwungen hatten«. Unverkennbar denkt Nietzsche hier an die lange Hörigkeit der deutschen gegenüber der französischen Kultur, die Wagners Hans Sachs zu seiner bekannten Warnung vor »welsche[m] Dunst mit welschem Tand« angestachelt hatte. Diese »Knechtschaft« der deutschen Kultur sei erst zu Ende gegangen mit der Vermählung von Musik und Philosophie, durch die sich der deutsche Geist nicht nur selbst befreite, sondern auch die Grundlage schuf für eine an den Griechen geschulte kulturelle Vorherrschaft. Erst von diesem Zeitpunkt an konnte der deutsche Geist »vor allen Völkern und frei, ohne das Gängelband einer romanischen Civilisation einherzuschreiten wagen«. (KSA 1, 128 f.)

Die langfristigen politischen Implikationen der von Nietzsche behaupteten »Einheit zwischen deutscher Musik und deutscher Philosophie« wurden erst im 20. Jahrhundert historisch wirksam, als die Ideologen des Dritten Reichs und, diesen vorarbeitend, die deutsche Musikwissenschaft nicht müde wurden, die vermeintliche Superiorität der von Deutschen geschaffenen Kultur zu beschwören, um so den Anspruch auf politische Hegemonie zu untermauern. Das einzige Feld, auf dem diese Logik den Schein der Glaubwürdigkeit für sich hatte, war nicht etwa die Literatur oder die bildenden Künste, sondern die Musik. Nur in der Musik durfte Deutschland auf eine universell anerkannte Vorrangstellung pochen, die sich, Nietzsche zufolge, dem »mächtigen Sonnenlaufe von Bach zu Beethoven, von Beethoven zu Wagner« verdanke. Diese deutsche Musik, »aus dem dionysischen Grunde des deutschen Geistes« emporgestiegen, stelle eine »Macht« dar, die mit »den Urbedingungen der socratischen Kultur nichts gemein« habe und von dieser als »das Schrecklich-Unerklärliche, als das Übermächtig-Feindselige empfunden« werde (KSA 1, 127).

Unstreitig haben sich sowohl Thomas Mann als auch Adorno und darüber hinaus viele deutsche Intellektuelle als mehr oder weniger kritische Erben dieser von Nietzsche als Machtfaktor apostrophierten deutschen Musikkultur empfunden. Keiner hatte ein klareres Bewusstsein davon als Thomas Mann. Überzeugt, dass die deutsche Kultur in der Musik ihr Herzstück hat, lieferte er in den 1915 begonnenen und 1918 abgeschlossenen *Betrachtungen eines Unpolitischen* eine leidenschaftliche Apologie der Andersartigkeit des deutschen Kulturbegriffs und damit auch des Rechts auf eine Verteidigung, notfalls auch eine aggressive Verteidigung eben dieser Eigenart. Diese Einstellung ging einher mit dem Gefühl der geistig-moralischen Überlegenheit über die als bloße Zivilisation abqualifizierte französische Kultur. Es dauerte nicht lange, bis sich Mann von diesem Dünkel distanzierte, doch das Bewusstsein, diesem Denken einst selbst seine Stimme geliehen zu haben, verleiht der kritischen Reflexion auf den deutschen Musikkult im *Doktor Faustus* ihren charakteristischen Drang zur Schonungslosigkeit.

Thomas Manns republikanische Bekehrung von 1922 brachte eine folgenreiche Öffnung zum Westen mit sich und gleichzeitig ein schrittweises Abrücken von der Position der Kriegsjahre. Symptomatisch dafür ist die Wandlung in seinem Verhältnis zu Hans Pfitzner. In den *Betrachtungen* diente ihm der Schöpfer des *Palestrina* zum Beleg für die Lebendigkeit und Überlegenheit der deutschen Musikkultur. Nach dem Bekenntnis zur Weimarer Republik erwies sich das Verhältnis zu Pfitzner als irreparabel und wurde von dem knorrigen Komponisten formell aufgekündigt.[528] Ebenso symptomatisch ist Thomas Manns Reaktion auf die Wiedereröffnung der Bayreuther Festspiele 1924: »Wagner wird niemals aufhören, mich zu interessieren […]. Aber Bayreuth, wie es sich heute darstellt, interessiert mich gar nicht, und ich muß glauben, auch die Welt wird es nie wieder interessieren.« (15.1, 787) Diese Distanzierung vom deutschen Wagner-Kult schon hier lässt an Deutlichkeit nichts zu wünschen übrig.

Auffallenderweise findet sich im *Zauberberg* unter Castorps fünf »Vorzugsplatten« nur ein deutsches Beispiel, Schuberts *Lindenbaum*. Die anderen sind französischer und italienischer Provenienz, also »welsche« Musik. Das Kapitel *Fülle des Wohllauts* führt dem Leser vor, wie sich das Musikerleben des schlichten Helden aus dem Norden Deutschlands ausweitet über den Horizont der deutschen Musik hinaus, die offenbar in weit höherem Maße finsterer Konsequenzen verdächtigt wird als die nichtdeutsche. Was sich hier abzeichnet, ist die schrittweise Problematisierung von Kernvorstellungen des deutschen Musikkults – der Vorstellung, dass allein deutsche Musik deutsches Seelenleben auszudrücken imstande ist, und dass deutscher Musik vor aller anderen der Vorrang gebührt. Im *Doktor Faustus* wird diese Problematisierung weiter verfolgt und auf die Spitze getrieben. Zu jenem Zeitpunkt hatte die Geschichte dem Autor die Augen dafür geöffnet, dass Deutschland den Weg in die »Anti-Humanität« (VI, 378) nicht im Widerspruch zu seiner hochstehenden Musikkultur gegangen ist, sondern durchaus im Sinne des ihm innewohnenden Superioritätsdenkens und oft genug unter Berufung auf sie.

Adornos Erkenntnisinteresse war anders fokussiert. Sein Bemühen, die Wurzeln der deutschen Katastrophe bloßzulegen, richteten sich überwiegend auf nichtmusikalische Phänomene oder vielmehr auf die der Musik vorausliegenden Phänomene. Der *Versuch über Wagner* ist ein Versuch, die »Urlandschaft des Faschismus«[529] zu vermessen, und stellt in gewissem Sinne eine Ausnahme dar, denn im Wesentlichen erblickte Adorno die entscheidenden Keime des deutschen Faschismus in der autoritären Persönlichkeit, im Antisemitismus, im Kapitalismus. Was hingegen seine musikalischen Schriften betrifft, so stellt sich die Frage, ob sie nicht eher dazu angetan sind, das Suprematiedenken in Bezug auf die deutsche Musik von Bach bis Berg zu untermauern und zu perpetuieren, als zu problematisieren.

* * *

Die Begegnung Thomas Manns mit Adorno kurz nach Beginn der Arbeit am *Doktor Faustus* wurde von beiden als eine glückliche Fügung empfunden. Zweifellos hatte Thomas Mann den größeren, konkreteren Gewinn davon. Ohne Adornos Bereitschaft zur »mitdichtenden Einfühlung«[530], ohne seinen Eifer, dem *Faustus*-Autor bei den technischen Einzelheiten der Neuen Musik zur Hand zu gehen, hätte der Anspruch des Romans, in der Krise der modernen Musik die Krise der Kultur überhaupt zu reflektieren, viel von seiner Plausibilität eingebüßt. Dieser Tatbestand hat einer gewissen Legendenbildung Vorschub geleistet, wie einmal mehr die Flut der Publikationen zum Adorno-Jubiläum 2003 gezeigt hat. Dabei haben wir es im Kern mit zwei Legenden zu tun: der Legende von dem engen persönlichen Einvernehmen zwischen den beiden Protagonisten und der Legende von der Mitautorschaft Adornos, die etwas qualitativ anderes suggeriert als die bloße Mitarbeit. In beiden Fällen handelt es sich um eine perspektivische Täuschung, die sich unausbleiblich einstellt, wenn diese Beziehung vornehmlich aus dem Blickwinkel Adornos betrachtet wird.

Ein enges Einvernehmen postuliert zum Beispiel Detlev Claussen in seiner Biographie des Frankfurter Philosophen; die beiden, so Claussen, scheinen sich bei der gemeinsamen Arbeit »sehr nahe gekommen zu sein«.[531] Aber der Anschein der Nähe täuscht, wie der von beiden geflissentlich heruntergespielte Streit über den Schluss von Leverkühns Faust-Werk und das Ende des Romans erkennen lässt. Dieser Streit ist jedoch, wie noch zu zeigen, lediglich die Spitze des Eisbergs. Angesichts ihrer unterschiedlichen philosophischen Fundamentalorientierungen – Nietzsche im Fall Thomas Manns, Hegel im Fall Adornos, um es verkürzt zu sagen – war der Zusammenstoß zum Abschluss der Zusammenarbeit vorprogrammiert und unvermeidlich. Ihre Zusammenarbeit war, nüchtern betrachtet, ein Zweckbündnis zu beider Vorteil über einen tiefen Graben philosophischer und weltanschaulicher Differenzen hinweg, unerachtet der mannigfachen Beteuerungen gegenseitiger Verehrung in ihrem Briefwechsel.

Bezeichnenderweise ist ihrer Zusammenarbeit – zweifellos eine der bedeutendsten in der jüngeren deutschen Geistesgeschichte – kein wirkliches Freundschaftsverhältnis erwachsen. In dieser Hinsicht und aus durchaus ähnlichen Gründen teilte Adorno das bittere Los seines orthodoxen marxistischen Rivalen Georg Lukács, dessen intellektuelle Liebesaffäre mit dem Autor der *Buddenbrooks* und des *Tonio Kröger* unerwidert blieb.[532] Beide fanden sich zudem literarisch verewigt, allerdings in keinem besonders schmeichelhaften Licht: Lukács als Naphta im *Zauber-*

berg, Adorno als eine der Teufelsinkarnationen im *Doktor Faustus*. Unverkennbar hat denn auch der Jüngere in der Nach-*Faustus*-Zeit mehr in diese Beziehung investiert als der *Faustus*-Autor selbst. Dies belegt nicht nur ihr Briefwechsel, sondern mehr noch ein aufschlussreicher Text, den Adorno 1952 zur Begrüßung Thomas Manns anlässlich einer Lesung in Frankfurt verfasste. Darin heißt es, Thomas Mann sei »der *summus poeta* des befreiten Deutschland« und der einzige lebende deutsche Dichter, auf dem »aller Glanz der Authentizität« ruhe (GS 20.2, 467–472). Der so Apostrophierte drückte sich, wenn von Adorno die Rede war, durchweg kühler und distanzierter aus.

An der Frage der Mitautorschaft hat sich schon früh eine lebhafte und kontroverse Diskussion entzündet, die nichts von ihrer Dringlichkeit eingebüßt hat, da heute praktisch jede Lektüre des Romans, offen oder versteckt, weitgehend nach Maßgabe des Adorno'schen Anteils gesteuert wird. Die Frage, welchen Anteil Adorno an der Entstehung des Romans hatte und inwieweit er dessen historisches und philosophisches Profil mitgeprägt hat, ist jedoch vor allem durch den Schönberg-Faktor kompliziert und kann nicht isoliert davon betrachtet werden, zumal Adornos Verhältnis zu Schönberg äußerst gespannt war und dieser meinte, dass der *Faustus*-Autor von seinem musiktheoretischen Adlatus missverständliche Erklärungen erhalten habe. Von daher darf vermutet werden, dass Schönbergs gewaltiger Unmut über die Verwendung der von ihm entwickelten revolutionären Methode des Komponierens mit zwölf Tönen mindestens genauso sehr gegen Adorno wie gegen Thomas Mann gerichtet war. Schönbergs Protest veranlasste Mann – »ein wenig gegen meine Überzeugung« (XI, 168) –, dem Roman ab der dritten Auflage 1951, die folgende, recht besehen überflüssige Erklärung mitzugeben: »Es scheint nicht überflüssig, den Leser zu verständigen, daß die im XXII. Kapitel dargestellte Kompositionsart, Zwölfton- oder Reihentechnik genannt, in Wahrheit das geistige Eigentum eines zeitgenössischen Theoretikers, Arnold *Schönbergs*, ist und von mir in bestimmtem ideellem Zusammenhang auf eine frei erfundene Musikerpersönlichkeit, den tragischen Helden meines Romans, übertragen wurde. Überhaupt sind die musiktheoretischen Teile des Buches in manchen Einzelheiten der Schönberg'schen Hamonielehre verpflichtet.«

Hier ist vorab daran zu erinnern, dass Thomas Mann in Fragen des geistigen Eigentums schon früh eine weit souveränere Einstellung an den Tag legte als Schönberg oder auch Adorno. Höchst aufschlussreich ist seine Reaktion auf die Entdeckung, dass in einem Buch über Conrad Ferdinand Meyer der Autor, Franz Ferdinand Baumgarten, sich einer griffigen Formulierung aus *Tonio Kröger* bedient hatte – ohne Quellenangabe und Anführungszeichen. Die Rede ist von jener bekannten Wendung vom »verirrten Bürger und Künstler mit schlechtem Gewissen«. Thomas Mann versichert durchaus glaubwürdig, dass er diesen Griff nach seinem geistigen Eigentum »keineswegs als Raub« empfinde, »sondern im Gegenteil als Huldigung« (22, 239). Solche Übernahmen zeigten an, dass seine auf Tonio Kröger gemünzte Formel ganz eingegangen sei in den kulturellen Gesamtbesitz. Die Tatsache, dass Schönberg die Sache ganz anders sah, deutet auf eine bezeichnende Diskrepanz der zu Grunde liegenden ästhetischen Orientierungen. Während Schönberg mit seinem Pochen auf geistiges Eigentum sich dem Originalitätspostulat der Genieästhetik verpflichtet zeigt und so als der Konservative erscheint, stellt sich Mann mit seinem schon früh ausgeprägten Hang zum »höheren Abschreiben«[533], seiner Privilegierung des Findens vor dem Erfinden und der prinzipiellen Intertextualität seines Schreibens als der Modernere dar, der mit seinem Antipoden Bertolt Brecht zumindest dies eine gemeinsam hatte – die prinzipielle Laxheit in Fragen geistigen Eigentums.

Zur Entstehungszeit des *Doktor Faustus* war das Verhältnis zwischen Schönberg und Thomas Mann völlig ungetrübt. Man verkehrte auf durchaus herzlichem Fuß miteinander, und Mann zögerte nicht, den berühmten Komponisten gelegentlich über Fragen, die zur Sache gehörten – zur Sache des Musikromans –, regelrecht auszuholen. Noch zu seinem siebzigsten Geburtstag 1945 schrieb Schönberg einen doppelten Kanon für Streichquartett und versah ihn mit einer freundschaftlichen Widmung[534], wie umgekehrt Thomas Mann ein Exemplar seines Romans mit der Widmung: »Arnold Schönberg, dem *Eigentlichen*, mit ergebenem Gruss« versah.[535] Umso schockartiger die Reaktion auf Schönbergs öffentliche Klage in seinem ersten Offenen Brief in der *Saturday Review of Literature*, in dem er den *Faustus*-Autor des Plagiats zieh sowie der Verkürzung seiner Verdienste und seines Ruhmes.[536] Der notorische und bizarre Streit Schönbergs mit Thomas Mann entfaltete sich, wie Bernhold Schmid gezeigt hat[537], in zwei Phasen, einer privaten und einer öffentlichen. Die erste war geprägt von Schönbergs Angst, dass Manns Roman seine eigene historische Stellung als Erfinder der Dodekaphonie in den Schatten stellen würde. Diese Phase schien mit Manns Versprechen, dem Roman eine die Urheberschaft klärende Notiz beizugeben, beendet. Als Schönberg die Erklärung, die ihn keineswegs zufrieden stellte, zur Kenntnis genommen hatte, ging er an die Öffentlichkeit, zuerst mit dem schon zitierten Brief an die New Yorker *Saturday Review of Literature*, dann im Gegenzug zu Manns Erwiderung mit einer weiteren Polemik in der neuen Londoner Zeitschrift *Musical Survey*.[538] Darauf nun reagierte Thomas Mann nicht mehr öffentlich, so wie er es sich auch versagt hatte – »um den leidenden Mann nicht noch mehr zu reizen« (Br. III, 72 f.) –, den Namen Josef Hauer, den Mitbegründer der Dodekaphonie, ins Spiel zu bringen und so die Frage des geistigen Eigentums gegen Schönberg selbst zu wenden.

Man missverstünde wohl des Komponisten bizarre Reaktion, wollte man sie als einen plötzlichen Anfall von Paranoia abtun.[539] Vielmehr haben sich hier lang gehegte Gravamina gegen einen Näherstehenden Ausdruck verschafft – nämlich gegen »Mr. Wiesengrund-Adorno, a former pupil of my late friend Alban Berg«, als der Adorno in dem Offenen Brief apostrophiert wird. Aus jenem Brief geht denn auch deutlich genug hervor, dass nicht Thomas Mann den Groll Schönbergs ausgelöst hatte, sondern Adorno, gegen den der Komponist schon weit früher eine Antipathie gefasst hatte, noch bevor sie das Exil in Los Angeles wieder zusammenführte, wo sie nahe beieinander lebten, ohne sich wirklich nahe zu kommen.[540] Offenbar war Schönberg zu der Überzeugung gelangt, dass sein philosophierender Prophet »das Wesentliche der Komposition mit zwölf Tönen« nicht erfasst habe.[541] Wenn er also in dem Offenen Brief klagt, dass man seine Kompositionsweise als »system of twelve tones« bezeichne, wenn es korrekterweise heißen müsse: »method of composing with twelve tones«, so zielt dies letztlich nicht auf Thomas Mann, sondern dessen musikalischen Gewährsmann, der quasi die Oberaufsicht hatte. Auf den feinen, nur scheinbar haarspalterischen Unterschied der beiden Formulierungen legte der Komponist allerdings den größten Wert, weil darin die entscheidende Dimension des Kreativen beschlossen liegt. Nicht das System ist das Entscheidende – dies unterstellte er Adorno –, sondern der schöpferische Gebrauch einer bestimmten Verfahrensweise. Schönberg war bereit zu konzedieren, dass Adorno die Dodekaphonie theoretisch beherrsche, meinte aber, dass er »keine Ahnung von dem schöpferischen Vorgang« habe.[542] Hinzu kommt, dass er offenbar auch die Assoziation der Dodekaphonie im *Doktor Faustus* mit Gift und Syphilis eher Adorno ankreidete als dem *Faustus*-Autor, denn darin wirke, was Adorno hätte wissen müssen, die Denunziation der Neuen Musik durch die Nazis als Ausgeburt eines dekadenten jüdischen Geistes fort. Im Übrigen habe Schönberg, wie Walter Levine vermutet, nie eine gewisse Eifersucht auf den Erfolg von Adornos Kompositionslehrer Alban Berg bei Kritik und Publikum verwunden.[543] Von daher fiel es für Schönberg durchaus ins Gewicht, dass der Autor der *Philosophie der Neuen Musik* nicht bei ihm, sondern bei Berg studiert hatte: »Wiesengrunds Wissen über das Komponieren mit 12 Tönen beruht *nicht auf der Kenntnis meiner eigenen Darlegungen.*«[544] Was sich hier in aller Deutlichkeit abzeichnet, ist eine Verlagerung der Schuldzuweisung von Thomas Mann zu Adorno, d. h. vom kreativen Geist auf seinen unkreativen Berater. Schönberg ging sogar so weit, die Vokabel »Berater« zu vermeiden; stattdessen nannte er Adorno Manns »informer«, ein Terminus, der in der politischen Atmosphäre jener Jahre einen distinkt verleumderischen Nebensinn hatte.[545] Schönberg hatte sich offensichtlich davon überzeugt, dass für die angebliche Dämonisierung und Verteufelung der Dodekaphonie im *Doktor Faustus* letztlich Adorno verantwortlich war – ein Akt des Verrats aus den eigenen Reihen der Neuen Musik.

Unter den Voraussetzungen dieser unterschwelligen Dynamik der Mann-Schönberg-Adorno-Konstellation erwies sich die Aussöhnung zwischen dem *Faustus*-Autor und dem Komponisten als relativ einfach. Sie erfolgte auch überraschend schnell, wobei in der Tat der Eindruck nicht von der Hand zu weisen ist, »daß Schönbergs Friedensschluß mit Mann durch seinen Zorn auf Adorno gefördert wurde«.[546] Nach dem öffentlichen Austausch in der *Saturday Review of Literature* und einer neuerlichen Klage Schönbergs im Herbst 1949 in *Musical Survey* schrieb Thomas Mann am 19. Dezember 1949 privat an Schönberg, um ihm zu versichern: »Wollen Sie durchaus mein Feind sein – es wird Ihnen nicht gelingen, mich zu dem Ihren zu machen« (Br. III, 122). Schönberg erwiderte gleichfalls in durchaus versöhnlichem Geist, wenn auch etwas gezwungen klingend: »Wenn die Hand, die ich glaube ausgestreckt zu sehen, eine Friedenshand ist […], so wäre ich der letzte, sie nicht sofort zu ergreifen und bekräftigend zu schütteln [...]. Begraben wir die Streitaxt [...]. Sie haben mich versöhnt.« Worauf Mann antwortete: »Wo und wann immer in diesem Leben wir uns noch einmal begegnen sollten, wird es mir eine Freude und Ehre sein, Ihnen wieder die Hand zu drükken.«[547] Die Gelegenheit zu diesem hand-shake wurde durch Schönbergs Tod vereitelt. Umso schmerzlicher für Adorno, dass ihm gegenüber keine versöhnlichen Zeichen von Seiten Schönbergs gekommen waren. Schlimmer noch, der Komponist hatte verfügt, dass nach seinem Ableben Adorno der Zugang zu seinem Nachlass verwehrt bleibe.[548]

Thomas Mann war sich sehr wohl bewusst, dass sein Musikroman einen außerordentlichen, ethisch zweifelhaften Fall von Aneignung darstellt – Aneignung von Adornos geistigem Eigentum. In einem Brief an seinen musikalischen Berater räumte er den »unverfrorenen Diebstahl-Charakter« seiner Anleihen denn auch umstandslos ein.[549] Ebenso bewusst war er sich, dass eine öffentliche Anerkennung geboten war. Er entschloss sich deshalb im Sommer 1948, die Arbeit an seinem neuen Roman, *Der Erwählte*, zu unterbrechen und den »Roman eines Romans«, *Die Entstehung des Doktor Faustus* im Detail zu erzählen. Als er Adorno um biographische Angaben zur eigenen Person bat, gab er nicht ganz wahrheitsgemäß zu verstehen, er habe den Entstehungsbericht »aufs Geratewohl« begonnen.[550] Doch wer wollte im Ernst bezweifeln, dass es die Erfahrung mit Schönberg war und sein eigenes schlechtes Gewissen, die ihn veranlassten, Adornos Anteil an seinem Roman publik zu machen, um einen weiteren Eklat abzuwenden.

In der *Entstehung* nun, im 5. Kapitel, zeichnet Mann ein meisterhaftes, überwiegend sympathisches Porträt seines musikalischen Ratgebers; seine außerordentliche Beschlagenheit in der Philosophie und als Theoretiker der modernen Musik wird gebührend herausgestrichen. Auch der Umfang von Adornos Beitrag wird im Detail beschrieben: ihre erste Begegnung im Juli 1943, Adornos Bereitstellung von Büchern und Manuskripten, darunter das Schönberg-Kapitel der noch unveröffentlichten *Philosophie der Neuen Musik*, ihr mündlicher und schriftlicher Austausch sowie die gemeinsame Konzeption von Leverkühns Spätwerk. Ironischerweise war es Adorno, der Mann dazu überreden musste, Leverkühns Kulminationswerk, *Dr. Fausti Weheklag*, nicht als Fragment zu gestalten – derselbe Adorno, der sonst aller Ganzheit misstraute und das

Fragment als Formmodell favorisierte. Die Summe dieser Zulieferungen ist beträchtlich und markiert ein in Thomas Manns Schaffen einzigartiges Vorkommnis.

Adorno zeigte sich entzückt von dem literarischen Monument, das ihm hier errichtet worden war. Zu einem Zeitpunkt, als er sich weder in Amerika noch in Deutschland eines auch nur mäßigen Bekanntheitsgrades erfreute, bedeutete diese öffentliche Anerkennung seiner Fähigkeiten einen unübersehbaren Reputationsschub. Dabei konnte er nicht wissen, dass der *Faustus*-Autor ihm in Wirklichkeit einen noch größeren Tribut zu zollen bereit war. Verhindert wurde dies durch den energischen Einspruch Erika und Katia Manns, die eine persönliche Antipathie gegen Adorno hegten und der Meinung waren, dass seine Bedeutung in der *Entstehung* übertrieben betont sei. Mann gab dem familiären Druck nach und kürzte, zusammen mit Erika, die Adorno betreffenden Passagen um 120 Zeilen, wodurch seine Rolle zwar nicht dramatisch, aber doch merklich verkürzt wurde.[551] Ein melancholisches Beispiel mehr für die Opferung der Wahrheit auf dem Altar des Familienfriedens.

Es ist somit festzuhalten, dass Adornos Anteil an Thomas Manns Roman größer war, als der von ihm veröffentlichte Bericht erkennen lässt. Ist nun daraus zu folgern, wie gelegentlich geschehen, dass Adorno rechtens als Mitautor des *Doktor Faustus* anzusehen sei?[552] Stefan Müller-Dohm suggeriert gar in seiner Biographie des Philosophen, dass Adornos angeblich bittere Erfahrung mit Thomas Mann eine noch schlimmere Verkürzung seiner Verdienste darstelle, als ihm dies mit Hanns Eisler und *Composing for the Films* widerfahren sei.[553] Das Buch über Filmmusik stammt nach eigenen Angaben zu 90 Prozent von Adorno, erschien jedoch 1947 zunächst lediglich unter Eislers Namen, und zwar mit Adornos Einwilligung, da sein Mitarbeiter ins Visier des gefürchteten *House Committee on Unamerican Activities* geraten war; die Vorsicht gebot damals, jeden Anschein kompromittierender Konnexionen zu vermeiden. Adornos Mitarbeit am *Doktor Faustus* lässt sich jedoch nicht im Entferntesten damit vergleichen. Was in einer theoretischen Abhandlung leicht möglich ist, nämlich die verschiedenen Beiträge der beiden Autoren zu kennzeichnen, ist in einem Roman ein Ding der Unmöglichkeit. Anmerkungen wie »Dies stammt von Adorno-Wiesengrund« sind fehl am Platze, wie Thomas Mann seinem Berater erklärte.[554] Allem Anschein nach hat Adorno dies auch akzeptiert und Genugtuung empfunden über seine mehr oder weniger versteckte Anwesenheit im Roman.

Hier ist im Interesse einer realistischen Einschätzung des Adorno'schen Anteils daran zu erinnern, dass in der Phase der Konzeption und ersten Planung noch keine Einwirkung möglich war. Mann lernte Adorno am 7. Juli 1943 kennen, nach Fertigstellung des 4. Kapitels. Zuvor schon hatte er den einen oder anderen Artikel von ihm in der *Zeitschrift für Sozialforschung* gelesen. Nun aber erschien ihr Autor, der offenbar von Manns Arbeit an einem Musikroman gehört hatte (XI, 172), selbst und überbrachte ein entfernt zur Sache gehörendes Buch über musikalische Eingebung von Julius Bahle.[555] Wenig später stellte Adorno ihm das Schönberg-Kapitel der *Philosophie der Neuen Musik* zur Verfügung, dessen Lektüre sogleich in Angriff genommen wurde. Erste Konsultationen begannen während der Arbeit am 8. Kapitel, das die musikalischen Vorträge Kretzschmars enthält, einschließlich der Beschreibung von Beethovens Opus 111, in der die erste konkrete Einwirkung seines neuen Beraters nachzuweisen ist.

Es wäre nun aber verfehlt, daraus zu schließen, dass mit dem Auftreten Adornos das ganze Buch oder auch nur die vielgestaltige Musikthematik der Autorität Adornos unterstellt worden wäre. Anfänglich, bei der Konzeption der Leverkühn-Figur, hatte sich Mann an Bruno Walter gewandt, seine bewährte und von dem *Palestrina*-Erlebnis her vertraute Auskunftsperson in musikalischen Dingen. Walter empfahl ihm, die *Memoirs* des Komponisten und Kritikers Hector Berlioz zu lesen.[556] Mann befolgte diesen Rat und entdeckte zu seiner eigenen Überraschung eine späte Liebe zu der Musik des großen Franzosen. Von daher ist eine oft übersehene prä-Adorno'sche Schicht im Gefüge dieses Musikromans nachweisbar, deren wichtigste Momente auf Berlioz und die französische Musik verweisen. Diese liefern wesentliche Gesichtspunkte zur Problematisierung der deutschen Musik und ihres Protagonisten Leverkühn. Des Weiteren wandte sich der *Faustus*-Autor nach Ausweis des Tagebuchs (8. 5. 1943) noch vor Schreibbeginn an Schönberg, um ihn über den Bildungsgang eines Komponisten auszufragen. Solche Erkundungen setzte er auch nach der Bekanntschaft mit Adorno fort, einmal, im Hinblick auf das apokalyptische Oratorium, sogar hinter dessen Rücken (XI, 246).

Völlig erhellend ist schließlich Thomas Manns von Adorno unabhängiges Verhältnis zu Strawinsky, dem *bête noire* der *Philosophie der Neuen Musik*. Adornos Verurteilung des russischen Modernisten als musikalischem Reaktionär ging sogar dessen Rivalen Schönberg zu weit; er empfand sie schlicht als »ekelhaft«.[557] Wie aus Manns Tagebüchern zu ersehen, empfand er Sympathien für den weltmännischen Russen, wann immer er ihm bei gesellschaftlichen Anlässen begegnete, und genoss seinen Witz. Selbstverständlich las er in Vorbereitung auf den Roman Strawinskys Autobiographie, *A Chronicle of my Life*, und prompt bediente er sich einer Episode daraus und übertrug sie auf Kretzschmar und Leverkühn[558] – getreu seinem Molière'schen Motto: »je prends mon bien où je le trouve.« Den augenfälligsten Tribut zollte er dem russischen Komponisten jedoch mit der Orchestrierung von Leverkühns Puppenoper, *Der Heilige Greogorius*, die eine deutliche Ähnlichkeit mit Strawinskys *L'Histoire du Soldat* aufweist, ein Werk, das auf Grund seiner Thematik des Teufelsbündnisses eminent zur Sache gehört.[559] Zwar kannte Thomas Mann das Strawinsky-Kapitel der *Philosophie der Neuen Musik* zu dem Zeitpunkt noch nicht, aber bei den intensiven Konsultationen mit Adorno wird ihm dessen Gegnerschaft nicht verborgen geblieben sein. Umso bemerkenswerter die verdeckte *Hommage à Stravinsky*.

Was diese Beispiele zur Genüge belegen, ist dies: Thomas Mann praktizierte einen von den Erfordernissen des Romans gesteuerten Eklektizismus und legte offenbar Wert darauf, unerachtet der zentralen Rolle, die er Adorno einräumte, seine Unabhängigkeit ihm gegenüber zu wahren – auch in musikalischen Dingen. Entgegen der vorschnellen Besserwisserei so mancher Kommentatoren hatte er von Anfang an eine in den wesentlichen Details fest umrissene Konzeption von der Struktur und der politischen Tendenz des Romans. Als Adorno sich dem *Faustus*-Projekt zugesellte, wurden seine Anregungen der ursprünglichen Konzeption ein- und untergeordnet. Von einer Umkrempelung der Konzeption nach dem Hinzukommen Adornos, einem Konzeptionsbruch, kann im Ernst nicht die Rede sein.

Nach der ersten Bekanntschaft mit Adorno stand für den *Faustus*-Autor fest: »›Das ist mein Mann.‹« (XI, 172) Was er damit meinte, ist nicht zu verkennen: eine verlässliche Quelle von Expertenwissen, einen Ideenlieferanten. Mann hatte es sich zur Regel gemacht, sich tunlichst auf Expertenwissen zu stützen, wie die Vorarbeiten aller seiner größeren Werke zeigen. Als er Ende 1945 – damals waren 33 der 47 Kapitel geschrieben – seinen »Geheime[n] Rat« (XI, 293) formell um Mitarbeit bat, hatte er bei der Beschreibung von Beethovens Opus 111, sowie in Kapitel 22 bei der »Erfindung« der Zwölftonmethode, schon weidlich von dessen Expertenwissen profitiert. Nun sollte er ihm bei der Ausarbeitung von Leverkühns Spätwerk behilflich sein, sollte ihm dabei assistieren, nicht etwa den Roman als solchen, sondern das avantgardistische Werk Leverkühns zu vollenden: »Wollen Sie mit mir darüber nachdenken, wie das Werk – ich meine Leverkühns Werk – ungefähr ins Werk zu setzen wäre; [...] mir ein oder das andere musikalische Merkmal zur Förderung der Illusion an die Hand geben?«[560] Genau dies leistete Adorno. Er ging ihm bei der Konzeption von Leverkühns Kulminationswerken zur Hand, der *Apocalypsis cum figuris* und *Dr. Fausti Weheklag*, aber auch beim Violinkonzert und der späten Kammermusik. Vor allem lieferte er technische Details und musikalische Skizzen und Beispiele.[561] Bei Leverkühns früheren Kompositionen – es werden über zwanzig mehr oder weniger detailliert beschrieben – ist keine nennenswerte Einwirkung Adornos nachzuweisen.[562] So ist, summa summarum, Rolf Tiedemann zuzustimmen, wenn er zu dem Schluss kommt, dass Adornos Beitrag zum *Doktor Faustus* »als Moment neben anderen und bestimmt nicht als wichtigstes« einzuschätzen sei.[563]

War Adornos Rolle eine klar begrenzte, so brauchte er sich wenigstens mit keiner Konkurrenz, keinem rivalisierenden musikalischen Ratgeber, auseinander zu setzen. Als sich die Gelegenheit dazu ergab, verhielt sich Thomas Mann völlig loyal. Das April-Heft der *Neuen Rundschau* von 1946 brachte im Vorabdruck einige Leseproben aus *Doktor Faustus*, darunter aus dem 8. Kapitel die Beschreibung von Beethovens Klaviersonate Opus 111. Dieser Abschnitt stützte sich auf Erklärungen und Winke Adornos, was Thomas Mann mit einer eleganten Geste anerkannte, indem er u. a. Adornos Patronymikon »Wiesengrund« der Beschreibung der Variationen des langsamen Satzes unterlegte. Unglücklicherweise war Mann jedoch ein Lesefehler unterlaufen. Statt »Eigengewicht der Akkorde«, wie Adorno auf einem Blatt mit musikalischen Beispielen aus dem Variationensatz geschrieben hatte, setzte er unsinnigerweise »Fugengewicht – der Akkorde« (VI, 75).

Der Vorabdruck in der *Neuen Rundschau* kam auch Alfred Einstein zu Gesicht, der sogleich an den Autor schrieb, um seine Bewunderung für die Analyse von Opus 111 auszudrücken. Einstein ließ ihn aber auch wissen, dass er sich unter »Fugengewicht der Akkorde« nichts Rechtes vorstellen könne. Des Weiteren wies er darauf hin, dass es von Heinrich Schütz keine Orgelmusik gebe, wie Mann geschrieben hatte, und dass Froberger älter als Buxtehude sei und deshalb in der betreffenden Aufzählung alter Komponisten vor diesem genannt werden müsse.[564] Merkwürdigerweise schweigt sich Manns Tagebuch über den Brief Einsteins aus. Es kann aber kein Zweifel sein, dass einem Perfektionisten wie dem *Faustus*-Autor die Beanstandungen Einsteins, den er persönlich kannte und sehr schätzte, peinlich waren. Einstein war bis 1927 Musikkritiker der *Münchner Post* gewesen und genoss in den dreißiger und vierziger Jahren ein hohes Ansehen als Musikwissenschaftler und -kritiker, erst in Deutschland, später im englischsprachigen Raum. Thomas Mann las noch kurz vor seinem Tod Einsteins *Mozart, sein Charakter und Werk* ein zweites Mal.

Der *Faustus*-Autor erwiderte seinem wohlwollenden Kritiker, dass er den »Schnitzer« im 8. Kapitel »schleunigst« korrigieren werde. Er korrigierte aber nur die beiden Ungenauigkeiten bezüglich Schütz und Froberger, den schreienden Fehler des »Fugengewicht[s] der Akkorde« ließ er auffallenderweise unangetastet. Warum wohl? Möglicherweise, weil Einstein seine Dienste als musikalischer Berater anbot und Mann Adorno nicht in Verlegenheit bringen wollte. Einstein, der von der Berater-Rolle Adornos offenbar nichts wusste, hatte geschrieben: »Bitte halten Sie mich für keinen Beckmesser. Aber in einem Musiker-Roman, und zumal in einem Musiker-Roman von TH. M. muss alles stimmen, und ich wäre stolz darauf, wenn ich solche ›Unfachlichkeiten‹ wie die oben ›beanstandete‹ zu verhüten imstande wäre.«[565] Adorno oder Einstein – das war, so darf vermutet werden, die Frage, vor die sich der *Faustus*-Autor durch das kleine Malheur mit dem »Fugengewicht« gestellt sah. Thomas Mann machte Adorno keine Mitteilung von dem Brief Einsteins und hielt seinem »Geheimen Rat«, den er zu dem Zeitpunkt bereits zur Mitarbeit gebeten hatte, die Treue. Dieser wohnte in der Nähe, während Einstein weit entfernt an der Ostküste saß, in Northampton, Massachusetts. Adorno war leicht zu erreichen und auf dem Gebiet der modernen Musik der unvergleichlich kompetentere Fachmann. Im Übrigen teilte er, was bei Einstein nicht der Fall war, Thomas Manns Passion für Wagner.

* * *

Sowohl Adorno als auch Mann waren aufs tiefste geprägt von dem Wertekanon und den Vorurteilen des vielberufenen deutschen Bildungsbürgertums. Während es Adorno, dem Soziologen, leichter fiel als dem Lübecker Patriziersohn, solche Gemeinsamkeiten zu registrieren, zeigte sich dieser eher überrascht, wenn er welcher gewahr wurde. Dies gilt besonders im Hinblick auf ihre divergierenden musikalischen Präferenzen. Für Mann stand Wagner im Mittelpunkt seiner musikalischen Interessen; Adornos philosophisches und publizistisches Engagement galt der Neuen Musik der Wiener Moderne. Als Mann die zuerst veröffentlichten Teile von Adornos Wagner-Studien las, war er jedoch angetan von »deren kritischer Gebrochenheit und nie ganz ins Negative ableitender Aufsässigkeit« (XI, 207), die ihn sogleich an seinen eigenen Wagner-Versuch, *Leiden und Größe Richard Wagners*, erinnerten. Auch als er das Schönberg-Kapitel der *Philosophie der Neuen Musik* las, war er sofort von der »eigentümlichste[n] Affinität« dieser Abhandlung »zur Idee meines Werkes« fasziniert, von ihrem »frappante[n] Passen in die Sphäre meines Romans« (XI, 172, 174).

Dieses spontane, auf den ersten Blick überraschende Angesprochensein durch die Arbeiten des Philosophen gewinnt eine beträchtliche Plausibilität, wenn wir einen raschen Blick auf dessen philosophischen Lehrer Siegfried Kracauer werfen[566], d. h. auf seine berühmte und umstrittene, auf Englisch geschriebene Untersuchung *From Caligari to Hitler. A Psychological History of the German Film*. Kracauers Buch und *Doktor Faustus* wurden etwa gleichzeitig begonnen und 1947 veröffentlicht. Kracauer präsentiert eine psychologische und soziologische Analyse der deutschen Filmproduktion vor 1933, in der er mannigfache Antizipationen des Führer- und Nazistaates aufdeckt. Selbstredend unterscheiden sich die Studie Kracauers und der Roman Thomas Manns an der Oberfläche sehr stark. Kracauer richtet den kritischen Blick auf Erscheinungen der Massenkultur, analysiert diese mit den vom Institut für Sozialforschung entwickelten Methoden und stellt eine kollektive Anfälligkeit für den Hitlerismus lange vor 1933 fest. Mann hingegen richtet den Blick auf die Hochkultur, erfand einen Komponisten, dessen Kompositionen, wiewohl fiktiv, eine verblüffende historische Wahrscheinlichkeit besitzen und ebenfalls eine Mentalität verkörpern, die Deutschlands kollektive Anfälligkeit für Hitler und den Nationalsozialismus plausibel erscheinen lassen. Bei genauerer Betrachtung ist nicht zu verkennen, dass beide Autoren eigentlich dasselbe Erkenntnisinteresse verfolgen und von denselben theoretischen Voraussetzungen ausgehen, nämlich der Überzeugung, dass Deutschlands Akzeptanz des Nationalsozialismus vorgezeichnet ist in den Kulturerzeugnissen der vorausgehenden Epoche, d. h. in bestimmten Texten, nicht nur literarischen, sondern auch filmischen und musikalischen. Diese Texte, richtig dechiffriert und kontextualisiert, liefern einzigartige psychologische Erkenntnisse über die Geistesverfassung, die Deutschland auf den Weg in die moralische und kulturelle Katastrophe geführt haben.

Die historische und intellektuelle Nachbarschaft der beiden Bücher erhellt allein schon daraus, dass der musikalische Berater des *Faustus*-Autors durch die Schule Kracauers gegangen war, und wird unterstrichen durch einen 1945 auf Englisch verfassten, damals jedoch nicht veröffentlichten Essay Adornos: *The Musical Climate for Fascism in Germany*. Darin unternimmt er in der Manier Kracauers eine Art Bestandsaufnahme der »fascist tendencies within German music, and musical life, before Hitler«.[567] Die Kernpositionen dieses Essays – dass eine strukturelle Beziehung besteht zwischen Faschismus und Kultur und dass ein richtiges Verständnis der fürchterlichsten, kulturfeindlichen Erscheinungen unserer Zeit ein Bewusstsein ihrer kulturellen Wurzeln erfordert – sind auch die des *Faustus*-Romans; Thomas Mann hätte sie ohne Abstriche unterschreiben können. Dessen ungeachtet bezieht Manns Roman seine unvergleichliche Wucht als Monument des deutschen kulturellen Gedächtnisses weniger aus seiner Affinität als aus dem Spannungsverhältnis zu den philosophischen Positionen Adornos. Diese Spannungen herrschten sowohl im musikalischen als auch im philosophischen Bereich und traten, je länger die Zusammenarbeit währte, desto deutlicher zu Tage.

In seiner autobiographischen Skizze für die *Entstehung des Doktor Faustus* schreibt Adorno: »Ich studierte Philosophie und Musik. Anstatt mich zu entscheiden, hatte ich mein Leben lang das Gefühl, in den divergenten Bereichen eigentlich das Gleiche zu verfolgen.«[568] Nichts annähernd Vergleichbares lässt sich im Werdegang Thomas Manns feststellen, der denn auch nicht anstand, den Bildungsvorsprung des Jüngeren in beiden Bereichen neidlos anzuerkennen. Gleichwohl waren sein musikalischer Geschmack und sein philosophisches Weltbild so gefestigt, dass er gegen die über das Konkret-Technische hinausgehenden Zumutungen Adornos gefeit war und sich ihm nicht auf Gedeih und Verderb auszuliefern brauchte.

Verglichen mit Adorno, der mit fünfzehn zu komponieren anfing und mit achtzehn seine erste Komposition veröffentlichte und zuerst in Frankfurt, dann in Wien Komposition studierte, nehmen sich Thomas Manns musikalischen Kenntnisse ärmlich aus. Die Liebe zur Musik wurde ihm – wie später, in spiegelbildlicher Entsprechung, auch dem kleinen Teddie Wiesengrund – von der Mutter eingepflanzt, die dem Knaben zu eigener Begleitung auf dem Klavier Lieder vorsang. In seiner Kindheit genoss er etwas Violinunterricht und lernte in der Manier Hanno Buddenbrooks auf dem Klavier zu phantasieren. Das genügte, um ein lebenslanges, leidenschaftliches Interesse an der Musik zu wecken. Er war mit dem Kanon der deutschen Musik von Bach bis Strauss und Pfitzner mehr oder weniger vertraut, musste aber seinem »Geheimen Rat« gegenüber zugeben, dass seine Kenntnis der Neuen Musik nicht über eine »›initiierte‹ Ignoranz« hinausreiche.[569] Adorno störte dies nicht. Im Gegenteil, im Rückblick auf die *Faustus*-Zeit fand er sogar Worte der Anerkennung dafür, dass Thomas Mann es »mit der finsteren und schwarzen neuen Musik voll Liebe und Schrecken aufgenommen« habe (GS 20.2, 470).

Entscheidend ist nun, dass das Sich-Einlassen mit der Musik im psychischen Haushalt Thomas Manns und Adornos völlig unterschiedliche Folgen zeitigte. Dem Dichter diente seine Passion für die Musik als eine unversiegliche Quelle thematischer und technischer Inspiration und Innovation. Musikbeschreibungen sind geradezu ein Markenzeichen seiner Erzählkunst, und nicht ohne Koketterie warnte er Adorno, als er ihn formell zur Mitarbeit aufforderte: »mein Verhältnis zur Musik hat einigen Ruf, ich habe mich immer auf das literarische Musizieren verstanden.«[570] Adorno hingegen musste die bittere Erfahrung machen, dass ihm das Komponieren schwer fiel – zu schwer. Rückblickend gestand der Sechzigjährige: »Es bedarf ja wohl keiner langen Erklärung, daß ich durch mein biographisches Schicksal, und sicher auch gewisse psychische Mechanismen, in meinem Leben nicht entfernt das als Komponist realisiert habe, wovon ich nach wie vor überzeugt bin, dass ich es hätte realisieren können, in meiner ganzen Existenz ein Trauma bildet.« [sic][571] Es ist das Trauma des *sit venia verbo*-Dilettantismus, das offenbar nur durch unerhörte, atemberaubende Leistungen auf dem Gebiet der Theorie und Philosophie zu lindern war. Thomas Mann wusste von diesem Trauma und zögerte nicht, den Finger auf diese Wunde zu legen. Trotz der eklatanten Defizite seiner Musikkenntnisse fühlte er sich selbst auf diesem Gebiet, Adornos eigentlicher Domäne, durch keinen Inferioritätskomplex behindert. Im Gegenteil. In der *Entstehung* zitiert er eine Bemerkung Adornos, der zufolge Wagner »sehr oft ganz einfach ›schlecht komponiert‹« habe. Thomas Mann setzt an dieser Stelle einen bedeutungsvollen, seine Verwunderung signalisierenden Gedankenstrich, um dann mit perfektem *timing* fortzufahren, damit die Aussage Adornos negierend: »Ich habe kein Urteil darüber, wie Adorno komponiert.« (XI, 173) Diese Stelle bestätigt im Grunde nur, was in dem großen Teufelsgespräch des Romans diskret, mehrfach gebrochen, angedeutet wird. In der zweiten Gestalt, die Leverkühns teuflischer Gesprächspartner annimmt, setzt er gleichsam die Maske Adornos auf, der beschrieben wird als ein »Intelligenzler, der über Kunst, über Musik, für die gemeinen Zeitungen schreibt, ein Theoretiker und Kritiker, der selbst komponiert […].« Diesem Porträt ist nun aber ein Stachel beigegeben, denn der zitierte Satz fährt fort: »[…] der selbst komponiert, soweit eben das Denken es ihm erlaubt.« (VI, 317) Es ist, wie wenn der *Faustus*-Autor an diesen Stellen die wahren Größenverhältnisse diskret zurechtrücken wollte.

Auch als Philosoph konnte der *Faustus*-Autor seinem willigen Gehilfen nicht das Wasser reichen. Nicht ganz zu Unrecht ist sein Verhältnis zur Philosophie als ein »Unverhältnis« charakterisiert worden.[572] Thomas Mann sah sich zeit seines Lebens als »ehrfürchtige[n] Schüler« (XII, 79) Nietzsches und Schopenhauers. Solche Schülerschaft macht noch keinen Philosophen. Denn im Grunde war er eine unphilosophische Natur, wie mit ernüchternder Klarheit aus einem Brief von 1916 an den österreichischen Kritiker Paul Amann hervorgeht: »Nie werde ich der Sklave meiner Gedanken sein, denn ich weiß, daß nichts nur Gedachtes und Gesagtes wahr ist, und unangreifbar nur die *Gestalt*.« (22, 122) So blieb es. Dies hinderte ihn jedoch nicht, gelegentlich, im Lichte jüngster historischer Erfahrungen, zu Nietzsche, Schopenhauer und ihrem Erbe Stellung zu nehmen. Nüchtern betrachtet, hatte seine Art zu philosophieren etwas von Felix Krulls Art, Tennis zu spielen – nämlich mit »Entschlossenheit [...] auf augenverblendende Weise meinen Mann zu stehen in einem Spiel, das ich zwar angeschaut und in mich genommen, in Wirklichkeit aber nie geübt hatte« (VII, 616). Doch auch in dieser Hinsicht zeigte sich Adorno großzügig – um nicht zu sagen: nachsichtig – in der Beurteilung »des Gemeinsamen zwischen Ihnen und der Philosophie«. Thomas Mann habe »viel« von dem »Unrecht wiedergutgemacht«, das in Deutschland durch die »subalterne akademische Mißachtung« und politische Indienstnahme Nietzsches begangen worden war, nicht etwa durch seine Kommentare zum Werk des Philosophen, sondern allein durch das, »was Sie als Künstler freisetzten vom Wahrheitsgehalt seiner Gedanken«. (GS 20.2, 471)

Wie sehr das Verhältnis der beiden sich als ein oszillierendes darstellt, erhellt eine überaus charakteristische Redefigur Adornos: »Mit den Ohren denken.«[573] Diese Formel signalisiert nicht nur den Rigorismus seiner Betrachtungsweise, sondern auch die Vermählung von Musik und Philosophie, die den wahren Kern seines Denkens ausmacht. All dies lag Mann ziemlich fern, zumal jene Redefigur vor seinem Stilgefühl wohl kaum Gnade gefunden hätte. Und doch sind seine Musikdarstellungen, gerade auch wenn sie durch eine Durchschnittsintelligenz wie Hans Castorp gefiltert sind, geprägt von einer intellektuellen Neugier, die auch vor strengen Maßstäben Bestand hat. Der *Faustus*-Roman hingegen, der als Versuch eines *deep reading* der deutschen Musik samt ihrer politischen Konsequenzen zu deuten ist, wäre undenkbar ohne ein längeres Hospitieren in jener Adorno'sche Sphäre des Mit-den-Ohren-Denkens.

Nähe und Ferne sind wohl am deutlichsten an Thomas Manns Reaktion auf Adornos Wagner-Studien abzulesen. Er lernte die vier zuerst veröffentlichten Kapitel während der Arbeit am Roman Ende September 1944 kennen; den vollständigen *Versuch über Wagner* las er 1952. Dem Autor versicherte er, das Buch sei »Seite für Seite« »*[u]nbändig interessant*«; er habe es mit »tiefster Angelegentlichkeit« gelesen, zahllose Bleistiftstriche gemacht, »manchmal auch kleine Fragezeichen«. Sie beweisen, dass er sich von der Scharfsinnigkeit der Analysen und der Apodiktik der Urteile nicht blenden ließ. Im Gegenteil, er widerspricht Adornos Behauptung, dass sich bei Wagner die Singstimme »dem motivischen Leben« entzieht: »Ganz so ist es doch nicht«, und nennt ihm gleich vier Stellen als

Gegenbeispiele.[574] Beide standen sie Wagner mit einer gewissen enthusiastischen Ambivalenz gegenüber, beide lehnten Wagners Theorie des Gesamtkunstwerks ab, die aus der Addition und Synthese der Medien die ästhetische Überlegenheit etwa des Wagner'schen *Siegfried* über den Goethe'schen *Tasso* folgert. Beide verstanden ihre Arbeit an einem zeitgemäßen Wagner-Bild als Rettungsversuche – Rettung vor den Umarmungen durch die deutschen Wagnerianer. Unterm Strich überwog bei Adorno der Impuls zur Kritik, bei Mann der Impuls zur Bewunderung. Sehr feinsinnig bemerkt Mann, dass Adornos Buch von einer »*bezwungenen* Bewunderung« zeuge, die jedoch ein paar Mal unversehens durchbricht.[575] Umgekehrt trifft auf Mann zu, dass er über Wagner mit »bezwungener« Kritik schrieb, die nur hier und da durchbricht.

Wie Adorno, der im Werk Wagners die »Urlandschaft des Faschismus« vermutete, glaubte auch Thomas Mann: »es ist viel ›Hitler‹ in Wagner« (x, 926). Während jedoch der Philosoph den deutschen Faschismus zu Wagners Bühnenwerken und theoretischen Schriften in Beziehung setzte, erblickte Mann die Ähnlichkeit eher auf der Ebene des Persönlichen. Selbstredend war ihr Interesse an Wagner unterschiedlich motiviert. Für Adorno kam alles darauf an, die geschichtsphilosophischen Tendenzen der Musikdramen zu dechiffrieren. Für Mann stand die ästhetische Erfahrung des Musikerlebnisses im Zentrum, denn Wagner verdanke er »[w]underbare Stunden tiefen, einsamen Glückes inmitten der Theatermenge, Stunden voller Schauer und kurzer Seligkeiten, voll von Wonnen der Nerven und des Intellekts, von Einblicken in rührende und große Bedeutsamkeiten, wie nur diese nicht zu überbietende Kunst sie gewährt!« (14.1, 302) Von daher mag es verständlich sein, dass Wagner für ihn bis zuletzt, trotz aller Vorbehalte, das Maß künstlerischer Hervorbringung großen Stils geblieben ist. Adornos *Versuch über Wagner* gründet letztlich in dem wachsenden Bedürfnis, eine der Katastrophe entgegeneilende Entwicklung von ihren kulturellen Voraussetzungen her zu verstehen. Mann goutierte die erzromantischen Seiten an Wagner durchaus; Adorno fühlte sich eher von den damit unvereinbaren linkshegelianischen Tendenzen angezogen und erblickte von daher in Wagner »*die* romantische Bedrohung des eigenen Denkens«.[576]

Angesichts dieser unterschiedlichen Interessen an Wagner war keine Übereinstimmung hinsichtlich des umstrittenen *Ring*-Schlusses zu erwarten, und diese Divergenz sollte denn auch in dem Streit über den Schluss von Leverkühns *Faust*-Werk eine Rolle spielen. Adorno erklärte die Botschaft der Erlösung und Erneuerung, die der symphonische Abschluss der *Götterdämmerung* zu artikulieren scheint, zu einem »Trugbild«, einer »Phantasmagorie«, denn »in der innersten Zelle der [Wagner'schen] Erlösungskonstruktion wohnt das Nichts«. (GS 13, 139f.) Mann hingegen verknüpfte die Wagner'sche Idee der Erlösung durch Liebe mit Goethes *Faust* und beharrte auf seiner bereits früh geäußerten Überzeugung: »Das Endwort des ›Faust‹ und das, was am Schlusse der ›Götterdämmerung‹ die Geigen singen, es ist Eins, und es ist die Wahrheit. *Das Ewig-Weibliche zieht uns hinan.*« (14.1, 59; IX, 527)

Wie hier schon ersichtlich, war Thomas Mann kein an Hegel oder Marx geschulter Dialektiker, sodass er der Bedeutung der Negation in Adornos Denken meist ratlos gegenüberstand; er setzte sie im Grunde mit der bloßen Absenz eines Positiven gleich. Dies geht besonders deutlich aus seinem gewichtigen Brief über Adornos Wagner-Buch hervor. »Beglückt« von dem ihm sehr vertrauten Gedanken, dass Wagner dem Verfall stets »Momente des Werdenden [...] abzugewinnen« vermochte, kann er es sich doch nicht verkneifen, eine konkrete Aussage über jenes Werdende und Künftige anzumahnen: »Gäbe es nur je ein positives Wort bei Ihnen, Verehrter, das eine auch nur ungefähre Vision der wahren, der zu postulierenden Gesellschaft gewährte!« Daran hätten es schon die von Mann hoch geschätzten *Minima Moralia* fehlen lassen. »Manches« bei Adorno sehe »nach einem geläuterten Kommunismus aus«, doch diesen lehnt er wegen seiner unvermeidlichen »Despotie« ab.[577]

Die Frage, was Wagner letztlich für Adorno bedeutete, blieb somit für Mann unbeantwortet. Auch die Adorno-Forschung ist sich darüber noch nicht schlüssig.[578] Nicht zweifelhaft ist hingegen Wagners Bedeutung für den *Faustus*-Autor. Wagners Werk war ihm die »Heimat seiner Seele«, wie er schon in den *Betrachtungen* (XII, 80) formulierte, und blieb es auch bis zum Ende, unerachtet aller Bedenken, die er im Laufe eines langen Lebens im Schatten Wagners hegte. Diese emotionale Bindung an Wagners Musik wurde durch Adornos Kritik nicht nur nicht geschwächt, sondern aufs Neue affirmiert: »Die Dreiklangwelt des ›Ringes‹ [...] ist im Grunde meine musikalische Heimat. [...] Und doch werde ich am Klavier des Tristan-Akkordes nicht satt.« (XI, 208) In diesem Sinne schreibt er

1948 an seinen Sohn Michael, damals ein professioneller Bratschist, über die späten Werke Leverkühns: »Ich würde nie solche Musik schreiben und habe mich glücklicher gefühlt bei der Beschreibung anderer Töne, der Leonoren-Ouverture, des Meistersinger-Vorspiels III *und* des Mon cœur s'ouvre à ta voix [aus *Samson et Dalila*], als bei den Reihen-Oratorien, die ja eine Kunst der Verzweiflung sind. Ich habe wohl Erfahrung von ihr, bin ihr aber nicht verfallen.« (Br. III, 17)

* * *

Adornos Verhältnis zu Thomas Mann wurde in entscheidendem Maß mitgeprägt durch die Exilerfahrung, die ihn völlig anders affizierte als den *Faustus*-Autor. Adorno war ein Unbekannter, als er fünfunddreißigjährig 1938 in Amerika anlangte. Da er dort nie eine akademische Position bekleidete, die ihn *nolens volens* mit dem amerikanischen Leben verwoben hätte, blieb ihm Amerika, jedenfalls *l'Amérique profonde*, letztlich fremd.[579] Als Mann ebenfalls 1938 in die Staaten emigrierte, wurden dem Berühmten praktisch alle Türen geöffnet. Entscheidend ist jedoch, dass er sich durch seine Lehrtätigkeit in Princeton und seine häufigen, ausgedehnten Vortragsreisen ein einigermaßen realistisches Bild von dem Land zu machen vermochte. Seine Einstellung zu seinem Gastland änderte sich drastisch von der Roosevelt-Ära zur Truman-Ära, doch bemühte er sich auch dann noch, als sich für ihn der Horizont zu verfinstern begann, um ein ausgewogenes Urteil. Typisch dafür ist eine Stellungnahme von 1948. Darin konzediert er zwar, dass sich das politische Wetter verschlechtert habe, das Klima aber weiterhin einer demokratischen Kultur zuträglich sei.[580] Adorno hingegen machte sich nie die Mühe, zwischen Wetter und Klima zu unterscheiden, zwischen der jeweiligen *administration* und der politischen Kultur des Landes, denn er lehnte das System ab, nicht nur seine gegenwärtige Erscheinung.

Adornos Bild von Amerika fand seine zugespitzteste Ausprägung in der Kritik der Kulturindustrie in der *Dialektik der Aufklärung*; sie kommt einer Gleichsetzung Amerikas mit Hollywood gleich. Symptomatisch für seine sehr selektive Wahrnehmung Amerikas ist das Motto, das er den *Minima Moralia*, seinen in Los Angeles geschriebenen »Reflexionen aus dem beschädigten Leben«, voranstellte: »Das Leben lebt nicht.« Es stammt aus dem Roman *Der Amerika-Müde* (1855) von Ferdinand Kürnberger, einem der Kronzeugen des tief verwurzelten deutschen Antiamerikanismus. Da er im Übrigen der Überzeugung war, dass die unausbleibliche Ausgeburt des Kapitalismus der Faschismus sein werde, verkannte er die Bedeutung der weltgeschichtlich entscheidenden Entwicklung, deren Zeitzeuge er war. Ganz im Gegensatz zu Mann war er weder willens noch fähig zu erkennen, dass sich das kapitalistische, demokratische Amerika Franklin Delano Roosevelts praktisch unter seinen Augen zum ausschlaggebenden Machtfaktor des Krieges steigerte und damit auch der Befreiung Deutschlands vom Faschismus.[581]

Weder Mann noch Adorno wünschten einen »soft peace« mit Deutschland, denn sie machten sich keine Illusionen darüber, dass mit dem Ende des Dritten Reiches die deutsche Gesellschaft vom Nazismus gereinigt sein würde. Kurz vor Ende des Krieges schrieb Adorno im Hinblick auf seine Rolle im Nachkriegsdeutschland: »Ich möchte um keinen Preis, unter gar keinen Bedingungen Henker sein oder Rechtstitel für Henker liefern.« Im gleichen Atemzug fügte er aber hinzu: »Ich möchte keinem, und gar mit der Apparatur des Gesetzes, in den Arm fallen, der sich für Geschehenes rächt.« (GS 20.2, 812) Das deckt sich weitgehend mit der durchaus unsentimentalen Einstellung Thomas Manns zu Deutschland am Kriegsende. Der *Faustus*-Autor war einverstanden mit allen Strafmaßnahmen der Siegermächte, weil er überzeugt war, dass nur eine gründliche Läuterung Deutschland von seinem verheerenden Hang, die Großmacht spielen zu wollen, kurieren würde.[582] So distanzierte er sich auch von Bertolt Brecht und anderen Vertretern des deutschen Exils, gerade weil sie darauf bestanden, dass Deutschland nichts geschehen dürfe.[583] Im Übrigen war die Abneigung gegen Brecht, der alles tat, seine bürgerliche Herkunft zu verleugnen, ein weiteres Element, das Mann und Adorno verband.

Weitgehend übereinstimmend war auch ihre Reaktion auf den Holocaust. Beide waren von den Nürnberger Rassegesetzen betroffen: Adorno auf Grund seiner jüdischen Herkunft väterlicherseits; Mann auf Grund seiner Ehe mit einer Jüdin, die ihre sechs Kinder zu so genannten Halbjuden stempelte. Umso bemerkenswerter ist es, dass beide relativ spät auf die Gerüchte und Berichte über den Versuch Nazi-Deutschlands reagierten, die jüdische Bevölkerung Europas zu vernichten, und dass die Reflexion auf die Bedeutung des Holocaust für unser Verständnis der deutschen Geschichte mit einer gewissen Verspätung einsetzte. Die Gründe dafür liegen einerseits in der im deutschen Bildungsbürgertum verbreiteten Verkennung des Antisemitismus als einer konkreten Bedrohung und andererseits wohl auch in den Spuren einer judenfeindlichen Grundeinstellung, die in gewissen persönlichen Äußerungen über jüdische Kollegen wie Alfred Kerr oder Herbert Marcuse nachklingen.[584]

Und doch stehen Mann und Adorno, zusammen mit Max Horkheimer, deutscherseits am Anfang der Auseinandersetzung mit dem Holocaust. Mann begann im Juni 1942 in seinen Radioansprachen nach Deutschland und in öffentlichen Kundgebungen in Amerika die Judenverfolgung anzuprangern. Horkheimers und Adornos Analyse des Antisemitismus in ihrer *Dialektik der Aufklärung* datiert gleichfalls aus den frühen vierziger Jahren. In beiden Fällen sind jedoch einige charakteristische Blindstellen in ihrer Sicht der Dinge nicht zu übersehen. In Kapitel 46 des *Doktor Faustus*, in dem von der Befreiung Buchenwalds berichtet wird, fehlt auffallenderweise jede Erwähnung der meist jüdischen Opfer wie andererseits bei der Darstellung des deutschen Musiklebens der seit Wagner selbstverständliche Antisemitismus unerwähnt bleibt. Der Roman bietet dem Leser ein Deutschland ohne Antisemitismus, einen Holocaust ohne Juden.[585] Den Antisemitismusstudien Horkheimer/Adornos ist nicht zu Unrecht vorgeworfen worden, dass sie »failed to […] acount for the rise as well as the systematic policy of anti-Semitism« in Deutschland; programmiert, das Faschismuspotenzial Amerikas aufzuzeigen, unterschätzten sie die Bedeutung des Antisemitismus in Deutschland selbst noch zu einem Zeitpunkt, als dessen unmenschliche Konsequenzen nicht länger zu ignorieren waren.[586] Gleichwohl erscheinen im Rückblick die Anstöße, die Thomas Mann und Horkheimer/Adorno für die erst spät und stockend in Gang gekommene Holocaust-Diskussion in Deutschland bereitstellten, als bahnbrechend. Sie statuierten schon im Exil Erkenntnisse, die in Deutschland erst mit großer Verzögerung Gemeingut geworden sind. So etwa die Erkenntnis, dass Hitler und der Nationalsozialismus keineswegs »etwas unserer Volksnatur durchaus Fremdes, Aufgezwungenes und in ihr Wurzelloses« waren oder dass durch das Ausmaß der Anti-Humanität »alles Deutschtum, auch der deutsche Geist […] mitbetroffen und in tiefe Fragwürdigkeit gestürzt worden ist« (VI, 638 f.). Dies sind Sätze aus Manns Roman; Adorno hätte sie zweifellos unterschrieben.

Umso bemerkenswerter, dass sich nach dem Krieg ihr Verhalten gegen Deutschland diametral unterschied. Der Jüngere drängte förmlich nach Deutschland, begierig, seine akademische Karriere wieder aufzunehmen. Nach nur wenigen Wochen Lehrtätigkeit in Frankfurt schrieb er 1949 einen verhalten enthusiastischen Bericht über seine erfreulichen Erfahrungen mit der akademischen Jugend, die den Krieg »ohne Niveauverlust« überlebt habe, und ermutigte Mann, nach Deutschland zurückzukehren, wo er, das verstand sich von selbst, auf Adornos Fürsprache würde zählen können.[587] Der *Faustus*-Autor, der bei seinem ersten Deutschlandbesuch aus Anlass des Goethe-Jubiläums seine eigenen, durchaus gemischten Erfahrungen gemacht hatte, zeigte sich einigermaßen erstaunt, »dass Sie sich in der fremden Heimat so frisch und wohl fühlen«, und winkte ab. Wenig später bedeutete er dem so schnell wieder Akkulturierten: »Nach Deutschland bringen mich keine zehn Pferde.«[588] Als er schließlich Amerika, die »heimatlich gewordene Fremde«, wieder verließ, wählte er die Schweiz zur letzten Station seiner Lebensreise. Deutschland kam nicht ernstlich in Frage. Er hatte den Eindruck gewonnen, massiv beeinflusst von seiner Tochter Erika, dass der Geist, der 1933 zu seiner »nationalen Exkommunikation« (XIII, 91) geführt hatte, als eine opportunistische Allianz von Münchner Kulturträgern und neuen Machthabern ihn wegen seiner Wagner-Rede als undeutsch denunziert hatte, dort immer noch sein Unwesen treibe.

Nichts kennzeichnet treffender Adornos Exilerfahrung in Amerika als seine Akkulturationsverweigerung und ihre Begleiterscheinung, die Erleichterung über seine Rückkehr nach Deutschland, wo er sehr bald zur *prima donna assoluta* der Frankfurter Schule aufstieg. Die Kehrseite dieser Haltung ist die Reaffirmation seiner »Deutschheit«, deren massivster Niederschlag in dem späten Essay *Auf die Frage: was ist deutsch* zu finden ist (GS 10.2, 691–703). Was in diesem Text zum Ausdruck kommt, grundiert, wie diskret auch immer, seine Musikphilosophie insgesamt und konstituiert einen gewichtigen Differenzpunkt zwischen dem *Faustus*-Autor und seinem musikalischen Berater.

* * *

Im Lichte dieser *tour d'horizon* gewinnt nun der Streit Thomas Manns und Adornos über den Schluss des Romans die scharfen Konturen wieder zurück, die er in Wahrheit hatte und die in beider Darstellung davon bis zur Unkenntlichkeit verwischt sind. Sehr spät in der Entstehungsgeschichte, am 12. Januar 1947, las Mann das vorletzte Kapitel, das die Beschreibung der Faust-Kantate enthält, seinem Berater vor, der überraschend heftig auf den mehrdeutigen Schluss von Leverkühns letzter Komposition reagierte. Es ist ein Schluss, der die Möglichkeit von Gnade offen hält, wenn nicht gar in Aussicht stellt. Der *Faustus*-Autor beschreibt die Szene mit dem »grämlich[en]« Adorno so: »›Nein, nein‹, sagte er, ›nicht diese Versöhnlichkeit! [...] nicht klingen darf es, als ob nun der Erzsünder die Gnade so geradehin in der Tasche hätte! Ich beschwöre Sie, bieten Sie all Ihre Kunst auf, um dies zarter, vager, leiser, zweifelnder zu sagen, ja, es zum Paradox zu erheben.«[589] Adorno seinerseits berichtet, er habe bei jener Lesung wohl ein wenig ungebührlich »rebelliert«: »Gegenüber der Gesamtanlage von Doktor Fausti Weheklag nicht nur sondern des ganzen Romans fand ich die höchst belasteten Seiten zu positiv, zu ungebrochen theologisch. Ihnen schien abzugehen, was in der entscheidenden Passage gefordert war, die Gewalt der Negation als der einzig erlaubten Chiffre des Anderen.« (GS 11, 341) Die Formulierung »zu positiv« lässt nur entfernt ahnen, wie tief der Graben in Wirklichkeit war, der sich hier auftat. Adorno hatte eine Skizze für Leverkühns letzte Komposition geliefert; darin war vorgesehen, dass die Szene mit Doktor Faustus und seinen Schülern als »negatives Abendmahl« zu gestalten ist, wobei »das fragend Negative als Allegorie der Hoffnung« fungieren sollte (TM/TWA, 161). Nun aber musste es scheinen, als hätte der *Faustus*-Autor die Vorgaben seines »Geheimen Rats« missverstanden oder absichtlich missachtet. Jedenfalls erschien *Dr. Fausti Weheklag* nicht mehr so unverkennbar eine Komposition im Geiste Adornos wie das noch von dem apokalyptischen Oratorium gelten mochte. Dies musste auch den *Faustus*-Autor selbst beunruhigen, denn eine Unstimmigkeit bei diesem Schlussstein des Gebäudes deutete auf einen Riss im Gesamtgefüge.

Es ist nicht mehr auszumachen, welche Änderungen Thomas Mann nach Adornos »Rebellion« vorgenommen hat. Offenbar waren es diskrete Änderungen, sodass beide ihr Gesicht wahren konnten. Beide erklärten sich zufrieden mit dem Kompromiss der endgültigen Fassung. Dazu

Mann: »[…] folgsam setzte ich mich gleich am nächsten Morgen ›zur gründlichen Überholung der anderthalb oder zwei Seiten nieder und gab ihnen die behutsame Form, die sie jetzt haben …‹«[590] Und Adorno: »Thomas Mann war nicht verstimmt, aber doch etwas traurig, und ich hatte Reue. Am übernächsten Tag rief Frau Katja an und bat uns zum Nachtmahl. Danach schleppte der Dichter uns in seine Höhle und las, offensichtlich gespannt, den neuen Schluß vor, den er unterdessen geschrieben hatte. Wir konnten unsere Ergriffenheit nicht verbergen, und ich glaube, sie hat ihn gefreut.« (GS 11, 341 f.) Wie glaubwürdig sind diese Darstellungen? Hat sich der *Faustus*-Autor den Vorstellungen seines Mitarbeiters wirklich gefügt, wie Adorno und Mann suggerieren? Oder haben wir es hier mit dem Keim einer Legendenbildung zu tun, die die Mann-Adorno-Konstellation im Ganzen in ein unangemessen mildes Licht rückt?

Wie bereits bemerkt, verwarf Adorno jede »positive« Deutung des *Ring*-Schlusses. Diese Position begegnete Mann auch in Adornos Habilitationsschrift über Kierkegaard, die er zu lesen begann, als der Roman im 20. Kapitel stand. Schon das Kierkegaard-Buch von 1933 artikuliert eine schneidende Kritik an allen Vorstellungen von Versöhnung und Erlösung, um allein die Verzweiflung, die Negation, gelten zu lassen. Adorno erklärt Kierkegaards Begriff der Hoffnung als falsch, als eine typisch bürgerliche Selbsttäuschung, insbesondere jene Hoffnung »›im strengsten, christlichen Sinn, die Hoffnung wider die Hoffnung ist‹«. Wie um dieser Kritik der christlichen Erlösungsvorstellung Nachdruck zu verleihen, platziert er Kierkegaard mit Wagner in dasselbe Lager, um deren Erlösungskonstruktionen in einem Atem auszulöschen: »Das Zwielicht der Kierkegaardschen Hoffnung jedoch ist das fahle der Götterdämmerung, die das nichtige Ende eines alten oder den ziellosen Beginn eines neuen Äons, nicht aber Erlösung verkündet.« (GS 2, 155 f.)

Der *Faustus*-Autor nahm Adornos Absage an den Erlösungsgedanken zwar zur Kenntnis, ignorierte sie aber in realistischer Einschätzung seines Publikums. Er war auch darin ein Nachfahre Wagners, dass ihm mindestens ebenso viel an der Quantität wie an der Qualität seiner Leserschaft gelegen war. »Mich verlangt auch nach den Dummen«, gestand er schon 1910 seinem Kollegen Hermann Hesse (21, 448). Hatte er selbst schon Zweifel an der Plausibilität von Adornos Argument bezüglich der »Gewalt der Negation als der einzig erlaubten Chiffre des Anderen«, so konnte er kaum darauf rechnen, dass seine Leser dies im Sinne Adornos aufzufassen imstande wären. Und so hielt er es an diesem entscheidenden Punkt, dem Schlussstein des Romangefüges, nicht mit seinem »Geheimen Rat«, sondern mit Kierkegaard und Wagner. In Leverkühns Nacht der Hoffnungslosigkeit vor dem Tode lässt der *Faustus*-Autor zwei unmissverständliche Hoffnungslichter, wenn nicht leuchten, so doch glimmen. Leverkühns Faust-Kantate verklingt auf dem »hohe[n] g eines Cellos« – eine transparente Chiffre von Gnade. Dazu wird eine Erklärung geliefert, die den Kierkegaard'schen Fundamentalgedanken der Hoffnung jenseits der Hoffnungslosigkeit, den Adorno zu entzaubern versucht hatte, ausdrücklich affirmiert. Die Botschaft dieses Thomas Mann'schen Faust-Schlusses wäre »die Hoffnung jenseits der Hoffnungslosigkeit, die Transzendenz der Verzweiflung, – nicht der Verrat an ihr, sondern das Wunder, das über den Glauben geht«. (VI, 651)

Es sollte somit nicht mehr statthaft sein, die Kollision der beiden Protagonisten zum Abschluss ihrer Zusammenarbeit zu ignorieren oder zu verharmlosen. Sie waren im Grunde von Beginn ihrer Zusammenarbeit an auf Kollisionskurs, was angesichts ihrer divergenten philosophischen Orientierungen und musikalischen Präferenzen kaum anders zu erwarten gewesen war. Solange die Zusammenarbeit dauerte, währte ihre tiefe Genugtuung darüber, dass sie sich gefunden hatten. Als zuletzt ihre Differenzen doch noch zu Tage traten, hatten beide zwingende Gründe, sie zu kaschieren.

Dass Thomas Mann einen Mitarbeiter von Adornos Kaliber und Fachwissen brauchte, ist offensichtlich; ebenso verständlich ist es, dass ihm nach außen hin an dem Schein eines ungetrübten Einvernehmens gelegen sein musste. Was hingegen bewog Adorno, ihre Differenzen zu glätten? Viele Anzeichen deuten darauf hin, dass es der Reputationsschub, der Prestigegewinn in den Augen der Mitwelt und Nachwelt, war – eine Motivation, die der Legendenbildung besonders günstig ist. Als Mann ihn um eine autobiographische Skizze für die Entstehungsgeschichte des Romans bat, durfte er mit gutem Grund erwarten, gebührend gewürdigt zu werden. Und doch machte er sich Sorge um die richtige Würdigung, d. h. die prestigeträchtigste: »Vielleicht ist es nicht zu unbescheiden, wenn ich Sie bitte, meinen gedanklich-phantasiemäßigen Anteil an Leverkühns œuvre mehr hervorzuheben als den stofflich informativen.«[591] Daraus spricht eine geradezu existenzielle Angst, seinen Anteil an der Unsterblichkeit verkürzt zu sehen. Und damit der *Faustus*-Autor den Ernst seiner Sorge auch richtig einschätze, fügte er hinzu – ob im Ernst oder im Scherz, ist schwer zu entscheiden: »Mit größter Spannung blicke ich auf die Hintertür zur Unsterblichkeit, die mir Ihr ›Roman eines Romans‹ eröffnen wird.«

Hier drückt sich ein Verlangen nach Anerkennung aus, das niemand überraschen sollte bei einem, den die Geschichte der Gelegenheit beraubt hatte, Ruhm und Anerkennung auf eigene Faust und in eigener Regie zu erwerben. Hier öffnet sich aber auch der Blick für den hohen Stellenwert seiner emotionalen Investitionen in die Zusammenarbeit mit dem Berühmten und Verehrten. In seinem Brief zu Manns Siebzigstem nennt er dessen Zuwendung, sein Zu-ihm-Sprechen, gar »ein Stück verwirklichter Utopie«. Es ist ein Stück Utopie, das er offenbar seit seiner Jugend genährt hatte, wie er an dieser Stelle enthüllt: »Im Sommer 1921 bin ich einmal in Kampen, unbemerkt einen langen Spaziergang hinter Ihnen hergegangen und habe mir ausgedacht, wie es wäre, wenn Sie nun zu mir sprächen.«[592]

Die Szene auf Sylt – der achtzehnjährige Teddy Wiesengrund dem Autor des *Tod in Venedig* verehrungsvoll, in respektvollem Abstand und mit langem Atem hinterhergehend – findet überraschenderweise in Manns Tagebuch eine indirekte Beglaubigung. Der betreffende Eintrag ist zwar lakonisch, aber einschlägig und lautet: »Gegenstand der Neugier in Campen und Wenningstedt« (Tb. 17. 9. 1921). Wohl denkbar, dass der Blick des Müßiggängers am Strand damals schon den seines späteren »Geheimen Rats« getroffen hat. Etwas von Teddys anfänglichem *celebrity stalking* und träumerischer Vorwegnahme von Ruhm kennzeichnet noch die Annäherung im Juli 1943 in Los Angeles. Adornos Geburtstagsbrief von 1945 lässt es so erscheinen, als hätte Thomas Mann, wie 1921 auf Sylt imaginiert, sich ihm zu guter Letzt zugewandt und ihn angesprochen. Doch hat es eher den Anschein, dass Adorno unter dem Vorwand, ihm jenes Buch von Julius Bahle bringen zu sollen, sich an den *Faustus*-Autor wandte und sich ihm vorstellte, in später Erfüllung des früh Erträumten.

Vor diesem Hintergrund gewinnt, was Adorno in seinem Kondolenzbrief an Katia Mann bekannte: »Ich habe ihn sehr geliebt«[593], eine erhöhte Glaubwürdigkeit. Diese Liebe sollte jedoch aufs schwerste erschüttert werden, als Erika 1965 in ihrer Edition von Thomas-Mann-Briefen in einem gezielten Affront gegen den ungeliebten Adorno einen Brief veröffentlichte, den dieser als Verleumdung »gleichsam aus dem Grabe« empfand (GS 10.2, 761). Dieser Brief an Jonas Lesser, der eine Arbeit über Manns Anleihen aus der *Philosophie der Neuen Musik* zu veröffentlichen gedachte, reflektiert den wohl negativsten Pendelausschlag in der im Hause Mann heftig umstrittenen Sache Adorno. Thomas Mann riet Lesser davon ab, seinen Artikel zu veröffentlichen oder Adorno zu schicken, weil er der Meinung war, alles Diesbezügliche selber schon ausgebreitet zu haben: »Mit der ›Entstehung‹ habe ich einen recht starken Scheinwerfer auf ihn gerichtet, in dessen Licht er sich in nicht ganz angenehmer Weise bläht, sodaß es bei ihm nachgerade ein wenig so herauskommt, als habe eigentlich er den ›Faustus‹ geschrieben. Ich sage das unter uns.« (Br. III, 226)

Adornos Reaktion auf die Äußerung zu Lesser ist zwar menschlich nachvollziehbar, aber psychologisch nicht völlig überzeugend. Dem Zeugnis des vertraulichen Briefs an Lesser steht der selbst noch in seiner verkürzten Form generöse Tribut in der *Entstehung des Doktor Faustus* entgegen. Konnte der inzwischen selbst Hochberühmte wirklich glauben, dass die private Unmutsbezeugung den öffentlichen Tribut annullieren und seine Reputation ernsthaft schmälern könnte? Dies scheint wenig plausibel, zumal der Rede von der Verleumdung aus dem Grab heraus eine Spur von Melodramatik anhaftet, die auf einen verborgenen Herd der Verunsicherung schließen lässt. Weit plausibler scheint es, dass der Aufschrei gegen den verehrten *Faustus*-Autor eine Tarnfunktion erfüllte, denn hinter der Enttäuschung über Manns kleine *malice* lässt sich eine tiefere, schon länger schwelende Wunde erahnen: die Ablehnung seiner *Philosophie der Neuen Musik* durch Schönberg, zu dessen Verherrlichung sie weitgehend konzipiert war. Da Adornos Eminenz im Kulturleben der Bundesrepublik in höherem Maße auf seinem musikalisch-philosphischen Werk als auf seinem literaturkritischen beruhte, musste das *non placet* Schönbergs weit schwerer wiegen als Manns Bosheit; es stellte gleichsam eine permanente Verleumdung aus dem Grabe dar und bedeutete weit eher eine existenzielle Verunsicherung als die Verletzung seines Stolzes durch Mann. Wenn überhaupt etwas seine weitgehend unangefochtene Position als höchste Autorität und Schiedsrichter im Musikleben der Nachkriegszeit zu erschüttern vermochte, so das Bewusstsein, dass der Segen Schönbergs nicht auf ihm ruhte. Im Übrigen ist es psychologisch durchaus einleuchtend, dass gerade die »Verleumdung« durch Mann ihm über die gravierendere »Verleumdung« durch Schönberg die Zunge löste, waren ihm doch der *Faustus*-Autor und der Schöpfer des *Moses und Aron* die höchsten Namen für die am intensivsten erlebte Begegnung mit authentischer Kreativität im großen Maßstab.

* * *

Kehren wir noch einmal zurück zu dem Gedanken Nietzsches, von dem diese Untersuchung ihren Ausgang genommen hat: seinem Verdacht, dass es die Allianz von Musik und Philosophie war, die das Selbstbewusstsein der deutschen Kultur dazu ermächtigte, nicht nur ihre Unabhängigkeit von der französischen zu erlangen, sondern die europäische Suprematie zu erstreben. Die daraus resultierende Denkweise war anfangs fester Bestandteil von Thomas Manns Weltbild. Seine polemische Entgegensetzung von deutscher »Kultur« und westlicher »Zivilisation« in den *Betrachtungen*, seine Verteidigung des musikzentrierten, unpolitischen, d. h. antidemokratischen Kulturbegriffs bezog die entscheidenden Stichworte von Nietzsche. Während jedoch viele deutsche Nietzscheaner im Lager des Nationalsozialismus landeten, setzte Mann seine Reflexionen über die Verkettung von deutscher Musik und deutscher Geschichte fort und gelangte zu einer ganz anderen Einschätzung der verhängnisvollen Rolle der Musik als Leitwert der deutschen Geschichte. Was ihn dazu bewog, war einerseits die »nationale Exkommunikation« im Gefolge seiner Wagner-Rede von 1933 und andererseits die Instrumentalisierung der deutschen Musik zu politischen Zwecken schon lange vor 1933: Deutschlands musikalische Suprematie sollte das Recht auf politische Hegemonie begründen. Dieser Gedanke stellte ein festes, historisch wirksames Bindeglied dar zwischen dem musikliebenden deutschen Bildungsbürgertum, gerade auch des nicht nazistisch gesinnten, und den Ideologen des Nationalsozialismus, allen voran Hitler.

In Manns Musikroman ist der Gedanke einer Analogie zwischen musikalischem und politischem Durchbruch der Dreh- und Angelpunkt der ganzen kühnen geschichtsphilosophischen Konstruktion.[594] Der musikalische Durchbruch antizipiert den politischen und hilft ihn vorbereiten. Was Leverkühn letztlich in den Pakt mit den dämonischen Mächten treibt, ist der Gedanke der Suprematie; ihretwillen wird der Durchbruch zu einer neuen Kompositionsweise angestrebt. Leverkühn sieht sich einer beispiellosen Krise der musikalischen Kreativität gegenüber. Sie bedroht nicht nur sein eigenes Werk mit Sterilität, sondern die deutsche Kultur insgesamt, die nicht von ungefähr die Musik zur deutschesten der Künste erhoben hatte. Die Stimme des Teufels, die nichts anderem als Leverkühns eigenen faustischen Ambitionen Ausdruck verleiht, führt denn auch zielbewusst das Argument der musikalischen Suprematie ins Feld: »Wir stehen dir für die Lebenswirksamkeit dessen, was du mit unserer Hilfe vollbringen wirst. Du wirst führen, du wirst der Zukunft den Marsch schlagen [...]. Nicht genug, daß du die lähmenden Schwierigkeiten der Zeit durchbrechen wirst, – [...] die Epoche der Kultur und ihres Kultus wirst du durchbrechen und dich der Barbarei erdreisten [...].« (VI, 324).

Gerade in diesem entscheidenden Punkt steht nun Thomas Manns fiktiver Tonsetzer dem Erfinder der Dodekaphonie näher, als dieser selbst wahrhaben wollte. Die zitierte Passage aus dem Teufelsgespräch im 25. Kapitel impliziert eine historische Referenz; sie mutet wie ein Echo an auf eine berühmte Aussage Schönbergs, die in den Kreisen der Neuen Musik geläufig war und von der der *Faustus*-Autor vermutlich durch seinen »Geheimen Rat« Kenntnis hatte. Die Methode der Komposition mit zwölf Tönen, so Schönberg 1921, wird die fortgesetzte Suprematie der deutschen Musik garantieren: »Ich habe eine Entdeckung gemacht, durch welche die Vorherrschaft der deutschen Musik für die nächsten hundert Jahre gesichert ist.«[595] Dass diese Denkweise nicht als eine untypische Idiosynkrasie Schönbergs abgetan werden kann, belegt das Beispiel seines Schülers Anton Webern, der von »einem geradezu chauvinistischen Glauben an die Vormachtstellung der deutschen Musik« beherrscht war.[596] Dass es auch Alban Berg um den Primat der deutschen Musik zu tun war, bezeugt niemand anders als Adorno selbst (GS 13, 338f.). Es lässt sich somit nicht bestreiten, dass auch das intellektuelle Milieu der Neuen Musik dem Suprematiedenken Vorschub leistete und sich darin mit ihren reaktionären Antipoden, etwa Hans Pfitzner, berührte, zu schweigen von den Ideologen des Nationalsozialismus.

Die Kritische Theorie durfte mit Recht darauf stolz sein, ein begriffliches Instrumentarium entwickelt zu haben, mit dem sich der Nexus von Kultur und Politik auf Augen öffnende Weise analysieren ließ. Umso mehr fällt auf, dass Adorno den für Thomas Mann zentralen Gedanken eines Nexus von musikalischer Suprematie und politischer Hegemonie nirgends thematisiert hat. Offenbar hat er ihn gar nicht wahrgenommen. In dem Hegelianischen Geschichtsverständnis, dem Adorno sich verschrieben hatte, ist das »musikalische Material« das eigentliche Agens der fortschreitenden Entwicklung der Musik[597], in der sich letztlich der objektive Geist manifestiert und realisiert. Demgegenüber blieb der *Faustus*-Autor einem intentionalen Geschichtsverständnis verpflichtet, in dem die Psychologie des Individuums, seine Willensfreiheit und moralische Verantwortung nicht preisgegeben sind. Während bei Adorno die Dodekaphonie als Resultat einer geschichtlichen Zwangsläufigkeit erscheint, kennzeichnet der *Faustus*-Autor sie als die Ausgeburt faustischen Hochmuts.

Möglicherweise war Adorno eben deshalb außer Stande, den für Thomas Mann alarmierendsten Aspekt der deutschen Musik, den psychologischen Zusammenhang zwischen musikalischer Suprematie und politischer Hegemonie, in dieser Form wahrzunehmen, weil sein eigenes Werk als Musikphilosoph letztlich darauf abzielte, die Suprematie der von Schönberg herkommenden Neuen Musik und damit die Führungsrolle der deutsche Musik zu affirmieren. Unmöglich konnte Thomas Mann verborgen bleiben, dass Adornos Musikphilosophie keine Lösung anzubieten hatte für das mentalitätsgeschichtliche Problem, das er im Lichte seiner historischen Erfahrung für ein zentrales halten musste. Ebenso wenig konnte ihm verborgen bleiben, dass Adorno auf Grund seines germanozentrischen Kanons selbst teilhatte an der verhängnisvollen Hybris der deutschen Musik. Dies – und nicht Undankbarkeit oder der ganz normale Künstleregoismus – wird der verborgene Grund gewesen sein für seine Zurückhaltung gegenüber seinem äußerst imponierenden und tief ergebenen musikalischen Berater.

Nachbemerkung

Die Entstehung der hier versammelten Studien erstreckt sich über ein Vierteljahrhundert. In diesem Zeitraum ist die Thomas-Mann-Forschung in Folge einer wahren Informationsexplosion zu Leben und Werk dieses Autors in eine Phase beschleunigten Wandels eingetreten. Vor allem aber ist in Folge der Neukonstitution Deutschlands als postklassischem Nationalstaat unsere Wahrnehmung des in diesem Werk thematisierten Zusammenhangs von deutscher Kultur und deutscher Geschichte wieder in Bewegung geraten. Es scheint somit an der Zeit, das Werk Thomas Manns aus seiner germanistischen Gettoisierung herauszuführen und in den breiten Strom des fachübergreifenden Nachdenkens über Deutschland und seine Geschichte zurückzuholen. Die lebenslangen Versuche dieses Autors, in der Nachfolge Nietzsches den Zusammenhang von deutscher Musik und deutscher Geschichte zu ergründen, bieten dafür den ebenso erhellenden wie unumgänglichen Einstieg.

Die erste Berührung des Verfassers mit diesen Fragen reicht weit zurück bis zu dem Deutschunterricht am Stuttgarter Eberhard-Ludwigs-Gymnasium bei dem unvergessenen Dr. Otto Bantel, der die Weitsicht und den Mut besaß, seinen Schülern den *Doktor Faustus* vorzusetzen, als noch keine zehn Jahre seit Veröffentlichung des Romans vergangen waren und das Buch den Nimbus einer höchst kontroversen Aktualität besaß. Die damals empfangenen Eindrücke erwiesen sich als bleibend: Ich bin mir keiner Lebensphase seither bewusst, in der ich aufgehört hätte, über diesen Roman und die davon aufgegebenen Fragen nachzudenken.

Eine bedeutende Förderung erfuhr dieses Nachdenken durch Peter Bloom, den Berlioz-Forscher, und unsere gemeinsamen Lehrveranstaltungen über Wagner am Smith College. Peter Bloom hat sich seither in beispielhaft generöser Weise als mein ständiger Gesprächspartner und als mein wirklicher Geheimer Rat in allen die Musik betreffenden Fragen bewährt. Darüber hinaus habe ich in musikwissenschaftlichen Belangen auf die Auskünfte und die fördernde Kritik einer Reihe von Kollegen zählen dürfen, die ein oder mehrere Kapitel gelesen haben: Reinhold Brinkmann, Richard Klein, Klaus Kropfinger, Volker Scherliess und Albrecht Riethmüller. In den beiden Adorno betreffenden Essays habe ich von dem kritischen Rat Lydia Goehrs profitieren dürfen. Ihnen allen sei an dieser Stelle mein aufrichtiger Dank ausgesprochen.

Herbert Lehnert, ein Pionier der Thomas-Mann-Forschung, hat mehrere der zuletzt entstandenen Kapitel gelesen und durch seinen kritischen Einspruch nicht weniger als durch seinen Zuspruch zur besseren Fokussierung meiner Argumentation beigetragen. Des Weiteren bin ich mir bewusst, gesprächsweise oder nach Lektüre des einen oder anderen Textes weiterführende Anregungen von den folgenden Kollegen empfangen zu haben: Michael Kater, Konrad Kenkel, Judith Keyler-Mayer, Klemens von Klemperer, Jocelyne Kolb, Jürgen Maehder, Philipp Naegele, Steven P. Scher (†), Stefan Blechschmidt, Bernd Sponheuer und Guy Stern. Auch ihnen mein aufrichtiger Dank!

Ein besonderer Dank gilt meinem Lektor Roland Spahr, der das Buch auf Verlagsseite betreut und mit sicherer Hand an allen Klippen des Produktionsprozesses vorbeigesteuert hat. Seine Sachkenntnis sowie sein Interesse an den in diesem Buch verhandelten Themen haben die Zusammenarbeit zu einem Vergnügen werden lassen. Schließlich seien Birgit Nutz und Andreas Schwarz für die Erstellung des detaillierten und hilfreichen Registers sowie Giela Behr für die redaktionelle Unterstützung bedankt.

Ohne die Muße, die mir ein 2002 verliehener Forschungspreis der Alexander von Humboldt-Stiftung gewährte, hätten die zuletzt entstandenen Studien (die Kapitel 2, 6, 10, 11, 14 und 15) wohl kaum schon ihren Abschluss gefunden. Dieser einzigartig weitsichtigen und generös alle Wissenschaften fördernden Stiftung meinen Dank auszusprechen, ist eine besonders angenehme Pflicht.

Quellennachweise

Die folgenden Kapitel stützen sich auf Arbeiten, welche, bereits an anderer Stelle publiziert, für dieses Buch stark überarbeitet und auf den neuesten Stand gebracht wurden.

Buddenbrooks *und* Der Ring des Nibelungen; zuerst in: *Literatur und Musik. Ein Handbuch zur Theorie und Praxis eines komparatistischen Grenzgebietes,* hrsg. von Steven Paul Scher. Berlin 1984, S. 326–347.

Bayreuth; zuerst in: *Thomas-Mann-Jahrbuch* 9 (1996), S. 107 – 126.

Musik in München; zuerst in: *Thomas-Mann-Jahrbuch* 7 (1994), S. 41 – 69.

Folgende Kapitel werden hier in nur geringfügig veränderter Form vorgelegt:

Opernszenen; zuerst in: *Dazwischen. Zum transitorischen Denken in Literatur- und Kulturwissenschaft. Festschrift für Johannes Anderegg zum 65. Geburtstag,* hrsg. von Andreas Härter, Edith Anna Kunz und Heiner Weidmann. Göttingen 2003, S. 249 – 266.

»Blödsinnig schön!« Französische Musik im Doktor Faustus; zuerst in: *Thomas Mann in München. Vortragsreihe Sommer 2004,* hrsg. von Dirk Heißerer. München 2004, S. 79–106.

Richard Strauss oder Zeitgenossenschaft ohne Brüderlichkeit; zuerst in: *Thomas-Mann-Jahrbuch* 3 (1990), S. 50–85.

Wilhelm Furtwängler; zuerst in: *Musik und Ästhetik* 10, Heft 40 (2006).

Wider die »stehengebliebene Wagnerei«; zuerst in: *Getauft auf Musik. Festschrift für Dieter Borchmeyer,* hrsg. von Udo Bermbach und Hans Rudolf Vaget. Würzburg 2006, S. 353–372.

Philosophisch alarmierende Musik. Thomas Mann und Adorno; zuerst in: *Musik und Ästhetik* 8, Heft 32 (2004), S. 9–42.

Die übrigen Essays erscheinen hier zum ersten Mal.

Der Abdruck der beiden Leserbriefe von Erika Mann (S. 473–476) vom 15.2.1942 (*New York Times*) und vom 31.5.1947 (*New York Herald Tribune*) erfolgt mit freundlicher Genehmigung der Rowohlt Verlag GmbH, Reinbek bei Hamburg.

Bildnachweis

1. Gustav Lindtke, *Die Stadt der Buddenbrooks*. Lübeck 1981
2. Richard-Strauss-Institut, Garmisch-Partenkirchen
3. Archiv Prinzregententheater München
4. © Museen für Kunst und Kulturgeschichte der Hansestadt Lübeck
5. www.dutchdivas.net
6. Bayerische Staatsbibliothek, München
7. Thomas-Mann-Archiv, Zürich / Keystone AG, Zürich
8. Artur Holde, *Bruno Walter*. Berlin 1960
9. Richard-Strauss-Institut, Garmisch-Partenkirchen
10. Artur Holde, *Bruno Walter*. Berlin 1960
11. Richard-Strauss-Institut, Garmisch-Partenkirchen
12. Thomas-Mann-Archiv, Zürich / Keystone AG, Zürich. Foto: Ellinger
13. Artur Holde, *Bruno Walter*. Berlin 1960
14. Irving Kolochin, *The Story of the Metropolitan Opera 1883–1950*. New York 1953
15. Archiv S. Fischer Verlag
16. Mitock & Sons, North Hollywood
17. © Ingeloren Natho, Lübeck
18. Bildarchiv Preußischer Kulturbesitz, Berlin
19. Thomas-Mann-Archiv, Zürich / Keystone AG, Zürich
20. Bayerische Staatsoper, München
21. Privatarchiv Beidler
22. Herbert Van Thal, *Fanfare for Ernest Newman*. London 1955
23. Arnold Schönberg Center, Wien. Foto: De Parua
24. © Theodor W. Adorno Archiv / Surhkamp Verlag, Frankfurt/Main

Der Autor und der S. Fischer Verlag danken allen Rechteinhabern für die Abdruckgenehmigung.
Da in einigen Fällen die Inhaber der Rechte nicht festzustellen oder erreichbar waren, verpflichtet sich der Verlag, rechtmäßige Ansprüche nach den üblichen Honorarsätzen nachträglich zu vergüten.

Siglen

Die Werke Thomas Manns werden, wenn nicht anders vermerkt, zitiert nach:

Gesammelte Werke in dreizehn Bänden (GW). Frankfurt/Main 1990 (jeweils unter Angabe der Bandzahl in römischen Ziffern und der Seitenzahl).

Große kommentierte Frankfurter Ausgabe – Werke, Briefe, Tagebücher (GKFA), hrsg. von Heinrich Detering, Eckhard Heftrich, Hermann Kurzke, Terence J. Reed, Thomas Sprecher, Hans Rudolf Vaget und Ruprecht Wimmer in Zusammenarbeit mit dem Thomas-Mann-Archiv der ETH, Zürich. Frankfurt/Main 2002 ff. (jeweils unter Angabe der Bandzahl in arabischen Ziffern und der Seitenzahl).

Beidler/Borchmeyer	Cosima Wagner-Liszt. Der Weg zum Wagner-Mythos. Ausgewählte Schriften des ersten Wagner-Enkels [Franz W. Beidler] und sein Briefwechsel mit Thomas Mann, hrsg. und mit einem Vorwort versehen von Dieter Borchmeyer. Bielefeld 1997.
Br. I-III	Thomas Mann: Briefe 1889–1936; 1937–1947; 1948–1955 und Nachträge, hrsg. von Erika Mann. Frankfurt/Main 1961–1965.
DüD I-III	Dichter über ihre Dichtungen. Thomas Mann, hrsg. von Hans Wysling und Marianne Fischer, 3 Bände. Zürich u.a. 1975–1981.
Essays I-VI	Thomas Mann: Essays, hrsg. von Hermann Kurzke und Stephan Stachorski, 6 Bände. Frankfurt/Main 1993–1997.
Furtwängler-Briefe	Wilhelm Furtwängler: Briefe, hrsg. von Frank Thiess. Wiesbaden 1965.
GS	Theodor W. Adorno: Gesammelte Schriften in zwanzig Bänden, hrsg. von Rolf Tiedemann unter Mitarbeit von Gretel Adorno, Susan Buck-Morss und Klaus Schultz. Frankfurt/Main 1970 ff.

Im Schatten Wagners	Im Schatten Wagners. Thomas Mann über Richard Wagner. Texte und Zeugnisse 1895–1955. Ausgewählt, kommentiert und mit einem Essay von Hans Rudolf Vaget. 2. Aufl. Frankfurt/Main 2005.
JA	Richard Wagner: Dichtungen und Schriften. Jubiläumsausgabe in zehn Bänden, hrsg. von Dieter Borchmeyer. Frankfurt/Main 1983.
KSA	Friedrich Nietzsche: Sämtliche Werke. Kritische Studienausgabe in 15 Bänden, hrsg. von Giorgio Colli und Mazzino Montinari. München/Berlin/New York 1986.
Nb. I und II	Thomas Mann: Notizbücher 1–6 und 7–14, hrsg. von Hans Wysling und Yvonne Schmidlin. Frankfurt/Main 1991/92.
Pfitzner-Briefe	Hans Pfitzner: Briefe, hrsg. von Bernhard Adamy. Tutzing 1991.
Georg Potempa:	Thomas-Mann-Bibliographie. Das Werk. Unter Mitarbeit von Gert Heine. Morsum/Sylt 1992.
Reg.	Die Briefe Thomas Manns, Regesten und Register, hrsg. von Hans Bürgin und Hans-Otto Mayer, unter Mitarbeit von Gert Heine und Yvonne Schmidlin, 5 Bände. Frankfurt/Main 1976–1987.
Tb.	Thomas Mann: Tagebücher 1918–1921 und 1933–1943, hrsg. v. Peter de Mendelssohn; Tagebücher 1944–1955, hrsg von Inge Jens, 10 Bände. Frankfurt/Main 1977–1995.
TM/AM	Thomas Mann/Agnes E. Meyer: Briefwechsel 1937–1955, hrsg. von Hans Rudolf Vaget. Frankfurt/Main 1992.
TM/TWA	Thomas Mann/Theodor W. Adorno: Briefwechsel 1943–1955, hrsg. von Christoph Gödde und Thomas Sprecher. Frankfurt/Main 2002.
TM/Walter	Thomas Mann/Bruno Walter: Briefwechsel. Aus den Beständen des Thomas-Mann-Archivs der Eidg. Technischen Hochschule hrsg. von Hans Wysling. In: Blätter der Thomas-Mann-Gesellschaft Zürich 9 (1969), S. 13–43.
TMS	Thomas-Mann-Studien, hrsg. vom Thomas-Mann-Archiv der ETH Zürich. Bern (bis 1988) und Frankfurt/Main 1967 ff.
Walter-Briefe	Bruno Walter: Briefe 1894–1962, hrsg. von Lotte Walter Lindt. Frankfurt/Main 1969.

Anmerkungen

Zur Einführung

1 Zum Aufkommen des neuen historiographischen Paradigmas der Mentalitätsgeschichte vgl. die Einleitung des Herausgebers zu der Anthologie von Essays: *Mentalitäten-Geschichte. Zur historischen Rekonstruktion geistiger Prozesse*, hrsg. von Ulrich Raulff. Berlin 1984.

2 An Max Osborn, 15. 10. 1944; Br. II, 396.

3 Dazu prinzipiell Jan Assmann: *Das kulturelle Gedächtnis. Schrift, Erinnerung und politische Identität in frühen Hochkulturen*. München 1992; sowie die Einleitung der Herausgeber zu: *Deutsche Erinnerungsorte*, hrsg. von Etienne François und Hagen Schulze, 3 Bände. München 2001, Bd. 1, S. 23.

4 Dirk van Laak: *Über alles in der Welt. Deutscher Imperialismus im 19. und 20. Jahrhundert*. München 2005, S. 9.

5 Ebd., S. 130.

6 Ebd., S. 12.

7 Bedrich Loewenstein: »*Am deutschen Wesen* ...«, in: *Deutsche Erinnerungsorte* (Anm. 3), Bd. 1, S. 290–304, 302.

8 Vgl. das Kapitel *Kulturimperialismus* bei van Laak (Anm. 4), S. 89–92, sowie Lewis Pyensen: *Cultural Imperialism and Exact Sciences. German Expansion Overseas 1900–1930. New York 1985*.

9 Claudius Reinke: *Musik als Schicksal. Zur Rezeptions- und Interpretationsproblematik der Wagnerbetrachtung Thomas Manns*. Osnabrück 2002, S. 25.

1. Thomas Mann und die deutsche Musik

10 Nach Pamela M. Potter: *Most German of the Arts. Musicology and Society from the Weimar Republic to the End of Hitler's Reich*. New Haven, CT/London 1998, S. 200 f.

11 Vgl. Eckhard John: *Musikbolschewismus. Die Politisierung der Musik in Deutschland 1918–1938*. Stuttgart und Weimar 1994, der sich auf den angegebenen Zeitraum beschränkt, ohne jedoch »die Illusion nähren zu wollen, daß Musik zuvor unpolitisch gewesen sei« (S. 9). Siehe dazu auch *Searching for Common Ground*.

Diskurse zur deutschen Identität 1750–1871, hrsg. von Nicholas Vazsonyi. Köln 2000.

12 Saul Friedländer: *Nazi Germany and the Jews*. New York 1997, S. 1.

13 Siehe Friedrich Meinecke: *Die deutsche Katastrophe. Betrachtungen und Erinnerungen*. Wiesbaden 5. Aufl. 1955 (zuerst 1946); zur Problematik dieser Schrift aus der Sicht der gegenwärtigen Gedächtnis-Diskussion vgl. Aleida Assmann/Ute Frevert: *Geschichtsvergessenheit, Geschichtsversessenheit. Vom Umgang mit deutschen Vergangenheiten nach 1945*. Stuttgart 1999, S. 100.

14 Siehe Sander Gilmans programmatischen Essay: *Why and How I Study the German*, in: *German Quarterly* 62 (1989), S. 192–201; »[...] the Holocaust remains for me [...] the central event of modern German culture, the event toward which every text, every moment in German history and, yes culture moved inexorably.« (S. 200f.)

15 Michael A. Bernstein: *Foregone Conclusions. Against Apocalyptic History*. Berkeley, CA 1994, S. 16.

16 Celia Applegate: *What is German Music? Reflections on the Role of Art in the Creation of the Nation*, in: *German Studies Review* 15 (1992), S. 21–32.

17 Ernst Bergmann: *Die weltgeschichtliche Mission der deutschen Bildung*. Gotha 1915, S. 11. Dass von dieser Position eine mehr oder weniger direkte Linie zum Nationalsozialismus führt, belegt kaum zwanzig Jahre später Bergmanns Buch: *Deutschland, das Bildungsland der neuen Menschheit. Eine nationalsozialistische Kulturphilosophie*. Breslau 1933.

18 Eckhard John: *Musikbolschewismus* (Anm. 11).

19 Paul Rohrbach: *Der deutsche Gedanke in der Welt*. Düsseldorf/Leipzig 1912, S. 7, 217.

20 Vgl. dazu Dina Porat: »*Zum Raum wird hier die Zeit*«: *Richard Wagners Bedeutung für Adolf Hitler und die nationalsozialistische Führung*, in: *Richard Wagner und die Juden*, hrsg. von Dieter Borchmeyer u. a. Stuttgart und Weimar 2000, S. 207–220; Verf.: *Wieviel »Hitler« ist in Wagner? Anmerkungen zu Hitler, Wagner und Thomas Mann*, ebd., S. 178–204.

21 Dazu Paul Bekker: *Zeitenwende*, in: *Die Musik* 15 (1. Oktober 1922), S. 1–10: »Bis zum Kriegsausbruch und darüber hinaus war Richard Strauß die beherrschende Musikerpersönlichkeit in Deutschland [...] Stärker eingegriffen in das ideelle Leben der neuen Zeit hat Hans Pfitzner. Sein Aufstieg als Künstler hängt äußerlich und innerlich eng zusammen mit der Zeitwende [...] Pfitzner ist die Gegenerscheinung zu Strauß.« (S. 7f.)

22 Vgl. dazu die beiden Offenen Briefe Chamberlains in Hartmut Zelinsky: *Richard Wagner – ein deutsches Thema. Eine Dokumentation zur Wirkungsgeschichte Richard Wagners 1876–1976*. Frankfurt/Main 1976, S. 170f.

23 Vgl. dazu Frederic Spotts: *Bayreuth, A History of the Wagner Festival*. New Haven, CT/London 1994, S. 140–142.

24 Vgl. dazu das Kapitel *Musik in München*, S. 323–357.

25 Siehe den Text des Protests im Anhang, S. 471.

26 Diese Vermutung drängt sich auf angesichts von Thomas Manns Bemerkung bei

seinem ersten Deutschlandbesuch nach dem Krieg, dass er im Fall einer Rückkehr 1933 in Dachau gelandet wäre. Überliefert ist diese Bemerkung von Georges Motschan, einem befreundeten Schweizer Geschäftsmann, der Thomas Mann 1949 durch Deutschland chauffierte. Siehe Georges Motschan: *Thomas Mann – von nahem erlebt.* Nettetal 1988, S. 107; vgl. auch Manns eigenen *Reisebericht* (XI, 498–510).

27 Dies wurde von Paul Egon Hübinger nachgewiesen: *Thomas Mann und Reinhard Heydrich in den Akten des Reichsstatthalters von Epp,* in: *Vierteljahrshefte für Zeitgeschichte* 28, 1980, S. 111–143.

28 Vgl. dazu das Kapitel über *»Salome« und »Palestrina« als historische Chiffren,* S. 222–237.

29 Vgl. dazu vor allem Carl Dahlhaus: *Fiktive Zwölftonmusik: Thomas Mann und Theodor Adorno,* in: *Jahrbuch* 1982. *Deutsche Akademie für Sprache und Dichtung.* Heidelberg 1982, S. 33–49, sowie Klaus Kropfinger: *»Montage« und »Composition« im »Faustus«,* in: *Thomas Mann. Doktor Faustus 1947–1997,* hrsg. von Werner Röcke. Bern/Berlin 2001, S. 345–368.

30 Joachim Kaiser: *›Doktor Faustus‹, die Musik und das deutsche Schicksal,* in: *Thomas Mann und München. Fünf Vorträge von Reinhard Baumgart, Joachim Kaiser, Kurt Sontheimer, Peter Wapnewski, Hans Wysling.* Frankfurt/Main 1989, S. 25–50, 41.

31 Ebd., S. 45.

32 Ebd., S. 36f.

33 Erich Kahlers *Der deutsche Charakter in der Geschichte Europas,* Zürich 1937, war nach Thomas Manns eigener Aussage (X, 504) die wichtigste Quelle für sein Geschichtsbild im *Doktor Faustus.* Vgl. dazu Verf.: *Erich Kahler, Thomas Mann und Deutschland,* in: *Ethik und Ästhetik. Festschrift für Wolfgang Wittkowski,* hrsg. von Richard Fisher. Frankfurt/Main 1995, S. 509–518.

34 Vgl. Hermann Kretzschmar: *Krieg und deutsche Musik,* in: *Allgemeine Musikzeitung,* Nr. 49, 1914, S. 248: »Was die deutsche Musik von jeher vor der ausländischen ausgezeichnet hat, das ist ihre Vielseitigkeit und Tiefe [...] es ist derselbe Geist wie der unseres herrlichen Militarismus [...] das deutsche Konzert und das deutsche Theater [könnten ruhig] mehrere Menschenalter lang auf die Verwendung ausländischer Kompositionen verzichten und diese Zeit dazu benutzen, ältere deutsche Meister [...] kennen zu lernen.«

35 Vgl. dazu Willi Reich: *Arnold Schönberg oder der konservative Revolutionär.* München 1974, S. 139; Alexander L. Ringer: *Arnold Schönberg: The Composer as Jew.* Oxford 1990, S. 18, 165.

36 Heinrich August Winkler: *Der lange Weg nach Westen.* Bd. 2: *Deutsche Geschichte vom »Dritten Reich« bis zur Wiedervereinigung.* München 2000, S. 112f.

37 Vgl. dazu Egon Schwarz: *Die jüdischen Gestalten in Doktor Faustus,* in: *Thomas-Mann-Jahrbuch* 2 (1989), S. 79–101, hier S. 93; Ruth Klüger: *Thomas Manns jüdische Gestalten,* in: R. Klüger: *Katastrophen. Über deutsche Literatur.* Göttingen 1994, S. 39–58, 44.

38 Vgl. dazu Jens Malte Fischer: *Das »Judentum in der Musik«. Kontinuität einer*

Debatte, in: *Conditio Judaica. Judentum, Antisemitismus und deutschsprachige Literatur vom Ersten Weltkrieg bis 1933/1938*, hrsg. Hans Otto Horch und Horst Denkler. Tübingen 1993, S. 227–249; ders.: *Richard Wagner und »Das Judentum in der Musik«. Eine kritische Dokumentation als Beitrag zur Geschichte des Antisemitismus.* Frankfurt/Main 2000; Pamela Potter: *Musicology under Hitler. New Sources in Context*, in: *Journal of the American Musicological Society* 49, 1996, S. 70–113. Generell zum Thema des Antisemitismus im deutschen Musikleben vgl.: *Entartete Musik. Zur Düsseldorfer Ausstellung von 1938.* Eine kommentierte Rekonstruktion von Albrecht Dümling und Peter Girth. Düsseldorf 1988.

2. »Die glorreiche Kultur des deutschen Kunstliedes«

39 Eine gründlich recherchierte Studie zum damaligen Stand der Aufnahmetechnik und der Entwicklung des Grammophons hat Volker Mertens vorgelegt: *»Elektrische Grammophonmusik« im* Zauberberg *Thomas Manns*, in: *»Der Zauberberg« – die Welt der Wissenschaften in Thomas Manns Roman*, hrsg. von Dietrich von Engelhardt und Hans Wißkirchen. Stuttgart/New York 2003, S. 174–202.

40 Vgl. dazu besonders Susan Youens: *Retracing a Winter's Journey. Schubert's* Winterreise. Ithaca, NY, und London 1991, S. 159f.

41 Vgl. dazu Gerd Krumeich: *Langemarck*, in: *Deutsche Erinnerungsorte* (Anm. 3), Bd. 3, S. 292–309; Willy Schumann: *»Deutschland, Deutschland über alles« und »Der Lindenbaum«: Betrachtungen zur Schlußszene von Thomas Manns* Der Zauberberg, in: *German Studies Review* 9 (1986), S. 29–44; Herbert Lehnert: *Langemarck – historisch und symbolisch*, in: *Orbis Literrarum* 42 (1982), S. 271–290; Stefan Bodo Würffel: *Vom* Lindenbaum *zu* Doktor Fausti Weheklag. *Thomas Mann und die deutsche Krankheit zum Tode*, in: *Vom »Zauberberg« zum »Doktor Faustus.« Die Davoser Literaturtage 1998*, hrsg. von Thomas Sprecher. Frankfurt/Main 2000 (TMS XXIII), S. 157–184.

42 Näheres zu Philipp Witkops Buch in GKFA 22, 564ff.

43 Anon.: *Der Krieg von 1914/15 in Wort und Bild*. Berlin 1915, Bd. 1, S. 234, zitiert nach Würffel (Anm. 41), S. 172.

44 Reinhold Brinkmann: *Franz Schubert, Lindenbäume und deutsch-nationale Identität – Interpretation eines Liedes.* Wien 2004, S. 21.

45 Zum Verhältnis Thomas Manns zur Romantik vgl. besonders den klassischen Essay von Hans Eichner: *Thomas Mann und die deutsche Romantik*, in: *Das Nachleben der Romantik in der modernen deutschen Literatur*, hrsg. von Wolfgang Paulsen. Heidelberg 1969, S. 152–173. Eichner betont allerdings, »daß wenn zwei dasselbe sagen [›Sympathie mit dem Tode‹] es nicht notwendigerweise auch dasselbe bedeutet«. Während Mann den Tod vor allem »als ein Ende auffaßte und mit dem Nichts assoziierte«, so gelte für Novalis »das umwälzende Erlebnis am Grabe seiner Sophie, daß der Tod nicht das Nichts war, sondern das All […].« (S. 166, 170)

46 Nietzsche charakterisiert den von ihm angeprangerten Geist wie folgt: »Ich denke,

ich kenne den Wagnerianer, ich habe drei Generationen ›erlebt‹, vom seligen Brendel an, der Wagner mit Hegel verwechselte, bis zu den ›Idealisten‹ der Bayreuther Blätter, die Wagner mit sich selbst verwechseln, – ich habe alle Art Bekenntnisse ›schöner Seelen‹ über Wagner gehört. Ein Königreich für Ein gescheidtes Wort! – In Wahrheit, eine haarsträubende Gesellschaft! Nohl, Pohl, K o h l mit Grazie ad infinitum! Keine Missgeburt fehlt darunter, nicht einmal der Antisemit. – Der arme Wagner! Wohin war er gerathen! – Wäre er doch wenigstens unter die Säue gefahren! Aber unter Deutsche! ... Zuletzt sollte man, zur Belehrung der Nachwelt, einen echten Bayreuther ausstopfen, besser noch in Spiritus setzen, denn an Spiritus fehlt es –, mit der Unterschrift: so sah der ›Geist‹ aus, auf den hin man das ›Reich‹ gründete ...« KSA 6, 324.

47 Vgl. dazu Dietmar Klenke: *Der Gesangverein*, in: *Deutsche Erinnerungsorte* (Anm. 3), Bd. 3, S. 392–407.

48 *Bismarck*, in: *Die gesammelten Werke*, 2. Aufl., Bd. 13: *Reden. 1895 bis 1897*, bearbeitet von Wilhelm Schüßler. Berlin 1930, S. 437; *Die Ansprachen des Fürsten Bismarck 1848–1894*, hrsg. von Heinrich von Poschinger. Stuttgart 2. Aufl. 1895, S. 294. Dazu ausführlich Brinkmann (Anm. 44): »Der eiserne Kanzler und das deutsche Chorlied«, S. 57–61.

49 Vgl. dazu Thomas Manns *Rede, gehalten zur Feier des 80. Geburtstages Friedrich Nietzsches am 15. Oktober 1924* (15.1, 788–793), in der die im *Zauberberg* gemachten Andeutungen im Geist und Ton einer Heiligenverehrung breit ausgeführt werden.

50 Vgl. Brinkmann (Anm. 44), S. 63ff.

51 Vgl. dazu Thomas Manns Deutung des *Ring*-Schlusses unter Berücksichtigung von Goethes *Faust*: »Das Endwort des ›Faust‹ und das, was am Schlusse der ›Götterdämmerung‹ die Geigen singen, es ist Eins, und es ist die Wahrheit. *Das Ewig-Weibliche zieht uns hinan.*« (14.1, 59) Mann wiederholt diese Deutung in seinem Vortrag über Wagners *Ring des Nibelungen* von 1937 (IX, 527).

52 Vgl. dazu die Dokumentation von Dirk Heißerer: *Thomas Manns »Villino« in Feldafing am Starnberger See 1919–1923*. München 2001.

53 Die erste, verlässliche biografische Skizze von G.M. Richter jetzt bei Heißerer (Anm. 52), S. 21–31.

54 Ludwig Ewers: *Thomas Manns Mutter gestorben*, in: *Hamburger Nachrichten*, 14.3.1923. Vgl. dazu GKFA 22, 1033 f.

55 Nach dem Artikel über Anton van Rooy von Desmond Shawe-Raylor im *New Grove Dictionary of Music and Musicians*, hrsg. von Stanley Sadie. Washington, DC 1980.

56 Bruno Walter: *Thema und Variationen. Erinnerungen und Gedanken*. Frankfurt/Main 1950, S. 185.

57 *Thomas Mann – Ton- und Filmaufnahmen. Ein Verzeichnis*, zusammengestellt und bearbeitet von Ernst Loewy. Hrsg. vom Deutschen Rundfunkarchiv. Frankfurt/Main 1974, S. 116.

58 Ebd., S. 117.

59 Brief an Viktor Mann, 20.2.1948; Br. III, 24.

60 Die einlässlichste Untersuchung zur Präsenz Brentanos im *Doktor Faustus* ist immer noch die von John F. Fetzer: *Nachklänge Brentanoscher Musik in Thomas Manns »Doktor Faustus«*, in: *Clemens Brentano. Beiträge des Kolloquiums im Freien Deutschen Hochstift 1978*, hrsg. von Detlev Lüders. Tübingen 1980, S. 33–64; etwas ausführlicher ders.: *Clemens Brentano's Muse and Adrian Leverkühn's Music: Selective Affinities in Thomas Mann's* Doktor Faustus, in: *Essays in Literature* 7 (1980), S. 115–131.

61 Die ausgeschiedenen Passagen die Brentano-Lieder betreffend umfassen ca. vier Druckseiten und stellen somit die umfangreichste Kürzung des Typoskripts (S. 313–323) dar. Der ausgeschiedene Text wurde von Hans Wysling veröffentlicht: Beihefte zum *Euphorion*, 5. Heft (1973), S. 67–71. Vgl. dazu Fetzer (Anm. 60), S. 37 f. sowie Harald Wehrmann: *Thomas Manns »Doktor Faustus«. Von den fiktiven Werken Adrian Leverkühns zur musikalischen Struktur des Romans*. Frankfurt/Main 1988, S. 151–163.

62 Mann konnte die Praxis des Buchstabensymbols z. B. bei Willi Reich: *Alban Berg. Mit Bergs eigenen Schriften und Beiträgen von Theodor Wiesengrund Adorno und Ernst Krenek*. Wien 1937, kennen gelernt haben, einem Buch, mit dem er sich laut Tagebuch am 23. 1. 1944 beschäftigte. Vgl. dazu Egon Schwarz: *Adrian Leverkühn und Alban Berg*, in: *Modern Language Notes* 102 (1987), S. 663–667, und Volker Scherliess: *Zur Musik im* Doktor Faustus, in: *»und was werden die Deutschen sagen??« Thomas Manns Roman* Doktor Faustus. Lübeck 1997, S. 113–152, 146.

63 Diese Verwandtschaft der beiden Werke im Konzeptionellen wurde zuerst von Fetzer (Anm. 60), S. 40, aufgezeigt.

3. Opernszenen: Tradition und Innovation

64 David Blackbourn: *The Long Nineteenth Century: A History of Germany 1780–1918*. New York 1998.

65 Vgl. dazu die einlässlichen Darstellungen zu Manns Entdeckung des Grammophons von Dirk Heißerer (Anm. 52), S. 137–141, sowie Volker Mertens (Anm. 39), S. 174–202.

66 James H. Meisel, zitiert nach Claudius Reinke (Anm. 9), S. 101. Die originale englische Fassung von Meisels Bericht in: *The Stature of Thomas Mann*, hrsg. von Charles Neider. New York 1947, S. 94–97.

67 An Theodor W. Adorno, 30. Oktober 1952; TM/TWA, 121.

68 Ruth A. Solie: *Fictions of the Opera Box*, in: *The Work of Opera: Genre, Nationhood, and Sexual Difference*, hrsg. von Richard Dellamora und Daniel Fischlin. New York 1997, S. 185–208.

69 Vgl. John Dizikes: *Opera in America: A Cultural History*. New Haven 1993, S. 218; Joseph Horowitz: *Wagner Nights: An American History*. Berkeley, CA 1994, S. 75.

70 Henry James: *The American Scene*, Introduction and Notes by Leon Edel. Bloomington, IN 1969, S. 164.

71 Viktor Žmegač: *Kulissenwelt. Zu einer Szene bei Thomas Mann*, in: V. Žmegač: *Tradition und Innovation: Studien zur deutschsprachigen Literatur seit der Jahrhundertwende*. Wien 1993, S. 168–179.

72 Vgl. dazu die einlässliche Darstellung der Genealogie der akustischen Reproduktion bis zum Grammophon bei Friedrich A. Kittler: *Grammophon, Film, Typewriter*. Berlin 1986.

4. *Buddenbrooks*: Zur Phänomenologie des Wagnerismus

73 Arthur Schopenhauer: *Die Welt als Wille und Vorstellung. Sämtliche Werke*, hrsg. von Arthur Hübscher. Leipzig 1938, Bd. 3, S. 512.

74 Erwin Koppen: *Dekadenter Wagnerismus. Studien zur europäischen Literatur des Fin de siècle*. Berlin 1973.

75 Siehe die beiden Besprechungen Grautoffs in: *Münchner Neueste Nachrichten*, 24. XII. 1901; *Der Lotse* (Hamburg), Bd. II (1902), S. 442–444; vgl. das Kapitel *Rezeptionsgeschichte* im Kommentar der GKFA (1. 2, 122–127).

76 Zum Leitmotiv als einer trotz allem konstitutiven Kategorie der Wagner-Rezeption vgl. die umfassende Untersuchung der verbreiteten Leitfaden-Literatur von Christian Thorau: *Semantisierte Sinnlichkeit. Studien zu Rezeption und Zeichenstruktur der Leitmotivtechnik Richard Wagners*. Stuttgart 2003.

77 Siehe Klaus Schröter: *Thomas Mann in Selbstzeugnissen und Bilddokumenten*. Reinbek 1964, S. 64 f.; Terence J. Reed: *Thomas Mann. The Uses of Tradition*. 2. Aufl. Oxford 1996, S. 74 ff. Schröters und Reeds Hypothesen, wonach Thomas Mann erst *post festum* und durch andere auf den Wagner-Einfluss aufmerksam geworden sei, sind durch den seither bekannt gewordenen Brief an O. Grautoff vom 26. November 1901 (21, 179 f.) hinfällig geworden.

78 Thorau (Anm. 76), S. 23 f.

79 Vgl. René Wellek/Austin Warren: *Theory of Literature*. 3. Aufl. New York 1977, S. 125–135.

80 Vgl. Klaus Günter Just: *Musik und Dichtung*, in: *Deutsche Philologie im Aufriß*, hrsg. Von Wolfgang Stammler. Berlin 1962, Bd. III, S. 699–750; Ulrich Weisstein: *Einführung in die vergleichende Literaturwissenschaft*. Stuttgart 1968, S. 184–197; Calvin Brown: *Musico-Literary Research in the Last Two Decades*, in: *Yearbook of Comparative and General Literature* 19 (1970), S. 5–27.

81 Steven Paul Scher: *Literature and Music*, in: S. P. Scher: *Essays on Literature and Music (1967–2004)*, hrsg. von Walter Bernhart und Werner Wolf. Amsterdam/New York 2004, S. 23–36, passim. *Word and Music Studies*, Bd. 5.

82 Nach Jack Stein: *Richard Wagner. The Synthesis of the Arts*. Detroit 1960, S. 96.

83 Hans Mayer: *Thomas Mann. Werk und Entwicklung*. Frankfurt/Main 1980, S. 107 f. (zuerst 1950).

84 Ebd. In seiner umfänglichen Untersuchung, die sich in vielen entscheidenden Gesichtspunkten auf Hans Mayers Buch stützt, wiederholt Claudius Reinke auch dessen in einem marxistischen Realismusbegriff befangene Auffassung der Leitmotivik in den *Buddenbrooks*; C. Reinke (Anm. 9), S. 129.

85 Siehe Ronald Peacock: *Das Leitmotiv bei Thomas Mann.* Bern 1934; Georg Lukács: *Balzac als Kritiker Stendhals,* in: *Werke,* hrsg. von Frank Benseler, Bd. VI. Neuwied 1971, S. 490–509 (zuerst 1935). Aus der neueren Literatur zur Problematik des Leitmotivs vgl. besonders Martin Gregor-Dellin: *Wagner und kein Ende. Harmonieverschiebung und Leitmotiv in der Epik Thomas Manns,* in: *Thomas Mann 1875–1975. Vorträge in München – Zürich – Lübeck,* hrsg. von B. Bludau et al. Frankfurt/Main 1977, S. 377–384.

86 Siehe Peacock (Anm. 85), S. 22: Es zeigt sich, »daß das Leitmotiv Ausdruck nicht eines Vorgangs, sondern eines Zustandes ist, daß es nämlich die Zeit aufhebt«.

87 *Versuch über Wagner,* GS 13, 37f., 39f., 43f., 59f., 79, 86.

88 Die Widersprüchlichkeit in Adornos Argumentation tritt besonders dort zutage, wo der hohe geschichtliche Stellenwert des *Ring,* den er durchaus konzediert, nicht in Übereinstimmung gebracht wird mit der behaupteten Unfähigkeit des musikalischen Materials, Geschichtlichkeit zu gestalten. Es ist z. B. nicht nachvollziehbar, wie »das Wagnersche Werk … Zeugnis … von der Frühzeit des bürgerlichen Verfalls« ablegen soll und dass im *Ring* »der Imperialist« Wagner »die Katastrophe des Imperialismus … träumt« (GS 13, 143f.), wenn zuvor die Motivtechnik Wagners als undynamisch, prozess- und geschichtslos abqualifiziert worden ist.

89 Der Antwortcharakter des Bloch'schen Essays geht aus den indirekten und direkten Bezugnahmen auf Adorno klar hervor, besonders dort, wo er Adorno einen »unfreundlichen Blick aufs Leitmotiv« vorwirft und zu verstehen gibt, die Abqualifizierung des »Leitmotivs« zum »Vorspiel moderner Reklame« grenze an »Frechheit«. Ernst Bloch: *Paradoxa und Pastorale bei Wagner,* in: *Literarische Aufsätze* (Gesamtausgabe Bd. IX). Frankfurt/Main 1965, S. 294–332, 318.

90 Bloch (ebd., S. 310ff.) nennt das »Schicksalsmotiv« in der Todesverkündigung (*Die Walküre,* II, 4), das auf den Tod nicht nur Siegmunds, sondern auch schon Siegfrieds vorausweise, das »Lohemotiv« (*Siegfried,* I, 3), das Siegfrieds Liebe zu der noch ungekannten, von der Waberlohe umgebenen Brünnhilde ankündige, sowie das »Erwachensmotiv« bei der Erweckung Brünnhildes (*Siegfried,* III, 3) und dem Mord an Siegfried, das zwischen Brünnhildes Erwachen zur Liebe und Siegfrieds Erwachen zum Tod eine Verbindung, nämlich die »spätere Identität des konträrsten Affektausdrucks«, herstelle.

91 Ebd., S. 309f., 322f.

92 Carl Dahlhaus: *Zur Geschichte der Leitmotivtechnik bei Wagner,* in: *Das Drama Richard Wagners als musikalisches Kunstwerk,* hrsg. von C. Dahlhaus. Regensburg 1970, S. 17–40, S. 28.

93 Vgl. besonders den Abschnitt *Zeitstruktur* bei Carl Dahlhaus: *Wagners Konzeption des musikalischen Dramas.* Regensburg 1971, S. 39–43, 41.

94 Ebd., S. 42.

95 Vgl. den Artikel *Leitmotiv* von Joachim Veit, in: *Die Musik in Geschichte und Gegenwart,* 2. Ausgabe, hrsg. von Ludwig Finscher, Sachteil, Bd. 5. Kassel 1996, Spalte 1078–1095.

96 *Oper und Drama,* JA VII, 338; vgl. dazu besonders Joachim Veit (Anm. 95), Spalte 1080f.

97 Vgl. Stefan Kunze: *Richard Wagners Idee des »Gesamtkunstwerks«*, in: *Beiträge zur Theorie der Künste im 19. Jahrhundert*, hrsg. von Helmut Koopmann und J. Adolf Schmoll, gen. Eisenwerth. Frankfurt/Main 1972, Bd. II, S. 196–229.

98 Vgl. James Northcote-Bade: *Die Wagner-Mythen im Frühwerk Thomas Manns*. Bonn 1975, S. 23–38, der jedoch die stofflichen Beziehungen zwischen dem Roman und Wagners *Ring* nur unvollständig erfasst.

99 Dieser Zusammenhang drückt sich auch darin aus, dass Thomas Mann nach der Aufzählung der »wagnerischen […] Wirkungsmittel« in seinem Werk in Parenthese hinzufügt: »alle meine Novellen haben den symbolischen Zug« (14.1, 74).

100 Auf die Rolle des »Wiederholungsdenkens« bei Thomas Mann hat Winfried Hellmann aufmerksam gemacht: *Das Geschichtsdenken des frühen Thomas Mann*. Tübingen 1972, S. 134–141. Gegen die Thesen Hellmanns wäre allerdings zu erinnern, dass der Befund des »Wiederholungsdenkens« eigentlich nur an den essayistischen Schriften aus der Zeit des Ersten Weltkriegs zu machen ist. In den epischen Werken hingegen kommen andere Kategorien von Geschichtlichkeit zum Tragen, die bei Hellmann nicht gebührend berücksichtigt werden, weil er, wie Hans Mayer, Leitmotivik praktisch als Wiederholung des Gleichen versteht.

101 Verf.: *Thomas Mann und Oskar Panizza. Zwei Splitter zu* Buddenbrooks *und* Doktor Faustus, in: *Germanisch-Romanische Monatsschrift*, NF 25 (1975), S. 231–237.

102 Oskar Panizza: *Stoßseufzer aus Bayreuth*, in: *Die Gesellschaft* 7 (1891), S. 1361–1370.

103 Vgl. das Kapitel über das Kunstlied, S. 59ff.

5. »Blödsinnig schön!« Französische Musik im *Doktor Faustus*

104 Hanjo Kesting: *Krankheit zum Tode. Musik und Ideologie*, in: *Thomas Mann (Text+Kritik)*, hrsg. von Heinz Ludwig Arnold. München 1982, S. 27–44, 29, 40.

105 Verf.: *Leiden an Deutschland, Hoffnung Europa: Thomas Mann und die europäische Bewusstseinsbildung*, in: *Die Goethezeit: Werke, Wirkung, Wechselbeziehungen. Eine Festschrift für Winfried Malsch*, hrsg. von Jeffrey L. High. Göttingen 2001, S. 383–401.

106 Vgl. Friedrich Meinecke: *Die deutsche Katastrophe* (Anm. 13).

107 Vgl. dazu die Bemerkungen zu der Interpretation von Joachim Kaiser, S. 32–34.

108 Vgl. das Kapitel »Musik in München«, S. 323–357.

109 Heinrich August Winkler (Anm. 36); Herfried Münkler: *Wo der Teufel seine Hand im Spiel hat. Thomas Manns Deutung der deutschen Geschichte des 20. Jahrhunderts*, in: *Thomas Mann, Doktor Faustus 1947–1997*, hrsg. von Werner Röcke. Bern 2001, S. 89–108.

110 Dazu ausführlicher Verf.: *»Ein Traum von Liebe.« Musik, Homosexualität und Wagner in Thomas Manns* Der Zauberberg, in: *Auf dem Weg zum »Zauberberg«*, hrsg. von Thomas Sprecher. Frankfurt/Main 1997 (TMS XVI), S. 111–142.

111 In einer ausgeschiedenen Passage des 9. Kapitels wird Kretzschmar ausdrücklich ein kosmopolitischer, mitnichten nationalistischer Geschmack zugeschrieben:

»Sein Horizont war international, und den Deutschen verübelte er den Aberglauben, sie allein hätten Tiefe und Grübelei in Pacht [...].« Dass der junge Leverkühn gerade in dieser Hinsicht als durch und durch von Kretzschmar geprägt zu betrachten ist, geht aus derselben gestrichenen Passage hervor, denn dort erfahren wir, dass der Organist von Kaisersaschern eine besondere Vorliebe für Berlioz, Gounod und Saint-Saëns habe, inbesondere für die Des-Dur-Arie der Dalila aus *Samson*. »Es sei lächerlich und blödsinnig schön, habe Kretzschmar gesagt; es sei schlechthin himmlisch, man solle das gut sein lassen und sich nicht allzu verschämt die Augen wischen. Geistige Schönheit sei das zwar nicht, sondern exemplarisch sinnliche [...].« Offenbar wurde die Passage gestrichen, um an der späteren Stelle, im Kapitel 38, den Eindruck der Wiederholung zu vermeiden. Die ausgeschiedenen Passagen sind abgedruckt im Anhang der *Tagebücher* 1946–1948, hrsg. von Inge Jens. Frankfurt/Main 1989, S. 874f.

112 Vgl. dazu Peter Bloom: *Berlioz und Wagner: »Episodes de la vie des artistes«*, in: *Archiv für Musikwissenschaft* 58, 2001, S. 1–22.

113 Brief an Walter Benjamin, 13. 5. 1937: »Ihre Frage nach Berlioz zu beantworten fällt mir ungemein schwer. Ich bin mir über die Figur keineswegs im klaren. Ein Musiker, der technisch etwas ganz Entscheidendes gebracht hat: die Entdeckung der musikalischen Farbe als Eigenwert [...] er hat den Typ jenes Orchesters geschaffen, auf dem Wagner, Liszt und Strauss unmittelbar basieren; er hat Instrumentation als Disziplin inauguriert. Das alles aber bei einem eigentümlichen Unvermögen im eigentlich Kompositorischen, das stets die Grenze des Dilettanten streift und oft überschreitet. Musikalisch mit den schlechtesten Manieren von der Welt: aller Lärm und falscher Glanz der Wagnerei gehen schon auf sein Konto, und es enthält außerdem noch einen Fonds an Trivialität, der erstaunlich und der ganzen Schule bis Strauss erhalten geblieben ist.« Theodor W. Adorno, Walter Benjamin: *Briefwechsel 1928–1940*, hrsg. von Henri Lonitz. Frankfurt/Main 1994, S. 248f.

114 An Bruno Walter, 6.5.1943; TM/Walter, 25.

115 An Thomas Mann, 31.5.1943; ebd., S. 26.

116 *The Memoirs of Hector Berlioz from 1803 to 1865 comprising his travels in Germany, Italy, Russia, and England*, tr. Rachel and Eleanor Holmes; annotated, and the translation revised, by Ernest Newman. New York 1935.

117 *Saturday Review of Literature*, 30. Oktober 1948; Tb. 1946–1948, S. 806.

118 Hector Berlioz: *Grand traité d'instrumentation et d'orchestration modernes*, ed. Peter Bloom. Kassel 2003. Hector Berlioz, *New Edition of the Complete Works*, vol. 24.

119 Fritz Volbach: *Das moderne Orchester. I: Die Instrumente des Orchesters. Ihr Wesen und ihre Entwicklung*. Leipzig und Berlin 1921. Aus Natur und Geisteswelt. Sammlung wissenschaftlich gemeinverständlicher Darstellungen, 714. Band.

120 Hermann Kretzschmar (Anm. 34).

121 Vgl. Igor Stravinsky: *Chronicle of my Life*. London 1936, S. 39f.

122 Vgl. dazu die Ausführungen in Kapitel 1, S. 45.

123 *The Memoirs of Hector Berlioz* (Anm. 116), S. 314. Diese Quelle für den Namen Griepenkerl wurde zuerst von Jonas Lesser entdeckt: *Thomas Mann in der Epoche seiner Vollendung*. München 1952, S. 467. Zu Robert Griepenkerl, der eigentlich ein Germanist und Dramatiker war, vgl. David B. Levy: *»Ritter Berlioz« in Germany*, in: *Berlioz-Studies*, ed. Peter Bloom. Cambridge 1992, S. 136–147.

124 *The Memoirs of Hector Berlioz* (Anm. 116), S. 241 f. Louise Bertin war die Tochter des Louis Bertin, des Besitzers des *Journal des Débats* und damit Arbeitgebers von Berlioz.

125 Über »Les Six« bemerkt Adorno in der allerdings erst später geschriebenen Monographie über seinen Lehrer Alban Berg, dass diese einem »konzessionsbereiten Geist unterhaltsamer, justament oberflächlicher Kunst« verpflichtet gewesen seien, der »der radikalen Moderne schroff widersprach«. Vgl. *Berg. Der Meister des kleinsten Übergangs*; GS 13, 338.

126 Vgl. besonders Egon Schwarz; Ruth Klüger (Anm. 37).

6. Richard Wagner oder das »Paradigma welterobernden Künstlertums«

127 Der Brief ist abgedruckt bei Michael Karbaum: *Studien zur Geschichte der Bayreuther Festspiele (1876–1976)*, 2 Bde. Regensburg 1977, Teil II, S. 133.

128 Ernst Bloch: *Literarische Aufsätze*. Frankfurt/Main 1965, Gesamtausgabe, Bd. 9, S. 294, 296.

129 Dazu ausführlicher Verf.: *Ein unwissender Magier? Noch einmal der politische Thomas Mann*, in: *Neue Rundschau*, H. 2/2006, S. 148–165.

130 Erwin Koppen (Anm. 74), S. 74 ff.

131 »An interpreter, student, or admirer of Wagner or his music.« *The New Shorter Oxford English Dictionary*, 1993.

132 Vgl. dazu Hermann Kurzke: *Selbstüberwindung. Thomas Manns Rede zu Nietzsches 80. Geburtstag und ihre Vorgeschichte*, in: *Bejahende Erkenntnis. Festschrift für T. J. Reed*, hrsg. von Kevin F. Hilliard et al. Tübingen 2004, S. 163–174.

133 Vgl. dazu den Kommentar von Heinrich Detering (14.2, 23 f.).

134 Diesen Schlüsselbegriff für Manns kritisches Geschichts- und Selbstverständnis prägte er in einem zur Veröffentlichung bestimmten Brief an den Kunsthistoriker Max Osborn vom 15.10.1944 (Br. II, 396).

135 Vgl. dazu den autobiographischen Bericht von Carl Ehrenberg: *München um die Jahrhundertwende*, in: *Jugendstil-Musik? Münchner Musikleben 1890–1918*. Katalog einer Ausstellung der Bayerischen Staatsbibliothek, bearbeitet von Robert Münster und Helmut Hell. München 1987, S. 69–75.

136 Dazu ausführlich das Kapitel über *Buddenbrooks*, S. 97–121.

137 Vgl. dazu Timothy P. Martin: *Joyce and Wagner: A Study of Influence*. New York 1991; Verf.: *Thomas Mann und James Joyce: Zur Frage des Modernismus im* Doktor Faustus, in: *Thomas-Mann-Jahrbuch* 2 (1989), S. 121–151; Eva Schmidt-Schütz: *»Doktor Faustus« zwischen Tradition und Moderne. Eine quellenkritische*

und rezeptionsgeschichtliche Untersuchung zu Thomas Manns literarischem Selbstbild. Frankfurt/Main 2003 (TMS XXVIII).

138 Brief an Adorno, 30./31.10.1952; TM/TWA, 121.

139 Zur Technik der Camouflage als durchgehende Erzählstrategie vgl. die erhellenden Ausführungen von Heinrich Detering: *Das offene Geheimnis. Zur literarischen Produktivität eines Tabus von Winckelmann bis zu Thomas Mann.* Göttingen 1994, S. 30, passim.

140 Eine von Heinrich Mann geborgte Maske liegt in der Erzählung *Der Wille zum Glück* vor, die als Antwort auf Heinrichs Novelle *Das Wunderbare* konzipiert ist; in *Gladius Dei* knüpft Thomas Mann an eine Novelle von Max Grad an: *Die Madonna.* Die Beispiele ließen sich leicht vermehren. Vgl. dazu Verf.: *Intertextualität im Frühwerk Thomas Manns. »Der Wille zum Glück« und Heinrich Manns »Das Wunderbare«*, in: *Zeitschrift für deutsche Philologie* 101 (1982), S. 240–262; Wolfgang Frühwald: *»Gemütlichkeit« oder »Gemütskrankheit«? Thomas Manns Beitrag zu einem »leuchtenden« München*, in: *Thomas Mann in München*, hrsg. von Dirk Heißerer. München 2004 (Thomas-Mann-Schriftenreihe, Bd. 2), S. 7–26.

141 Verf.: *Fontane, Wagner, Thomas Mann. Zu den Anfängen des modernen Romans in Deutschland*, in: *Theodor Fontane und Thomas Mann. Die Vorträge des internationalen Kolloquiums in Lübeck 1997*, hrsg. von Eckhardt Heftrich et al. Frankfurt/Main 1998 (TMS XVIII), S. 249–274.

142 Zu den Wagner-Elementen in *Buddenbrooks*, vgl. das Kapitel über den Roman, S. 97–121.

143 Vgl. Ritchie Robertson: *The »Jewish Question« in German Literature, 1749–1939. Emancipation and its Discontents.* Oxford 1999, S. 345–378; Verf.: *»Von hoffnungslos anderer Art.« Thomas Manns* Wälsungenblut *im Lichte unserer Erfahrung*, in: *Thomas Mann und das Judentum*, hrsg. von Manfred Dierks und Ruprecht Wimmer. Frankfurt/Main 2004 (TMS XXX), S. 35–57.

144 Claudius Reinke: *Musik als Schicksal* (Anm. 9), S. 160.

145 Dazu ausführlich das Kapitel über das Kunstlied, S. 48–77, 54 f.

146 Dieter Borchmeyer: *Richard Wagner. Ahasvers Wandlungen.* Frankfurt/Main 2002, S. 482.

147 Eckhard Heftrich: *Geträumte Taten. »Joseph und seine Brüder«. Über Thomas Mann*, Bd. III. Frankfurt/Main 1993, S. 86, 146, 281.

148 Borchmeyer (Anm. 146), S. 492, 499.

149 Dazu bes. Carl Dahlhaus (Anm. 29); Hermann Danuser: *Erzählte Musik. Fiktive Poetik in Thomas Manns »Doktor Faustus«*, in: *Thomas Mann. Doktor Faustus, 1947–1997*, hrsg. von Werner Röcke. Bern 2001, S. 293–320.

150 Rolf-Günter Renner: *Die Modernität des Werks von Thomas Mann*, in: *Die literarische Moderne in Europa*, hrsg. von Hans Joachim Piechotta. Opladen/Wiesbaden 1994, S. 398–415.

151 Vgl. dazu Dahlhaus (Anm. 29); Ruprecht Wimmer: *»Ah, ça c'est bien allemand, par example«. Richard Wagner in Thomas Manns »Doktor Faustus«*, in: *Wagner-Nietzsche-Thomas Mann. Festschrift für Eckhard Heftrich*, hrsg. von Heinz

Gockel et al. Frankfurt/Main 1993, S. 49–68, sowie besonders Klaus Kropfinger: *»Montage« und »Composition« im »Faustus« – Literarische Zwölftonmusik oder Leitmotivik?*, in: *Thomas Mann. Doktor Faustus* (Anm. 29), S. 345–367.

152 Brief an Agnes E. Meyer, 28.4.1943; TM/AM, 469.

153 Näheres dazu in dem Kapitel *Musik in München*, S. 323–357.

154 Vgl. die diesbezüglichen Ausführungen im 1. Kapitel, S. 25 ff.

155 Vgl. Verf.: *Wagner-Kult und nationalsozialistische Herrschaft*, in: *Richard Wagner im Dritten Reich. Ein Schloss Elmau Symposion*, hrsg. von Saul Friedländer und Jörn Rüsen. München 2000, S. 264–282; ders.: *Wehvolles Erbe. Zur »Metapolitik« der* Meistersinger von Nürnberg, in: *Richard Wagner und seine Zeit*, hrsg. von Eckehard Kiem und Ludwig Holtmeier. Laaber 2003, S. 271–290.

156 Josef Engel de Sinoja [Pseudonym für Janosi]: *Das Antisemitentum in der Musik*. Zürich 1933.

157 Dies gilt z.B. für das Buch von Annette Hein: *»Es ist viel ›Hitler‹ in Wagner«. Rassismus und antisemitische Deutschtumsideologie in den »Bayreuther Blättern« (1878–1938)*. Tübingen 1996.

158 An Thomas Mann, 8.9.1945; *Aus dem Briefwechsel Thomas Mann – Emil Preetorius*, hrsg. von Hans Wysling, *Blätter der Thomas Mann Gesellschaft Zürich* 4 (1963), S. 9.

159 Brief an Franz W. Beidler, 26.11.1935; Beidler/Borchmeyer, S. 326.

160 Zu der historischen Rolle Thomas Manns in der Geschichte der Wagner-Rezeption vgl. das Kapitel über Ernest Newman, S. 358–378.

7. Richard Strauss oder Zeitgenossenschaft ohne Brüderlichkeit

161 Strauss' Weigerung ist umso bemerkenswerter, als er dem Vorstand der »Deutschen Gesellschaft 1914« angehörte, die den Aufruf initiierte. Thomas Manns Unterschrift fehlt gleichfalls, doch leistete er mit seinen Kriegsschriften auf seine Art Schützenhilfe. Vgl. dazu Peter de Mendelssohn: *Der Zauberer. Das Leben des deutschen Schriftstellers Thomas Mann*. Erster Teil: 1875–1918. Frankfurt am Main 1975, S. 1004 ff. sowie *Richard Strauss and Romain Rolland. Correspondence. Together with Fragments from the ›Diary‹ of Romain Rolland and other essays and an Introduction by Gustave Samazenilh*. London 1968, S. XII f.

162 Walter Thomas: *Richard Strauss und seine Zeitgenossen*. München 1964, S. 277.

163 Rüdiger Görner: *Thomas Mann. Der Zauber des Letzten*. Düsseldorf 2005; darin: *Verleugnete Wahlverwandtschaft. Thomas Mann und Richard Strauss als Künstler des Späten*, S. 160–180.

164 Siehe Karl Schumann: *Das kleine Richard Strauss-Buch*. Reinbek 2. Aufl. 1981, S. 22; vgl. auch Richard Strauss: *Erinnerungen an Hans von Bülow*, in: R. Strauss. *Betrachtungen und Erinnerungen*, hrsg. von Willi Schuh. Zürich 3. Aufl. 1981, S. 183–193.

165 Vgl. Erwin Koppen (Anm. 74); Raymond Furness: *Wagner and Literature*. New York 1982; David C. Large, William Weber (Hrsg.): *Wagnerism in European Culture and Politics*. Ithaca, NY und London 1984.

166 Hermann Danuser: *Musikalische Selbstreflexion bei Richard Strauss*, in: *Richard Strauss und die Moderne*, hrsg. von Bernd Edelmann et al. Berlin 2001, S. 51–77, 52f.

167 Nach Norman Del Mar: *Richard Strauss. A Critical Commentary on His Life and Works*. Ithaca, NY, 2. Aufl. 1986, Bd. 1, S. 176ff.

168 Katias Aussage: »Wir kannten Strauss ganz gut«, scheint sich auf die Zeit vor ihrer Verheiratung mit Thomas Mann zu beziehen. Katia Mann: *Meine ungeschriebenen Memoiren*, hrsg. von Elisabeth Plessen und Michael Mann. Frankfurt/Main 1976, S. 12, 103f.

169 Typisch für Thomas Manns Interesse an Strauss ist eine Stelle in einem frühen Brief an Heinrich vom 8.1.1901: »Ich bin im Winter recht gern in München und würde Manches versäumen, wenn ich jetzt reiste. Es giebt allerhand Premièren, Richard Strauß kommt, Wüllner kommt [...].« (21, 149)

170 Verf.: *Thomas Mann und die Neuklassik*, in: *Stationen der Thomas-Mann-Forschung. Aufsätze seit 1970*, hrsg. von Hermann Kurzke. Würzburg 1985, S. 41–60.

171 *»Geist und Kunst«. Thomas Manns Notizen zu einem »Literatur-Essay«*, in: Paul Scherrer/Hans Wysling: *Quellenkritische Studien zum Werk Manns*. Bern 1967 (TMS I), S. 123–233, hier S. 166 (Nr. 24). Künftig: TMS I.

172 Vgl. dazu die Zusammenfassung der Urteile bei Bernhold Schmid: *Richard Strauss' Moderne in Thomas Manns Sicht*, in: *Richard Strauss und die Moderne* (Anm. 166), S. 153–170. Schmid bestätigt den hier vorgelegten Befund, dass Strauss in Manns Augen lediglich bis *Salome* uneingeschränkt der Moderne zuzurechnen sei; was der *Buddenbrooks*-Autor an Strauss geschätzt habe, sei das »Lustige, Amüsante, Parodistische«.

173 Brief an Clemens Krauss, 22.3.1932; *Richard Strauss/Clemens Krauss: Briefwechsel*. Gesamtausgabe, hrsg von Günter Brosche. Tutzing 1997, S. 107.

174 Verf.: *›Sang réservé‹ in Deutschland: Zur Rezeption von Thomas Manns ›Wälsungenblut‹*, in: *German Quarterly* 57 (1984), S. 367–376.

175 Vgl. dazu die von Hartmut Zelinsky (Anm. 22), S. 202, mitgeteilte Stelle aus einem Brief Karl Vosslers an Benedetto Croce vom 3.5.1933: »Ich höre, daß Richard Strauß, der zu den Unterzeichnern des Protests gehört, hat zugeben müssen, daß er den beanstandeten Vortrag nicht einmal gelesen hatte. Wenn der politische Wind bläst, kommt der Staub hoch – der bekanntlich immer da ist – und wirbelt in der Luft herum und belästigt Nase und Lungen.«

176 Siehe Ernst Krause: *Richard Strauss: Der letzte Romantiker*. München 1979, S. 81.

177 Michael H. Kater: *Composers of the Nazi Era. Eight Portraits*. New York 2000, S. 234.

178 Vgl. dazu Fred K. Prieberg: *Musik im NS-Staat*. Frankfurt 1982, S. 203–215; Gerhard Splitt: *Richard Strauss 1933–1935. Ästhetik und Musikpolitik zu Beginn der nationalsozialistischen Herrschaft*. Pfaffenweiler 1987. Künftig: Splitt.

179 Splitt, S. 202ff.

180 Brief an Stefan Zweig, 17.6.1935; Splitt, S. 219.

181 Brief an Adolf Hitler, 13. 7. 1935; Splitt, S. 221.
182 George R. Marek: *Richard Strauss. The Life of a Non-Hero.* New York 1967, S. 283.
183 Kater (Anm. 177), S. 225.
184 Siehe den Text des *Protests* im Anhang, S. 471. Eine Analyse des *Protests* bietet Kapitel 13, S. 333 ff.
185 Brief an Stefan Zweig, 17.6.1935; Splitt, S. 719.
186 Schuhs Artikel in *Im Schatten Wagners*, S. 239–243. Zu Schuh vgl. auch das Kapitel »Bayreuth«, S. 306.
187 Brief an Adorno, 9. 1. 1952; TM/TWA, 97.
188 *Erika Mann: Leserbrief*, in: *New York Times*, 15.2.1942, VIII: 12. Text des Briefes im Anhang, S. 473 f. Dieser Leserbrief bildet den Kern einer am 14.3.1942 von der Columbia Broadcasting Corporation landesweit ausgestrahlten Ansprache: *Music in War Times.* Der ins Deutsche rückübersetzte Text jetzt in E. Mann: *Blitze überm Ozean. Aufsätze, Reden, Reportagen*, hrsg. von Irmela von der Lühe und Uwe Naumann. Reinbek 2000, S. 255–261.
189 Brief an Thomas Mann, May 16, 1945. Klaus Mann: *Briefe und Antworten 1922–1949*, hrsg. mit einem Vorwort von Martin Gregor-Dellin. München 1987, S. 535 f.: »It was one of the most amazing hours I have ever passed in my life. His [Strauss] selfishness and naiveté are abolutely staggering – and in fact rather disgusting. The astounding part about it is that a man of such extraordinary talent can be of such moral obtuseness and callousness. He does not even have the excuse of senility, for he appears remarkably well-preserved and agile. It's just that he happens to be about the most rotten character one can possibly imagine – ignorant, complacent, greedy, vain abysmally egotistic, completely lacking in the most fundamental human impulses of shame and decency. I suppose I'll have to write about this sad case too [...].«
190 Klaus Mann: »*Strauss Still Unabashed About Ties With Nazis*«, in: *The Stars and Stripes*, (Mediterranean), May 29, 1945, S. 4. Dieser Artikel ist in keiner der Deutschlandausgaben der amerikanischen Armeezeitung zu finden, sondern offenbar nur in den Ausgaben für den Mittelmeerraum.
191 Brief an Willi Schuh, 6.7.1945; Richard Strauss: *Briefwechsel mit Willi Schuh*, hrsg. von Willi Schuh. Zürich 1969, S. 80.
192 Walter Thomas (Anm. 162), S. 283, fasst den Inhalt des Briefes wie folgt zusammen: »Nach Kriegsende erinnerte Richard Strauss in einem Schreiben Thomas Mann an ihre letzte Begegnung vor Ausbruch des Hitler-Spukes. Das war anläßlich der Münchener Ehrungen für den siebzigjährigen Gerhard Hauptmann im Jahr 1932. In dem gleichen Brief an den noch im kalifornischen Exil Lebenden fragt Richard Strauss, ob Thomas Mann es gutheiße, daß sein ältester Sohn als Pressevertreter in amerikanischer Uniform inkognito in sein Garmischer Heim eingedrungen sei, um dann als Nachkomme eines so berühmten Vaters offensichtliche Unwahrheiten nicht nur über ihn selber, sondern vor allem über seine jüdische Schwiegertochter in aller Welt zu verbreiten. (Alice Strauss habe nämlich, nach Klaus Manns Darstellung, unter anderem ihre Gleichgültigkeit gegen-

über dem Schicksal der Juden in Deutschland deutlich zu erkennen gegeben und nur bedauert, daß man ihr während der schrecklichen Jahre ihre bisherigen Lebensgewohnheiten so stark beschnitten habe. Das war freilich mit der Tatsache kaum zu vereinbaren, daß die Schwiegertochter von Richard Strauss in den Jahren zwischen 1940 und 1944 achtundzwanzig Familienangehörige in Auschwitz und anderen Schreckenslagern verloren hat.)« Diese Darstellung ist insofern unrichtig, als Alice Strauss in dem Artikel Klaus Manns mit keinem Wort erwähnt wird.

193 Der Korrespondent der *New York Times* hatte am 11.6.1939 aus Wien berichtet: »The Composer Richard Strauss celebrated his seventy-fifth birthday here today, by conducting the Vienna Philharmonic Orchestra in a performance of his ›Sinfonia Domestica‹, and he received congratulations from Chancellor Adolf Hitler at a lunch the latter gave him at the Imperial Hotel. Although many ascribe political importance to Herr Hitler's present visit, circles close to the Chancellor insist that he wanted to hear Dr. Strauss' ›Der Friedenstag‹ and personally to congratulate the composer.«

194 Vgl. dazu das Kapitel über *Salome* und *Palestrina* als historische Chiffren, S. 222–237.

195 Vgl. dazu ausführlich das Kapitel über *Salome* und *Palestrina*, S. 226f.

196 Vgl. dazu Eckhard Heftrich: *Vom Verfall zur Apokalypse: Über Thomas Mann*, Bd. 2. Frankfurt/Main 1982, S. 173ff.; Oskar Seidlin: *›Doktor Faustus‹: The Hungarian Connection*, in: *German Quarterly* 56, 1983, S. 594–607.

8. Hans Pfitzner oder die »inneren Mängel unseres Kulturglückes«

197 Paul Bekker (Anm. 21), S. 7.

198 *Die neue Ästhetik der musikalischen Impotenz*, in: Hans Pfitzner, *Gesammelte Schriften*, Bd. II. Augsburg 1926, S. 103–131.

199 Paul Bekker: *Neue Musik*. Berlin 1919.

200 Bekker (Anm. 21), S. 8.

201 Die Pfitzner-Gesellschaft betrachtet es u.a. als ihre Aufgabe, »die menschliche und geistige Gestalt dessen, der dieses Werk schuf, vor dem Vergessen und dem Versinken in einem geschichtlichen Halbdunkel zu bewahren und gegen aktuelles Mißverstehen klärend zu verteidigen«. Wolfgang Osthoff: *50 Jahre Hans-Pfitzner-Gesellschaft. Ein Rückblick*, in: *Mitteilungen der Hans-Pfitzner-Gesellschaft*, NF Heft 60 (2000), S. 3–12.

202 Bruno Walter: *Thema und Variationen* (Anm. 56), S. 312.

203 *Eindrücke und Bilder meines Lebens*, in: *Sämtliche Schriften*, Bd. IV, S. 594.

204 Vgl. die Zusammenstellung der gestrichenen Stellen bei Ernst Keller: *Der unpolitische Deutsche. Eine Studie zu den »Betrachtungen eines Unpolitischen« von Thomas Mann*. Bern/München 1965, S. 141–170.

205 Brief an Thomas Mann, 18.6.1925; *Hans Pfitzner: Briefe*, Erster Bd.: Textband, hrsg. von Bernhard Adamy. Tutzing 1991, S. 405. Künftig: Pfitzner-Briefe.

206 *Zur Kundgebung gegen die Wagner-Rede Thomas Manns*, in: *Sämtliche Schriften*, Bd. IV, S. 308–311; *Im Schatten Wagners*, S. 244–248.

207 Eine eingehendere Analyse des Protests findet sich in dem Kapitel *Musik in München*, S. 333 f.

208 Unveröffentlichter Brief an Hans Knappertsbusch, 13. 4. 1933, in: Sabine Busch: *Hans Pfitzner und der Nationalsozialismus*. Stuttgart/Weimar 2001, S. 169: »Ich habe von dem Aufruf den letzten Satz gestrichen.« Vgl. dazu das Kapitel *Musik in München*, S. 329 f.

209 Vgl. dazu das Kapitel über *Salome* und *Palestrina* als historische Chiffren, S. 222–237.

210 Brief an Victor Jung, Pfitzner-Briefe, S. 1036.

211 An Pfitzner, 1. 6. 1946; Bruno Walter: *Briefe* 1894–1962, hrsg. von Lotte Walter Lindt. Frankfurt/Main 1969, S. 286 f. Künftig: Walter-Briefe.

212 Pfitzner-Briefe, Kommentarband, S. 620.

213 Zu Pfitzners Entnazifizierung vgl. die Darstellungen bei Michael H. Kater: *Composers of the Nazi Era* (Anm. 177), S. 144–182, 177ff.; Sabine Busch (Anm. 208), S. 332–363.

214 An Bruno Walter, 6. 7. 1946; Pfitzner-Briefe, S. 1001 f.

215 An Hans Pfitzner, 16. 9. 1946; Walter-Briefe, S. 289 f.

216 An Hans Pfitzner, 4. 11. 1946; ebd., S. 291.

217 An Bruno Walter, 5. 10. 1946; Pfitzner-Briefe, S. 1020–1023.

218 *Sämtliche Schriften*, Bd. IV, S. 327–343.

219 Pfitzner, wie viele andere seiner Zeitgenossen, unterstellte Thomas Mann, dass er der so genannten Kollektivschuldthese das Wort rede – ein Missverständnis, dem u. a. dadurch Vorschub geleistet wurde, dass der Artikel *Die Lager* (XII, S. 951–953) in der deutschen Presse mit dem nichtauthentischen Titel »Thomas Mann über die deutsche Schuld« versehen wurde, so z. B. in der *Bayrischen Landeszeitung* (18. 5. 1945).

220 An Joseph Müller-Blattau, 18. 5. 1938; Pfitzner-Briefe, S. 813. Vgl. dazu Jens Malte Fischer: *A Very German Fate of a Composer: Hans Pfitzner*, in: *Music and Nazism. Art Under Tyranny 1933–1945*, hrsg. von Michael H. Kater und Albrecht Riethmüller. Laaber 2003, S. 75–89, 79.

221 Pfitzners Beitrag zu dem Ergebenheitsmanifest, zu dem nach dem Attentat vom 20. Juli 1944 fünfzig Künstler und Wissenschaftler aufgefordert wurden, ihre Loyalität zum Führer zu bekunden. Der geplante Band kam offenbar nicht zustande, doch Pfitzners intendierter Beitrag dazu ist erhalten. Zitiert nach Adamy: *Hans Pfitzner. Literatur, Philosophie und Zeitgeschehen in seinem Weltbild und Werk*. Tutzing 1980, S. 333.

222 Pfitzner-Briefe, S. 1022 f.

223 *Hermann Hesse zum siebzigsten Geburtstag* (X, 515–520, 516).

224 *Sämtliche Schriften*, Bd. IV, S. 344–346.

225 Adamy (Anm. 221), S. 304–311; im Prinzip betrachtet auch Sabine Busch (Anm. 208), S. 114–130, die Frage von Pfitzners Antisemitismus als widersprüchlich, als ein Thema mit mancherlei »Variationen« und somit letztlich als nicht so schlimm. Eine angemessen kritische Darstellung des Pfitzner'schen Antisemitismus bei Marc A. Weiner: *Undertones of Insurrection. Music, Politics and the*

Social Sphere in the Modern German Narrative. Lincoln, NE und London 1993, S. 35–71.

226 Johann Peter Vogel: *Hans Pfitzner.* Reinbek 1989, S. 81.

227 Adamy (Anm. 221), S. 307; Vogel (Anm. 226), S. 81.

228 Paul Bekker: *Kritische Zeitbilder.* Berlin 1921, S. 244.

229 *Conversations with Klemperer,* hrsg. von Peter Heyworth, rev. Auflage. London/Boston 1985, S. 53 f.

230 An Adolf Hitler und Heinrich König, 15.3.1933; Pfitzner-Briefe, S. 621, 623.

231 *Über Antisemitismus,* in: *Sämtliche Schriften,* Bd. IV, S. 320.

232 Joseph Wulf: *Musik im Dritten Reich. Eine Dokumentation.* Reinbek 1963, S. 337.

233 Dies hat Michael H. Kater aus unveröffentlichten Pfitzner-Briefen eruiert; Kater (Anm. 177), S. 158.

234 An Cossmann, 1.1.1898; Pfitzner-Briefe, S. 68.

235 *Sämtliche Schriften,* Bd. IV, S. 337.

236 An Carl-Friedrich Goerdeler, 10.9.1932; Pfitzner-Briefe, S. 609–612, S. 611.

237 *Gesammelte Schriften,* Bd. II, S. 245.

238 *Sämtliche Schriften,* Bd. IV, S. 341.

239 Jens Malte Fischer (Anm. 38).

240 Vogel (Anm. 226), S. 86.

241 Hans Pfitzner: *Eindrücke und Bilder meines Lebens.* Hamburg 1947, S. 64.

242 Nachwort des Herausgebers, *Sämtliche Schriften,* Bd. IV, S. 739.

243 Adamy (Anm. 221), S. 302.

9. *Salome* und *Palestrina* als historische Chiffren: Zur musikgeschichtlichen Codierung des *Doktor Faustus*

244 Vgl. dazu das Kapitel über Richard Strauss, S. 177 f.

245 Gustav Mahler/Richard Strauss: *Briefwechsel 1888–1911,* hrsg. und mit einem musikhistorischen Essay versehen von Herta Blaukopf. München und Zürich 1980, S. 101 f.; Clemens Höslinger: *»Salome« und ihr österreichisches Schicksal 1905–1918,* in: *Österreichische Musikzeitung* 32, 1977, S. 300–309.

246 Brief an Rudolf Moralt, 8.8.1939, in: *Der Strom der Töne trug mich fort. Die Welt um Richard Strauss in Briefen,* hrsg. von Franz Crassberger. Tutzing 1967, S. 392.

247 Stefan Zweig: *Die Welt von Gestern. Erinnerungen eines Europäers.* Stockholm 1944, S. 339.

248 Vgl. dazu Eckhard Heftrich: *Leverkühn auf der Reise nach Prag oder: Hitler in Graz,* in: E. Heftrich: *Vom Verfall zur Apokalypse: Über Thomas Mann II.* Frankfurt am Main 1982, S. 173 ff.

249 In einem dem *Protest* vorangehenden Artikel im *Völkischen Beobachter* vom 13.2.1933: *Thomas Mann spricht über Richard Wagner,* mit dem die Hetze gegen Mann als »Halbbolschewik« eröffnet wurde. Vgl. dazu Paul Egon Hübinger: *Thomas Mann, die Universität Bonn und die Zeitgeschichte. Drei Kapitel*

deutscher Vergangenheit aus dem Leben des Dichters, 1905–1955. München 1974, S. 128f.

250 Vgl. dazu das Kapitel über Mann und Adorno, S. 406f.

251 Vgl. dazu Gunilla Bergsten: *Thomas Manns* Doktor Faustus. *Untersuchungen zu den Quellen und zur Struktur des Romans.* 2. Aufl. Tübingen 1974, S. 104ff.

252 Brief an Ludwig Strecker, 7.1.1936; Pfitzner-Briefe, S. 740f.; J. Bahle: *Der musikalische Einfall.*

253 *Was ist Inspiration?* in: *Sämtliche Schriften,* Bd. IV, hrsg. von Bernhard Adamy. Tutzing 1987, S. 802–806. Zu Pfitzners Streit mit Bahle vgl. die in ihren Wertungen höchst unterschiedlichen Darstellungen bei Bernhard Adamy (Anm. 221), S. 114–127, sowie Sabine Busch (Anm. 208), S. 319–332.

254 Zitiert nach Busch (Anm. 208), S. 332.

255 *Zur Grundfrage der Operndichtung,* in: *Gesammelte Schriften,* Bd. II, Augsburg 1926, S. 7–74; *Die neue Ästhetik der musikalischen Impotenz. Ein Verwesungssymptom?,* in: ebd., S. 99–281.

256 Alle Zitate nach Hans Pfitzner: *Palestrina. Eine musikalische Legende in drei Akten.* Mainz 1951, S. 21f., 55.

257 Vgl. dazu das Kapitel *Musik in München,* S. 337f.

258 Siehe Eckhard Heftrich: *»Doktor Faustus«: Die radikale Autobiographie,* in: *Thomas Mann 1875–1975* (Anm. 85), S. 135–154.

10. Bruno Walter

259 Brief an Bruno Walter, 9.2.1946; *Blätter der Thomas Mann Gesellschaft Zürich* 9, 1969, S. 30. Künftig: TM/Walter. Vgl. Goethes autobiographische Schrift *Glückliches Ereignis,* in dem er die Bedeutung der Freundschaft mit Schiller würdigt. Über die im Alter ausgeprägte Neigung Thomas Manns, sich selbst und seine Stellung in dem mythisierten Vorbild Goethes und Weimars spielerisch zu spiegeln, vgl. den Brief an Erich Kahler, 20.10.1944. Kahler hatte sich nach dem »Fortgang des Faust« erkundigt, worauf Mann wie folgt reagiert: »Wie das klingt! Alsob Zelter oder Humboldt nach Weimar schriebe. Ich habe wirklich in mich hineingelacht. Aber es hat ja sein Mythisch-Reizvolles so gefragt zu werden [...].« (Br. II, S. 397)

260 Offenbar haben sich insgesamt 37 Briefe Thomas Manns und 24 Briefe Bruno Walters erhalten. Eine Auswahl daraus sowie einige dazugehörige Zeugnisse wurden von Robert Faesi in dem in Anm. 259 genannten Heft publiziert.

261 *Der Herr über alle Musik,* in: E. Mann (Anm. 188), S. 425–428.

262 Vgl. dazu vor allem Adornos Notizen: *Zu einer Theorie der musikalischen Reproduktion,* hrsg. von Henri Lonitz. Frankfurt/Main 2001, bes. S. 102, 109f., 161.

263 An Thomas Mann. Zum achtzigsten Geburtstag am 6. Juni 1955; TM/Walter, 43.

264 Bruno Walter: *Thema und Variationen. Erinnerungen und Gedanken.* 2. Aufl. Frankfurt/Main 1950, S. 295f. Künftig: *Thema und Variationen.*

265 An Thomas Mann, 31.5.1943; TM/Walter, 26.

266 Harold C. Schonberg: *The Great Conductors.* New York 1967, S. 284.

267 Adorno (Anm. 262), S. 191.
268 Schonberg (Anm. 266), S. 281.
269 Vgl. dazu Erik Ryding und Rebecca Pechevsky: *Bruno Walter. A World Elsewhere*. New Haven und London 2001, S. 62. Künftig: Ryding/Pechevsky.
270 Hans-Klaus Jungheinrich: *Der Musikdarsteller. Zur Kunst des Dirigenten*. Frankfurt/Main 1986, S. 211.
271 Bruno Walter: *Von den moralischen Kräften der Musik*. Wien 1935.
272 Jungheinrich (Anm. 270), ebd.
273 Zitiert nach Ryding/Pechevsky, S. 411.
274 Vgl. dazu Michael Schwalb: »*Musik in München. Thema und Variationen zur Lebensfreundschaft von Thomas Mann und Bruno Walter*, in: *Thomas Mann in München II*, hrsg. von Dirk Heißerer. München 2004, S. 205–234, 207 f.
275 *Thema und Variationen*, S. 293 f.
276 An Walter Opitz, 29. 11. 1916; Reg. 16/106.
277 Schwalb (Anm. 274), S. 211.
278 Vgl. Jens Malte Fischer: *Bruno Walter: »Thema und Variationen«*, in: *Merkur* 624, 2001, S. 361–366.
279 Die Details verdanke ich einer freundlichen Auskunft Wolfgang Tills vom Münchner Stadtmuseum.
280 Dillmann am 9. Juli 1913: »Nur neigt er etwas zu stark zum Detaillieren. Er schlägt manchmal allzu viel aus und verliert dadurch, zumal in den Wagner-Opern, etwas von dem, was man ›großen Zug‹ nennt. Das sich von der Musik selbst Tragenlassen, das Atmen mit dem Drama. Man fühlt dabei, daß ihm, der das Drama in sich gewiß stark miterlebt, gerade bei Wagner, die Tradition – ich meine die im guten Sinne – fehlt und daß er durch hundert geistreich ersonnene Einzelzüge, wie ein Jung-Siegfried, mit eisernem Willen und scharfem Verstand, manchmal auch durch eine überweiche und unangebrachte Sentimentalität das ersetzen möchte, was ihm an Größe und innerer Wärme des Empfindens fehlt.« Derselbe am 14. August über ein *Walküre*-Dirigat: »Wie schon früher angedeutet schwankt Walter, vielleicht eben deshalb, weil ihm beim Ring die eigentliche Tradition im guten Sinne und deshalb auch die stilistische Sicherheit fehlen, zu den beiden Extremen des Überhetzens und des sentimental-süßlichen Zerdehnens […]. Ich würde darüber nicht sprechen, wenn diese wunderlichen, schon früher besprochenen Tempi überhaupt noch diskutabel wären. So aber müssen die Fremden, insbesonders die auswärtigen Musiker, die hier als Gäste der Festspiele weilen, einen seltsamen Begriff von der Münchner Wagner-Interpretation bekommen. Es ist deshalb darauf hinzuweisen, daß Bruno Walter solche Experimente seiner persönlichen Auffassung bei den Festspielen besser unterlassen möge.«
281 Der vollständige Text dieses bemerkenswerten Artikels ist im Anhang abgedruckt.
282 Seine Lebensdaten waren, Guy Stern zufolge, 1881–1920; vgl. G. Stern: *War, Weimar and Literature. The Story of the* Neue Merkur, *1914–1925*. University Park und London 1971, S. 238.

283 Dass auch die erste große Biographie des Dirigenten von E. Ryding und R. Pechevsky (Anm. 269) nichts davon wissen will, steht auf einem anderen Blatt; vgl. dazu die Rezension von Verf. in *German Studies Review* 26, 2003, S. 188–191.

284 *Thema und Variationen*, S. 335.

285 Vgl. dazu das Kapitel »Delia« bei Ryding/Pechevsky, S. 121 ff., 321 f., 335 f.

286 Vgl. Ryding/Pechevsky, S. 145 ff.

287 An Ossip Gabrilowitsch, 30.9.1916; Walter-Briefe, 163.

288 Ryding/Pechevsky, S. 289: »The cellist Leonard Rose recalled how Walter's unconceiled emotion during rehearsals was often embarassing, even distasteful, to the orchestra members, especially those of Jewish background, at a time when Jews were being slain in Europe. ›It always galled me that Bruno Walter, who was born a Jew, found it necessary to be so moved when the text of the *St. Matthew Passion* got the roughest – for example in the text when they sing, ‹They put a crown of thorns upon his head› – Bruno Walter used to cry the hardest.‹«

289 Vgl. dazu Jens Malte Fischer: *Gustav Mahler. Der fremde Vertraute.* Wien 2003, S. 322.

290 *Thema und Variationen*, S. 132 f.

291 Schon am 8. 10. 1922 schrieb ein anonymer Autor über die Anti-Walter-Kampagne der *Münchner Neuesten Nachrichten* in der *Münchner Sonntagszeitung:* »Sie [MNN] haben die Stirne, ihre Tränen auch anlässlich Bruno Walters Abgang reichlich fließen zu lassen. Die ›NN‹ arbeiten seit Jahren homöopathisch, aber konsequent gegen Walter. Das ist schließlich und endlich ihr gutes Recht. Hier steht Meinung gegen Meinung. Mag auch die verschleierte Form der Polemik, das Gift zwischen den Zeilen nicht durchaus sympathisch erscheinen, der Erfolg hatte ihre Wirksamkeit bewiesen. Ob rein künstlerisch-sachliche Gründe die Stellungnahmen verursachten, ist schwer zu entscheiden. Periodisch tauchen ja in München auch Treibereien anderer Art auf: wer erinnert sich nicht an die Zeit da manche Münchner Hotels große Hakenkreuzfahnen in der Halle anbrachten und Juden die Aufnahme verwehrten. Damals setzte auch eine antisemitische Hetze gegen Bruno Walter ein, als deren Ausgangspunkt vielfach der Pfitzner-Verein genannt wurde.«

292 Vgl. Walters Bericht darüber in *Thema und Variationen*, S. 297.

293 Zu Walters Wirken in Salzburg vgl. Andreas Novak: *»Salzburg hört Hitler atmen.« Die Salzburger Festspiele 1933–1944.* Stuttgart 2005, S. 62–68.

294 An Thomas Mann, 31.5.1943; TM/Walter, 26.

295 Vgl. dazu das Kapitel über französische Musik im *Doktor Faustus*, S. 122–142.

296 An Thomas Mann, 31.5.1943; TM/Walter, 26: »Ein wundervolles ›Intermezzo‹ oder ›Allegretto moderato‹ in der Dämonie Ihres Musiker-Romans könnte der großväterliche ›Gesang ans Kindchen‹ werden, der Ihre Frido-Freuden poetisch verewigt.« Vgl. auch Tb. 5.6.1943.

297 Der Vorabdruck erschien im *Aufbau*, 22.12.1944; Potempa D 10, 21.

298 An Bruno Walter, 1.3.1945; TM/Walter, 28.

299 An Thomas Mann, 11.3.1945; ebd., S. 30.

300 An Erika Mann, 6.3.1945; Tb. 1944–1946, 591.

301 Als »mitdichtende Einfühlung« charakterisierte Mann Adornos Mitarbeit in einer Passage der *Entstehung*, die der von Erika durchgesetzten Kürzung zum Opfer fiel. Die ausgeschiedenen Stellen Adorno betreffend sind abgedruckt in Tb. 1946–1948, S. 948–953, hier S. 951.

302 An Adorno, 12.7.1948; TM/TWA, 38.

303 An Bruno Walter, 1.3.1945; TM/Walter, 29.

304 Irmela von der Lühe: *Erika Mann*. Frankfurt/Main 1994, S. 218–225.

305 Eines dieser Sonette ist bei von der Lühe (S. 222) abgedruckt. Die deutsche Fassung ihres Huldigungsartikels an Bruno Walter erschien am 15.4.1954 in *Die Weltwoche*, jetzt in: *Blitze überm Ozean* (Anm. 188), S. 418–425.

306 Von der Lühe (Anm. 304), S. 219.

307 Vgl. dazu Walters Brief an den damals führenden Anthroposophen Albert Steffen, 24.2.1954; Walter-Briefe, 332 f.

308 Katia Mann an Klaus Mann, 22.11.1948; zitiert nach von der Lühe (Anm. 304), S. 221.

309 Ebd., S. 220.

310 Ryding/Pechevsky, S. 267 f.

311 An Bruno Walter, 12.9.1951; Br. III, 221.

312 Franz Werfel: *Gedichte. Aus den Jahren 1908–1945*. Frankfurt 1946, S. 141.

313 *Thema und Variationen*, S. 386.

314 Ebd., S. 295.

315 Sigmund Freud: *Der Dichter und das Phantasieren*, in: *Studienausgabe*, Bd. 10. Frankfurt/Main 1969, S. 169–179, 172.

316 Gespräch mit Horst Bienek, in: Elias Canetti: *Die gespaltene Zukunft. Aufsätze und Gespräche*. München 1972, S. 98: »Meine Hauptarbeit in dieser Zeit war doch die Untersuchung der Wurzeln des Faschismus, das war der Sinn von *Masse und Macht*. Um zu begreifen, was geschehen war, und zwar nicht bloß als Phänomen der Zeit, sondern in seinen tiefsten Ursprüngen und weitesten Verzweigungen, hatte ich mir jede literarische Arbeit verboten.«

317 Vgl. dazu die auf Canetti Bezug nehmenden Bemerkungen Adornos in: *Dirigent und Orchester*, GS 14, 293 ff.

318 Elias Canetti: *Masse und Macht*. Düsseldorf 1978, S. 453–456; vgl. dazu auch das Radiogespräch Canettis mit Adorno vom März 1962, in: *Die gespaltene Zukunft* (Anm. 316), S. 66–92.

11. Wilhelm Furtwängler

319 In ihrem unschätzbaren Erinnerungsbuch berichtet Berta Geissmar, von 1921 bis 1934 die Sekretärin Furtwänglers, danach die Sir Thomas Beechams, Hitler sei von diesem *Lohengrin* so angetan gewesen, dass er nach der Aufführung alle Mitwirkenden persönlich beglückwünschte und den Vorschlag machte, diese Inszenierung als offizielles Geschenk des Deutschen Reiches zu den Krönungsfeierlichkeiten für Edward VIII. der Londoner Covent Garden Opera anzubieten. Ein solches Gastspiel kam jedoch nicht zustande. Berta Geissmar: *Two Worlds of*

Music. New York 1946, S. 189. Zu Bayreuth 1936 vgl. Frederic Spotts: *Bayreuth* (Anm. 23), S. 177–180, und vor allem Brigitte Hamann: *Winifred Wagner oder Hitlers Bayreuth*. München und Zürich 2002, S. 317–323.

320 Vgl. »Bayreuth 1936«, eine Teldec »Historic« CD: 9031-76442-2.

321 Edgar André war ein aus Belgien stammender kommunistischer Hafenarbeiter, der 1934 in Hamburg wegen angeblicher Vergehen vor 1933 zum Tode verurteilt und hingerichtet wurde. Vgl. *Im Schatten Wagners*, S. 288.

322 Vgl. Verf.: *Wagner-Kult und nationalsozialistische Herrschaft* (Anm. 155).

323 Theodor W. Adorno: *Zu einer Theorie der musikalischen Reproduktion* (Anm. 262), S. 188.

324 Fred K. Prieberg: *Kraftprobe. Wilhelm Furtwängler im Dritten Reich*. Wiesbaden 1986.

325 Vgl. dazu das Standardwerk des New Yorker Musikkritikers Harold C. Schonberg: *The Great Conductors*. New York 1969, S. 270–280, der, typisch für die außerdeutsche Wahrnehmung, in Furtwängler den einzigen in Betracht kommenden Rivalen Toscaninis sieht, während in Deutschland umgekehrt Toscanini als der einzige in Betracht kommende Rivale Furtwänglers gilt: »He [Furtwängler] was a subjectivist in an objective, Toscanini-dominated age of conducting [...] Many considered Furtwängler the greatest conductor of his time, the only real rival to Toscanini.« Ähnlich auch Elliott W. Galkin: *A History of Orchestral Conducting in Theory and Practice*. Stuyvesant, NY 1988, S. 665–681: »Toscanini's international eminence was challenged by only one conductor, Wilhelm Furtwängler, ›exponent of the German tradition at its most exaltet‹.« Vgl. dagegen Joseph Horowitz: *Understanding Toscanini. How He Became an American Culture-God and Helped Create a New Audience for Old Music*. New York 1987, der den amerikanischen Toscanini-Mythos analysiert und entzaubert, ohne jedoch an seiner statt Furtwängler auf den Thron zu heben; ders.: *Classical Music in America. A History of Its Rise and Fall*. New York 2005, S. 273 ff., 385 ff., passim.

326 Richard J. Evans: *Playing for the Devil. Furtwängler and the Nazis*, in: R. J. Evans: *Rereading German History. From Unification to Reunification 1800–1996*. London 1997, S. 187–193, 190: »A particularly distasteful feature of both books [Fred K. Prieberg: *Trial of Strength. Wilhelm Furtwängler and the Third Reich*. London 1992; Sam H. Shirakawa: *The Devil's Music Master. The Controveersial Life and Career of Wilhelm Furtwängler*. New York 1992] is the author's evident need to indulge in personal abuse and denigration of Furtwängler's critics. People who have judged the great man harshly, says Prieberg, have done so only in order to enhance their own reputation.«

327 Prieberg (Anm. 324), S. 256.

328 Ein Beispiel für viele: Klaus Harpprecht: *Thomas Mann. Eine Biographie*. Reinbek 1995, S. 1535 f., passim.

329 Herbert Haffner: *Furtwängler*. Berlin 2003, S. 331.

330 Joachim Kaiser: *Wilhelm Furtwänglers Verkündigungsanspruch*, in: *Süddeutsche Zeitung*, 27. 12 2004, S. 16. Es handelt sich hierbei um die gekürzte Fassung einer Rede vor der Bayerischen Akademie der Schönen Künste, die ihrerseits an das

Furtwängler-Porträt in Kaisers *Wie ich sie sah … und wie sie waren. Zwölf kleine Porträts.* München 1985, S. 74–84, anknüpft. Eine nüchternere Betrachtung des Falls Furtwängler von dem kanadischen Historiker Michael H. Kater: *Der Inbegriff des wahren Deutschland,* brachte die *Süddeutsche* am 29. 11. 2004.

331 Hinrichsen (Anm. 332).

332 Peter Gülke: *Der Erwählte. Zum 30. November 2004,* in: *Musik und Ästhetik,* 9. Jahrgang, April 2005, S. 93–114, 94ff. Eine durchaus vergleichbare Hochschätzung der Furtwängler'schen Interpretationskunst findet sich bei Hinrichsen, der jedoch vor allem, dargelegt an einer Analyse der Studio-Einspielung von Schumanns d-moll-Symphonie, den Aspekt der »Tempoarchitektur« herausstellt sowie, besonders erhellend, die Affinität zu dem von Heinrich Schenker herausgearbeiteten Phänomen der »Fernhörens«: »die so verblüffend präzise Herstellung agogischer Beziehungen über das gesamte Werk hinweg ist nichts anderes als die genaue Umsetzung dessen, was Schenker als ›Fernhören‹ bezeichnet hat.« Hans-Joachim Hinrichsen: *»Die Improvisation ist in Wahrheit die Grundform alles wirklichen Musizierens …« Furtwänglers Interpretationsästhetik,* in: *Zwischen Skylla und Charybdis. Wilhelm Furtwängler im Brennpunkt,* hrsg. von der Stiftung Lucerne Festival. Luzern 2004, S. 83–91, 89; ders.: *Das Tondokument als Denkmal. Wilhelm Furtwängler interpretiert Robert Schumann,* in: *Neue Zürcher Zeitung,* 27./28. November 2004, S. 67.

333 *Zu einer Theorie der musikalischen Reproduktion* (Anm. 262), S. 74.

334 Vgl. dazu Dolf Sternberger: *Figuren der Fabel. Essays.* Berlin und Frankfurt/Main 1950, S. 211. Sternberger verwendet den Begriff »verdeckte Schreibweise« eher beiläufig in der »Nachbemerkung« zu seinen 1935 bis 1946 entstandenen literarischen Essays, welche er als Beiträge verstanden wissen wollte zum Verständnis der »verdeckten Schreibweise […], die sich unter der Diktatur ausgebildet hat«. Der Begriff »verdeckte Schreibweise« hat in der Diskussion über die innere Emigration ein beträchtliches Nachleben entfaltet und gilt heute als Schlüssel zum Verständnis ihrer Hermeneutik und Poetik.

335 Volker Hagedorn: *Allein mit seinem Willen. Fünfzig Jahre nach seinem Tod steht der Nachruhm des Dirigenten und Komponisten in voller Blüte. Aber was hat er uns musikalisch zu sagen?,* in: *Die Zeit,* 25. November 2004, S. 50.

336 Gülke (Anm. 332), S. 96.

337 Gülke zitiert hier den Dirigenten Michael Giehlen: *Erinnerungen an Furtwängler,* in: *Neue Zürcher Zeitung,* 27. Juni 1996.

338 Curt Riess: *Furtwängler. Musik und Politik.* Bern 1953, S. 226f.; Herbert Haffner (Anm. 329), S. 243ff.

339 Vgl. dazu besonders Michael H. Kater: *The Twisted Muse. Musicians and Their Music in the Third Reich.* New York 1997, S. 7–14, 150–176; Pamela M. Potter: *Most German of the Arts* (Anm. 10).

340 Peter Gülke: Artikel Furtwängler, in: *Musik in Geschichte und Gegenwart,* Personenteil, Bd. 7. Kassel 2002, Sp. 291–297.

341 Wilhelm Furtwängler: *Aufzeichnungen 1924–1954,* hrsg. von Elisabeth Furtwängler und Günter Birkner. Zürich und Mainz 1996, S. 145. Künftig: *Aufzeichnungen.*

342 Vgl. dazu Jochen Schmidt: *Der »Führer« als Genie*, in: J. Schmidt: *Die Geschichte des Genie-Gedankens in der deutschen Literatur, Philosophie und Politik 1750–1945*, Bd. 2. Darmstadt 1985, S. 194–237, sowie Frederic Spotts: *Hitler and the Power of Aesthetics*. Woodstock and New York 2003.
343 *Aufzeichnungen*, S. 229.
344 Ebd., S. 64, 116.
345 Schönberg betrachtete die Kompositionsweise in zwölf Tönen als eine Entdeckung, »durch welche die Vorherrschaft der deutschen Musik für die nächsten hundert Jahre gesichert« sei. Schönbergs Äußerung ist mehrfach bezeugt, u.a. von Josef Rufer. Vgl. dazu Willi Reich (Anm. 35), S. 139.
346 Hellmut Federhofer: *Heinrich Schenker. Nach Tagebüchern und Briefen in der Oswald Jonas Memorial Collection, University of California, Riverside*. Hildesheim 1985, S. 300f.
347 Brief Furtwänglers an Goebbels, 30. April 1933, zitiert nach F. K. Prieberg (Anm. 324), S. 92f.; Josef Goebbels, *Tagebücher II*, 8.2, 449.
348 *Aufzeichnungen*, S. 69–80.
349 Ebd., S. 81.
350 Dazu Adorno: »Es gibt also in der Treue zum Text eine Art Eulenspiegelei. Man kann Vortragsbezeichnungen so wörtlich nehmen, dass purer Unsinn resultiert.« *Zu einer Theorie der musikalischen Reproduktion* (Anm. 262), S. 194. Zu Adornos Kritik an Toscanini, die in ihrer Argumentation und der Entschiedenheit ihrer Ablehnung der Kritik Furtwänglers in nichts nachsteht, vgl. den 1958 entstandenen Essay *Die Meisterschaft des Maestro*; GS 16, 52–67.
351 *Aufzeichnungen*, S. 71f.
352 Ebd., S. 72f.
353 Ebd., S. 74f.
354 Ebd., S. 77.
355 Hans-Klaus Jungheinrich: *Der Musikdarsteller* (Anm. 270), S. 153; über Furtwängler, S. 184–189.
356 *Aufzeichnungen*, S. 211.
357 Ebd., S. 73.
358 Ebd.
359 Ebd., S. 95.
360 Haffner (Anm. 329), S. 308.
361 Vgl. dazu die sachlich unanfechtbare Feststellung von Jungheinrich (Anm. 270), S. 186: »Furtwänglers Kunstideologie traf sich fatal mit dem Antiintellektualismus und Antimodernismus der Nationalsozialisten.«
362 *Aufzeichnungen*, S. 198.
363 Vgl. dazu Yvonne Wolf: *Frank Thiess und der Nationalsozialismus. Ein konservativer Revolutionär als Dissident*. Tübingen 2003, S. 4.
364 *Fragile Republik. Thomas Mann und Nachkriegsdeutschland*, hrsg. von Stephan Stachorski. Frankfurt/Main 1999, S. 43. Es entbehrt nicht einer gewissen historischen Ironie, dass der Name für die Gruppe der Thomas Mann am wenigsten gewogenen deutschen Schriftsteller offenbar von ihm selbst geprägt wurde, näm-

lich in seinem Tagebuch vom 7.11.1933; vgl. dazu Peter Michelsen: *Wohin ich gehöre. Thomas Mann und die ›innere Emigration‹*, in: *Frankfurter Allgemeine Zeitung*, 2.6.1995.

365 Vgl. Inge und Walter Jens: *Frau Thomas Mann. Das Leben der Katharina Pringsheim*. Reinbek 2003, S. 46; Kirsten Jüngling und Brigitte Roßbeck: *Katia Mann. Die Frau des Zauberers. Biographie*. München 2003, S. 47.

366 *Frau Thomas Mann* (Anm. 365), S. 200.

367 Offenbar gab es auf Seiten der Mann-Kinder im Sommer 1918 eine Berührung mit Furtwängler, nämlich beim Rudern auf dem Tegernsee. Die Manns verbrachten den Sommer im Defregger-Haus in Abwinkel; die Furtwänglers besaßen in Bad Wiessee ein Haus. Siehe Erika Manns Brief an Hans-Otto Mayer, 3. Juli 1968; Erika Mann: *Briefe und Antworten*. München 1985, Bd. II, S. 213.

368 Vgl. die Dokumentation in dem Programmheft der Gedenkwoche zum 50. Todestag von Wilhelm Furtwängler: *Furtwängler in Lübeck*. Lübeck 2004, mit Beiträgen von Wolfgang Sandberger, S. 13–23, und Heinz Wiggers, S. 29–31; Riess (Anm. 338), S. 42ff.; Berndt W. Wessling: *Furtwängler. Eine kritische Biographie*. München 1987, S. 106ff.

369 Vgl. dazu besonders Kater (Anm. 339), S. 207, und Erik Ryding/Rebecca Pechevsky (Anm. 269), S. 220ff.

370 Brief an E. Preetorius, 26.12.1953, abgedruckt in *Tagebücher 1953–1955*, hrsg. von Inge Jens. Frankfurt/Main 1995, S. 707f.

371 Haffner (Anm. 329), S. 360.

372 *An die Redaktion des* Aufbau, s. Anhang, S. 483–485. Ich habe Herbert Lehnert, dem Herausgeber der Essays 1946–1950, Bd. 19 der *Großen kommentierten Frankfurter Ausgabe*, zu danken für die freundlich gewährte Einsichtnahme in seinen noch nicht veröffentlichten Kommentar zu dem Furtwängler-Fragment.

373 Brief an Bruno Walter, 1.1.1949, in: Wilhelm Furtwängler: *Briefe*, hrsg. von Frank Thiess. Wiesbaden 1965, S. 188. Künftig: Furtwängler-Briefe.

374 An Thomas Mann, Ende Juni 1947, ebd., S. 165.

375 Der Text des Leserbriefs im Anhang, S. 473f. Deutsche Fassung: *Die Ovationen für Furtwängler*, in: Erika Mann: *Blitze überm Ozean* (Anm. 188), S. 387–389.

376 Adolf Busch, der Bruder des Dirigenten Fritz Busch, hochgeschätzter Violinist und Primgeiger des Busch-Quartetts, war von Anfang an einer der entschiedensten Nazigegner unter den nichtjüdischen deutschen Musikern. Thomas Mann unterhielt im Schweizer und im amerikanischen Exil freundschaftliche Beziehungen zu Adolf Busch. Vgl. dazu Manns Tagebuch (4.10.1933) sowie Erika und Klaus Mann: *Escape to Life*. Boston 1939, S. 260f.

377 An Arnold Bauer, 4.7.1947, in: Arnold Bauer: *Thomas Mann*. Berlin 1960, S. 86f.

378 An Thomas Mann, 4.7.1947; Furtwängler-Briefe, 168f.

379 An E. Preetorius, 26.7.1947; ebd., S. 171.

380 An Karl Löwenstein, 27.7.1951; Reg. 51/328.

381 An E. Preetorius, 26.7.1947; Furtwängler-Briefe, 171.

382 An Thomas Mann, 4.7.1947; ebd., S. 167.

383 An E. Preetorius, 1. 1. 1948; ebd., S. 173.
384 Besonders aufschlussreich dazu Thomas Manns *Rede zur Feier des 80. Geburtstages Friedrich Nietzsches*: »Ja, Selbstüberwindung, das mag wohl auch heute noch das Wesen der Überwindung dieser Liebe sein, – dieses Seelenzaubers mit finsteren Konsequenzen. [...] Selbstüberwindung aber sieht fast immer aus wie Selbstverrat und wie Verrat überhaupt. Auch Nietzsche's große, stellvertretende Selbstüberwindung, der sogenannte Abfall von Wagner, sah so aus.« (x, 183)
385 Vgl. dazu Peter Heyworth: *Transgressions of a High Priest*, in: *Times Literary Supplement*, 19. 12. 1986, eine Besprechung von Priebergs *Kraftprobe*: »Though Furtwängler was no Nazi, he was an anti-Nazi only in a limited sense.«
386 Kater (Anm. 339), S. 196 f.
387 Vgl. dazu Sabine Busch (Anm. 208) und Jens Malte Fischer (Anm. 220).
388 An Bruno Walter, 22. 1. 1949; Furtwängler-Briefe, S. 191 f.
389 Prieberg (Anm. 324), S. 361.
390 In Hans Christian Andersens Erzählung *Der standhafte Zinnsoldat* erkannte Mann rückblickend ein Sinnbild seines Lebens; vgl. den Brief an Agnes E. Meyer; 9. 2. 1955; TM/AM, 796 f.

12. Bayreuth

391 Brief an Ernst Bertram, 4. 6. 1920; 22, 344.
392 Vgl. Claudius Reinke (Anm. 9), der angesichts der Wagner-kritischen Positionen in Manns Fragmenten zu *Geist und Kunst* generell jede Möglichkeit einer Kontamination durch »Bayreuth« in Abrede stellt (S. 170 u. ö.).
393 Näheres dazu bei Dieter Borchmeyer: *Franz W. Beidler*, in: *Cosima Wagner-Liszt. Der Weg zum Wagner-Mythos. Ausgewählte Schriften des ersten Wagner-Enkels und sein Briefwechsel mit Thomas Mann*, hrsg. und mit einem Vorwort versehen von Dieter Borchmeyer. Bielefeld 1997, S. 367–384, künftig: Beidler/Borchmeyer; Nike Wagner: *Wagner-Theater*. Frankfurt/Main 1998, S. 285–290.
394 Vgl. dazu Michael Karbaum (Anm. 127), Teil II, S. 99 f., sowie Frederic Spotts (Anm. 23) S. 202 f.
395 Die Richtlinien sind abgedruckt bei Karbaum (Anm. 127), Teil II, S. 131–134.
396 Reinke (Anm. 9), S. 414.
397 Brief an Franz W. Beidler, 27. 1. 1947; Beidler/Borchmeyer, S. 354–356.
398 *Die Gesellschaft*, Januar 1895, S. 88–92.
399 Vgl. dazu das Kapitel *The* Parsifal *Entertainment*, in: Joseph Horowitz: *Wagner Nights* (Anm. 69), S. 181–198.
400 Seinem Enkel Klaus Pringsheim jr. zufolge intervenierte Winifred Wagner angesichts der alten Pringsheim'schen Verbindung zu Wagner und zu Bayreuth persönlich bei Hitler, um dem alten Paar, Alfred und Hedwig Pringsheim, 1939 in letzter Stunde die Ausreise in die Schweiz zu ermöglichen, allerdings unter Verlust ihres Vermögens und ihrer Kunstsammlung. Siehe Klaus Pringsheim jr. (mit Victor Boesen): ›*Wer zum Teufel sind Sie?*‹ *Lebenserinnerungen*, übers. von Tilman Lang. Bonn 1995, S. 281.

401 Dies hat Rainer-Maria Kiel (Bibliotheksdirektor der Universität Bayreuth) in einem noch unveröffentlichten Manuskript: *Thomas Mann – Bayreuth – Karl Würzburger,* das er dem Verf. liebenswürdigerweise zur Verfügung gestellt hat, anhand der Bayreuther Familienlisten und der biographischen Zeugnisse zweifelsfrei geklärt.

402 Paul Bekker: *Bayreuther Nachklänge,* in: *Vossische Zeitung,* 29. August 1909; wieder abgedruckt in Susanna Großmann-Vendrey: *Bayreuth in der deutschen Presse. Beiträge zur Rezeptionsgeschichte Richard Wagners und seiner Festspiele.* Regensburg 1983, Dokumentenband 3.2, S. 32.

403 Vgl. dazu Verf.: *Thomas Mann und die Neuklassik* (Anm. 170).

404 Vgl. das Kapitel *Thomas Mann und die deutsche Musik,* S. 25 f.

405 *Essays* IV, 319.

406 Vgl. dazu Yahya Elsaghe: *Judentum und Schrift bei Thomas Mann,* in: *Thomas Mann und das Judentum,* hrsg. von Manfred Dierks und Ruprecht Wimmer. Frankfurt/Main 2004 (TMS XXX), S. 59–73, 68.

407 R. Wagner, *Gesammelte Schriften,* Bd. V, S. 6; vgl. Jens Malte Fischer: *Richard Wagners »Das Judentum in der Musik«. Eine kritische Dokumentation als Beitrag zur Geschichte des Antisemitismus.* Frankfurt/Main 2000.

408 Vgl. dazu die Kapitel über Thomas Manns Beziehungen zu Pfitzner (S. 216 ff.) und Furtwängler (S. 293, 299).

409 Vgl. Frederic Spotts (Anm. 23), S. 104 f.; Hartmut Zelinsky: *Sieg oder Untergang. Sieg und Untergang. Kaiser Wilhelm II., die Werk-Idee Richard Wagners und der »Weltkampf«.* München 1990, S. 14–18.

410 Adolf Hitler: *Sämtliche Aufzeichnungen 1905–1924,* hrsg. von Eberhard Jäckel und Axel Kuhn. Stuttgart 1980, S. 1232.

411 Herbert Lehnert/Eva Wessell: *Nihilismus der Menschenfreundlichkeit. Thomas Manns »Wandlung« und sein Essay* Goethe und Tolstoi. Frankfurt/Main 1991 (TMS IX), S. 143.

412 Vgl. dazu das Kapitel *Bruno Walter,* S. 254 f.

413 Siehe Anm. 22; vgl. dazu Verf.: *Wieviel ›Hitler‹ ist in Wagner?* (Anm. 20), S. 264–282.

414 *Dichter oder Schriftsteller? Der Briefwechsel zwischen Thomas Mann und Josef Ponten 1919–1930,* hrsg. von Hans Wysling unter Mitwirkung von Werner Pfister. Bern 1988 (TMS VIII), S. 59.

415 Franz W. Beidler: *Bedenken gegen Bayreuth. Eine kritische Jubiläumsbetrachtung;* Beidler/Borchmeyer, S. 298–302.

416 Vgl. dazu das Kapitel über Ernest Newman, Thomas Mann und Adorno, S. 358–378.

13. Musik in München

417 Der *Protest* erschien am 16./17. April 1933 in den *Münchner Neuesten Nachrichten;* der Text des Pamphlets ist im Anhang abgedruckt.

418 Siehe die jüngste zusammenfassende Darstellung dieser Vorgänge von Klaus

Bäumler: *Thomas Mann und der »Protest der Richard-Wagner-Stadt München« (1933). Mit dem unbekannten Briefwechsel zwischen Thomas Mann und Oberbürgermeister Karl Scharnagl sowie einem biographischen Anhang der Unterzeichner*, in: *Thomas Mann in München II. Vortragsreihe Sommer 2004*, hrsg. von Dirk Heißerer. München 2004, S. 227–297. Vgl. auch Paul Egon Hübinger (Anm. 27).

419 Vgl. dazu Dieter Borchmeyer, *»Barrikadenmann und Zukunftsmusikus«. Richard Wagner erobert das königliche Hof- und Nationaltheater*, in: *Nationaltheater. Die Bayerische Staatsoper*, hrsg. von Hans Zehetmair und Jürgen Schläder. München 1992, S. 48–72: »Wagner scheint Aufführungen seiner Werke in München fast häufiger mißbilligt als befürwortet zu haben [...].« (S. 48)

420 *Richard Wagner*, in: *Die Weltbühne*, 21. Februar 1933, S. 282–286; siehe auch Carl von Ossietzky: *Rechenschaft. Publizistik aus den Jahren 1913–1933*, hrsg. von Bruno Frei. Berlin und Weimar 1970, S. 356.

421 Siehe Konrad Pfeiffer: *Kantate von urdeutscher Seele*, in: *Neue Weltbühne*, Juli 1933, Nr. 28, S. 872–875. Dort heißt es u. a.: »Der Geist der Stammtischbrüderschaft, der jetzt in Deutschland alles überwältigt und die ganze Welt überwältigen möchte, hat wohl in keiner seiner Kundgebungen so deutlich stammtischbrüderliche Ausdünstungen gehabt wie in jenem Münchner Protest gegen Thomas Manns Rede über Richard Wagner.« Der Titel des Artikels spielt auf Hans Pfitzners Kantate *Von deutscher Seele* (1921) an und ist insofern bemerkenswert, als damit die vermutlich führende Rolle Pfitzners bei der Protestaktion signalisiert wird.

422 Nützliche biographische Informationen zu den Unterzeichnern liefert Bäumler (Anm. 418), S. 268–285.

423 Bayrisches Hauptstaatsarchiv, Staatstheater 2014.

424 Vgl. dazu auch Dagny Gulbransson-Björnson: *Olaf Gulbransson. Sein Leben*. Tübingen 1967, S. 197: »Der Urheber des Briefes, der nicht genannt werden durfte, war der Dirigent Hans Knappertsbusch [...].«

425 Bäumler (Anm. 418), S. 247–249.

426 Diese Zusammenhänge werden sich wohl nie völlig klären lassen, da, wie Bäumler feststellen musste, in den Knappertsbusch betreffenden Akten der Bayrischen Staatsoper die Dokumente des Jahres 1933 und 1934 fehlen. Vgl. Bäumler (Anm. 418), S. 249.

427 Fragmentarischer Abdruck bei Bernhard Adamy (Anm. 221), S. 254.

428 Pfitzner-Briefe, S. 621, 659 f. Zu Pfitzner und Knappertsbusch vgl. auch Gabriele Busch-Salmen und Günther Weiß: *Hans Pfitzner. Münchner Dokumente/Bilder und Bildnisse*. Regensburg 1990.

429 Siehe Adamy (Anm. 221), S. 251–266; Peter Vogel: *Thomas Mann und Hans Pfitzner. Handelnde Anverwandlung und leidendes Beharren*, in: *Mitteilungen der Hans Pfitzner-Gesellschaft*, 1990, Heft 51, S. 3–18. Die erste englischsprachige Monographie von John Williamson: *The Music of Hans Pfitzner*. Oxford 1992, verhält sich bei der politischen Entlastung Pfitzners merklich zurückhaltender als die deutschen Pfitzner-Freunde.

430 Paul Egon Hübinger (Anm. 249), S. 135.
431 Jürgen Kolbe: *Heller Zauber. Thomas Mann in München 1894–1933.* Berlin 1987, S. 403.
432 Peter Wapnewski: *Der Magier und der Zauberer. Thomas Mann und Richard Wagner*, in: *Thomas Mann und München* (Anm. 30), S. 78–103, 80.
433 Vgl. Verf.: *Wagner-Kult und nationalsozialistische Herrschaft* (Anm. 155).
434 Siegmund von Hausegger: *Offener Brief an »Die Neue Rundschau«*, veröffentlich in dem *Münchner Neuesten Nachrichten*, 6. 5. 1933; wieder abgedruckt in: *Thomas Mann im Urteil seiner Zeit. Dokumente 1891–1955*, hrsg. mit einem Nachwort und Erläuterungen von Klaus Schröter. 2. Aufl. Frankfurt/Main 2000 (TMS XXII), S. 202 f.
435 *Sämtliche Schriften*, IV, S. 308–311; *Im Schatten Wagners*, S. 245–248.
436 Vgl. Borchmeyer (Anm. 419), S. 55.
437 Dazu ausführlich Joëlle Stoupy: *Thomas Mann und Paul Bourget*, in: *Thomas-Mann-Jahrbuch* 9 (1996), S. 91–106.
438 Vgl. dazu Jochen Schmidt (Anm. 342), Bd. 2, S. 194–232.
439 Ebd., S. 203.
440 Adolf Hitler: *Mein Kampf*. Zwei Bände in einem Band. München o. D., S. 317.
441 George L. Mosse: *Nazi Culture. Intellectual, Cultural and Social Life in the Third Reich*. Madison, WI, 2. Aufl. 2003, S. 217.
442 Vgl. Verf.: *›Sang réservé‹ in Deutschland* (Anm. 174). Das Etikett »Saulus Mann« stammt aus Friedrich Hussongs Bericht über Manns *Republik*-Rede in der Berliner Zeitung *Der Tag*, 15. 10. 1922; vgl. Schröter (Anm. 434), S. 99–102.
443 Karl Frieß: *Palestrina*, in: *Neue Zeitschrift für Musik* 82, 21. 6. 1917, S. 206–207.
444 Ebd., S. 207.
445 Willi Schuh: *Thomas Mann, Richard Wagner und die Münchner Gralshüter*, in: *Neue Zürcher Zeitung*, 21. 4. 1933; wieder abgedruckt in: *Im Schatten Wagners*, S. 239–243.
446 Vgl. Anm. 171.
447 Alfred Einstein: *Hans Pfitzner*, in: A. Einstein: *Von Schütz bis Hindemith. Essays über Musik und Musiker*. Zürich/Stuttgart 1957, S. 121–124, 121.
448 Näheres dazu in dem Kapitel über Bruno Walter, S. 250 ff.
449 Die folgenden Ausführungen zu dem Streit des Dirigenten mit der Münchner Musikkritik, über die er in seiner Autobiographie schweigt, basieren auf der Personalakte Bruno Walter (Staatstheater 11375) im Bayerischen Hauptstaatsarchiv, München.
450 Vgl. Ludwig Thoma: *Der Münchner Kritikerprozeß*, in: *März* 11 (1917), S. 221–222.
451 August Mayer: *Bruno Walter in München. Eine prinzipielle Erörterung*, in: *März* 10, 28. 10. 1916, S. 73. Vgl. den vollständigen Text des Artikels im Anhang, S. 461–468.
452 Max Neuhaus: *Hans Knappertsbusch*, in: *Völkischer Beobachter*, 6. 5. 1934.
453 Diese Deutung der Walter-Ablösung ist beileibe kein Einzelfall; vgl. etwa das »im Auftrag der Reichsleitung der NSDAP« zusammengestellte *Lexikon der Juden in*

der Musik, bearbeitet von Theo Stengel und Herbert Gerigk. Berlin 1940. In dem Artikel über Bruno Walter heißt es: »1913–1922 Op[ern] Dir[ektor] in München; wurde dort durch das starke Anwachsen der nationalsozialistischen Bewegung zum Rücktritt gezwungen.«

454 *Thema und Variationen*, S. 312.

455 Bruno Walter: *Kunst und Öffentlichkeit*, in: *Süddeutsche Monatshefte*, Oktober 1916, S. 95–110, 100, 101, 105.

456 Paul Bekker (Anm. 21), S. 4: »München war während und nach der Kriegszeit dem Spielplan, dem Personalbestand und der Aufführungsqualität nach die beste deutsche Opernbühne. Es bleibt abzuwarten, ob und wie weit sie unter Hans Knappertsbuschs Führung diesen Vorrang wird behaupten können.«

457 In dem an Karl Zeiss, den Intendanten, gerichteten Schreiben heißt es u. a.: »Meine Kräfte sind den im Zusammenhang mit den allgemeinen Bedrängnissen unserer Zeit stets sich steigernden Schwierigkeiten des Betriebs nicht mehr in nötigem Maße gewachsen [...]. Wenn ich auch nicht leugnen will, daß an anderen Stellen sich Strömungen gezeigt und erhalten haben, die mir entgegengewirkt und wesentlich zur Ermüdung meiner Kräfte beigetragen haben, so war doch ausschlaggebend für meinen endlichen Entschluß – ich wiederhole es – die Einsicht, daß ich nach zehn Jahren rückhaltlosen Kräfteverbrauchs bei den noch immer steigenden Anforderungen des jetzigen Betriebs die bisherige Qualität der Gesamtleistung unserer Oper nicht länger aufrechterhalten könnte.« Zitiert nach: Paul Stefan: *Bruno Walter. Mit Beiträgen von Lotte Lehmann, Thomas Mann, Stefan Zweig.* Wien/Leipzig/München 1936, S. 49 f.

458 Hermann Nüßle: *Musikleben: München*, in: *Die Musik* 15, Januar 1923, S. 302.

459 Paul Bekker: *Zeitwende* (Anm. 21), S. 3.

460 Anon.: *Das verlorene Gesicht*, in: *Münchner Sonntagszeitung*, 8. 10. 1922.

461 Vgl. dazu die folgende Gesprächsäußerung Hitlers vom 30. April 1942: »Bruno Walter sei an der Wiener Oper als absolute Null bekannt gewesen, als die ihm geistesverwandte Presse Münchens auf ihn aufmerksam gemacht habe und er so durch ein neckisches Hin und Her der Presse in München plötzlich zu dem ›genialsten‹ Dirigenten Deutschlands hochgelobt worden sei. Den Schaden habe die Wiener Oper davon gehabt. Denn mit ihrem großartigen Orchester habe er bei seinen Aufführungen mit ganz kurzen Proben lediglich Biermusik zu machen verstanden und so die Oper selbst völlig auf den Hund gebracht.« Zitiert nach Henry Picker: *Hitlers Tischgespräche im Führerhauptquartier 1941–1942*. Bonn 1951, S. 395 f.

462 Siehe Maximilian Kojetinsky: *Hans Knappertsbusch: Bayreuther Festspieldirigent 1951–1964*. München o. J. [1969], S. 6. Knappertsbusch schloss seine Promotion nicht ab; das Manuskript der Dissertation gilt als verloren. Vgl. auch W. Gustav Knappertsbusch: *Die Knappertsbuschs und ihre Vorfahren*. Elberfeld 1943.

463 Brief an Karl Zeiss, 29. 3. 1922; Personalakte Knappertsbusch, Bayrische Staatsoper. Für die Einsicht in diese Akte und die Erlaubnis zur auszugsweisen Veröffentlichung bin ich Dr. Roland Ferber zu Dank verpflichtet.

464 Egon Voss: *Die Dirigenten der Bayreuther Festspiele*. Regensburg 1976, S. 58.

465 *Münchner Post*, 12.5.1922.

466 A. B.: *Ein Gedenktag unserer Oper*, in: *Münchner Zeitung*, 8.9.1932.

467 A. Einstein: *Münchener Musik*, in: *Frankfurter Zeitung*, 5.12.1923.

468 *Frankfurter Zeitung*, 8.3.1926, zitiert nach Kurt Dorfmüller: *Alfred Einstein als Münchener Musikberichterstatter*, in: *Festschrift Rudolf Elvers zum 60. Geburtstag*, hrsg. von Ernst Herttrich und Hans Schindler. Tutzing 1985, S. 117–155, 147.

469 Vgl. Brigitte Hamann (Anm. 319), S. 83 ff.

470 Die beiden Briefe Chamberlains bei Hartmut Zelinsky (Anm. 22), S. 169 f.

471 *Im Schatten Wagners*, S. 246.

472 Vgl. dazu Kolbe (Anm. 431), S. 393–395; Albert von Schirnding: *Konflikt in München. Thomas Mann und die treudeutschen Männer der* Süddeutschen Monatshefte, in: *Thomas Mann in München III, Vortragsreihe Sommer 2005*, hrsg. von Dirk Heißerer. München 2005, S. 261–288.

473 Siehe den bei Schröter (Anm. 434), S. 194–196, nachgedruckten Artikel von Ludwig Brehm: *Thomas Mann – der Bekenner*, in: *Völkischer Beobachter*, 16. Januar 1932.

474 Vgl. dazu Walter Abendroth: *Hans Pfitzner Biographie*. München 1935, S. 252; Adamy (Anm. 221), S. 299–301; Fred K. Prieberg (Anm. 178), S. 215 f.

475 Vgl. dazu *Hans Pfitzner. Münchner Dokumente* (Anm. 428), S. 73 ff.

476 Ebd., S. 21.

477 Oskar Geller: *Musikfragen der Gegenwart. Von Generalmusikdirektor Hans Knappertsbusch*, in: *Münchener Zeitung*, 24./25.12.1932.

14. Wider die »stehengebliebene Wagnerei«: Ernest Newman, Thomas Mann, Adorno

478 An Agnes E. Meyer, 21.6.1949; TM/AM, 722.

479 Peter Heyworth: *Ernest Newman, 1868–1959. A Memoir*, in: *Berlioz, Romantic and Classic. Writings by Ernest Newman*, selected and edited by Peter Heyworth. London 1972, S. 265–276, 267.

480 Ernest Newman: *Hugo Wolf*, with a New Introduction by Walter Legge. New York 1966, S. xv, xvii.

481 Vgl. dazu Anne Dzamba Sessa: *At Wagner's Shrine: British and American Wagnerians*, in: *Wagnerism in European Culture and Politics* (Anm. 165), S. 246–277, 262 f.

482 Newman veröffentlichte das Buch unter einem weiteren Pseudonym, Hugh Mortimer Cecil: *Pseudo-Philosophy at the End of the Nineteenth Century*. London 1897. Das Buch stellt eine temperamentvolle Attacke auf drei theologisch fundierte Bücher dar, die gegen Darwin Position bezogen hatten (Benjamin Kidd, *Social Evolution;* Henry Drummond, *The Ascent of Man*; Arthur James Balfour, *Foundations of Belief*). Im Lichte des gegenwärtig in Amerika tobenden Kulturkampfes

zwischen einer *evolutionist-* und einer *creationist*-Welterklärung enthüllt dieses Buch eine überraschende Aktualität. Darüber hinaus lässt das Buch schon manches von dem geistigen Habitus erkennen, der Newmans Werk als Musikschriftsteller prägen sollte: seine genaue Lektüre, sein kritisches Beim-Wort-Nehmen des Gegners, seinen Witz und Sarkasmus.

483 Über den in Bayreuth lange gehegten Verdacht, der nicht gerade Bayreuth-fromme »Newman« sei jüdischer Abkunft, vgl. Stephen McClatchie: *Wagner Research as ›Service to the People‹: The Richard-Wagner-Forschungsstätte, 1938–1945*, in: *Music and Nazism* (Anm. 220), S. 150–169, 152. Der Verdacht zerschlug sich, als man über die deutsche Botschaft in London in Erfahrung brachte, dass »Newman« ein Pseudonym und damit seine »arische« Abkunft erwiesen war.

484 Michael Tanner: *Wagner*. Princeton, NJ 1996, S. 224.

485 Bernhard H. Haggin: *Newman's Wagner*, in: *The Nation*, vol. 152 (12.4.1941), S. 448 f.

486 Ernest Newman: *The Life of Richard Wagner*. Cambridge, 2. Aufl. 1976, Bd. I, S. xii.

487 Ebd., S. xiii.

488 Ebd., S. xii.

489 Vgl. dazu Lawrence Davies: *Wagner's English Disciples*, in: *Wagner* 3 (July 1982), S. 72–78, der Newmans Haltung gegenüber Wagners Antisemitismus als »calm contempt« kennzeichnet.

490 *The Life of Richard Wagner*, Bd. II, S. 231; Bd. III, S. 179.

491 *The Sunday Times*, 27.2.1938, S. 2.

492 Vgl. dazu das Kapitel *Thomas Mann und die deutsche Musik*, S. 26 f., 46 f.

493 *The Sunday Times*, 20. März 1938, S. 2. Dort bemerkt Newman: »The theory that the ›Germanic‹ race in general, and the German nation in particular, are the source and the repository of all that is valuable in modern civilisation is by no means the product of the last decade or so; on this matter I shall touch one of these days in another article, in which I shall show the curious part played by Wagner and his circle in the flotation and diffusion of this complacent theory. But it is since the Nazis came to power that the theory has passed from the field of learned speculation into that of national practice; and at some of the results of this transition the outside observer can only hold up his hands in blank astonishment. Some German scholars, and several writers who are German but not scholars, are hard at work re-writing musical history in terms of this racial prepossession, which the rest of humanity can only regard as fantastic.« Dieser Artikel ist wiederabgedruckt in: *From the World of Music. Ernest Newman. Essays from the London ›Sunday Times‹*, selected by Felix Aprahamian. London 1956, S. 185–188.

494 Vgl. dazu den Beitrag von John F. Russell: *Ernest Newman, Manchester and the Hallé Concerts*, in: *Fanfare for Ernest Newman*, ed. Herbert van Thal. London 1955, S. 135–156.

495 Heyworth (Anm. 479), S. 267 f.

496 Siehe Adorno: *Wagner, Nietzsche, Hitler*; GS XIX, 405.

497 Peter Wapnewski: *Der traurige Gott. Richard Wagner in seinen Helden*. Mün-

chen 1978, S. 63–71, liefert eine philologisch klärende Stellungnahme zu Newmans und Gutmans Deutungsversuchen bezüglich Isoldes rätselhafter Formulierung (»Ich pflag des Wunden,/ daß den heil Gesunden/ rächend schlüge der Mann,/ der Isolden ihn abgewann.«).

498 Bryan Magee: *The Philosophy of Schopenhauer*. Oxford 1983; ders.: *Wagner and Philosophy*. London 2000.

499 Bryan Magee: *Newman Nods*, in: *Wagner* 11 (January 1990), S. 27–30.

500 Barry Millington: *Wagner*. Princeton, NJ, 1984, S. 280. Millington verweist zudem auf den kuriosen Versuch Gerald Abrahams, einen solchen Quartettsatz zu rekonstruieren. Vgl. G. Abraham: *Wagner's String Quartett. An Essay in Musical Speculation*, in: *Musical Times* 86 (1945), S. 233–257.

501 Davies (Anm. 489), S. 77; vgl. auch Stewart Spencer: *Wagner Literature: Biographies*, in: *The Wagner Compendium. A Guide to Wagner's Life and Music*, ed. Barry Millington. London 1992, S. 402.

502 *Richard Wagner 1883–1983. Die Rezeption im 19. und 20. Jahrhundert. Gesammelte Beiträge des Salzburger Symposiums*, hrsg. von Ulrich Müller. Stuttgart 1984; *Richard Wagner und seine Zeit*, hrsg. von Eckehard Kiem und Ludwig Holtmeier. Laaber 2003.

503 Haggin (Anm. 485).

504 *Hugo Wolf* (Anm. 480), S. 153. Das Buch ist in der Bibliothek Thomas Manns nicht erhalten; dass er es benutzt hat, bezeugt das Tagebuch (18.4.1943) sowie die *Entstehung des Doktor Faustus* (XI, 161).

505 Ebd., S. 29 f.: »As a rule the last person to be capable of being a good critic is an original composer; the very strength of his own individuality is apt to render him only moderately receptive of the contrasted art of other men. Wagner's constutional bias towards seeing life through Wagner's eyes made him incapable of seeing it through those of Brahms. Tchaikovski again missed the meaning and beauty of Brahms's music […] while Brahms in his turn often had as little sense of the fragrance and the color of Tchaikovski's music as a scentless chemist has of the odour of a flower.« Vgl. *Doktor Faustus* (VI, 537 f.); Fitelbergs schlagendstes Beispiel, Wolfs Besprechung von Bruckners Siebter Symphonie, wird bei Newman allerdings nicht erwähnt.

506 Das kleine Buch ist im Thomas-Mann-Archiv erhalten und weist zahlreiche Anstreichungen auf.

507 Newman plante ein umfängliches Werk über den französischen Komponisten, das jedoch nicht mehr zustande kam. Die älteren Arbeiten zu Berlioz wurden posthum versammelt in *Berlioz, Romantic and Classic: Writings by Ernest Newman* (Anm. 479).

508 An Thomas Mann, 31.5.1943; TM/Walter, 26.

509 *Memoirs of Hector Berlioz* (Anm. 116). Das Buch ist im Thomas-Mann-Archiv erhalten und weist zahlreiche Anstreichungen und andere Lesespuren auf.

510 Vgl. dazu das Kapitel über französische Musik im *Doktor Faustus, S.* 131 f.

511 An Alfred A. Knopf, 3.12.1946; DüD III, 77.

512 *The Life of Richard Wagner*, Bd. 4, S. 503. Von den vier im Archiv vorhandenen

Bänden weist lediglich der vierte Spuren einer allerdings temperamentvollen Lektüre der Kapitel 26 (*Elisabeth's False Witness*) und 27 (*The Realities of the Matter*) auf mit mehreren Ausrufezeichen, die offensichtlich einen Dissens indizieren.

513 Zu Beidler vgl. Dieter Borchmeyer, in: Beidler/Borchmeyer, S. 361–424.

514 An Beidler, 23.12.1933; ebd., S. 317.

515 An Beidler, 26.11.1935; ebd., S. 326.

516 *The Manchester Guardian*, 18. Mai 1934, S. 11 f. Es handelt sich dabei um die englische Fassung von Beidlers Vortrag: *Wagner-Verfälschung in Hitler-Deutschland*, in: Beidler/Borchmeyer, S. 283–287.

517 Beidler/Borchmeyer, S. 395.

518 Die Briefstelle lautet im Zusammenhang: »Ich habe die Rickertkritik ins Englische übersetzt und eine des dritten Bandes von Newman geschrieben, der übrigens recht interessant ist. Besonders unter dem Gesichtspunkt, daß Wagner als virtueller Nazi bereits ganz deutlich die Doppelstellung gegen Feudalität (als Progressiver) und gegen Liberalismus (als Monopolist) einnimmt. Dazu Cosima, eine geradezu ungeheurliche Figur, von der übrigens die tödlichste Gestalt des Antisemitismus herrührt. Der einzig Anständige in der ganzen Geschichte, gleichsam der Repräsentant der Vernunft, ist der für wahnsinnig erklärte König von Bayern.« An Max Horkheimer, 8. 6. 1941; Theodor W. Adorno/Max Horkheimer: *Briefwechsel 1927–1969*, hrsg. von Christoph Gödde und Heinz Lonitz. Frankfurt/Main 2004, Bd. 2, S. 141 f.

519 Vgl. den Abdruck von Newmans Besprechungen im Anhang.

520 An Ida Herz, 14.6.1949; Reg. 49/347.

521 Hans Wißkirchen: *Thomas Manns Romanwerk in der europäischen Literaturkritik*, in: *Thomas-Mann-Handbuch*, hrsg. von Helmut Koopmann. 3. Aufl. Stuttgart 2001, S. 910.

522 Vgl. dazu die umfassende Dokumentation von Bernhold Schmid: *Neues zum* Doktor Faustus-*Streit zwischen Schönberg und Thomas Mann*, in: *Augsburger Jahrbuch für Musikwissenschaft* 6 (1989), S. 149–179; ders., *Ein Nachtrag*, ebd., 7 (1990), S. 177–192, sowie das Kapitel über Thomas Mann und Adorno, S. 386 f.

523 Vgl. dazu Borchmeyer, in: Beidler/Borchmeyer, S. 367–384; Nike Wagner (Anm. 393), S. 284–287.

524 Siehe den Abdruck von Beidlers Richtlinien bei Michael Karbaum (Anm. 127), S. 131–134.

525 *Bedenken gegen Bayreuth*, in: Beidler/Borchmeyer, S. 298–302.

526 Zitiert von Peter Heyworth (Anm. 479), S. 276.

15. Philosophisch alarmierende Musik: Thomas Mann und Adorno

527 Als die »deutscheste der Künste« bezeichnet Thomas Mann die Musik in der *Entstehung des Doktor Faustus* (XI, 227). Er greift damit auf einen fest verwurzelten

Topos zurück, der zuerst bei Johann Gustav Droysen: *Vorlesungen über die Freiheitskriege*. Kiel 1846, nachweisbar ist; dort heißt es in Bd. 1, S. 112: »[...]und der Choral der Gemeinde ward der Stamm, an dem sich die Kunst der deutschen Musik, die deutscheste Kunst emporrankte.« Den Hinweis auf Droysen verdanke ich Bernd Sponheuer.

528 Siehe das Kapitel über Pfitzner, S. 203–221.

529 Selbstanzeige des Essaybuches *Versuch über Wagner*; GS 13, 504.

530 Als »mitdichtende Einfühlung« charakterisierte Thomas Mann die Mitarbeit Adornos in einer Passage der *Entstehung des Doktor Faustus*, die aber der von Erika Mann durchgesetzten Kürzung des Entstehungsberichts zum Opfer fiel. Diese und die anderen ausgeschiedenen Stellen sind abgedruckt in Thomas Mann, *Tagebücher 28. 5. 1946–31. 12. 1948*, hrsg. von Inge Jens. Frankfurt/Main 1989, S. 948–953, 951.

531 Detlev Claussen: *Theodor W. Adorno. Ein letztes Genie*. Frankfurt/Main 2003, S. 149. Dieses Buch hat, wie schon der peinliche Titel signalisiert, eine ausgeprägt hagiographische Tendenz und ist im Hinblick auf die Musikproblematik nicht sehr ergiebig.

532 Vgl. dazu Verf.: *Georg Lukács und Thomas Mann*, in: *Neue Rundschau* 87/1977, S. 656–663.

533 An Adorno, 30.12.1945; TM/TWA, 19; vgl. Verf.: *Vom »höheren Abschreiben«. Thomas Mann, der Erzähler*, in: *Liebe und Tod – in Venedig und anderswo. Die Davoser Literaturtage 2004*, hrsg. von Thomas Sprecher. Frankfurt/Main 2005 (TMS XXXIII), S. 15–31.

534 Arnold Schönberg: *Thomas Mann zum 6. Juni 1945*, in: Arnold Schönberg: *Sämtliche Werke*. Abteilung V: Chorwerke; Reihe A, Bd. 18, hrsg. von Tadeuzs Okuljar. Mainz 1980, S. 190. Schönberg beschließt seine Widmung in der Hoffnung, »wir beide mögen einander noch viele Jahre gute Zeitgenossen bleiben. Herzlichst, Ihr Arnold Schönberg«. Offenbar erinnerte sich Thomas Mann an diese Worte, als er in der Nachschrift zum Roman die Zwölftontechnik als das »geistige Eigentum eines zeitgenössischen Komponisten und Theoretikers, Arnold Schönbergs« bezeichnete. Dies wiederum irritierte den von seinem Originalitätsanspruch beherrschten Schönberg, dem der Wortlaut seiner Widmung von 1945 offensichtlich nicht mehr präsent war, schrieb er doch in seinem Offenen Brief (vgl. Anm. 536): »He calls me ›a [!] *contemporary* composer and theoretician.‹ Of course, in two or three decades, one will know which of the two was the other's contemporary.«

535 Schon 1943, zu Schönbergs 69. Geburtstag, hatte Thomas Mann ein Exemplar des *Zauberberg* wie folgt inskribiert: »Arnold Schönberg, dem kühnen Meister, zum 13. September 1943 von Einem, der auch Musik zu bauen versucht.« Vgl. *Widmungen von Thomas Mann, 1887–1955*, hrsg. von Gert Heine und Paul Schommer. Lübeck 1998, S. 127, 151.

536 *An Exchange of Letters between Schönberg and Mann*, in: *The Saturday Review of Literature*, 1. Januar 1949.

537 Vgl. Anm. 522. Dazu jetzt ausführlich Angelika Abel: *Musikästhetik der klassi-*

schen Moderne. Thomas Mann – Theodor W. Adorno – Arnold Schönberg. München 2003, bes. S. 210–249.

538 Arnold Schoenberg: *Further to the Schoenberg–Mann Controversy*, in: *Musical Survey*, 2/1949, S. 77–80.

539 So Volker Scherliess (Anm. 62), S. 141.

540 Vgl. dazu Jan Maegaard: »*Schönberg hat Adorno nie leiden können*«, in: *Melos*, 41/1974, S. 262–264; ders.: *Theodor Adornos Rolle im Mann/Schönberg-Streit*, in: *Gedenkschrift für Thomas Mann 1875–1975*, hrsg. von Rolf Wiecker. Kopenhagen 1975, S. 215–222.

541 Arnold Schönberg: *Stil und Gedanke*, zitiert nach Walter Levine: *Adorno's »Zwei Stücke für Streichquartett«, Opus 2 (und Gedanken über das gestörte Verhältnis Schönberg/Adorno)*, in: *Theodor W. Adorno. Der Komponist*, hrsg. von Heinz-Klaus Metzger und Rainer Riehm. München 1989, S. 78.

542 Arnold Schönberg, Brief an Josef Rufer, 5.12.1949, zitiert nach Hans Heinz Stuckenschmidt: *Schönberg. Leben, Umwelt, Werk*. Zürich 1974, S. 462.

543 Levine (Anm. 541), S. 77.

544 Notiz Schönbergs über Adorno, ebd.

545 Levine (Anm. 541), S. 79.

546 Schmid (Anm. 522), S. 170.

547 An Schönberg, 19.12.1949; Br. III, 122; Stuckenschmidt (Anm. 542), S. 463.

548 Ebd., S. 512; Jan Maegaard (Anm. 540).

549 An Adorno, 30.12.1945; TM/TWA, 19.

550 An Adorno, 2.7.1948; TM/TWA, 30.

551 Die ausgeschiedenen Stellen wurden von Inge Jens (Anm. 530) veröffentlicht. Zu dem ganzen Vorgang vgl. Hermann Kurzke: *Thomas Mann. Das Leben als Kunstwerk*. München 1999, S. 504–507.

552 Vgl. etwa Karol Sauerland: »*Er wußte noch mehr ...« Zum Konzeptionsbruch in Thomas Manns »Doktor Faustus« unter dem Einfluß Adornos*, in: *Orbis Litterarum* 34/1979, S. 130–145; Hansjörg Dörr: *Thomas Mann und Adorno. Ein Beitrag zur Entstehung des »Doktor Faustus«*, in: *Literaturwissenschaftliches Jahrbuch* 11/1970, S. 285–322.

553 Stefan Müller-Dohm : *Adorno. Eine Biographie*. Frankfurt/Main 2003, S. 479.

554 An Adorno, 30.12.1945; TM/TWA, 20.

555 Julius Bahle: *Eingebung und Tat im musikalischen Schaffen. Ein Beitrag zur Psychologie der Entwicklungs- und Schaffensgesetze schöpferischer Menschen*. Leipzig 1939.

556 An Thomas Mann, 31.5.1943; TM/Walter, 26; dazu ausführlich die Kapitel über französische Musik im *Doktor Faustus* und über Bruno Walter, S. 132–136, 256ff.

557 Brief von Schönberg an Stuckenschmidt, 5. 12. 1949: »[...] ekelhaft, nebenbei, ist wie er [Adorno] Stravinsky behandelt. Ich bin gewiss kein Stravinsky Anhänger, obwohl mir hier und da ein Stück von ihm ganz gut gefällt – aber so muss man nicht schreiben.« Zitiert nach Stuckenschmidt (Anm. 542), S. 462.

558 Igor Stravinsky: *A Chronicle of My Life*. London 1938, S. 39f. So wie Rimski-

Korsakow mit dem jungen Strawinsky verfahren war, beauftragt auch Kretzschmar seinen Schüler Leverkühn »mit der Orchestrierung des Klavierauszuges einzelner Akte von Opern [...], die Adrian nicht kannte«, um sie dann gemeinsam mit der von dem jeweiligen Komponisten, etwa Cherubini oder Grétry, vorgeschriebenen Orchestrierung zu vergleichen, was oft Anlass zur Heiterkeit war (VI, 200).

559 Zu weiteren Aspekten der Bedeutung Strawinskys vgl. Volker Scherliess (Anm. 62), S. 141 f.

560 An Adorno, 30.12.1945; TM/TWA, 21 f.

561 Siehe die beiden Kompositionsskizzen für das Oratorium und die symphonische Kantate im Anhang zu TM/TWA, 158–161.

562 Müller-Dohms Behauptung, »daß die Mehrzahl der musikalischen Werke, die Leverkühn im Roman erschafft, kompositorische Einfälle von Adorno waren«, lässt sich nicht verifizieren und scheint wenig plausibel. Müller-Dohm (Anm. 553), S. 482.

563 Rolf Tiedemann: *»Mitdichtende Einfühlung.« Adornos Beiträge zum Doktor Faustus – noch einmal*, in: *Frankfurter Adorno-Blätter* 1/1992, S. 9–33, 9.

564 Siehe Bernhold Schmid: *Alfred Einstein im Briefwechsel mit Thomas Mann*, in: *Musik in Bayern. Halbjahresschrift der Gesellschaft für Bayrische Musikgeschichte*, 46/1993, S. 5–18, 8 f.

565 Ebd., S. 9.

566 Zu Adornos Beziehung zu Kracauer vgl. Claussen (Anm. 531), S. 114 ff. passim, sowie *Adorno. Eine Bildmonographie*, hrsg. vom Theodor W. Adorno-Archiv. Frankfurt/Main 2003, S. 80 ff. passim.

567 Von dem Essay sind zwei Fassungen überliefert: *What National Socialism Has Done to the Arts*, GS 20. 2, S. 413–429, 413; *The Musical Climate for Fascism in Germany*, ebd., S. 430–440.

568 An Thomas Mann, 5.7.1948; TM/TWA, 33.

569 An Adorno, 30.12.1945; TM/TWA, 21.

570 An Adorno, 30. 12. 1945; TM/TWA, 20.

571 Brief an René Leibowitz, 3.10.1963, in: *Frankfurter Adorno-Blätter* 7/2001, S. 61.

572 Borge Kristiansen: *Thomas Mann und die Philosophie*, in: *Thomas-Mann-Handbuch*, hrsg. von Helmut Koopmann. 3. Aufl. Stuttgart 2001, S. 259–283, 259.

573 *Kulturkritik und Gesellschaft*; GS 10. 1, 11. Vgl. dazu die Sammlung von Aufsätzen: *Mit den Ohren denken. Adornos Philosophie der Musik*, hrsg. von Richard Klein und Claus-Steffen Mahnkopf. Frankfurt/Main 1998.

574 An Adorno, 30.10.1952; TM/TWA, 121.

575 Ebd.

576 Richard Klein: *Zwangsverwandtschaft. Über Nähe und Abstand Adornos zu Richard Wagner*, in: *Richard Wagner und seine Zeit*, hrsg. von Eckehard Kim und Ludwig Holtmeier. Laaber 2003, S. 183–236, 189.

577 An Adorno, 30.10.1952; TM/TWA 122.

578 Vgl. dazu Carl Dahlhaus: *Soziologische Dechiffrierung von Musik: Zu Theodor*

W. Adornos Wagnerkritik, in: *International Review of Music, Aesthetics, and Sociology*, 1/1970, S. 137–147; Max Paddington: *Adorno's Aesthetics of Music*. Cambridge 1993, S. 242–255; Richard Klein (Anm. 576).

579 Allerdings ist festzuhalten, dass Adorno im Rückblick die Vereinigten Staaten differenzierter zu sehen sich bemühte, wie besonders der Essay *Wissenschaftliche Erfahrungen in Amerika* belegt (GS 10.2, 702–712).

580 Verf.: *Schlechtes Wetter, gutes Klima. Thomas Mann in Amerika*, in: *Thomas-Mann-Handbuch* (Anm. 572), S. 68–77.

581 Vgl. dazu Peter Uwe Hohendahl, *Prismatic Thought: Theodor W. Adorno*, Lincoln, NE und London 1995, S. 21.

582 Vgl. Verf.: *The Steadfast Tin Soldier. Thomas Mann in World War I and II*, in: *1914/1939. German Reflections of the Two World Wars*, ed. Reinhold Grimm and Jost Hermand. Madison, WI 1992, S. 3–21.

583 Vgl. Herbert Lehnert: *Bertolt Brecht und Thomas Mann im Streit über Deutschland*, in: *Stationen der Thomas-Mann-Forschung*, hrsg. von Hermann Kurzke. Würzburg 1985, S. 247–275.

584 Vgl. Tb. 2.4.1933. Adorno, Brief an Horkheimer, 13.5.1935, in: Theodor W. Adorno/Max Horkheimer, *Briefwechsel 1927–1969*, hrsg. von Christoph Gödde und Henry Lonitz,. Frankfurt/Main 2003, Bd. 1, S. 65. Während Mann seine tiefe Abneigung gegen Kerr nie überwand, finden sich in Adornos späteren Stellungnahmen zu Marcuse keine Spuren jener Unmutsäußerung von 1935, die offenbar in erster Linie von Marcuses Bewunderung für Heidegger ausgelöst worden war. Vgl. *Über Herbert Marcuse*; GS 20.2, 768.

585 Vgl. Egon Schwarz und Ruth Klüger (Anm. 37).

586 Dies ist der Kernpunkt der Untersuchung von Ehrhard Bahr: *The Anti-Semitism Studies of the Frankfurt School: The Failure of Critical Theory*, in: *German Studies Review* 1/1978, S. 125–138, 128, 133, 137.

587 An Thomas Mann, 28.12.1949; TM/TWA, 44–50.

588 An Adorno, 1.7.1950; TM/TWA, 67.

589 *Tagebücher 1946–1948*, S. 953.

590 Ebd.

591 An Thomas Mann, 5.7.1948; TM/TWA, 34 f.

592 An Thomas Mann, 3.6.1945; TM/TWA, 17.

593 An Katia Mann, 13.8.1955; TM/TWA, 153.

594 Vgl. dazu Jens Rieckmann: *Zum Problem des Durchbruchs in Thomas Manns »Doktor Faustus«*, in: *Wirkendes Wort* 29/1979, S. 114–128.

595 Die Aussage Schönbergs gegenüber Josef Rufer ist mehrfach dokumentiert, z. B. bei Willi Reich (Anm. 35), S. 139.

596 Hans und Rosaleen Moldenhauer: *Anton von Webern. Chronik seines Lebens und Werks*. Zürich und Freiburg 1980, S. 470.

597 Vgl. dazu Reinhard Kager: *Einheit in der Zersplitterung. Überlegungen zu Adornos Begriff des »musikalischen Materials«*, in: *Mit den Ohren denken* (Anm. 573), S. 92–114.

Anhang

Bruno Walter in München

Eine prinzipielle Erörterung

Von Privatdozent Dr. August Mayer (München)

Es ist im allgemeinen Sitte, von einem reproduzierenden Künstler nur bei jenen Anlässen öffentlich zu reden, bei denen er selbst vor das Publikum tritt; so hat er sich für gewöhnlich auch damit zu begnügen, daß sein Bild in einer eiligen Nachzeichnung erscheint, die meist nur das Wechselnde in seinen Zügen, das Augenblickliche und Zufällige seiner Erscheinung, nicht den Charakter und das Wesen, dasjenige also, was über aller einzelnen Leistung steht, wiedergeben kann. Und es ist billig, daß man von einem solchen Künstler in erster Reihe nur um des Wertes willen redet, das er nachzuschaffen unternimmt; nur in Ausnahmefällen darf er das Objekt der Betrachtung an sich, darf das Persönliche, das Schöpferische an ihm der Gegenstand der Darstellung sein.

Es ist kein Zweifel, daß der Künstler, von dem hier gehandelt werden soll, in dieser Hinsicht eine besonders verlockende Aufgabe bieten würde. Aber die Umstände bringen es mit sich, daß diese Zeilen eine andere Richtung erhalten. Denn wer Zeuge der Tätigkeit des Münchner Generalmusikdirektors Bruno Walter ist, der hat auch die befremdende Resonanz miterleben müssen, welche sein Wirken bei denjenigen, die für die Oeffentlichkeit urteilen, gefunden hat. Und so muß hier von Walter und seinen Kritikern zu gleicher Zeit gehandelt werden. Denn die Methode jener Kritik ist eine derartige, ihre Begleitumstände wie ihre Endabsichten sind so ungewöhnlich, daß die Figur Bruno Walters, wie die Dinge jetzt liegen, von gewissen prinzipiellen Fragen der Kunstkritik und der öffentlichen Kunstpflege nicht losgelöst werden kann. Der Gegenstand dieser Erörterung muß also eine scheinbare Verschiebung erleiden: an Stelle der Würdigung künstlerischer Werte muß auf weite Strecken die Polemik gegen jene treten, welche diese Werte leugnen. Denn hier ist ein Fall gegeben, wo dieser Art von negativen Kritik gegenüber, der übliche Trost nicht ausreicht, daß weder Gleichgültigkeit noch böser Wille der Wirkung eines Künstlers auf die Dauer Eintrag tun kann. Wir stehen hier nämlich vor dem Versuch, durch die Presse auf eine Angelegenheit der öffentlichen Kunstpflege einen entscheidenden Einfluß in willkürlicher Weise auszuüben: es handelt sich für Walters Gegner letzten Endes darum, seiner weitern Tätigkeit wenigstens für München eine Ende zu bereiten. Es wird also, wenn auch der Widerstreit der Kunstmeinungen an sich für den Künstler und die Kunst von gleich geringem Belang ist, die Indifferenz in einem Falle wie diesem sinnlos; denn hier droht eine dringendere Gefahr als die bloße Verwirrung der Begriffe.

Wenn ein Kritiker auf seine Unverantwortlichkeit vertrauend es versucht, dem Künstler nicht nur seinen verdienten Erfolg nachträglich zu schmälern, sondern ihm auch jede weitere Wirkung unmöglich zu machen, so muß die Duldung aufhören, mit der wir den Umstand, daß Unberufene über Kunst schreiben, hinzunehmen gewohnt sind. Gegen die Kritik protestiert man bekanntlich am überzeugendsten durch künstlerische Leistungen; aber das Spiel wird ungleich einer Kritik gegenüber, die danach strebt, ihre Urteile auch tatsächlich zu vollstrecken und damit den Künstler gänzlich zum Schweigen zu bringen. Es wäre ein unerträglicher Zustand, wenn die verbindende Kraft der Zeitungskritik für die Oeffentlichkeit tatsächlich weiter ginge, als wir es bisher angenommen haben, wenn die kunstpolitische Wirkung der Theaterrubrik sich nicht auf den ohnedies schon gefährlichen Schein von Befugtheit und Endgültigkeit beschränkte, der ihr in den Augen des großen Publikums zukommt.

Bliebe nun im Falle Walter die Münchener Kritik Siegerin, erzwänge sie den Rücktritt des Künstlers, so wäre in dieser Frage ein gefährliches Präjudiz geschaffen; denn ein solches würde ein Erfolg der Kritik bei einer Aktion, wo es ihr so offensichtlich auf eine Kraftprobe ankommt, zweifellos bedeuten. Das macht aber die Frage zu einer öffentlichen im eminenten Sinn und so betrifft die Entscheidung darüber, ob hier der richtige Mann an seiner richtigen Stelle bleiben soll, keine bloße Personalangelegenheit, sondern eine öffentliche, a eine prinzipielle.

Es handelt sich im Falle Walter auch nicht um den Gegensatz des Künstlers zu seiner Zeit, der schweigend überwunden werden muß; denn weder früher noch an dem Ort seiner jetzigen Tätigkeit haben Walter die äußeren Zeichen des Erfolges gefehlt. Beweis dessen, die Einstimmigkeit mit der die ganze Kritik seine Berufung nach München forderte, nachdem sie ausreichend Gelegenheit gehabt hatte, sich über den Dirigenten Walter ein Urteil zu bilden. Aber fast ebenso einmütig begann wenige Wochen nach seinem Antritt der Widerspruch gegen ihn, um sich immer deutlicher zu einer planmäßigen, auf eine Entfernung gerichteten Aktion zu verschärfen. Was war in der Zwischenzeit geschehen? In welcher Beziehung hatte der Künstler enttäuscht oder was hatte sich an der Vorstellung, die sich die Münchner Kritiker von dem Ideal eines Operndirektors machten, geändert?

Unsachliche Gründe etwa? Persönliche Empfindlichkeiten, Unterströmungen der örtlichen Kunstpolitik? Kenner der Verhältnisse sagen: ja. Daß Walter darauf verzichtete, sich entschlossene Lobredner durch ein kleines, persönliches Opfer zu verpflichten, welches in München ortsüblich ist. Er hätte seine Beurteiler von vorneherein gewinnen können, wenn er sich wenigstens den Anschein gegeben hätte, mit ihnen an einem Strange zu ziehen, an ihre Schlagworte zu glauben, sie in seine Pläne einzuweihen, sein Tun und Lassen vor ihnen zu begründen – aber ihm fehlte alle Lust dazu, den ihm freundlichst angebotenen Platz eines »Lieblings« anzunehmen und »unser« Walter zu heißen.

Aber wenn dem so ist, liegt der Fall nicht zu einfach, um überhaupt eine Diskussion zu verdienen? Genügt nicht die bloße Feststellung, daß der seinerzeit gegen Richard Wagner in Bewegung gesetzte Franziskanerklub in bescheidenerem Umfange und mit bescheidenerem Ziel fortlebt? Ist dann die Angelegenheit, so bedauerlich sie für den beteiligten Künstler sein mag, noch mehr als ein spaßhafter Beitrag zur Münchner Lokalgeschichte?

Gewiß: Auch der Widerwille des Spießbürgers wie die Feindschaft des enttäuschten Dilettanten gegen den Künstler sind in ihrer Art ein geistiges Phänomen, auch Dummheit und böser Wille bestimmen das Schicksal der Kunst in deutschen Landen und so ist auch ihr fanatischer Gegner irgendwie an die Kunst geknüpft und würdig (nicht als Persönlichkeit sondern als Typus) in ihrer Geschichte fortzuleben. Und in unserer Zeit, wo Eitelkeit und Geldgier gleich schamlos den Interessenschutz im Namen geistiger Güter anzurufen gewohnt sind, darf es nicht wundernehmen, wenn auch persönliche Ranküne sich mit einer prinzipiellen Kunstanschauung drapiert. Auch das auf den Tisch eines Kritikerstammtisches zornig aufschlagende Bierseidel wird im heiligen Namen der Kunst so heftig bewegt. Und es ist vielleicht einer Verständigung über diese Dinge förderlicher, wenn man die in Kunstsachen öffentlich Meinenden so ernst nimmt wie sie sich selber nehmen; denn erst dann läßt sich zeigen, wie dürftig der theoretische Aufputz ist, der es ihnen ermöglichen soll, für ihr persönliches Wohl- oder Uebelwollen die Würde eines öffentlichen Gewissens in Anspruch zu nehmen.

* * *

Wer will sich hier noch bei dem Einwand beruhigen, daß die Presse der Ausdruck der öffentlichen Meinung ist und der ausübende Künstler, wie die Dinge nun einmal stehn, sich diesem Tribunal ohne Widerspruch zu unterwerfen habe? Denn die Münchner Presse will in diesem Fall der Ausdruck der öffentlichen Meinung im alten und wirklichen Sinn des Wortes gar nicht sein. Es ist auch keine Rede davon, daß innerhalb des sachlich interessierten Publikums eine gegen Walter gerichtete Strömung tatsächlich bestünde; im parteimäßigen Sinn hat sich gegen Walter vielmehr nur die Presse zusammengeschart und ist nun mit allen Mitteln bemüht, selbst eine öffentliche Meinung zu erzeugen, aber in dem neuen und fragwürdigen Verstande des Wortes: denn es gibt eine öffentliche Meinung aus zweiter Hand, die, verschwommen und ungreifbar wie jedes Surrogat wirklicher Bildung, den Beziehungen zwischen Künstler und Publikum von vorneherein jene Klarheit und Reinheit nimmt, ohne die eine unmittelbare künstlerische Wirkung unmöglich ist. Je mehr sich die gedruckte Meinung des »Kenners« durchsetzt, desto sicherer verhindert sie, daß die Leute, für die die Kunst gemacht wird, jemals zu dieser selbst gelangen. Die unerlaubte Kreuzung eigener und fremder Meinungen wird immer nur zu einem Bastardprodukt führen und so lange die Kritik nichts besseres zu tun weiß, als die Leser von den fruchtbaren Wegen des Kunstwerks fort in die trostlose Oede des Kunstgeredes zu führen, so lange wird das Publikum an unserem öffentlichen Kunstbetrieb eben nur äußerlich und obenhin teilnehmen und an Stelle der Bildung im wirklichen Sinn, d. h. der Erneuerung und Bereicherung des Einzelnen, wird das Gegenteil entstehen, nämlich die Verbreitung von Meinungen.

Die Münchner Kritik stellt sich nun in ihrer Beurteilung Bruno Walters so, als ob es ihr auf das Kunstwerk vor allem ankäme, als gelte es, unsern überlieferten Kunstbesitz vor Vernachlässigung, wenn nicht gar vor Entheiligung, zu bewahren.

Man sollte zunächst denken, böser Wille allein sei imstande, den künstlerischen Ernst zu verkennen, der sich um das höchste Ziel, die Verdrängung der Opernschablone und die Schaffung einer deutschen Musterbühne, seit Jahren bemüht. Was Walters Absichten auf diesem Gebiet entgegentritt, ist aber nicht allein die Voreingenommenheit seiner Kritiker sondern auch jene Theaterfremdheit, der man in Deutschland leider auf Schritt und Tritt begegnet. Es ist schlimm genug, daß die elementarsten Dinge des Handwerks hierzulande dem Durchschnittsschauspieler unbekannt sind. Aber damit, daß der Deutsche kein geborener Mime ist, kann man sich noch leichter abfinden als mit dem Widerstand gegen einen Theaterleiter, der gerade in diesen Dingen Wandlung schaffen will, dem es in jedem Detail auf Ausdruck, Intensität und Bestimmtheit ankommt, der jede Bewegung und jeden Ton aus dem Affekt, aus dem inneren Rhythmus des Satzes entstehen läßt, der seine Wiedergabe auf dem einfachsten und zugleich innerlichsten Element des Werkes aufbaut, auf dem Ausdrucksgehalt der einzelnen Phrase, in welcher ja die innere Haltung des Schöpfers so faßbar und eindeutig zutage tritt, daß der seelische Ton des ganzen Werkes in jedem einzelnen Augenblick lebendig ist.

Sie sagen dann freilich, daß ihm bloß die Einzelheiten gelingen, weil das Ganze, das er bietet, zu reich und farbig ist, als daß es sich in ihren engen Formeln einfangen ließe -- daß jedoch eben in diesen Dingen immer wieder von vorne angefangen werden muß, daß es sein großes und einziges Verdienst ist, hier von vorne anzufangen, sieht keiner ein. Und schon im Namen der Tradition würden sie gegen diese Absicht Einspruch erheben.

Durch den Mangel an Gefühl für das, worauf es beim Theater in erster Linie ankommt, bestreitet die Kritik dem reproduzierenden Künstler sein eigentliches Arbeitsfeld; denn nur wer im Sinn des eigentlichen Theaters, im Sinn der möglichst überzeugenden, möglichst intensiven Belebung des Einzelnen ein szenisches Kunstwerk interpretiert, das heißt also ein Kunstwerk, dessen Wirkung auf fortgesetzte innere Spannung, auf die Erfülltheit jedes Augenblicks gestellt ist, wird der Erwecker seines inneren Gehaltes. So kann die Wirkung selbst, um die immer aufs neue gerungen werden muß, auch nur aus dem Augenblick kommen und diese eigentümliche Beweglichkeit des Künstlers, diese Hingabe an das Momentane ist es, was die Anbeter des Buchstabens für Eigenwilligkeit halten. Es ist verkehrt, einem Künstler, der dieser Hingabe fähig und ihren Gefahren gewachsen ist, eine vermeintliche Tradition oder ein unklares Stilprinzip entgegenzuhalten. Der Stil ist nur durch die Belebung des Einzelnen zu fassen; und wer soll den Ausdruck treffen, das flüchtigste und das innerlichste, wenn nicht derjenige, dem er aus der Spannung des Augenblicks ungesucht geboren wird? Und welches andere Maß darf auf den Künstler Anwendung finden als dieses?

Aber sonderbar: so oft auf der Bühne dasjenige erreicht wird, was erreicht werden muß, soll nicht ihr ganzer anspruchsvoller Apparat sofort zum konventionellen Gerüst und zum leblosen Schaustück herabsinken, das heißt also, gerade wenn der Kunst, die ihrer Natur nach auf Wirkung berechnet ist, diese Wirkung tatsächlich glückt, hält sich die Kritik für verpflichtet, ihre mahnende Stimme zu erheben; und was ein Lob sein müßte, verwandelt sich durch einen einfachen Handgriff in Tadel, indem sie für das Wort »Wirkung« das Wort »Effekt« einsetzt.

Das ist nun im Falle Walter pünktlich geschehn und der Leser, der gewohnt ist mit dem Worte Effekt nur die Vorstellung einer illegitimen und erschlichenen Wirkung zu verbinden, ist leicht geneigt, dem Kritiker ohne weitere Untersuchung zu glauben, daß unser Kunstbesitz unter den Händen eines Künstlers wie Walter Gefahr läuft veräußerlicht und verfälscht zu werden; und wenn das einmal laut gesagt ist, so geht dann umso sicherer das alberne Gerede flüsternd von Mund zu Mund: Die Tendenz zum Effekt sei in erster Reihe den »artfremden« Interpreten angeboren. Hie Eigenart, dort Effekt! Mag das Schlagwort auch noch so verschwommen und beiläufig sein, zu jenen Instinkten, denen der Geist auf allen Gebieten von vorneherein verdächtig ist, spricht es doch eine kräftige Sprache.

Denn es ist auch Walters »Geist«, durch dessen Hervorhebung die Münchner Kritiker sowohl ihre Gerechtigkeit an den Tag zu legen als auch ihren Hauptvorwurf vorzubereiten lieben. Der besteht nämlich darin, daß Walter ohne »innere Größe und Leidenschaft« ist, daß er an seine Aufgabe lediglich von der Seite des »Geistes« herantritt. Durch diese Behauptung will man die rezeptive Fähigkeit des Künstlers einer ganzen Gruppe von Werken gegenüber in Frage stellen. Eine zweifache Reihe von Schlagworten wird unermüdlich gegeneinander geschoben, um von Fall zu Fall zu beweisen, daß die Wesensart Walters und die des von ihm interpretierten Werkes einander fremd sind.

Es braucht nicht gesagt zu werden, wie dilettantisch ein solches Verfahren an sich ist, wie hier mit ein paar billigen Schlagworten die Geheimnisse der künstlerischen Produktion und Reproduktion zu gleicher Zeit erledigt werden, wie mit rohen Händen in ein undurchsichtiges Gewebe hineingegriffen wird, das in dem Augenblick zerreißt, wo man den einen oder den andern Faden allein zu fassen versucht: Den Anteil des »Geistes« und den der »Leidenschaft« oder des »Gefühls« kann man an einer künstlerischen Leistung ebensowenig unterscheiden wie es möglich ist, über die inneren Vorbedingungen des künstlerischen Wiedererlebens etwas allgemeines auszusagen. Der »Geist« des Interpreten kann die »Leidenschaft« des Kunstwerks, da sie doch Form und Gehalt geworden ist, klarer fassen als die unrein schwelende Flamme, die immer aufs neue gierig am Stofflichen des »Erlebnisses« zehrt.

Der Versuch, die »Leidenschaft« und den »Geist« in Gegensatz zu bringen, läuft letzten Endes auf den Einwand hinaus, welchen der Dilettantismus gegen künstlerische Reproduktion immer wieder erhebt, indem er nämlich die überragende Persönlichkeit des Schöpfers gegen die des Interpreten ausspielt. Es ist ein beliebter Kunstgriff des Kritikers, auf diese Weise dem Leser zu insinuieren, er sei selbst dem schaffenden Künstler kongenialer als der Interpret. Aber die ganze Verlogenheit dieser Methode zeigt sich im Falle Walter, wenn man versucht, den Künstler nicht an seiner Aufgabe, sondern an seinen Kritikern zu messen. Die Frage, ob Walters Kritiker selbst Menschen von eigenem Inhalt, ja nur von geistigem Niveau sind, ist für mich wenigstens entschieden: Denn ich kenne ihre stilistischen Leistungen. Daß ich mein Urteil im einzelnen beweise, halte ich in diesem Falle für eine unbillige Forderung. Wer keine Münchner Zeitungen liest, mag das nachholen und sich über das Verhältnis der Münchner Kritik zur deutschen Grammatik selbst unterrichten. Aber »ich warne Neugierige.«

Was würde aus unsern Opernbühnen, wenn der dem Schauspiel so verderbliche Einbruch der »Kenner« auch hier ein vollständiger würde, wenn man die seltenen Künstler, welche den eigenen Gesetzen des Theaters gehorchen, an der Arbeit verhinderte? Was würde aus den Meisterwerken der deutschen Oper, wenn man darauf verzichtete, sie den Händen anzuvertrauen, ohne die sie nur ein verkümmertes Dasein fristen? Soll der »Freischütz«, den uns Walter neu geschenkt hat, uns wieder verloren gehn, soll uns in München »Fidelio« niemals zu einem Erlebnis werden, wie es in Wien unter Mahler geboten wurde? Wenn derartiges im Namen der Tradition und Pietät begangen werden soll, so würde sich auch hier das Wort erfüllen, mit dem der Dichter einen der schwersten Schäden unserer Zeit trifft: »Die Art, wie ihr bewahrt, ist ganz Verfall.«

Aber auch ohne diese Verallgemeinerung wäre der besonderen Stellung Münchens im deutschen Kunstleben und der besonderen Möglichkeiten wegen, von hier aus auf ganz Deutschland zu wirken, der Abgang Bruno Walters von München der schlimmste Schlag für die deutsche Oper nach Mahlers Rücktritt. Ein Sieg der Richtung, die Bruno Walter das gleiche Schicksal bereiten will, würde bedeuten, daß auch für München magere Jahre im Anzug sind. –

(*März*, Jg. 10, 28. Oktober 1916)

Protest der Richard-Wagner-Stadt München

Nachdem die nationale Erhebung Deutschlands festes Gefüge angenommen hat, kann es nicht mehr als Ablenkung empfunden werden, wenn wir uns an die Oeffentlichkeit wenden, um das Andenken an den großen deutschen Meister Richard Wagner vor Verunglimpfung zu schützen. Wir empfinden Wagner als musikalisch-dramatischen Ausdruck tiefsten deutschen Gefühls, das wir nicht durch ästhetisierenden Snobismus beleidigen lassen wollen, wie das mit so überheblicher Geschwollenheit in Richard-Wagner-Gedenkreden von Herrn Thomas Mann geschieht.

Herr Mann, der das Unglück erlitten hat, seine früher nationale Gesinnung bei der Errichtung der Republik einzubüßen und mit einer kosmopolitisch-demokratischen Auffassung zu vertauschen, hat daraus nicht die Nutzanwendung einer schamhaften Zurückhaltung gezogen, sondern macht im Ausland als Vertreter des deutschen Geistes von sich reden. Er hat in Brüssel und Amsterdam und an anderen Orten Wagners Gestalten als »eine Fundgrube für die Freudsche Psyche-Analyse« und sein Werk als einen »mit höchster Willenskraft ins Monumentale getriebenen Dilettantismus« bezeichnet. Seine Musik sei ebensowenig Musik im reinen Sinn, wie seine Operntexte reine Literatur seien. Es sei die »Musik einer beladenen Seele ohne tänzerischen Schwung«. Im Kern hafte ihm etwas Amusisches an.

Ist das in einer Festrede schon eine verständnislose Anmaßung, so wird diese Kritik noch zur Unerträglichkeit gesteigert durch das fade und süffisante Lob, das der Wagnerschen Musik wegen ihrer »Weltgerechtheit, Weltgenießbarkeit« und wegen dem Zugleich von »Deutschheit und Modernität« erteilt wird.

Wir lassen uns eine solche Herabsetzung unseres großen deutschen Musikgenies von keinem Menschen gefallen, ganz sicher aber nicht von Herrn Thomas Mann, der sich selbst am besten dadurch kritisiert und offenbart hat, daß er die »Gedanken eines Unpolitischen« nach seiner Bekehrung zum republikanischen System umgearbeitet und an den wichtigsten Stellen in ihr Gegenteil verkehrt hat. Wer sich selbst als dermaßen unzuverlässig und unsachverständig in seinen Werken offenbart, hat kein Recht auf Kritik wertbeständiger deutscher Geistesriesen.

(*Münchner Neueste Nachrichten*, 16./17. April 1933)

Erika Mann: Leserbrief

To the Radio Editor:
Daily at 1 A. M. Columbia, broadcasting twenty-four hours a day »in the interest of the American national defense effort«, opens its »all night program of fine music«. Every hour on the hour important news bulletins are being read, and of course that is precisely why many Americans keep tuned to WABC, sacrificing their sleep in their eagerness for war news. In short, gratifying as the music is, Columbia's new feature is a war feature and will be enjoyed by people at least as much concerned with the war as with music.

The problem of »enemy music« has been widely discussed and certain general decisions have been reached by both musicians and the listening public. War or no war, we are told, Beethoven remains Beethoven; Wagner remains Wagner; Strauss remains Strauss.

»I detest Strauss as a person and I abhor everything for which he stands«, Bruno Walter is reported to have said (as quoted by Davin Ewen in Decision Magazine, January–February, 1942) when he was asked why he persisted in directing the music of a man who is Hitler's personal friend. »But Strauss is a genius and some of his works are masterpieces. I cannot in all honesty boycott masterpieces because I detest their composer.«

This sounds fair enough, though the question raised is less personal than the answer given. Strauss, it may be argued, has put his genius at the disposal of the enemy of mankind. At this moment he is apt to conduct for the benefit of Mr. Hitler's storm troopers in order to inspire them in their murderous assault on civilization; he is likely to raise money for Mr. Hitler's »Winterhilfe«, likely to sit at Mr. Hitler's table, as he has in the past.

Yet, at this moment we find ourselves not merely sheepishly listening to his music, but also accumulating good American dollars to be handed over to this true »enemy alien« right after the cessation of hostilities. I wish to confess that I don't like the idea and that I'd rather forget about Strauss for the time being, even though some of his works are masterpieces.

How far is one to go, anyway? Suppose Hitler's pictures were really good; should we exhibit them in our galleries, and save up money they'd bring so that he'd rich and powerful after the war? Hardly.

However, the producers of Columbia's early morning war concerts don't seem to remember who are our enemies in this war. The pianist Walter Gieseking, for instance, is represented more frequently than any other pianist. In fact, he of all artists on today's program was honoured by flattering introductory remarks, including a short biography and a description of his hobbies.

When not playing on the piano Mr. Gieseking, we learned, is mainly occupied by collecting butterflies. But most of us don't care a hoot what Mr. Gieseking is fooling around with, as long as Mr. Hitler is fooling around with him. And while Strauss – you may argue – is a creative genius, unique and irreplaceable, Herr Gieseking is not. Serkin, Cortot, Horowitz, Schnabel, etc. are at least his peers. So, why listen to Hitler's man?

New York City, Feb. 9, 1942.

Erika Mann.

(*New York Times*, 15. Februar 1942)

The Furtwaengler Ovation.
Erika Mann Finds It Political, not Musical.

To the Editor, European Edition:
In a Berlin dispatch datelined May 15, Mr. John Elliott describes the »tumultuous acclaim« given to Dr. Wilhelm Furtwaengler, recently »de-Nazified« German conductor, when he led the Berlin Philharmonic Orchestra for the first time since the war. »A cosmopolitan crowd,« says Mr. Elliott, »forgot nationality and the after memories of … the war.« And then he quotes Mr. Eric Clarke, chief of the Theater, Film and Music Branch of the Information Control Division of AMG [American Military Government], as follows: »I was glad to see people forget all about politics for once and lose themselves in music.«

The crowd applauded for 15 minutes forcing the conductor to return 16 times to the platform to acknowledge the cheers of his admirers.

Who were those »admirers« and what caused them to applaud for 15 minutes? According to Mr. Elliott, an international audience paid tribute to a conductor for the good and simple reason that they liked his music. And no doubt, Dr. Furtwaengler knows his stuff even when – as was the case on the evening in question – he has had only one or two rehearsals and the orchestra, a makeshift ensemble two thirds of whose members were not with him when the maestro last conducted the Philharmonic early in 1945, is not up to standards. Let us assume, then, that the concert was good. Owing to some minor miracle, it may even have been excellent.

But excellent concerts are being given continually in New York, Boston and Philadelphia without prompting American music lovers to applaud for 15 minutes. Nor do I remember any concert in Paris or London the acclaimed excellence of which forced the audience to force the conductor to return 16 times to the platform. As for Moscow, I do not know, but it appears unlikely that the Soviets should have »forgotten nationality and the after memories of the war« in honor of a personage whom, along with their Allies, they prevented from appearing for almost two years.

It would seem, then, that Dr. Furtwaengler owes his triumph chiefly to his compatriots. Had these, however, really »forgotten all about politics and lost themselves in music?« Or were they not rather using and abusing music for the purpose of staging a political demonstration?

Much speaks in favor of the latter assumption. »De-Nazificatio,« as is generally known, is most unpopular with the Germans who will miss no opportunity, pointedly and aggressively, to celebrate its »victims« and »survivors.« They have done so – to cite one example where many could be given – in the case of Gustaf Gruendgens, actor, director, Nazi »Staatsrat,« Senator and intimate friend of Goering, when the Russians finally permitted his reappearance on a Berlin stage. They have done so in the case of Dr. Furtwaengler, Hitler's pet maestro und musical propagandist abroad. And they will continue to do so as long as Allied reporters keep mistaking their strictly political demonstrations for art-loving ovations.

That a number (just how large a number one would like to know) of non-Germans contributed to Furtwaengler's conquest of Berlin hardly alters the character of the German performance. This character is further illustrated by the fact that no great anti-Fascist conductor or virtuoso has thus far been urged to stage a comeback in Berlin. Neither Toscanini nor Bruno Walter, neither Hubermann nor Adolf Busch, men of whose world renowned art »Führer« Hitler deprived his musical nation, seems to be wanted.

Zurich, May 31, 1947 ERIKA MANN

(*New York Herald Tribune*)

»Doktor Faustus« – I
By Ernest Newman

THOMAS MANN'S »Doktor Faustus« – the greatest achievement. I think, of the greatest living man of letters – was published in German (in Stockholm) a couple of years ago. A translation by Mrs. H. T. Lowe-Porter appeared in New York in 1948; and this is now available in England (»Doctor Faustus«: Secker and Warburg. 15s. net).

The novel has created a sensation in Germany, where alone, perhaps, all its sub-surface implications will be perceived immediately. Ever since Goethe the Germans have been accustomed to see themselves as the modern Fausts: they have coined the adjective »faustisch« to express that element in them which regards as its own peculiar province all questions of human destiny, and more particularly of German destiny. Mann's Faustus is, in essence, Germany, before and between and after the two world wars – a hard-thinking Germany brooding more darkly, more concentratedly than ever upon past, present and future, if any future for civilisation as the world has hitherto known it be conceivable.

Mann truly says, through the mouth of one of his characters if I remember rightly, that at the present moment Germany is psychologically more advanced than the rest of the world. That is true, and only what might be expected. The victors in a war do not, in the mass, do much probing into distant and obscure historical causations when it is over: for them the simple feeling of danger escaped is enough. It is the defeated nation which, as a nation, does the hardest thinking about it all, especially when that nation is as »faustisch« as the German. Thomas Mann, profoundly sensitive, yet, as artist, magnificently objective, sees the German problem steadily and whole. He was one of those who, revolted by the follies and rascalities of the Nazi regime, shook the dust of Germany from their feet in the 1930s. He sees the cosmic drama of that and the following decade with a passionate love for all that is best in the German soul and a passionate abhorrence and fear of its strange potentialities for evil.

He understands how closely linked are the power and scope of the German intellect, and the richness of the German imagination with an ancient and apparently ineradicable strain of the primitive. »The fantastic mingles with the horrible,« the fictive teller of the story writes of the-last, hell-mad weeks of German resistance in 1945: »up to the very end the crudely legendary, the grim deposit of saga in the soul of the nation« – a great phrase, this – »is invoked, with all the familiar echoes and reverberations.« Mann has no illusions about the figure Germany now cuts before the world. The teller of the tale, writing in dazed horror in 1945 after the revelation to the Germans themselves of the bestialities of the concentration camps, cries out that «what they have seen surpasses in horribleness anything the human imagination can conceive. ... Is it mere hypochondria to say to oneself that everything German, even the German mind and spirit. German thought, the German Word, is involved in this scandalous, exposure and made subject to the same distrust? Is the sense of guilt quite morbid which makes one ask oneself how Germany, whatever her future manifestations, can ever presume to open her mouth in human affairs?«

So the great-souled, fine-fibred German who is Thomas Mann sets himself to discover by what compulsions, inner and outer, his country came to be what it was during the last 20 years or so. He typifies Germany in the figure of an imaginary German composer, Adrian Leverkühn, born in 1885, died insane in 1940 after having completed his most notable work, »The Lamentation of Doctor Faustus.«

The story is told by Leverkühn's lifelong friend the scholar and humanist Serenus Zeitblom, Ph.D., fervently patriotic and always fundamentally German in the cast of his mind, yet open to the logic and the lesson of events. This symbolism makes the book not indeed, difficult to read but sometimes difficult to understand fully. Different people will take it in different ways. For one reader it will be primarily a study of German life and character, into which is woven the story of a composer; and if this reader does not happen to be versed in the technical and expressive problems of modern music a good deal of the discussion of these will go over his head.

Another man, musical by instinct and training, will probably read the book as a fascinating study of a modern musical mind, with a contemporary German background of general character and incident. The difficulty is to see clearly and understand the varied interlockings and mutual completions of the two symbols, that of the composer and that of Nazi Germany. I myself have read the novel three times, always perceiving new significances in the correspondence of the symbols, yet still unsure about some things. This is a book, however, which will repay as many readings as one can give it.

In a following article I will discuss some of the curious interlockings of the two symbols, with more particular reference to the musical one. Thomas Mann has not only the ear but the mind of a musician. He sees the musical imagination and the process of composition from the inside, which is what no other novelist has ever succeeded in doing.

(*The Sunday Times*, 1. Mai 1949)

»Doktor Faustus« – II
By Ernest Newman

In my previous article on this subject I spoke of the extent of Thomas Mann's knowledge of music and the depth of his understanding of both the technical problems and procedures of the art and the workings of the creative imagination. The musical reader of the novel will find it all intensely interesting; but for lack of space I must leave it to him to trace for himself the subtle symbolic connections between Adrian Leverkühn's development as a composer and the political history of Germany during the last 40 years or so. Here I must confine myself to two of the outstanding features of this symbolism.

The first is the colloquy between Leverkühn and the Devil in the amazing 25th chapter. The young composer has contracted, as the result of a passing quixotic adventure, the most dread of all diseases, the one that closed the careers of Hugo Wolf and Nietzsche in mental darkness and physical ruin. One day, four years later, Adrian is visited by the Devil, who, in a long and subtle argument, claims that the infection has been *his* deliberate work, done with a great far-seen end in view. He shows how marvellously, up to a point, the disease appears to increase the imaginative scope and creative energy of the brain: it is the infernal obverse of the »inspiration« the artist is supposed by the generality of mankind to receive as an occasional gift from the celestial powers. Adrian has been singled out as an ideal instrument for the principle of evil to work through.

He accepts the pact proposed: at the price of ultimate ruin he buys time – 24 years of incandescent creation, »a whole hour-glassfull of devil-time, genius-time,« – and writes work after work of a type unknown before. This ruthless piece of symbolism has apparently been too much for some German critics of the novel, who resent the implication that the history of Germany during the last generation has been the history of a moral and intellectual »infection,« a pact with the Devil.

Leverkühn's last work is the stupendous »Lamentation of Doctor Faustus,« for voices and orchestra: as the supposed teller of the tale, the composer's heartbroken friend Dr. Serenus Zeitblom, puts it, all human expression is at bottom lament. The »Lamentation« is the Ninth Symphony in reverse. Beethoven had introduced the human voice in the finale, singing a dionysiac Hymn to Joy. With Leverkühn it is the instruments that have the last word, singing a song more lamentable, more despairing, than anything music had yet known: »there is no consolation, appeasement, transfiguration.« Yet, by a sort of paradox of the artistic spirit, out of the »sheerly irremediable« a certain hope seems to germinate at the finish – but merely »a hope beyond hopelessness, the transcendence of despair.« The instruments fade one by one into silence, till at last nothing is heard but one faint sound, the high G of a 'cello, prolonged and gradually dying out. »Then nothing more: silence and night. But that tone which vibrates in the silence, which is no longer there, to which only the spirit hearkens, and which was the voice of mourning, is so no more. It changes its meaning; it abides as a light in the night.«

So writes Serenus Zeitblom in the catastrophic year 1945, when this German patriot saw the German soul paying the price for its insane compact with Evil. What sort of a Germany, he asks sadly, is there now for spiritually broken men like himself – »a land self-maddened, psychologically burnt out ... a nation that will have to live shut in like the ghetto Jews, because a frightful swollen hatred round all its borders will not permit it to emerge; a nation that cannot show its face outside.« »Curses, curses,« Zeitblom cries, »on the corrupters of an originally decent species of human being, law-abiding, only too docile, only all too willingly living on theory, who thus went to school to Evil!«

Yet the last sound the tragical book gives out is, as it were, that tenuous high G in the 'cello, with its faint pathetic suggestion of some sort of hope beyond even hopelessness. What, Zeitblom asks, will be the future of this Germany that made and kept that mad pact with the Devil? »When will she reach the bottom of the abyss? When out of uttermost hopelessness –

a miracle beyond the power of belief – will the light of hope dawn? A lonely man folds his hands and speaks: ›God be merciful to thy poor soul, my friend, my Fatherland!‹«

(*The Sunday Times*, 15. Mai 1949)

Entwurf eines Briefes an die Redaktion des ›Aufbau‹, New York, in Sachen Wilhelm Furtwängler.

Sehr geehrte Herren, »Furtwänglers Gedanken und Erinnerungen« habe ich aufmerksam, und zum Teil wiederholt gelesen: nicht nur das ›Schlußwort‹, das er unter rauschendem Beifall des Publikums vor der Berliner Denazifizierungskommission gesprochen hat und das mit dem schon berühmt gewordenen Satze schließt: ›ich bereue es nicht, für das Deutsche Volk dies getan zu haben‹, sondern das ganze 15 Seiten-Exposee, worin er sich der Einstellungen und Verleumdungen erwehrt, denen seine Haltung während der Hitlerzeit ausgesetzt war und nachher ausgesetzt blieb. Ich kenne diese Entstellungen und Verleumdungen nicht, habe jedenfalls niemals teil daran gehabt und nehme an, daß sie unter dem Eindruck seines Memorandums verstummen werden. Denn das ist eine außerordentlich eindrucksvolle Verteidigungsschrift, die zum großen Teil mit unanfechtbaren, Achtung gebietenden Fakten arbeitet und den Verfasser vom Vorwurf des Mangels an Mut und gutem Willen völlig entlastet. Es ist gar kein Zweifel – und war mir auch vor dieser Lektüre nie zweifelhaft, daß Furtwängler sich im Rahmen des in einem Terrorstaat Möglichen wie ein Mann benommen, große Opfer gebracht, Vielen geholfen hat und in seiner Opposition gegen die Kunstpolitik des Regimes bis an die genaue Grenze dessen gegangen ist, was er sich in seiner Stellung (die nach seiner eigenen Aussage an Geschütztheit und Zwang zur Rücksichtnahme ungefähr der eines katholischen Kirchenfürsten gleichkam) irgend erlauben konnte. Die Bezichtigung, er sei ein Nazi gewesen, ist als falsch erwiesen, im technischen, inquisitiven Sinne steht er gereinigt da, und ich muß gestehen, es ist mir eine Wohltat, zu wissen, daß dieser hervorragende Musiker nun bald in allen vier Zonen Deutschlands seine Interpretationskunst wieder frei wird üben können. Er ist einer der bedeutendsten Vertreter – wahrscheinlich der bedeutendste – des hochgefeierten Virtuosentyps, den unsere Epoche hervorgebracht hat (in früheren Zeiten kam die Musik ohne ihn aus): des königlichen Orchesterführers, des genialen Dirigenten; und es wäre eine Pein und Schande gewesen, wenn diese Kraft hätte feiern, dieser Mann müßig hätte in Deutschland herumsitzen und zu der gedrückten Existenz eines bloßen Komponisten herabsteigen müssen. Hätte er etwa von Zeit zu Zeit, unter Umgehung des Arbeitsverbots, sich auf ein Podium stehlen und – welch ein Anblick! – einem befreundeten Solisten die Noten umblättern sollen, um nach einer Weile, zum ergriffenen Gaudium des Publikums, den Platz mit ihm zu tauschen? Es wäre ihm zuteil geworden, was er durch sein Verbleiben im Deutschland Hitlers gerade streng zu vermeiden wünschte, nämlich ›als Märtyrer gefeiert zu werden‹. Aber diesem Schicksal ist er auch so nicht völlig entgangen: bei seiner Inquirierung, seiner Absolution, auch vorher schon in manchem deutschen Konzertsaal, *ist* er als Märtyrer gefeiert worden und mit Recht; denn er hat gelitten und gerungen, hat sich unter unendlichen Schwierigkeiten, halben und ganzen Zugeständnissen, abwechselnd mit trotzigen Verweigerungen, immer am Rande des K. Z., zwischen den Klippen und Schlünden, den Fallen und Fangeisen der nationalsozialistischen Kulturpolitik hindurchgewunden, und was man feierte, war im vollsten Sinne des Wortes seine *Unschuld*, das heißt: sein Glaube und Unglaube, seine Unwissenheit, sein völliges Nichtverstehen und Nichtverstehen-Wollen dessen, was in Deutschland ›die Macht ergriffen‹ hatte, seine verblendete Meinung, man könne unter dieser Macht in Deutschland Kultur treiben, die kindliche Überschätzung seiner eigenen Macht, gegen den blutigen Banausen-Bolschewismus, der da Allmacht geworden war, ›für das deutsche Volk etwas zu tun‹.

Aus jeder Zeile seines Exposees geht diese tragische Ahnungslosigkeit, diese Unfähigkeit, das Wesen des Nationalsozialismus zu begreifen, zu lesen, was dieser Brut auf der Stirn geschrieben stand, klar hervor. Hatte er nie einen Blick in den ›Völkischen Beobachter‹ getan, nie von den Boxheimer Dokumenten gehört, von Hitlers Kameradschaft mit den Mördern von Potempka, nichts von den scheußlichen Ankündigungen, die die zur Arbeit sich rüstende Bestie schon ausgestoßen hatte? Der Reichstagsbrand war gewesen und der Sumpf von einem Prozeß, der darauf folgte; die Niederknüppelung des ›Marxismus‹; die Testamentsfälschung; die Judenentrechtung. Die Konzentrationslager füllten sich. Am laufenden Band ließ Göring, ein sybaritischer Henker, junge Arbeiter hinrichten, die vor Jahr und Tag einen Krawall mit S. A.-Männern gehabt hatten. Von dem, was Juni 34 geschah, muß auch etwas in des Meisters träumerische Höhe gedrungen sein. Bald brannten die Synagogen. Aber Furtwängler, auf nichts als die Reinerhaltung des Konzertlebens bedacht, glaubt, es sei etwas getan, wenn er die jüdischen Mitglieder seines Orchesters solange schützt und deckt,...

(Der später wieder gestrichene Anfang lautete ursprünglich: »Das deutsche Dokument, in das Sie die Freundlichkeit hatten, mir Einblick zu gewähren, sende ich Ihnen hiermit, rar und kostbar wie es ist, als registrierte Luftpostsache dankend zurück. // Ich habe Wilhelm Furtwänglers Gedanken und Erinnerungen aufmerksam und zum Teil wiederholt gelesen...«)

(*Tagebücher 1946–1948*, hg. v. Inge Jens,
Frankfurt am Main 1989, S. 886–888)

Register der erwähnten Werke Thomas Manns

Register der erwähnten Namen, Personen und fremden Werke